# 纳粹德国的法与不法

RECHT UND UNRECHT

高仰光 著

图书在版编目（CIP）数据

纳粹德国的法与不法 / 高仰光著. —北京：商务印书馆，2024（2025.5 重印）
ISBN 978-7-100-23450-4

Ⅰ.①纳… Ⅱ.①高… Ⅲ.①法学—研究—德国—1933-1945 Ⅳ.① D951.6

中国国家版本馆CIP数据核字（2024）第044949号

**权利保留，侵权必究。**

本书是国家社科基金一般项目"极权主义之下的法学话语及其反思"的结项成果，项目编号为17BFX170。

**纳粹德国的法与不法**
高仰光 著

商 务 印 书 馆 出 版
（北京王府井大街36号 邮政编码100710）
商 务 印 书 馆 发 行
北京中科印刷有限公司印刷
ISBN 978 - 7 - 100 - 23450 - 4

| 2024 年 6 月第 1 版 | 开本 880×1230 1/32 |
| 2025 年 5 月北京第 2 次印刷 | 印张 18 3/8 |

定价：128.00 元

献给良知与常识

# 目　录

前言 ························· 1

绪论：不法之法 ················· 6
  一、"极权主义"概念的起源 ········· 6
  二、"极权主义与法"可否讨论？ ······ 15
  三、为何以"纳粹法学"为例？ ······· 20
  四、视角与方法 ················ 27
  五、论题与文献 ················ 38

第一章　从魏玛共和国到第三帝国 ······ 47
  一、时间维度的双重性 ············ 48
  二、空间维度的双重性 ············ 61
  三、从内部崩溃的魏玛共和国 ········ 74
  四、纳粹夺权及其政治改造 ········· 87

第二章　纳粹法学的整体性改造 ········ 104
  一、关于纳粹法学的历史反思 ········ 104
  二、纳粹法学：价值观重塑 ········· 112

三、纳粹法学：方法论改造 ………………………………… 125
四、纳粹法学史与当代欧洲的法史学 ……………………… 141

第三章　纳粹德国的公法学 …………………………………… 153
一、魏玛时期的德国国家法学 ……………………………… 156
二、克尔罗伊特与施米特的"法治国"论争 ……………… 177
三、纳粹对于"法治国"的破坏 …………………………… 200
四、纳粹时期的行政法学与行政学 ………………………… 217
五、纳粹时期公法学的教席、期刊与学会 ………………… 231

第四章　纳粹德国的国际法学 ………………………………… 238
一、纳粹德国在战前的国际环境 …………………………… 240
二、国际法学科及其意识形态化 …………………………… 248
三、从主权平等到"大空间"理论 ………………………… 259
四、纳粹国际法主张的两面性 ……………………………… 268

第五章　纳粹德国的刑法及刑法学 …………………………… 281
一、罪刑法定原则的崩坏 …………………………………… 282
二、纳粹刑法学的整体转向 ………………………………… 291
三、失败的刑法改革计划 …………………………………… 299
四、第三帝国的刑事单行立法 ……………………………… 303

第六章　纳粹德国的民法与私法学 …………………………… 312
一、民法理论的全面改造 …………………………………… 314
二、民事法律实践的整体特征 ……………………………… 333

三、纳粹时期的所有权与征收 ········································ 347
　　四、纳粹时期的婚姻法与继承法 ···································· 353
　　五、《人民法典》编纂计划的落空 ·································· 365

第七章　纳粹德国的经济法、劳动法与社会法 ···················· 372
　　一、第三帝国的经济体制与经济政策 ···························· 373
　　二、经营自主权与宏观经济调控 ···································· 380
　　三、劳动法的"企业领袖-追随者"模式 ······················· 385
　　四、纳粹时期的社会保障法 ·········································· 397

第八章　纳粹德国的法学教育与司法体制 ···························· 408
　　一、法学教育与法律人的培养 ······································· 408
　　二、纳粹时期的法院与法官 ·········································· 424
　　三、非常规法院系统 ······················································ 451
　　四、法外权力与警察组织 ·············································· 482

余论：复兴与回归 ································································· 505

附录一　纳粹时期的刑事单行立法 ······································· 518
附录二　纳粹时期民法典条文的变动 ··································· 523
附录三　纳粹时期的民商事单行立法 ··································· 530
附录四　纳粹时期的经济、劳动与社会立法 ······················· 533

索引 ······················································································· 536
参考文献 ··············································································· 554

# 前　言

　　话语因简短而有力。人的情绪很难被那些处于流变之中的、内部充满了矛盾的、喃喃自问式的絮语所挑动，并推向高潮，即便后者更加理性，也更加贴近于真实。而今，完整描摹一个时代法律与社会的"全景图"变成了一门早已失传的古老技艺。那种先是挖掘并且搜集分散于各处的情报和消息，然后将它们连缀起来形成一个相对完整的叙事，并在这一连缀的过程中搭建起"道德性"与"历史性"的判断的做法，似乎已经变得不合时宜。

　　互联网存储着关于任何一个时代的任何一个方面的海量信息，数据库检索取代了传统的知识获取方式，它帮助人们更容易地发现古老作品在史实方面的诸多讹误，却并不能够辨明那些古老作品在人性判断上的深浅，也并不能够使人们的心灵变得更加智慧、更加安定。依赖于"外在记忆"的便利，信息以碎片化的状态停留在服务器上，它们无须再被整合成为单一的叙事，也不再相互激发形成新的知识，而是被人们"随用随取"，并且"用后即弃"。进而，人们不仅失去了写作的决心，而且失去了阅读的耐心。作为一个必然的结果，短促取代了绵长，简化取代了繁复，静态取代了流变，断言取代了分析，狂热取代了理性，盲信取代了思索，"道德性"与"历史性"缓慢滋长的过程便也陷于停顿。故，我的全部努力不在于为"外在记忆"的海洋多增添一滴水，而在于或多或少地复原"历史写作"这门生发于人的本能、服务于人的本性的古老技艺。

纳粹德国作为极权主义政治形态的典例之一，无论在思想、文化、语言还是法律的领域，都具有短促、简化、静态、断言、狂热与盲信的特征。在这个意义上，纳粹主义恰恰贴合于人性的某些表层需求。在统治德国的短短12年（1933—1945）之间，纳粹政权旗帜鲜明地拒斥欧洲启蒙时代的自由主义传统以及德国古典哲学的理性主义传统，而将自身的合法性建立在"重估一切价值"的激进思想之上，试图以某种服务于政治目的的人类学和生物学的理论为基础，重新塑造人类文明的"道德性"与"历史性"。在纳粹思想的洗刷之下，德国的法律和法学轻易地颠覆了自18世纪以来形成的对于普遍主义、人本主义、形式主义、理性主义和实证主义的信念，沦落为一套屈从于国家暴力，同时具有民粹主义、诡辩主义和实用主义特征的政治镇压的工具。

在此期间，德国的法律和法学发展出形形色色的"反法治传统"的新概念、新观点和新学说，并且形成了庞大的理论体系。人们在战后对此发起反思。首先，堕落并非开始于1933年，事实上也并未终止于1945年，因为纳粹主义作为一个思想体系并非只存在于纳粹掌权之时，而是植根于现代性的固有缺陷。其次，这一堕落的结果虽然是由纳粹党和希特勒的独裁统治一手造成的，但若不是为数众多受过良好教育的法学家、司法官以及职业法律人积极逢迎纳粹主义意识形态的话，"反法治"的理论体系也难以被搭建起来。再次，在这一过程之中，逆来顺受的德国民众以及袖手旁观的国际社会也难辞其咎。某种意义上,德国法的全面堕落是德国国内社会各阶层与国际政治势力共谋的产物,而不应被"一言以蔽之"地归咎于纳粹政权,否则那些曾经有损于德国法名誉的具体的人就逃脱了本应承担的历史责任。也正因如此,纳粹德国的法律和法学才是值得深刻反思的。

需看到,纳粹德国的法律与法学并非是被一个疯狂的念头催生出来的非理性的作品。纳粹政权从未将魏玛宪法与《德国民法典》正式废除,它在形式上依然承认德意志帝国以及魏玛共和国时期大多数立法的效力,并且在相当大的程度上延续着之前推行的方针与政策。为了实现外交和军事上的野心,追求特殊的政治目标,纳粹政权通过改造既有立法和颁布单行立法的方式绕开既有的"法典"的约束,并且通过扩张司法解释的权限以及设立非常规法院体系的方式来增加法律适用的灵活性与任意性。在夺权之后的最初几年,纳粹政权取得了令世人瞩目的社会治理效果。然而,纳粹统治之初经济与社会的快速发展是以取消法律的主体性和降低法律的确定性为代价的。一旦人性之恶从"法律之笼"中获释,权力走向恣意妄为也就成为不可遏止的趋势,各个利益集团在上层的倾轧与各种警察组织在基层的泛滥就是"权力不受限"的典型反映。

客观来说,纳粹时期的法学家针对"普遍主义自然法的认识论、执着于体系性的法典化思维、僵化且封闭的法律形式主义与法教义学方法、潜藏于实证法之中过度的个人主义、拜物主义与资本主义倾向"展开猛烈批判,故而也并不是完全丧失理性的"狂人呓语",而是延续了自19世纪中叶以来德国批判法学的一贯思路；不仅如此，他们的观点与正在流行于大洋彼岸的法律现实主义以及"社会学法学"运动也存在着相当多的共性。然而，当这样的批判性思维被推向了极端，尤其是当它将自身与某种基于人类学和生物学的社会达尔文主义捆绑在一起，其反人类的邪恶面孔就暴露无遗了。可以说，纳粹德国的法律与法学一方面是相当理性的，另一方面又是极为疯狂的。纳粹主义用理性的手段追求疯狂的目的，竟然能够将两种截然相反的事物熔冶于一炉，这也正是最值得后人深刻反思之处。事实上，将理论批判全面贯彻于政治实践非常容易导致"人为的灾难"，这在人类文明的历史中并不鲜见。

战后德国的法学界曾经一度讳言第三帝国，但是在德国统一之后，这一曾经敏感的研究领域呈现出"井喷"的趋势，大量出自德国学者之手的论文和著作涌现出来，其中较为优秀的作品被翻译为多国文字。越来越多的人了解到纳粹法学的越来越具体的细节，同时也形成越来越公允的宏观印象。不过这些作品，尤其是以德语撰写的相关作品，大多不为国内学者所熟悉，这一方面是因为语言方面的障碍，另一方面则是因为国内学界或是停留在对纳粹法学的"盖棺定论"的认知之上，或是认为这纯粹是一个与中国无关的"德国问题"，因而缺乏对于这一领域进行深入挖掘的动力。无论如何，简体中文的世界一直缺少一本全面研究纳粹时期法律与法学的学术著作。鉴于此，我将尽可能搜集并展现魏玛至纳粹时期德国重要的立法文本、司法判决以及法律学术文献，努力将半个世纪以来在这一研究领域具有代表性的研究成果介绍给读者，并努力呈现出这些研究成果的主要观点以及相互论战，其目的在于让读者尽可能全面地了解这一研究领域的大致状况，了解当代欧美学者，尤其是德国学者，对于纳粹时期法律和法学的观察视角和整体反思。为此，多摆些事实，少讲些道理，虽然算不上是什么好办法，但恐怕也是最不差的办法。

当然，完整描摹一个时代的法律与社会的全景图是极为困难的。无论从哪一个角度出发切入讨论，无论按照怎样的逻辑安排讨论的顺序，以及就某一个话题无论讨论到怎样的细致程度，一旦落于纸面，都只能是已经铸成的"愚蠢"和"谬误"，因为总会有一些更重要的史实、更妥善的判断、更准确的表述存在于"尚未写到之处"，也总会有一些作者从未意料到的想法与感受会涌上读者的心头。然而，这或许便是"道德性"与"历史性"缓慢滋长的过程，也是一条与"人性"最为贴近的思考路径。

最后，在本书付梓之际，我要向王贵松、赵宏、张翔、蔡桂生、朱虎等诸位教授，以及李康、姚丽、李童童、李沁怡、吴冠男等各位同学表示诚挚的感谢，他们在本书问世的不同阶段慷慨地付出了时间并提供了无私的帮助；此外，商务印书馆的高媛编辑对于本书的"从无到有"起到了决定性的作用，在此一并致谢。

2023 年 7 月 15 日

久聆庐

# 绪论：不法之法

## 一、"极权主义"概念的起源

极权主义（totalitarianism）是 20 世纪初出现的一个政治术语，它通常被用于描述一种将国家置于至高无上的地位并且动用一切力量去控制公众与私人生活的政治制度，以及一套以领袖为中心的、带有"政治宗教"意味的思想体系。极权主义本身并不是一个内涵完整的、边界清晰的意识形态（ideology）。事实上，它可以和截然不同的，甚至相互对立的意识形态结合在一起，而它自身的残暴与疯狂却并不因为与哪种意识形态相结合而存在任何区别。毫无疑问，极权主义的兴起使得 20 世纪成为人类历史上最具破坏性的一个世纪。

在极权主义的概念诞生之前，人们曾经使用"独裁主义"（autocraticism）、"专制主义"（despotism）或"绝对主义"（absolutism）等术语描述那种"无条件地将权力聚焦于一点"的统治模式。这些术语模模糊糊地对应着古代、中世纪或近代早期的形形色色的集权政体，却并不适合于描述 20 世纪上半叶在欧洲和亚洲不断涌现出来的新型的政治体制。这是因为，第一，它们都未曾预见到 20 世纪才出现的那些有可能被用于社会控制的现代技术，例如由第二次工业革命催生的电信网络与大众传媒，因而它们远远不能企及极权主义在社会控制方面所能达到的广度、深度和强度。第二，它们采用残酷的手段进行经济剥削，却未曾预见到由大机器生产带来的巨型经济体与劳工阶层之间的跨越国界的激烈对抗，以及由这种对抗引发的社会运动。第三，它们深深畏惧社会大众知识水平的增长，却未曾预见到，伴随着民众识字率升高出现的"虚无主义"价值观可能成为滋长消极态度以及厌世情绪的温床。第四，它们努力塑造正统思想，镇压异见者，却从未把那种动员所有人并强制他们服膺于完全一致的思想体系的计划真正地落实。第五，它们崇尚永恒和静止的统治状态，并努力阻止社会发生变化，而从未像极权主义那样不停地驱使所有人投身于改造社会以及改造自身的运动。简而言之，旧式的集权政体是精英阶层贯彻其保守主义思想的实践，20 世纪的极权主义则自始至终贯穿着激进、亢奋的情绪，属于一种革命性、大众性的思想类型。

极权主义是现代工业社会的产物，它一方面深刻地体现着现代性，另一方面激烈地反对着现代性。[1]并且，现代工业社会越发达，人类掌握的技术能力越强，这种内在矛盾就越尖锐。因此，有学者敏锐地指出，极权主义的思想渊源可以追溯至卢梭，但不

---

[1] 现代性（modernity）的概念自打一出现就蕴含着内在矛盾，一种评价视之为一种积极的、具有解放意义的、进步的力量，另一种评价则视之为一种具有道德毁灭性的力量，强调其过分重视技术、自我主义或享乐主义等的负面后果。参见〔以〕艾森斯塔德等：《多元现代性范式的背景》，载〔德〕萨赫森迈尔、理德尔，〔以〕艾森斯塔德编著：《多元现代性的反思》，郭少棠、王为理译，商务印书馆 2017 年版，第 14 页。

能向上追溯至马基雅维利；① 极权主义的早期制度实践可以被认为发轫于法国大革命时期的雅各宾派专政，但不能追溯至路易十四时代的法国，更不能一路向前，追溯至恺撒、奥古斯都时代的古罗马。事实上，没有任何限制的类比无益于人们理解一个概念的准确内涵。极权主义这一术语不适用于古代和中世纪的语境，也不能用来描述早期现代性，而仅仅是对于现代性已经发展到过分成熟的阶段，其内在矛盾无法调和并且已经爆发激烈冲突的状态的一种概括。②

人类进入现代工业社会以来，自然科学与工业技术的发展导致客观的物质力量以超乎寻常的速度增长；与此同时，人的精神力量却在极大程度上遭到抑制，以致严重萎缩，两种力量愈发失去平衡。当精神力量完全失去对于物质力量的控制的时候，极权主义便出现了。吊诡的是，这种完全失控在形式上又表现为一种绝对的控制，即内在于人的精神世界完全受控于外在的物质和技术的力量。极权主义本身可以被理解为现代性恶性膨胀的产物，但是极权主义偏偏又长着一副"反现代性"的面孔；它将充满征服欲和毁灭欲的"政治宗教"伪装成一种人类精神的高度自立，

---

① 社会学家齐格勒（Ziegler）在1932年最早把极权主义与卢梭思想中的极端方面联系在了一起。卢梭所说的"公意"乃是所有人都一致认同的、普遍的、平等的意志。建立在这一思想基础上的"国家民主主义"将一切权力归于集体，归于自治的人民，而非归于个人所有。Vgl. H. O. Ziegler, Autoritärer oder Totaler Staat? J.C.B.Mohr, 1932. 当然，学界也有不一致的观点，例如历史学家弗里德里希·迈内克（Friedrich Meinecke）就把纳粹统治归结于马基雅维利主义在20世纪的一种实践，不过迈内克本人拒绝使用极权主义这一概念。参见〔德〕弗里德里希·迈内克：《德国的浩劫》，何兆武译，商务印书馆2012年版。

② 随着法西斯主义的兴起，以及与法西斯主义的斗争，这种矛盾的态度进一步加深。参见〔以〕艾森斯塔德等：《多元现代性范式的背景》，载〔德〕萨赫森迈尔、理德尔，〔以〕艾森斯塔德编著：《多元现代性的反思》，郭少棠、王为理译，第15页。

并赋予其公共属性。某种程度上,极权主义区别于以往那些概念的关键就在于它具有十足的迷惑性和欺骗性,它建立起一种思想体系,强行将现代性之中看起来不可调和的矛盾"妥善地"融为一体。作为"绝对控制下的完全失控"的一个典型例证,极权主义试图借助物质和技术的力量全面操控人们的思想,迫使人们在主动放弃自己的主动性的同时,还笃信自己的主动性已经得到最大的满足与实现。① 正是基于这种认识,阿伦特将极权主义理解为一种目的在于毁灭人性的绝对的恶。②

极权主义并不是一个就事论事的名词,也不是一个像"反犹主义"(antisemitism)那样无需解释就可以被人们自然而然地理解的名词,而是一个具有高度化约性的、在"思维的实验室"之中被创造出来的概念。某种程度上,极权主义在性质上类似于帝国主义、封建主义等术语,其目的在于对各种政治实践进行"类型化"的加工。所谓的"极权主义"最初仅仅意味着那个疲弱的魏玛德国对于"全能国家"的无限向往。魏玛时代的社会学家齐格勒在"威权国家"(Autoritärer Staat)与"总体国家"(Totaler Staat)③之间进行权衡比较,试图寻找一种以提升国家能力为目的的、合理并且安全的方式。1933年之后,行政法学者恩斯特·福斯特霍夫(Ernst Forsthoff)将"总体国家"一词用于描述纳粹统

---

① 关于纳粹的政治语言运用,可参见〔德〕维克多·克莱普勒:《第三帝国的语言:一个语文学者的笔记》,印芝虹译,商务印书馆2013年版。
② 〔德〕汉娜·阿伦特:《极权主义的起源》,林骧华译,生活·读书·新知三联书店2008年版,第3页。
③ 齐格勒提出的"Totaler Staat"通常被译为"总体国家",而由卡尔·施米特提出的"Totalstaat"则更多被译为"极权国家"。Vgl. H. O. Ziegler, Autoritärer oder Totaler Staat? 1932.

治之下的德国。宪法学者卡尔·施米特（Karl Schmitt）则旗帜鲜明地支持那种建立在民族主义基础之上的、不再有非政治地带、不再有纯粹"社会–私人"空间的国家与社会的统一体。①总的来说，德国魏玛时代的学术思潮为"极权主义"这一概念的诞生提供了重要的历史背景，而它的发展轨迹在20世纪初的德国学术界清晰可辨。

关于"极权主义"之概念起源的另一种说法来自于霍布斯鲍姆，他指出，"极权主义"一词原本是用来形容意大利法西斯政权，是该党用于自吹自擂的口号；甚至一直到1945年以前，这个名词都只限用在法西斯式政权身上。②然而，纳粹势力在德国崛起之后，极权主义迅速超越了法西斯主义的地域限制，并且被注入了"世界性"的意涵，它俨然变成了席卷欧洲乃至世界的一股势不可挡的政治风潮和群众运动，并且开始对应着为数众多的国家的政治实践。第二次世界大战结束之后，冷战的铁幕随之开启，极权主义被视为政治谱系之中的一个罪恶的极端，与之相对的另一个极端则是无政府主义（anarchism）。极权主义的概念开始变得刻板化，任何扩张政府权力的主张都被指斥为一种"通往奴役之路"的企图。③这种信念甚至在某种意义上成为冷战思维的内在驱动力。直到20世纪80年代冷战结束前夕，人们才有可能对于历史上各种不同形态的极权主义展开相对客观冷静的反思

---

① 参见〔德〕库尔特·松特海默：《魏玛共和国的反民主思想》，安尼译，译林出版社2017年版，第164页。
② 参见〔英〕霍布斯鲍姆：《极端的年代》，郑明萱译，中信出版社2014年版，第134页。
③ 参见〔英〕哈耶克：《通往奴役之路》，王明毅等译，中国社会科学出版社1997年版。

和评价。

尽管极权主义的概念常常被用来指称纳粹统治之下的德国、意大利的法西斯政权、佛朗哥控制之下的西班牙、斯大林时代的苏联以及与上述政权共享某些重要特征的其他政权，但是它并不是从个别国家的历史经验中抽取出来的"公因数"。因此，与其认为极权主义是一个严谨的历史叙事，毋宁说它只是一个实际上相当粗枝大叶的理论设定。当然，任何概念化的历史书写（historical writing）都有可能造成历史事实的扭曲，这是思维化约不得不付出的代价。问题在于，人们是不是愿意付出这样的代价。例如，如果把法西斯主义和纳粹主义同样涵盖在极权主义的名义之下，那么不幸走上政治极端化道路的意大利和德国之间某些重要的历史性区别就被刻意地淡化了。正因如此，历史学家不会轻易地使用诸如极权主义这种风险颇高的概念。例如，弗里德里希·迈内克就拒绝使用这个概念。不过，与之相反，历史社会学家则热衷于使用这样的概念在篇幅较短的文章里面畅谈历史上的政治得失。

因此，从另一个方面来说，极权主义又是一个不可被忽略的理论设定，因为唯有它才能够简明扼要地说明一个时代相当数量的国家不约而同地迫使自身走向政治极端化的这一宏观的历史趋向。通俗地讲，极权主义并不像"反犹主义"那样好似一种在欧洲国家之间相互传染的政治流行病，而是对于大规模爆发于某一历史性时刻的"暴政综合征"事后的总括性命名。如果没有极权主义的概念，人们就只能就德国的历史谈纳粹主义，就意大利的历史谈法西斯主义，而无法把这两者放到单一的话语框架之中去讨论，也无法揭露隐藏在这两者背后更为宏观的，也更具一致性的思想渊源和制度背景。几乎所有历史学家都不能否认，事无巨细的、琐碎但是纯粹的史实还原工作难以对于读者的政治理解力产生直接的教益，也无助于人们形成一个良善的价值判断，以及对于未来的稳定预期。因此，虽然历史学家不肯在他们的文章中贸然使用极权主义这一概念，尤其不肯轻易地把极权主义的"帽子"扣在某一政权的头上，但是反过来说，他们也绝无可能在对于这一概念完全无知的前提之下去触碰相关的历史话题；他们所能做的，就是尽可能不像历史社会学家那样毫无顾忌地把极权主义的概念用作编织文章的经纬。

毋庸置疑，在20世纪的人类历史中，极权主义是一个至关重要的概念，同时也是一个最令人感到困惑的概念。它看似从天而降，却深深植根于历史的土壤之中。极权主义之于20世纪，就好比民族主义之于19世纪，殖民主义之于18世纪一样，是粘贴在一个完整时代之上的完整标签。从某种意义上来说，某一个时代在人们观念中的完整性恰恰由某一个标签的"完整的意义化"所缔造。因此，即便舍弃"极权主义"这个稍微显得有些老旧的概念，人们也会寻找一个意思相近的名词来表达他们关于20世纪历史的总的看法。例如，霍布斯鲍姆就使用了更为直白，也更为平易的措辞，即"极端的年代"（the age of extremes），来概括所谓的"短20世纪"（从1914年到1991年）的历史。[①] 他似乎不愿使用"极权主义"这个由当时的人硬生生地发明出来的概念，而是

---

① 〔英〕霍布斯鲍姆：《极端的年代》，郑明萱译，第4页。

将其转换成为通俗易懂的名词,自有其高明之处。[①] 从表面上看,如何对某一个时代"盖棺定论"只是一个事关语言运用的技术问题,但是对于任何政治的实际参与者以及观察者而言,缺乏关于时代标签的深刻认知就谈不上理解当下的政治,也就不具备对于未来政治发表意见的资格。这是因为,20世纪并没有真正过去,它的影子拖得那么长,以至于21世纪已经过去了20年,人们却仍然被笼罩其中,并且尚未看到影子的尽头。从这个意义上来说,正如弗朗西斯·福山关于"历史的终结"的断言一样,[②] 霍布斯鲍姆关于"短20世纪"的断言恐怕也有些为时过早了。

为了理解这个迟迟不能落幕的20世纪,无数理论家投身其中,他们要么直接给出自己的答案,并借用20世纪若干典型国家的历史进程来验证这一答案的合理性;要么反其道而行之,拒斥任何果断的、直接的答案,而是一头扎进错综复杂的历史深处,试图让史实自己道出这一时代的本质。不过无论如何,人们都无法在脱离历史语境的前提下对这一政治术语展开抽象的讨论,这导致大多数关于极权主义的论著都难以清晰地划分"论"与"史"的边界。当然,对于一般的读者而言,分辨一本论著究竟是倾向于政论的性质还是史撰的性质,也许并不是一件重要的事情;但是对于那些希望在阅读之后形成自己关于当下乃至未来的独立的看法的读者来说,具备一种针对作者的写作态度进行鉴别的能力当

---

[①] 霍布斯鲍姆在他的著作中既没有刻意回避"极权主义"的概念,也并未特别强调这一概念。不过他并不排斥使用"自由主义"这一概念,这意味着他并没有把二者视为具有相似属性的概念。

[②] 参见〔美〕弗朗西斯·福山:《历史的终结与最后的人》,陈高华译,广西师范大学出版社2014年版。

然是头等重要之事。

以彼得·德鲁克的《经济人的末日：极权主义的起源》、汉娜·阿伦特的《极权主义的起源》、塔尔蒙《极权主义的民主起源》、卡尔·魏特夫的《东方专制主义：对于极权力量的比较研究》等影响范围颇广的作品为代表，甚至也包括乔治·奥威尔创作的一系列反乌托邦文学作品在内，关于极权主义的第一批专门著作是由正在经历着，或刚刚经历过那个时代的第一批作者完成的。① 这些出于目击者或当事人手笔的著作怀着一种当代的读者恐怕很难感同身受的复杂情绪，对极权主义的思潮展开追根溯源的探讨。第一批作者带着一种强烈的控诉口吻，对"什么是极权主义"这个问题发表了至关重要的看法，而这些看法的广为流传使得"极权主义"这个专门术语变得家喻户晓。后来很多学者对于极权主义的理解便建立在他们的观念的基础之上。既然是追根溯源，第一批作者免不了采用一种倒叙的方式，但是他们大都把关注的重点放在当下，甚至放在对于未来的设想，因此没有人把第一批作者当成严肃的史学家，而是将他们划归到思想家的领域。以《极权主义的起源》为例，该书在出版之后立刻就招致了从实证史学立场出发的学者们的许多批评，焦点在于指摘其中关于史实陈述的错误。阿伦特在回应这些批评的时候坦诚地讲，她所写的并不是一部极权主义史，而是一个关于极权主义的形成因素的一个"历史性的说明"，以及一个用于分析极权主义运动和统治本

---

① 这四本书初版面世的时间分别为1939年、1951年、1951年与1957年。

身的基本结构。①阿伦特的这一回应可以被用来作为第一批作者对于史实指摘的整体辩护词。毋庸讳言,第一批作者是极权主义这一概念的集体发明者,他们最大的贡献就是把极权主义作为一个极端时代的标签明确地提了出来。

## 二、"极权主义与法"可否讨论?

把极权主义与法律相提并论似乎显得有些奇怪,因为极权主义,就其一般内涵而言,并不是一种建立在自启蒙时代以来所公认的"正当性/合法性"基础之上的统治模式,或者说它本身就意味着强烈的"非正义"或"不法"(Unrecht)。②因此,谈论极权主义之下的法律,就相当于强行把两个不能兼容的对象搅和在一起,要么是谈论"不法中的法"(Recht im Unrecht),要么是谈论"法中的不法"(Unrecht im Recht)。③这就好比谈论"厨余垃圾的

---

① 参见阿伦特对于沃格林批评的回复,转引自张汝伦:《极权主义和政治现代性——读〈极权主义的起源〉》,《现代哲学》2005年第4期,第2页。

② "不法"(Unrecht)也可以译为"非正义"。Vgl. Joachim Rückert, Das Bild der Rechtsgeschichte in der Deutschen Rechtsgeschichte der NS-Zeit zur Einführung, in: Die Deutsche Rechtsgeschichte in der NS-Zeit, Mohr Siebeck, 1995, S. 1

③ 德国法律史学者施托莱斯正是把这个充满矛盾的表述(Recht im Unrecht)用来当作他研究纳粹时期法学变迁的一本专著的主标题。至于究竟是选择"不法中的法"(Recht im Unrecht)还是"法中的不法"(Unrecht im Recht)来做标题本身就存在着巨大的争议,因为前者意味着纳粹法学的整个系统是非正义的,而后者则暗示了纳粹法学与此前德国法传统的关联性。换言之,前者意味着声讨,而后者则夹带着某些辩护的意味。施托莱斯在这二者之间选择的是第一个标题。Vgl. Michael Stolleis, Recht im Unrecht: Studien zur Rechtsgeschichte des Nationalsozialismus, Suhrkamp,1994.

可食用性"一样，难道不是咄咄怪事吗？① 因此，若要探讨极权主义之下的法律与法学，这一讨论本身便不得不首先接受如下拷问：在一个缺乏基本正义理念、毫无人道精神、犯下累累罪行的不法政权的统治之下，是否存在着作为法学之研究对象的"法"呢？对于那些认为法律必须以正义理念作为根基的人们来说，既然极权政府缺少最起码的正当性，那么其下达的命令、制定的规则自然也不能被视作"法"；但是，对于那些把"法"和"不法"的区分与形式化的标准联系在一起的人们来说，以及拒绝在"法"的概念中掺杂价值判断的人们来说，极权主义之下不仅仍然存在着法律，而且存在着系统的法学。

其实，这并非一个为现代社会专有的问题。远在古代社会，极权主义概念还杳无踪影的时候，人们就已经在思考类似的问题：在暴政下谈论法律如何可能？当暴君只把自己的言行作为法律的时候，并且将自身排除在法律的适用范围之外，真正的法律还存在吗？关于这些问题的思考最终通向一个朴素的结论，那就是在为现实权力背书的实证法之上还存在着一个效力更高的自然法；人为制定的法律有可能是非正义的，因而法律必须时刻接受永恒正义的审判。这种自古以来的朴素理念长期影响着人们对于权力与法的关系的理解。无论是从政治哲学的视角出发，还是从现代法学的视角去看，人们容易站定这样的立场：极权之下，法

---

① 将极权主义与"道德"或"规范性"并列在一起也能够产生同样奇怪效果。Vgl. Johann Chapoutot, Eine nationalsozialistische Normativität: Über den Sinn und die Werte des Nationalsozialismus, in: Arbeit, Volk, Gemeinschaft, Ethik und Ethiken im Nationalsozialismus, Herausgegeben im Auftrag des Fritz Bauer Instituts von Werner Konitzer und David Palme, 2016, Campus Verlag GmbH, S.13-14.

律无存。这是因为，现代法律建立在反抗专制和暴政的前提之下，它受到这一内在目的的驱动，将维护和保障私人权利、限制公权力滥用树立为根本宗旨，其内蕴的精神气质截然背离于极权主义，因而为之所不能容忍。而在法律无存的社会，法学当然也就没有了容身之地。简言之，自身"不法"的体制不具备谈论"法"的资格。

站在自然正义的立场上评价法律固然有其历史价值，但是严格把法律等同于"正义在现实中的化身"却未必符合法律在历史发展中的真实情况。例如，对后世私法影响显著的罗马法恰恰是在古罗马进入帝国时代之后才迎来了其发展的高峰；古罗马最著名的法学家几乎都是在严苛和暴虐的政治气氛之中做出他们的贡献。又例如，近代最重要的两部民法典，即《法国民法典》与《德国民法典》，分别是在拿破仑和普鲁士俾斯麦的强权的推动之下才得以顺利出台。因此，对于大部头的法典、大规模法律学说的集成来说，专制乃至暴政可能并不是一件"坏事"。从另一个方面来说，单纯的、无度的暴政只能导致一种与无政府主义无异的结果，即社会秩序的完全崩溃。因此，如果离开法律，没有任何专制和暴政能够统一地、彻底地行使权力，也不可能提供维持有序状态所必需的稳定性与可预期性。作为一套以"实施控制"为目的的组织原则和行动规范，极权主义毫无疑问需要一个强有力的法律框架作为支撑。因此，极权主义至少需要实证法意义上的法律，并且它有能力促成这些法律的极大发展。不过，仅仅充当暴政工具的"非正义"的法律看起来也并没有什么值得研究之处，它随着暴政的崛起而烜赫一时，并且随着暴政的坍塌而烟消云散。

然而，问题并没有那么简单。需看到，极权主义与前现代的形形色色的暴政之间的重要区别在于它从来就不承认自己是"不法"的或"非正义"的，否则它便将毫无悬念地失去对于民众进行大规模思想改造和社会动员的能力。因此，除了用以保障秩序的实证法的制度之外，极权主义还需要一套能够自圆其说的法学理论为其提供"合法性"的论证。换言之，为了证明无限抬高国家和领袖的地位、蔑视抽象的人的尊严、剥夺具体的人的权利、对人们从行动到思想进行全方位的监视和控制是"必要的"并且"完全正确的"，极权主义必须营造出一套完全不同于启蒙主义的全新的世界观（Weltanschauung），同时必须尽可能打造出一种适应这套世界观的新的法学。换言之，极权主义试图用以民族和国家为中心的新的"合法性"言说来取代自启蒙时代以来的、以个人为中心的旧的"合法性"言说，并且试图用一套以国家目的和政治实效为导向的新的法学颠覆建立在形式主义、理性主义、实证主义基础之上的旧的法学。无论对于政治哲学还是现代法学而言，这都是一个值得深入探讨和反思的问题。

如果能够暂时抛开自然正义这个参照系，极权主义之下不单存在着法律，而且极权主义之下的法律在某些方面高度发达，与之相匹配的理论化的法学则始终处于十分活跃的状态，努力参与法学话语改造的法学家们也都被赋予极高的荣誉。值得注意的是，极权主义之下的法律与法学看似有着全新的面貌，却并非凭空捏造出来的空中楼阁，它们与此前各种社会形态中的法律与法学存在着千丝万缕的联系，可以被理解为是对自由主义、社会主义以及其他传统之下的法律与法学进行极端化改造之后的产物。①从某种程度上来说，极权主义之下的法学话语一方面具有满足政治需要的即时性，另一方面又具有与不同源流的法学思维相衔接的历史性。由于极权主义本身就是一个生长在"延续"（Kontinuität）与"断裂"（Diskontinuität）的双重语境之下的怪胎，因而作为其重要组成部分的法律与法学也具有同样的双重性格，它们将根据"需要"决定是否与旧时代的某些理念保持密切的联系，以及是否与另外一些理念一刀两断。

鉴于此，人们在试图讨论"不法中的法"的时候，就难免陷入以下三大迷思。第一个迷思，极权主义之下的法律不仅与道德相分离，排斥任何传统和现代道德的介入，而且根本上是一种反道德的法律，因此它用以支撑自身"合法性"的就只有它自身。从某种意义上来说，极权主义真正实现了法律实证主义的理想，即法律的自组织与完全的形式化，然而人们在这一理想的尽头却只能看到法律虚无主义的图景。从某种意义上来说，法律实证主义存在的基本意义就在于阻止自然法的形而上学化导致法学通向极端的主观主义，但是法律实证主义却导致了同样的结果。这是否证实了法律实证主义的破产？人类法律发展的前景又在哪里？第二个迷思，极权主义之下的法学走向"异化"（alienation）的思想根源在哪里？它如何完成对之前学术理念的改造，形成了怎样的知识体系？又是怎样的一种力量将本该最理性的法律人改造为暴政的辩护人？例如，战后德国常常把1933年以来的国家司法

---

① 纳粹发动的"社会革命"远算不上激进和彻底。在上台之后，纳粹政权在方方面面都保持着与德意志第二帝国以及魏玛共和国的联系，并且还存在对于意大利法西斯主义的刻意模仿。可以说，"纳粹法学"虽然有着史无前例的"革命性"，但是它并不是一个新生事物。

系统理解为纳粹主义的受害者，认为在其中发挥作用的法律人仅仅是按照法律实证主义的惯性"奉公执法"；但是新近的研究却表明，这些法律工作者们并非消极、木讷地履行职责，而是在维护暴政这件事上具有相当的热情、能动性以及创造力。[1]这便引出了第三个迷思，极权主义仅仅是昙花一现，还是一直潜藏于现代社会的某种深层次的结构之中？甚至是潜藏于人类思维模式的某种深层次的结构之中？当人类社会所面对的自然环境、经济形势、政治局势发生恶化的时候，当人们的思想意识随之趋于极端化的时候，法律与法学能否成为防止极权主义还魂的最后一道屏障？还是根本无力回天，甚至根本无法避免自身沦为极权主义的傀儡和帮凶？之所以称其为"迷思"，在于这三个问题并没有固定的、唯一正确的答案；人们在对这三大迷思加以反思的过程之中寻求从历史出发，经由当下走向未来的一座桥梁，而这三大迷思也共同成就了"极权主义与法"这一议题的可讨论性。

## 三、为何以"纳粹法学"[2]为例？

无论是法西斯主义、纳粹主义、斯大林主义还是某种东方形

---

[1] See Michael Stolleis, *The Law under the Swastika: Studies on Legal History in Nazi Germany*, trans. by Thomas Dunlap, The University of Chicago Press, 1998, p.4.

[2] 对于1933—1945年之间的德国法学，究竟应当称其为"纳粹法学"（Nationalsozialistisches Recht），还是较为客观地称为"纳粹统治时期的法学"（Rechtswissenschaft in der NS-Zeit），本身就是一个重大的理论问题：政治上的立场应否为法学研究设定基调，归根结底取决于"法学"（jurisprudence）的定义。考虑到其一贯严谨的学术传统，德国法学界对于这两种称谓加以混用，很难被认为是无意之中的疏漏，而是刻意淡化二者之间的立场区别，避免用语相异的学者之间出现划派和对立的倾向。为尊重这样的表述习惯，本文在行文之中亦混用之，并且不对这两种称谓做区别化的界定。

态的极权主义，其下的法律制度与法学话语均有着某种共性。例如，迫于政治强力的法律与法学被迫从人为的概念和历史之中寻求自身存在的意义；法律与法学丧失主体性价值，自甘沦为政治强力的工具。这种根本性的变化在理论法和部门法的诸多领域引起一系列连锁效应：传统的法理学被注入全新的整体主义的世界观，法学方法论呈现出某种反形式主义的倾向；公法整体上获得超越私法的优先性，但是作为一切法律效力渊源的宪法的地位一落千丈，其中涉及维护个人尊严和权利的条文或被废除，或沦为具文；刑法失去对于罪刑法定主义的坚守，转变为为实现某种政治目的而存在的政策主导型的惩罚体系；民法典中的人格与主观权利等基本概念遭到不同程度的否定或架空，私人财产权的观念发生逆转；社会法的领域较之以往得到极大程度的扩张，主要体现为国家对于经济和社会文化领域的全面管制；程序法的制度性价值基本丧失，更多的适用于特别机构的特别程序取代了法定程序；司法体系出现党派化的趋向，警察权极度加强。上述这些特征在不同形态的极权主义中的发展程度有所不同，但是都切实存在，并且具有一致性。

既然如此，一个新的问题出现了：本书为何专门以"纳粹法学"为对象？或者说，把纳粹德国（1933—1945）的法律与法学作为首要观察对象的必要性何在？需看到，近代以来的德国法对于现代法学的形成产生了极为重要的影响，具体可以归结为建立在理性和历史之上的体系化的思维方法。这种具有独立性的思维方法尤为集中地贯彻于各个部门法教义学的理论与实践之中，使得法律与法学在现代社会运行的方方面面都具有显赫的地位。与英、美等由判例法主导的国家相比,德国法学拥有一副远为精密且复杂的学理框架,在幕后支撑这一框架的德国古典哲学,尤其是康德和黑格尔的哲学,则是19世纪的欧洲乃至世界最为成熟并且丰富的思想体系。尽管意大利、法国甚至西班牙、荷兰都曾在欧陆法律发展的历史上占有一席之地,但是进入19世纪之后,尤其德国在普鲁士的主导之下完成民族统一的目标之后,德国法在法律规范集成的规模、法学知识储备的厚度、方法论的更新速度、法学问题的思辨深度、法学家的理论开发能力等方面都走在了欧陆国家的最前列。可以说,20世纪初的德国拥有欧洲最完备的法律制度和最先进的法学理念。

正因如此,第一次世界大战之后的德国从遵奉"法治国"理念的魏玛共和国快速地滑向极端残暴的纳粹统治才令人感到无比的诧异与震惊——一个最优秀的法律民族仅仅经过十来年时间便堕落为一个最野蛮的暴力机器,还有什么事情比这更能说明人类理性的脆弱呢?还有什么事情比这更能促生人们对于现代性的悲观态度呢?事实上,由社会民主党实际操盘的魏玛政权在成立初期也曾竭力遏制来自不同方向的政治极端化的倾向,并且通过立法和司法的手段将保持"中间路线"的政治态度转化为具体的国家法律。但是,由于战争赔款、经济萧条、社会价值观撕裂等各方面的原因,魏玛政府始终不能提供秩序稳定与经济发展所必需的物质基础,因而在社会各个阶层眼中变成了"无能政府"的代名词,共和主义则变成了一个看起来很美,但是根本无法维持其高昂成本的梦幻泡影。纳粹势力利用人们对于魏玛政府的消极情绪合法地攫取了政权,并且在很大程度上利用了极端理性的德国法去实现极端非理性的政治目的。

在纳粹政府的统治之下，德国经过了国家社会主义意识形态的强制形塑的"一体化"，变成了一个真正意义上的"警察国家"（Polizeistaat）；德国法则被迫经历了全面而且系统的"法律更新"（Rechtserneuerung），其基本特征是以政治想象之中的日耳曼-德意志传统取代位于法律现实幕后的罗马法传统。值得注意的是，纳粹政权主导之下的"法律更新"并不是与传统的决裂，而是对于德国法中某些传统进行选择性的继承。纳粹政权在相当大的程度上沿用了魏玛时期以及第二帝国时期的法律，更为严谨地说，至少在形式上没有与之一刀两断。无论在1933年之前还是之后，法学在德国一直处于显学的地位。在纳粹的意识形态塑造与大规模社会动员的活动中，从来都不缺少法学家和法律史学家的身影；囿于特殊的政治目的，以追根溯源为使命的法律史学的重要性被异乎寻常地抬高了。从另一方面来看，法律精英阶层在国家决策与社会管理系统中的优势地位并未因为1945年纳粹政权的覆亡而受到撼动，纳粹时代个别的"桂冠法学家"（Kronjurist）在经历了短暂的沉默之后甚至赢得了更加显赫的声誉。不仅如此，纳粹时期的德国法还构成了战后德国法进行反思、批判和重建的宏观背景。因此，无论在思想上，还是在行动上，亦无论向前，还是向后，纳粹法学都保持着相当明显的连续性。从某种意义上来说，它应当被视为德国法学发展在20世纪所经历的一个特殊阶段，而不应当从德国法律史的脉络中被整体剥离。事实上，如果缺乏对于纳粹时期德国法的一般了解，那么"二战"之后乃至两德统一之后的德国法也就不容易被妥善地理解。

"二战"之后联邦德国的法学界对于纳粹时期的德国法律史在整体上保持缄默。这一时期并非没有关于纳粹法学的研究，但正如施托莱斯所说的那样，"在德意志联邦共和国成立的头几年，人们对于纳粹法的学术研究被其他更为紧迫的任务所掩盖。法律院校以及里面的法律史学家几乎无一例外地回避这个话题。对纳粹主义之下的法律变革的第一次调查显然仍然服从于非历史的目的，这些目的在性质上是教育性的、道歉性的或政治性的，因而价值有限。"[①] 诚如其言，相当多的学者已经察觉到了纳粹法学与德国法学传统的"连续性"，只不过为了保持政治上的正确，他们长期"故意"忽视这种连续性的存在，或是"假装"其根本不存在。时至20世纪60年代末，联邦德国步入战后经济复苏的尾声，个别学者开始试图恢复纳粹时期法律史学的自我意识。但是相对客观的学术观点发表不久便遭到激烈的驳斥，这种态度被指责为一种旨在为纳粹法学洗刷历史责任的辩护。这场辩论之后，关于"纳粹法学之价值评判"的话题不久便陷入了沉寂。

直至20世纪80年代后期，学术反思的帷幕才缓缓拉开。1980年3月底，来自联邦德国各地的法律史学者聚集在慕尼黑，他们围绕"纳粹时代的法律与法学"展开了第一次比较全面的反思和讨论，并对于纳粹法学给出了一个总体评判，即"非正义/不法"（Unrecht），以标明其区别于1933年之前以及1945之后的德

---

[①] See Michael Stolleis, *The Law under the Swastika: Studies on Legal History in Nazi Germany*, trans. by Thomas Dunlap, pp.10-11.

国法学的本质上的差异性。[①] 然而，这一标签化的判断似乎仍然暗示着某种既有的思想倾向，那就是片面地强调"断裂性"，以及把纳粹时期的法律与法学从德国法律史当中完整地剥离出去的一种企图。从某种程度上来说，德国学者的处境相当为难。一方面，历史学家们对于"连续性"难于启齿，因为这相当于承认德意志文化基因之中存在一贯的恶；相比之下，把所有责任全部归咎于希特勒及其纳粹统治集团，然后对其嗤之以鼻，是一个在情感上更为容易接受的方案。正如以色列学者莫塞赫·齐默曼（Mosher Zimmermann）指出的那样，只有从域外视角出发的人才能以负责任而又中立的态度描述"第三帝国的正义"这样仅在文字表面就呈现出深刻矛盾的修辞；因为"身在此山中"，德国人关于这一问题的所有表述都只能被视为一种道歉或是一种控诉。[②] 另一方面，法学家们很难对于"连续性"视而不见。在《法学导论》第九版的序言中，康拉德·茨威格特特别引用了拉德布鲁赫在1945年重新整理笔记的时候记录在笔记本中的一句话："为了那些从战场上归校的各年级的大学生重新整理——或许特别要加进与纳粹统治时代有关的法律恢复与重构。"[③] 显然，在拉德布鲁赫看来，若是缺乏对于纳粹时期的法律与法学的反思，没有对这一明显发挥着塑成性影响的思想渊源的把握，当代（战后）德国法就根本无法

---

① "非正义"（Unrecht）也可以译为"不法"。Vgl. Joachim Rückert, Das Bild der Rechtsgeschichte in der deutschen Rechtsgeschichte der NS-Zeit zur Einführung, in: Die Deutsche Rechtsgeschichte in der NS-Zeit, S. 1

② Michael Stolleis, *The Law under the Swastika: Studies on Legal History in Nazi Germany*, trans. by Thomas Dunlap, pp.vii-ix.

③ 〔德〕拉德布鲁赫:《法学导论》，米健译，法律出版社2012年版，第九版序言，第1页。

被理解。

至1987年夏秋之交，德国的法律史学界又在慕尼黑南郊的林贝格宫召开学术会议，主旨定位于对纳粹时期德国法律史学进行回顾与评价。这次会议的部分发言稿在1989年结集出版，书名为《纳粹时代的法律史：学科史的文集》（Rechtsgeschichte im Nationalsozialismus: Beiträge zur Geschichte einer Disziplin），其中收录的论文在尺度上突破了学界既有的禁锢，为后续不断走向深入的研讨打下了坚实的基础。[1] 这部会议文集的主编之一，公法学家和法律史学家施托莱斯（Michael Stolleis），也成为这场学科反思运动的领军人物，而包括吕克特（Joachim Rückert）、克罗舍尔（Karl Kroeschell）、兰道（Peter Landau）、维洛维特（Dietmar Willoweit）、卢伊格（Klaus Luig）等一批著名的法律史学者，也纷纷投身于这场迟来的反思。以这本重要的论文集作为先导，德国图宾根的莫尔出版社（Mohr）策划了一套"20世纪法律史系列丛书"（Beiträge zur Rechtsgeschichte des 20. Jahrhunderts, BtrRG），陆续出版以20世纪现（当）代法律史为研究对象的德语学术作品。[2] 截至2021年，这套丛书已经出版了112本，其中将近半数的作品是研究纳粹或法西斯法律史的文集或专著，其余作品大多也包含描述纳粹或法西斯法律史的章节。值得注意的是，

---

[1] Vgl. Michael Stolleis, Dieter Simon, Rechtsgeschichte im Nationalsozialismus: Beiträge zur Geschichte einer Disziplin, Mohr Siebeck, 1989.

[2] "20世纪法律史系列丛书"首次出版于1988年。由于其方法论和主题的开放性，它已成为20世纪法律和法律政策研究的重要论坛，接受有关民法和刑法史、公法和社会法史、法学史和司法史的论文。起初国家社会主义的不公正和法律处于前台，但很快就增加了魏玛时期的经济和劳动法，以及战后两个德国国家的关键法律问题。

该系列丛书中有不少种著作把魏玛德国与纳粹德国放在同一个论域之中，也就是把观察的时间范围限定在1919年至1945年之间，突破了1933年至1945年这一原本被封闭起来的时间段；此外，还有部分著作把纳粹德国与"二战"后的民主德国放在一起论述，强调纳粹法学对于后世产生的影响。这意味着，纳粹德国的法律与法学已经被德国学界纳入了德国法律史的整体脉络。

时至今日，纳粹政权的覆灭已有将近80年的历史，魏玛与"二战"的亲历者纷纷谢世，但是世人对于这段历史的反思却一直处于进行之中。随着越来越多的资料公之于世，希特勒统治下的德国之面貌也愈发的清晰，这使得以尽可能真实地还原纳粹法律的实际状况为基本宗旨的严肃的法律史研究成为可能。进入21世纪之后，各国的学者从不同的视角切入进来，使得关于纳粹法学的反思日渐成为一个开放的研究领域。

## 四、视角与方法

德语学术界在讨论纳粹法学的时候不可避免地背负着历史的包袱。对于德国学者来说，如何理解纳粹时期的"法"是一个无论如何都绕不过去的问题。只有解决这一先决问题，他们才能确定究竟哪些内容可以被纳入德国法律史讨论的范围，哪些内容又必须从这一范围之中被刨除出去。战后德国公法史研究的权威米夏埃尔·施托莱斯对于"纳粹的法"给出了从窄到宽的三层定义：第一，最狭义的"纳粹的法"是指那些强烈反映纳粹意识形态的法律制度，例如针对犹太人的法律、婚姻家庭领域的立法等等；

第二，在中观的意义上，"纳粹的法"是指那些由纳粹政权创设的各种门类的法律及制度，无论其是否具有强烈的种族主义色彩、纳粹意识形态或极权政治的功能；第三，最宏观意义上的"纳粹的法"是指德国自1933年到1945年之间的整个的法秩序，既包括制度实践也包括理论和方法。

施托莱斯关于"纳粹的法"的三层界定比较妥善地解决了长期悬而未决的这一先决问题，而这一划分大体上也对应着战后的德国学术界对于纳粹法学不断深化的研究过程。德国学者最初关注的主要是那些严重违反基本正义准则的法律制度和法律实践；而后，学者们不再将目光局限在那些令人发指的严重罪行，而是关注纳粹统治时期大体上"井然有序"的社会生活是何以实现的，也就是考察一种常态化的法律运作是如何与纳粹的法律信念、意识形态嵌合在一块的。不过，在这两个维度上，除了涉及战后追责和去纳粹化的问题之外，学者们仍然保持着将"纳粹法律史"从整个德国法的历史叙事中切分出来加以单独讨论的态度。两德统一之后，一部分德国学者开始尝试将"纳粹的法"置于整个德国法律发展的脉络之下，讨论其在连续性和断裂性这两种相反力道相互拉拽之间产生的特殊状况。这种从"回避"到"坦然"的态度转变与学术界的更新换代存在着密不可分的关系，因为那些经历过纳粹统治的学者们大都已经逝世，而新生代的、从未亲身经历过纳粹时代的研究者可以部分卸下沉重的历史负担，以更为客观的立场来审视和反思纳粹时代的法学。作为一个例子，魏德士（Bernd Rüthers）在他关于第三帝国公法学家卡尔·施米特的研究之中安排了题为"本书的风险"的一章，对于本书可能被读者误解为一种"清算式"的研究专门进行了辩解和澄清。[①] 然而，这种更为"客观公允"的，甚至在某种程度上显现得有些冷静过头的学术审视，又招致了另一种风险，即来自于另一批读者的"为纳粹开脱历史责任"的公开指责。[②]

类似情况也发生在英语学术界。仍以施米特研究为例，关注这一研究领域三十多年的美国学者乔治·施瓦布（George Schwab）发现，英语学术界对于施米特的态度存在三个清晰可辨的发展阶段："第一个时期从希特勒夺权的时候到大约 20 世纪 70 年代初，在这个时期只要一提施米特的名字通常会招致敌意，这使得客观的论述是不可能的；第二个时期是 20 世纪 70 年代的十年，这十年可以描绘成为施米特研究打下坚实基础的年代；第三个时期是 20 世纪 80 年代以来，施米特研究在各地有了几乎迅猛的增长，比如关于施米特本人、关于他的观点、关于这些观点与其他思想家的观点有何关联以及关于他的观点对年轻的学者和思想家产生的影响。"[③] 英美学者关于施米特研究的态度转变是意识形态的影响逐渐淡化的一个反映，同样的态度转变也发生在关于其他议题的讨论之中。

不过，英语学术界对于纳粹时期法律问题的关注颇为杂多，学者们关心的重点与德国学者也存在着不小的差别。由于是从外

---

① 参见〔德〕贝恩德·吕特尔斯：《卡尔·施米特在第三帝国》，葛平亮译，上海人民出版社 2019 年版，第 23—33 页。
② 从魏德士和卡纳里斯两位学者围绕"拉伦茨与纳粹之间的关系"这一话题展开的激烈辩论中，人们便可以充分感到两种不同立场之间的交锋。
③ 〔美〕乔治·施瓦布：《例外的挑战》，李培建译，上海人民出版社 2015 年版，再版序，第 6—7 页。

部视角出发，英美学者不会背负着沉重的心理包袱，即不会过多地顾虑"纳粹的法"的不同层次可能对于研究范围产生何种限定和影响，而是在对纳粹史加以整体把握的基础之上，从具体而微的问题着手切入法律史的研究。换言之，他们的研究不会囿于正义的考量，也不会囿于部门法的思维，而是把重点放在对于具体的人物、事件、制度及其相互关系的关注上。因此从某种程度上来说，英美学者所做的相关研究并不具备明确的"法律史"意味，他们也从未为纳粹法学是否可能被纳入德国法律史的脉络而绞尽脑汁，而是选择最有表现力和说服力的角度，就事论事、以小见大地呈现出纳粹时代的法律制度与法学思想的真实面貌。可以说，这是一种在政治史和社会史叙事之中夹带的法律史研究，或者说是一种介于一般史学和法律史学之间的中间性研究。

需要说明的是，时至今日，无论在德语学术界还是英语学术界，也无论是在法学界还是史学界，学者们围绕纳粹时期的法律体制已经展开了相当深入的探讨，并取得了丰硕的成果，围绕这一主题的各类研究成果可谓汗牛充栋，而且文献的数量仍在增加。迈克尔·拉克（Michael Ruck）出版的关于纳粹主义的标准参考文献在1995年的版本中收录了25000个条目，而在2000年的版本中已经增加到37000多个条目。① 因此，对于主题相关文献做出穷尽式的排查和整理是不可能的，也是没有必要的。然而，对于希

---

① 参见〔英〕理查德·埃文斯：《第三帝国的到来》，赖丽薇译，九州出版社2020年版，序，第 viii 页。

望进入这一研究领域的学者来说,通过对这些文献进行类型化的区分实属必要之举,因为不同类型的作品代表了不同类型的研究视角和研究方法。

第一类典型作品出自史学家之手笔,要么是对于纳粹统治的高度概括,要么是全景式呈现纳粹德国"政治化社会"的鸿篇巨著,要么是针对纳粹统治细节的个案研究,属于较为宽泛的"纳粹史学"的研究类型。德国史学家弗里德里希·迈内克的《德国的浩劫:反思与回忆》一书出版于1946年,迈内克把纳粹的思想渊源诉诸马基雅维利主义,并由此提出了纳粹史写作的一个核心问题:一个理性的德国为何会轻易屈服于野蛮的力量。[①] 较早系统地论述第三帝国历史的著作是美国新闻观察家威廉·夏伊勒(William L. Shirer)在1960年出版的《第三帝国的兴亡》。这部著作类似于一种生动、翔实的"前线全纪实"报道,然而它在史观方面,即对于纳粹夺权的必然性的判断,招致了不少历史专业人士的批评。例如,流亡学者爱泼斯坦(Klaus Epstein)认为这部作品是一种"粗糙得令人难以置信"的叙述,似乎在说纳粹攫取政权完全是历史的必然。[②] 接踵而至的是卡尔·布拉赫尔(Karl Bracher)在1969年出版的《德国的独裁:起源、结构和国家社会主义的影响》。相比之下,该著作更具专业性和思想性,并且深入挖掘了纳粹主义背后的思想渊源;但也正因如此,它并不能够像夏伊勒的著作那样产生如此广泛的社会影响。这类以"探究兴亡

---

① 参见〔德〕弗里德里希·迈内克:《德国的浩劫:反思与回忆》,何兆武译,商务印书馆2012年版。

② 参见〔英〕理查德·埃文斯:《第三帝国的到来》,赖丽薇译,序,第ix页。

原因"为出发点的史撰在优点或缺点方面都很鲜明,它们集中满足了战后人们对于非常时代的"反思"的需求,但是难以掩饰一种对于历史发展必然性的笃定的"假设"。

20世纪七八十年代,随着大批档案的回流,德国学者的研究呈现出精细化的趋向,并且提出了不少批判既有成见的新观点。其中最鲜明的例子便是德国历史学家马丁·布罗斯查特(Martin Broszat)在1981年出版的《希特勒国家:第三帝国内在结构的建立与发展》。[①] 布罗斯查特注意到,以布拉赫尔为代表的早期研究者过于注重"元首"希特勒在政治生活中的"人格力量",他们认为希特勒个人在纳粹夺权、发动战争以及制造大屠杀等方面发挥了决定性作用,把希特勒理解为一个擅长谋划和布局的政治强人。这被概括为"意志论"的观点。布罗斯查特提出了与之相反的"功能论"。布氏认为,作为元首的希特勒是所有德国人共同塑造的一个神话;纳粹组织内部看似铁板一块,其实各种势力暗流涌动,相互之间的关系非常复杂;希特勒以其元首的地位充当各种势力的调停人和裁决人,而绝非一位乾纲独断、政由己出的统治者。简言之,希特勒本人在很多决策过程中并不能发挥一锤定音的作用。"意志论"与"功能论"这两种关于元首地位的学说在解释纳粹政权的性质、纳粹规划的程度、纳粹政权的组织架构以及希特勒在政治决策中发挥的作用等方面存在着重大的不同。这两种理论看似是一个纯粹的关于政治见解的争议,但是它们毫无

---

[①] Martin Broszat, Der Staat Hitlers, DTV, 1969, published in English as Martin Broszat, *The Hitler State*, trans. by John W. Hiden, Longman, 1981.

疑问影响了学者们对于纳粹法学的看法。①

进入 21 世纪，鉴于文献资料的充实以及视角和方法的多元化，关于纳粹德国的历史书写变得更加丰满和成熟。英国历史学家迈克尔·伯利（Michael Burleigh）撰写的单卷本《第三帝国史》（*The Third Reich: A New History*）于 2001 年出版，理查德·埃文斯（Richard Evans）撰写的三卷本"第三帝国三部曲"（*The Coming of The Third Reich, The Third Reich in Power, The Third Reich at War*）于 2003 年出版。这两部具有代表性的全景式著作不仅使得此前可能因为意识形态而失之偏颇的评价得到了纠正，而且对纳粹统治的制度背景做出了更为可靠的还原，对纳粹主义的思想渊源进行了更为深入的挖掘。从某种意义上来说，这两部著作是对既往纳粹史研究的学术综述性质的作品，不过它们把注意力集中于更为丰富的史料呈现，基本摆脱了早期史撰用一两句话概况纳粹主义兴亡原因的企图。

第二类典型作品是旨在对于纳粹统治进行评价的理论著作，它们大多出于被迫流亡的学者之手，尤其是出于流亡学者群体中的犹太学者之手，因而可以被概括为一种"流亡政治学"的类型。这些作品的作者曾生活在纳粹统治之下，对于纳粹暴政有着切肤之痛，这是他们能够以严谨的学术立场针对纳粹德国的政治属性

---

① 例如，德意志工人党（DAP）在 1920 年 2 月 24 日被希特勒改名为德意志国家社会主义工人党（NSDAP），他同时颁布了臭名昭著的《二十五点纲领》，其第十九点宣称要用德意志民族的"共同体法"取代服务于物质主义的罗马法。那么，这一主张究竟与纳粹夺权之后的"法律更新"运动之间存在着多大的联系？这样的法律文件是否值得历史学家认真审视？基于布拉赫尔的意志论或布罗斯查特的功能论，人们可能得出截然不同的答案。相比之下，布罗斯查特给出的答案显然是更为复杂的。

进行理论分析的原动力。当然，他们写作的目的并不是像史学家那样还原历史，而在于深刻揭示纳粹统治的结构性特征，对纳粹主义诞生的原因提供理论解释。这些作品的目的在于说理，因而富于充沛的情感和感召力，但是在史实方面则不免存在这样或那样的缺陷。前文提到的德鲁克、阿伦特、塔尔蒙、魏特夫等学者都属于这一类作者。此外，较之这些学者的视野更加宏观的政治哲学家如哈耶克、施特劳斯等人也属于流亡作者之列。[1]受到"流亡者心态"的驱使，这类学者具有思想上的爆发力，他们言辞激烈、斗志高昂，时而流露出强烈而又纯粹的批判性，其话语表达往往是直来直去的，而绝非那种思前想后、欲说还休的风格。

值得一提的此类作品主要有两部，其一为恩斯特·弗伦克尔（Ernst Fraenkel）的《双重国家：对独裁理论的讨论》，其二为弗朗茨·诺依曼（Franz Neumann）的《贝希摩斯：国家社会主义的结构与实践（1933—1944）》。[2]弗伦克尔在《双重国家》中的核心观点认为纳粹德国存在着双重面向，其一为规范国家（Normenstaat），其二为特权（措施）国家（Maßnahmestaat）。[3]

---

[1] 施特劳斯被视为流亡政治学的典型代表。参见〔美〕谢帕德：《施特劳斯与流亡政治学：一个政治哲人的锻成》，高山奎译，华夏出版社2013年版。

[2] 弗伦克尔与诺伊曼的早期经历非常相似。他们在魏玛时期都从事劳动法的研究和实践，在政治立场上都是比较激进的社会主义者，两人均活跃于以辛茨海默为核心的圈子。由于犹太人的身份和偏左的政治立场，两人均在纳粹掌权之后逃离德国，流亡到美国：诺依曼在希特勒上台之后便逃离了德国，而弗伦克尔则坚持到了1938年。在抵达美国之后，两人均不约而同地把研究中心转移到了政治科学领域。弗伦克尔的著作出版于1941年，但他在1938年逃离德国之前，便已经展开了该书的写作。

[3] 此处"Maßnahmestaat"的字面意思是"措施国家"，有人也将其翻译为"特权国家"，此处采用字面翻译。措施国家反映了国家权力行使不受任何制约的一面，而规范国家则反映了一种在恐怖统治所允许的范围内的法律秩序。

他强调了"常规"和"恐怖"并存的状况,而这一区分对于理解纳粹的立法和司法实践具有重要的启示意义。当然,"双重国家"的两个部分之间的边界在实践中往往界定不清。诺依曼则认为,"第三帝国"从来都不是一个像它所宣称的那样的"统一体",这一政治体既不存在统一的意识形态,也不存在连贯的组织架构。纳粹政权的各种决策过程充斥着内在矛盾,集中反映出的乃是四种既相互重叠又存在竞争的关系,具体来说也就是纳粹党、国家官僚、军队和大型企业之间的相互斗法。因此,纳粹政权的每一项决策都是彼此依赖又相互牵制的权力中心博弈的结果。诺依曼的这一判断与历史学家布罗斯查特的判断不谋而合。通过揭示纳粹统治的多元权力架构,很多看似矛盾的举措便能够被理解。例如,纳粹党一方面毫不留情地没收政治对手以及犹太人的私人财产,另一方面又在整体上维护一种保障私人所有权的经济秩序,这使得纳粹德国的民事法律处于一种表面上宣称对一切人有效,但是实质上则处于"只对特定的对象有效"的逻辑混乱的状态。显然,对于纳粹政权结构的不同解读深刻地影响着人们对于纳粹时期的法律与法学的认知与理解。

第三类典型作品是针对纳粹时期的法律与法学进行的最直接的反思、批判和总结,他们大多出于战后德国本土的法律史学者之手,属于最为狭义的"纳粹法学史"的研究类型。这一类型中最具代表性的两部作品是两代学者个人研究成果的文集,其一为老一代公法史学者米夏埃尔·施托莱斯在 1994 年出版的《不法中的法:对于纳粹法律史的研究》(Recht im Unrecht: Studien zur

Rechtsgeschichte des Nationalsozialismus），①其二是新一代法律史学者吕克特于2018年出版的《通过法的不法：论纳粹时期的法律史》（Unrecht durch Recht: Zur Rechtsgeschichte der NS-Zeit）。②这两本文集的出版时间相差24年，代表了两代德国学者对于纳粹时期法律史研究状况的整体把握。它们将"法"（Recht）与"不法"（Unrecht）作为其标题的核心，③足以说明德国法学界一贯坚持的鲜明立场：首先，从整体上承认纳粹政权的不法性，以此为前提切入第三帝国的立法、司法和法学等方方面面的具体问题的讨论；其次，在承认纳粹政权的"不法性"的同时，并不抹煞纳粹法学与之前、之后时代的法学的"连续性"。

就具体内容而言，施托莱斯的文集包括了三个部分共十二项具体研究，其中有四项研究集中讨论了纳粹时期的法律史学，四项研究讨论纳粹时期宪法与行政法，两项研究概括地讨论了纳粹时期的军事制度和司法制度，另有两项个案研究，分别以纳粹统治之下慕尼黑的反战组织"白玫瑰"的命运，以及公法学教授特奥多尔·毛恩茨（Theodor Maunz）的职业生涯为观察对象，展开对纳粹的司法和法学教育的讨论。从某种程度上来说，施托莱斯的论文集开创了以相对客观的学术态度研究纳粹法学的先河，但是全书并未涉及纳粹时期私法、社会法等部门法的发展状况，这

---

① Michael Stolleis, Recht im Unrecht: Studien zur Rechtsgeschichte des Nationalsozialismus, 1994.
② Joachim Rückert, Unrecht durch Recht: Zur Rechtsgeschichte der NS-Zeit, Mohr Siebeck, 2018.
③ 前者为"不法中的法"，后者为"通过法的不法"，这两个标题都表达出纳粹政权把法律当成工具以实现"不法"目的的意思。

也为进一步的研究留下了空间。施托莱斯论文集的英文版在1998年以《纳粹党徽之下的法律》(*The Law under the Swastika*)之名出版，在英美学术界产生了较大的反响。[1] 作为莫尔出版社"20世纪法律史系列丛书"的第96本专著，吕克特组织撰写的文集同样包括三个部分共十二项具体研究，其中四项研究讨论纳粹法学的结构性特征；五项研究讨论纳粹法学的具体领域，包括法律史、刑法、行政法和私法等领域；最后还有三项发生在南德（或奥地利）的个案研究，分别涉及符腾堡州主席欧根·博尔茨（Eugen Bolz）在1944年夏季行刺希特勒的计划失败之后所遭受的政治迫害，如何从法学角度评价位于奥地利伊森施塔特[2]的抵抗组织"克雷绍圈"（Kreisau circle），以及纳粹时期哈勒大学（Universität Halle-Wittenberg）开展法学教育的状况。与施托莱斯文集相比，吕克特文集所涉及的研究范围更广泛、分析更加深入、个案研究更加精细，对于既往学术观点的批判也更加尖锐。不过，前后两本论文集在论文主题的选择以及配比上高度相似，即宏观、中观和微观的研究各占三分之一，这大致反映出近三十年以来德国法律史学界对于纳粹法学研究的总体风格。

囿于各种原因，我国学界对于20世纪上半叶欧陆法律史的研究比较薄弱。就纳粹时期德国法的发展来说，不仅教材仅以寥寥数语带过，大多数涉及相关研究的论著也是秉持着一概否定、毋

---

[1] Michael Stolleis, *The Law under the Swastika: Studies on Legal History in Nazi Germany*, trans. by Thomas Dunlap.

[2] 伊森施塔特（Isenstadt）位于奥地利，该名为"二战"时期所专用，此地曾掀起一场反抗纳粹的民众运动。该城今名为艾森施塔特（Eisenstadt），为奥地利布尔根兰州（Burgenland）的首府。

须多言的立场，对于具体问题不加深究。在前文所列的三类典型作品之中，自20世纪90年代以降，以阿伦特作品为代表的第二类典型作品，即"流亡政治学"类型的作品，被集中翻译为中文，并在中国学界广为流传，甚至在思想界掀起一阵批判极权主义的风潮。近十数年来，许多在世界范围内享有盛誉的第一类作品，即大部头的"纳粹史学"著作以及相当数量的纳粹史专论、人物传记、亲历者回忆录开始被陆续译为中文。相比之下，由专业法律史研究者撰写的关于纳粹法律与纳粹法学的专论，即"纳粹法学史"类型的作品，仍然处于默默无闻的状态，不仅没有被翻译过来，甚至原著亦不为国内的法律史专业研究者所知晓，实乃遗憾之事。这类作品受到冷遇的主要原因可能在于专业门槛过高、阅读的受众范围过窄。因此，将尽可能多的第三类典型作品介绍到中国学界，使之为更多的中国知识分子所了解，便具有重要的意义。

## 五、论题与文献

鉴于希特勒和纳粹党成功攫取权力具有极大的偶然性，以及纳粹政权与之前的德意志第二帝国、魏玛共和国之间在诸多方面保持着藕断丝连的复杂关系，纳粹法学呈现出一幅多样化和动态化的图景，就好像波动水面之上的倒影一般，始终以某种不连续的、破碎的面貌示人，并且始终处于一个摇曳和变动的快速过程之中，就仿佛拉德布鲁赫所言之"在一段时间内处于完全流动状态的法律"。[①]

---

[①] 〔德〕拉德布鲁赫：《法学导论》，米健译，第九版序言，第1页。

在执政初期，纳粹政权几乎原封不动地继承了魏玛时代的所有立法，也包括魏玛宪法；但是与此同时，纳粹政权根本无视这些既有法律的规范效力，而是大张旗鼓地开动各式各样的立法机器另立新法；[①] 在这一过程之中，纳粹的法学家们迅速开发出一套完全不同于传统法学话语的全新的术语体系。[②] 司法官则极大地扩张了法律解释的权限，因为他们对于快速膨胀的政治性立法并没有足够强的适应能力。简单地说，立法与司法之间存在严重的脱节，法学也不再构成对于立法和司法的有效制约。司法官被要求绝对效忠于纳粹党的领袖意志，只要证明做到了这一点，他们在个案中对于法律进行解释的空间几乎就是没有任何界限的。从这个意义上来看，包括法学家与司法官在内的法律人阶层相当积极地参与了纳粹法学框架的建设，因而他们并不能在事后被当成纳粹暴政之下纯粹被动的受害者。

人们通常认为，既然任何一种类型的极权统治都试图将国家能力扩张到可能到达的极限状态，那么其针对内部的控制和管理就必定是"均质"的。换句话说，极权政府对于所辖不同地区、不同行业的法律实践，无论在效率方面还是在力度方面，都是完全同步、统一并且一致的。然而，事实并没有那么简单。纳粹政权在将其触角深入各个地区和领域的过程中，倚仗着不同的力量，使用着不同

---

[①] 纳粹政权的立法机关以某种相当分散的形式存在着，包括但不限于希特勒本人以及帝国总理府、政府各部、党的总理府、党卫队和纳粹地方头目高雷特（Gauleiter）等机构与个人。这方面的代表性著作包括：贝恩德·梅滕斯（Bernd Mertens）撰写的《纳粹时期的立法》（2009年）。

[②] See Michael Stolleis, *The Law under the Swastika: Studies on Legal History in Nazi Germany*, trans. by Thomas Dunlap, pp.64-83.

的方法，也达成了不同的效果。例如，希特勒的政治生涯虽然发迹于德国南部地区，但是几乎所有的反纳粹组织都是从南德诸邦或奥地利涌现出来的，这说明纳粹主义在很大程度上仍旧是北德意志思想（即普鲁士）的一种延续，这导致纳粹政权对于南部高地的管控效果反而是相对较差的。再例如，纳粹主义的意识形态对于刑法、土地登记法、税法、社会保障法以及劳动法等规范领域施加了相当大的压力，但是施加于债法、家庭法和继承法等技术性较强的法律领域的压力就没有那么大。这些法律领域可以说仍旧保持着原有的独立性，这种独立性不仅为纳粹政权所默许，甚至在某种程度上满足了纳粹统治的内在需求。因此，纳粹统治之下的法律运行远远不是假想中处于"均质"的状态，这是开展纳粹法学研究的一个重要的前提。

研究纳粹法学无法忽略纳粹的理论家曾经试图营造的一套全新的世界观，它建立在与18世纪的理性主义、启蒙主义相对立的，内涵极为含混的"浪漫主义"（romanticism）的政治遗产之上。而当这种浪漫主义与德意志本土的唯心主义哲学[①]与民族主义社会学结成了牢不可破的攻守同盟的时候，那种以"成败论英雄"的政治现实主义就开始注入纳粹的精神内核，同时架空那种把法律视为客观中立的理性判断标准的一贯理想，诸如"关于秩序和组织的具体思考"（C. 施米特）、"种族法法理学"（H. 尼克莱）以及"民族自然法"（H. H. 迪策）的理念开始在法学界涌现出来。

---

[①] 1933年之前，在整个法律哲学领域盛行的主要是保守的黑格尔主义（J. 宾德尔、K. 拉伦茨、E.R. 胡贝尔）和其他新唯心主义变体，这些新唯心主义也继承了约翰·费希特和弗里德里希·谢林的思想。See Michael Stolleis, *The Law under the Swastika: Studies on Legal History in Nazi Germany*, trans. by Thomas Dunlap, p.17.

受到形而上层面发生改变的影响，法律史学在德国法学"历史化"（historicization）的改造过程中发挥了至关重要的作用，掌握学术话语权的法律史学者有组织地参与到价值再评判与方法论重构的过程当中，形成了一套针对实证主义法学的具有强烈批判性的理论，造就了一批空前绝后的法律术语，并对于所有的部门法产生了长期的、辐射性的影响。这些理论与纳粹的政治话语相裹挟，在战后很长的一段时间里为学者所讳言，但无可否认的是，其中蕴涵的针对现代主义的批判性并未湮灭，而是以另外的形式存在于当代德国以及欧盟的政治思维与法律实践之中。①

纳粹统治之下的德国既可以说最重视宪法学的研究，又可以说完全没有宪法学的研究。这种"全有"与"全无"的并存创造了一种极为特殊的状态，也就是施米特所说的被宪法所允许的"例外状态"，或者是另一个在字面上就自相违背的新概念，即"宪法独裁"。在施米特为纳粹政权量身打造的宪法理论之中，国家高于宪法，而宪法为国家提供了处理各种例外状态所需的框架；至于是否从以"规范"为中心的正常状态切换到以"决断"为中心的例外状态，或是反过来切换，唯一的决定权掌握在主权者的手中。在施米特的理论当中，"合法性"的概念因为被等同于"自由主义"或"实证主义"而失去意义，进而被一个实质的和意识形态

---

① 关于纳粹时期法律史学的代表性作品主要有如下几部：米夏埃尔·施托莱斯（Michael Stolleis）与迪特·西蒙（Dieter Simon）合著的《纳粹的法律史：对学科历史的贡献》（1989年）；吕克特（Joachim Rükert）与迪特马尔·维洛维特（Dietmar Willoweit）合著的《纳粹时期的德国法律史：学科前史及后续影响》（1995年）；吕克特撰写的《通过法的不法：论纳粹时期的法律史》（2018年）；埃尔基莱·维勒（Erkkilae Ville）撰写的《良知的概念性变迁：弗朗茨-维亚克尔和德国法律史学 1933—1968年》（2019年）。

化的"正当性"概念所取代。鉴于这个"正当性"是主权者用来评价自身所做决断的唯一标准,它常常被转换为"国家的需要""关于秩序和组织的具体思考""元首的意志""人民共同体的需要""共同福利""忠诚和信仰"等口号,那么原先配备于公法之中的从个人权利出发的各种限制国家权力的机制也就被取消了。在这样的例外状态之下,充当魏玛宪法基石的"法治国"(Rechtsstaat)原则也就随着正常状态一并被束之高阁了。[①]不过,施米特的这一理论究竟在多大程度上变成了纳粹德国的政治现实,的确还是一个值得研究的问题。纳粹的权力结构呈现出多极竞争的样态,不同的竞争者出于自身的目的对于新理论的理解和执行程度各有不同,这导致某些机构在运行过程中并没有完全脱离其原先的宪法基础,也导致魏玛宪法的某些条款在纳粹统治期间的个别领域甚至仍旧发挥着部分残余的功能,而并非如人们所想象的那样彻底遭到废弃。

纳粹时期的行政法也并非毫无研究的价值。在不断被强调的例外状态之下,勉强保留建制的各邦行政法院事实上失去了监督行政行为的基本职责,以便减少对"政治领导行为"和"酌情政治决定"的"不当"阻碍。政治警察,即盖世太保,在1936年之后完全免于行政法院的监督;能够对其行动进行制约的只有更高级别的政治机构,例如元首本人。这表明传统的"行政"概念在纳粹时期已经趋于瓦解,并退化为某种原始的、依靠暴力的"统治"或"治权"(imperium)。颇具有讽刺意味的是,希特勒在

---

[①] 关于"法治国"概念在纳粹时期转型的代表性著作是由克里斯蒂安·希尔格(Christian Hilger)撰写的《第三帝国的"法治国"概念:一个结构分析》(2003年)。

1941年4月4日颁布命令建立了联邦层面的"帝国行政法院",将普鲁士高等行政法院并入其中。从某种程度上来说,纳粹政权设立这一机构的动机本身就是一个值得思考的问题,而这一机构的实际运作也是值得考察的历史细节。[①]

在纳粹时期与行政法密切相关的部门法是刑法。自纳粹掌权以来,这两个部门法之间的边界变得越来越不清晰。例如,纳粹政权在1933年之后对于犹太人社区的行政管理手段不断收紧,事实上与执行刑罚已经没有什么差别了。纳粹特别注重刑法具备的显著的政治功能,并且打着"维护和平与秩序"的旗号来恐吓和镇压反对者,建立起一个控制和压迫的严密体系。由于消除了个人主义和自由主义的"毒瘤",在传统刑法中被奉为圭臬的"罪刑法定"的原则,正如为宪法所保障的正常状态那样,虽未废黜,但已被搁置一旁;与此同时,特别刑法也开始从不同的立法渠道大量涌现出来,其目的在于为纳粹内部各种权力机构各自的行动提供法律依据。自宾丁、李斯特以来形成的刑法学知识体系由于不适应纳粹统治之下的政治现实,也被改头换面:刑罚的目的不再是针对犯罪行为的预防,而是针对犯罪人的"错误"的意愿;严格的犯罪类型被有意地放松,类推定罪、溯及既往重新出现在刑事审判之中,辩护律师的权利也受到严格的限制。总的来说,纳粹时期的刑法理论和实践试图建立一个运用刑罚进行社会控制和个人强制的规范体系。值得注意的是,这样的刑法也被用来服务于纳粹内部各派势力的相互倾轧,

---

[①] 关于纳粹时期行政管理与行政法的代表性论著是:法比安·舍夫奇克(Fabian Scheffczyk)撰写的《1933年至1945年普鲁士勃兰登堡州协会:纳粹的地区领导和治理管控》(2008年)。

这导致纳粹的各级官僚同样生活在一种由显著的不确定性所引发的恐慌之中。[1]

纳粹上台之时，德国的民法典距离其生效也不过三十多年的时间。它在纳粹统治期间并没有被整体废除，但是有多个一般性条款遭到了实质上的废弃。民法典的意识形态化其实并未影响其以规范为核心的方法论，纵使"公共利益""义务本位"以及"法律规范的道德化"导致部分民法条文丧失了实际适用的场合，但是民法总体上依旧保持着较强的独立性。纳粹时代的民法学家也试图打造新的学说，但是并没有谁取得了预想的成就；经过一二十年的发展，小有起色的"民法典评注"事业也一度停顿下来。1937年之后，纳粹政权酝酿着民法领域的废旧立新，它试图把民法典的总则篇废除掉，然后用一部全新的、政治性的《人民法典》（Volksgesetzbuch）取而代之。[2]

为了彰显"公共利益"的优先性，纳粹政权格外强调民事法律中带有"团体"属性的法律规范，例如婚姻法、家庭法、劳动法都在这一大规模的"法律政治化"的运动中被推到了变革的前沿。例如，为了贯彻保持日耳曼种族纯粹的目的，1933年7月14日颁布施行的《遗传病后代预防法》和1935年9月15日颁布施行的《血液保护法》禁止犹太人和非犹太人之间的婚姻和性关系，它们影响到婚姻法在1938年7月的重新修订。此外，纳粹政权还试图通

---

[1] 关于纳粹时期刑罚与刑事审判体系的代表性论著主要有如下几部：米歇尔·勒费尔森德（Michael Löffelsender）撰写的《保护区的刑事司法：1939年至1945年科隆高地法院地区对妇女和青少年的刑事起诉情况》（2012年）。

[2] 关于纳粹时期民法典以及基本概念变迁的代表性作品主要有特洛斯滕·凯泽尔（Thorsten Keiser）撰写的《纳粹及法西斯之下的所有权法律》（2005年）。

过推行"安乐死计划"来摆脱那些享受社会福利的"无用人口"。[①]又例如,纳粹在废除劳工集体谈判以及完全取缔工会之后相继颁布了《国家劳工组织法》《家庭工作法》《国家劳动服务法》以及《青年保护法》等一系列特别劳动法,其目的在于把雇主和雇员之间形式上的对抗关系解释为一种共同指向"公共利益"的伙伴关系。既然有了新的理论支撑,原有关于对抗的法律设置就没有继续存在下去的必要,那么罢工、工资冻结以及其他旨在保护雇员利益的手段也就统统被取消了。失去制约的雇主一方在劳动法中的地位大幅提升。与此相适应,至1938年,魏玛时期以压制市场垄断为目的的"卡特尔法院"也被废除了,魏玛时期那些大型企业开始与国家权力更加密切地结合,甚至将自身转变为决定市场定价的管理机构。总的来说,纳粹时期德国的民法看起来是在保持原状、原地踏步,但是相较于社会法突飞猛进的发展来说,其实是大幅度地倒退了。

纳粹统治时期,学院和大学仍旧是法学教育的主要阵地,司法考试并没有被废除,而是被纳入了"一体化"改革的进程。鉴于希特勒本人曾流露出对于法律人的轻蔑态度,因而纳粹时期法律教育改革的目标乃是考虑"法律人如何分流"的问题,即如何避免过多的法科学生涌向学术研究领域,同时使残留下来的学生充分有效地受到纳粹意识形态的灌输,以便他们能够在全新的世界观的引导之下提出适应政治现实的法学观点。从学院和大学的角度来看,新变化一方面是犹太裔学者遭到野蛮的驱逐,另一方面则是大量的法学

---

[①] 这方面的专门著作可参见安妮卡·布克哈特(Anika Burkhardt)撰写的《纳粹时期安乐死在司法框架下的非法性:刑法分析》(2015年)。

教授加入纳粹党，或者即使不加入该党，也积极投身于为纳粹政权进行合法性背书的新的事业当中。近年来，有相当数量的作者关注特殊时期的法律教育与法律人的职业发展这一研究领域，并力图在深挖史料的基础上展开微观史的讨论，其中各地高校的课堂组织与科研活动，[1]地方司法机构的运作和地方法官的工作与生活尤其是他们感兴趣的挖掘对象。[2]由于微观史研究与特定文献与档案的使用紧密相关，因而一批专门史料或地方档案的重见天日往往能在短时间内催生出一批相关研究。例如，纳粹时期科隆地方档案的出现就带来了相当多的关于这一地区法学教育与司法活动的研究成果。[3]

---

[1] 关于法学教育的研究比较具有代表性的著作包括：贺维格·沙费尔（Herwig Schäfer）撰写的《1941年至1944年在斯特拉斯堡帝国大学的法律教学与研究》（1999年）；托马斯·迪特（Thomas Ditt）撰写的《弗罗茨瓦夫冲击队学院：1933年至1945年"边境西里西亚里地区"法学研究》（2011年）。

[2] 关于地方司法机构和司法官的代表性著作包括：西蒙·吕克尔（Simon Rücker）撰写的《法律咨询：1919年至1945年的法律咨询制度和1935年"法律咨询滥用法"的出现》（2007年）；福尔克·施梅尔巴赫（Folker Schmerbach）撰写的《1933年至1939年在居特伯格为候补官员举办的汉斯·克尔（Hanns Kerrl）社区营》（2008年）；阿图尔·冯·格林瓦尔德（Arthur von Grünewaldt）撰写的《国家社会主义时期美因河畔法兰克福地区高级法院的司法机构》（2015年）；康拉德·格拉齐克（Konrad Graczyk）的《上西里西亚的另一个法院：卡托维兹的特别法院（1939—1945）》（2021年）。

[3] 关于纳粹时期科隆地区的微观史研究的代表性著作包括：米歇尔·勒费尔森德（Michael Löffelsender）撰写的《保护区的刑事司法：1939年至1945年科隆高地法院地区对妇女和青少年的刑事起诉情况》（2012年）；马蒂亚斯·赫尔博斯（Matthias Herbers）《战时组织机构：1939年至1945年科隆高地法院区域的司法管理》（2012年）；芭芭拉·曼特（Barbara Manthe）撰写的《国家社会主义战时社会的法官：1939年至1945年科隆高等法院区域的法官职业与私人日常生活》（2013年）；米歇尔·勒费尔森德撰写的《国家社会主义下的科隆律师：一个在一体化与战争任务之间的职业群体》（2015年）；汉斯－于尔根·贝克尔（Hans-Jürgen Becker）撰写的《1919—1950年的新科隆法律学院》（2021年）。

# 第一章
# 从魏玛共和国到第三帝国

  理解魏玛德国是通向纳粹研究的一条必经之路。英国历史学家埃文斯在其"第三帝国三部曲"中用了整整一部书的篇幅（第一卷《第三帝国的到来》）讨论魏玛德国的政治状况、经济形势、社会风貌以及这一时期德国人的精神状态，因为纳粹德国从总体上来说就是"反魏玛"的，它自身建立在魏玛共和国遗留的物质和精神的断壁残垣之上。至于"二战"之后的波恩共和以及两德合并之后的柏林共和，某种程度上均可以被看作魏玛共和的复活。需看到，于"一战"惨败的阴霾之下诞生的魏玛德国具有"与生俱来"的内在复杂性，它在时间维度上同时承接着自由主义和帝国主义这两个相互对立的历史传统，在空间维度上则自视居于传统的西方与东方的中间地带。这导致魏玛德国的政治始终处于多方殊死角力的混乱局面之下，经济则长时间徘徊在崩溃的边缘，社会各界对于魏玛政府的信心每况愈下，而这一系列不稳定的因素恰恰为希特勒及其纳粹党登上政治舞台创造了绝佳的历史机遇。

## 一、时间维度的双重性

魏玛宪法第 1 条第 1 款规定：德意志（帝）国是一个共和国（Das Deutsche Reich ist eine Republik）。[①]这是一个令人费解的表述。对于后人来说，魏玛宪法常被理解为一部旨在建立与之前帝国形态完全不同的新国家的基础性法律，或者说，一部与之前旧帝国的宪法不存在任何连续性的新宪法。正如拉德布鲁赫（Gustav Radbruch）曾指出的那样："《魏玛宪法》和《俾斯麦宪法》之间极为显见的对立，即'总统'取代'皇帝'，不仅标志着君主制国家形式向共和制国家形式的转化，而且还因此揭示了过去和现在的宪法之间的一个几乎同样重要的区别。"[②]然而，否定帝制的魏玛宪法不仅在其文本中保留着"帝国宪法"的名义，而且在国家象征和标志物的设计方案上也与旧帝国存在千丝万缕的联系。断裂，还是连续？这是一个问题。

需看到，魏玛宪法（die Weimarer Reichsverfassung）从来都不是一个官方的称谓，它的全称是《1919 年 8 月 11 日生效之德意志帝国宪法》（Verfassung des Deutshen Reichs vom 11. August 1919）。在这里，魏玛宪法使用了 Reich 一词指称 1919 年的新德国[③]，而这

---

① 我国学界对于这一条款的翻译通常是：德意志国是一个共和国。参见黄卉主编，黄卉、晏韬等编译：《德国魏玛时期国家法政文献选编》，清华大学出版社 2015 年版，第 399 页。
② 〔德〕拉德布鲁赫：《法学导论》，米健译，第 80 页。
③ 魏玛宪法第一章的标题即为"帝国的建制与任务"（Aufbau und Aufgaben des Reiches），而在这一章全部七节的标题中都包括 Reich 一词，该词在正文中以单独形式或组合形式出现的频率极高；相比之下，Republik 一词仅在第 1 条第 1 款中出现了一次。

个德文单词最明显、最外在、最基本的含义便是"帝国"。回顾德国的历史，从962年延续至1806年的"德意志民族神圣罗马帝国"（Heiliges Römisches Reich deutscher Nation）使用Reich一词作为国名；1849年的法兰克福宪法第一次使用了"德意志帝国"（Deutsches Reich）的国名；从1871年开始，由普鲁士主导的第二帝国同样使用了这一国名；1919年的魏玛德国，以及1933年之后由纳粹党建立的第三帝国仍旧沿用这一国名。尽管不同时代的德国人对于Reich一词可能有着不太一致的理解，但是无论如何，作为一个政治术语的"帝国"已经被使用了超过一千年的时间；若从1871年算起，直至1945年，"德意志帝国"未曾间断地被使用了74年。[1] 这是一个不应被忽略的事实。

以魏玛宪法的精神气质和具体内容为落脚点，中国的宪法学者习惯于把魏玛德国理解为一个奠基于联邦主义原则之上的民主共和国。为此，在解读魏玛宪法第1条第1款的时候，他们便有意识地对Reich一词进行"无害化"处理，其中包括两种处理方案：第一，取消Reich一词原有的政治色彩，将其解读为中性的"国"或"国家"；第二，直接将Reich一词的意思转换为"共和国""民国"，或是在某些与"州"相对应的语境之下，将其解读为"联邦"。[2] 这样一来，魏玛宪法第1条第1款在字面上的矛盾

---

[1] 直到"二战"结束之后，联邦德国（Bundesrepublik Deutschland）和民主德国（Die Deutsche Demokratische Republik）均在国名中放弃了Reich一词，并以Republik（共和）代之。作为政治遗产的Reich一词不仅蕴含着民族主义和反民主的因素，甚至易于让人联想起纳粹政权的罪恶。

[2] 参见黄卉主编，黄卉、晏韬等编译：《德国魏玛时期国家法政文献选编》，第12页。

也就随之化解了。[①]

然而，对于生活在魏玛时代的德国人来说，他们沿着历史的惯性，首先把 Reich 一词理解为"帝国"，而不是别的什么含义，才是一件十分自然的事情。当然，他们也不得不承认，Reich 已经部分地脱离了原有的含义，并被时代赋予了新的含义：毕竟，与以往不同，这是一个不再有皇帝的帝国。那么，对于魏玛时代的德国人来说，Reich 在最一般的意义上究竟意味着什么？不同的人对于 Reich 的理解可能出现多大的分歧？这个词又在多大范围内可以被解释？Reich 与 Republik 这两个词究竟是对立的，还是可以兼容？如果把二者并列在一起，甚至组合成为一个单词，即 Reichsrepublik，究竟是要表达怎样的意思？这些问题一开始都处于悬而未决的状态，并且在知识界引起了一番激烈的争论；最终，这些争论都随着魏玛宪法采用 Reich 这一国名而告终，一个关于 Reich 的新的共识宣告形成。这一过程具有重要的政治文化史意义，它体现着某些在魏玛宪法的文本之中难以体现出来的基本事实，而这些隐藏在宪法文本背后的"基本事实"才是德文"宪法"（Verfassung）一词的本义。从某种意义上来说，挖掘这些基本事实，为达到对规范的"准确"理解而尽可能还原"真实"的语境，

---

[①] 不过，对于 Reich 的这一初衷在于化解问题的理解又将产生新的问题：当 Reich 与其他单词并列，或组合成为新的单词之后，可能出现在中文意义上完全不同的解读。以魏玛宪法第一章中出现的相关术语为例，当与 Länder（州）并列的时候，Reich 被译为"联邦"；而 Reichstag 一词被译为"国民议会"，Reichspräsident 被译为"总统"；Reichsregierung 被译为"联邦政府"；Reichsrat 被译为"参政院"；Reichsgesetzgebung 和 Reichsverwaltung 分别被译为"联邦立法"和"联邦行政"。因此，第一，这些复合词所共有的部分"Reichs-"缺少共同的译法，相当于搁置不译；第二，这种翻译使得中国读者很容易对魏玛宪法产生一种美国宪法式的理解。

正是作为法学分支的法律史学所独具的学术功能。

随着"一战"的局势渐趋明朗,德国的重要城市接连爆发了苏维埃式的革命运动,①德皇威廉二世于1918年11月28日被迫签署退位声明。当此之时,由1871年《德意志帝国宪法》建立起来的君宪政体事实上已经不复存在了,国民的注意力重新被吸引到半个多世纪之前的老议题之上:如何才能在保证民族独立和国家统一的前提下,建立一个以保障公民个人自由为宗旨的议会民主制的共和国。与1848年的时局相比,普鲁士已不再是制宪的障碍,人们距离这一目标的实现似乎只有一步之遥。然而,想要踏出这历史性的一步也着实不易,原因在于:第一,国内各政治派别、宗教团体以及地方势力在意识形态和价值观念上存在重大的分歧;第二,德国民众在政治上远未成熟到可以白手建立一个民主制共和国家的程度。②从1918年12月开始,参与制宪的官僚和学者们被迫卷入一系列本质上可以概括为"先迈左脚,还是先迈右脚"的政治争论,这其中就包括关于国名的争论。

值此之时,君主立宪制已无维持下去的可能,共和制成为唯一的替代品,以"共和"作为国名在逻辑上顺理成章,也能够为大多数国民接受。问题在于,究竟什么才是共和?摆在人们面前的选择只有两个,一个是以多党角逐议会名额为特征的法国式的共和,另一个是以无产阶级专政为特征的苏俄式的共和。其

---

① 1918年11月4日,德国北部港口城市基尔发生了水兵和工人起义,而后在汉堡、不来梅、莱比锡、慕尼黑也出现了自下而上的武装夺权事件;11月9日,柏林的工人和士兵爆发起义,德皇威廉二世出逃荷兰。

② 〔德〕沃尔夫冈·J.蒙森:《马克斯·韦伯与德国政治:1890—1920》,阎克文译,中信出版社2016年版,第328页,脚注2。

时已并入独立社民党（USPD）①的斯巴达克同盟②的领袖人物卡尔·李卜克内西（Karl Liebknecht）抢先在后一种意义上使用了 Republik 这个词。柏林十一月革命期间，李卜克内西号召将一切权力收归工人和士兵苏维埃所有，他站在皇宫的阳台上宣布建立"自由的德意志社会主义共和国"（freie sozialistische Republik Deutschland）。多数社民党（MSPD）③的领袖菲利普·谢德曼（Philipp Scheidemann）几乎在同一时间也发表了关于建立共和国的声明。④ 这样的革命行动颇具浪漫主义色彩，其意在斩断与旧帝国的一切关联，自然也没有把依照民主程序制定新宪法当成一件必要的事。Republik 一词因而被蒙上了一层"反立宪"的激进意涵，招致中左派以及右翼各派别的反感和忌惮。很多人担心，在国名中使用 Republik 一词可能会让未来的德国与苏俄政权之间产生一种天然的亲密关系。

从 1918 年 11 月开始负责宪法起草工作的胡戈·普罗伊斯

---

① 德国社会民主党（Sozialdemokratische Partei Deutschlands，简称 SPD）最早可以上溯至 1863 年由工会、工人阶级、中间偏左的自由主义分子组织起来的全德工人联合会。该政党自 1890 年取得合法地位，在"一战"时期已进一步分化成左、中、右三派。德国独立社民党（Unabhängige Sozialdemokratische Partei Deutschlands，简称 USPD）属于这一分化中的左派力量。

② 斯巴达克同盟原称"国际派"，属于左派社会民主党中的一个具有独立性的革命组织，1917 年加入德国独立社民党，1918 年 11 月自称斯巴达克同盟，至 12 月底改组为德国共产党（Kommunistische Partei Deutschlands，简称 KPD）。

③ 德国多数社民党（Mehrheitssozialdemokratische Partei Deutschlands，简称 MSPD）是为了区别于独立社民党（USPD）而在社民党中发展出来的相对偏右的独立政治派别，存续于 1917 年至 1922 年之间。

④ 作为社民党左翼势力的主要政敌，多数社民党试图抢在李卜克内西之前宣布建立共和国，以挫败左派在德国建立苏维埃式国家的计划。但是，此举同样突破了宪法和法律的框架，架空了制宪会议的最高权威。参见孟钟捷：《什么是 Reich？从魏玛初期的国名之争看德国人的帝国观念》，《历史教学问题》2017 年第 1 期，第 25 页。

（Hugo Preuss）倾向于沿用 Reich 一词作为国名，他在 1919 年 2 月底的宪法草案第四稿中正式提出了这一方案，并且指出：Reich 一词蕴涵着深切的民族感情，承载着德意志各邦人民数百年间不断追求民族统一的光荣历史，因而是德意志民族不能割舍的精神财富。[①] 经过这样一番诠释，Reich 一词不仅在物质层面意味着国家的领域、机构和权力，而且获得了相当丰满和生动的精神内涵。在普罗伊斯的改造之下，脱离君主制的 Reich 更像是一个民族国家（Nation）；[②] 但是，在德国，Reich 一词又不可能被 Nation 取代，因为后者缺乏必要的文化纵深感，毕竟，它无法像 Reich 那样唤起德国人关于民族统一的历史记忆。

普罗伊斯站在政治文化史的高度为 Reich 注入全新的内涵，就其本意来说，可能仅限于强调当下的魏玛制宪会议（Weimarer Nationalversammlung）与 1848 年法兰克福第一届国民议会之间的历史连续性。作为持中左派立场的代表人物，[③] 普罗伊斯在很多

---

① 参见孟钟捷：《什么是 Reich？从魏玛初期的国名之争看德国人的帝国观念》，《历史教学问题》2017 年第 1 期，第 25 页，脚注 6。

② 打个也许并不恰当的比喻，假如我们把 Reich 置于"中华民国"的语境之下，那么 Reich 不仅意味着"国"，而且兼备"华"的民族意涵。也许正因这一层涵义，民国时代的宪法学家张君劢在《德国新共和国宪法评》将 Reich 一词翻译为"宗国"。

③ 胡戈·普罗伊斯是德国民主党（Deutsche Demokratische Partei，简称 DDP）成员，他是法学家奥托·冯·基尔克的学生，也是当时的一名法学教授，不过他的学术成就并不突出。普罗伊斯在 1919 年 2 月 13 日开启的第一届魏玛内阁中任内政部长，并负责宪法起草的工作，因而他的态度在某种程度上代表着官方态度。由于德国民主党是一个基本上由自由民主派人士组成的左翼政党，普罗伊斯在宪法起草活动之中发表的一系列观点基本上代表了中左派的立场。See Elmar M. Hucko, *The Democratic Tradition: Four German Constitution*, Berg Publishers Limited, St. Martin's Press, 1987, pp.46-49.

场合都力主"拆分普鲁士",以及"在普鲁士与德意志之间划清界限",①因此普罗伊斯不会希望 Reich 一词勾起人们对于普鲁士霸权的记忆。然而,从客观上来说,Reich 的新内涵不可避免地在魏玛德国与刚刚死去的第二帝国之间建立起一种历史连续性,甚至使魏玛德国与那个曾经状如一盘散沙的"神圣罗马帝国"产生某种潜在的关联。不仅如此,这种"内蕴"的历史连续性很可能要比普罗伊斯所乐见的那种"外显"的历史连续性更加强势,因为对于当时的很多人来说,普鲁士虽然失败了,但是它的力量毕竟还在那里摆着,属于法兰克福的荣耀却早已逝去;除此之外,相当数量的民众在感情上并没有把普鲁士当成引发战争的祸首,而是仍然将其视为带领德意志民族走向统一的功臣。

关于历史连续性的阐发凸显了普罗伊斯作为理想主义者的一面,他似乎并未预见到,不同的派别将会根据他们各自的政治目的对于 Reich 这一概念进行不同的解读,进而制造出完全不同的政治影像。②例如,对于中右派来说,他们一方面希望"适当地压抑普鲁士的力量",另一方面又主张"延续普鲁士在德意志的优势地位",因而蕴含在 Reich 一词中的两重历史连续性都存在重要的实用价值;而对于极右派来说,Reich 一词的意义则在于暗示着普鲁士仍以某种潜在的形式存活。理想主义者常常给现实平添

---

① Hugo Preuß, Denkschrift zum Verfassungsentwurf (3./20. Januar 1919), S.138–142.
② 帝国一词在德国的历史文化传统中有着丰富的内涵,它至少曾经历过三次重大的观念转变,其中对于魏玛德国影响最为显著的一次转变是从"普世帝国"向"民族帝国"的转变。从某种意义上来说,帝国之所以能够在魏玛时代继续沿用恰恰得益于其中的民族内涵。参见孟钟捷:《什么是 Reich?从魏玛初期的国名之争看德国人的帝国观念》,《历史教学问题》2017 年第 1 期,第 26—28 页。

混乱。普罗伊斯似乎也并未预见到，他对于 Reich 的这一诠释竟然将 1849 年与 1871 年这两个立宪时刻的根本冲突同时引入了魏玛宪法。这导致魏玛宪法即使在颁布生效之后，关于国家根本属性的问题仍然处于悬而未决的状态，并且不得不频繁地面对来自于不同立场的解释者们的挑战。

从 1919 年 1 月开始，魏玛当局大力镇压各地的革命行动，斯巴达克同盟的领袖人物李卜克内西遭到"自由军团"（Freikorps）的暗杀，政局出现了明显的右转倾向。正是在这一政治背景之下，普罗伊斯提出的以 Reich 为国名的方案陆续得到了以中央党（Zentrumpartei）[①]为代表的相对保守的政治派别的广泛认同和支持，压倒了来自左翼阵营的不同口径的反对呼声。天然集成在 Reich 一词中的历史连续性尽管是模棱两可的，但是无论如何，它与极左派在 Republik 一词之中添加的"彻底清算一切旧时代"的潜台词刚好相反。这意味着，既存于 1849 年与 1871 年两部宪法中的跨越社会阶层的、纵向的"民族性"观念最终压倒了 1918 年苏俄宪法所植根的超越民族边界的、横向的"阶级性"观念，魏玛宪法仍然是一部以"民族"概念为中心展开的传统宪法，而不是一部以阶级斗争理论为基础的新型宪法。1919 年 7 月 2 日，经过二读程序，Reich 成为魏玛德国的正式国名。[②]

如果说国名之争凸显着断裂性与连续性之间的冲突，那么国

---

[①] 魏玛时代的德国中央党是一个基本上由天主教徒组成的相对保守的政党，1919 至 1922 年之间，魏玛政府基本是由社民党（SPD）、民主党（DDP）和中央党组成的执政联盟所控制，因而中央党的态度对于魏玛宪法各个条款能否通过也起到了较大的作用。

[②] Ernst Rudolf Huber, Deutsche Verfassungsgeschichte seit 1789, Band V, Kohlhammer Verlag, 1992, S.1192.

旗配色之争则体现了由 1849 与 1871 所代表的两种不同的历史连续性之间的正面交锋。

1919 年 2 月下旬，普罗伊斯在向制宪会议提交的宪法草案第三稿中第一次提出了黑、红、金（Schwarz-Rot-Gold）三色的国旗配色方案。回顾历史，黑、红、金三色旗在 1848 年法兰克福第一届国民议会上首次被确定为代表整个德国的旗帜，其中黑、金两色曾经是神圣罗马帝国常用的旗帜配色，代表着德意志民族的历史传统，介于黑、金两色之间的红色则源于法国大革命的影响，意味着德意志民众对于自由的追求。由此可见，其一，黑、红、金三色旗的含义主要体现在精神层面；其二，该配色方案同时蕴含着历史与现代的元素，其中的历史元素来自于哈布斯堡家族的传统，而现代元素则来自于正在逼迫德国签订《凡尔赛和约》的敌国法兰西。[①] 普罗伊斯提出的这一方案完全排斥象征着普鲁士的因素，可见，魏玛宪法中的 Reich 一词在他的心目中并不存在与普鲁士和德意志第二帝国的任何关联。

对于普罗伊斯的提议，参与讨论的很多来自于右翼阵营的议员表示反对，并提出了黑、白、红（Schwarz-Weiss-Rot）三色的国旗配色方案。这一配色方案最早出现在 1867 年，曾经是普鲁士主导之下的北德意志联邦的邦旗，其配色的一部分来自于普鲁士邦的黑、白双色旗，另一部分来自于汉萨同盟红、白双色旗，因而象征着北德意志地区最主要的两种政治势力的联盟。至 1871 年，

---

[①] Vgl. Arnold Rabbow, Schwarz-Rot-Gold: Einheit in Freiheit, Der Flaggenkurier, 2007, 25: S.41-45.

德意志第二帝国沿用这一旗帜作为国旗，至1892年又将这三种颜色作为帝国的战旗和商旗的背景。由此可见，黑、白、红三色旗基本上不具有任何精神层面的内涵，而且该配色方案并未将象征南德各邦的颜色融入其中。支持这一配色方案的议员们认为，首先，虽然不能否认魏玛宪法与法兰克福宪法之间存在精神层面的关联，但这仅仅是次要的关联，如果站在更加务实的角度来看，占据全德领土面积三分之二的普鲁士是德国力量的来源，这是制宪过程中所有人都必须承认的实际情况。其次，象征着国家的各种旗帜并非仅仅是民族精神的彰显，而是需要在不同场合发挥着实际的功能，具体来说，它们在国际交往的实践活动中起着重要的辨识作用。因此，对于数量众多的正在远洋作业的德国船舶，以及旅居外国的德国人来说，如果作为国家标识的旗帜突然发生了改变，而他们又没有办法对旧有旗帜进行及时更换，就可能发生身份辨识上的障碍，引起一系列不必要的麻烦。因此，在新宪法中继续沿用既有的旗帜是一个务实的选择。当然，这只是一个借口，但却是一个不错的借口。

1919年7月3日，即魏玛政府签署《凡尔赛和约》之后的第五天，制宪会议围绕国家旗帜的配色方案进行表决。多数社民党（MSPD）的议员否决了由独立社民党（USPD）提出的单独使用"红色"旗帜的要求，两个右翼政党[1]关于黑、白、红三色旗帜的提议虽然得到了左翼的德国民主党（DDP）的支持，但是仅得到

---

[1] 两个右翼政党是指持保守右翼立场的德意志国家人民党（Deutschnationale Volkspartei，简称DNVP）和持中右翼立场的德意志人民党（Deutsche Volkspartei，简称DVP）。

中央党少部分议员的支持,最终以190票对110票和5票弃权的结果未能达到三分之二多数通过的要求。为了让这一僵持不下的议题进行下去,社民党议员马克斯·夸尔克(Max Quarck)和中央党议员阿道夫·格罗伯(Adolf Gröber)随即提出了著名的"夸尔克-格罗伯"方案,也就是将两种配色方案结合起来的折中动议。该动议以211票对89票获得通过,最终落实为魏玛宪法第3条的规定:国旗颜色为黑、红、金三色;商旗颜色为黑、白、红三色,其上内角镶嵌以国旗。这无异于向世人表明,普鲁士及其主导之下的第二帝国在新德国的宪法中依然保留着一定的合法地位,那么,出现国名中的Reich一词所蕴涵的历史连续性也就不仅指向1849年,而且同样指向1871年。9月27日,魏玛政府正式宣布继续沿用德意志第二帝国自1903年采用的以黑、白、红三色为基调的战旗。[1]对此,普罗伊斯无奈地承认,宪法第3条的规定标志着新德国同时走上了两条完全不同的发展道路。[2]社民党议员莫尔肯布尔(Hermann Molkenbuhr)也深表忧虑,他指出,发生在制宪会议之中的国旗配色之争悬而未决,势必引发更为深远的价值冲突,德国民众可能由此分裂为"黑、红、金"与"黑、白、红"两派。[3]从后来发生的事情往回看,莫肯布尔的警示绝非危言耸听。

1920年3月13日,因不满政府在《凡尔赛和约》上签字,"自由军团"在柏林发动了"卡普-吕特维兹政变"(Kapp-Lüttwitz

---

[1] 该法令全文可参见:http://www.documentarchiv.de/wr/1919/reichsflaggen_erl.html(访问时间:2019年8月5日)。

[2] Marcus Llanque, Die Weimarer Reichsverfassung und ihre Staatssymbole, in: Das Wagnis der Demokratie, Horst Dreier, Christian Waldhoff (Hrsg.), C. H. Beck, S.95.

[3] Ibid., S.94.

Putsch），① 尽管仅存续了四天，但是激进的新政府宣布撤换黑、红、金三色旗，而将黑、白、红三色旗作为国旗。这一叛乱行动具有强烈的"复辟"和"反对共和"的象征意义。1921 年 4 月 11 日，帝国总统艾伯特（Friedrich Ebert）发布了魏玛时代第一个关于"旗帜"的法令，② 在公之于众的全部十面旗帜之中，刚好有五面旗帜采纳黑、红、金三色的配色方案，另外五面旗帜采纳黑、白、红三色的配色方案。该法令严格维持这两种配色方案的"对等性"，可以说，这既是对魏玛宪法第 3 条所体现出的双重历史连续性的忠实遵循，也可以算是一种有新意的解读：在这两重历史连续性之间，并没有孰先孰后，或是孰轻孰重的分别。然而，试图维持平稳的举措往往就是在打破平衡。仅过了两个月，6 月 27 日，右翼政党向帝国国会（Reichstag）进一步提出，取消在商旗的上内角镶嵌"黑、红、金"三色国旗，这是无视宪法的举动，是对魏玛宪法所确立的"共和制"的又一次公然挑战。③

1922 年 6 月 24 日，犹太裔的外交部部长瓦尔特·拉特

---

① 卡普-吕特维兹政变也称为"卡普政变"或"卡普暴动"。这场政变发生在 1920 年 3 月，吕特维兹将军拒绝执行解散志愿军的命令，并将军队开进柏林，逼迫总统艾伯特逃离。吕特维兹任命激进的民族主义者沃尔夫冈·卡普组织新的国民政府。社民党主席奥托·威尔斯通过工会组织柏林工人大罢工，使得新政府无法运转，较为迅速地挫败了这次政变。有学者指出，卡普暴动从第一天起就只不过是一起罪恶的胡闹行为。参见〔瑞士〕埃里希·艾克：《魏玛共和国史：从帝制崩溃到兴登堡当选（1918—1925）》，高年生、高荣生译，商务印书馆 1994 年版，第 152 页。

② 该法令全文可参见：http://www.documentarchiv.de/wr/1921/flaggen1921_vo.html（访问时间：2019 年 8 月 5 日）。

③ 这次动议主要是由国家人民党的议员发起的，而中央党和代表左翼的民主党的一些议员也参与其中；最终，这个动议遭到了社民党和多数社民党的阻击而没有通过，投反对票的亦不乏中央党和民主党的议员。这一事件意味着各党派围绕国旗的争议变得更加复杂了。

瑙（Walther Rathenau）遭到右翼的暗杀。时任政府总理的约瑟夫·维尔特（Joseph Wirth）在抨击这起恐怖事件的时候说道，黑、白、红三色旗已经变成了一面"谋杀旗"（Mörderfahne）。柏林约有 40 万人走上街头表达愤怒的情绪，一时之间，黑、红、金三色国旗飘扬在柏林的大街小巷，这一配色俨然变成了"保卫共和"的象征。[①] 两日之后（6 月 26 日），魏玛政府颁布了旨在捍卫国旗尊严的《共和国保护法》（Verordnung zum Schutze der Republik），其中规定侮辱国旗的行为可以判处三个月至五年监禁，以及最高五万马克的罚金。[②] 不过，这部法律的适用效果并不理想，黑、白、红三色的寓意也并未因此而在民间消退。在从 1924 年开始愈演愈烈的体育热潮中，那些在和平年代用赛跑和自由体操的方式宣泄好战天性的"德国大师们"毫无例外地别上了黑、白、红三色的小饰带。[③] 此外，还有一些人故意污蔑国旗中的金色，称其为"芥末色"。魏玛德国的经济形势越糟糕，人们越乐于从黑、白、红这三种颜色的组合之中追忆帝国曾经拥有的力量，诉诸某种虽然虚幻，却能够让精神一时振作起来的办法。

　　1926 年 5 月 5 日，魏玛政府试图颁布第二个关于"旗帜"的法令，要求德国所有海外机构将"黑、红、金"三色国旗与"黑、白、红"三色商旗同时升起，不分高下，作为德国的国家标识。

---

[①] Marcus Llanque, Die Weimarer Reichsverfassung und ihre Staatssymbole, in: Das Wagnis der Demokratie, Horst Dreier, Christian Waldhoff (Hrsg.), C. H. Beck, S.101.

[②] 该法令全文可参见：http://www.documentarchiv.de/wr/repschutz_vo01.html（访问时间：2019 年 8 月 5 日）。

[③] 参见〔德〕塞巴斯蒂安·哈夫纳：《一个德国人的故事：哈夫纳回忆录，1914—1933》，周全译，译林出版社 2017 年版，第 87—88 页。

这一动议招致共和派的巨大不满,时任总理汉斯·路德(Hans Luther)不得不引咎辞职。[1] 此后,帝国艺术部试图在技术上打造一面"单一国旗"(Einheitsflagge),以德意志的传统图案铁十字(Tatzen-Kreuz)为中心,将两种配色方案统一起来。[2] 但这不过是掩耳盗铃罢了。双重历史连续性之间愈发紧张的关系不可能因为某一个旨在"和稀泥"的旗帜设计方案而得到根本的解决。所有人都看得很清楚,1849 和 1871 代表着两种截然不同的国家形式,根本无法在同一个宪法框架之下并存。如果说国旗配色的宪法功能在于运用象征的力量统合分裂的政治派系,那么,将对立的配色方案并置起来就是毫无意义的,它看似搭建了一个二元化的国家象征体系,实际上只能意味着一个"永久性的解体时刻"(ein permanentes Moment der Desintegration)。[3] 这是魏玛宪法的原罪。

## 二、空间维度的双重性

只要把时空限定于 19 世纪的西方世界,无论涉及哪一方面问题的讨论,工业革命都是一个绝不能被忽视的重要背景。从某种意义上来说,"西方"这一文化地理概念的独特性就来源于工业革命对人类生活状态带来的整体性影响,凡是在这一时代没有被工业革命波及的地方,比如俄国,便不能被严格地视

---

[1] Arnold Rabbow (Hrsg.), dtv-Lexikon politischer Symbole, dtv, 1970.
[2] Marcus Llanque, Die Weimarer Reichsverfassung und ihre Staatssymbole, in: Das Wagnis der Demokratie, Horst Dreier, Christian Waldhoff (Hrsg.), S.102-103.
[3] Ernst Huber, Deutsche Verfassungsgeschichte seit 1789, Band V, Kohlhammer Verlag, 1992, S.1192.

为"西方";相反,那些能够及时跟进,并且逐步实现了"四个现代化",即工业化、市场化、城市化和民族国家化的地方,哪怕地理位置远在太阳升起的东方,比如日本,也同样可以被当作"西方"。

20世纪末重新统一起来的德国无可置疑地属于"西方"集团的一员,但这并不意味着19世纪的德国也当然地具有同一性质。事实上,德国并不是一个内生型的"西方"国家,而是一个在"西风"吹拂之下逐渐西化的国家。直到魏玛时代,德意志精英阶层的精神状态依然在一定程度上徘徊于法国与俄国之间,他们对很多问题的看法都体现出"西方"与"东方"之间的根本对立。[①]例如,普罗伊斯在论及民主这个敏感话题的时候曾经提到两种针锋相对的意见,"然而有人会说:即便上述论调可能属实,但是民主国家不适合德国,民主与德国的民族特性相悖!民主制度是'西方的一套'(Westlertum)……我不需要进一步去反驳这样的论点。如果德意志民族不能跟上其他开化民族的政治发展历程,那么它将会变成一个古怪的民族。这样的论点不禁使人想到那些不靠谱的沙皇赞美者们,他们希望保护'神圣的俄国母亲'不受'懒惰的'西方人的影响。"[②]普罗伊斯在这里毫不隐讳地把国内的保守派和沙皇俄国捆绑在一起共同作为抨击的标靶。魏玛宪法在他的设计蓝图之中应当是一部把德国全力向"西方"拖拽的宪法。

---

[①] 当代史学理论学者伊格尔斯选取了生活在这一时期的恩斯特·特勒尔奇和弗里德里希·梅尼克,并通过对比两位史学家的思想来说明德国历史主义的危机。参见〔美〕格奥尔格·G.伊格尔斯:《德国的历史观》,彭刚、顾杭译,译林出版社2006年版,第262、288页。

[②] 〔德〕胡果·普罗伊斯:《民主共和对社会福利观念的意义》,载黄卉主编,黄卉、晏韬等编译:《德国魏玛时期国家法政文献选编》,第65页。

对比,马克斯·韦伯则不以为然,在他看来,普罗伊斯犯了一种时下常见的幼稚病①,而俾斯麦缔造的国家就是个明确无误的模式,一个远比法兰克福国民大会的民族国家梦想更具体的普鲁士权力国家的模式。②

总的来说,魏玛时代流行着多种多样的"西方"理论。在1918年的革命中,这些关于"西方"的歧见通过不同形式的社会运动转化为普通民众之间的情绪对抗,对这一时期德国政治派系的分化产生了重要的影响。③不过,绝大多数"西方"理论也并非毫无共性,如果排除掺杂在其中的好恶之情,退回到最为客观、最为物质化的层面,那么所有这些理论都指向一种针对基础性变革的接受和适应能力。

从技术史的角度来看,最能象征"西方"来临的基础性变革就是铁路与电报的出现。为满足铁路与电报在铺设和运营方面的要求,人们第一次需要将日常的计时单位精确到秒,技术升级与资本盈利的逻辑闭环第一次突破了政治和文化的疆界;随着时间与空间的大幅压缩,原本处于不同社会阶层的人们之间的差距不断缩小,同时又被新出现的隔阂阻断,社会的组织和管理模式开

---

① 著名学者马克斯·韦伯在魏玛立宪时刻的态度是理解魏玛宪法的一个非常有趣的切入口,毕竟他曾经是那个可能替代普罗伊斯在内阁和制宪会议中发挥重大作用的人,因此在魏玛时代,韦伯常常被当成普罗伊斯的一个对照面。某种程度上,马克斯·韦伯在帝国主义、民族主义和自由主义中的焦灼与徘徊几乎就是关于魏玛时代复杂性的最完整的写照。〔德〕沃尔夫冈·J.蒙森:《马克斯·韦伯与德国政治:1890—1920》,阎克文译,中信出版社2016年版,第329页。

② 同上书,第54—55、328页。

③ 当然,政治派系的分化也并不全然是受到外部因素影响的结果,那种把"左、右"简单地与"东、西"等同起来的看法显然站不住脚。

始出现显著的变化。① 作为蒸汽火车和铁路的发明者,英国在1825年开通了全世界第一条现代意义上的铁路,即全长40公里的斯托克顿—达灵顿铁路;法国在1828年、美国在1830年也相继完成了这一任务。相比之下,德国直到1835年才正式开通第一条蒸汽铁路,即"路德维希"铁路,其上只能行驶由英国司机操作的"史蒂芬孙"式机车。这条从富尔特到纽伦堡的客运铁路全长仅有6公里,全程位于巴伐利亚邦的境内,建设资金主要由当地的两位商人募集,少部分来自巴伐利亚国王的捐助。如果考虑到当时德意志尚未统一的政治局面以及巴伐利亚较为强烈的分离主义倾向,这条铁路甚至算不上是一条真正的德国铁路。德国的第二条和第三条铁路直到1838年才正式开通,分别位于北德意志的柏林和不伦瑞克,它们仍然是接驳大城市及其郊区的短线客运铁路。可以说,在19世纪40年代之前,德国铁路的发展速度显著地滞后于英、法、美三国。

然而,正是在起步阶段的种种劣势为德国铁路的后续发展提供了强大的助推力。值此之时,以弗里德里希·李斯特(Friedrich Liszt)为首的一批国民经济学家已经敏锐地预见到铁路本身潜藏着巨大的政治能量:除推动工业化和城市化的进程之外,铁路还能有效地整合各种松散和分裂的政治势力。李斯特曾经指出:"一个四通八达的铁路网的最重要的意义并不在于财政层面上,甚至不在于国民经济的层面,而是在于政治层面上。铁路网作为唤起

---

① 关于铁路旅行对于时空产生的奇妙的压缩效果,可以参看《铁道之旅》一书的第三章"铁路空间与铁路时间"。参见〔德〕沃尔夫冈·希弗尔布施:《铁道之旅:19世纪空间与时间的工业化》,金毅译,上海人民出版社2018年版,第56—70页。

民族精神、滋养民族精神、增强国家的防御力量的手段，对于我们德国人的价值是不可估量的，远远超过对于其他任何一个民族的价值。"[1] 由此可见，铁路对于19世纪上半叶德意志的民族主义者来说具有特别巨大的吸引力：如果仅仅通过应用某种技术就有望实现长久以来难以达到的政治目标，那么推广和发展这种技术的经济代价就微小到可以忽略不计。在这一理念的驱使之下，李斯特甚至开始大胆地构想德国铁路网络的整体布局。[2] 1839年4月，德国第一条长度超过100公里的远距离铁路在萨克森邦境内开通，将萨克森邦的政治中心德累斯顿与商业城市莱比锡连接起来。这条由十二名商人集资修建的铁路获得了巨大成功，随即开启了一波由私人投资在全德范围内打造铁路网络的浪潮。[3] 截至1845年，德国已经实现了铁轨、机车的自主制造，全德铁路线路共计29条，总里程超过2000公里。至1870年，全德铁路总里程超过了17000公里，基本形成全国性的铁路网络。从铁路扩张的速度和规模来看，这一时期的德国不仅没有落后于英、法、美三国，甚至有反超之势。

不过，德国的铁路从一开始几乎完全依赖于自下而上的商业

---

[1] 转引自李伯杰等：《德国文化史》，对外经济贸易大学出版社2002年版，第219页。
[2] 1840—1844年间，李斯特在《德意志季刊》上发表了多篇题为"德意志铁路系统"的文章，着重论述德国铁路网的总体规划以及重要铁路干线的走向问题，他在规划中突破了各邦国的边界线，设想了汉堡、柏林、莱比锡、纽伦堡等多个重要铁路枢纽以及东西、南北走向的几条铁路干线。参见宋彩虹：《近代德国铁路建设及其与经济、政治互动研究（1835—1918）》，华中师范大学2017年硕士学位论文，第11页。
[3] 李斯特曾高度关注"德累斯顿"至"莱比锡"这条铁路的设计和建设，他也因为这条铁路第一次提出要将铁路网置于政府监督之下的想法。可以说，这是铁路国家化思想在德国的最早版本。

资本运作，政府对于这一公用事业的参与度相当低。以1845年已通车的29条线路为例，其中的22条线路由私营铁路公司投资修建并负责运营，仅有7条线路属于国营铁路。除此之外，各邦国政府对于修建铁路的看法并不一致，对于既有铁路的管理模式也存在巨大的差异。以普鲁士为代表的北德意志各邦对于铁路普遍持比较消极的态度，这一方面可以归因于普鲁士贵族的文化保守主义倾向，另一方面也是因为铁路可能对普鲁士贵族的既得利益产生冲击。普鲁士在1838年颁布的"铁路法"中规定，铁路事业以私营为主，由贸易部负责管理，政府仅保留建设许可以及在必要时将铁路收归国有的权力。这意味着，普鲁士政府仅把铁路运输当作一种普通的买卖来看待，并未上升到国家战略的高度。不过，情况很快就发生了变化，铁路大发展的经济和社会效益从19世纪40年代中期开始显露出来。近年来的经济史研究成果表明，在1838至1871年之间，普鲁士的铁路发展与城市人口增长呈现出显著的正相关的因果关系：那些获得铁路通行权的城市平均每年的人口增长率为1%至2%；大量农业人口涌入城市成为现代工厂的雇工，加速推动铁路沿线地区的工业化、市场化和城市化。[①]1848年的革命之后，普鲁士政府一改消极的铁路政策，以贸易部为中心推动铁路国有化的运动；军方随后的介入更使得铁

---

① Vgl. Erik Hornung, Railroads and Growth in Prussia, Beiträge zur Jahrestagung des Vereins für Socialpolitik 2014: Evidenzbasierte Wirtschaftspolitik-Session: Economic Growth I, No. A21-V3, ZBW-Deutsche Zentralbibliothek für Wirtschaftswissenschaften, Leibniz-Informationszentrum Wirtschaft, Kiel und Hamburg, S. 32-33.

路变成了一种具有战略意义的重要资源。①这意味着，公权力开始加入技术与资本的游戏之中，并试图在游戏中发挥决定性的作用。铁路的国有与国营成为一项国家战略。

值得注意的是，铁路大发展这一事件出现在英、法、美三国确立资本主义政治体制的 50 至 150 年之后，因而这三国的宪法典或宪法性法律之中均没有关于铁路的专门条款；相比之下，铁路大发展的时代与德意志民族积极谋求国家统一的历史时期几乎完全重合，1849 年法兰克福宪法和 1871 年第二帝国宪法相继出现在这一时间段，两部宪法均明确规定了铁路条款，鲜明地显现出铁路大发展的印记。

1849 年法兰克福宪法在第 2 章第 6 节的第 28 条至第 30 条规定了国家与铁路的关系。由于李斯特本人参与了这部宪法的起草工作，本来仅仅作为一项技术变革成果的铁路被赋予了最高的政治意义。该宪法第 28 条至第 30 条的内容大体如下："凡涉及国防或与交通有关的公共利益，帝国得针对铁路及其运营享有最高的控制权和立法权；在此等情况下，帝国得修建或授权修建铁路，但是个别邦国不得擅自修建铁路；帝国得因国家目的而无偿使用已有铁路；个别邦国如经授权修建铁路，帝国得因国防或与交通有关的公共利益监管之。"②可以说，这三个宪法条文是李斯特"国家铁路观"的直接体现，它们不仅直接把与铁路有关的一切权力

---

① 参见曾淼、李乾德：《铁路与十九世纪德国统一：基于国家利用技术的视角》，《西南交通大学学报（社会科学版）》2017 年第 3 期，第 4—6 页。

② 这部宪法的全文（德文）可参见：http://www.verfassungen.de/de06-66/verfassung48-i.htm（访问时间：2019 年 7 月 25 日）。

收归中央，而且间接地宣布了地方相对于中央的从属性。

从表面上看起来，法兰克福宪法中的铁路条款与同一时期普鲁士奉行的铁路国有政策不谋而合，但是二者却存在着根本性的冲突。与英、法、美三国不同，德国铁路在其发展的起步阶段缺乏统一而稳定的政治基础。铁路看似将德意志高度分裂的政治板块缝合了起来，但是与此同时，铁路不仅反向巩固了旧有的封建状态，事实上还造成了新的封建。① 这一时期，几乎每一个享有独立政治地位的邦国或自由市都按照自身的利益来规划和筹办铁路，而后又把从铁路中获取的收益用于抵制民族国家的统一进程。② 地方主义的泛滥导致各个邦国都不愿意将境内铁路的控制权上交给一个由一部文人宪法"拟制"出来的帝国。普鲁士推行的铁路国有化政策实质上仅仅是"邦国化"，而并非李斯特希望看到的"国家化"，这种地方本位恰恰是法兰克福宪法中的铁路条款难以落实的真正原因。法兰克福宪法因为普鲁士的霸权而流产，但是即便没有普鲁士，李斯特对于铁路报以的那种"巴别塔式"的期待也很难通过制定一部宪法来实现：这一时期德意志的铁路分散于各个邦国，尚未连成整体路网，并不具备国家化的现实条件。

至1871年第二帝国宪法颁布之时，德意志终于在形式上完

---

① 这里所谓"新的封建"是指各个铁路区域处于相对封闭和割据的状态，这种情况一方面加深了既有的邦国分离主义，另一方面，某些在私人经营之下的铁路区域甚至具有从邦国中分离出来的更深的封建特质。

② 比较具有代表性的例子是巴登在修建本邦铁路时故意采用宽轨（1600mm），以强调分离主义的倾向，所有货物必须通过转运才能进出本邦；直到1855年各邦的铁路网开始相互连接，巴登才不得不改用与邻邦相同的标准轨距（1435mm左右）。Vgl. Albert Kuntzemüller, Die Badischen Eisenbahnen, Verlag G. Braun, 1953.

成了民族统一的事业，与此同时，覆盖全国的铁路网也已经初具规模。然而，铁路快速扩张带来的社会效果并不总是积极的。这一时期，私营铁路公司之间的恶性竞争愈演愈烈，地方铁路行政部门各自为政，相互设卡、任意收费的现象比比皆是。俾斯麦甚至指出："就因为铁路交通，我们现在仍旧处于自中世纪以来德国就一直存在的分裂状态。"[1] 因此，对于帝国政府来说，尽快在各地无差别地推行铁路国家化是一个亟待完成的政治任务。与法兰克福宪法相比，第二帝国宪法延续了"联邦掌控铁路"[2] 的基本原则，并且为落实这一基本原则规定了相当丰富的铁路条款。从文本上来看，第二帝国宪法除了在第 4 条、第 8 条和第 18 条等关于国家机构设置的条款中提到帝国层面的铁路权限之外，还专门设立了第 7 章，即"铁路制度"（Eisenbahnwesen），其中包括第 41 条至第 47 条共 7 个条款，极为详细地规定了与铁路有关的各项制度。简言之，这 7 个条款共同指向一个明确的目的，那就是将德国铁路作为一个"单一网络"进行管理，设定并推行统一的铁路建设和运营标准，防止因路权割据而造成新的封建。然而，宪法第 46 条第 2 款和第 3 款却做出例外性规定：本法第 42 条至第 45 条不适用于巴伐利亚；巴伐利亚有权通过立法为铁路建设和相关装备制定统一的标准，以备国防之需要。这意味着，在这个所谓的"单一网络"中，德国其他地区的铁路与巴伐利亚的铁路之间

---

[1] William Harbutt Dawson, *Bismarck and State Socialism: An Exposition of the Social and Economic Legislation of Germany Since 1870*, 1891, p.9.
[2] 第二帝国宪法中规定的对铁路进行统一管理的主体是联邦（Bund）而不是帝国（Reich），这是第二帝国宪法与法兰克福宪法和魏玛宪法在文本表述上存在的一个重大区别。

仅仅保持着最低限度的联系。换言之，就铁路这个议题而言，帝国与邦国之间的关系仍旧处于模糊不清的状态，这无可避免地导致整体性的利益成为最终的牺牲品。[1]

后续发生的事件很快便印证了这一点：1875年，由俾斯麦提交到帝国国会的铁路国家化计划遭到了以巴伐利亚为首的铁路强邦的强烈抵制。除普鲁士之外，几乎没有哪一个邦国响应帝国的号召，主动交出境内铁路的控制权，因为各邦国都看得很清楚，在普鲁士主导之下的所谓"国家化"事实上只不过是"普鲁士化"而已。这一计划破产之后，俾斯麦不得不屈就于现实，把注意力重新转向普鲁士内部，试图通过大规模收购私营铁路来提升国有化铁路在全国铁路网之中的比例。1879年，俾斯麦向普鲁士议会提交了一个"低水平"的铁路国家化建议，相当于承认了铁路国家化的主体并非帝国，而是邦国。至此，第二帝国的铁路国家化政策已经完全退回1848年普鲁士的水平，再度降格成为铁路的"邦国化"，宪法中的铁路条款已不再有实现的可能。[2]与法兰克福宪法中那个由知识分子通过宪法条文"拟制"出来的帝国相比，第二帝国宪法中的帝国虽然充满了力量，却从一开始就缺少一个

---

[1] 第二帝国宪法第46条的规定仅仅是南德各邦享有的若干项保留权利（Reservatrechte）中的一个方面。事实上，这部宪法为以巴伐利亚、巴登为首的南德各邦开辟了诸多自治领域，这些邦国除了在邮政、铁路和军事等方面可以享受特权之外，甚至还可以享受酒类专营的特权。这基本上延续了北德意志联邦时期南北分治的封建政治结构。因此，第二帝国宪法事实上在它所建立的联邦体制之下较大程度地容忍了封建因素，这导致它很难真正完成第41条所设定的铁路国家化的任务。

[2] 尽管第二帝国没有实现铁路在国家层面的统一管理，但是普鲁士的"邦国化"政策对于德国铁路发展的贡献还是值得一提的。参见曾淼、李乾德：《铁路与十九世纪德国统一：基于国家利用技术的视角》，《西南交通大学学报（社会科学版）》2017年第3期，第4—5页。

具有广泛代表性的真正的民主基础——一个像铁路一样强烈象征着"西方"的事物,因而这个帝国虽然不是虚弱的,但却是虚假的。普鲁士的霸权让第二帝国宪法陷入了一个相当尴尬的境地:无论其铁路条款多么丰富和翔实,只要是在那些普鲁士的统治力不能达到的区域,这些规范就无法对现实产生影响。

魏玛时代的政治家们再度面临国家铁路网的统一性问题。殷鉴不远,他们可以清晰地看到两种不同类型的失败:无论是缺失力量的帝国,还是缺失合法性的帝国,都没能完成这样一个表面上看起来相当纯粹的技术性任务。因此,唯有建立一个民主而且强大的新德国,此前一切悬而未决的问题才有可能得到解决,其中自然也包括铁路的问题。然而,这正是让魏玛时代的政治家们大伤脑筋的地方,1849年和1871年的两部宪法表明,对于一个非内生型的"西方"国家来说,国家力量与合法性基础的关系好比是鱼与熊掌,难以兼得。如何看待此二者的主次地位,将成为一切决策的出发点,也将成为魏玛宪法的基调。普罗伊斯认为,国家力量不仅可以,而且必须,从民主政治的基础中缓慢地生发出来,而不是相反;而眼下普鲁士霸权的瓦解正是德意志民族重新树立主体性,同时也是德国重建其合法性基础的良好时机。作为魏玛宪法的总设计师,普罗伊斯在针对草案第一稿的说明中指出:"庞大交通体系的统一,毫无疑问成为当今的头等大事。当时拒绝建立德国铁道系统的严重错误必须加以更正。国家铁路系统的建立无法脱离于帝国政治的统一。现今普鲁士霸权已被摒弃,当前的阻力大体上来看已被克服。凡是适合于最大范围内的国家铁路管理方式也必将适用于小规模的管理……忽略普鲁士霸权带来的反射效力，比如南德的保留权益，现如今巴伐利亚州和巴登符腾堡州的保留权益也已被废除。"① 这意味着，一个"去普鲁士化"的帝国，而不是邦国，将掌握对于铁路的绝对控制权。这一理念在魏玛宪法的铁路条款②之中得到了充分的体现：第 7 条第 19 项将铁路事宜置于"帝国"的立法权之下；第 89 条和第 90 条确立了帝国层面的铁路国家化体制，没有任何一个邦国可以例外；第 171 条规定了各邦国向"帝国"移交路权的最后时限为 1921 年 4 月 1 日；第 91 条至 93 条规定了全国铁路网的最高管理和决策机关；第 94 条至 96 条规定了邦国对于境内铁路的有限自治权。魏玛宪法中的铁路条款延续了以往两部宪法关于铁路问题的一贯态度，不过，与以往两部宪法中的铁路条款相比，这些条款很快便对现实产生了强烈的影响。1920 年 3 月 31 日，即在魏玛宪法第 171 条规定的时限之内，普鲁士、巴伐利亚、萨克森、巴登、符腾堡、黑森、梅克伦堡-什未林和奥登堡等邦国与"帝国"签订了关于境内铁路移交的协议。在开通第一条铁路的 85 年之后，德国终于解决了国家铁路网的统一性问题。

魏玛宪法中的铁路条款之所以不致落空，客观来说，一方面得益于"去普鲁士化"的民主建国原则，另一方面恰恰得益于普鲁士时代的遗赠。须承认，俾斯麦自 1879 年开始退而求其次，推行铁路"邦国化"的政策，并在 30 年间取得了极为显著的成效：

---

① 〔德〕胡果·普罗伊斯：《纪念 1919 年 3 月之帝国宪法总则草案》，载黄卉主编，黄卉、晏韬等编译：《德国魏玛时期国法政文献选编》，第 56 页。
② 魏玛宪法的铁路条款集中出现在第 89 至第 96 条之间，此外第 7 条、第 40 条、第 97 条和第 171 条的规定也涉及铁路方面。

至"一战"前夕，普鲁士几乎将所有掌握在私人手中的铁路都收归邦国政府，并且将北德意志一些小邦国的铁路合并到其庞大的路网之内。这意味着，普鲁士已经在德国接近三分之二的领土之上实现了由单一政府运营和管理全部铁路的目标。受到普鲁士的影响，那些独立性较强的铁路区域也开始积极谋求在邦国的层面上推动铁路公营，最终在全德范围内形成了由普鲁士、巴伐利亚、巴登、符腾堡、黑森、梅克伦堡-什末林和奥登堡分别管辖的七个邦国铁路网。19世纪后期的铁路"邦国化"政策看似服务于地方的分离主义，实际上为德国铁路网最终在中央层面统一起来奠定了重要的基础。因此，对于魏玛时代的政治家们来说，他们需要思考的问题要比李斯特现实得多，也要比俾斯麦简单得多，仅仅是如何将已经相对完整的七个铁路区域进一步整合起来，使之升级为"国家化"的单一铁路网。而在1918年底的政治局面之下，"去普鲁士化"刚好为各邦国迈出最后一步提供了正当的理由。在这里，"国家"概念的多义性为魏玛政府应对因现代铁路发展而产生的分离主义倾向提供了更为灵活的策略选择，民主机制成为国家统一的力量来源。魏玛宪法就这样变不可能为可能，用一批与此前几乎没有什么实质变化的铁路条款真正实现了八十多年来都未能实现的铁路国家化的目标。

从某种意义上来说，魏玛德国徘徊于东、西方之间的"双重定位"依旧是一个关于魏玛宪法的双重历史连续性的印证，只不过在这里，1849年宪法和1871年宪法并没有处于相互对立的状态。与此相反，这两部宪法中的铁路条款在价值理念上保持着高度的一致性，它们都试图最大限度地发挥铁路的政治功能，将技术发展带来的时空压缩转换为民族精神的凝聚，利用工业化、市场化和城市化的成果压制旧有的封建因素，积极推进民族国家化的变革。事实上，不仅是铁路条款，这两部宪法中的邮政条款、电报条款、航运条款、公路交通条款，甚至包括关税条款在内的诸多体现新的技术应用和新的管理方法的条款，也发挥着同样的政治功能。仅就物质化的层面来说，1849年宪法和1871年宪法都体现出强烈的针对基础性变革的接受和适应能力，或者说，体现出强烈的"西方"属性；魏玛宪法完整地延续了这一属性，并且试图把这种思考问题的方式延伸到更多的、非物质化的领域，例如运用民主这样一套有利于社会整合的现代技术重新组建并且管理国家。因此，那种先是将1849年宪法与1871年宪法对立起来，而后把魏玛宪法视为两者之间矛盾的简单调和物的观念，显然有违于从技术史视角出发的叙事。

## 三、从内部崩溃的魏玛共和国

学术界已经生产出大量细致描述魏玛德国如何走向崩溃的论著，其中大部分作品力图探寻这一"滚雪球式"崩溃的历史原因。由于魏玛德国在各个方面的崩溃为希特勒和纳粹党登上政治舞台提供了绝佳的时机，因此魏玛衰落的历史同时也就是纳粹主义兴起的历史。如前文所述，魏玛德国无论在时间上还是在空间上都具有"双重性"，它以一种暧昧不清的形象存在，并且同时勉力维持着19世纪容克贵族的民族主义心态与市民阶层的自由主义世界观。这意味着，魏玛德国深陷于精神上的自我矛盾。尽管共和国政府已经尽最大努力、如履薄冰地履行宪法赋予的各项职责，但是腹背受敌的状态使它总是处于牢骚、不满、攻讦和谩骂的汪洋大海之中。这导致某种舆论错觉的形成，似乎所有德国人都在热切地期盼他们的政府"赶快死掉"。①从某种意义上来说，希特勒和纳粹党正是利用了魏玛德国的内部危机才能迅速崛起并走向权力的中心。

每当谈及魏玛共和国走向失败，法学界通常倾向于从魏玛宪法在制度设计方面的缺陷寻找原因。这是因为，从表面上看，希特勒根本是在魏玛共和的宪制框架之内'合法地'篡夺了权力。哈夫纳在其回忆录中讲道："什么叫作革命？政治学家的讲法是，以不合乎宪法规范之手段更动宪法。若此寥寥数语之定义可被采纳的话，那么1933年3月的纳粹'革命'根本就不是革命。其原因是，一切都进行得完全'合法'，所使用的手段也合乎宪法的规范。"②也就是说，议会民主制的敌人得以利用魏玛宪法的制度漏洞，摧毁了议会民主制本身，这显露出魏玛的政治体制存在严重的弊端。③具体来说，一方面，魏玛宪法规定议员选举的"比例代表制"没有设置准入门槛，使得国会之中党派林立，大的党派难以获得国会多数议员的支持，只能与其他政党联合组阁，以至于

---

① 关于魏玛时期不同社会阶层对于民主政治的心态，参见〔德〕库尔特·松特海默：《魏玛共和国的反民主思想》，安尼译，译林出版社2017年版，第87—227页。另见黎敏：《民主之殇：德国宪法反思录》，商务印书馆2022年版，第284—424页。

② 〔德〕塞巴斯蒂安·哈夫纳：《一个德国人的故事：哈夫纳回忆录（1914—1933）》，周全译，译林出版社2017年版，第145页。

③ 参见翟文喆、赵震宇：《论德国魏玛宪法的体制性弊端》，载陈景良、郑祝君主编：《中西法律传统（第八卷）》，北京大学出版社2013年版，第138—148页。

难以形成稳定的内阁。①另一方面，为了保障议会制的稳定性，避免出现类似法兰西第三共和国议会的动荡局面，魏玛宪法还规定了民选总统享有非常大的权力，他不仅有权解散议会，而且享有紧急状态下的独断权力。②

然而，单纯地把魏玛民主共和制的失败归咎于宪法体制，未免失之偏颇，因为魏玛宪法其实规定了国会权力与总统权力之间相互平衡的机制，魏玛共和国的溃败也不是实施魏玛宪法的必然结果，③反而有可能是魏玛宪法得不到有效落实的结果。诚如施托莱斯所言："魏玛宪法欠缺的不是一套更好的宪法技术，而是欠缺不成文的基本规范……然而，这些基本规范的发展又以良好的事实条件，特别是'时代'作为前提。"④质言之，要想全面地把握魏玛共和国走向崩溃的内在逻辑，不光要看到魏玛时期所面临的政治危机，更要看到其背后的经济、社会和思想因素，正是经济危机和政治文化的撕裂导致了魏玛政治局势的恶化，给了纳粹党夺权的可乘之机。

简略地说，魏玛时期政治局势的变迁可以划分为三个阶段，即1918年至1923年的暴力革命阶段，1924至1928年的相对稳定阶段，以及1929至1933年的民主崩塌阶段，每一个阶段都由

---

① 参见陈从阳：《论魏玛共和国时期的比例代表制》，《武汉大学学报（人文科学版）》2009年第1期，第109—114页。
② 参见沈有忠：《魏玛宪法变奏曲：半总统制宪法的生命史》，五南图书出版公司2009年版，第110—119页。
③ See Peter C. Caldwell, The Weimar Constitution, in: Nadine Rossol and Benjamin Ziemann ed., *The Oxford Handbook of The Weimar Republic*, Oxford University Press, 2022, pp.134-136.
④ 〔德〕施托莱斯：《德意志公法史（卷三）》，王韵茹译，元照出版公司2012年版，第77页。

一场政治危机开启。经济的繁荣和发展乃是政局稳定的重要基础。与政治状况相对应，魏玛共和国的经济发展也可以被大致分为三个阶段，即1918至1923年的通货膨胀时期，1924至1928年的经济相对稳定时期，1929至1933年的经济大萧条时期。

魏玛共和的第一个阶段以1918年11月3日的"基尔水兵起义"为导火索，十一月革命的浪潮迅速席卷整个德国。六天之后，即11月9日，面对柏林城内示威游行的人潮，当时的帝国首相巴登亲王（Prinz Maximilian von Baden）宣布德皇威廉二世退位，并将首相职责移交给社民党领袖艾伯特。因为听闻激进的左翼组织斯巴达克斯团（Spartakusaufstand）打算筹划"社会主义共和国"，社民党人谢德曼决定先发制人，宣告德意志共和国的成立。由此，德国告别了君主制，颇为仓促地转向了民主共和制。经过短暂的权力过渡期，德国于1919年1月19日举行了国民议会的选举，根据选举的结果，社会党、民主党以及中央党联合组建了内阁，即所谓的"魏玛联盟"。[①] 魏玛共和国成立前后，德国的政治局势并不稳定，各种势力与派系都试图以血腥与暴力的方式实现其政治理想。1919年初，斯巴达克斯团脱离了独立社民党，组建了德国共产党，而后于1月5日发动柏林起义，艾伯特命令国防部部长古斯塔夫·诺斯克（Gustav Noske）予以镇压，共产党的领袖李卜克内西和罗莎·卢森堡（Rosa Luxemburg）被志愿军团杀害。同时，德国各地的工兵代表会也遭到围剿，其中受影响最大的便

---

[①] 关于这段历史的详细论述，参见〔瑞士〕埃里希·艾克：《魏玛共和国史：从帝制崩溃到兴登堡当选（1918—1925）》，第48—80页。

是"工兵代表共和国"。随着这些工兵代表会的失败，德国的议会民主体制得到最终确立。① 除了左翼的工人运动外，极端右翼势力同样敌视魏玛共和，它们通过暗杀和暴动等方式挑战政府的权威。财政部部长、中央党议员埃茨贝格尔（Matthias Erzberger）、社会主义者领军人物胡戈·哈塞（Hugo Haase）和外交部部长、民主派政客瓦尔特·拉特瑙（Walther Rathenau）先后被保守的右翼分子刺杀，在社会上引起极大的震动。② 另外，右翼势力还试图发动政变，来颠覆魏玛政权，极右翼政治家卡普在柏林策划了"卡普-吕特维兹政变"，而希特勒则是在巴伐利亚发起了"啤酒馆暴动"，也称"希特勒-鲁登道夫政变"（Hitler-Ludendorff-Putsch）。为此，总统艾伯特只能通过颁布《共和国保护法》来稳定政治局势。

在魏玛共和初期，最为严峻的经济问题是由于政府财政赤字、国际收支逆差等原因造成的恶性通货膨胀。早在第一次世界大战期间，德国的通货膨胀就已经开始，只是德国人都沉浸在美好的幻想之中，认为困难只是暂时的，胜利终将属于德国。货币贬值引发的问题由此被掩盖下来。③ 在德国宣布投降之后，通货膨胀便成为不可遏制的现象：在1914年，德国马克与美元之间的汇率比值为4.2∶1，到了1919年两者的比值变为8.9∶1，到了1922年1月，马克进一步贬值，其与美元之间的汇率比值191.8∶1。在此之后，马克的价值更是一落千丈，在1923年底，其与美元之间

---

① 参见郑寅达等：《德国通史（第五卷）：危机时代》，江苏人民出版社2019年版，第21—25页。

② 参见〔美〕埃里克·韦茨：《魏玛德国：希望与悲剧》，姚峰、聂品格译，北京大学出版社2021年版，第98—103页。

③ 参见同上书，第135页。

的比值更是达到了惊人的 40 亿∶1，这时的马克已经彻底沦为废纸。货币贬值带来的直接后果是物价飞涨，在 1923 年 11 月，一升牛奶的价格达到了 3600 亿马克，一个小面包的价格达到了 200 亿马克。除了政府巨额的财政赤字以及国际收支逆差等政策因素外，法国和比利时出兵占领鲁尔区乃是引发恶性通货膨胀的直接原因。根据战后签订的《凡尔赛和约》，德国需要向协约国支付共计 1320 亿金马克的战争赔款，德国在支付了第一笔赔款后就已经陷入了困境，遂向协约国请求暂缓支付赔款。法国和比利时拒绝了德国的请求并借机占领了鲁尔区，以逼迫德国偿还欠款，对此，德国总理古诺（Wilhelm Carl Josef Cuno）的回应是"消极抵抗"政策，包括召回驻法、比两国的使节，停止偿付赔款，命令鲁尔区的官员和全体居民不得执行占领当局的命令，不得为占领者服役并提供物资供应，命令被法国占用的矿井、工厂和铁路停工停产，损失部分由政府给予资助，以及规定凡遭法国占领当局解雇和驱逐者，政府都给以较高的经济补助。由于鲁尔区是整个德国经济的核心，当地的停工停产使得全国的经济都受到大幅影响，与此同时，政府为了支持参与抵抗的工人和公司，同意支付他们由此遭受的损失。这让德国本来就脆弱不堪的经济进一步恶化，物价飞速上涨，而通货膨胀也达到极为夸张的程度。[①]"消极抵抗"政策的失败迫使古诺内阁倒台，继任的总理施特雷泽曼（Gustav Stresemann）于 1923 年 9 月正式宣布停止"消极抵抗"，开始推

---

① 参见刘新利、王肇伟：《论 1918—1923 年德国的通货膨胀》，《山东师大学报（社会科学版）》1996 年第 3 期，第 34—41 页。

行货币改革，以地产抵押马克取代了原来的帝国马克，恶性通货膨胀开始得到一定的控制。①

魏玛共和的第二个阶段，即 1924—1928 年，是政局相对稳定的时期，前期的政治动乱得到了相对有效的控制。在此期间，魏玛政坛最大的变数是艾伯特总统于 1925 年逝世，前陆军元帅，78 岁高龄的兴登堡（Paul von Hindenburg）被选举为魏玛共和国总统，这为希特勒的上台埋下了伏笔。这一时期相对稳定的政治局面与经济形势的整体好转有关。从 1924 年开始，德国经济展露出复苏的迹象。一方面，在德国放弃"消极抵抗"后，美国和英国推动确立了改变赔款支付方案的"道威斯计划"（Dawes Plan）。该计划不仅减轻了德国应承担的赔偿责任，允许其延期支付赔款，而且还为德国提供了 8 亿金马克的国际贷款，以助力德国经济的发展。②另一方面，德国政府采取了一系列的举措刺激经济的发展，在全国范围内推动"工业合理化"运动，引入先进的生产设备和工作模式，大幅度地提高了劳动生产效率，促进了工业经济的发展。不过，德国经济的振兴主要依赖外国的投资，尤其是源于美国的贷款。据统计，在 1924—1930 年间，德国工业所获得的投资总额为 630 亿马克，其中接近一半来自于国外资本。这意味着，德国的经济非常容易受到国际投资环境的影响，缺乏足够的稳定性和抵御风险的能力。③诚如施特雷泽曼所说："一旦发生经济危

---

① 参见邢来顺、李富森：《论魏玛德国的经济》，《湖南师范大学社会科学学报》2012 年第 3 期，第 88 页。
② 参见郑寅达等：《德国通史（第五卷）：危机时代》，第 102—107 页。
③ 参见〔德〕卡尔·达哈赫：《二十世纪德国经济史》，第 32—41 页。

机，美国要求偿还其短期贷款，那我们就要面临破产的危险。"①

魏玛共和的第三个阶段从1929年开始，至1933年希特勒上台结束。1929年10月，发端于美国的全球性经济危机爆发，施特雷泽曼的担忧变成了现实。由于美国资本在德国经济中的占比极高，这使得德国成为美国之外受经济危机冲击最严重的国家。德国的煤炭、钢铁、汽车、机械、消费品以及各种农产品的生产都大幅下降，银行业也受到严重的冲击。②经济大萧条造成的最严重后果乃是失业人口的骤然剧增：在1929年德国的失业人数尚且只是200万，到了1932年，失业人数达到了600万，失业率高达30.8%。大量增加的失业人口远远超出了既有失业保险基金的承受能力，而大联盟政府无法就社会保险制度的改革方案达成一致。③1930年3月，因为难以对失业保险金问题达成共识，由社民党人米勒（Hermann Müller）组建的大联合政府倒台，这也是魏玛共和国的最后一届民主内阁。

在此之后，布吕宁（Heinrich Brüning）、巴本（Franz von Papen）和施莱歇尔（Kurt von Schleicher）三任内阁都是直接由总统兴登堡任命组建，而没有得到国会多数的支持，因此被称为"总统内阁"。这表明，在魏玛共和末期，议会民主制已经难以为继，政治的运行完全倚赖总统个人的权威。④从逻辑上来说，希特

---

① 〔美〕科佩尔·S.平森：《德国近现代史：它的历史和文化》，范德一等译，商务印书馆1987年版，第601页。

② 参见〔美〕埃里克·韦茨：《魏玛德国：希望与悲剧》，姚峰、聂品格译，第165页以下。

③ 参见孟钟捷：《论魏玛德国大联合政府（1928—1930）的终结》，《经济社会史评论》2018年第4期，第15—31页。

④ 参见沈有忠：《魏玛宪法变奏曲：半总统制宪法的生命史》，第273—290页。

勒的内阁也属于"总统内阁",这对于当时的德国人来说是一种早已习惯的总理交替形式。[1]1930年之后,尽管政府权力远较之前更为集中,但是经济形势和社会局面并未明显好转。布吕宁内阁曾试图通过通货紧缩政策来解决政府的赤字问题,却没有收到预期的效果,经济状况反而变得更加糟糕,失业率居高不下。[2]在这种情况下,化解经济危机成为了纳粹党争取选民支持的借口,这使得鼓吹非常手段的纳粹党在国会中获得了越来越多的选票,为其后续夺权铺平了道路。总的来说,魏玛政府疲弱无力的表现导致纳粹党在国会中的影响力越来越大,而希特勒也最终赢得兴登堡的青睐,被任命为德国总理,并利用手中的权力正式拉开夺权的序幕。[3]

当然,在魏玛共和国所遭遇的政治、经济危机的背后,隐藏着更为深刻的精神危机。因此,要理解魏玛体制的崩溃,还需要从这一维度出发,对当时德国的政治文化和民众心理进行剖析。首先,绝大多数的德意志人直到"一战"末期仍然乐观地相信德国将取得最终的胜利,他们难以接受战败的结果,而随后签订的屈辱性条约更是成为德意志民众心中难以释怀的悲愤。其次,推翻君主制,建立议会民主制也不是德意志人民主动追求的结果,而是为了实现和平的无奈选择。德国历史上向来缺乏民主传统,因而大部分的民众只是把魏玛共和国当作一个既成事实予以暂时地接受,他们在内心深处缺乏捍卫民主共和的热情。最后,魏玛时

---

[1] 参见〔德〕施托莱斯:《德意志公法史导论》,王韵茹、李君韬译,第103页。
[2] 参见邢来顺、李富森:《论魏玛德国的经济》,第90—91页。
[3] 参见郑寅达、陈旸:《第三帝国史》,江苏人民出版社2020年版,第50—59页。

期的历届内阁都没有妥善地解决德国所面临的内政与外交困境，民众很容易把对于社会现实的不满归咎于政府，并幻想着能够出现类似腓特烈大帝或俾斯麦那样的政治强人，即对于威权政治充满向往之情。

需看到，德国主动挑起"一战"，绝不仅仅是德皇威廉二世以及少数军事将领的一意孤行，同时也是他们对于当时德国民众的广泛意愿的一种迎合；发动战争是上下合谋的产物，也是德意志民族主义的非理性表达。[1]当战争失败之后，囿于一种狭隘的民族优越感，德国人普遍不愿意相信战无不胜的德国军队在战场上被敌军击溃，而是更愿意相信由鲁登道夫（Erich von Ludendorff）和兴登堡等人所鼓吹的所谓"背后一刀"的理论，即认为德国这座坚不可摧的堡垒是由少数心怀叵测的阴谋家从内部攻破的，出卖祖国的叛徒理应承担战争失败的全部责任。于是，德国军人变成了悲剧式的英雄，而平民、革命者、社会民主党人和犹太人都被视为背叛了祖国的民族罪人。[2]基于这种论调，大部分德国人并不会真正反思战争的伤痛，而是期盼着德国军队能够在下一次全面战争中一雪前耻，这就为第二次世界大战的爆发埋下了伏笔。这样一种不甘于失败的、口服心不服的心理也直接决定了德国人对于《凡尔赛和约》的强烈抵触情绪。受到战时宣传的影响，德国人倾向于把"一战"理解为追求民族安全的防御性战争，其正当性是不言而喻的。宣布投降之后，德国人所期待的"谅解式和

---

[1] 参见丁建弘：《德国通史》，上海社会科学院出版社2019年版，第288—291页。
[2] 参见郑寅达等：《德国通史（第五卷）：危机时代》，第50—51页。

平"没有出现，取而代之的是一份在当时的德国人看来极度屈辱的《凡尔赛和约》。作为胜利一方的协约国，尤其是法国，不仅要求德国割地、赔款和裁军，还要求德国承担全部的战争罪责以及由此产生的一些损失。于是，德国民众群情激愤，坚决抵制在和约上签字。[①] 尽管德国最终被迫接受《凡尔赛和约》，但和约过于苛刻的内容不仅给德国政治和经济的发展造成了严重的负担，使之难以走入"正常国家"的正轨，而且激发了德国人普遍的民族复仇心理。[②] 纳粹党正是利用这样一种心理，大肆进行仇恨宣传兼带战争动员，通过蒙蔽和煽动德国民众获得他们手中的选票，最终站到了政治舞台的中央。

尽管在第二帝国末期，社会民主党和进步党等党派曾要求对宪法进行改革，但这种改革延续的乃是1848年革命的政治传统，即试图建立一个真正的君主立宪国家，民主共和国则并非其追求的目标。[③] 由于在当时的德国，民主理念缺乏必要的群众基础，民主共和只能是一个对于战败国来说迫不得已接受的选择：一方面，美国总统威尔逊把德皇退位当作实现和平的必要条件，这导致君主政体在德国已经在实质上难以维持；另一方面，左翼的革命派希望效仿刚刚成立的苏联，确立工兵代表会制度，实现无产阶级专政，将国家政治制度推向另一个极端。魏玛共和国就在极左和

---

① 参见〔瑞士〕埃里希·艾克：《魏玛共和国史：从帝制崩溃到兴登堡当选（1918—1925）》，第81—130页。

② 参见张国臣：《试论第一次世界大战后德国对一战的反思》，《许昌学院学报》2018年第5期，第53页。

③ 参见蒋海松：《德国代议制（第二卷）》，中国社会科学出版社2009年版，第952页以下。

极右这两股势力的夹缝中诞生了。① 正因如此，魏玛共和国的合法性始终遭受来自左右两个阵营的攻讦。针对新生的共和国，德国共产党严厉指责其已经背叛革命，在他们看来，社会党人选择与保守的军方势力联手对革命力量进行了无情的镇压，严重损害了工人阶级的利益。② 与左翼相比，右翼势力的思想来源更为复杂，包括军国主义、民族主义、反犹主义、国家主义、反自由主义、反理性主义、浪漫主义等诸多源流。③ 在魏玛共和初期，以"魏玛联盟"为代表的中间派力量尚能获得大部分德国民众的支持，但对于现实处境的不满使得越来越多的民众向左、右两极分化，寄希望于极端派别所描绘的乌托邦式的国家图景。④ 除了缺乏对于民主的热情外，德国人总是对卡里斯玛式（charisma）的政治权威充满向往之情，对于领袖的服从是德国政治文化一以贯之的内容。在德国人的理念中，国家和民族是神圣的存在，是荣耀的象征，唯有充满非凡魅力的领袖能够将德意志人民的力量凝聚起来，使德国脱离苦海，再次走向强大。⑤ 当然，德国人丝毫没有察觉到这种"弥赛亚情结"背后潜在的危险，与喋喋不休的议会政治和软弱无能的民选政府相比，他们更渴望一个独断专行的领导者，⑥ 同

---

① 参见丁建弘：《德国通史》，第312—315页。
② 参见〔法〕里昂耐尔·理查尔：《魏玛共和国时期的德国（1919—1933）》，李沫译，山东画报出版社2005年版，第104—110页。
③ 参见孙佳敏：《魏玛共和时期的反民主思潮》，《湖南社会科学》2016年第4期，第52页。
④ 参见〔美〕彼得·盖伊：《魏玛文化：一则短暂而璀璨的文化传奇》，刘森尧译，安徽教育出版社2005年版，第35页以下。
⑤ 参见〔德〕库尔特·松特海默：《魏玛共和国的反民主思想》，安尼译，第171—178页。
⑥ 参见〔爱尔兰〕安东尼·麦克利戈特：《反思魏玛共和国：1916—1936年的权威和威权主义》，王顺君译，商务印书馆2020年版，第201页以下。

时渴望大权独揽的领袖能够及时向处于崩溃边缘的德国抛出一个一揽子解决所有问题的万全之策。

最后，魏玛崩溃或许还存在一个"非结构性"的原因，即前后两任总统，因为在出身背景和政治理念方面存在巨大的差异，导致魏玛的政治氛围从中间偏左逐渐滑向了极右翼。1923年之前，魏玛德国对于阴谋策划暗杀行动以及煽动市民暴动的政治团体，无论极左还是极右，均给予一视同仁的严厉打击。这一时期的世道虽乱，经济形势和社会状况也比1924年之后要艰难、复杂许多，但是艾伯特主持之下的魏玛当局一直保持着对于政治局面的基本控制。1925年，艾伯特去世之后，时年78岁的兴登堡以37%的高得票率成为魏玛德国的第二任总统，也是魏玛时期唯一经过选民直接选举产生的总统。这位普鲁士旧式武官出身的新任总统与出身于工匠家庭的社民党领袖艾伯特在世界观上存在着相当大的反差：艾伯特一贯反对激进的革命主张，他本人也曾参与了创制魏玛宪法的过程，因而是议会民主制的坚定捍卫者。相比之下，曾在"一战"中立下赫赫战功的陆军元帅兴登堡从内心里憎恶《凡尔赛和约》的签署；德国战败之后，他是"背后一刀"论调的主要散布者。兴登堡对于混乱、低效的议会民主制从来就没有什么好感，而是自然而然地秉持着一套陈旧的普鲁士观念，将德国的前途寄希望于武力与事功，而非议会和宪法，因而他并不把打破宪法所确立的常规政治秩序视为一件多么重大的事情，而是多次破格任用"有胆量""有冲劲"的政客担任总理职务，而不去分辨他们是否心怀颠覆共和的野心。经济危机爆发之后，布吕宁、巴本以及施莱歇尔这三任内阁都是在缺少国会多数支持的非常规情况之下由总统兴登堡直接任命的，这已经形成了对于议会民主制的实质性破坏，并形成了新的宪法惯例，魏玛体制自这时开始已经从议会制偏向总统制，而希特勒则正是借助这一超常规的宪法惯例被任命为新一届内阁总理，攫取了重要的权力，为其全面夺权铺平了道路。1932年4月，兴登堡更是以超过半数的得票率（53%）再次当选总统，这在一定程度上说明了当时的德国民众追捧政治强人的心理特点，同时也说明，作为魏玛宪法基石的议会民主制已经坍塌了。虽然兴登堡起初在任命希特勒为总理这件事上并不情愿，并试图利用巴本来制约希特勒，但是作为一名思想老派的军国主义分子，他无法拒绝极右翼政治蓝图的诱惑，最终只能越陷越深，为纳粹势力所挟持。可以说，就纳粹主义在30年代初迅速崛起这件事来说，魏玛共和国第二任总统兴登堡难辞其咎。不过，如果在1925年接任第二任总统的不是兴登堡，而是他在东线战场的同僚，总体战思想的始作俑者、激进分子鲁登道夫，那么魏玛崩溃以及纳粹崛起的速度恐怕只会更快。从这个意义上来说，把魏玛共和国推向万劫不复的深渊并非兴登堡一人所为，而是魏玛时代的全体德国人做出的历史抉择。

## 四、纳粹夺权及其政治改造

正是在这种民族创伤、政治极端主义、暴力冲突和革命暴动的氛围中，纳粹主义诞生了。[1]纳粹党的全称为"国家社会主义德

---

[1] 参见〔英〕理查德·埃文斯：《第三帝国的到来》，赖丽薇译，第85页。

意志工人党"（Nationalsozialistische Deutsche Arbeiterpartei），该党的前身是由安东·德雷克斯勒（Anton Drexler）创建的德意志工人党（Deutsche Arbeitpartei）。1919年9月，巴伐利亚陆军政治部委派希特勒去调查该党的活动情况，其演讲才能受到工人党领袖德雷克斯勒的欣赏，在后者的邀请下，希特勒加入了德意志工人党并成为领导委员会的第七名成员。[1]1920年2月24日，该党举行了会议，在希特勒的提议下，德意志工人党更名为"国家社会主义德意志工人党"，与此同时，希特勒宣布《二十五点纲领》作为党的指导原则和奋斗目标。不过，希特勒对于德意志工人党的集体领导制感到不满，当他在党内取得优势地位后，便要求取消领导委员会，由他本人独揽党内大权。1921年7月29日，纳粹党对于希特勒的要求进行投票表决，根据投票结果，希特勒以绝对的优势确立了他在党内的个人独裁地位，被党内其他成员称为"元首"。[2]在希特勒刚刚加入德意志工人党时，它还只是一个仅有55名成员的小团体，而到了1923年11月，该党的人数已经增加至5.5万人。

纳粹党的早期目标是希望通过暴力手段推翻现政权。为此，希特勒等人策划了"啤酒馆暴动"，控制了巴伐利亚的行政长官卡尔、军队长官索洛夫以及警察局长赛瑟尔等政要，企图先行掌控巴伐利亚的局势，然后再向柏林进军。然而，这次政变缺少周密的安排，卡尔等人趁乱逃出了啤酒馆，迅速组织军队和警察对暴动的人员进行镇压。局势很快得到控制，领导政变的希特勒、

---

[1] 参见〔美〕科佩尔·S.平森：《德国近现代史：它的历史和文化》，范德一等译，第637—638页。
[2] 参见郑寅达、陈旸：《第三帝国史》，第13—14页。

鲁登道夫和罗姆（Ernst Julius Röhm）等人都遭到逮捕。①1924年2月，巴伐利亚的特别法庭对希特勒等人进行了审判，鉴于法官本人也奉行国家主义的思想，因而仅判处其5年监禁刑，并遣送至兰茨贝格的监狱服刑。入狱之后，希特勒从政变失败中吸取教训，决定放弃暴力夺权，而是通过参与国会选举的方式合法地夺取权力。在希特勒服刑期间，被取缔的纳粹党分崩离析，形成了几股不同的势力，其中最有影响力的是施特拉瑟兄弟（Gregor Strasser, Otto Strasser）领导的北方派与罗森贝格（Alfred Rosenberg）、鲁道夫·赫斯（Rudolf Walter Richard Heß）以及赫尔曼·戈林（Hermann Wilhelm Göring）等人所代表的慕尼黑派。1924年12月20日，希特勒获准假释出狱，之后向巴伐利亚政府申请解除了取缔纳粹党的命令。至此，希特勒实际服刑期仅有9个月余。1925年2月27日，纳粹党举行了重建大会，数千人参加，希特勒重新获得了对于南德地区纳粹势力的领导权，但以柏林为中心的纳粹党北德势力仍然掌握在施特拉瑟兄弟手中，他们已经形成了一套相对成熟的左翼纳粹思想，即所谓的"施特拉瑟主义"（Strasserism）。经过一番激烈的角逐，希特勒在1926年2月4日召开的班贝格会议上确立了自己的领袖地位，加强了对于纳粹党的组织建设，导致戈培尔（Paul Joseph Goebbels）等人与施特拉瑟兄弟彻底决裂。自此以后，纳粹党的人数得以快速增加，从1926年的4.9万人，发展到1927年的7.2万人，再到1928年

---

① 参见〔英〕伊恩·克肖：《希特勒传》，史鉴译，世界知识出版社2018年版，第75—111页。

的 10.8 万人，到了 1929 年则是达到了 17.8 万人。不过，此时的纳粹党在国会中仍然缺乏影响力，在 1924 年 12 月的第三届国会选举中，其得票率为 3%，获得 14 个席位，到 1928 年 5 月的第四届国会选举，其得票率仅为 2.6%，获得 12 个席位。①

1929 年 10 月爆发的经济大萧条使得纳粹党可以更好地利用民众对于政府的不满来为自己赢得选票。由于德国民众迫切地希望改变悲惨的现状，纳粹党就针对不同群体的需求开出"空头支票"，以便赢得他们的支持，例如"向农民许诺土地，向工人许诺工作与面包，向中小私有者许诺保护他们的财产。"②除了加强面向中下层民众的宣传之外，希特勒还开始接触上层的垄断资本，赢得了基尔道夫、蒂森和凯普勒等工业巨头的支持。前述这些措施让纳粹党在 1930 年的国会选举中获得了较大的进步，其得票率上升为 18.3%，在国会中获得了 107 个席位，成为仅次于社民党的第二大党。在 1932 年 7 月的选举中，纳粹党超过了社民党成为第一大党，获得了 37.4% 选票，在国会中占据了 230 个席位。③虽然纳粹党赢得了最多的选票，但其得票率未超过 50%，因而希特勒还无法顺利组建内阁，出任总理。如前所述，在魏玛共和末期，因为难以组建赢得超过国会半数席位支持的联合内阁，总理只能由总统兴登堡来任命。一开始，兴登堡并不愿意任命希特勒为总理，但是巴本和施莱歇尔两人之间的互相拆台给了希特勒可乘之机，

---

① 参见郑寅达、梁中芳：《德国纳粹运动与纳粹专政》，北京师范大学出版社 2018 年版，第 26—34 页。
② 梅义征：《纳粹夺权时期的政治宣传初探》，《史学月刊》1999 年第 3 期，第 75 页。
③ 参见郑寅达、陈旸：《第三帝国史》，第 42—43 页。

经过多轮的明争暗斗，兴登堡最终做出了将希特勒任命为总理的决定，魏玛德国的民主政治也即将走向覆灭。[1]用施托莱斯的话讲："所有的一切发生于24个月内，毫无真正的抵抗（Widerstand）。"[2]

1933年1月30日，兴登堡总统任命希特勒为德国总理。这一事件通常被看作是纳粹夺权的起点。然而，将奉行议会民主制的魏玛德国改造为极权主义的"元首国家"并不可能在一瞬间完成。在历史学家眼中，希特勒和纳粹党试图绕开魏玛宪法的制约机制，通过颁行法令以及法外手段来实现德国政治的根本转向，绝不是一蹴而就的，而是按照一个明确的计划逐步实施的。某种程度上，任何对于纳粹夺权的过于简单化的理解都有可能导致那种"必然性"史观的浮现。因此，将纳粹夺权与其政治改造的活动结合在一起观察更加符合历史的本来面貌。

兴登堡任命希特勒为内阁总理之时，内阁并非为纳粹党所垄断，而是建立在纳粹党和德国国家人民党结盟的基础之上，而且纳粹党在希特勒的内阁中仅仅占据三席，即总理希特勒，内政部长威廉·弗里克（Wilhelm Frick）以及不管部长赫尔曼·戈林。[3]德国国家人民党的领袖胡根贝格（Alfred Hugenberg）担任经济部和农业部的双料部长。除此之外，诸如外交、财政、司法、邮政和交通等部的长官都是由保守派势力担任。此前组阁未成的普鲁士总理弗朗茨·冯·巴本担任内阁副总理。[4]除此之外，保守派

---

[1] 参见〔德〕福尔克尔·乌尔里希：《希特勒传（上册）：跃升年代》，亦青译，东方出版社2016年版，第294页以下。
[2] 〔德〕施托莱斯：《德意志公法史导论》，王韵茹、李君韬译，第103页。
[3] 不管部长是指在政府中不专管某一部事务的部长级官员或"国务委员"。
[4] Vgl. Karl Kroeschell, Rechtsgeschichte Deutschlands im 20. Jahrhundert, UTB ,1992, S.70–72.

势力还采取了一些措施以控制希特勒的权力：第一，只有在副总理巴本的陪同下，兴登堡总统才会接见希特勒，听取其汇报工作；第二，希特勒并没有像前几任内阁总理那样，从兴登堡那里获得随时颁布"紧急法令"（Notverordnung）的特权。除此之外，兴登堡还要求希特勒内阁尽快获得国会多数的支持，否则他将撤销其对希特勒的任命。换言之，希特勒虽名为总理，但他并不受到实际掌权者的信任，其职位则处于朝不保夕的状态。

新内阁内部对于采取何种方式来获得议会多数的支持存在不同的解决方案。第一，希特勒本人提出解散国会，重新选举。在希特勒看来，只要利用其总理的职位，便可以利用更有效的宣传攻势，以便使纳粹党在国会中的席位超过半数，从而摆脱联合执政的限制。第二，胡根贝格和巴本担心纳粹党可能在新一届的国会中获得更多的支持，从而脱离他们的约束和限制，因此他们都不主张提前解散国会。胡根贝格建议，通过取缔共产党的活动，剥夺共产党在国会中的席位，就足以使得右翼政党联盟（即所谓"民族联盟"）在国会中获得多数。根据1932年11月国会选举的结果：纳粹党获得的选票最多，占比为33.09%，紧随其后的是社民党（20.43%）和德国共产党（16.86%），中央党（11.93%）和德国国家人民党（8.34%）则分列第四和第五位。当时，中央党已经向希特勒表达了参与组建联合政府的意愿，但希特勒绝不会让政党联盟组建起来，否则他试图重新启动国会选举的计划便将落空。[①] 最终，在希特勒的步步紧逼之下，兴登堡总统于

---

[①] 参见郑寅达、梁中芳：《德国纳粹运动与纳粹专政》，第69—74页。

1933年2月1日签署法令，宣布解散议会并于3月5日进行新的国会选举。

希特勒极力开动各种宣传机器并借助"辅助警察"来破坏其他政党的选举集会。所谓的"辅助警察"是担任普鲁士内政部长的戈林借口正规警察的人数不足，从冲锋队（Sturmabteilung, SA）、党卫队（Schutzstaffel）和"钢盔团"（Der Stahlhelm, Bund der Frontsoldaten）①中挑选的5万名成员，这些人戴上"辅助警察"字样的白色袖章，便可以堂而皇之地以国家的名义展开破坏活动。然而，纳粹党仍然未能在3月5日的选举中获得多数席位。不过，国会选举虽没有达到希特勒的预期效果，但是，他却通过其他手段使得新国会于1933年3月23日以三分之二以上的多数通过了《消除人民和国家痛苦法》（Das Gesetz zur Behebung der Not von Volk und Reich, vom 24. März 1933），也就是通常所说的"授权法"（Ermächtigungsgesetz）。在很大程度上，该法令为纳粹实现"合法"的独裁统治奠定了基础，也成为纳粹统治的"基本法"。该法令使得德国政府可以绕开国会，制定违反宪法要求的法令，这就使得魏玛宪法所确立的民主议会制必然走向名存实亡的结局。② 可以说，这部法律与此前公布的《保护国家与人民的总统法令》（Die Verordnung des Reichspräsidenten zum Schutz von Volk und Staat vom 28. Februar 1933），也就是所谓的"国会纵火案法令"（Reichstagsbrandverordnung），一同摧毁了魏玛共和国的两大

---

① 钢盔团，也称"前线士兵联盟"，是一个右翼的民族主义准军事化组织，最早由"一战"退役士兵组建，后来成为纳粹党的帮凶。

② See Martin Broszat, *The Hitler State*, trans. by John W. Hiden, pp.83ff.

基石：议会民主制与公民基本权利。

作为纳粹上台过程中最为重要的历史事件之一，"国会纵火案"与上述两部法令的通过都有着密不可分的关系，因此，这里有必要简要叙述一下纳粹分子是如何通过操纵国会纵火案来实现其政治野心的。[①]当3月5日重选国会的决议作出后，希特勒及纳粹党徒便开始利用其手中的国家权力，打压其他党派，其中德国共产党被纳粹党看作最为棘手的对手：一方面，纳粹党和共产党分别处于德国政治的左右两极，其政治立场上存在着绝对难以调和的矛盾；另一方面，从1928年以来，共产党在国会选举中的得票率逐渐攀升，从1928年5月的10.6%上升至1932年11月的16.9%，这就使得纳粹将共产党看作其赢得国会选举路上的绊脚石。于是，纳粹党利用其掌握的政治警察来打压共产党的选举宣传。1933年2月23日，政府占领并查封了共产党的中央委员会办事处——卡尔·李卜克内西大厦，从而使得共产党被迫将办事处搬到国会大厦内的党团办公处。为了对纳粹党假借政府名义实施的打压行为做出回应，共产党于2月27日组织了大量的工人在柏林体育宫集会，纪念马克思逝世50周年。就在当晚，柏林的国会大厦燃起了熊熊大火，一名荷兰共产党员范·德·卢贝（Van der Lubbe）在附近被抓获，被纳粹党认定为"国会纵火案"的犯罪嫌疑人。此外，戈林和戈培尔等纳粹高层迅速向外界通报信息，将矛头直接指向德国共产党，向外界散布共产党计划发动政变的

---

[①] 汉斯·蒙森对国会纵火案的过程及其政治后果进行过较为深入的分析，参见 Hans Mommsen, The Reichstag Fire and Its Political Consequences, in: H.W.Koch ed., *Aspects of the Third Reich*, Macmillan, 1985, pp.62-95。

消息。德国共产党主席恩斯特·台尔曼（Ernst Thälmann）、国会党团主席恩斯特·托尔格勒（Ernst Torgler）以及侨居德国的共产国际领导人、保加利亚共产党领袖季米特洛夫（Georgi Dimitrov）等人相继遭到逮捕。

2月28日，希特勒在内阁会议上抛出了一部纳粹党起草的紧急法令草案，强调为了有效地镇压共产党的阴谋暴动，必须暂时中止宪法规定的公民基本权利。随后，希特勒和巴本便面见了兴登堡，迫其签署了该项法令。根据"国会纵火案法令"第1条："德国宪法第114、115、117、118、123、124和153条在另行通知前，停止适用。故对人身自由权、言论自由权，包括出版自由、集会自由、邮政、电报和电话隐私权的限制得以允许。若未另外声明，根据传票搜查住宅、没收财产及对财产加以限制亦不受法律约束。"[1] 纳粹党以"国会纵火案"为由开启了魏玛宪法的"例外状态"。

虽然希特勒在国会纵火案之后，在全国范围内大肆镇压共产党人以及其他左翼势力，但是，在3月5日的国会投票之前，却没有正式取缔共产党，其原因可能是担心共产党的支持者们会把选票投给社民党。在国会选举结束之后的几天内，希特勒政府便正式宣布取消共产党在国会中所占的席位，进而又彻底地将共产党宣布为非法组织，加以取缔。这样一来，德国国会中的议席便从647席减少到566席，相应地，纳粹党所占的席位终于超过了半数。

---

[1] Verordnung des Reichspräsidenten zum Schutz von Volk und Staat vom 28. Februar 1933, §1.

由于希特勒内阁在 3 月 20 日向国会提交了"授权法"草案，在国会开幕两天后，议员们将在 3 月 23 日于克罗尔剧院表决该法案。[1] 按照魏玛宪法第 76 条的规定，只有获得国会三分之二以上多数的支持，该法案方能得到通过。最终，除了社民党的 94 名成员投票反对之外，其余的党派全都投了赞成票，该法案最终以 444 票支持，94 票反对的结果得到通过。[2]"授权法"的顺利通过是纳粹建立极权体制的过程中取得的阶段性"胜利"。在纳粹主义的意识形态之中，国家必须以种族意义上的民族共同体为基础，在组织形态上奉行党和国家的"一体化"；作为人民的领袖，希特勒将总揽党和国家的一切事务。故而，纳粹为巩固和加强其统治，必须要在以下几个方面完成对国家和党的改造：第一，打击和取缔纳粹党之外的一切政党和政治团体；第二，清除纳粹党内的不安定势力，也就是以罗姆为代表的冲锋队；第三，加强中央集权，把分离主义倾向比较严重的联邦制德国改造为一个由中央领导的集权化国家。

希特勒政府宣布共产党为非法组织，并取消其在国会中的议席之后，仍然没有停手，进一步的镇压措施可以表现为两个方面：第一，以"授权法"为基础颁布法令，在邦、省和地方议会

---

[1] 该法共有 5 条内容：(1) 除了宪法所规定的立法程序外，国民政府也可以通过决议颁行国家立法（Reichsgesetz）；(2) 国民政府通过的法律可以背离宪法的规定，只要该内容不涉及国民议会和国家参议院的设立问题；国家总统的权力保持不变；(3) 国民政府通过的法律由国家总理签发，并在法律公报上加以发布，除另有规定外，法律自公布之后的次日生效；(4) 德国同其他国家签订的涉及国家立法的条约，无须获得参与该立法事务的机构的同意，国民政府负责公布为实施条约内容的必要规定；(5) 本法自公布之日起生效，其有效期至 1937 年 4 月 1 日，若当前的国民政府被其他政府取代的，本法也将失效。

[2] 参见郑寅达、陈旸：《第三帝国史》，第 93 页。

之中取消共产党的议席，从而使得共产党不再可能以议会选举的方式进行合法有效的斗争；第二，希特勒政府于1933年5月26日颁布《没收共产分子财产法令》(Gesetz über die Einziehung kommunistischen Vermögens)，通过剥夺共产党人的经济基础防止其展开政治反抗活动。

在削除共产党的威胁之后，希特勒又把矛头指向了在魏玛共和时期作为执政党的社会民主党（SPD）。[①] 面对希特勒政府的打压，社民党内部出现了分裂：一方面，原社民党主席韦尔斯（Otto Wels）等人组织了境外流亡机构，同希特勒政府展开斗争；另一方面，社会党在柏林召开全国代表大会，选举出以勒伯尔为代表的新任执行委员会，企图在名存实亡的议会制度下，以在野党的身份展开合法竞争。然而，这种妥协和退让并没有被希特勒政府所认可。1933年6月22日，内政部长弗里克（Wilhelm Frick）宣布：社民党和共产党一样，都是危害国家和人民的政党，因此，各邦政府应当根据"国会纵火案法令"，禁止在国会和地方议会中担任议员的社民党成员继续行使其代表权。此外，德国境内社民党及其辅助组织的全部财产都应被没收。随后，接近3000名社民党干部遭到逮捕。

除了代表工人阶级的共产党和社民党之外，其他的政党同样难逃被迫解散的命运。[②] 诸如德意志国家人民党（DNVP）、德意志国家党（DStP）、德意志人民党（DVP）、巴伐利亚人民党（Bayerische

---

① See Martin Broszat, *The Hitler State*, trans. by John W. Hiden, pp.85–86.
② 参见郑寅达、陈旸：《第三帝国史》，第99—102页。

Volkspartei)等党派均在7月4日之前被解散。中央党内的年轻成员要求奋起反抗，但为了保住党员们在政府机构中的工作，该党于7月5日宣布解散。1933年7月4日，希特勒政府根据"授权法"颁布了《禁止组建新政党法》(Das Gesetz gegen die Neubildung von Parteien vom 14. Juli 1933)，该法规定：德意志国家社会主义工人党（NSDAP）是德国境内的唯一政党；对于试图保留其他政党组织结构或组建新政党的人，将被处以3年以下的刑罚，除非其他法律规定了更为严重的刑罚。之后，纳粹政府又在1933年12月1日公布了《保护党国一体法》(Gesetz zur Sicherung der Einheit von Partei und Staat)，其规定：在国家社会主义革命胜利后，纳粹党便成为德意志国家精神的承载者，与国家密不可分地联系在一起；为保障党和冲锋队的工作与公务人员的工作协调一致，元首代表（指赫斯）和冲锋队参谋长（指罗姆）将成为国民政府的成员；作为纳粹主义国家的引领和动力，纳粹党和冲锋队的成员对于元首、人民和国家承担着崇高的义务，如其违反义务，应受到党内法庭的管辖。概言之，纳粹党已经不能被视为单纯的执政党，其本身就构成了国家体制的一部分。至此，党国一体的结构得到确立。

除了完成对各个政党的绞杀之外，希特勒政府的另一项重要工作便是强化中央集权，把联邦制的德国改造为一个听从中央调遣的集权体制。[①] 长期以来，普鲁士和巴伐利亚是德国境内势力最大的两个邦，无论是"第二帝国"还是魏玛共和国都没有能够很

---

① See Martin Broszat, *The Hitler State*, trans. by John W. Hiden, pp.96ff.

好地解决中央政府和地方政府之间的关系,尤其在巴伐利亚,分离主义的倾向非常严重。因此,希特勒想要全面掌握国家权力,就必须把普鲁士和巴伐利亚置于自己的掌控之下。1933年1月,在希特勒的安排下,戈林成为普鲁士的内政部长,他通过对普鲁士警察机构的改造基本实现了对普鲁士的控制;对于分离主义倾向严重的巴伐利亚,希特勒通过派遣"国务专员"来接收邦政府的权力。面对来势汹汹的冲锋队和党卫队,巴伐利亚总理黑尔德(Heinrich Held)未能组织起有效的反抗和抵制,只能逃亡瑞士,巴伐利亚很快便由纳粹党组织的新政府接管。对于其他各邦,希特勒如法炮制,以指派"国务专员"的方式完成了权力的接收。[①]

从法律的角度看,希特勒政府先后通过两个"一体化"(Gleichschaltung)法令来确保其在全国范围内的权力。第一个法令颁布于1933年3月31日,其全称为《各邦与国家一体化暂行法令》(Vorläufiges Gesetz zur Gleichschaltung der Länder mit dem Reich),该法主要规定了两个重要的事项:(1)类似于国民政府,各邦政府也可在宪法规定的程序之外享有立法权;(2)除普鲁士之外的各邦议会应当解散,而后根据3月5日国会选举的结果,按比例分配在邦议会中各政党所拥有的席位数量。第二个法令颁布于1933年4月7日,被称为《各邦和国家一体化的第二项法律》(Zweites Gesetz zur Gleichschaltung der Länder mit dem Reich)。该法令设置了"帝国总督"(Reichsstatthalter)。除了普鲁士之外,各邦的帝国总督由总统根据总理的建议加以任命,其负责视察国

---

[①] 参见郑寅达、陈旸:《第三帝国史》,第103—108页。

家总理提出的政策方针在各邦的实施。总督享有的权力非常大：第一，可以任免各邦政府的主席（Vorsitzende）并根据主席的建议，任免各邦政府的其他成员；第二，可以解散邦议会并组织新的选举；第三，签署和公布各邦的法令；根据各邦政府的建议，任命直属的公务员和法官。随后，国会和联邦参议院又于1934年1月30日公布了《国家重建法》（Gesetz über den Neuaufbau des Reichs），正式废除了魏玛宪法所确立的联邦体制，使纳粹德国成为一个中央集权的单一制国家：各邦的主权交给国家；各邦政府受中央政府领导；帝国总督受内政部长的监督；帝国政府可以制定新的宪法。由于各邦丧失了主权，那么国家参议院也就没有存在的必要了，因此，1934年2月14日，希特勒政府公布了《国家参议院废止法》（Gesetz über die Aufhebung des Reichsrats）。对于上述旨在集权的行动和立法，内政部长弗里克不无得意地说道："几个世纪以来，古老的梦想已经实现。德国不再是一个软弱的联邦制国家，它已经成为一个由强大民族组成的中央集权国家。"[1]

希特勒领导的纳粹党之所以能够上台，很重要的原因便是其赢得了多方势力的支持。不过，一旦被这些力量视为共同敌人的德国共产党被打倒后，不同力量之间便开始相互抢夺"胜利果实"，这尤为突出地体现为成员大多来自底层的"冲锋队"（SA）与传统的保守势力（军方、大企业和垄断资本）之间的冲突。在两者的冲突中，希特勒决定维护后者的利益，因而他只能选择约束冲锋队的成员。与此同时，在纳粹党内部，有人提出了"二次

---

[1] 朱庭光主编：《法西斯体制研究》，上海人民出版社1995年版，第126页。

革命"的口号：纳粹党上台之争只是革命的第一部，接下来应当实施第二次革命，实现资本的国有化，打击垄断资本和官僚体制，从而完全掌控德国的政治和经济。这与希特勒的想法严重不符，除了在经济问题方面缺少基本的共识之外，冲锋队和希特勒在军事方面也存在着冲突：因为国防军希望维持其自身的独立性，不愿纳粹党的势力渗入；而以罗姆为代表的冲锋队则试图逐渐取代国防军。尽管希特勒试图调和冲锋队与代表资本主义的国防军的对峙，例如，明确国防军和冲锋队各自的职责；颁布法令使得在政治斗争中受伤和患病的纳粹党或冲锋队成员享受"一战"伤员的待遇，等等。然而，当这些手段都无法奏效，双方的矛盾变得无法调和之后，希特勒决定暴力清洗以罗姆（Ernst Julius Röhm）为代表的冲锋队势力，使国家从暴力和混乱中解脱出来。

1934 年 6 月 30 日，希特勒以"罗姆暴动"（Röhm Putsch）的名义对尚在度假中的罗姆发动袭击，随后，将其押解到慕尼黑秘密处决，史称"长刀之夜"（Nacht der langen Messer）。[①] 在这场清洗活动中，除了罗姆之外，希特勒的其他政敌也遭到屠杀，包括前总理施莱歇尔（Kurt von Schleicher）及其夫人，纳粹党的分离势力领导人之一格雷格·施特拉瑟（Gregor Strasser），天主教反对派的领袖、之前曾镇压过"啤酒馆暴动"的冯·巴尔（von Bahr）。随后，内阁发布了一条命令，将希特勒采取的清洗措施称作"国家正当防卫措施"，事后追认上述行为的合法性："为了打击在国家高层和各邦反叛者的攻击行为，于 1934 年 6 月 30 日至 7

---

① See Max Gallo, *Night of the Long Knives*, trans. by Lily Emmet, Harper & Row, 1972.

月1日施行的措施是国家紧急防卫行为,因而是正当的。"[1] 希特勒本人则在7月13日的国会演讲中,大言不惭地将自己称作德意志人民的最高法官:"如果有人责备我,问我为什么不通过正常的法庭来处置这些罪犯,那么我只能说,在这个时刻,我要对德国人民的命运负责,因此我成了德国人民的最高法官。"[2] 在"长刀之夜"之后,希特勒基本肃清了威胁其统治地位的各种反对者。8月份,年逾八旬的兴登堡总统病逝,希特勒失去了最后的形式上的制约,虽然这一制约从来也没有发挥过什么实质作用。根据希特勒本人签发的《德国国家元首法》(Gesetz über das Staatsoberhaupt des Deutschen Reichs),国家总统和国家总理的职位合二为一,国家总统的职权由元首和总理希特勒行使。其后,为了让希特勒看起来得到全体国民的拥护,纳粹政权还组织了一次"全民公投",为自己的权威提供更广泛的合法性。[3]

综上所述,经过短短的一两年时间,希特勒便将民主自由的共和国改造为个人独裁的"元首国家"。根据纳粹时期的政治理论,元首、人民和国家之间的关系是这样的:"元首的职位结合了国家的所有神圣权力;国家的一切公权力如同纳粹运动一样,都来自'元首权力'。如果我们希望正确地解释'人民国家'的政治权力,我们就不应该谈'国家权力',而应该谈'元首权力'。因

---

[1] Karl Kroeschell, Rechtsgeschichte Deutschlands im 20. Jahrhundert, S.73.
[2] 郑寅达、梁中芳:《德国纳粹运动与纳粹专政》,第107页。
[3] 纳粹统治期间进行过三次全民公投,分别是1933年批准政府所做的退出世界裁军会议和国际联盟的决定;1934年决定将总统与总理的职位合二为一;1938年表决德国与奥地利的合并。更为深入的讨论,可以参见 Otmar Jung, Plebiszit und Diktatur: Die Volksabstimmungen der Nationalsozialisten, Mohr Siebeck,1995。

为给予作为民族共同体意愿实施者元首的，不是作为政治权力源泉的非人格化实体——国家，而是政治权力本身。元首权力是包罗万象和总体性的；它兼备了创造性政治活动的一切方法；它覆盖了国民生活的各个领域；它网罗了忠诚并服从于元首的每一位民族同志。元首权力不受防护机制和控制机制的限制，不受自在的防护范围的限制，不受既有的个人权利的限制，它是自由、独立、排他和不受限制的。"[1] 当然，希特勒确实在纳粹德国享有无上的权威，但是，其本人对国家的掌控能力是否真如法律规定和宣传的那般强大，可能存在着争论，也就是后世学者关于"意志论"和"功能论"的争论。无论如何，希特勒至少在理论上被塑造为一个无所不能的"超人"形象。这导致德国在一种混合着欢乐与充满了恐惧的沉默气氛中开始了国家变迁。[2]

---

[1] 这段话是恩斯特·胡贝尔对"领袖国家"所做的理论总结，转引自 J.Noakes and G.Pridham ed., *Nazism 1919-1945: A Documentary Reader, Vol. 2: State, Economy and Society 1933-39*, University of Exeter Press, 2000, p.199。

[2] 参见〔德〕施托莱斯：《德意志公法史导论》，王韵茹、李君韬译，第103页。

# 第二章
# 纳粹法学的整体性改造

纳粹时期的德国法学经历了一个全面而且系统的"历史化"（historicization）改造过程，即所谓的"法律更新"（Rechtserneurung）运动，其基本特征是以政治想象之中的日耳曼-德意志传统取代位于法律现实幕后的罗马法传统，进而体现为"去罗马法""去形式主义""去个人主义""去主观权利"等特征。法律史学在这一运动之中发挥了至关重要的作用，掌握学术话语权的法律史学者有组织地参与到价值再评判与方法论重构的过程之中，形成了一套针对实证主义法学的带有强烈批判性的理论，并对所有部门法产生了辐射性的影响。这些理论与纳粹的政治话语相裹挟，在战后很长的一段时间里为学者所讳言。不过，这些理论蕴涵的强烈批判并未湮灭，而是以另外的形式和状态存在于波恩共和、柏林共和以及欧盟的政治思维与法律实践之中。

## 一、关于纳粹法学的历史反思

法律史学之于法学的意义在于通过诉诸既往的经验来诠释当下的精神，进而对实定法（positive law）及其背后学说体系的未来变动形成某种趋向性的指引。[1]法律史学的这一功能在民族国家诞生以来的任何时代都不能被忽略,[2]而在社会价值观发生剧变的某些特殊的时代,例如纳粹统治时期,则表现得尤为彰显。事实上,德国的法律史学在这一时期不仅非常活跃,而且始终与政治保持着极为紧密的联系,其宗旨便是勉力为纳粹法学提供思想改造的基础。可以说,纳粹法学的价值重塑和方法论改造都建立在全新的历史评价的基础之上。

对于某一个时段的法律史学发展状况进行整体性的回顾和评价,本是法律史学的业内课题,更可冠以"法律史学史"的名义开展研究。但是,"法律史学史"亦蕴含着自身成立的必要前提,也就是所谓的"连续性"(Kontinuität)[3]:只有当某个时段的法律史学与此前以及此后的法律史学相比,除了特殊性之外,同时也具有相当的关联性,尤其是在价值和方法两个方面的关联性,那么它才能被当作"法律史学史"链条上的一个环节来看待。这一必要前提同

---

[1] 以"诠释当下"作为法律史学科的存在意义,并不是所有学者都愿意接受的公论。另有一派反对的意见认为,法律史的研究务求客观,特别应当提防卷入当下。然而无论是主张积极融入,还是坚决拒斥并且隔离,都会发现自身面临的困难:想融入者难融入,欲逃离者逃不开。不过反过来看,正是两难处境为法律史学支撑起了思想的空间,使得法律史学研究者的目光能够在理论和材料的两极之间流连返转,而不致沦落于空泛或者僵死。

[2] 法律史学作为一门意旨明确的、具有独立性的学科,其历史并不久远,因为法律史学的主要功能一方面在于维护法律体系自治的设想,即充实"法治"的理念;另一方面在于为客观存在于民族国家之中的法律秩序提供合法性的基础,即作为"民族性"的一种表达方式。无论如何,作为法学一部分的法律史学都与近代国家的政治需求保持着密切的联系,因而是现代性的产物。

[3] 维亚克尔曾经对欧洲思想中的"持续性"概念有过非常完整和系统的总结,他说:"持续性同时也是——对于欧洲法史学家而言,可说是中心概念之一——继受的前提要件。"参见〔德〕弗朗茨·维亚克尔:《近代私法史——以德意志的发展为观察重点(上)》,陈爱娥、黄建辉译,上海三联书店2006年版,第28—30页。

样适用于部门法的学术史，以及外延更大的"法学史"。如果从根本上缺失了"连续性"，表现为与前人以及来者的思维和实践活动彻底地断裂，法律的意义遭到彻底否定，法学教育活动完全停止，司法从业人员离岗转业，那么无论是"法律史学史"，还是"法学史"，便全都无从谈起。纳粹德国的情况显然并非如此：1933年之后的法学一如既往地处于显学的地位，法律史学的重要性则被异乎寻常地抬高；在纳粹的意识形态塑造与大规模社会动员的活动中，从来都不缺少法学家和法律史学家的身影；此外，法律精英阶层在国家决策与社会管理系统中的优势地位并未因为1945年纳粹的覆亡而受到怎样的撼动，纳粹时代个别的"桂冠法学家"（Kronjurist）在经历了短暂的沉默之后甚至赢得了更加显赫的声誉。① 毋庸置疑，纳粹乃是一个"历史化"的过程：无论在思想上，还是在行动上，亦无论向前，还是向后，"连续性"都是存在的，只是在战后长期处于被"故意"忽视的状态，或是被"假装"不存在。② 这必然造

---

① 最典型的代表就是基尔大学的民法学教授拉伦茨（Karl Larenz）。而诸如施米特（Carl Schmitt）、胡贝尔（Ernst Rudolf Huber）、克吕格（Herbert Krüger）、克尔罗伊特（Otto Koellreutter）、福斯特霍夫（Ernst Forsthoff）、毛恩茨（Theodor Maunz）等学者，都曾为论证纳粹政权的合法性而发表大量论著，因而得到纳粹政权的高度肯定，并在战后依然保持重要的学术地位。

② 冷战时期联邦德国的法律史学者大多对于纳粹法律史学有一种"选择性失明"的反应。米夏埃尔·施托莱斯曾提到这样一件"不难理解"的事：1951年，格奥尔格·达姆（Georg Dahm）在修订再版《德意志法》教科书的时候，专门删除了1944年版本中的"纳粹法"章节，并且表示："这时候就谈论纳粹还为时尚早。"参见 Michael Stolleis, Die Rechtsgeschichte im Nationalsozialismus: Umriss eines wissenschaftesgeschichtlichen Themas, in: Rechtsgeschichte im Nationalsozialismus: Beiträge zur Geschichte einer Disziplin, S.3; 人们似乎总是难以对置身其中或亲身经历的事物展开评价，对于这个问题，汤因比也曾指出："对于研究人类事物的整体进程和特征而言，那些距离最近、史料最丰富、最为熟悉的历史事件恰恰是最不能说明问题的。"参见汤因比：《历史研究（下卷）》，郭小凌、王皖强等译，上海人民出版社2010年版，第787页。

成历史认知上的重大偏差：如果一个有效地串联着历史链条并且对相邻时段发挥着塑成性影响的关键环节逸失了，或是被假想所湮灭，或是被人为地摘除，那么整个链条的可理解性就成了问题。

对于德国近代的法学以及法律史学来说，"连续性"从来就不是什么新鲜事物。19世纪初，萨维尼（Karl Friedrich von Savigny）就是通过论证和强化罗马法与当下的"连续性"意象①成功地颠覆了自然法及理性法的统治，奠定了历史法学派对于私法的支配地位；②该学派的另一位缔造者艾希霍恩（Karl Friedrich von Eichhorn）认同萨维尼在方法论上的贡献，但是反对萨维尼所依赖的素材渊源，他认为"连续性"意象只能建立在本土法（日耳曼法）的基础之上，这一主张构成了德国法律史学的另外一支重要的思想渊源。放在更为宏观的背景下来看，德意志的民族性（Nationalität），作为民族国家形成时期最上位的概念，也是历史"连续性"的产物，历史法学派不过是民族性自我肯定的一条路径，而且或许并不是最主要的路

---

① 萨维尼最著名的两部论著，即《中世纪罗马法史》和《当代罗马法体系》，仅从标题上就明确体现出他试图以中世纪共同法（ius commune）的世俗部分作为基础搭建符合现实需求的学说体系的构想，其中蕴含着对历史的"连续性"意象的强烈信仰。萨维尼执着于"连续性"的另一个例证，存在于他关于城市起源的理论中，他一厢情愿地把中世纪的城市宪章视为罗马市民法的一种幸运的遗存，甚至罔顾随处可见的诸多反面证据，为此，他遭到了艾希霍恩等学者的批判。但是萨维尼对此并不以为然，因为他从来没有把自己当成一位历史学家。Vgl. Gerhard Dilcher, Die Geschichte der Stadt, in: Enzyklopädie der Rechts- und Staatswissenschaft, Springer Verlag Berlin Heidelberg, 1999, S. 331—333.

② 关于历史法学派的崛起，参见〔德〕弗朗茨·维亚克尔：《近代私法史——以德意志的发展为观察重点（下）》，陈爱娥、黄建辉译，第347—365页。

径。[1]鉴于萨维尼以及历史法学派在德国法律史上的崇高地位和巨大影响，可以说，对"连续性"的尊重和信奉正是德国法律史学的自我意识（Selbstbewusstsein）得以生成和延展的基础；反言之，失去对"连续性"的把握就意味着学科自我意识的中断。以自我意识的标准来判断，德国法律史学在纳粹时期便是处于盲目自大和极端亢奋的狂热状态，而在战后的二十余年之中，则几近休克。[2]时至60年代末，联邦德国步入战后经济复苏的尾声，个别学者开始试图恢复法律史学的自我意识。迪特·施瓦布（Dieter Schwab）于1969年1月14日在吉森大学做了一场题为"历史法学在第三帝国的自我理解"的演讲，基本观点是：纳粹时期的法律史学既没有在自我理解（Selbstverständnis）上做根本性的转向，也没有在纳粹主导的"法律更新"运动中发挥决定性的作用。[3]言外之意，纳粹时期的法律史学尽管客观上没能超然于政治之外，但是主观上"独善其身"的自我意识仍然保持着德国法律史学一

---

[1] 在18—19世纪德意志民族性逐渐凝聚的过程中，文学所发挥的作用显然是最主要的。歌德在1796年发出"德意志？您在哪里？"的呼唤，是那个时代最具代表性的文化符号。某种意义上，历史学家兰克、语言和民俗学家格林兄弟，以及法学家萨维尼，都是这一感召之下的实际行动者。因此，19世纪德意志知识界的主导思想便是"与过去联系起来"。参见〔荷〕叶普·列尔森：《欧洲民族思想变迁：一部文化史》，骆海辉、周明圣译，上海三联书店2013年版，第119—122、147页。

[2] 所谓"休克"并非指法律史学无事可做、关张大吉。战后德国的历史学与法律史学其实并不冷清，但是学者们大多选择退回古代法和中世纪法的研究领域，最多把目光延伸到18—19世纪，他们充满对现实的不安全感和疑惑，因而谨慎地使自己的研究与社会现实保持着较远的距离。因此，与当代史相对应的"当代法律史"处于无人理睬的境地。参见Michael Stolleis, The Law under The Swastika, trans. by Thomas Dunlap, pp.25; 另参见Conan Fischer, Review, The English Historical Review, Vol. 108, No. 427 (1993), p. 536; 另参见第105页脚注①。

[3] Vgl. Dieter Schwab, Zum Selbstverständnis der historischen Rechtswissenschaft im Dritten Reich, Kritische Justiz, Vol. 2, No. 1 (1969), S. 64.

贯的"连续性"。这一观点发表不久便遭到激烈的驳斥,瓦斯纳（Roderich Wahsner）质疑施瓦布的演讲是一场旨在为纳粹法学和法律史学洗刷历史责任的辩护。[1] 这场辩论之后,学界对于纳粹时期法律史学的价值判断仍然处于悬而未决的状态。由于显而易见的原因,鲜有学者加入辩论之中,这一话题不久便陷入了沉寂。[2] 随后接近二十年的时间里,法学的各学科陆续进入对纳粹时代本学科的反省当中,唯有法律史学一直保持沉默。[3] 而与同一时代德国的历史学相比,法律史学同样落后甚远。[4] 直到1986年,法律史学界久负盛名的《萨维尼法律史杂志》发表了吕克特（Joachim Rückert）撰写的《所谓"健全的民族感情":萨维尼的遗产?》

---

[1] Vgl. Roderich Wahsner, Die Deutsche Rechtsgeschichte und der Fachismus, Kritische Justiz, Vol. 6, No. 2 (1973), S. 172.

[2] 值得注意的是,这是一场发生在德国新生代法律史学者之间的辩论。施瓦布与瓦斯纳两人均出生于纳粹时代,前者生于1935年,后者生于1938年,他们在发表上述观点的时候仅仅是三十来岁的年轻人,因而他们之间的对话也体现了最早一批纳粹统治的"非亲历者"的反思。然而,某种程度上,他们两人所代表的新生代在当时尚且承担不了对那个特殊年代发表总结陈词的历史责任。后来,施瓦布与瓦斯纳均未继续从事专业法律史学的研究,分别转向家庭法和劳动法的领域,但是他们之间的这场辩论却时常引发后世学者的回味。

[3] 德国法学界较早对纳粹时代进行反思的部门是私法。1968年,魏德士出版了《无限制的解释:纳粹时期私法秩序的变迁》一书。公法上的反思接踵而至,1974年,施托莱斯（Michael Stolleis）出版了题为《纳粹法的公共福利原则》（Gemeinwohlformeln im Nationalsozialistischen Recht）的公法学论著。但是这些著作在当时的法律史学界均未引起波澜。

[4] 德国历史学界早在20世纪60年代末已经有一些学者发表了对于纳粹时代历史学科进行回顾与反思的文章和著作,例如魏尔纳（Karl Ferdinand Werner）于1967年出版的《纳粹勾画的历史图景与德国史学》（Das NS-Geschichtsbild und die deutsche Geschichtswissenschaft）一书,再如格劳斯（F. Graus）于1969年发表在期刊上的文章《历史描述与纳粹主义》（Geschichtsschreibung und Nationalsozialismus）,等等,但是这种风气并没有跨界传播到法律史学的学术圈子里来。See Michael Stolleis, *The Law under The Swastika*, trans. by Thomas Dunlap, pp. 41, 203, endnote 163.

一文。① 这也是法律史的权威刊物第一次刊载探讨纳粹思想源流的论文。坚冰开始消融，法律史学界进入了思想活跃期。1987年夏秋之季，法律史学界在慕尼黑南郊的林贝格宫（Schloss Ringberg）首次召开专门学术会议，主旨定位于对纳粹时期德国法律史学进行回顾与评价。这次会议的部分发言稿在1989年结集出版，书名为《纳粹时代的法律史：学科史的文集》，其中收录的论文在尺度上突破了学界既有的禁锢，为后续不断走向深入的研讨打下了坚实的基础。不久之后，第27届德国法律史学会（1988年）专门设置了关于纳粹时期法律史的单元，讨论的范围进一步扩大。②

1990年，柏林墙拆除，两德统一。这一重大历史事件为整个西方世界营造出可观的思想空间，德国法律史学的自我意识变得愈加强烈，并随着时间推移进一步体现为"世纪末的情结"：学者们希望对20世纪的法律史学做出整体性的评价，而不是以简单拒斥或一概否定的态度将其中的某些部分挖掉，然后交出一份开着

---

① 所谓"健全的民族感情"（Gesundes Volksempfinden）是1933年之后出现在纳粹政权官方文件中的一个极为意识形态化的名词。吕克特在其文章中指出，这一术语并非纳粹首创，实际上是萨维尼在其著述中论证的"民族精神"（Volksgeist）概念的一个翻版。吕克特说："萨维尼在他的著述中确乎使用了'民族精神'这一理念，并不只是顺带说说。而且，他的论辩的结构，其逻辑，均类似于'gesundes Volksempfinden'的逻辑"。参见 Joachim Rückert, Das "gesunde Volksempfinden"——eine Erbschaft Savignys?, in: Savigny-Zeitschrift für Rechtsgeschichte, GA, 103 (1986), S. 199-247；另参见〔德〕吕克特：《未被认识到并且未获承认的精神遗产——萨维尼对于1900以后的德国法学的影响》，盛桥仁译，《清华法学》2003年第2期，第31页。

② 参与专题发言的法律史学者有四位，分别是基尔大学的哈腾豪尔（Hans Hattenhaür）、法兰克福大学的瑙克（Wolfgang Naucke）、比勒菲尔德大学的拉梅尔（Siegbert Lammel）以及美国哈佛大学的德裔学者瓦茨（Detlev F. Vagts）。法律史学界的纳粹反思运动已经波及欧洲之外。See Michael Stolleis, *The Law under The Swastika*, trans. by Thomas Dunlap, p. 203, endnote 3.

天窗的试卷。① 同时，德国的法律史学界极为敏感地意识到，追寻时代精神的第一要务便是客观地重构包括纳粹法律史学在内的各个逸失环节在价值和方法上的"连续性"。② 然而，这场反思的残酷性恰恰也在于对"连续性"的承认：新时代的学者们必须尝试从一个在感情上极端令人厌恶的对象中寻求自身思想和行动的根源。对于每一位反思者来说，重构"连续性"的过程都潜藏着这样一对矛盾，也就是客观性和残酷性之间的对立共存。如果把纳粹时代"极端令人厌恶"的性质代入反思的过程，又该如何保证反思自身的客观性？如果出于对客观性的维护，淡化甚至无视其"极端令人厌恶"的性质，那么这样的反思与战后学术界的"选择性失明"又有什么本质上的区别？是不是唯有去感情化才意味着真正的客观？重构"连续性"究竟是重建一个仅仅为这个时代所需要的"连续性"，还是有必要更进一步，重建一个更加客观的，跨越时代局限的"连续性"？如果仅仅为时代需要重构"连续性"是可以被接受的，那么纳粹时代的法律史学者为迎合时局所进行的理论建构为什么又是不可以被接受的？难道只是因为"他们"所迎合的是一个被他们的后人评价为"不法"（Unrecht）的思想体系？如果是这样，"我们"又如何保证当下重构的"连续性"图景不会被我们的后人做出"不法"的评价？法与不法的界限究竟在哪里？对于这一界限的追问是否又将引致形而上的自然法的回归，

---

① Vgl. Joachim Rückert, Das Bild der Rechtsgeschichte in der Deutschen Rechtgeschichte der NS-Zeit Zur Einführung, in: Die Deutsche Rechtsgeschichte in der NS-Zeit, S. 1-5.

② 除纳粹时代的法学和法律史学之外，另一个可能的逸失环节是民主德国（DDR）的法学和法律史学，而纳粹时期与民主德国在法学和法律史学上的连续性，尚且是一个很少有学者研究的领域。

从而给政治安全带来新的风险？这一连串颇具历史哲学色彩的问题，并非每一位反思者都有能力并且情愿正面作答，但是对于肩负了法学功能的法律史学者来说，却无一可以回避，因为这正是"诠释当下"的核心。

## 二、纳粹法学：价值观重塑

人们看到纳粹主义打造出一套残酷的暴力机器，却往往忽略它同时也造就了一个完整且封闭的思想体系，即所谓的"国家社会主义的世界观"（nationalsozialistische Weltanschauung）。阿道夫·希特勒在1933年9月1日借帝国文化日（Reichskulturtag）的场合提出了这一概念，并指出其核心乃是德意志的"民族精神"（Volksgeist）。然而这不过是陈词滥调。"民族精神"的概念可以向上追溯至18世纪狂飙时期（Sturm und Drang）的反启蒙主义思想家赫尔德（Johann Gottfried Herder），[1] 而诸如文学家歌德、海涅，哲学家黑格尔，法学家萨维尼，心理学家冯特（Wilhelm Maximilian Wundt）等等，19世纪每一个时代最杰出的知识分子，在其各自领域的学术研究中都深受这一概念的影响。可见，纳粹的思想体系既非无中生有，也非舶来品，其根源深刻埋藏于德意志过去诸时代的政治理想与实践之中。由于具有这样的"连续性"，纳粹主义给欧洲带来的灾难绝不是什么飞来横祸，因此当

---

[1]〔荷〕叶普·列尔森：《欧洲民族思想变迁：一部文化史》，骆海辉、周明圣译，第88—91页。

代人才有反思的必要。然而，如果仅仅将"民族精神"竖为标靶，显然失之过宽。因为人类的近代史上并不是只有德国才热衷于宣扬这一概念，而在德国，也并不是所有宣扬"民族精神"的时代都被评价为"不法"（Unrecht）。即便时至今日，民族主义话语仍然是欧洲乃至全球政治舞台上最响亮的声音。[1]因此，对于"连续性"的考察重点应当从"民族精神"的宏大叙事下移至它在某些社会领域，比如法律领域，激起的异样的回响。

作为包罗万象的世界观，纳粹主义当然也是一种"法律观"（Rechtsanschauung），[2]而促成纳粹的思想体系沿着这个方向具体化构建的任务，则非法律史学不能承担。值得注意的是，早在纳粹党成立之初（1920年2月24日），[3]其便在《二十五点纲领》（25-Punkte-Programm）的第十九点中宣称：我们要用德意志共同体法取代服务于唯物主义世界秩序的罗马法。[4]这一主张具有非常明确的法学上的意义，它完整地否定了存在于以《德国民法典》为代表的实定法及其背后学说体系的历史基础。事实上，这一主

---

[1] 2007年，欧盟在《里斯本条约》中明确放弃了将自身塑造为一个联邦制国家的想法，并在该条约第50条规定了"退欧条款"，以申明其作为一个进出自由的"国家联合体"（Staatenverbund）的定位。根据这一条款，2016年6月23日英国发生"公投脱欧"事件，这足以向世人表明，民族国家仍然是欧洲政治舞台的主宰者。

[2] Vgl. Schmelzeisen, Das Recht im nationalsozialistischen Weltbild, 1934, S.7.

[3] 始建于1919年的德国工人党（Deutsche Arbeiterpartei，NPD）就是在1920年2月24日这一天被更名为"德意志国家社会主义工人党"（Nationalsozialistische Deutsche Arbeiterpartei，NSDAP），即纳粹党。因此，《二十五点纲领》也就是纳粹党的基本纲领。这一《纲领》在1926年5月22日召集的纳粹党员大会上被进一步确定为"不可变更"的条文。Vgl. Peter Landau, Römisches Recht und deutsches Gemeinrecht, in: Rechtsgeschichte im Nationalsozialismus: Beiträge zur Geschichte einer Disziplin, S.11.

[4] 《纲领》第十九点的原文如下：Wir fordern Ersatz für das der materialistischen Weltordnung dienende römische Recht durch ein deutsches Gemeinrecht.

张也并不新鲜。自16世纪德国继受罗马法以来，日耳曼法与罗马法这两大私法渊源围绕支配性地位的竞争便从未停止，18至19世纪德意志的法律学术化运动进一步加剧了两种知识体系之间的对抗，此后的私法学者几乎在探讨每一个具体问题的时候都会被卷入这个话语背景当中来，他们也就根据所依赖的素材渊源，自然地被分为"日耳曼法的"和"罗马法的"两个阵营。可以说，日耳曼法与罗马法之间的对立和并存是德意志私法演进史的一条主线，而无论日耳曼法，还是罗马法，都在这个演进的过程中积累了极为丰富的学术资源。从这个意义上来说，纳粹《二十五点纲领》第十九点的实质不过是将德意志私法史中固有的争执上升到了意识形态的高度。20世纪初，以潘德克顿学派为智识基础的《德国民法典》形成了针对日耳曼法的压倒性的优势。曾广泛存在于德意志地区各王国、大公国、公国、侯国和其他封建领地之上的本地法（Landsrecht）以及德意志共同法（Gemeinrecht），还有三个自由市的城市法（Stadtsrecht），则失去了与罗马法相抗衡的能力。这里所谓德意志共同法，主要是指那些得到德意志各地方裁判官（Vogts）普遍认可的法律判决，后来也包括普及范围较广的习惯法，以及由这些素材归纳得出的法学理论。[①] 由于在法律渊源上极为先杂，而且以解决纠纷为中心的实践指向过于强烈，德意志共同法在体系化程度和理论深度上根本无法与罗马法相比肩。实际上，德意志共同法长期以来都是"落后"的代名词，早在罗

---

[①] Gemeinrecht, in: Handwörterbuch zur deutschen Rechtsgeschichte, Lfg 9. (hrsg. von Albrecht Cordes, Heiner Lück), Erich Schmidt Verlag, 2009, S.60-77.

马法的体系化工作完成之前，德意志工商业相对发达的北部地区，如普鲁士、萨克森以及三个自由市，也拒斥将德意志共同法作为法律渊源，而是以本地法或城市法作为司法适用的基础。[1]有趣的是，就连最热衷于宣扬德意志"民族精神"的普鲁士也没有贸然地用德意志共同法来取代罗马法，而是运用专制权威的力量积极促成了潘德克顿式民法典的诞生。因此，《二十五点纲领》第十九点提出的是一个完全无视德国法律现实的激进主张，其结果自然是响应者寥寥。

然而，在魏玛民主政府日趋疲弱的社会控制力之下，任何"反现实"的思想和行动都开始变得越来越具有吸引力。1929年6月5日，哥廷根大学的法律史教授赫尔伯特·迈尔（Herbert Meyer）发表了题为"法律与民族性"（Recht und Volkstum）的演说，[2]特别强调民族性因素在法律中应当发挥的作用，他指出："法律制度和法学理论会发生变化，但是对于它们而言，民族性作为一种独特世界观的基础性地位并不会随之发生改变。"[3]从上下文来看，迈尔这番发言的用意并不在于继续包装"民族精神"的宏大叙事，而在于指明，以财产权为核心的各种形式的私权利，仅仅是法律秩序中的变量，因而它们无法超脱于恒定的社会价值的约束而存在。这意味着，自《拿破仑法典》的时代以来具有神圣

---

[1] *The Civil Code of the German Empire*, trans. by Walter, Loewy, Boston Book Co., 1909. p.73.

[2] Volkstum 本意是与民俗相关的习惯，在纳粹时期被发展成为一个专有概念，以表达包涵种族主义性质的民族观。因此本文将其译为"民族性"，并不能很准确地反映出这一演讲在当时情境之下的煽动性内涵。

[3] Diethelm Klippel, Subjektives Recht und germanisch-deuscher Rechtsgedanke in der Zeit des Nationalsozialismus, in: Die Deutsche Rechtsgeschichte in der NS-Zeit, S. 31.

地位的财产权观念被相对化了。这必将引发重塑私权理论的需求。为此,迈尔向法学界发出了令人印象深刻的号召:"回归基尔克!"迈尔的演说也许是法律史学界对于《二十五点纲领》第十九点的第一次正面回应。与此同时,席卷全球的经济大萧条正处于爆发的边缘,魏玛政府深陷困局,而纳粹党的影响力正在急速膨胀。迈尔在这一历史时刻展开对基尔克的追溯,某种程度上引领了法律史学的注意力在不久之后整体转向。需注意,作为"连续性"意象的一个典型的表达,"回归基尔克"意味着对于罗马法的全面宣战,因为基尔克(Otto Friedrich von Gierke)是19世纪后半叶日耳曼法阵营中唯一一位在研究能力和学术地位上可以与潘德克顿学派相抗衡的私法史学家。基尔克从他对城市法起源的"共同体"理论中延伸出了以国民整体为基础的国家思想,进而撰写了四卷本的巨著《德意志合作社法》(Das deutsche Genossenschaftsrecht),从中传达出的一个基本观点便是:德意志的法律从不从属于个人。针对1887年由温特沙伊德(Bernhard Windscheid)主导的《德国民法典第一草案》,基尔克给予当头棒喝,他指出潘德克顿学派在资本主义自私动机的驱使之下削弱了德意志固有法中蕴含的种种美德。同样对第一草案表示愤怒的安东·门格(Anton Menger)则怀揣另一个理由,他指责第一草案漠视在社会人口中占很大比例的无产者的基本需求。[1]值得注意的是,这两个从不同角度出发的反对意见揭示出《德国民法典第一

---

[1] See Paolo Grossi, *A History of European Law*, trans. by Laurence Hooper, Wieley-Blackwell, 2010, p.111.

草案》的定位，即以保护社会中少数有产者的财产权为宗旨；同时也暗示着，罗马法的通天塔成功竖立的同时也无法避免投下巨大的阴影，而在这阴影之下，"固有法的传统"以及"多数人的利益"等发源于不同路径的思潮很可能会汇流到一起，并激荡起强有力的反对浪潮。[1]

1933年年初纳粹党夺权（Machtergreifung）之后，迈尔公然表示赞同纳粹主义，历史学界和法律史学界的部分日耳曼法学者如默克（Walther Merk）、什未林（Claudius Freiherr von Schwerin）、埃克哈特（Karl August Eckhardt）以及熊菲尔德（Walter Schönfeld）等等，也一道加入这个看起来前途光明的学术阵营。[2] 与此同时，纳粹党迅速着手推进"法律更新"运动，对于法学的所有部门进行转向性的思想改造，其核心便是《二十五点纲领》第十九点提到的"去罗马法化"。为此，纳粹法学家尼克莱[3]（Helmut Nicolai）已经提前定下了贬低罗马法的基调，[4] 他一方面刻意强调罗马法的舶来品属性，否认罗马法在德意志法律史上具有"连续性"的事实；另一方面将罗马法与种族理论相结合，提

---

[1] 基尔克的反对意见使其声名大噪，尽管他的指斥并没有在《德国民法典》后续的几个草案之中发挥确定的作用，但是基尔克的法学思想已经被时人称为"社会主义的油滴"。参见〔德〕弗朗茨·维亚克尔：《近代私法史——以德意志的发展为观察重点（下）》，陈爱娥、黄建辉译，第452—453页。

[2] Vgl. Dieter Schwab, Zum Selbstverständnis der historischen Rechtswissenschaft im Dritten Reich, Kritische Justiz, Vol. 2, No. 1 (1969), S. 61.

[3] 与拉伦茨、施米特等人不同，尼克莱并非纯粹学者出身的法学家，他从未在大学中任教职，也没有专门的研究领域，而仅是凭借1932—1933年所撰写的《种族主义法学理论和未来宪法的基础》等文章被纳粹政权认定为法律史学的引导者。因此，尼克莱属于当时"政客知识分子"的代表人物，其言行不属于本文所回顾和讨论的对象。

[4] Vgl. Helmut Nicolai, Die Rassengesetzliche Rechtslehre, 1932, S. 6.

出"罗马-拜占庭-东方"的概念,并进一步演绎为"犹太-罗马"的形式。[1] 表面上看起来,罗马法似乎成了犹太人为了钻营和行骗而从他们的东方老家带到欧洲来的一把保护伞。为此,罗马法被贴上了"异族法"(Fremdrecht)的标签,继受罗马法变成了一个外来法律入侵(Überfremdung)的过程。这是一个前所未有的歪曲。罗马法遭到指控的另一个理由,就是它过分的抽象性。根据马克斯·韦伯(Max Weber)的分类,以罗马法为代表的现代西方法属于典型的形式理性(formal rational)法。[2] 这类法律仅以其内在标准对事物做出判断,拒斥诸如政治、宗教、伦理等外在因素的影响;而内在标准的生成往往通过受到一般性规则或原则约束的逻辑推导来实现,使得人们可以借助逻辑工具对内在标准之间错综复杂的关系加以准确把握,这导致形式理性法具有较为明显的体系化特征。[3] 然而,在不同的语境之下,形式理性法这些最显著的优点同样也可以被视为重大的缺陷。尼克莱指出,罗马法体系的封闭性阻断了法律与民族,法律与道德以及法律与真实生活之间的必要的联系,逻辑推导所付出的代价是人的道德感和精神信仰;法律被一小撮精英玩弄于股掌之中,作为其合法性基础

---

[1] 为了制造罗马法与种族理论的联系,尼克莱刻意重构了罗马国家的历史:日耳曼人与罗马人最早均发源于北欧地区,是寒冷地带的原住民(Urvolk),之后一部分人向南进入意大利建立了罗马国家,统治低级的地中海居民。但是由于统治阶层逐渐放低了种姓的门槛,导致从近东的叙利亚和犹太移民泛滥,这些人控制了商业和资本,并且导致罗马沦落为一个血统混杂的国家。此后,罗马国家无法凭借优秀种姓的道德感和自律得以支撑,只能依靠暴力维持统治。因而,罗马法缺乏最基本的内在道德性,也没有灵魂(Seele),这是其远离种族纯粹性的必然结果。Vgl. Helmut Nicolai, Die Rassengesetzliche Rechtslehre, 1932, S. 7.

[2] 〔德〕马克斯·韦伯:《法律社会学:非正当性的支配》,康乐、简惠美译,广西师范大学出版社2011年版,第220、227、284页。

[3] 同上书,第276—277页。

的人民大众反而被挡在了门外。① 这又是旧调重弹。自从 15—16 世纪德意志继受罗马法以来，罗马法多次面临这样的指控，但是自从历史法学派崛起之后，类似的非议越来越少，至 20 世纪初几乎不再有人提起，因为韦伯对形式理性法的归纳和分类已经较为完整地回应了这个问题。相应地，日耳曼法学者对罗马法的质疑开始具体化、规范化，并且在范围上有所限定，这是因为，即便以日耳曼法为中心的私法理论也强调形式理性的特征。② 最典型的例子如基尔克与潘德克顿学派之间的论战，几乎完全是在接近成熟的私法教义学的框架之内展开的，因而双方之间并不存在方法论层面的分歧。相比之下，尼克莱对罗马法的质疑和否定已经退回到近代早期的水平。倘若以建立在种族主义基础上的社会伦理作为判断事物的标准，不仅法律的形式性特征将消失殆尽，法律是否能够保持理性也成为了一个悬疑。某种意义上，尼克莱所攻击的对象并非私法制度本身，而是法律的现代性基础。尽管如此，偏激的认识还在不断扩大：对罗马法的过度贬损使得法律史学界中的罗马法学者失去了话语权，甚至开始遭到人身上的迫害。③ 相

---

① Vgl. Helmut Nicolai, Die Rassengesetzliche Rechtslehre, 1932, S. 8.
② 日耳曼法学者之所以能够和罗马法学者形成观点上的对峙，在于双方共享法教义学的问题域。只需要翻看一下 20 世纪初的日耳曼法学者鲁道夫·许伯纳（Rudolf Hübner）在其《日耳曼私法的历史》一书中采纳的篇章结构，即总论、人法、物法、债法、家庭法、继承法，就可以清晰地发现罗马私法体系的影子。See Rudolf Hübner, *A History of Germanic Private Law*, trans. by Francis S. Philbrick, Little, Brown and Company, 1918.
③ 相当一部分罗马法学家离开大学教职，例如著名的罗马法学者弗里茨·舒尔茨（Fritz Schulz）。1933 年，他作为一名犹太人的后裔被洪堡大学强制退休之后，从罗马法的教席上退下来。但是，舒尔茨于 1934 年在慕尼黑和莱比锡发表了题为"罗马法的原则"（Prinzipien des römischen Rechts）的演说。这似乎表明纳粹时期官方意识形态对于罗马法的压制并没有后人想象得那么严重。

当讽刺的是,"去罗马法化"运动导致纳粹法律史学的阵营内部也陷入了矛盾之中,这集中体现在看待萨维尼的态度上,[1]一方面,学者们无法否认萨维尼和历史法学派对于"民族精神"理念的重大推动,另一方面又不能接受萨维尼以中世纪罗马法素材打造私法理论基础的事实。[2]这充分表明,片面提出"去罗马法化"是一个割裂德意志历史统一性的谬误。

除片面贬斥罗马法之外,1933年"法律更新"运动的另一条路径是抬高日耳曼法的历史地位,尤其是古代和中世纪早期日耳曼法的历史地位。鉴于尼克莱对种族主义法学理论的阐发,越是距今久远的过去,日耳曼种族的纯粹性就越高,这使得古代和中世纪早期日耳曼法成为当时法律史学关注的焦点。这一观念同样并不新鲜。早在1875年,海尔曼(阿米尼乌斯)的巨大雕像就在条顿森林竖立了起来,[3]古罗马历史学家塔西佗关于日耳曼人早期历史的论著从那时起开始被越来越多地引用,以至于在德国"为现代民族主义立下了汗马功劳"。[4]纳粹夺权之后,"唯日耳曼论"

---

[1] Lawrence Preuss, Germanic Law versus Roman Law in National Socialist Legal Theory, *Journal of Comparative Legislation and International Law*, Third Series, Vol. 16, No. 4 (1934), p.273.

[2] 纳粹党的思想领袖罗森贝格(Alfred Rosenberg)曾盛赞萨维尼所推崇的"民族精神"是"已经过去的19世纪的最伟大的发现",但是为了使内部逻辑能够自圆其说,以施梅蔡森、尼克莱为代表的学者指责萨维尼所讲的"民族精神"缺乏种族纯粹性的理论支撑,因而是虚弱的和空洞无物的。

[3] 塔西佗在《日耳曼尼亚志》当中叙述了发生在公元9年的"条顿森林堡"战役,日耳曼联军领袖阿米尼乌斯(日耳曼名字是海尔曼)首次击败强大的罗马军团。这一事件在19世纪后半叶被提升到弘扬"民族精神"的高度,海尔曼也因此被赋予民族英雄的声望。普法战争之后,海尔曼雕像在条顿森林被竖立起来。

[4] 〔荷〕叶普·列尔森:《欧洲民族思想变迁:一部文化史》,骆海辉、周明圣译,第119—122、24页。

在各个领域被推向了顶峰。可以说，所有新造的，或是沿用的政治-法律术语必须追溯至日耳曼法，或是被日耳曼法化的其他法律渊源。除了前文提到的作为核心价值的"民族性"（Volktum）以及"民族精神"（Volkgeist）之外，频繁出现在纳粹官方话语体系中的"元首"（Führer）、"追随"（Gefolgschaft）和"忠信"（Treue）等词语，都被视为古代日耳曼法之中最值得称道的优点。事实上，古代日耳曼法中根本就不存在"元首"以及"追随"，二者是晚近才形成的概念。具体来说，可以找到"追随"一词的最早出处是1878年格林编纂的《德意志辞典》，[1]而直到魏玛时代的社会学学者那里，如马克斯·韦伯、弗朗茨·奥本海默（Franz Oppenheimer）等等，与"元首"相近似的概念才初露端倪。[2]"忠信"（Treue）作为一个真正可以上溯至较为久远年代的日耳曼法概念，最早与部族之间的停战协定有关，中世纪则被用于说明人对上帝的信仰，另外它亦可以与拉丁语中的 *fides*（诚信）相对应。然而在什未林和默克的改写之下，"忠信"的对象变成了纯粹的"德意志的民族感情"（deutsche Nationalgefühl）。默克还特别强调，罗马法中的 *fides* 概念是一个"毫无热情的冷淡鼻息"，而 Treue 则是像"火焰一般热烈的"（Glutwärme）对于至高意志随时做好效劳乃至牺牲准备的觉悟。显然，这样的表述已经不太像是学术研究性质的话语了。更甚的是，就连教会法也无法逃避日耳曼化的改造。对于纳粹的思想体系来说，基督教的确处于比较尴尬的地位，

---

[1] Vgl. Karl Kroschell, Füher, Gefolgschaft und Treue, in: Die Deutsche Rechtsgeschichte in der NS-Zeit, S.58.

[2] Ibid, S.56.

因为它在20世纪初是德国接近五分之四的人口的宗教信仰,[1]然而其教义和组织的发展史却是沿着尼克莱口中的"犹太-罗马-拜占庭"的路径展开的。而且,作为近代西方法律传统的一支重要的历史渊源,教会法自11—12世纪的文艺复兴以来一直与罗马法保持着较为密切的关系,二者在方法论上更是保持着高度的一致性,以至于被中世纪的学者合并称为"两法"(utrumque ius)或"共同法"(ius commune)。[2]此外,遍布欧洲的基督教会在15—16世纪德意志继受罗马法的过程中也发挥了极为重要的作用。因此,基督教对于"去罗马法化"产生了不小的阻碍作用。根据1920年《二十五点纲领》之第二十四点所确立的原则,宗教信仰自由只能在不违背日耳曼种族的道德情感和习俗的前提下才能被保障。这意味着,基督教对于生命意义的解读仅仅是相对的,因而必须服从于与国家权力相连接的种族主义意识形态的改造。事实上,这亦是发源自俾斯麦时代的思想潮流,那时的知识界便陷于民族性与宗教传统的冲突当中,马丁·路德则被赋予了和海尔曼(阿米尼乌斯)相并列的民族英雄的地位。[3]纳粹夺权之后,法律史学的一项新任务就是排除基督教及其教会法中的犹太和罗马因

---

[1]　在这五分之四的基督教人口中,有五分之三是新教徒,剩余的五分之一是天主教徒。See *The Civil Code of the German Empire*, trans. by Walter, Loewy, pp.71-73.

[2]　Eltjo, J.H.Schrage, Utrumque Ius: Eine Einführung in das Studium der Quellen des mittelalterlichen gelehrten Recht, Duncker&Humblot, 1992.

[3]　俾斯麦时代的所谓的文化之争中,"德国的天主教徒就一定是最早的最原始的日耳曼人吗?"或"天主教是最初的日耳曼人信奉的宗教吗?"这样的问题被反复提及和争论,这也反映了俾斯麦或多或少地想借文化之争来推动帝国反对罗马天主教的意图。参见〔荷〕叶普·列尔森:《欧洲民族思想变迁:一部文化史》,骆海辉、周明圣译,第24—25、119—122页。

素，建立一种符合"日耳曼-基督教"模式的新的宗教秩序。不过这一领域的改造显得比较牵强和生硬。譬如，日耳曼法律史学家埃克哈特在1942年编写了一本题为《耶稣是不是犹太人》的书，试图使基督教兼容于纳粹的种族血统论。他在这本书中提出，耶稣既非他的父亲所生，也非他的母亲所生，因而没有犹太人的血统。这个观点就连纳粹党卫队的头目希姆莱也接受不了，最终以该观点可能对持续中的战争产生不利影响为由拒绝向民众宣传。①

总的来说，纳粹的"法律更新"运动彻底打破了近一个世纪以来罗马法和日耳曼法之间并立共存的关系。《二十五点纲领》第十九点把罗马法定义为"服务于唯物主义世界秩序"的法律渊源，因而，"法律更新"所要攻击的对象绝不局限于罗马法本身，还涉及任何可能与罗马法沾边的思想观念，比如自然法、法国大革命、启蒙、自由主义、个人主义以及资本主义等等。②罗马法只是一个综合了这些"消极"的思想观念的负面符号。与之相对，日耳曼法则是发挥积极功能的正面符号，它代表着民族精神、共同体的自由、社会责任感、道义自觉。善恶二分的背后，潜藏着种族主义和排外主义的评价标准。这无论对于罗马法，还是日耳曼法来说，其实都是一个灾难。因此，纵然"民族精神"是近代民族国家为了论证自身存在的合法性而着力宣扬的一种"历史想象"，但

---

① 基尔大学的法律史教授埃克哈特在1933年10月加入纳粹党卫队（SS），并于1935年初调遣至希姆莱手下，成为希姆莱智囊团中的头目人物。

② Vgl. Roderich Wahsner, Die Deutsche Rechtsgeschichte und der Fachismus, Kritische Justiz, Vol. 6, No. 2 (1973), S. 177.

是纳粹所主导的法律史学已经远远突破了"历史想象"所能承受的底线,罗马、日耳曼和基督教三条欧洲历史发展的主线全部被改写,不仅始终以激进的价值预设为前提,而且在改写的过程中存在大量歪曲事实、颠倒是非的情况,其目的无外乎是为纳粹的思想体系创造与过去相衔接的接口,进而完成自身合法性的论证。毋庸讳言,这种处于政治绑架之下的理论虚构显然不具有任何学术上的意义。然而,为数众多的法律史学者加入了这场篡改历史的盛宴,并且熟练地运用学术工具和方法主动完成对自我和对他人的精神强迫。人们通常认为,是极权的暴力机器使知识分子失去了节操,陷入了癫狂。如果仅仅是这样,那么除了对"极权之恶"痛加口诛笔伐之外,对于今人来说,也就无甚反思的余地了。事实上,情况并非如此简单,纳粹时期的法律史学者不仅并没有完全丧失学术自觉,有些学者在极权之下的自省意识甚至比之前的时代还要强烈。例如,日耳曼学的代表人物什未林就曾经主张,尽管法律史学必须与现实建立联系,但是只有那些运用史学方法的扎扎实实的研究才能满足纯粹的学术需要,其中不应当掺杂任何与"法律更新"运动有关的价值取向。[1] 站在今人的角度反观,他本人并没有做到这一点。那么,纳粹时期的法律史学者何以能够极其理性地做出显然是非理性的言行?而"理性"的标准又是什么?这的确是最值得反思的问题。此外,对于法律史学来说,虚构固然难以避免,但是一个健康的"历史想象"所

---

[1] Vgl. Dieter Schwab, Zum Selbstverständnis der historischen Rechtswissenschaft im Dritten Reich, Kritische Justiz, Vol. 2, No. 1 (1969), S. 67.

能承受的底线究竟在哪里？如果这条底线存在的话，法律史学者仅凭借学术上的自省意识能否坚守这条底线？当代的法律史学者可能也并不知道这些问题的答案，但绝不应当根本不把它们当成问题。

## 三、纳粹法学：方法论改造

就在法律史学着力对罗马法和日耳曼法进行强迫虚构的同时，实证主义法理学以及部门法学所仰赖的教义学方法亦面临着深刻的危机。需看到，自拿破仑时代以来逐渐成熟的西方法学体系既是一个价值的体系，又是一个方法的体系，价值与方法的共同目的在于影响外在的客观世界，即指引法律实践的活动。具体来说，价值为体系的历史基础所承载，方法则体现为体系的理论架构。价值与方法之间是彼此交融、相互支撑的关系。很难想象，在历史基础遭到彻底颠覆的情况之下，同一体系的理论框架可以丝毫不受撼动。"法律更新"运动把罗马法作为一个负面符号，不仅牵连以自由主义（Liberalismus）为核心的一系列价值观沦为被贬损和被否定的对象，同样导致与之密切相关的方法论遭到攻击，诸如法律的形式主义、法学概念的抽象化、部门法的分类、法律术语的专业化、逻辑推理、法律的体系化等特征，统统在受攻击之列。然而，对方法论的诟病亦并非纳粹时期特有的现象。早在1847年，历史法学派刚刚站稳脚跟的时候，基尔希曼（Julius Hermann von Kirchmann）就在其题为"作为科学的法学的无价值性"的著名演讲中，对形式理性的自负和僵化提出了质疑。① 长期以来，这样的质疑并未得到学界主流的重视，可是到了1933年，基尔希曼的质疑却直接转化成了行动。这具体表现在前后衔接的两个方面：其一，反"主观权利"（subjektives Recht）论；② 第二，法律的"生活化"改造。

应当说，纳粹时期的法学家们选择"主观权利"作为攻击法学方法论的突破口具有一定的历史必然性。某种程度上，试图对于历经数百年积淀而成，并且已经深深扎根于法律实践的法学方法论进行全面否定的工作并不容易完成，甚至不容易开始。任何人都难以从一座大厦的外面窥清其内部的结构。同样，任何不了解"主观权利"的演变及其运作规则的法学的门外汉，也根本无法对法学方法论施以有效的攻击。从法学视角来看，"主观权利"并不等同于人们对物的私的占据或拥有，因为占据或拥有只是在人类社会中普遍存在的一个事实，而并不直接具有法律上的意义。以 ius 这个词指代主体所享有的财产性"权利"，这种用法在古典时代的罗马法著作中并不鲜见，但是据图尔（Andreas von Tuhr）的考证，罗马法学家实际上并不关心这个概念，也没有主动把它当作法律解释的基础，他们更关心的仍旧是具体的诉。③ 中世纪的

---

① 〔德〕J.H.冯·基尔希曼：《作为科学的法学的无价值性——在柏林法学会的演讲》，赵阳译，《比较法研究》2004年第1期，第138—155页。
② 所谓的"主观权利"（subjektives Recht），是德语文化圈特有的法学名词，其得名与德语中 Recht 一词拥有"权利"与"法"的双重含义有关，因此"主观权利"在英语里用 right 就可以表示，不会与表示客观法律秩序的 law 相互混淆。参见赵宏：《主观权利与客观价值——基本权利在德国法中的两种面向》，《浙江社会科学》2011年第3期，第39页。
③ 对于罗马时代是否已经形成了对主观权利的明确意识，在学界是存在争议的。参见〔德〕赫尔穆特·科殷：《论"主观权利"概念的历史》，纪海龙译，《清华法治论衡》2012年第1期，第395页。

罗马法学者试图通过拆解诉因的方式将"权利"的整体面貌从纷繁复杂的事实之中抽象地呈现出来，但是该观念止步于艰深的学说，影响力十分有限。直到近代的启蒙主义将以个人为中心的自由观念先后注入道德、政治和法律的躯壳，"权利"的话语在法律实践中取得支配性的地位，法学独立于其他学科的意义才显露出来。图尔指出，私法的中心概念，同时也是纷繁杂多的"法生活"的最后抽象，那就是主体的权利。① 这意味着，法学变成了权利的学术（科学）。对于"主观权利"的演变历程，纳粹时期的法律史学并不否认其真实性，但是在基本史观发生逆转之后，这一历程不再具有任何进步的意义，*对个人自由的捍卫反而成了一个"堕落"的过程，因为自由（Freiheit）只属于民族整体，② 而个人主义（Individualismus）则被视为社会共同体的腐蚀剂。海因里希·朗格（Heinrich Lange）对此种"堕落"史观解说得很清楚："过去的一百年中，自由主义在德国击败了他的伟大的对手，也就是18世纪普鲁士的义务本位的共同体思想，并且取代了随时准备牺牲的集体主义自由观……1918年革命的爆发，同样是自由主义的碎片所发生的持续性影响，因而也被视为一种源于自由思想的堕落表现。"③ 朗格认为，方法论上的争议本质上是一个历史哲学问题，说穿了，其实

---

① 对于罗马时代是否已经形成了对主观权利的明确意识，在学界是存在争议的。参见〔德〕赫尔穆特·科殷：《论"主观权利"概念的历史》，纪海龙译，《清华法治论衡》第15辑，2012年，第395—396页。

② Dietmar Willoweit, Freiheit in der Volksgemeinde, in: Die Deutsche Rechtgeschichte in der NS-Zeit, S.301

③ Diethelm Klippel, Subjektives Recht und germanisch-deuscher Rechtsgedanke in der Zeit des Nationalsozialismus, in: Die Deutsche Rechtgeschichte in der NS-Zeit, 1995, S.41.

就是"个人"(Individuum)与"共同体"(Gemeinschaft)之间究竟谁是历史的推动力,究竟应当让谁屈服于谁的问题。以民法典为核心的体系化的法学,自拿破仑时代以来,便把"个人"奉为上位概念,这是"主观权利"的根源。因此,从"正本清源"的目的出发,作为法律主体的"个人"必须被相对化,并放到社会共同体之中去考虑。唯有当个人被视为共同体之中的一分子,并根据相应的社会身份做出行为,才具有真正的法律意义。[①]这种认识论的必然结果,就是使个人从法律的主体变成对象,就是"用义务取代权利"。

朗格为法学方法论的改造定下了基调,然而学者们对于"主观权利"的存废问题却有着不尽相同的主张。其中一派以齐伯特(Wolfgang Siebert)和拉伦茨(Karl Larenz)为代表,他们认为,作为法律概念的主观权利已经无法兼容于新的法律秩序,因此必须着手建立新的替代性概念,以满足私法教义学的游戏规则。齐伯特的思路是用"民族共同体权利"(Volksgenössische Berechtigung)的概念取代"主观权利"的概念,使之与义务相对,并作为义务的内在限制。拉伦茨的着眼点也在于为失去"主观权利"支撑的"个人"寻找一个理论上的替代物,但是他意识到抽象化这条路恐怕难以走通,因此拉伦茨把"个人"的权利与他在民族共同体中的具体社会地位相联系,指出每一种(归属于个人的)权利都只能与民族共同体的需求保持一致,并且其内容受到限定。这相当于把抽象而且独立的"人格人"转变为具体而

---

[①] Vgl. Diethelm Klippel, Subjektives Recht und germanisch-deuscher Rechtsgedanke in der Zeit des Nationalsozialismus, in: Die Deutsche Rechtgeschichte in der NS-Zeit, 1995, S.35.

且有依附性的"身份人"。[1]需要注意的是，纳粹主义基于人种论的思想体系近乎夸张地强调英雄人物的强力意志，因而"人格"（Persönlichkeit）的概念不仅未被压抑，反而时常得到宣扬。作为增强社会控制力的一种需求，极权政治往往一方面将个别人物的精神力量塑造为超越时空的永恒存在，另一方面将大多数普通人湮没在集体之中，使其失去自我的利益诉求，甚至失去自我的主观意识。但是，此种矛盾很难在既有的私法理论中得到调和，因为"人格"作为一种经过"抽象化"的概念设定，其意义恰恰在于实现社会中千差万别的具体个人之间的"平等"的价值；反之，如果在否认"平等"的前提下强调"人格"，那么这种"人格"也就不再是抽象的私法概念，而变成了少数人拥有的特殊"身份"[2]，或者说仅仅是一个政治旗号。以舒尔茨-沙菲尔（Rudolf Schulz-Schäffer）为代表的另一派主张更为彻底，也更为激进，那就是把"主观权利"的概念从法律中完全驱逐出去，取消义务的对立面，使义务成为不受任何条件制约的法律概念。但是，这一主张并不具有现实可能性，因为一旦放弃以"请求权"为基础的理论框架，就连客观法律秩序的最基本的安定性也无法得到保障。举要而言，当主体的抽象意义被取消之后，法律行为的理论变成了无源之水，财产不再有公、私区分的必要，合同和侵权的意义也完全消失了。作

---

[1] 关于拉伦茨在纳粹统治时期的表现，当代民法学者，慕尼黑大学民法学教授卡纳里斯试图为他做出辩护。具体内容请参见〔德〕克劳斯-威廉·卡纳里斯：《卡尔·拉伦茨的人生、作品与思想脉络》，周万里译，《中德法学论坛》第16辑，2019年，第145—183页。

[2] 从"人格"矛盾的范例中，我们能够很清楚地看到价值与方法之间的紧密关系：对"个人"这一事实进行抽象化，进而形成概念的方法，直接服务于"法律面前人人平等"的价值。

为一个法学部门的私法，其实已经消解殆尽。因此，有一部分民法学者以非常委婉的措辞抵制这一激进的主张，比如布洛迈尔（Karl Blomeyer）和宾德尔（Julius Binder），他们认为必须正视并且承认"主观权利"的客观存在，唯一需要做的是把这个概念"辩证地"置于客观法（objektives Recht）之下。但是，究竟如何在制度中体现被置于次要地位的"主观权利"，却仍然是一个问题。对此，马尼克（Alfred Manigk）提出一个更具现实意义的观点，他指出，既然不能无视"主观权利"，那么就不需要费脑筋改变或清除与"主观权利"有关的制度，只要警惕并尽可能弱化潜藏于"主观权利"中的"个人主义"因素就行了。拉伦茨对马尼克的这一观点表示认同，因为这看起来是对现有私法制度变动最小的一种方案了。

可以肯定的是，发生在学者之间的这场争辩并未导致"主观权利"在私法领域遭到实际的废除，但是"反主观权利"论在私法理论的不同层面还是造成了相当大的影响。譬如，施托尔（Heinrich Stoll）指责《德国民法典》是法国启蒙影响之下的"自由-唯物主义"的产物，而且处处体现着外来的"犹太-罗马"法律传统。尼佩代（Hans Carl Nipperdey）则声言，必须用民族的民法典取而代之。[①] 具体到制度的层面，以物权法为例，《德国民法典》第933条关于所有权人对所有物的排他性支配的规定被认为是对于《法国民法典》第544条的效仿，[②] 因而遭到批判和取缔。这意味着，新

---

① Vgl. Hans Carl Nipperdey, Das System des bürgerlichen Rechts, in: Hedemann Justus Wilhelm, zur Erneuerung des bürgerlichen Rechts, C.H.Beck, 1938, S.97.
② 《德国民法典》第933条："物之所有人在违反法律或第三人权利之范围内，得自由处分其物，并得排除他人对物之一切干涉。"《法国民法典》第544条："所有权是指以完全绝对的方式享有处分物的权利，但法律或条例禁止使用的除外。"

的物权理论必须建立在社会共同体的基础之上,所有权人将变成集体财产的"受托人"。1934至1935年,维亚克尔(Franz Wieaker)以日耳曼法中的"总有"概念为基础建立了一套符合"时代精神"的比较完整的物权理论。[1] 当代法律史学家保罗·格罗西(Paolo Grossi)在回顾维亚克尔的这一理论的时候曾经非常形象地指出:"……人与物的关系不再是从主体的角度出发,而是从物(对象)本身出发,或者说是'从下面'向上仰视的所有权(Eigentum von unten)。"[2] 类似这种本末倒置的理论在私法的其他分支也层出不穷。

与私法相比,"主观权利"在公法中受到的冲击则更为直接。如果说纳粹时期的私法还能通过替换概念或颠倒主次关系的方法勉强维持其原有的教义学传统,公法面临的则是自身是否仍然存在的问题。1936年前后,批判"主观权利"的运动进延伸至公法领域,这在时间上稍晚于私法的变革,情况却比私法要简单得多,因为公法学界几乎没有进行任何有意义的抵抗。特奥多尔·毛恩茨(Theodor Maunz)[3] 直接宣布了"主观公法权利的死亡"[4]。莱因

---

[1] Vgl. Thorsten Keiser, Eigentumsrecht in Nationalsozialismus und Fascismo, Mohr Siebeck, 2005, S.19.

[2] Paolo Grossi, Das Eigentum und die Eigentümer in der Werkstatt des Rechtshistorikers, in: Rechtsgechichte und theoretische Dimension: Forschungsbeiträge eines historischen Seminars in Stockholm im November 1986, Lund, 1990, S.27.

[3] 毛恩茨是纳粹时期德国公法学界掌握话语权的代表性学者,他曾经在1933年加入纳粹党及其冲锋队,并从1935年一直担任弗莱堡大学的教授,与基尔学派的埃克哈特一道参与主导了法学教育的改革。战后的毛恩茨曾担任巴伐利亚州的文化部长,但是1964年因为他在纳粹时期的激进言论被披露,而被迫辞职。这也是唯一一位因供职于纳粹政权而在战后受到影响的学者。Michael Stolleis, Theodor Maunz, The Life of a Professor of Constitutional law, in: *The Law under the Swastika*, trans. by Thomas Dunlap, pp. 185–192.

[4] Theodor Maunz, Das Ende des subjektive öffentliche Recht, Zeitschrift für die gesamte Staatswissenschaft 96 (1936), S.49.

哈特·赫恩（Reinhard Höhn）解释了这一宣言背后的理论：既然每个人都不再被视为独立的个体，而是共同体的一分子，所以对于个人来说，就不再需要借以抵抗共同体人格的"主观权利"来保障已然乌有的个体法律人格。[1]法律史学家什未林在其编撰的法律史教科书中表达得更为清晰，他说，个人与国家并不处于相互对立的关系，个人归根结底并不存在，每一个个体所能拥有的只是共同体的整体权利和义务的一部分。[2]事实上，纳粹时代的每一位法学家都清楚地知道，在纳粹极度强调整体的国家理念中，吸收了所有个人利益的国家不再是必要的恶，而是至上的善，因而绝对没有"个人防御国家侵犯"的合法性基础，自然也绝对没有个人基本权利存在的空间。

改造法学方法论的另外一条路径是强调法律与生活的连接与融合，这是紧随"破"之后的"立"，也是否定"主观权利"之后几乎必然要走的一条路径。事实上，针对实证法学脱离现实生活的指控同样并非从1933年才开始。基尔希曼在1847年的著名演讲中语带讽刺地指出："这是法学的胜利，它搞出了一种法律，一种民众不再认识的法律，一种不再存在于民众心目中的法律，一种被民众视为与无法控制的自然力量没有区别的法律。"[3]鲁道夫·冯·耶林（Rudolph von Jhering）在1884年则对潘德克顿

---

[1] Vgl. Reinhard Höhn, Das subjektive öffentliche Recht und der Staat, Deutsche Rechtswissenschaft 1 (1936), S. 57.

[2] Vgl. Claudius Freiherr Schwerin, Germanische Rechtsgeschichte, Junker & Dünnhaupt, 1936, S.17, 22.

[3] 〔德〕J. H. 冯·基尔希曼：《作为科学的法学的无价值性——在柏林法学会的演讲》，赵阳译，《比较法研究》2004年第1期，第152页。

学派大加嘲讽,并特意使用了"概念法学"一词作为标签,其用意就是抨击那种通过构造概念将法学隔绝于真实生活的书呆子气。这一批判路径后来经过黑克(Philipp von Heck)等学者的改造渐趋系统化,后来被称为利益法学派。1900年前后,法国和比利时等很多欧陆国家不约而同地产生了反形式主义的倾向,[①]实证主义法学从内部创生自己并不断丰富自己的学说显得那么苍白和无趣,学者们的目光重新转向自然法,聚焦于充满热情的社会伦理,发出对价值的呼唤以及对"贴近生活"的呐喊。[②]客观地讲,法学界在这一时期出现对于形式主义法哲学的批判并不突兀,这可以被理解为针对潘德克顿法学长期以来处于极端强势地位的一种合乎规律的反弹。从某种意义上来说,由概念和逻辑搭建的体系在追求确定性的同时必然付出僵化性的代价,德国法学沿着体系化的道路走向极致,其结果就是使法律与人们在日常生活中所能理解的正义与秩序相差越来越远。20世纪初兴起于德语文化圈的法社会学担负起这一批判的重任,受到法国社会学家孔德(Comte)和涂尔干(Durkheim)所开创的社会学实证主义传统的影响,奥地利法学家欧根·埃尔利希(Eugen Ehrlich)提出了"活法"(lebendes Recht)的概念,他认为法学研究的对象应当是"支配

---

[①] 法国社会学家孔德和涂尔干开创了社会学实证主义传统,这为批判形式主义提供了全新的视野和丰富的素材,并由此催生了法社会学这一全新的学术领域。此外,法国学者萨莱伊和朗贝尔于1900年在巴黎召开第一次国际比较法大会,某种程度上具有回归自然法和反形式主义的特征,比较法学也应运而生。这些新学科的出现,某种程度上都归功于对传统分析实证主义法学思维的反动力量。

[②] 〔德〕汉斯·彼得·哈佛坎普:《概念法学》,纪海龙译,《比较法研究》2012年第5期,第156页。

实际生活的法"。① 同一时代的马克斯·韦伯则指出，形式理性法在学术上的自我否定再正常不过，因为对形式主义的批判从根本上就来自于形式理性法的内部，"……近代的法发展（某种程度上，古代罗马的法发展亦然）包含了助长法形式主义之弱化的各种倾向"。② 然而在德国，反形式主义的思潮并没有得到实践界的及时响应，因为随着《德国民法典》的颁布和施行，形式主义的法哲学正当如日中天，克里斯蒂安·沃尔夫（Christian Wolff）对于"几何-演绎"方法论的阐述使得法学思维的封闭性又向前迈进了一步，以至于在人们的普遍观念中，法学最终和生活现实失去了联系。③ 这一学派林立、观点混杂的状况至20年代末宣告终结。熊菲尔德在1929年做出断言：对逻辑的信仰消失了，体系的约束也解除了，最终获得胜利将会是生活。④ 类似论调日渐高涨，使得形式主义法哲学从韦伯所说的"内部的弱化"逐渐被来自外部的力量所否定。纳粹夺权之后，"法律更新"运动彻底颠覆了形式主义原有的支配地位。1934年，帝国法律部长汉斯·弗兰克（Hans Frank）提出"要生活的法，不要形式的法"的口号，希特勒本人也再三提到期待一个"自然的法秩序"（natürliche Ordnung）。

---

① Ehrlich Eugen, in: Österreichisches Biographisches Lexikon 1815–1950 (ÖBL). Band 1, Verlag der Österreichischen Akademie der Wissenschaften, 1957, S. 229; 另参见全威：《埃利希"活法"论中的价值探究》，《东南大学学报（哲学社会科学版）》2010年第12卷增刊，第63页。

② 〔德〕马克斯·韦伯：《法律社会学：非正当性的支配》，康乐、简惠美译，第322页。

③ 〔德〕汉斯·彼得·哈佛坎普：《概念法学》，纪海龙译，《比较法研究》2012年第5期，第157页。

④ Vgl. W. Schönfeld, Rechtsperson und Rechtsgut im Licht des Reichsgerichts als Vorarbeit zu einer künftigen Wirklichkeitslehre des Rechts, in: Die Rechtsgerichtspraxis, Festschrift Rechtsgericht, II 1929, S.191−272.

法学界立刻制造出很多与之关联的专门概念,如"生活法"(Lebensrecht),"生活法定性的法"(lebensgesetzliches Recht),以及把法律视为"民族的生活习惯的一种表达"(Ausdruck der Lebensgesittung des Volkes)等等①,不一而足;《德国民法典》则被斥为"非自然的"和"人工的"法秩序的代表作。1937年1月25日,帝国司法部的秘书弗朗茨·施勒格贝格尔(Franz Schlegelberger)做了题为"告别民法典"(Abschied von BGB)的演讲,从纳粹官方的角度较为系统地阐述了法律"生活化"的理念。他指出,对法律的实质意义的理解不能超脱于民族共同体的实际生活,法律的概念从生活中来,因而不应当反其道而行之,用一些苍白(blutlos)而危险的概念来支配人们的生活。在演讲中,他甚至把民法典中一系列抽象概念的危险性比作嗜血的食人鱼。然而,所谓的"生活"究竟是什么?这是一个看似清晰,实际上却十分模糊的概念。由于"生活"本身站在"反抽象"和"反概念"的立场上,但是在讨论与政治、道德和法律的关联的时候,"生活"又必须是抽象的概念,否则便无法展开理论层面的表述。正因如此,"生活"变成了一个任由解释的对象,当它被注入纳粹主义的内涵,如鼓吹种族主义的"民族精神",否定"犹太-罗马"的历史因素,反"主观权利"论等等,这一批判就不再是允许反思的学术,而具有了绝对化的意义。在明确的政治导向之下,纳粹时期法学界最优秀的理论家,如施米特、拉伦茨、胡贝尔(Ernst

---

① Vgl. Joachim Rückert, Der Rechtsbegriff der deutschen Rechtsgechichte in der NS-Zeit: Der Sieg des „Lebens" und des konkreten Ordnungsdenkens, seine Vorgeschichte und seine Nachwirkung, in: Die Deutsche Rechtgeschichte in der NS-Zeit, S. 177.

Rudolf Huber）等等，都被建构全新的"生活化"的法学理论所吸引，其关键便是对"生活"进行解读。施米特在 1934 年十分清晰地表达了"生活"之于法律的优先性：与其认为是规范和规则造就了秩序，不如说，它们只是在既有的秩序中发挥着特定的功能，因而无法脱离于实际的情况，并且只能在相对小的程度上保持着独立。[1] 施米特的这一断言宣告了凯尔森法学方法论的倒转：告别抽象，走向具体。

与此同时，对于法律史学者来说，最重要的任务莫过于论证德意志的法律史从来就是一个"生活法的历史"。比较典型的例子是贝谢特（R. Bechert）在 1935 年撰写的《德意志法律史教科书》。这部教科书对古代日耳曼法的评价是一种"从民族自觉意识中逐渐成长起来的共同体秩序"，而法兰克王国时期出现的所谓"基层法院"（Amtsgericht）则"并非民族精神生活的直接表达"，而是消解了民族性的国王个人强权的体现；中世纪时期的日耳曼法是"为生活观所承载的德意志精神的统一体"，对罗马法的继受则完全是"对法律的民族性毫无了解的法学家们"所做的蠢事，导致德意志被引入了一条歧途；直到 1933 年，德意志法律中的民族性才重新被唤醒。[2] 这种以"民族精神"作为单一演进线索编织起来的法律进化史被多个版本的教科书所采纳，成为纳粹官方的宣传口径。从贝谢特的教科书中不难发现，贯穿始终的史观除了单调和贫乏的特点之外，还具有强烈的排斥性，"非黑即白"的逻

---

[1] Carl Schmitt, Über die drei Arten des rechtswissenschaftlichen Denkens, Hanseatische Verlagsanstalt, 1934.

[2] R. Bechert, Deutsche Rechtgeschichte, Schaeffer, 1935.

辑设定不容许任何质疑和反思的存在。"生活"这一关键词的含义被限缩，基本等同于剥夺个人物质利益和主观愿望之后的共同体的精神生活。据此，"生活"唯有通过共同体人格的极少数代表者的行动方能显现出来。此外，"生活"与"真实"（Wirklichkeit）的大量连用提供了一种反向的暗示，似乎任何与"生活"保持一定距离的智力和精神活动都是虚假的，因而也是毫无意义的。由此，纳粹时期的法律史学便面临一个需要解释的重要问题，那就是如何看待普遍存在于现实之中的宗教生活。对此，冯·莱斯（Johann von Leers）的解释是，共同体的精神生活并不等同于宗教生活，因为符合生活法定性的"此在秩序"（Daseinsordnung）是由民族自觉性（Volksbewusstsein）内在生发出来的，而并非像教会法那样是一个来自于教会权威的单方面的诫命。① 这意味着，基督教不再被当成与个人相联系的精神信仰。然而，从莱斯的解释中，不难发现熟悉的痕迹，这与法律自证其合法性的路径十分相似。因此，尽管纳粹法学家打着反现实的旗帜，竭力攻击既有法秩序的历史基础，但是他们对于已融入德语思维传统的分析哲学和实证法学的方法论仍然具有高度的依赖性。

除了迎合纳粹意识形态的理论创建之外，法律史学者还积极参与对法学教育体系的改造，使"法律更新"运动面向年轻一代，并在更广泛的空间内展开。1934年下半年，担任帝国教育部负责人的日耳曼法律史学家埃克哈特开始推动《法学研究条

---

① Vgl. Johann von Leers, Deutsche Rechtsgeschichte und deutsches Rechtsdenken, Deutscher Rechtsverlag, 1939.

例》（Juristische Studienordnung）的实施。[①]他十分直白地表达了让学术为政治服务的观念："德国的法学必须具有国家社会主义性质。国家社会主义不是说说客套话，而是一种世界观，是一个由全新的价值营造起来的精神世界，……没有什么战斗阵地比大学更好。"[②] 同年 12 月底，帝国教育部在柏林召开会议，有 170 余名法学家参加，埃克哈特作为大会主持人，排斥众人提出的异议，宣布全面改造法学教育的计划。这一全新的"教育规则"与以"生活"为中心的方法论改造密切相关，所谓的"法律真实"（Rechtswahrer）[③] 成为指导高校法科教学的基本方针。埃克哈特在会议结束时特别强调，公法与私法之间的划分是人为制造的理论，只归属于旧的历史，因此高校的法科学生必须在课堂中摆脱陈旧概念和逻辑的束缚，去了解真实社会中的法律秩序。埃克哈特的总结陈词仅仅在四周之后就变成了官方发布的教育政策，如此高效的改革在德国高等教育发展史上前所未有。[④] 值得一提的是，自 19 世纪普鲁士时代以来，德国的法学教育经过百余年的积淀，逐渐形成了基本固定的模式，法学学术和法律实践活动一直保持着极为密切的关系。某种意义上，实定法规范及其背后的学说体系根本就是法学教育的产物。因此，与政客型学者的理论创建相比，

---

[①] 埃克哈特在 1934 年 10 月 1 日就任纳粹最高学术管理机构的高等教育委员会的负责人，掌握对法律、国家、政治、经济和历史等专业进行改造的决策权。

[②] Karl August Eckhardt, Das Studium der Rechtswissenschaft, Bd. 11 der Schriftenreihe, Hanseatische Verlaganstalt, 1935.

[③] Vgl. Ralf Frassek, Juristenausbildung im Nationalsozialismus, Kritische Justiz, Vol. 37, No. 1 (2004), S. 85.

[④] Ibid, S.88.

改造法学教育的影响更为深远。以私法为例，1935年之前各个高校围绕着《德国民法典》开设的诸如总则、物法和债法等课程都被取消，取而代之的是与社会生活关系更为密切的一系列课程，例如家庭（Familie）、合同与不法（Vertrag und Unrecht）、物与金钱（Ware und Geld）、家庭继承（Familienerbe）等等。① 这些课程从名称上便充满否定既有法学方法论的意味。原有在私法课程中占据核心地位的"民法典总则"对于学生修习私法具有精神引导的意义，因而也成为课程体系改造的重点对象：总则中贯彻的"个人主义"思维必须得到彻底根除，而总则中抽象化的一般性概念，尤其是抽象人格的概念，也必须得到清算。《德国民法典》第1条关于个人权利能力的规范，在课堂中被替换成了这样的内容：法律共同体是民族共同体；民族共同体则是德意志血统的集成。② 相应地，权利平等的观念则被个人归属于特定共同体的身份所取代。这些批判民法典的内容出现在高校法科学生第一学期必须修习课程之中，其中"家庭"这门课程的地位非常重要。作为对个人本位的重要替代品，家庭被看作一个财产性的，根据血缘联系和共同体思维而形成的，一种事实上的具体生活秩序。这门课也谈到权利的概念，但并非像民法典总则那样以抽象的人作为出发点，而是从一个人的出身以及他归属的特定家族展开讲

---

① Vgl. Ralf Frassek, Juristenausbildung im Nationalsozialismus, Kritische Justiz, Vol. 37, No. 1 (2004), S.92.

② 这一教义的德语原文是："Rechtsgenosse ist nur, wer Volksgenosse ist; Volksgenosse ist, wer deutschen Blutes ist"。拉伦茨曾多次在其著作中提到这一时期民法典第一条的情况，参见 Larenz, Rechtsperson und subjektives Recht—Zur Wandlung der Rechtsgrundbegriffe, in: Dahm u. a. (Hrsg.), Grundfragen der neuen Rechtswissenschaft, Junker & Dünnhaupt, 1935, S. 24。

述权利，并且从一开始就将个人定位于共同体的一员。这样的权利自然是不平等的，它实际上包含两个部分，其一为特权，其二为与之相对应的义务。此外，"物与金钱"的课程替代了原有的物权法，而"合同与不法"成为取代债法的课程，"家庭继承"与原有的继承法课程相比，差别更小。这些新课从1935年夏季学期开始在全德范围内推广，就"合同与不法"这门课而言，拉伦茨在基尔大学讲授了整整十年，而南德的某些高校，例如图宾根大学，则对开设这些新课有一定的抵触。[①] 有趣的是，新的课程体系在全面否定旧体系的合法性的同时，其下的各门课程却与原有课程保持着一一对应的关系，这使得熟谙私法教义学的法学教师仍旧可以胜任新开设课程的讲授工作。这是一个非常值得注意的现象，尽管私法教学在1935年"法学教育规则"的指引下完全颠覆了原本集成在《德国民法典》中的价值观，但是对同一部民法典所提供的方法论的框架，却几乎没有本质上的突破。正可谓，价值多变异，方法难离弃。埃克哈特主导的法学教育改造更像是一个用"旧瓶"装"新酒"的过程。基于这样的事实，拉伦茨并不认为纳粹时期的私法教育与《德国民法典》的距离有多么遥远，维亚克尔甚至有些极端地认为，这一时期的私法实质上并没有受到政治上扭曲观念的影响，私法仍然沿着既有的教义学传统被传授和学习，[②] "告别民法典"只不过是虚张声势的政治口号而已。尽管这

---

① Vgl. Ralf Frassek, Juristenausbildung im Nationalsozialismus, Kritische Justiz, Vol. 37, No. 1 (2004), S. 92.

② Vgl. Franz Wieacker, Privatrechtsgeschichte der Neuzeit, 2. Aufl., Vandenhoeck & Ruprecht, 1967, S. 55

并非学界公论，但依然在一定程度上表明，纳粹法学在方法论上自我改造的尝试是失败的。而且，如果价值与方法这两个本应同气相求的方面出现了脱节，那么法学理论与法律实践之间也难以保持顺畅的衔接。

## 四、纳粹法学史与当代欧洲的法史学

未来如何发展，很大程度上取决于人们看待过去的态度。因而对于当代欧洲的法学以及法律史学而言，自1933至1945年绝不是可以一言以蔽之的历史阶段。在这个前提之下，自20世纪90年代以来，施托莱斯和吕克特等学者不止一次提到对纳粹时期的法律史学进行回顾与反思的三条路径，其一为还原其面貌，其二为追溯其思想源流，其三为评价其后世之影响。[1] 相比之下，前两条路径尚且易于推进，纳粹时期距今不到百年，相关史料纵然浩如烟海，学者们只要将精力贯注于爬梳重要人物的言论和行动，从中追索先前时代的影子，便可取得一定的成就；第三条路径乃是危途，因为涉及纳粹时代与当下的关联性，任何试图评价者都必须背负起沉重的历史责任，既要直白透彻地道出极端状态之下的法律史学投射于当代政治和法律生活中的映像，又要在措辞上极尽谨慎，避免被误解为替纳粹和法西斯主义招魂。然而，某种意义上，与前两条路径相比，立足于当下的主观评价反而是最重

---

[1] Vgl. Joachim Rückert, Das Bild der Rechtsgeschichte in der Deutschen Rechtsgeschichte der NS-Zeit zur Einführung, in: Die Deutsche Rechtgeschichte in der NS-Zeit, S. 1–2.

要的，因为在现当代政治-法律史研究的领域，即便常以"客观"自居的还原或是追溯的工作，大体上都无法逃离主观评价的预先指引。此外，为史料所承载的证据之间有太多抵牾，因而只能居于次要的辅助地位，学界和公众能否就这段历史的解读达成共识，进而影响到当下实践中的判断，才是关键之所在。换句话说，最重要的问题并非"过去是什么"，而是"现在怎么看"。

纳粹时期的"法律更新"运动旨在缔造一个全新的法律帝国，但是如上文所述，塑造这个"乌托邦"的大部分思想模式，如历史主义、民族精神、社会达尔文主义、强人政治、实质理性、社会主义、团体本位等等，早在18世纪后半叶便开始流行于德语文化圈之中，至19世纪由普鲁士所支配的时代，各种素材已经准备得相当充分了。因此，纳粹并非一场以非理性和反理性为基础的政治运动，而是试图把对理性的另外一种诠释推向极致，同时竭力否定和排斥近代德国在不断城市化的历史中逐渐形成的以形式理性为核心的现代性范式。这就像是一个"农村包围城市"的过程，正如瓦斯纳指出的那样，在"民族性的创造性力量"一语当中，"瓦解和撕碎的力量"也不言而喻地捆绑在一起了。[①] 尽管纳粹的思想和行动在表面上多呈现出反现代的破坏性特征，然而，从整体上来说，纳粹所追求的仍然是一个现代性的目标。因此，纳粹时期的理论家所要做的，便是收集那些针对法律现实的已有的批判性思想，把它们稍加改造，片面夸大其中的部分内容，

---

① Vgl. Roderich Wahsner, Die Deutsche Rechtsgeschichte und der Fachismus, Kritische Justiz, Vol. 6, No. 2 (1973), S. 178.

然后串联和编织起来，包装成为一个看起来面目一新的理论体系，并强制适用于实践，以便立竿见影地形成"效果历史"。[1]这是一种对于批判性的滥用。一般来说，与纳粹政权关系越密切的学者，其言行就越具备"批判性滥用"的特征。日耳曼法律史学家埃克哈特便是一个典型的例证。尽管当时也有法律史学者针对僭越学术门槛的做法提出批评，但是仅凭微弱的学术自觉不仅不足以对当时的学术生态起到扭转的作用，就连批评者自身也难免沦陷其中。[2]对于"批判性滥用"最为激烈的指责出现在战后的时代，矛头不再指向个别学者，而是直接指向了整个学科，即认为，德国在19—20世纪关于日耳曼-德意志法律史的教学和研究的全部目的便是培育法西斯的意识形态。[3]客观地讲，日耳曼-德意志法律史的确是历史主义、民族精神、团体本位等上文罗列的批判性因素的最为集中的承载体。即便在20世纪末出版的德意志法律史教科书之中，这些特征鲜明的内容也无法被忽视或篡改。[4]不过，据此便对学科的这一研究领域进行整体否定，似乎仍有失公允，毕

---

[1] 效果历史（Wirkungsgeschichte）是伽达默尔在哲学解释学的背景下提出的历史观念，他认为，真正的历史对象不是客体，而是自身和他者的统一物，是一种关系。在此关系中同时存在着历史的真实和历史理解的真实。参见〔德〕伽达默尔：《真理与方法——哲学解释学的基本特征》，王才勇译，辽宁人民出版社1987年版。

[2] 参见第124页脚注①：什未林的反思。

[3] Roderich Wahsner, Die Deutsche Rechtsgeschichte und der Fachismus, Kritische Justiz, Vol. 6, No. 2 (1973), S. 178.

[4] 以米泰斯·利布利希（Mitteis Liebrich）在1949年初版的《德意志法律史》为例，至1978年该教科书修正至第15版，可谓战后时代的一部经典的民族法制史教材。本书避免纳粹时期法律史教科书的常用措辞，所援引的材料也刻意绕开了纳粹时期的著作，尽可能站在客观的立场上描述近代德国法的"民族本位"属性。Vgl. Mitteis Liebrich, Deutsche Rechtsgeschichte, 15.Aufl., Verlag C.H.Beck, 1978.

竟，这些批判性因素中即便在罗马法史的研究中也可以寻到踪迹，甚至表现得更为强势。[①]譬如，历史主义作为19—20世纪德国法律史学建立全部学说的总的基础，无论对于日耳曼-德意志法律史，还是对于罗马法律史，都具有同等重要的意义。因此，当"法律更新"运动针对罗马法传统展开攻击的时候，首要的任务便是扣上异族文化入侵的帽子，使之与历史主义的理论分离开来，并使这一合法性基础归为日耳曼-德意志法律史所独享。这说明，纳粹时期的法学思想仍然试图从某种人为建构的历史中寻求现实的合法性，这与近百年之前萨维尼和艾希霍恩提出的主张并无二致。正因如此，伴随着民族国家自我意识的不断强化，以及作为这一强化过程之体现的民法典的制定，19至20世纪的法律史学变成了一门显赫得不太正常的学科。

战后的联邦德国为祛除纳粹主义残留的影响，对于那些曾被大肆宣扬的与民族国家有关的符号，如国旗、国歌、国徽等等，一律以极为谨慎的态度来对待，民族法律史的研究也退回到相对封闭的学术小圈子。至20世纪60年代，欧洲一体化进程开始为战后的联邦德国提供登上国际舞台的机会，随着欧洲各国在经济和政治上的关系越来越紧密，欧洲（盟）法开始成为一个独立于民族国家法律体系之外的实定法系统，这导致了法律史学的一个全新研究领域的出现，即一个全欧洲共享的法律史，也即"欧洲法"的历史。值得注意的是，在与纳粹时代迥异的，强调民主、商谈、法治和文化多元的政治环境之下，历史主义的合法性论证

---

[①] 参见第119页脚注③：毋庸置疑，罗马法也是塑造"民族精神"的重要历史基础。

仍旧被沿用于欧洲法律史的研究领域。欧盟建立之后不久，基尔大学的法律史教授汉斯·哈腾豪尔（Hans Hattenhauer）在其《欧洲法律史》一书的初版序言中十分有代表性地讲道："今天若是有谁想要勾画一个完整的欧洲法律史的图景，他一定居心不良。这项任务缺乏很多基础性的、足以满足今人之需求的准备工作，尤其缺乏欧洲范围内的素材搜集。所以，最终的图景只能类似于一幅用很多马赛克拼凑成作品。而我试图完成一个设想，……依据欧洲法律精神，把思想脉络相类似的学者放置在一起。欧洲只能由它的历史性（Geschichtlichkeit）得到理解，并且只有当它从自己的过去之中不断地找到新的确定性（Gewissheit），才能拥有未来。"[1]这几乎可以被看作一个宣言，借由欧洲法律史的外壳，法律史学与法律现实之间的关联再次被打通，欧洲（盟）法也得以跳出仅仅停留在技术层面上的比较法的窠臼，获得了自身的主体性和自我意识。不难发现，哈腾豪尔的这一主张与萨维尼对于"当代罗马法体系"的建构，以及纳粹时期的法律史学对于日耳曼-德意志法律史的"崇高化"的包装相比，在思想进路上并没有多大的区别。从某种程度上来说，尽管一直遭受来自自然法和实证主义法学的挤压，历史主义依然是贯穿19至20世纪德国法学的最稳定的"连续性"的基础。基于这个理由，纳粹时期的法律史学必须被视为该"连续性"链条中一个特殊的环节，即历史主义极端化的范例，而不应被排斥在链条之外。亦唯有基于这个理由，纳粹时期的法律史学对于现实之中正逐渐变得清晰的"欧洲法律史"的镜鉴意义才能浮现出来。

---

[1] Hans Hattenhauer, Europäische Rechtgeschichte, C.F. Müller Verlag, 1992, S. VIII.

作为极端时代的另一项遗产，纳粹的法律史学影响到战后欧洲法学界对于"体系性"的理解与评价。尽管《德国民法典》在纳粹时代并未遭到形式上的废除，也未被新的《人民法典》所取代①，但是毫无疑问，纳粹时期的法律史学对于以潘德克顿为典范的体系性思维抱有明显的敌意，这导致《德国民法典》在法律教育和司法实践中处于部分地被架空的状态。法律史学试图以基尔克的理论为依据，恢复德意志共同体法在私法秩序中的支配性地位。这一方面表现为抨击民法典所构建的体系乃是一座不接地气的"空中楼阁"；另一方面，则把与生活真实相衔接的性质赋予民法典的对立面，也就是德意志共同体法。这当然是纳粹意识形态的一种表达，亦在战后随着纳粹的覆灭销声匿迹，《德国民法典》重新得到了承认，其权威性甚至超过了魏玛时代；公法上的发展则保障人们在价值判断上的争论在法律框架之内进行，而不致演化为突破法律规范的外部批判，如通常以政治运动为载体的道德攻击等等。1966年4月20日，拉伦茨以一百二十多年前基尔希曼在柏林法学会发表的著名演讲为标靶，同样借柏林法学会的场合，发表了题为《论作为科学的法学的不可或缺性》的演讲，重申了形式理性法之于现代社会的意义，以及教义学在私法领域中的基础性地位。② 这与其说是拉伦茨与基尔希曼之间的隔空辩论，不如说

---

① 纳粹时期《德国民法典》在文本上发生的较大变化有1938年6月6日的《婚姻法》（Ehegesetz），1938年7月31日的《遗嘱法》，1939年7月4日的《失踪法》。《德国民法典》中新增添的文本较少，主要是1940年12月21日在《船舶法执行条例》（Durchführungsverordnung zum Schiffrechtsgesetz）基础上出台的"未注册船舶的法令"。Vgl. Das BGB im Nationalsozialismus, Buch 1. Allgemeiner Teil Einleitung, Münchener Kommentar zum BGB, 7. Auflage 2015.

② 参见〔德〕卡尔·拉伦茨：《论作为科学的法学的不可或缺性——1966年4月20日在柏林法学会的演讲》，赵阳译，《比较法研究》2005年第3期，第144—155页。

是拉伦茨对于包括自己在内的一大批从纳粹时代走过来的私法学者曾经产生的偏歧之见的一场清算。同样经历过纳粹统治的维亚克尔在《近代私法史》一书中更为系统地表达了与拉伦茨相一致的观念。

然而，时至欧洲一体化开启的崭新时代，纳粹时期曾经喧嚣一时的争辩，即共同体法与民法典之间的相互对立与排斥，却重新浮现出来，只不过问题发生了转换：新的欧洲法的历史基础究竟是什么？贯穿于欧洲（盟）实定法的方法论的类型，究竟是以立法权威为中心的法典化思维，还是由司法实践主导的共同法思维？这表面上是一个法律领域的专门问题，却切中了当代欧洲政治的要害，如何回答，某种意义上取决于作答者对于欧盟"主权"程度的判断。尽管从欧共体到欧盟的重要条约中都涉及对欧洲政治体的权限的界定，但是各成员国在这个关键问题上显然还是无法取得统一的认识，这导致对于欧盟而言，法典化思维从根本上欠缺合法性的基础。因此，欧洲（盟）法毫无疑问是一个成文规范的系统，但也许并不能被当作一个法教义学意义上的规范体系。这为共同法（ius commune）概念重出江湖奠定了基础。意大利法律史学家贝洛莫（Manlio Bellomo）作为探索共同法概念史的当代重要学者，其学术研究的现实抱负便是承接哈腾豪尔所指出的"（让欧洲）从自己的过去之中不断地找到新的确定性"。贝洛莫并不避讳这一点，他认为，对欧陆共同法的发展史的探讨有助于欧洲各国在经济边界打破之后寻找到法律转型的切入点，而所谓的"法律转型"，关键就在于促使各国主动突破由法典化思维所形成的法律上的壁垒。在这里，贝洛莫对法典化表现出明显的敌意，他认为，正是18—19世纪欧洲各国出现的法典化运动终结了欧洲共同法发展的历史，进而将大量模糊性、僵化性和不确定性带入了各国的法律体系，因而对于正形成于当代的一般性的欧洲（盟）法而言，根深蒂固的法典化思维是最大的阻碍。[1]此外，贝洛莫还把学术批判的矛头指向苏格兰法律史学者艾伦·沃森（Alan Watson），因为沃森在《民法法系的演变及形成》一书中把法典化运动放置于欧陆法律发展史的重要位置。[2]值得一提的是，贝洛莫的授业师弗朗西斯科·卡拉索（Francesco Calasso）是最早致力于研究共同法概念和共同法历史的学界先驱，他的标志性著作题为《共同法的概念》，于1934年出版；[3]另一本题为《共同法的历史遗留问题》的专著，出版于1939年。这两部书看待共同法的观点有着鲜明的时代烙印，其中不乏对种族主义的鼓吹。[4]可以说，从卡拉索到贝洛莫所持续关注的共同法，曾经便是纳粹法律史学借以对抗《德国民法典》的德意志共同法的意大利版本。当然，共同法这一研究领域并不致因为与极端时代的思想渊源有所牵连，便贴上了法西斯的标签，从而失去了存在的合法性。事实上，贝洛

---

[1] See Kenneth Pennington, L' Europa del Diritto Comune by Manilo Bellomo, *The American Historical Review,* Vol. 96, No. 4 (1991), p. 1189.

[2] 贝洛莫在《欧洲共同法的历史：1000—1800》一书末尾的"文献说明"部分中说道："艾伦·沃森的《民法法系的演变及形成》一书具有很大的误导性、不可靠性，它令人感到困惑，而且很难理解为什么这部作品会被翻译为意大利语。格罗西（Paolo Grossi）给予这部作品强烈的负面评价。" See Manlio Bellomo, *The Common Legal Past of Europe: 1000-1800,* trans. by Lydia G. Cochrane, The Catholic University of America Press, 1995, p.238.

[3] See Francesco Calasso, il concetto di diritto comune, Modena, 1934; il problema storico del diritto comune, Mailand, 1939.

[4] Vgl. Ius Commune, in: Handwörterbuch zur deutschen Rechtsgeschichte, Lfg14. (hrsg. von Albrecht Cordes, Heiner Lück), Erich Schmidt Verlag, 2011, S. 1035-1036.

莫同时代的很多欧洲法律史学者都意识到共同法对于欧洲（盟）法，尤其是对于欧洲统一私法进程的重大意义。不过，与意大利的情况不同，共同法在德国并没有被置于与法典化截然对立的地位。科殷（Helmut Coing）是共同法研究在德国的扛旗者。1967年，身为马克斯-普朗克欧洲法律史研究所所长的科殷创办了名为《共同法》（Ius Commune）的欧洲私法史杂志，吸引欧洲的私法学者和法律史学者加入这一新兴的研究领域。他在发刊词中明确地指出，共同法这一概念在新时代不再具有任何民族国家的属性，其含义就等同于欧洲私法史[1]。这相当于与纳粹时期意识形态化的共同法概念划清了界限。科殷后来在一次演讲中提到，共同法是潜藏于欧洲（盟）法背后的法理基础和学术资源，正如潜藏于德国民法典背后的潘德克顿体系一般；因此，唯有当实定法出现漏洞的时候，共同法才有可能被法律实践所采纳。[2]可以看出，这是一个试图对共同法与实定法之间的矛盾进行调和的思路，而调和的基本框架仍旧是德国私法最谙熟的教义学套路，即以大多数学者的共识为缺乏管辖权威的法律争议提供答案。因而，体系化仍然是首要的目标。不难发现，这与贝洛莫试图还原的共同法在欧洲历史中的形象，存在着不小的差距。尽管任何人都会对不同意见感到头疼，然而乐观地看，这种在基本认识上的分歧恰恰构成了当代欧洲法律文化的多元性特征。

---

[1] Vgl. Helmut Coing, Die europäische Privatrechtsgeschichte der neueren Zeit als einheitliches Forschungsgebiet, Ius Commune 1, 1967, S. 1.

[2] See Helmut Coing, The Sources and Characteristics of the ius commune, *The Comparative and International Law Journal of Southern Africa*, Vol. 19, No. 3 (1986), p. 489.

进入 21 世纪之后，德国法律史学对于欧洲法的"历史化"（historicization）过程怀有相当程度的警觉，很多学者都对"欧洲精神"这一概念的实体化提出了学术纯粹性上的质疑①。因此，对于哈腾豪尔所提出的欧洲的"历史性"命题，首要的问题，也许并不是选择按照贝洛莫还是按照科殷的思路去理解共同法，而是，这究竟是不是一个必须得到解释与回答的命题。"疑欧派"中比较有影响的批判性理论，例如马克斯-普朗克欧洲法律史研究所的杜斐（Thomas Duve）教授所倡导的"纠缠态（Entanglements）史观"，试图对于赋予欧洲法以精神内涵的"历史性"做完全不同于传统的解读：从某种"去中心化"的角度出发，把欧洲放在全球史的视野下进行观察，尤其强调非欧洲性质的法律文化对于欧洲法"历史性"的塑成作用，以便部分地克服欧洲传统中的历史主义所携带的本质主义特质。②这样的努力是有意义的，杜斐反对那种利用法律史在法学中树立一个新的主体性概念的思路，以避免新偶像投射下的巨大阴影，而是主张从发生关联的不同法律文化的相互关系（纠缠）之中积极地理解"历史性"的内涵。这一方面保持了法律史与法律现实之间的相关性，另一方面，又将法律史从历史主义"连续性"的束缚中解放了出来。具体来说，杜斐

---

① 对传统"欧洲"概念的质疑并不是 21 世纪学者的首创，早在战后时代，法律史学界就有一批非主流的学者提出了这样的观点，如奥地利学者科沙克尔（Koschaker），他在 1947 年就提出欧洲史观是"新萨维尼主义"的体现，再如西班牙学者德奥尔（Alvaro D'Ors），则认为既有的欧洲史观过于"日耳曼化"，应当将在基督教史的基础上重建欧洲史观。

② See Thomas Duve, European Legal History—Concepts, Methods, Challenges, in: *Entanglements in Legal History: Conceptual Approaches, Global Perspectives on Legal History*, Max Planck Institute for European Legal History Open Access Publication, Frankfurt am Main, 2014, pp. 29-61.

提示人们注意那些传统法律史学的盲区，例如人们通常认为近代殖民地的法律制度和文化是由宗主国单方输入而被动形成的，但是却看不到宗主国为了达到更好的治理效果，不仅必须对殖民地原有的秩序状态保持较大程度的容忍和退让，而且可能对自身的法律制度和文化也要做出修正和调整。再例如，如果放在全球视野之下观察，近代马德里与墨西哥、马尼拉之间关系的近密程度远远超过马德里与同在欧陆的梅尔斯堡，① 因而对于西班牙法律制度与文化的探讨，绝不应当局限在欧洲的范围之内。近代欧洲破碎的事实应当得到充分正视。这似乎暗示着，被赋予精神气质的"欧洲"作为一个单一文化体的概念，不仅是虚构的，而且很可能并不是一个站得住脚的虚构。如果站在这一立场上，那么对于共同法历史的追寻也就显得不是那么重要了。由于理论上的开放性和新颖性，近十年来，全球范围内越来越多的欧洲法律史学者开始加入这个阵营，或至少受到这一阵营的观念的部分影响。② 这可能导致传统的法律史学与比较法学在未曾有过的深度上开始发生结合。然而，以"纠缠态史观"为代表的后现代法律史学似乎从一开始就迈出了太大的步子，因为它并没有太多地把欧洲（盟）实定法的因素考虑在内。因此，它究竟能否压倒哈腾豪尔的宣言，架空法

---

① See Hespanha, Uncommon Laws, Laws in the Extreme Peripheries of an Early Modern Empire, Zeitschrift der Savigny—Stiftung für Rechtsgeschichte, Germanistische Abteilung 130, 1 Jan 2013, pp. 180-240.

② 不同学者对于这一反传统的研究思路有着各自不同的表述，如"跨国法"（transnational law）、"全球法律多元"（global legal pluralism）、"规范混合"（regulatory hybridization）等等。See Thomas Duve, Introductory Remarks, in: *Entanglements in Legal History: Conceptual Approaches, Global Perspectives on Legal History*, Max Planck Institute for European Legal History Open Access Publication, 2014, p. 3.

典化和共同法之间经久的辩论，成为法律史学界的共识，以及能否为欧洲法的各个领域带来价值和方法上的具体变化，仍有待于时间的考验。毕竟，如果法律史的理论无法对法律现实产生具有历史意义的"效果"，便只能止步于艰深学说的层面。

# 第三章
# 纳粹德国的公法学

自19世纪以来，德国的公法学以国家法、行政法作为主要研究对象，形成了一门独立于私法学、刑法学的教义化的专门学科。纳粹德国延续了这一学术分类的传统。事实上，纳粹政权从未正式废除魏玛宪法，也从未用一部体现纳粹意识形态的宪法取而代之。但是与此同时，纳粹政权也从未认真地对待这部宪法，或者说根本没有认真对待任何宪法的想法：既然以权力制约为目的的宪法根本就不应当存在，那么宪法也就完全没有必要作为一个宣传对象出现在公众视野。无论是从权力架构与运行的实践角度来看，还是从国家法学说变迁的理论角度来看，纳粹德国与魏玛共和国之间存在着一条清晰可见的、无法跨越的鸿沟。为了支撑纳粹党独裁的政治现实，魏玛时代的国家公法学在"国家社会主义"的大旗之下被"改造"得体无完肤。虽然纳粹党在1933年之前一直宣称要以一种"合法"的方式夺权，也就是要通过议会选举的道路掌握政权，然而一旦大权在握，纳粹党便试图同时动用法律以及法外的非常手段从实质上颠覆魏玛政权的整体政治架构。[1] 纳

---

[1] 德国学界对于纳粹夺权过程的"合法性"问题存在着诸多争论。See H. W. Koch, 1933: The Legality of Hitler's Assumption of Power, in : H. W. Koch ed., *Aspects of the Third Reich*, Macmillan, 1985, pp.39-61.

粹政权对于魏玛宪法采取"不修不废"与"不理不睬"的态度，大抵可归纳为以下两点缘由：其一，纳粹党先是利用了魏玛宪法过度的包容性来夺取权力，随即启动了魏玛宪法的"自毁式"设定。从名义上来说，魏玛宪法的确为纳粹上台提供了必要的、实证法意义上的"合法性"，因此纳粹党没有废除宪法的充分理由。其二，纳粹党致力于打造"一切生活政治化"的社会氛围，使得在宪法层面讨论任何问题都失去了意义，这也是纳粹党闭口不谈宪法精神的主要原因。

值得注意的是，在纳粹统治前期，德国公法学界围绕一种全新的国家政治结构和宪法制度展开了激烈的争论。对于这些争论，不宜片面地将其理解为一股政治投机的潮流，或是简单地理解为学者们出于争名夺利的目的而发动的相互倾轧。诚然，在这场争论中，非学术性因素显然是存在的，也是不容回避的。但是，绝大多数公法学者仍然试图为纳粹政权的政治实践提供一种宪法理论上的证成。在他们眼中，"国家社会主义"不仅仅意味着对魏玛时期议会民主体制和自由主义立场的摧毁，而且意味着一种前所未有的"政治新样态"的确立：在经过一番如暴风骤雨般的洗礼之后，纳粹政权不再是一种混乱和无序的权力运作方式，而是呈现出一种较为稳定的形态和结构。在1938年之前的讨论中，一条基本线索是围绕"法治国"（Rechtsstaat）展开的。尽管学者们普遍流露出对于魏玛时期"法治国"理念所传达的过分的个人主义与自由主义的不满，但是在未来的国家社会主义国家法学说中，究竟是将这个概念改头换面，还是干脆废除这个概念，学者们却没有达成共识。从表面上看，争论似乎停留在"法治国"这个概念本身。有些学者，比如克尔罗伊特，认为不应当放弃"法治国"的概念，而是应当对其加以大幅改造，将自由主义的内涵从中剥离，同时将纳粹精神注入其中；另一些学者，比如卡尔·施米特，则主张彻底抛弃"法治国"的概念而启用其他概念，因为"法治国"早已浸透了自由主义的思想，根本不可能得到彻底改造，也不可能反映出新型国家的本质。这一时期，无论是把新的意涵注入"法治国"概念之中的主张，还是抛弃这个19世纪的产物、另行打造一套国家法学说的主张，其基本预设是一致的，即认为第三帝国开创的政治架构可以成为"国家法学"的研究对象。然而，在1938年以后，上述学术争论逐渐偃旗息鼓。纳粹政权超出一般预期的激进政治表现让法学家们逐渐意识到，纳粹政权根本无意于建立一种"宪法秩序"，因此，想要用纳粹主义的"话语"来包装出一套具有理论意义的宪法学说是根本不可能实现的任务。

除前述两个问题之外，另外两个观察视角也值得重视：第一，如何从公法学科史的角度评价纳粹时期的国家法学。对于这一问题，战后的学者们首先区分建制意义上的学科史和理论意义上的学术史，而后再按照这两条不同的脉络分别进行讨论。学科史主要关注1933年之后德国国家法学科的教席、期刊、学会等发生了怎样的变化，以及"二战"之后国家法学科的重建问题；学术史则主要关注国家法理论本身在研究方法和立场方面的变化。第二，如何看待纳粹政权对于"法治国"基本原则的践踏。对于这一问题，学者们主要是用"法治国"的基本原则来审视纳粹时期各个领域的实在法，也就是以一种应然的标准来检验实然，从而清晰、细致地揭示出纳粹立法的"不法"属性。不过，以上观察主要涉及国家法学，而较少涉及行政法学的部分。这是因为，国家法的理论与实践构成了行政法的基本环境。正所谓"皮之不存，毛将焉附"，在完全不具备制约国家权力和保障公民个人自由的语境之下，行政法学只能蜕化到公共秩序管理技术的层次。

## 一、魏玛时期的德国国家法学

### （一）不同方法论的政治立场

如果想判断一个法学研究者的流派与立场，我们只需向他提问：如何看待事实与规范之间的关系？回答这个问题并不简单。每一个法学研究者几乎都会在他所耕耘的那片园地看到法律规范投射到生活世界中的具体映像。按照逻辑思维的顺序，规范必须优先于事实，并成为一切判断的出发点。然而，另一方面，如果按照发生时间的顺序，似乎规范才是映像。因为规范总是发生在事实之后，并且无时无刻不在追随着事实的变动而变动。那种完全被规定出来的静态的生活世界根本就不存在。

应当承认，把规范与事实区隔并对立起来是有意义的，尤其对于法学获得超拔和独立的地位来说，意义十分重大。法学就是一门关于规范的科学。[1] 然而，规范与事实又不必然是对立的。[2]

---

[1] 对于这一名言的最好诠释来自于卡尔·拉伦茨："法教义学是以处理规范性角度下的法规范为主要任务的法学，质言之，其主要想探讨规范的'意义'。"它关切的是实证法的规范效力、规范的意义内容，以及法院判决中包含的裁判准则。〔德〕卡尔·拉伦茨：《法学方法论》，陈爱娥译，商务印书馆2003年版，第77页。

[2] 规范实在论者认为，事实不仅是描述性的，也有可能是规范性的，但是规范性事实拥有特殊的规范属性，并对我们的行动产生一定的影响。参见刘松青：《存在"规范事实"吗》，《中国人民大学学报》2018年第5期，第16—24页。

某种意义上，生效的法律规范当然会被人们视为重要的社会事实；反过来说，某些社会事实的存在本身就能够诱发人们做出相对一致的行动选择，即产生一定的约束力。① 因此，二者也可以在一定程度上发生重叠，甚至混淆。实际上，相对于区隔、对立而言，重叠与混淆才是事实与规范之间的自然状态，人类在大多数历史时期对于"法"的理解正是建立在这样一种含混不清的语境之下。但如果是这样，那种从规范出发的思维方式不得不迁就于事实中既已蕴含的种种价值判断，关于"法"的学术和实践活动将部分地失去纯粹性和专业性。近代以来，西方的知识分子开始人为地将规范与事实对立起来，以便满足眼下的时代对于一个超然于生活世界的"法"的需求。② 在法律史学者的眼中，为事实与规范的关系问题设定一个非此即彼的、一成不变的标准答案恐怕毫无意义，因为这一问题并不是在所有的时代都能够产生意义，也并不是在所有的事件中都能够获得意义。因此，回溯这一问题特别凸显其价值的那些"非凡"的时代，例如魏玛时代，以及考察作为规范的法律从扁平的社会事实中缓慢树立起来的历史过程，例如关于"法"的概念之争，就显得格外重要。

魏玛时代的慌乱让德国人无暇顾及这一抽象的法哲学命题，

---

① 欧根·埃尔利希曾经谈到过四种"诱生法律的事实"，这应该算是从法社会学角度谈论规范与事实之间关系的早期作品。参见〔德〕托马斯·莱赛尔：《法律与道德：社会学观察》，载氏著：《法社会学基本问题》，王亚飞译，法律出版社 2014 年版，第 32—34 页。

② 关于规范性的探讨一开始起源于道德哲学，后来才变成了一个法学问题。具体而言，规范性问题是被休谟引发，由康德点燃，最终在 20 世纪后半叶才在哲学内部顽强生长起来，成为跨领域的研究。参见韩东晖：《人是规范性的动物：一种规范性哲学的说明》，《中国人民大学学报》2018 年第 5 期，第 2—8 页。

但是，他们正在面对的很多切实的问题都由此衍生而来：例如，究竟是宪法缔造了国家，还是国家催生出宪法。从宽泛的意义上来说，以英、法、美为代表的内生型的"西方"国家对此有着较为一致的理解。[1]由工业化带来的经济增长从根本上改变了社会的组织模式，也打破了旧帝国的政治均势，城市资产阶级发动革命终结了旧的时代，那些在旧体制内部长期难以革除的种种弊政先是遭到强制性的报废；而后，带有革命宣言性质的宪法，无论是不是以宪法典的形式表现出来，都试图建立一个前所未有的政治框架，以便消除旧有弊政残存的影响，并且抵御其卷土重来的可能。在破旧立新的过程中，这三国的宪法立足于一个基本相同的出发点：既然所有的恶都来自于不受限制的权力，那么人就应该成为国家的目的，而不是相反；国家及其政治体制应当被宪法规定出来，而且也只能被宪法规定出来，才具有合法性；宪法的存在先于国家，这是法治原则的最高体现。这是一种超乎经验之上的宪法观念，是一种"规定性"的宪法，[2]它在文化上一方面植根于自中世纪以来欧洲的基督教传统，另一方面受到近代欧洲的

---

[1] 这里之所以提到"在宽泛的意义上"，因为英、法、美三国在各自民族国家化的政治实践中存在着非常显著的区别。相比之下，英国的情况尤为特殊。光荣革命（1688年）基本上以和平的方式收场，之后建立的君宪制国家与原有体制之间存在着千丝万缕的联系，其法律更是几乎完全因袭了中世纪旧有的体系，理性程度不高。与发生在法国和美国的那种激烈的斗争相比，英国的光荣革命很难被称为一场"革命"。但是这一切都并不影响英国是现代性的原产地，不影响英国是一个内生型的西方国家。

[2] 所谓"规定性"的宪法，是一个与"描述性"的宪法相对应的概念。在"规定性"的宪法当中，国家不得违反法律，并且只有在法律授权的情况下才允许干涉公民的自由和财产，而法律本身却是通过代表民众意愿的议会颁行的。参见〔德〕余可·汉斯：《本卷导读·魏玛共和国的国家与宪法学说》，载黄卉主编，黄卉、晏韬等编译：《德国魏玛时期国家法政文献选编》，清华大学出版社2015年版，第31页。

思想启蒙以及理性自然法学说的深刻影响,甚至与17至18世纪流行于欧洲的关于"东方专制主义"的假想不无关联。因此,尽管两两之间存在着深刻的历史恩怨,但是由宪法体现出来的意识形态上的一致性促使这三国在"一战"之中(也在"二战"之中)结为盟友——即便这并非最根本的理由,至少也是一个写在表面的理由。

然而,在普鲁士,类似这样的一条进化路线却无法复刻,其主要原因在于,这里的城市资产阶级虽然有着相对独立的利益诉求,但是他们归根结底并不是一个在土地贵族之外自主成长起来的社会阶层。用马克思主义历史学家的话来说,普鲁士是欧洲"非均衡与混合发展"的典型例证。[①] 在1848年席卷欧洲的革命行动中,德国的城市资产阶级致力于通过制定一部宪法实现德意志的民族国家化,他们试图绕开普鲁士,但是这样一种努力终归被事实上存在于宪法之前(之上)的政治力量无情摧毁。某种意义上,法兰克福宪法的失败确立了"事实优先"的逻辑,而后出现的北德意志联邦的宪法、1871年第二帝国宪法,乃至各个邦国自己制定、颁布的宪法,几乎都可以被视为一种针对现有政治状况的"事后追认"。换言之,这些宪法并不具有把一个在纸面上"应然"的国家付诸政治实践的能力,而仅仅是针对既存政治力量对比关系的忠实描述。换言之,它们属于一种"描述性"的宪法。[②]

---

[①] 参见〔英〕佩里·安德森:《绝对主义国家的系谱》,刘北成、龚晓庄译,上海人民出版社2016年版,第174页。

[②] 前文提到了一个例证,即第二帝国宪法在第46条第2款和第3款将具体的邦国(巴伐利亚)规定在条文之中,这鲜明地体现出这部宪法只是对俾斯麦与各邦君之间一系列政治妥协的记载而已。

## （二）先私后公的法律实证主义

作为一种思维方式，"事实优先"在德国有着相当深远的历史文化基础，它曾经流行于 19 世纪上半叶的德国，来自于历史法学派为了抵御理性自然法观念的浸染而提出的一系列重要主张：法律并非建构在纯粹的理性之上，而是历史传统的产物，是根据历史发展的目的和方向对于社会现实的有限抽象；法律只能是国别的文化现象，而非普世的规范，不具有跨民族理解的可能性。在这种观念的支配下，以格林兄弟为代表的相当一部分学者投身于习惯法调查的学术实践，并且将法学与日耳曼的民俗学和语言学紧密地结合起来。但是，与此同时，历史法学派的内部也出现了一种推动法学走向抽象化、纯粹化和科学化的动力。以萨维尼为代表的一部分学者将德国法的历史渊源诉诸罗马法，并且认为，值得在法律规范中保留下来的并不是历史事实本身，而是在长期的社会变迁中一直相对稳定地传递下来的结构性要素。当然，这一部分学者也并不完全认同理性自然法的观念，他们同意，法律作为一个逻辑自洽的概念体系并非来自于理性立法者的智慧，而必须源自法学学者对于相关历史事实的解读和抽象；不过，从另一方面来说，相关历史事实经过法学学者的加工，一旦转换成具有规范性的法律概念，也就具有了独立于原有状态的品格——这就好比将原材料加工成可以运转的、发挥着一定功能的机器之后，人们便不能再以原材料的眼光看待机器了。

相比之下，日耳曼法学者和罗马法学者分别在"强的意义"和"弱的意义"上对于"事实优先"的逻辑进行了背书，但后者无疑对19世纪的德国私法史产生了更为重要的影响：在罗马法研究开辟出来的学术空间里，概念法学（Begriffsjurisprudenz）试图完全退回到规范体系的内部，不再讨论规范与事实的关联；但是，目的法学（Zweckjurisprudenz）明确反对这种倾向，并且指出，法律无法避免受到"目的"（Zweck）的支配，而"目的"并不能来自于规范体系的内部，这相当于再次强调了"事实优先"的原则；随后而至的利益法学则更进一步，认为法律的目的在于平衡现实中各种相互冲突的利益，这就使法学的性质开始从"规范的科学"走向"社会的科学"。在私法领域，关于"事实优先"的学术争论最后一次较为集中地体现在19世纪末德国酝酿民法典的过程之中，并在1900年《德国民法典》生效之后归于终止。[①]

相比私法而言，"事实优先"的原则在德国的公法领域更是长期占据着支配性的地位。受到理性自然法观念的影响，18世纪下半叶的德意志曾经以"依照理性的国家法"（Staatsrecht nach der Vernunft）为基础，分化出"德意志共同国家法"的理论，为凌驾于各个邦国之上的德意志统一国家提供合法性的论证。尽管自然法学者主张"依照理性的国家法"具有放之四海而皆准的一般性，但是对于长期处于高度分裂状态的德意志来说，这一学说缺乏最基本的实证基础，也根本不具有对现实的约束力，因而很难被当作典型的"法"来看待。[②] 不仅如此，从理性出发的合法性质疑甚

---

[①] 关于历史法学派的起源和流变，参见〔德〕弗朗茨·维亚克尔：《近代私法史——以德意志的发展为观察重点（下）》，陈爱娥、黄建辉译，第347—365页。

[②] 〔德〕施托莱斯：《德国公法史（1800—1914）》，雷勇译，法律出版社2007年版，第127—129页。

至在一定程度上妨碍现实之中国家统一的事业,这导致人们更愿意采取"去法律化"的态度看待国家:国家不存在合法与否的问题,因为国家自身就是合法性的来源。相比一套虚浮无根的国家法理念来说,国家能否真正在客观的层面实现统一,变成一个具有决定性的事实,才是人们最关心的问题。受此影响,"国家法"(Staatsrecht)开始淡出学者的视野,"一般国家学"(Allgemeine Staatslehre)成为更常见的学术用语。进入19世纪之后,历史法学派在反对理性自然法的过程中为"一般国家学"注入了某种根植于本土资源的浪漫主义话语:民族是一个被共同的文化、语言、情感和习俗纽系在一起的人类共同体,因而在事实上客观存在的民族就是国家实现统一的前提和基础。这一观念似乎暗示着,国家的客观实在取决于民族的客观实在,而不取决于是否已经形成了共同的法律规范;反之,如果没有客观实在的民族,那么即便存在着一个法律规范的共同体,这个共同体也不是国家。这恰好显露出历史法学派将事实(国家)置于规范(法律)之前的态度。

第一批试图改变这一状况的德国学者出现在19世纪50年代,这时德国私法在方法论上已经开始出现转型的迹象。格贝尔(C. F. von Gerber)重新提出"国家法"的概念,并且努力把同一时期在私法领域流行的建构主义(Konstruktivismus)方法论挪用到这一领域。通过建立一系列最基本的概念,对规范与事实做出必要的区隔,格贝尔试图还原"国家"的法律属性,将国家法打造成一个符合"规范科学"一般特征的知识体系。然而,囿于时代的局限,格贝尔仅能把国家法的现实基础设定为各邦国之间的同盟,这就好比要在松软的沙滩上搭建高楼,是一件不可能完成的任务。1871年之后,德意志在普鲁士的主导之下完成了形式上的统一,国家不仅成为政治上的客观实在,而且借助第二帝国宪法中的"帝国"(Reich)概念获得了规范层面的意义。这为国家法的实证化发展打下了坚实的基础。这一时期,拉班德(Paul Laband)沿着格贝尔的思路,继续将国家法向抽象化、纯粹化和科学化的方向推进。在《国家法》一书中,拉班德大量地引用了那些不久之前还纯属虚构,但眼下已经变为现实的法律素材,编织出一个在逻辑上相当完整的国家法的教义体系,真正使"国家法"与掺杂着政治、历史和哲学等多种思考维度的"一般国家学"分道扬镳。[①] 拉班德的学说至少在第二帝国存续期间主宰了德国的国家法领域,并对此后德国公法的发展产生了极为深远的影响。直到1949年《基本法》在联邦德国生效之后,学生手里的宪法教科书仍然以"国家法"为名,而宪法学教授的协会仍然以"德国国家法教师协会"命名。[②]

然而,需要注意的是,尽管国家法一步一步地自我进化,无论是从形而上的理性自然法走向历史法学的浪漫主义,还是从法学实证主义走向科学指导之下的法律实证主义,[③] 但却一直没有逃脱"事实优先"的逻辑。不仅如此,在拉班德之后,"事实优先"的逻辑还在理论上得到了进一步的提升。20世纪初,作为一名实

---

[①] 〔德〕施托莱斯:《德国公法史(1800—1914)》,雷勇译,第452页。

[②] Arthur J. Jacobson and Bernhard Schlink, Introduction, Constitutional Crisis: The German and the Ameirican Experience, in: *Weimar: A Jurisprudence of Crisis*, University of California Press, 2000, p.2.

[③] 〔德〕施托莱斯:《德国公法史(1800—1914)》,雷勇译,第456页。

证主义者的格奥尔格·耶利内克（Georg Jellinek）主张将规范与事实区隔开来，他在《一般国家学》的第六章"国家的本质"一编中指出，"国家"这一概念不仅存在于事实的层面上，是历史形成的民族情感和现实政治关系的载体，而且从规范的层面上来说，"国家"也是赋予法律以效力的主体，是一切合法性的来源。[①]因此，与"一般国家学"相比，作为法学体系的一个有机组成部分的"国家法"当然要以处理国家在规范层面可能出现的各种问题为己任。相应地，国家法在其逻辑推演的过程中可能涉及的各种相关概念，如"宗教""文化""人民""议会"或"社会"等等，也都并非仅仅停留在事实的层面，而是有着与作为效力来源的"国家"相匹配的规范性的内涵。然而，耶利内克并不满足于规范与事实的二分，他进一步提出了"事实的规范力"（normative Kraft des Faktischen）这一著名的公式，希望在这两个被人为分开的范畴之间建立最低水平的联系。这是一个对于"事实优先"的逻辑的全新表述，它以对现实变动的规范性"承认"为原则，显然是对法律在权力和政治面前的无力性的一种强调。[②]可以说，严格二分法在拉班德和耶利内克的理论中导致的并不是对规范性的加强，而是向"事实的力"的投降。[③]实证主义在国家法领域的极端化发展导致与规范有关的实践活动除了"承认"之外无所作为，更不可能具有针对现实的反向批判能力。正如这一时期另一个著

---

① 参见〔德〕格奥尔格·耶利内克：《国家的本质》，载黄卉主编，黄卉、晏韬等编译：《德国魏玛时期国家法政文献选编》，第18—19页。

② 参见季卫东：《宪政的规范结构：对两个法律隐喻的辨析》，《经济管理文摘》2005年第18期，脚注第26。

③ 参见王锴：《德国宪法变迁理论的演进》，《环球法律评论》2015年第3期，第115页。

名的公式所言：正当性不是国家权力本质要素。[①] 如此一来，那些潜藏在既定事实之中的，其实仅通过人类社会生活的基本常识就能明辨的"恶"的因素，便得以顺利地，并且无可避免地对未来产生影响。

### （三）国家危机之下的"规范优先"

那么，究竟是宪法缔造了国家，还是国家催生出宪法？基于前面的讨论，这个问题在"一战"之前的德国似乎并不会引发太大的学术争论。由于"事实优先"这一逻辑在德意志文化传统中的强势存在，不仅那些站在反实证主义立场上的知识分子一味强调国家之于宪法的先在地位，对于某些实证主义者来说，例如耶利内克，也很难做到无视现实的力量，因而不得不以某种沉默不言的态度承认国家之于宪法的先在地位。从某种意义上来说，两派知识分子之间最大的区别仅在于他们眼中的国家究竟是一个"历史-政治"的共同体，还是一个法律规范的共同体。由此，后世学者便形成了一种相对固定的认识：德国的宪法传统直到1949年才发生根本性的转折，其标志是《基本法》获得了超越国家的先在性，并在这一基础上发挥对于国家的建构性功能。

然而，用"国家主义"的绳索将魏玛宪法捆绑在1871年到1945年的历史之中，恐怕有失公允。需看到，魏玛宪法形成于一个"国家危机"的历史时刻，换言之，国家在这一历史时刻仅仅是一个"不完整"的事实。随着普鲁士在战场上的全面崩溃，德

---

[①] 参见〔德〕施托莱斯：《德国公法史（卷三）》，王韵茹译，第85页。

国仅仅在《凡尔赛和约》的谈判桌旁还能被视为一个客观实在的国家，它的内部在短时间内变得十分空虚，构成一个国家所需的很多方面的要素都处于悬而未决的状态。按照常理，如果时间足够充裕，新崛起的政治力量将可能通过他们之间的博弈行动和妥协结果来填补这些空白。然而，在普鲁士霸权的长期压制之下，那些可能与普鲁士利益相悖的政治力量几乎从未得到真正的发展，因而在1918—1919年的立宪时刻，几乎没有哪个政治派别能够及时跟上，提出一套经过深思熟虑的、经得起实践检验的国家方案。不仅如此，名义上的一个全新的德国甚至不得不从旧的政府和军队之中寻找他的代言人。国家力量在瞬间坠入虚空，这还引发了另一种现象：极端的政治派别大量涌现出来，他们试图把德国变成激进政治理论的试验场。在一系列过激的社会运动中，那些残存的、对于国家可能有益的政治事实遭到了进一步的摧毁。可以说，普鲁士力量的坍塌给德国带来了真正的"国家危机"：一直被视为规范（法律）之效力前提的事实（国家）发生了相当严重的缺损；本应据以制宪的那个新的政治事实恰恰就是：并不存在这样的政治事实。

不过，也只有在"国将不国"的状态下，"事实优先"的逻辑才能被打破，宪法才能被赋予超越国家的先在性，因为在事实上处于不完整状态的国家恰恰需要通过一部新的宪法来填充自身欠缺的诸多要素。魏玛时代的政治家们当然也意识到了这一点，普罗伊斯在说明草案第一稿曾时指出："德意志迄今施行的政治体系已经瓦解，这使得在国家法层面上重新构造德意志成为必要。重构任务不是仅仅变更某些具体制度，而是应当在全新的国家法基础上构建新的政治组织机构。"[1]事实上，魏玛宪法的确在相当大的程度上，也是在相当基础的层面上，发挥了对于国家的建构性功能。因此，那种把魏玛宪法完全视为一部尾随着政治事实而被动形成的"描述性"宪法，进而把魏玛德国与之前的普鲁士德国以及之后的纳粹德国等而视之的观念，同样是站不住脚的。

魏玛时代的德国建立在第二帝国遗留的空壳子之上，这样的国家危机直接引发了国家法理论的危机。"一战"之前出现的那些理论，无论以国家法为名，还是以一般国家学为名，都曾经面对现实表现出生动且丰富的解释力，却在朝夕之间就失去了活性。这一时期，以汉斯·凯尔森为代表的一批学者将法律实证主义推向了极致。凯尔森重新讨论了国家的本质，他一方面否认国家具有"历史-政治"层面的意义，认为这只不过是一种无法被科学验证的虚构而已；另一方面否定了耶利内克在25年前提出的"二分法"，转而把国家单纯地视为一个由不同层次的规范搭建起来的法律秩序的共同体。[2]也就是说，国家的客观实在性只能借由宪法和法律的效力体现出来。这是一种"规范优先"的国家观念，它呈现出国家法理论在极致法学化一端的样貌。需看到，魏玛时代

---

[1] 〔德〕胡果·普罗伊斯：《纪念1919年3月之帝国宪法总则草案》，载黄卉主编，黄卉、晏韬等编译：《德国魏玛时期国家法政文献选编》，第49页。

[2] 对此，凯尔森曾指出，国家与法律的二元论源于一个在思想史上极具典型性且在所有认识领域中经常发生的思维错误。人们为了方便阐释便将一个统一的系统拟人化并使这个拟制人格实体化，但造成的结果是，本来它只是一个思维辅助手段，一种关于系统或者对象的统一性的表达，却被虚构成了一个独立的系统或者对象。……由此产生了关于这两种事物之间的关系的伪问题。参见〔德〕汉斯·凯尔森：《国家的本质》，载黄卉主编，黄卉、晏韬等编译：《德国魏玛时期国家法政文献选编》，第173页。

的国家危机是凯尔森提出这一理论的现实背景,魏玛宪法则为这一理论展现其实践价值提供了最为重要的一块场地。例如,凯尔森在魏玛德国与第二帝国的连续性问题上给出了否定的答案,他指出,正因革命行动破坏了旧法统,一个新的基本规范才能生成,一个新的国家也才能由此形成。[①]因此,在凯尔森看来,魏玛宪法不仅意味着新、旧两个德国的彻底分离,而且意味着国家的基础已经由现实中的权力切换为"合法性"的标准,这恰好与英、法、美等内生型的"西方"国家对于革命意义的理解相吻合,也与1949年《基本法》对于宪法规范先在于政治事实的理论设定相吻合。20世纪20年代,凯尔森的观点导致学术阵营出现了新的分化,不少曾经站在耶利内克一边的实证主义者开始倒向凯尔森。不过,对于接下来几年不断恶化的政局来说,这也未能产生什么补救性的效果。国家法理论虽然因为魏玛宪法的颁布暂且获得了新的现实基础,但是魏玛政府自1923年就开始逐渐丧失对于国家的实际控制能力,这导致"事实优先"的逻辑在国家法领域重新成为主流话语,[②]并在纳粹时期以"生活的胜利"的极端形式表现出来。[③]直到"二战"结束之后,凯尔森的国家法理论才真正获得了付诸实践的可能,以《基本法》作为现实基础的德国公法学开始从"国家法"(Staatsrecht)转向了"宪法法"(Verfassungsrecht)的

---

① 〔德〕施托莱斯:《德国公法史(卷三)》,王韵茹译,第86—87页。
② 这主要体现为反实证主义的代表人物卡尔·施米特所代表的反实证主义阵营不断壮大,其理论中极端强调权力的一面在后来的极权政治实践中被大量运用。
③ Vgl. Joachim Rückert, Das Bild der Rechtsgeschichte in der deutschen Rechtsgeschichte der NS-Zeit zur Einführung, in: Die Deutsche Rechtsgeschichte in der NS-Zeit, S.1–5.

学术话语。①

耶利内克和凯尔森的理论分歧导致魏玛宪法在德国宪法传统叙事之中可能存在着两个完全不同的形象,其一是在20世纪初将普鲁士霸权和纳粹专政串联起来的一个乏力的、脆弱的政治妥协;其二存在于更宽的时间范围之内,是一个将法兰克福宪法所体现的自由主义理念与《基本法》中完善的"法治国"形式衔接起来的必要的中间环节。某种意义上,这仍然是一个关于魏玛宪法的双重历史连续性的印证。"二战"之后,这两个截然相悖的形象交替出现在德国宪法学界,无论是被当作惨痛的教训,还是一种可贵的经验,魏玛宪法都是人们在应对眼下重要的宪法问题时可能会去叩问的一面镜鉴。②从这个意义上来说,任何想要给魏玛宪法下一个教科书式的定义的尝试都是愚蠢的。毕竟,每一代人有每一代人的魏玛宪法。③

### (四)一条简明的历史脉络

通常来说,要把握纳粹时期的国家法学,必须对德国国家法学的传承做一个粗略的梳理。如前文所述,格贝尔和拉班德在

---

① 须承认,从国家法到宪法的话语转变是一个相当复杂的过程,至少可以归因于"二战"之后德国意识形态的整体转向、基本法中主观权利的客观法化、宪法司法化的实际运作等因素综合作用的结果,学术活动对此起到了助推的作用。

② "二战"结束后,魏玛宪法曾经长期作为摆在德国《基本法》面前的一本反面教材而存在。1956年,一部题为《波恩不是魏玛》的著作流行开来,进一步将《基本法》与魏玛宪法区隔开来。直到20世纪80年代,魏玛宪法开始被置于历史的语境之中加以考察,逐渐获得了相对中肯的评价。至魏玛百岁诞辰之时,德国学者给它的评语是:一部坏时代的好宪法。Vgl. Christoph Gusy, 100 Jahre Weimarer Verfassung. Eine gute Verfassung in schlechter Zeit, Mohr Siebeck, 2018.

③ 汉娜·阿伦特曾经这样评价断言式的历史认知:"我们不再能接受过去的好的部分,简单地称之为我们的传统遗产,只抛弃过去坏的部分,简单地认为它是一种已死的重负,会被时间埋葬在遗忘中。"参见〔德〕汉娜·阿伦特:《极权主义的起源》初版序,林骧华译,第3页。

1855 至 1875 年间建立的国家法实证主义构成了国家法理论"科学化"的起点。[①] 它不是一种政治理论，而是试图把研究视野限定在对德意志第二帝国的宪法的运用方面，这种做法的正当性正是在于研究方法的"科学化"。根据该种方法论前提，合法性就意味着正当性，因此，法学的任务就在于提取实证法所蕴藏的基本理念并将之加工成一套连贯协调的概念体系。然而，这种看上去稳定的学科构造在 20 世纪初期逐渐出现了裂痕。当然，人们不能单纯地把拉班德所提倡的研究范式的不满归结于学术自身的发展，该范式的背后存在着复杂的社会、政治因素。

根据施托莱斯教授的总结，这种对既有研究方法的挑战表现为四个主要的方面。[②] 第一，在国家法学的边缘，"关于国家的社会学研究"开始兴起。诸如路德维希·贡普洛维奇（Ludwig Gumplowicz）、古斯塔夫·拉岑霍费尔（Gustav Ratzhofer）、奥本海默（Franz Oppenheimer）和安东·门格（Anton Menger）都反对将"国家"理解为纯粹法律建构的产物，而是试图从社会的视角出发，对"国家"进行经验意义上的解读。以贡普洛维奇为例，他本人在格拉茨大学教授宪法和行政法，但是，其研究旨趣却不像拉班德那样，把宪法条文的规定作为某种不可置疑的大前提，以之为基准建立一套国家法学说，而是试图从社会学的角度探究国家的形成与发展。第二，在第一次世界大战之前，康特洛维茨

---

① 对于"国家法实证主义"的深入探讨，可以参见 Walter Pauly, Der Methodenwandel im deutschen Spätkonstitutionalismus: Ein Beitrag zur Entwicklung und Gestalt der Wissenschaft vom öffentlichen Recht im 19. Jahrhundert, Mohr Siebeck, 1993。

② See Michael Stolleis, *The Law under The Swastika:The Studies on Nazi Germany*, trans. by Thomas Dunlap, p.85.

（H. Kantorowicz）、福克斯（E. Fuchs）、斯坦佩（E. Stampe）和埃里希（E.Ehrlich）等人发起了自由法运动，质疑法律产生的基本模式（国家立法），试图为法官在解释法律方面争取更大的空间和自由。[①] 三段论的推理形式开始被抛弃，诸如施米特等学者开始提出，法官裁判的正当性不是来源于法律演绎而是基于国家的授权。第三，拉班德国家法学说的出发点就在于不去质疑宪法本身的正当性，然而，1871年的"俾斯麦宪法"与当时政治现实之间的裂痕越来越大，这就给国家法学者们带来严峻的挑战，如何解释才能弥补宪法规定与政治和社会现实之间的巨大落差。在这种情况下，除了修改宪法的呼声越来越高之外，很多学者也开始探究，如何不再执拗于对宪法本文的解释，而是将其置于特定的语境下，使得条文被赋予新的意涵，以避免出现社会发展过快导致的宪法"过时"问题。诸如耶利内克和斯门德都做过这方面的尝试：前者试图引入"宪法变迁"的理论（Verfassungsänderung und Verfassungswandlung），后者则试图利用"不成文宪法法"的理论（Ungeschriebenes Verfassungsrecht im monarchischen Bundesstaat）。第四，在法哲学层面，对国家一般理论的争论开始进入生活世界，进而产生了路径的分歧：一方面，实证主义加强了同新康德主义哲学的联系，这种方法的代表人物便是凯尔森；另一方面，对立阵营的法学家则追求法律的政治化和伦理化，尤其是沿着一种反民主的方向，其代表是埃里希·考夫曼（Erich Kaufmann）等提倡

---

① 对于自由法运动的介绍，可以参见 Klaus Riebschlager, Die Freirechtsbewegung: Zur Entwicklung einer soziologischen Rechtsschule, Duncker & Humblot, 1968.

新黑格尔主义的学者。

总而言之,人们再也无法像拉班德所设想的那样,摒弃宪法文本之外的经验和政治因素。另一方面,人们也不可能完全抛弃拉班德对于国家法学的"科学化"改造,彻底回到前拉班德时代的国家学研究的老路上去。因此,以耶利内克为代表的法学家开始倡导一种双重视角,不再接受单一的"国家"理念,规范性的国家概念和社会学意义上的国家概念被区分开来,这意味着:一方面,经验科学要求学术界承认其地位,与此同时,法律领域的纯粹性也得到了维护。[1]换言之,耶利内克试图调和国家学和国家法两种学术传统,正因为如此,凯尔森才会将耶利内克的《一般国家法学》称为"对19世纪的国家理论的最完美的归纳"[2]。当然,这种二元论的主张必然会造成认识论层面的自相矛盾,因为经验主义和观念论之间的内在矛盾被忽视了。

凯尔森在其作品中专门揭示了这种不足之处,他要求明确地区分"是"与"应当",区分"规范性陈述和经验性陈述"并且要把伦理学、政治学和形而上学从法理学中排除出去。[3]从1911年开始,凯尔森逐渐从国家法理论转向对法理论的探讨。需要说明的是,尽管人们已经充分意识到,国家法学在方法论层面,面临着严峻的危机,但在整个魏玛时期,人们仍然无法有效地化解。或许正因为如此,人们才能看到,魏玛时期的国家法大师们为了解决这一学科的困境而进行的诸多尝试,使得整个国家法学呈现出

---

[1] Vgl. Georg Jellinek, Allgemeine Staatslehre, 3.Aufl., Berlin, 1914.
[2] Michael Stolleis, *The Law under The Swastika: The Studies on Nazi Germany*, p.99.
[3] 参见〔德〕施托莱斯:《德意志公法史(卷三)》,王韵茹译,第191页。

一种多元并存,良性竞争的学术生态。据统计,在1922年,国家法学会共有84名成员,那么,根据他们的政治立场和方法论主张,大体上可以划分为以下几类。

首先,支持典型的国家法实证主义的学者仍然是主流。[1] 尽管从个人情感来说,他们对于新生的共和国没有太多的热情,处于国家法实证主义的学术信念,他们必然要接受共和国与宪法,以之为基础展开国家法体系的建构和法律条文的解释工作,因为实证法本身是不可挑战的。秉持这一立场的学者大多是年纪比较大的教授,比较典型的包括理查·托马（Richard Thoma）、海因里希·特里佩尔（Heinrich Triepel）和格哈德·安许茨（Gerhard Anschütz）,他们有时也被称为"理性共和主义者"（Vernunftrepublikaner）。在上述国家法实证主义者之外,学者们之间的方法论和政治立场便呈现出极大的差异性了。故而,对于他们的划分只是在一种非常宽泛的意义上,有助于人们把握魏玛时期国家法学的整体面貌而已。

其次,从方法论上来说,埃里希·考夫曼、君特·霍尔斯坦因和斯门德都因其旗帜鲜明地反对国家法实证主义而闻名,他们所提倡的乃是一种"人文主义方法论"（humanistic methodology）。在斯门德那里,这种主张被归纳为一种"整合论":通过在描述性陈述和规范性陈述之间的不停流转,其试图为个人和集体之间的紧张关系提供一种辩证的解决方案。按照这种

---

[1] Vgl. Werner Heun, Der Staatsrechtliche Positivismus in der Weimarer Republik: Eine Konzeption im Widerstreit, Der Staat, Vol. 28, No. 3 (1989), S. 377-403.

论调，国家能力取决于其作为政治体的整合能力，而不是其是否具有一部名义上的宪法：从这个意义上说，魏玛共和国根本难以成其为真正的国家，因为其全然无力整合各种政治主张和社会力量。换言之，人们可以大体上归纳出他们的两个相互关联的共识：（1）拒斥第二帝国时期流传下来的方法论主张，也就是把宪法文本作为不可置疑的研究前提；（2）也正因为如此，他们也不能接受一种对民主的形式化的、肤浅的理解。仿佛只要宪法中规定了民主议会制，一切的政治问题都能烟消云散。[1]不过，除了方法论上的反实证主义外，人们无法从这类学者中找到其他的共同点。比如，斯门德等人在政治立场上偏于保守，他们主张建立强有力的民族国家，抵制一切形式的阶级斗争；而根据方法论可被归入该阵营的另一名学者赫尔曼·黑勒则是社民党人。

第三类学者则与第二类相反，他们对于方法论的转变没有太过敏感的认知，而是呈现出一种对魏玛共和的政治反感。尽管大部分的学者出于国家法学政治中立的理念，不会太过刻意地宣扬自己的政治立场，但是，另外一些则非常旗帜鲜明地将其政治好恶表现出来，最为典型的便是奥托·克尔罗伊特（Otto Koellreutter）。[2]在一份关于德国共产党（KPD）和纳粹党是否违宪的专家意见中，他指出两个党派都试图摧毁当前的秩序，但只有共产党是违宪的，因为纳粹追求的乃是一项正当目标，即强大

---

[1] Vgl. Manfred Friedrich, Der Methoden- und Richtungsstreit: Zur Grundlagendiskussion der Weimarer Staatsrechtslehre, AöR, Vol. 102, No. 2 (1977), S. 161-209.

[2] Kohl/Stolleis, Im Bauch des Leviathan—Zur Staats- und Verwaltungsrechtslehre im Nationalsozialismus, NJW 1988, S.2850.

的民族国家。除了克尔罗伊特之外,还有一大批法律史和法哲学家可以归入该阵营,也许出于不同的信念,但他们都青睐19世纪的观念论国家学说,具有强烈的反民主倾向,同时抵制马克思主义的学说,追求建立一个强大的威权国家,例如塔塔林-塔恩海登(E. Tatarin-Tarnheyden)、赫尔法特(Heinrich Herrfahrdt)、尤里乌斯·宾德尔(Julius Binder)、汉斯·格贝尔(Hans Gerber)和瓦尔特·默克(Walther Merk)。

第四类学者形成于魏玛共和的最后几年并且将自己称为"年轻的右翼"(die Jungen Rechten)。从哲学立场来说,他们大多属于"法律黑格尔主义者",例如拉伦茨、弗里德里希·布伦斯泰德(Friedrich Brunstädt)以及格哈德·杜尔凯特(Gerhard Dulckeit)。另一些则作为国家社会主义的坚定支持者:恩斯特·胡贝尔,恩斯特·福斯特霍夫(Ernst Forsthoff)以及莱因哈德·赫恩(Reinhard Höhn)。如前所述,随着纳粹的夺权,独裁政府很快便降临了。从整体来说,魏玛时期的国家法学者们大体上面临着三个选择:第一,诸如黑勒和凯尔森等人被迫逃亡海外,这一方面是因为他们是犹太人,另一方面则是由于其政治立场与纳粹的主张格格不入;第二,老一辈的国家法学者,如安许茨、特里佩尔、斯门德等人选择了隐退;第三,少数成名的学者,如克尔罗伊特和施米特选择支持纳粹主义,同样为纳粹国家摇旗呐喊的还有一大批年轻的学人,典型者如胡贝尔、福斯特霍夫和毛恩茨。对于国家法学科的发展,本书将在后文中加以论述。

总的来说,纳粹时期的国家法学主要呈现为两个特征。第一,通过批评个人主义、自由主义和议会民主的国家法学说来确立德意志国民与国家社会主义之间牢不可破的联系。第二，为纳粹政权提供一种全新的国家法学说。正如在纳粹统治期间担任帝国行政法院（Reichsverwaltungsgericht）院长的沃尔特·佐默（Walther Sommer）所说的那样："正像旧的国家一去不复返，旧的国家法理论也不再具有任何意义。试图对新国家的性质加以学术讨论同样毫无用处，因为如今只有一个人知道十年之后新国家的结构将会怎样，那便是元首本人。他将不受任何作者的言论之影响，无论其学识有多么渊博。"[1]

这些学者都表达了对于纳粹主义的认同的支持，但他们在研究方法上却呈现出诸多差异。一些人在右翼黑格尔主义的基础之上发展其理论；另一些则受益于斯门德的整合理论；还有一些就是简单地把法律实证主义同流行的宣传口号，如"民族共同体""领导""集体利益优于个人利益"等结合起来。考虑到纳粹时期的国家法学者们在知识背景、学术目标、对于国家社会主义的认同感等方面存在差异，以及他们自身与权力中心的距离也存在不同，因此，后业学者很难找出什么具有内在连贯性的"国家社会主义国家理论"。试图从数不胜数的论述中建构出一个"体系"，其意义不大。可以说，寻求体系化的做法从一开始就是错误的选择，因为纳粹国家根本就没有体系。决定权都集中在一个神化的人物手中。任何的体系化都会创设客观的义务和承诺，这显然并不是统治者所希望看到的。在政治生活中，追逐权力才是主

---

[1] Sommer, Die NSDAP als Verwaltaungsträger, in: H. Frank (Hrsg.), Deutsches Verwaltungsrecht, München 1937, S. 175.

导，任何权威性的决定都能被任意撤销。① 为了让读者对于纳粹时期的国家法讨论有一个较为直观的认识，本书或许不得不牺牲一定的历史细节，以纳粹时期学者们围绕"法治国"问题展开的争论为线索，粗略地勾勒纳粹时期国家法学的面貌。②

## 二、克尔罗伊特与施米特的"法治国"论争

"法治国"（Rechtsstaat）是在德国19世纪形成的一个潜藏于特定历史与文化背景之中的概念。诚如洛伦兹·冯·施泰因（Lorenz von Stein）所言："人们必须认定'法治国'的语词和概念是德国特有的。它既不存在于非德语的文献中，也不可能在德语以外的其他语言中得到准确的表达。"③ 语言乃是历史的产物，任何概念都有其自身的历史。因此，只有梳理"法治国"这一概念在19至20世纪前期的演进历程，其意涵才能被揭示出来。

据考证，皮特森（Johann Wilhelm Peterson）是最早严肃地使用"法治国"概念的人，他在1789年出版的《国家学文献》（Litteratur der Staatslehre）中正式提出了这一与"警察国"（Polizeistaat）相对立的概念，以此对"警察国"的理念加以批判。④ 此后，"法治国"便在德国国家学以及国家法的讨论中占据

---

① See Michael Stolleis, *The Law under The Swastika: The Studies on Nazi Germany*, trans. by Thomas Dunlap, p.95.
② 从学术史的角度对纳粹时期的"法治国"概念进行的深入分析，可以参见 Christian Hilger, Rechtsstaatsbegriffe im Dritten Reich : Eine Strukturanalyse, Mohr Siebeck, 2003。
③ Lorenz von Stein, Verwaltungslehre Bd 1. Die vollziehende Gewalt, 2.Aufl., Cotta, 1869, S.296.
④ See Jens Meierhenrich, *The Remnants of the Rechtsstaat: An Ethnography of Nazi Law*, Oxford University Press, 2018, pp.75-76.

着"核心"的地位。不过,直到莫尔(Robert von Mohl)那里,"法治国"这一概念才被赋予了较为清晰的意涵:"法治国"的唯一目的就是要安排和组织民族的共同生活,从而使其成员可以不受干扰地追求个人生活的目标。国家的任务是消极性的,也就是创造一种消极自由,负责移除公民在发展其个人事业时的障碍。[1] 换言之,"法治国"指向一种保护个人权利的国家。显然,这种对"法治国"的认识在很大程度上来自于康德对于"理性国家"的认识:"作为人,享有社会每个成员所享有的自由;作为臣民,享有与其他人同样的平等;作为公民,享有每个国家成员享有的独立自主;这些原则不是国家所制定的规范,而是根据纯粹理性原则即应在一个国家实现。"[2] 这样一种对于"法治国"概念的较为抽象的理解不能单纯地归入"形式法治国"或"实质法治国"的范畴,而是提出了一种特殊的国家目的。[3]

在1848年革命之后,学者们对于"法治国"的理解逐渐转向了"形式法治国"的范畴,也就是从一种国家类型转变为一种具体的制度性保障。伯肯福尔德(E. W. Böckenförde)认为,这种转向恰恰说明自由主义者所追求的目标得到了一定程度的实现。[4] 斯塔尔(Friedrich Julius Stahl)和格耐斯特(Rudolf Gneist)在

---

[1] See Jens Meierhenrich, *The Remnants of the Rechtsstaat: An Ethnography of Nazi Law*, 2018, pp.78-79.
[2] 〔德〕恩斯特-沃尔夫冈·伯肯福尔德:《法治国家概念的形成与发展》,载王银宏编译:《德意志公法的历史理论与实践》,法律出版社2019年版,第122页。
[3] 与"法治国"并列的乃是"神权国"(Theokratie)和"专制国"(Despotie),参见刘刚:《德国"法治国"的历史由来》,《交大法学》2014年第4期,第13—15页。
[4] 〔德〕恩斯特-沃尔夫冈·伯肯福尔德:《法治国家概念的形成与发展》,载王银宏编译:《德意志公法的历史理论与实践》,第130页。

这一学说转变之中发挥了重要的作用。在斯塔尔那里,"法治国"的概念不应当再容纳有关国家目的和国家理性的讨论:"一个国家应该是'法治国',这是其口号,也是近代发展的要求,……'法治国'的概念意涵是国家不带有行政目的地纯粹实施其法律规定或者完全保护个人权利,而这并非国家的目的及其内容,而仅仅是实现此目的及其内容的方式和特征。"[1] 格耐斯特则力图强调追求程序正义的重要性,他认为程序正义比任何实质正义都更为重要。因而,他极力主张并推动组建一个行政法院体系(Verwaltungsgerichtsbarkeit)。[2] 这种制度设计具有一定的进步性,同时也不至于太过激进。对此,莱德福特(Kenneth F. Ledford)总结道:"在1850年之后,德国把'法治国'理解为一种良好运作的行政法,包括以司法的形式对行政行为进行审查。"[3]

第二帝国建立之后,格贝尔和拉班德提倡的国家法实证主义使得"法治国"在学术讨论中仅仅沦为一个装饰性的符号,人们很难再从中汲取更多有价值的理论洞见。由于"国家法"被泛泛地当作"法律"的同义词,公民权利也就只能通过实在法(positive law)加以创设;这样一来,"法治国"这一概念所能传达的意思就无外乎"依照规则治理"而已。换言之,当形而上的部分被抽离出去,"法治国"(Rechtsstaat)与"法律国"

---

[1] Friedrich Julius Stahl, Die Philosophie des Rechts, Bd. 2 Rechts- und Staatslehre auf der Grundlage christlicher Weltanschauung, 3. Aufl., 1856, S.137.

[2] See Erich Hahn, Rudolf Gneist and the Prussian Rechtsstaat: 1862–78, *The Journal of Modern History*, Vol. 49, No. 4 (1977), pp.1361–1381.

[3] Kenneth F. Ledford, Formalizing the Rule of Law in Prussia: The Supreme Administrative Law Court, 1876–1914, *Central European History*, 2004, No. 2 (2004), p.207.

（Gesetzsstaat）便没有什么不同了。①对于那些坚守"国家法实证主义"的学者来说，既然魏玛宪法已经规定了国家的组织机构和公民权利，那么接下来可以做的无非就只有解释宪法的问题。然而，这种"复杂问题简单化"的思考方式显然无法应对局面混乱的魏玛共和国的政治现实。因此，以黑勒为代表的很多学者试图摒弃格贝尔和拉班德以来的学术传统，他们希望重新从"法治国"的概念入手去发掘更丰富的精神价值。在黑勒看来，确定性是不能穷尽"法治国"的全部意涵的，因为确定性仅仅是法律价值的一种，它可能与其它价值发生矛盾与冲突；相比之下，一个实质性的法治国观念，也就是所谓的"社会法治国"（social Rechtsstaat），则能够一方面协调自由和身份，另一方面协调主权和平等，从而使动荡的共和国延续下去。②其实，黑勒的基本立场仍然没有脱离耶利内克提出的二分框架："一方面，国家是一种社会结构，另一方面，它也是一种法律制度；因此，国家法学说应当区分为'社会国家学'（soziale Staatslehre）和'国家法学'（Staatsrechtslehre）这两部分。"③

虽然黑勒与斯门德在政治理念上存在着相当大的差异，但是从法学方法论的角度来看，他们都可以被归入"反实证主义"的阵营。需看到，反实证主义的立场同时也容纳了相当一部分支持纳粹主义的学者，比如克尔罗伊特等人。某种程度上，魏玛时代

---

① See Jens Meierhenrich, *The Remnants of the Rechtsstaat: An Ethnography of Nazi Law*, p.80ff.
② 关于黑勒的国家法思想，可以参见〔加〕大卫·戴岑豪斯：《合法性与正当性》，刘毅译，商务印书馆2013年版，第188页以下。
③ Georg Jellinek, Allgemeine Staatslehre, 1914, S.10.

实证主义与反实证主义的相互对立恰恰为纳粹时期的"法治国"争论提供了主战场，这具体涉及以下两个问题：第一，纳粹的国家法学者如何向魏玛共和时期的"法治国/法律国"理论发起挑战；第二，这些学者如可看待"法治国"与纳粹统治的兼容性。

需看到，纳粹政权一直处心积虑地为其独裁统治寻找理论化和正当化的证明，但是这些证明并不具有统一性可言。具体来说，一批理论家试图使纳粹统治之下的德国呈现为一种"规范国家"的状态；另一批理论家则根本否认这种观点，而是认为有必要继续扩展"措施国家"理论的适用范围。相对于那些极端的纳粹分子，较为温和的纳粹理论家不愿彻底放弃"法治国"之下的那些行之有效的规范和制度，他们认为即便"法治国"的理念整体上已经过时，但它仍然具有可保留的工具性的价值。当然，在这种情况下，"法治国"概念的支持者和反对者皆可以被视为处于同一政治光谱之下，因为即使是那些支持者，也不过是把"法治国"当作一种工具而非实质价值的功利主义者。因此，他们借助对于19世纪"法治国"理念的一致排斥走到了一起，结成了一个思想团体，而这个团体的主张可以具体分为三个方面，也就是反自由主义、反形式主义和反犹主义。[①]

首先，在纳粹思想之中，"自由"（liberal）被赋予了极具贬低性的内涵，特别是由不成功的革命曾经试图引入德国政治的那些内容，例如议会制、宗教宽容和个人权利，都是一些乏善可陈

---

[①] Vgl. Horst Dreier, Die deutsche Staatsrechtslehre in der Zeit des Nationalsozialismus, VVDStRL Heft 60 (2001), S.10-72.

的东西。这关系到一个更为深刻的问题，即如何理解个人与国家的关系。自由主义者通常认为，个人是超脱于国家之外的独立的存在，国家对于个人完全是偶在的；支持"共同体"学说的纳粹法学家则认为，个人或个体没有独立存在的意义，而是仅仅作为一个整体的特别构成部分而存在的时候才能获得意义。因此，所谓"个体"只不过是国家保护范围之内的一些具体身份罢了。从这种观念出发，纳粹法学家们重新构想"法治国"的内涵：它的目的并不是保护个人免受国家的侵害，而是为具体的人提供必要的生存条件和精神价值，这意味着将国家视为一种凌驾于具体的人之上的干预性的而非消极的强制机制。正如威廉·格隆格勒（Wilhelm Glungler）所总结的那样："法的目的不是保障个人领域和私人生活，而是构成了民族共同体生活的重要基础。"[1]

其次，纳粹思想否认任何程度的法律形式主义。需看到，法律实证主义的核心便是形式主义。法律的统治因而也就是"形式的统治"，其效果便是向生活世界提供必要的"确定性"。纳粹法学家认为，为了追求"确定性"而付出的代价太过高昂，"形式的统治"完全没有给政治家的真正的激情和真正的美德留有任何盘桓的余地。唯有将法律权威，也就是所谓的"制定法的支配"，转变为卡里斯玛式的权威，领袖才有可能引导民众走向胜利。为此，纳粹法学家强调所谓的"元首原则"（Führerprinzip），即认为一个真正意义上的统治者，而非规则本身，才是权力的顶点。纳粹

---

[1] Wilhelm Glungler, Theorie der Politik: Grundlehren einer Wissenschaft von Volk und Staat, F. & J. Voglrieder, 1941, S.131.

法学家认为，法律形式主义的重大弊端便是导致大量无法处理的"例外状态"的滋生，实际上，这正是施米特展开其相关理论的逻辑起点。[①]

最后，基于种族主义和意识形态的偏见，纳粹思想将自由主义对于合法性和规范性的理解视为"犹太法律思维"的明证。某种程度上，如果说个人主义与集体主义之间以及形式规范与权力意志之间的对抗尚且可以算作学术领域的争论，那么把种族主义的因素掺加进来并制作成一件用以打击"持不同意见者"的有力武器，便是毫无学术意义的意识形态的产物。当然，除了尼克莱、赫恩等狂热的纳粹主义信徒之外，大部分的理论家对于把"反犹主义"引入学术讨论还都是持谨慎态度的，唯一的例外是卡尔·施米特，因为他旗帜鲜明地将"法治国"的理念同19世纪的犹太法学家斯塔尔联系起来，并以此证明"法治国"应当被彻底抛弃，因而任何试图挽救"法治国"的做法都缺乏意识形态上的正确性。

综上所述，纳粹统治之下的德国学术界对于"反对什么""批判什么"一直都有着比较清晰的把握，但是对于"赞同什么""建立什么"则长期陷于不知所措的境地。这是因为，纳粹政权究竟试图打造什么样的政治秩序或政权形态，对于从事理论研究的学者们来说完全是不可捉摸的。事实上，希特勒本人是否对于第三帝国的未来有着一个较为清晰的、前后一致的谋划，这在当今的历史学界仍旧存在诸多的争议。从魏玛时代一路走来的法学家们

---

[①] 关于施米特对"例外状态"的理论阐发，存在诸多二手文献，例如，王东明：《例外的挑战——卡尔·施米特的国家紧急权理论研究》，中国社会科学出版社2015年版。

普遍厌恶纷乱的阶级与党派争斗，他们试图搭建一个为社会不同阶层所共有的"集体认同"来消弭社会的无序与不安；他们渴望新政权在经历一场革命并日渐稳固之后可以建立起新的法律秩序。事实上，为了迎合当时法学家们的愿望，作为纳粹党全国法律领袖的汉斯·弗兰克（Hans Frank）在1934的演讲中明确表示："希特勒的国家乃是一个法治国家。"① 有历史学家认为，弗兰克的发言不过是一种"惺惺作态"，纳粹政权之所以要在独裁的初期保留"法治国"的概念，完全是基于一种策略性的考虑：鉴于一些政府担心德国可能重返普鲁士军国主义，再次提出称霸欧洲的请求，此举的目的便在于从国际社会收获好感。②

如前文所述，魏玛时代大多数成名的法学家要么选择退隐到公共视野之外，要么由于政治或种族的原因被迫流亡，最终选择积极拥护纳粹政权的大牌的国家法学者只有两人，即卡尔·施米特与克尔罗伊特。以他们两人为中心的两派学者围绕纳粹政权的性质展开了较为激烈的争论，其核心论题便是"法治国"（Rechtsstaat）的概念是否还能适用于新的政治体制。这绝不仅仅是一场语词之争，而是对于纳粹政权的性质的基本界定。需看到，"法治国"的概念在德国既有的学术脉络中已经被赋予了特定的意涵，并与纳粹思想之间存在不可调和的冲突。因此，无论是否同意在形式上保留"法治国"的概念，纳粹主义的理论家都必须构建一套有别于魏玛以来的国家法叙事的全新理论。赞成保留"法

---

① Hans Frank, Der deutsche Rechtsstaat Adolf Hitlers, Deutsches Recht, 1934, S. 121.
② See Jens Meierhenrich, *The Remnants of the Rechtsstaat: An Ethnography of Nazi Lavo*, p.111.

治国"概念的学者们面临说明以下问题：第一，为何要保留；第二，如何改造；第三，改造后的"法治国"概念与之前的有何不同。坚决抵制"法治国"概念的学者们则因为卸下了历史的包袱而倍感轻松，但他们面临的问题是，如何才能提出一个与纳粹政治理想和政治实践的特点相吻合的新的替代性概念。[1] 简言之，为了彻底改造半个多世纪以来（自第二帝国时期）逐渐形成并发展的国家法学说，纳粹法学家需要掀起一场具有破坏性的风暴，而风暴的中心就是"法治国"的概念。

纳粹主义本身就是一种极端思想，因而在纳粹营造的政治环境之下，那些激进的、以应对危机为出发点的突破性的政策往往比那种以常态化、制度化为依归的政策更容易得到官方的青睐；同样的道理，在纳粹营造的学术环境之下，对于旧的国家法传统进行极端激烈的抨击也比那些旨在追求稳定性和普遍性的理论框架更容易赢官方的好感。因此，纳粹的所谓"理论事业"极为容易沦为各种派别之间短视的、贪婪的、机会主义的斗争场域，所有纳粹理论家的动机都出奇一致，即博得当局的认可和重视。正因如此，在后世历史学家的眼里，分析这些理论家在争论中扮演的角色根本就没有什么意义。总的来说，纳粹时代的国家法学者身不由己地加入"反立宪主义"（anti-constitutionalism）的论证当中来，他们不能站在"实用主义"或"原则例外"的立场上暂时地支持该原则，而是要把该原则当作纳粹主义世界观的内在本质来看

---

[1] See Peter Caldwell, National Socialism and Constitutional Law: Carl Schmitt, Otto Koellreutter, and the Debate over the Nature of the Nazi State, 1993–1937, *Cardozo Law Review*, Vol. 16, No. 2 (1994), pp.399ff.

待。这要求他们从根本上推翻第二帝国与魏玛共和国的国家理论基础，虽然"立宪主义"的内涵在这两个历史时期并不一致。

回溯历史，魏玛德国试图把"法治国"传统与一个统一的、民主的立法机构联系起来，这使得它与第二帝国的"立宪主义"传统产生了重大的分歧。19世纪后半叶，在德国政治中占主导地位的"自由-保守模式"建立在各方"均势"的前提之下，其中一方是拥有最高行政决断力的君主，另一方则是议会，它必须协同君主一并制定并颁布涉及行政行为的一般性规则。换言之，常规的行政行为要受到"法治原则"（也就是立法权）的约束，这导致议会和君主的权力相互制约，排除了一方专制的可能性。然而，这种"立宪主义"始终局限于精英政治的小圈子，它排斥并且防范大范围的社会参与；当第二帝国的俾斯麦体制变得难以承受其自身重量压力的时候，多数民众仅仅是这一历史趋势的"旁观者"，而帝国的崩溃也就在所难免。相比之下，魏玛德国奉行民主体制，所有公民都可以通过政党参与议会政治，这在理论上解决了帝国体制的最大弊端。然而，魏玛的"立宪主义"也引发了新的问题：既然立法权和行政权都被认为来源于"人民"，那么原有权力中心之间的"均势"也就不复存在了，这导致魏玛体制在理论上更像是一种专制的国家形式。保守党和民族自由党正是在这个意义上指责魏玛共和缺乏正当性。这些保守派政党难以接受民主制度，但是政治发展的形势又使得德国不可能退回旧的帝国体制，因而这些保守派只能在魏玛德国的议会内外发挥破坏性而非建设性的作用。然而，有历史学家认为，态度消极的保守派也并非全然没有存在的意义。某种程度上，正是因为魏玛德国的政治文化处于强烈的二元对立的状态之下,导致国家法内部分化出实证主义和反实证主义两大阵营,国家法学才能得以继续发展。[1]

施托莱斯曾经指出,一位法学家的政治立场与其秉持的方法论没有必然的联系,黑勒就是一个很好的例子,他拥护魏玛宪法确立的共和政体,但是从另一方面来说,他也是"形式法治国"学术传统的反叛者。不过,魏玛时代大多数在政治上倾向于威权政治的学者都会不自觉地秉持一种"反实证主义"的法学方法论,倾向于保卫共和体制的学者则视"实证主义"为现代法学的基本特征。纳粹主义把学者们引向一条新的道路,它将一切最保守的法学方法论与最激进的政治宗旨紧密地结合起来,并且阻断一切形式的反思。在纳粹主义者的眼中,就连国家的组织架构这样最为朴素、客观的法学问题也要首先屈从于民族革命的实质目标。从某种程度上来说,这暴露出纳粹政权的荒谬性。希特勒本人多次声言他希望创造一种新的国家,但是他对这个新国家将以怎样的形式存在却并不关心,那么法学的意义自然也就可有可无。在1930年的一次审判中,希特勒以证人的身份发表了下述言论:"我们将以合法的方式在国会中取得绝对多数席位,然后我们就可以赋予国家一种符合我们理想的新形式。"[2] 然而,他却没有对于什么是"理想的新形式"做出任何进一步的说明。就是在这样一个表面上口号喊得震耳欲聋,社会革命的气氛空前高涨,实际上却缺乏对于未来的长期谋划,也缺乏必要的理论准备的状况之下,一

---

[1] 参见〔美〕彼得·考威尔:《人民主权与德国宪法危机:魏玛宪政的理论与实践》,曹晗蓉、虞维华译,译林出版社 2017 年版。

[2] J.Noakes and G.Pridham (ed.), *Nazism 1919-1945: A Documentary Reader*, Vol. 1, p.34.

个新的德国建立起来了。

罗兰德·弗莱斯莱尔（Roland Freisler）是纳粹党内为数不多的法律人，他曾在纳粹党的机关刊物《民族观察者》报上发表了一篇短文。在这篇文章中，他明确指出反对法律形式主义的立场，但是他根本没有提及在反对之外还应当建立什么新的原则。另一位纳粹党内的法学理论家尼克莱（Helmut Nicolai）同样擅于运用极为模糊的口吻发表言论，他呼唤一种能够表达出"永恒的""日耳曼精神的法律"的宪法。[①]不过，尼克莱比弗莱斯莱尔更进一步，他对一种新的、符合纳粹主义的宪法体制提出了较为具体的制度建议：元首应当服务于人民，而人民应当服从元首；元首颁布的法律应当经过总理或部长副署，然后正式向国会提交。尽管元首在实践中根本不需要考虑议会提出的意见，但尼克莱还是建议制定一套法律程序，使得希特勒拥有做出一切国家行为的权力，但免于对于一切国家行为负责。在尼克莱看来，这个形式要求是必要的，它是纳粹国家保持其"法治国"属性的关键之所在。某种程度上，尼克莱强调了"形式主义"的工具性价值，这就使他显得比弗莱斯莱尔更加"保守"一些。当然，这些无懈可击的表态不具有任何学术上的意义，因为它们从一开始就拒绝他人的反驳。

德国国会通过由希特勒内阁提出的"授权法"（Ermächtigungsgesetz）是纳粹极权统治得以巩固的重要一步。对于这一重大事件，卡尔·施米特与克尔罗伊特在《德意志法律人报》（Deutsche

---

[①] See Martyn Housden, *Helmut Nicolai and Nazi Ideology*, St. Martin's Press, 1992, pp.47ff.

Juristen-Zeitung）分别发表了一篇评论。① 施米特表示，该法案是一个具有宪法意义的重要转折点；克尔罗伊特则认为，该法案为人民革命开辟了一条通往全新国家的道路，传统的遗产将以"国家社会主义"的形式展现出来。尽管两人都对"授权法案"的通过表示祝贺，但是潜藏在这两篇评论之中的冲突却在不久之后正式爆发了。首先，克尔罗伊特在评论中提到了"法治国"的概念，并指出"法治国"将始终与纳粹发动的革命相伴随，而施米特则完全没有提及"法治国"。其次，克尔罗伊特拒绝施米特提出的"非政治的公共服务"概念，而是呼吁必须在法律生活中注入民族感情。这些分歧隐藏在两人对于纳粹意识形态的共同支持之下，即隐藏在"元首原则"和"民族共同体"这两个基本的信念之下。但是，当他们两人都试图对纳粹体制做出更一般性的阐释时，起初的这些微小的分歧就变得越来越大了。

如前文所述，魏玛时代的学者大都将"法治国"理解为一种"形式法治国"，并将形式主义视为法律获得"确定性"价值的基本保障。不过，也有学者试图在形式法治国的框架之下注入不同类型的实质精神，黑勒所提出的"社会法治国"构想就是一例，而克尔罗伊特也试图通过"民族法治国"（national Rechtsstaat）的概念把"法治国"所蕴含的"安定性"和"秩序"与纳粹主义的世界观紧密地结合起来。②1932 年，克尔罗伊特指出"民族法治国"将在不陷入形式主义和个人主义的自由法体系的前提之

---

① Vgl. Carl Schmitt, Das Gesetz zur Behebung der Not von Volk und Reich, 38 DJZ(1933); Otto Koellreutter, Der nationale Rechtsstaat, 38 DJZ (1933).

② Vgl. Christian Hilger, Rechtsstaatsbegriffe im Dritten Reich, Mohr Siebeck, 2003, S.33ff.

下保障法的安定性。1933至1934年之间，他一直努力捍卫这一观点，认为纳粹国家仍是一种特殊类型的"法治国"，但是与此同时，"法治国"的概念也将传达出不同以往的含义。"法治国"将获得实质的价值，并具有一种伦理的特征，它将被视为"民族"特质的基本体现。在实践的层面，司法将依旧保持相对于行政和立法机关的独立性，以便保护个人免受国家的侵害。克尔罗伊特甚至坚持认为，没有任何个人可以被剥夺其受到独立和公正审判的权利。他认为，司法的独立性是纳粹主义和布尔什维克主义的主要区别。由此，法的价值和政治生活的价值将达到一种制衡状态，后者乃是将共同体团结起来的关键。在紧急状态之下，具体的政治状况，也就是国家的紧迫需求，可以凌驾于法律的确定性之上。

在克尔罗伊特的理论之中，民族生活秩序的安定性必然无条件地优先于个人的权利主张。仅就这一点而言，克尔罗伊特的想法似乎与魏玛的政治实践也并没有太大分歧，因为在魏玛时代，掌握权力的人可以运用宪法第48条在紧急状态下限制公民的基本权利，只不过克尔罗伊特已经把魏玛时代的"例外"转化成一般性的理论了。在1932年的文章的末尾部分，克尔罗伊特强调了政治价值与法律形式之间的关系："法律的首要价值在于塑造和确保我们的民族生活秩序。"[①] 这意味着，国家紧急状态已经变成了一种常态，因而法律屈从于政治需要也就无需什么额外的理由了。

1933年的"授权法"赋予纳粹政府直接的紧急权力。临时性

---

① Peter Caldwell, National Socialism and Constitutional Law, p.405.

的行政措施和常规法律之间原本脆弱的区分立即消失殆尽。然而，克尔罗伊特认为，希特勒仍然是在"法治国"的基础上采取行动，因为只有出于维护民族共同体生活的必要性，希特勒才会考虑动用这些权力。克尔罗伊特巧妙地回避了一个问题，那就是判断民族共同体生活是否需要保护的最终权力究竟掌握在谁的手中。国家来源于民族，既然作为元首的希特勒是德意志民族意志的化身和代表，那么结果便只能是——纳粹领导层的命令绝无可能成为审查的对象，无论是法院还是民选议会都无权审查之。克尔罗伊特通过推理建立起一种二元的伪宪法体制。一方面，他承认，常规的司法活动需要在"法治国"的原则之下进行；另一方面，他又指出，特别的国家行动完全受到元首及其代理人的意志的掌控。客观来说，克尔罗伊特似乎希望通过"绕着走"的办法延续自第二帝国以及魏玛共和以来的"立宪主义"传统，但是屈就于纳粹主义的政治现实又使得"二元国家"的理论阐发充满了"反立宪主义"的色彩，并且这种"言辞闪烁""欲盖弥彰"的诡辩论被后来的理论家们视为纳粹政权的本质特质之一。

克尔罗伊特的宪法理论试图利用"法治国"的话语对于纳粹主义进行重新包装，以满足纳粹对于其统治正当性的论证需求。然而，由于其理论呈现出某种"不彻底性"，克尔罗伊特很快便遭到卡尔·施米特以及其他思想更为极端的学者们的猛烈攻击。实际上，这一轮攻击所指向的对象并非理论本身，而是克尔罗伊特在选用词语方面的偏好。施米特本人曾在多个场合宣称，在新国家中，话语之争乃是制度斗争的一个方面。例如在1933年夏天，施米特在科隆的任职演说中就曾经讲道："概念和概念化的词语在政治斗争之中绝不是空洞的声音，它们是相互对立的原则以及敌我实力分布的清晰而又准确的表达。"[1] 施米特对于克尔罗伊特的攻击主要体现为他对于"法治国"概念的批判和彻底否定。施米特把他对于"法治国"概念的攻击与其坚定的反犹主义立场紧密地结合在一起。他声称，"法治国"最初源于犹太法学家斯塔尔的鼓吹，而这位保守的普鲁士法学家的犹太本名为"乔尔·乔尔森"（Joll Jolson），这在当时的纳粹党刊物之中是一个非常典型的反犹标签。[2] 与施米特不同，克尔罗伊特认为斯塔尔是一位可以与黑格尔等在政治思想史上青史留名的伟人相提并论的重要人物，因为由斯塔尔和拉班德等人逐步发展出来的"法治国"概念同时为自由民主的传统和马克思主义铺平了道路。然而，施米特对于"法治国"报以仇恨的态度，他在《法律实践的新原则》这篇文章之中质问克尔罗伊特，"法治国"在他那里究竟只是一个暧昧的措辞，还是意图与19世纪的旧德国暗通款曲？无论如何，这个词语都有可能被纳粹主义的敌人当作一种武器来背叛德国。此外，《法律实践的新原则》这篇文章也被视为主张法律去形式化的一个重要的早期作品。

1933年下半年，施米特草创了一个关于"新国家之本质"的理论。当然，他的这一理论也没有完全脱离"立宪主义"的传统；正如克尔罗伊特那样，施米特也无法避免继续沿用上一个时代的概念和术语。这一点较为突出地体现在由他最早使用的"极权国

---

[1] Peter Caldwell, National Socialism and Constitutional Law, p.414.
[2] See Jens Meierhenrich, *The Remnants of the Rechtsstaat: An Ethnography of Nazi Law*, pp.105ff.

家"（total Staat）一词之中。事实上，在纳粹夺权的几个月之前，施米特就已经在其作品中使用"极权国家"这一概念了，它反映了一种由普鲁士的绝对主义意识形态发展而来的理论模型：权力和权威的中心与社会相分离。在这一概念的基础之上，施米特进一步区分了"量的极权国家"和"质的极权国家"。施米特主张，量的极权国家，或魏玛时期的国家，已经不再能被看作一个"国家"了，因为各种社会利益集团已经完全占领了它，这些集团任意地把国家权力引向社会，以满足它们各自的私益。"质的极权国家"则是充分利用各种技术措施来维持其作为"国家"的权威的独立存在，也就是保障权威的内在一体性，同时保障其拥有组织和动员的力量。[1]在"授权法"出台之前，也是在施米特加入纳粹党之前，他在一篇文章中再次将"极权国家"理解为一种与社会相分离的权力的必要集中："现代国家的核心在于其行政权，它的兴起在于把武装权力集中到自己手中。"[2]

在最初讨论纳粹国家属性的时候，施米特把重点放在强调"国家"作为一个独立的权力核心的存在状态。具体来说，他指出，货真价实的"国家"必须是一个同各种社会派别以及小团体没有任何瓜葛的权力实体。不过，在"授权法"颁布之后的几个月里，施米特非常明确地倒向了纳粹主义的立场。1933年，施米特出版了《国家、运动和人民：政治统一体的三个部分》（Staat,

---

[1] See Peter Caldwell, National Socialism and Constitutional Law, p.415.

[2] Carl Schmitt, Machtposition des modernen Staates (1933), reprinted in Verfassungsrechtliche Aufsätze aus den Jahren 1924–1954: Materialien zu einer Verfassungslehre, 4. Aufl., Duncker & Humblot, 2003, S. 370.

Bewegung, Volk: Die Dreigliederung der politischen Einheit）一书，试图对纳粹的国家体制做出一般性的描述。在这本书中，施米特多少还保留了一些早期关于"质的极权国家"的想法。[1] 施米特看到，保守派的新黑格尔主义政治理论之中存在着两个要素，其一是由稳定的官僚所构成的强大国家，其运作的目的在于维护整体的利益；其二是根据经济发展的必要性而进行自我组织的领域，也就是社会。施米特决意在这两者之外增加第三个要素，即元首和运动。这样一来，黑格尔关于国家与社会的"二元观念"便土崩瓦解了。在黑格尔式的国家理念之中，公共服务的统一性与承担管理功能的社会阶层的分散性都是国家的本质特征，然而现在它已被一种全新的国家构造所取代。在新的国家理念中，首先，一切领导权必须被为元首所掌握，因为他是从民族共同体的肥沃土壤中成长起来的宿命论意义上的英雄。施米特认为，尽管"国家"在形式上得以保留，但那只是之前时代遗留下来的残影。最为狭义的"国家"仅仅意味着官僚制度，它唯一的功能便是执行元首发布的政治命令。其次，国家作为一种静态的制度必须被置于纳粹主义的"运动"之中发挥作用，对于非政治性的"民族"来说，"运动"乃是使其政治化和组织化的基本要素。施米特通过"运动"将"国家"与"民族"分离开来，似乎有意保留黑格尔式的国家与社会的二元区分；也正是因为这样一种二元区分理念的存在，正式的宪法制度才成为可能。据此，纳粹国家的公

---

[1] 参见〔美〕约瑟夫·W. 本德斯基：《卡尔·施米特：德意志国家的理论家》，陈伟、赵晨译，上海人民出版社 2015 年版，第 209 页以下。

务员不再像庸俗的普鲁士官僚那样只知道服从上级的命令，而是作为民族同胞在更宽的社会舞台上发挥着能动的作用。再次，施米特将"神圣灵魂"的观念贯穿于他的"三位一体"的政治理论，即通过对"民族统一体"的强调颠覆了原有的那种"弱"的国家与社会的二分理论。

不难看出，从1933年开始，施米特力图抛开他早期关于"极权国家"的理论，另起炉灶，建立一种能够把既有的立宪主义传统融于其中的国家法学说。但是，"极权国家"这个标签已经无比牢固地粘了他的身上，并与他的名字捆绑在一起，尤其当他的学生福斯特霍夫在1933年夏天发表了题为《极权国家》的小册子之后，人们对于施米特的印象就更为定型了。在福斯特霍夫的这部作品中，"元首原则"和"种族原则"已经被添加进来，但是他支持不被"运动"所渗透的独立的"国家"；后来，福斯特霍夫在这本书的第二版之中修正了这一观点。① 对于施米特理论的较为有力的批判来自于克尔罗伊特，他准确地把握住问题的关键："国家"和"民族"究竟是如何关联到一起的。克尔罗伊特指出，施米特的国家法理论认为"极权国家"应当不断扩大其自身的权力，成为一个所谓的"权力国家"（Machtstaat）；然而，"权力国家"依然陷于自由主义二元世界观的泥淖之中，也就是将公权力视为个人自由的对立面，因而政治实质上也就变成一种区分敌我的行动，而难以将所有的个体整合为一个"民族共同体"。当然，克尔罗伊特和施米特之间的相互指责在多大程度可以被视为真诚的

---

① Vgl. Ernst Forsthoff, Der Totale Staat, Hanseatische Verlagsanstalt, 1933.

学术探讨，多大程度上仅仅是一种披着学术外衣的政治倾轧，其实很难有一个清晰的界分。

事实上，纳粹政权实际上根本不在意使用哪一种理论话语来包装自身的政治实践，更不在意是否存在一套相对科学的理论评判标准。无论是克尔罗伊特对"法治国"概念的改造和重塑，还是施米特试图提出的"极权国家"与"三位一体"，自始都没有被纳粹政权认真对待，因此对于这些试图讨好纳粹统治者的学者来说，纵使他们享有理论上的话语权，但是他们的话语权也只能局限于理论的小圈子之中。[①]

有趣的是，"法治国"在纳粹统治初期曾经被作为宣传口号加以广泛传播，这与纳粹夺权前后的政治形势有着密切关系。首先，1933年底，"国会纵火案"的犯罪嫌疑人范·德·卢贝被判处死刑，该判决所依据的法令突破了"法不溯及既往"的原则，这无疑是对"法治原则"的粗暴践踏。这一判决直接影响了德国国内的政治局势，并在国际上受到广泛的关注，成为了一个焦点事件，"法治国"在德国的存废开始变成了一个政治问题。其次，在希特勒上台之后，罗姆领导的冲锋队不满其表现，在各地引发暴力动乱，试图发动所谓的"二次革命"，这种公然破坏秩序的行为引发了普通民众和保守势力的强烈不满，进而质疑希特勒和纳粹党将会把德国引向何方。为扭转不利的舆论导向，树立良好的形象，纳粹党倾向于把象征着"安定性"和"秩序"的"法治国"作为其暂时的宣传口号。正因如此，弗兰克才会在1934年3月20

---

① See Peter Caldwell, National Socialism and Constitutional Law, pp.419ff.

日的演讲中特别强调:"希特勒的国家仍然是法治国。"① 这意味着,纳粹承认了"法治国"的正当性,但是同时,"法治国"又必须同元首联系起来,这就使得传统的"形式法治国"被一种处于运动中的革命性的政治所削弱。

在弗兰克演讲之后不久,施米特便开始发起对于"法治国"概念的挑战。施米特非常清楚,如何选择一个适合的宣传口号对于纳粹国家是非常重要的,他希望他的理论能够被认可为官方的宣传口径,进而将有关"法治国"概念的争论推向了高潮。施米特的主张包括以下两个方面:第一,否认"法治国"曾经在"真正的"德意志历史中具有权威性,并把它与市民自由主义以及犹太法律人阶层联系起来。施米特认为,"法治国"发源于1789年的自由主义思想,是法国对于德国的思想入侵的组成部分;它蕴含着人文主义的气质,一种平等对待所有民族的不良倾向;它完全站在了基督教精神的对立面,因而允许高利贷者诈骗辛勤劳作的人民。总的来说,这个概念根本上是"非德国的"。第二,"法治国"的概念与19世纪以来"国家-社会"二分的政治理论有着紧密的关联,因而它意味着权力的分立而非集中,它推动个人自由与和平主义,而不利于打造一个强有力的国家。此外,出于实用主义的考虑,施米特质疑"法治国"概念的宣传价值,认为它难以担负起阐释新国家的本质的历史使命。

施米特惯于以一种较为含蓄的方式批评克尔罗伊特的学术,他的弟子福斯特霍夫则选择以一种"赤膊上阵"的姿态直接对克尔

---

① Hans Frank, Der deutsche Rechtsstaat Adolf Hitlers, Deutsches Recht, 1934, S. 121.

罗伊特进行人身攻击。在一篇书评中，福斯特霍夫指出，克尔罗伊特从法与国家的一体性得出"法治国的永恒价值"，因而他已经彻底滑向了自由主义的思想。对于这一充满了火药味的攻击言论，克尔罗伊特的回应是比较谨慎的。他指出，施米特及其弟子忽视了他提出的"法治国"必须建立在一种"国族主义的"（national），也就是"民族的"（völkisch）前提之下。后来，克尔罗伊特又将"民族法治国"的概念修改为"国家社会主义法治国"（National Socialist Rechtsstaat），强调"法治国"已经被注入了"国家社会主义"的精神。① 但是，纳粹所营造出的政治现实与即便最薄弱意义上的"法治国"理念也存在着相当大的冲突，坚持"法治国"概念的克尔罗伊特没办法化解这样的冲突，因而他对于自身理论的辩解总是充满了懦弱无力之感。

与克尔罗伊特相比，施米特所遭受的批评与其个人的投机主义行为是密不可分的，因此，他的论敌常常以施米特本身对于纳粹主义的忠诚度来发动攻击。实际上，这也成为施米特在1936年之后失势的主要原因。除此之外，纳粹党内的高层对于施米特的理论也并不友好。例如，负责纳粹党意识形态工作的罗森贝格（Alfred Rosenberg）在1934年6月9日的演讲中指出，"极权国家"的说法对于年轻的纳粹主义者可能造成潜在的负面影响；过于强调"国家"的这一理论可能会使得年轻人忘记他们与民族的有机联系；在纳粹的政治世界观和运动中，国家和人民必须被视为联

---

① Vgl. Christian Hilger, Rechtsstaatsbegriffe im Dritten Reich, S.56ff; also, Jens Meierhenrich, *The Remnants of the Rechtsstaat*, pp.112ff.

系在一起的。类似的，弗莱斯莱尔也发表了一系列文章讨论人民和国家的关系，他指出，"极权国家"的说法不适合纳粹，它把国家提高成为它自身的目标，而忽略了民族才是最根本的国家目的。其实，纳粹高层的这些主张与施米特在《国家、运动和人民》中的基本论点是一致的，只不过施米特的学术语言过于晦涩，缺乏更为直白和露骨的表达。

纳粹高层的批评给了克尔罗伊特反攻的机会，他把"极权国家"的标签牢牢地同施米特绑定在一起，强调他本人与罗森贝格、弗莱斯莱尔这些主导意识形态领域的纳粹高层在反对施米特理论的这个问题上保持着高度一致。他认为，施米特试图从"朋友-敌人"原则之中推导出政治，那是一种陈旧的、自由主义的传统；这一纯粹的形式概念将使得国家被组织成一种驱逐敌人和保护私人个体的独裁性权力；政治仍然困于形式上的自相矛盾，无法实质性地塑造自然共同体，对于纳粹主义来说，政治需要被理解为通过元首的意志而实现的种族的、民族的自我形成。[①] 克尔罗伊特的批评可能是对施米特1933年之前作品的一种较为充分的解读，在那时，施米特似乎寄希望于对19世纪德意志君主立宪制的形态进行一番重构。不过，1933年4月之后的施米特已经走向极端，他对其理论进行了大量的修改，转而呼吁在德国内部推行一种新形式的种族主义，并以所谓的"具体秩序"实现纳粹法律的去形式化。不过，施米特在1933年之后仍然继续沿用之前发明的一系列概念，这导致他无法从根本上摆脱被克尔罗伊特等人批评的可

---

[①] See Peter Caldwell, National Socialism and Constitutional Law, pp.423ff.

能性，而是反复被指斥为"自由主义者"以及"革命的敌人"。

这场争论的最后胜利者既不是克尔罗伊特也不是施米特，而是完全站在意识形态"纯洁性"的立场之上的第三方，也就是在党卫队任职的莱因哈德·赫恩（Reinhard Höhn），此人后来到柏林大学接替了斯门德的公法教席。他对于这场争论作出最终的判决，认定克尔罗伊特的"法治国"理念仍然预设了国家和民族的分离，而这种分离在纳粹国家是不能被接受的；施米特的理论同样不够纯粹，因为它无法避免与过去的那些思想的牵连。在赫恩的理论中，国家都不再重要，只有民族共同体和领袖被保留在理论的核心位置。由此，公法理论面临的任务便只剩下说明"统一的民族共同体是什么"这一项；而在推进这一工作时，学者们必须抛弃所有的陈旧分类，至于国家主权、主观公权利、国家法人、法律共同体等这些概念，统统都应当被毫不犹豫地丢进历史的垃圾箱。[①] 赫恩的这番言论无异于已经把德意志的国家法学推上了断头台。

## 三、纳粹对于"法治国"的破坏

自从纳粹夺权之后，德国的"法治国"理念便一步步地走向边缘，直至彻底崩溃。相当数量的国家法学者或被动屈从或主动逢迎于纳粹主义的意识形态，加之司法系统在整体上向纳粹政权缴械投降，德国法与自启蒙运动以来形成的现代法治文明之间的距离越来

---

[①] 对于赫恩的政治理念，参见 Ronald Car, Community of Neighbours vs Society of Merchants: The Genesis of Reinhard Höhn's Nazi State Theory, *Politics, Religion & Ideology*, Vol. 16, No. 1 (2015), pp.1-22。

越大，最终完全断裂开来。那么，"法治国"的理念与实践在纳粹统治时期究竟遭到了怎样的破坏，又如何在短短12年之间被纳粹的法律野蛮主义（die Rechtsbarbarei des Nationalsozialismus）攘夺替代，这是战后德国知识界重点关注的问题之一。

毋庸置疑，"法治国"（Rechtsstaat）是近代欧洲法律发展的一项伟大成就。尽管这个术语具有极为鲜明的德意志特色，并且也很难在其他欧洲语言中找到完全贴切的对应物，但是作为一种精神信念的"法治国"并非专属于德国文化。"法治国"的概念诞生于启蒙运动时期，在19世纪上半叶，即德意志的立宪主义时代，"法治国"蕴含的诸多理念已经在很大程度上得到了实现。魏玛共和时期，这一概念又被赋予了更多的实质性要素，其内涵进一步扩充为"社会法治国"。[①] "法治国"的理念主张，国家统治不能依赖于一贯热衷投机和冒险的强权政治，而是应当遵循法与正义的基本标准。这就为个人自由开辟了空间，使"保护个人免受国家公权力的侵害"成为"国家"二字的应有之义。尽管魏玛宪法没有把"法治国"的概念直接写入宪法的文本，但是这部宪法在结构与内容上已经非常明确地践行了"法治国"的理念和信条，并且使得这一理念和信条在宪法条文和法定权利中得到了具体化的表达。正因如此，如前文所述，"法治国"的概念在纳粹时期被掌握话语权的国家法学者集体拒斥。以卡尔·施米特为例，他极为仇视"法治国"的概念，并将其视为自由民主、犹太文化和马克

---

① 从教义学和学术史的角度对"法治国"概念的梳理，可参见 Katharina Sobota, Das Prinzip Rechtsstaat: Verfassungs- und verwaltungsrechtliche Aspekte, Mohr Siebeck, 1997。

思主义在德意志获得胜利的象征。施米特的学生福斯特霍夫则认为，"纯粹法治国"乃是"没有荣誉和尊严的共同体的原型"。[1]

一言以蔽之，近代以来立宪主义国家的基本立场，就是"不是依靠王侯的权力，而是依靠在法律安排之下的国家权力来进行统治。"[2] 通过法的"确定性"来限制国家权力的主张在 18 世纪下半叶的北美革命期间首次得到实现，旋即又在法国革命当中被反复强调，这些政治实践也间接地填充了"法治国"的精神内核。魏玛宪法首次将德国定义为一个"宪法国家"，以宪法为中心确立政治统治的基本形式和组织架构，规定公民的基本权利和义务，并以宪法为中心为国家权力设定了界限，同时也试图创造出一种与之相吻合的价值导向和世界观；此外，宪法作为基本法，其效力高于其他立法，这一点从第 76 条规定的修改程序之中也能得到体现。鉴于在夺权过程中对于魏玛宪法有所利用，纳粹上台之后一直没有从形式上废除该部宪法，但是魏玛宪法的精神实质却早已被掏空了。[3] 除"法治国"的理念之外，作为宪法基础的民主制、联邦制等多项基本制度都遭到了废弃。具体来说，通过废除公民的基本自由以及禁止新设竞争性政党的规定，政治多元主义和人民主权被"元首原则"所取代；用国务专员取代经选举产生的地方政府以及通过将各邦的主权移交给帝国，使得联邦国家转变为纳粹主义的单一制国家。纳粹政权拒绝被一部形式宪法牵绊住施

---

[1] Ernst Forsthoff, Der totale Staat, S.13.

[2] Heiko Holste, Die Zerstörung des Rechtsstaates durch den Nationalsozialismus, JA 2009, S.359.

[3] Vgl. Karl Kroeschell, Rechtsgeschichte Deutschlands im 20. Jahrhundert, S.72ff.

展权力的手脚，因而宪法用以确定和公开国家的界限、机制和目标的诸多条文也就变为了具文。

为了应对这种变化，纳粹时期的国家法学说干脆放弃了将已有的宪法作为"合法性"的基本来源的理念，也不再考虑将纳粹国家制定的某一部重要立法宣布为基本法，并在此基础上构建国家法的体系。取而代之的是所谓"事实宪法"的观念，"不再是宪法赋予当下政治统治的正当性，而是事实性的权力实践说明何为宪法"。[1] 元首的神话和"民族-种族"的意识形态被作为实质性的宪法来看待，它们从来不是明确的宪法规范，却取代了原本由明确的宪法规范所占据的至高地位。"事实宪法"不愿也不能对于政府的行为进行任何程度的限制。"法治国"的宪法思想遭到恶意的贬低和斥责，施米特的言论尤为令人诧异："我们承认，自由主义的宪法已经成为异族统治的典型伪装形式。我们自由的父辈和祖辈的法律及宪法思想已经完全陷入非德国体系的概念网络之中。他们视为宪法的东西，不过是从英国和法国传来的继受法。他们的宪法无法表达德意志的血脉和德意志的尊严。"[2] 从1933年起，纳粹国家开始有计划、有步骤地破坏"法治国"的各项实质要素，并用不法、任意和恐怖取而代之。

## （一）权力分立的原则

自从孟德斯鸠发表《论法的精神》以来，每一个宪法国家都践行分权原则，将国家权力划分成性质不同的职权，由不同机构

---

[1] Heiko Holste, Die Zerstörung des Rechtsstaates durch den Nationalsozialismus, S.359.

[2] Carl Schmitt, Die Verfassung der Freiheit, DJZ 40 (1935), S.1133.

承担并行使。分权原则强调国家权力之间彼此制约、相互监督，目的在于防止出现权力滥用的现象，保障个人自由不被侵犯，确保国家的使命得以实现。魏玛宪法的功能秩序也是建立在分权原则之上。立法、行政和司法在不同的段落中加以规定，这在宪法中写得非常清晰。

1933年3月23日的"授权法"是取消权力分立原则的第一步。它赋予了帝国政府以完全的立法权，这意味着行政权和立法权之间的界限被抹杀了。自此之后，帝国议会便基本上失去了立法的职能。帝国议会原则上不再开会，后续一共只通过了七部法律，[①] 包括两部旨在延长"授权法"期限的法律和五部其他的法律。具体来说，1937年1月30日的《授权法延长法案》（Gesetz zur Verlängerung des Gesetzes zur Behebung der Not von Volk und Reich）将1933年"授权法"的期限延续至1941年4月1日；1939年1月30日的《授权法延长法案》对1937年的法律做了进一步补充，将"授权法"的期限延续至1943年5月10日。其余的五部法律分别是1934年1月30日的《国家重建法》（Gesetz über den Neuaufbau des Reichs）；1935年9月15日通过的三部"纽伦堡法案"，即《帝国国旗法》（Das Reichsflaggengesetz）、《帝国公民法》（Das Reichsbürgergesetz）以及《保护德意志血统和德意志尊严法》（Das Gesetz zum Schutze des deutschen Blutes und der deutschen Ehre）；1939年9月1日通过的《但泽与德意志帝

---

① 由于第三帝国时期的国会完全处于纳粹党的掌控之下，故而被学者称为"伪人民代表制"，具体可参见 Peter Hubert, Uniformierter Reichstag: Die Geschichte der Pseudo-Volksvertretung 1933-1945, Droste, 1992.

国再次统一法》(Gesetz zur Wiedervereinigung Danzigs mit dem Deutschen Reich)。帝国议会最后一次行使立法职能是在 1942 年 4 月 26 日，代表们在会议上一致通过决议：首先，希特勒作为"最高的司法领主"享有任意罢免法官的权力；其次，希特勒不受任何现行法律以及程序的约束。当然，该决议根本不具有任何"法治国"的规范特征，仅仅是一个宣布无条件屈从政治强权的声明而已。

从 1934 年开始，行政权和裁决权的分离已经在事实上被废除。"长刀之夜"事件发生之后，希特勒在国会上发表演讲："如果有任何人向我提出下述指责：为什么我们不请求正式的法院作出判决？那么，我只能告诉他：在这个时刻，我要对整个德意志民族的命运负责，因而我就是德意志人民的最高裁判者。"[1] 施米特为这种狂妄自大的权力哲学提供学术上的辩护："元首保护法律免遭最糟糕的滥用，当他看到了危险，身为元首的他能够以最高裁判者的身份直接创制法律。"[2] 此后，依法裁判便遭到行政权力的各种各样的干涉，秘密警察的势力得以迅速地膨胀。1943 年的一部法律甚至作出这样的规定："犹太人应受处罚的行为将由警察直接负责处罚。"[3] 对于这种做法的理由，司法部部长奥托·提拉克（Otto Thierack）在给希特勒的信中写道："在根除犹太人方面，司法能够做的事情比较有限。我认为，将这些人交给警察，他们可以无须理会法律规定的

---

[1] Heiko Holste, Die Zerstörung des Rechtsstaates durch den Nationalsozialismus, S.360.

[2] Carl Schmitt, Der Führer schützt das Recht, DJZ (1935), S.947.

[3] Forsthoff, Der totale Staat, S.13.

处罚要件来采取措施，这将能收到更好的效果。"[1]

在纳粹的意识形态中，废除权力分立原则的正当性来源于国家权力的一体性以及所谓的"元首原则"。[2]在支持纳粹的理论家和法学家看来，任何对国家权力的切分和分割都不符合纳粹主义的国家思想。所谓的"元首原则"具体包括三个方面的内容：首先，希特勒作为纳粹党和国家的元首享有无限制的权力和权威；其次，元首本人的意志以及他通过任何方式所传达的意图，都可以废止、突破或修改现行的法律，而且必须被完完全全地贯彻到社会生活的所有领域，任何组织和个人都必须加以遵守和服从；最后，纳粹党内各分部和附属机构的领导人的"全国领袖"（Reichsführer）以及作为纳粹党在地区上最高层级的领导人"大区领袖"（Gauleiter），都必须由元首希特勒亲自任命，他们则必须对元首本人效忠，而他们在各自的领域或地区之内享有绝对权力。

此外，为了使得"元首"享有更高的正当性，纳粹的理论家通过各种虚无缥缈的理论将希特勒打造为一个神话般的存在。例如，教会法学者约翰内斯·黑克尔（Johannes Heckel）宣称，元首的地位不是经由人世间的权威，而是通过负责引导民族命运的更高的力量，最终交给希特勒的；元首不是被制造，被任命或被选举出来的，他是被上帝选中的。另一名国家法学者赫伯特·克吕格尔（Herbert Krüger）从另一个角度强调希特勒的"超法律

---

[1] Ingo Müller, *Hitler's Justice The Courts of the Third Reich*, trans. by Deborah Schneider, Harvard University Press, 1991, p.182, 该书也已经被翻译成中文，参见〔德〕英戈·穆勒：《恐怖的法官：纳粹时期的司法》，王勇译，中国政法大学出版社2000年版。

[2] 参见郑寅达、梁中芳：《德国纳粹运动与纳粹专政》，第113—114页。

性",他宣称"希特勒是由更高的存在赋予人类的"。[1] 对于这些反智、反理性的言论,无论是出于对希特勒个人的狂热崇拜,还是出于对于纳粹主义和"民族共同体"思想的信服,还是仅仅出于谄媚当权者的投机目的,都不能被视为值得认真对待的学术观点。可以说,法学家的上述言论筑成了德国国家法的智识低谷。[2]

### (二)基本权利与法的安定性

"法治国"的理念认为,基本权利作为每个人与生俱来的权利,国家必须予以尊重和保护。魏玛宪法的第二部分确立了为数众多的个人自由和平等权,这相当于给国家权力打造了一个具有约束性的规范体系。在纳粹统治之初,公民的自由和权利便遭到大面积的废除。[3]1933年2月28日的"国会纵火案法令"宣布,下述基本权利将失去效力:人身自由、住所不受侵犯,通信秘密、言论自由、集会和结社自由以及所有权受到保护。根据纳粹的意识形态,也就是一种民族集体主义和极权国家的思想,有关个人权利的想象和不受国家权力干涉的领域完全是不可容忍的。希特勒在1933年已经表明其态度:"纳粹主义的任何想法、立场和决定都不是以个人和全人类为出发点的,它有意识地回到民族整体思想的中心。当自由主义的世界观对于个体的崇拜必然导致民族的毁灭之时,纳粹主义希望能够保护民族,即使要以牺牲个人为代

---

[1] Herbert Krüger, Führer und Führung, Breslau, 1935, S. 27.
[2] Vgl. Heiko Holste, Die Zerstörung des Rechtsstaates durch den Nationalsozialismus, S.361.
[3] Vgl. Thomas Raithel/Irene Strenge, Die Reichstagsbrandverordnung. Grundlegung der Diktatur mit den Instrumenten des Weimarer Ausnahmezustands, Vierteljahrshefte für Zeitgeschichte Heft.3 (2000), S.413ff.

价，也在所不惜。"① 这样一种意识形态被概括为下述表达："你什么都不是，你的民族才是一切""集体利益优于个人利益""法就是有益于民族的东西"等等。特别是当纳粹主张废除主观公权利时，国家法学说成为贯彻该意识形态的得力助手。个人自由被看作不符合民族法的基本原则（dem Prinzip des völkischen Reiches）的东西："从此不再存在个人的、先于国家或超国家的个人自由，那种要求国家予以尊重的个人自由。"② 1936年，帝国法院在其判决中写道："对于每一个同胞来说，最高的法律就是服务于民族；个体只能以符合其对民族义务的方式，来保护其个人的利益。"③ 福斯特霍夫宣称："极权国家描绘了每个个体对国家负有的全部义务，这种义务废除了个人存在的私人属性。"④ 这意味着，个体被完全置于集体之中并且个人不再是目的本身，而是实现共同体意志的工具。为了使国家可以任意支配个人的生活，一种法学意识形态的基础被创造出来了。据此，政府便能通过所谓的"安乐死计划"大规模杀害残疾人，因为"那些不过是没有存在价值的生命"。

民族共同体思想不仅否定了自由权，而且否认了人与人之间最基本的平等。纳粹主义的平等思想在基于同一种族的德意志同胞之间找到了其本质，因而平等只属于那些在历史上形成的德意志血缘共同体的成员。朔伊尔（Ulrich Scheuner）的表述则更加直白："扩大德意志种族法比其他任何的举措都能够表达民族平等

---

① Heiko Holste, Die Zerstörung des Rechtsstaates durch den Nationalsozialismus, S.362.
② E.Huber, Verfassungsrecht des Großdeutschen Reiches, 2. Aufl., Hanseatische Verlagsanstalt, 1939, S.361.
③ Heiko Holste, Die Zerstörung des Rechtsstaates durch den Nationalsozialismus, S.362.
④ Forsthoff, Der totale Staat, S.42.

思想和西方民主观点之间的本质差异。"[1] 不仅种族归属被视为法律平等的前提条件，而且个体的政治地位也是如此。"不仅共同的血缘，而且共同体的内在观点和意义也属于同一族类的本质。"[2] 缺乏正确的思想可能导致被排除在共同体之外，因而也就要被完全剥夺权利。纳粹法学家们认为，仅从个人的存在本身，无法推导出任何的权利。卡尔·拉伦茨曾建议新的《人民法典》采用下述表述："法律同胞仅包括民族同胞；民族同胞是那些流淌着德意志血液的人。"[3] 这一表述与1900年《德国民法典》第一条的规定形成了鲜明的反差。

这种剥夺权利的做法导致下述人员不再享有任何权利：异族（Artfremde）、叛国者（Verräter）、民族的害虫（Volksschädlinge）。新的平等观念将使得下述做法成为可能，也就是在立法的过程中，将异族同本族人区分开，将敌对者与忠于共同体的人区分开，将破坏者与建设者区分开。[4] 实际上，一系列针对犹太裔德国人，以及在战争开始后，针对波兰人的特别法被制定出来；这些法律的目的在于完全根除犹太习气。纳粹法学家们不断鼓吹废除基本权

---

[1] Ulrich Scheuner, Der Gleichheitsgedanke in der Völkischen Verfassungsordnung, Zeitschrift für Die Gesamte Staatswissenschaft, H.2, 1939, S.273f.

[2] Ibid, S.275f.

[3] Boris A. Braczyk, Karl Larenz' völkisch-idealistische Rechtsphilosophie, ARSP, Vol. 79, No. 1 (1993), S.99.

[4] 很多学者对纳粹时期迫害犹太人等族群的法律展开研究，相关的代表性成果包括：Bernd Rüthers, Recht als Waffe des Unrechts—Juristische Instrumente im Dienst des NSRassenwahns, NJW (1988), S.2825–2836; Martin Tarrab-Maslaton, Rechtliche Strukturen der Diskriminierung der Juden im Dritten Reich, Duncker & Humblot, 1993; D. Majer, *"Non-Germans" under the Third Reich: The Nazi Judicial and Administrative System in Germany and Occupied Eastern Europe*, with Special Regard to Occupied Poland, Texas Tech University Press, 2014。

利的理念，这从精神层面上助长了纳粹政权对于犹太人、波兰人和政治反对者的大规模屠杀。

不仅作为现代法治内涵的基本权利不复存在，连法律基于自身特性所必须的形式要求也遭到严重破坏。法律的安定性可以防止权力的任意行使，从而实现"法治国"的核心要求。这主要是通过"制定法的统治"（Herrschaft der Gesetze）来加以实现的：立法者事先以"一般-抽象"的方式规定，何种行为将引发何种后果。这使得个体可以计算自己的行为，因为他可以实现预测行为的后果。法的安定性是通过制定法的优越地位实现的，据此，在行政和司法过程中，制定法优于那些位阶更低但灵活性更高的规范。除此之外，法律保留的制度设计也有助于保障法的安定性，其要求对个人自由和所有权的干涉必须采用议会立法的形式。最后，尽可能精确的语词使用构成了对于规范进行解释的限制，同样有助于法的安定性。

然而，在纳粹国家享有优位的不是制定法而是元首的意志。[1] 制定法仅仅被视为元首意志最主要的和最郑重的形式。处于至高地位的元首意志拒绝任何意义上的限制：领导权可以通过立法的形式来行使，但它却不必然与这种形式相关。因此，即便不是制定法，而仅仅是元首口头表达的意志，也要受到最高的重视："政府声明、元首演讲或者其他形式的公报和通告中的句子都具有法律效力。"[2] 当然，元首的秘密报告也被认定为一种法律渊源。在

---

[1] 对于纳粹时期立法形式的研究，参见 Bernd Mertens, Rechtsetzung im Nationalsozialismus, Mohr Siebeck, 2009。

[2] E.Huber, Verfassungsrecht des Großdeutschen Reiches, S.236ff.

1939 年，纳粹开始推行"安乐死计划"，也就是杀害数以千计的残疾人；一位法官对该计划提出了抗议，但司法部却把一封希特勒所写的密信作为杀害近 80000 名残疾人的法律基础。[①] 除了违背人道主义的原则之外，关于安乐死计划的秘密立法也是对法律公开原则的公然违反，这同样是对于法律安定性的严重破坏。没有法律优位原则，法律保留也是不可想象的。根据纳粹国家法学者的说辞：不应由内容来决定形式，至于究竟是选择立法的形式还是选择其他具有同等效力的决定，完全取决于元首的自由意志。既然制定法的形式根本不重要，那么法律保留原则也就不必存在了。放弃把法律作为政府做出行为的基础，导致政治警察的出现，他们的行动将完全不受法律约束。在纳粹主义的语境之下，政治警察是在同所有流行于国际社会的异己世界观的力量做斗争，他们的行为将不受任何规范的约束。[②] 由此，警察行为根本无须经过一般的或特殊的合法性论证。这无疑是法治文明的巨大倒退，它使得德国蜕变成绝对主义的警察国家。

再有，法律安定性的思想还遭到"无限解释"（unbegrenzte Auslegung）的破坏。所谓"无限解释"就是指法学家和司法官可以运用纳粹主义的意识形态对纳粹夺权之前的法律规范进行重新解释。[③] "无限解释"是通过一种法律学说实现的特别机制，该学

---

[①] Vgl. Anika Burkhardt, Das NS-Euthanasie-Unrecht vor den Schranken der Justiz: Eine strafrechtliche Analyse, Mohr Siebeck, 2015.

[②] Vgl. Joachim Rückert, Perversion der Verwaltung-Verwaltung der Perversion in der NS Zeit, *Juridica International*, 2014, No. 21, pp. 29-45.

[③] Vgl. Bernd Rüthers, Die unbegrenzte Auslegung: Zum Wandel der Privatrechtsordnung im Nationalsozialismus, 6.Aufl., Mohr Siebeck, 2005.

说贬低和讥讽那些在"法治国"意义上的基础概念落于"规范主义"和"形式主义"的窠臼。通过参考"具体秩序"（施米特提出）或"具体-一般概念"（拉伦茨提出），法律条文的原意遭到随意的曲解。[①] 当时年轻的国家法学者毛恩茨（Maunz）对于警察法的解释更为清晰地体现了这一点："什么是警察，不应当通过制定法来规定，而是必须要通过警察的法律形象来规定。"[②] 此外，援引制定法之外的标准进行法律解释同样侵蚀着法的安定性。1936年出版的法官指导原则中载明："解释一切法源的基础是纳粹主义的世界观，它可以在党纲和元首的声明中被发现。"[③] 通过这种方法，原本在政治上处于中立地位的制定法被笼罩在权力意志的阴霾之下，所有法律条文都可以因为掌权者的个人好恶而被任意地歪曲。1938年，柏林地方法院在一份判决中写道："解除同犹太人的租赁合同因《租赁保护法》而变得复杂，以至于在某些案件中变得难以实现；这有违世界观的要求，因为所有与犹太人的共同体发生的关系都必须被尽快地终结。因此，犹太承租人将不适用《租赁保护法》。"[④] 对于这一判决，拉伦茨评论道："民族法律思想不是被僵化地保留于制定法之中，而是应当被置于整个秩序的关联之中去考察；民族法律的基本思想具有超越制定法的性质，因为它已

---

① Vgl. Karl Larenz, Rechts- und Staatsphilosophie der Gegenwart, 2. Aufl. 1935; Josef Kokert, Der Begriff des Typus bei Karl Larenz, Duncker & Humblot, 1995;〔德〕卡尔·施密特:《论法学思维的三种模式》，苏慧婕译，中国法制出版社2012年版。

② Maunz, Zum Neubau des deutschen Verwaltungsrechts, Deutsche Juristenzeitung (1934), S. 1049.

③ Michael Stolleis, *The Law under The Swastika: The Studies on Nazi Germany*, p.11.

④ Heiko Holste, Die Zerstörung des Rechtsstaates durch den Nationalsozialismus, S.361.

被安置在国家本质、习俗和民族的世界观之中。"[1] 拉伦茨进一步指出,"整体秩序的关联"完全可能通过实证法之外的其他法源,比如元首意志、纳粹党党纲或者健全的民族感情,被建立起来。

当国家法学说放弃"法律优位"和"法律保留"原则,连同废除分权原则,便只能导致如下后果:纳粹德国成为一个为权力任意所塑造的"措施国家"(Maßnahmestaat),只有在一些非政治的领域,传统的、以法律为导向的"规范国家"(Normenstaat)还得以继续存在。然而,尽管纳粹政权藐视制定法的地位与作用,但各类规范的数量却呈现出爆炸之势:从20世纪30年代中期开始,帝国法律公报的数量便快速膨胀。当然,那些由各部和主管当局所制定的规章和命令并不能通过频繁的立法活动为社会提供"法的安定性",因为法律秩序早已失去了本应具备的基本位阶。[2] 最终,这些潜在地存在大量矛盾与冲突的规范在效力和优先性方面可能仅仅取决于其实际制定者与元首本人的关系是否亲近。这种严重缺乏安定性和合理性的荒谬法律却被纳粹的法学家视为一种新"法"的典型特征。例如,民法学者朗格对此解释道:"法律源自特定种族的共同体,但是仅有这种理解还远远不够,它还需要民族同胞从民族联系中去感受和体验。"[3]

### (三)"法治国"的司法保障

近代以来,通过立场中立的法院来控制和约束国家的行为—

---

[1] Kar Larenz, Über Gegenstand und Methode des völkischen Rechtsdenkens, Junker & Dünnhaupt, 1938, S.10.

[2] Vgl. Bernd Mertens, Rechtsetzung im Nationalsozialismus, S.86ff.

[3] Heiko Holste, Die Zerstörung des Rechtsstaates durch den Nationalsozialismus, S.361.

方面能够有效地保护个人权利，另一方面也将保障依法行政的原则得到落实。魏玛宪法明确地规定了司法机关对于行政行为的管辖权，尽管其在各邦有着不尽相同的形式、结构和范围。纳粹夺权之后涌现出来的国家法学说严厉指责行政诉讼，称其既不满足"元首原则"的要求，又与国家权力"一体化"的改革以及人民共同体的利益相违背。毛恩茨声称，行政诉讼不能限制和妨碍元首做出决定。实际上，早在专门立法出台之前，在用法律对抗政治镇压行为的问题上，司法就已经失声了。[1]1934年，普鲁士高等行政法院认定，"盖世太保"征用一名共产党员的摩托车的行为是一项特殊种类的国家主权行为，没有违反法律。1936年，《秘密警察法》（Preußisches Gesetz über die Gestapo）明确规定："国家秘密警察的命令和事务不受行政法院的审查。"[2] 对政治对手采取保护性监禁以及将其关押至集中营的行为亦不受司法的监督。这些明显违背"法治国"精神的行为无论在学术界还是司法界都没有遭到抵抗。因此，朔伊尔于1936年讲道："领袖和国家警察的行为，根据元首原则，不应当对其法律前提和范围进行任何意义上的司法审查，这已经被视为一般性的通说。"[3] 当然，究竟什么属于国家警察性质的行为，则完全取决于掌权者的决定。

司法不仅难以有效地发挥审查和制约行政权力的职能，其自身的独立性都难以得到有效的保障。司法的自主性是权力分离的直接体现，也是法治的保障。在经过对政府干预司法的批判之后，

---

[1] 参见〔德〕施托莱斯：《德意志公法史（卷三）》，王韵茹译，第479页以下。
[2] §7. vom Gesetz über die Geheime Staatspolizei.
[3] Heiko Holste, Die Zerstörung des Rechtsstaates durch den Nationalsozialismus, S.362.

司法自主的原则得以在 19 世纪的德国逐步建立起来。魏玛宪法明确规定了法官的人身独立和实质独立，具体来说，这体现在法官基本上不得被罢免以及法官只服从于法律等方面。

  法官的人身独立在 1933 年春天就被解除了。基于《公务员重建法》( Gesetz zur Wiederstellung des Berufsbeamtentums )，所有的犹太裔和在政治上偏离于纳粹意识形态的法官和检察官都应当被直接解职。尽管只有一小部分法官真正因此失去了工作，但是这些令人惊愕的处理结果还是产生了十足的威慑力，导致司法界进一步地屈从于纳粹政权的意愿。1937 年的《公务员法》( Deutsches Beamtengesetz ) 明确规定，如果一名法官无法保证他支持纳粹主义国家，那么该法官可能会被解职。当然，判断一名法官是否支持纳粹主义并不能单凭他所做出的一份判决来认定。时至 1942 年，甚至连这项限制也被排除了，根据国会通过的一项新法案，元首有权以他本人认为合适的一切方式来督促法官完成其任务；在法官违反义务时，元首有权对其直接处以应得的惩戒；也可以不经过事前规定的程序就将其撤职、降级或调离岗位。尽管后来因此被撤职的法官在数量上并不很多，但是这项旨在排斥法官人身独立性的法案对于那些试图批评纳粹司法的在职法官的确起到了强烈的震慑作用。[①] 1935 年的一封信件足以证明纳粹政权几乎不重视法官的独立性。鉴于一位汉诺威地方法院的院长在一起政治刑事案件中宣布被告人无罪，普鲁士邦总理戈林给他写信说道："我必须坦白，您的行

---

  [①] Vgl. Lothar Gruchmann, „Generalangriff gegen die Justiz?" Der Reichstagsbeschluß vom 26. April 1942 und seine Bedeutung für die Maßregelung der deutschen Richter durch Hitler, Vierteljahrshefte für Zeitgeschichte, H. 4 ( 2003), S.509-520.

为简直和那个被告一样，在我看来完全是危害国家的，与国家为敌的。仅仅是因为，我不想公然指责司法行为，我才没有对您采取保护性监禁措施，在健全的民族感情面前，您的行为无疑已经值得被采用那样的严厉措施了。"[1]

法官不受任何政治或行政命令约束的原则也遭到了严重的破坏。纳粹时期的国家法学说主张，元首的意志对于法官也有拘束力，并且应当成为司法审判的最高准则。实际上，帝国司法部一直通过那些关于正确解释和运用制定法的"指令"（Rundverfügung），尤其是涉及刑法和刑事诉讼法的相关"指令"，来干预法官做出实质判断的独立性。此外，司法部还会定期挑选出"不尽如人意的判决"，并且与检察总长和各邦高等法院的院长一块讨论。从 1942 年开始，一项对于司法判决更加明目张胆的"操控计划"开始实施。希特勒通过《告法官的一封信》（Richterbriefe）来实施这一计划：挑选出一些判决，对其优点和缺点加以实质评价，其目的在于促进所有的判决指向同一个方向，也就是指向纳粹主义的世界观。根据所谓的"事后判决纠正"（nachträglichen Urteilskorrektur），如果希特勒认为法院判决结果太轻的话，他便允许警察直接处决已被判刑的当事人。1939 年战争爆发之后，希特勒以元首的名义直接干预司法审判的情况越发常见。总的来说，如果以"法治国"原则来审视纳粹政权的组织架构及其具体行动，那么专制独裁便是这一政权的鲜明特征。

---

[1] Heiko Holste, Die Zerstörung des Rechtsstaates durch den Nationalsozialismus, S.363.

## 四、纳粹时期的行政法学与行政学

1933年,焦虑的德国人徘徊在期待与怀疑之间。不少公法学者选择在这一时刻发表纲领性的文章,以展望新政权可能给行政学与行政法学带来的全新的意义。[1]公法学界的声音并不一致,但大多数学者希望纳粹政权在经历革命阶段并取得稳固的政治地位之后,立即着手建立起新的法律秩序。概言之,那些支持纳粹主义的行政法学者已经决意同自由法治国、基本权利和主观公权利等这些旧传统彻底告别,转而拥抱一种符合纳粹主义的新的行政法理论:强调元首原则、忠诚义务,并且把民族共同体作为所有个人权利和所有行政行为的基石和终极目标。

1933年之后,德国的行政法学者被一起卷入了自由主义的过往与威权主义的当下之间的历史漩涡之中。所有价值都面临被重新评估的境地:民族共同体将取代全体公民之整体;"共同体"作为国家存在的基础具有本源性的地位;个人的法律地位应当根据其负担的义务而非享受的权利来加以确定。[2]行政法学者们不被允许再站在否定性的立场上表述国家行政的目的,比如行政行为不得侵害公民的自由,行政行为要得到法律的授权并受到司法的审查和监督等等;作为一种替代,行政法学者们试图将行政行为

---

[1] Vgl. Hatto G. Bölling, Die neue Verwaltungsrechtslehre, Deutsche Verwaltung (1934); Forsthoff, Von den Aufgaben der Verwaltungsrechtswissenschaft, Deutsches Recht (1935); Otto Koellreutter, Das Verwaltungsrecht im nationalsozialistischen Staat, Deutsche Juristenzeitung (1934); Maunz, Zum Neubau des deutschen Verwaltungsrechts, Deutsche Juristenzeitung (1934).

[2] Vgl. Kohl/Stolleis, Im Bauch des Leviathan, S.2853.

理解为一种旨在实现全体国民之公共利益的活动。[1] 换言之，公共利益成为思考行政法问题的核心。相比之下，立法限制以及保护基本权利和主观公权利，通过独立的法官对行政行为加以监督，都不再是行政法的目的，而仅仅具有工具价值。当然，从某种程度上来说，保留这些既有的制度设计要比抛弃它们更有利于实现民族共同体的目标，行政法学者们至多可以从这个角度来论证上述理念和制度的正当性。既然每一件事都必须要服务于"公共利益"，而只有元首的意志才能将确定公共利益的具体内容，行政法和行政法学也就毫无悬念地失去了自主性。这种情况之下，行政法越来越被理解为一种负担。例如，沃尔特·佐默曾立场鲜明地表示："一种健康的行政管理与法律的条条框框没有关系。"[2]

面对新的形势，那些坚持行政必须受到法律约束的学者不得不做出让步。他们或许不舍，但必须正视现实，因为孕育行政法治原则的19世纪的政治和宪法状况现在已经不复存在。市民社会的自治权与专制君主的行政权之间的二元对立已经消解。"民族共同体"的意识形态绝对不能容忍二元主义，也不能容忍对于国家权威的任何怀疑，并且也不能容忍国家干预社会的行为必须要以法律为基础的一贯主张。即便如此，大多数行政法学者还是试图部分地保留行政法治原则，但是他们显然不能把主观公权利作为一个合适的理论基础，而是只能转而援引元首意志和共同体利益

---

[1] Vgl. Michael Stolleis, Gemeinwohlformeln im nationalsozialistischen Recht, Schweitzer, 1974, S.233-265.

[2] Walther Sommer, Die Verwaltungsgerichtsbarkeit, 85 Deutsches Verwaltungsblatt (1937), S.427.

等新的原则，希望能够使"依法行政"从中获得保障。这些学者主张，"行政，作为一种官僚化的管理方式，应当受到法律和一般性规则的约束。只有在我们国家，它才能体现那些对现代国家来说不可或缺的优势：精准的执行，可预测性以及完成受托付任务时展现的稳定性。"[1] 不过，这些学者关于魏玛时期法律的保留态度使得问题变得更加复杂，因为当权者要求官僚阶层以一种"双向策略"处理法律拘束力的问题。首先，对于 1933 年之前的行政法，执法者和法官应根据其内容是否符合纳粹主义的意识形态来决定是否受其约束，然而纳粹意识形态本身就是模糊不清的，这给执法者和法官适用法律带来了巨大的政治风险。纳粹高层主张，那些陈旧的规范可以被无视，或对之进行重新解释再加适用，他们把这类行为看作富有创新精神的做法。其次，那些由纳粹政权颁布的已经贯彻了"纳粹"思想的行政法律必须得到严格遵守，其效力不容置疑。以上两种策略长期并行。在纳粹政权的前几年，鉴于新法的数量不多，反实证主义者对于旧法效力的规避和改造可能占据着更为重要的地位。通过援引超实证的元首意志、纳粹意识形态以及民族共同体的利益等理论来解释一般条款，法律极大地遭到了扭曲。[2]

围绕主观公权利是否应予保留的争论也发生在这一期间。[3] 纳

---

[1] See Michael Stolleis, *The Law under The Swastika*, p.104.

[2] Vgl. Christine Steinbeiß-Winkelmann, Formen der Verwaltungsgerichtsbarkeit auf Reichsebene, in:Karl-Peter Sommermann und Bert Schaffarzik (Hrsg.), Handbuch der Geschichte der Verwaltungsgerichtsbarkeit in Deutschland und Europa, Springer, 2019, S.127ff.

[3] Vgl. Wilhelm Hofacker, Die subjektiven öffentlichen Rechte, Deutsche Juristenzeitung (1935); Herbert Krüger, Volksgemeinschaft statt subjektiver Rechte, Deutsche Verwaltung(1935); Maunz, Das Ende des subjektiven öffentlichen Rechts, Zeitschrift für die gesamten Staatswissenschaften 96 (1936).

粹夺权之后，作为自由主义行政法理论基石的主观公权利得到了来自于学界内外的大量关注。很快，主观公权利便被"共同体内部的个人服从"的理论所取代，个人意志和个人利益被整体意志和集体利益所吸收，进而免受国家侵害的防御性权利也就"皮之不存，毛将焉附"了。观念改造之后被保留下来的便只剩下个人与各种"具体的共同体"以及与"整体"之间的联系了。每一个个体都因为其共同体成员的身份而承担义务，在这样的逻辑之下，一个人可以作为帝国的公民、作为一名公务员、作为一个财产所有权人、作为一个企业管理者而存在，但唯独不能作为一个与他人平等的抽象的个体而存在。然而，需看到，个人对抗国家的防御性权力虽然从理论上被取消了，但是这并不意味着它在实践中完全消失了。比如，纳粹时代的人们可以基于共同体成员的身份指责执法者违背了应尽的义务，或是利用纳粹主义的意识形态工具来防御公权力对于自身利益的粗暴干涉。当然，这可能只是一种无奈之举，而且存在蜕变为政治倾轧的巨大风险。

从主观公权利的讨论延续下去，学者们自然而然地针对是否应当对行政行为进行司法审查这一问题展开了讨论，最终的讨论结果并不出人所料：行政行为的司法审查虽然保存下来，但是它已经将最高使命从"维护公民的基本权利"转变为"确保民族同胞的法律地位"；也就是说，司法审查的宗旨从维护个人利益转变为维护共同体的整体利益。由于"法治国"的理念已经不复存在，因而对于具体的个人来说，其个人自治的范围仅仅是基于共同体的权利让渡，因此共同体可以在任意时刻撤回让渡，或是对已经让渡的权利加以更严苛的限制。在这一理论论证框架之下，对行政行为进行司法审查的制度才勉强地被保留下来。关于这个问题的第二次讨论发生在1939年战争爆发之后。纳粹政权为了精简机构和节省资源采取了一系列举措；与此同时，出于有效调整各个行政机构之间职权的目的，希特勒极大地强化了司法对于行政的审查力度。最终，纳粹政权根据希特勒于1941年发布的"元首命令"建立了帝国行政法院，并且任命了一名极度蔑视行政法的官僚（沃尔特·佐默）出任院长。[1]当然，这个变化并不能被误当作行政法重获新生的信号。

总的来说，在纳粹统治时期，首先，个人权利被集体性义务所取代；其次，法律的效力以及通过主观公权利来加以保护的公民个人权利荡然无存；再次，"法律面前人人平等"的原则不再正确；最后，一个形式化的、具有确定性以及结果可预见性的常规法律秩序被"措施国家"的理念所扭曲。战后有学者试图跳出"自由主义-集体主义"相互对立的框架追问这样一个颇具现实意义的问题，纳粹夺权之后的行政法理论所提供的制度性工具是否比魏玛时期的自由主义行政法更为适合于阐释现代干预主义和大规模行政的国家呢？[2]事实上，早在魏玛共和的末期，自由主义的行政法理论与处于经济-社会危机之下的行政现实已经存在相当明显的不和谐之处。涉及公共福利的行政法几乎被完全忽略，作为古典行政法理论赖以成立的国家与社会的二分模型也不再符合干预主义的政治现实；相比之下，将国家与社会融为一体的模型能

---

[1] See Michael Stolleis, *The Law under The Swastika: The Studies on Nazi Germany*, pp. 136-154.

[2] Vgl. Christian Schütte, Progressive Verwaltungsrechtswissenschaft auf konservativer Grundlage: Zur Verwaltungsrechtslehre Ernst Forsthoffs, Duncker & Humblot, 2006.

够更好地阐释此种现实。从这个意义上说,在1933年之后由政治权力一手推动的新的行政法理论虽然存在与自由主义的行政法理论的剧烈断层,但是也存在一定的创新之处,它有效地推动了本就有待被施行的行政法的变革。随着法律的约束力显著降低,行政管理和政治治理的目的畅通无阻地涌入行政法的理论之中。至此,行政法的目标已经发生了根本性的变化:"广泛的行政不是服务于其他目的,而是在基本层面保障德国人民的生活的前提条件。"[1] 这意味着行政法在公共福利方面的重要意义开始呈现出来,以及个体"参与"行政过程的需求也被引入行政法理论的视野。当宪法领域的问题完全取决于元首意志的决定,不再能够成为学术讨论的对象之后,公法学者们的关注点开始转向行政法和行政理论。纳粹国家对不受限制的权威的追求,一方面造成与自由主义的行政法理论的切割,另一方面也使得强化行政管理与编制行政计划的学问走向台前。创造就业、改良军备、获取原材料、基本食物供应以及战时的物资生产和供应,这些都是纳粹政府最关注的问题,为了最大程度地提高行政效率,"元首制定规划,行政机构执行规划"是最基本的原则。纳粹政权编制的行政计划是以指导、干预和控制的形式展开的,它通常并不直接侵犯私人的财产。[2] 正如彼得·巴杜拉(Peter Badura)对于行政的基本方向的转变所做的描述:"用'社会宪法国'的体系取代只有'宪法国'的体系,将意味着发展出一套立基于下述行政目的的行政法理

---

[1] Forsthoff, Von den Aufgaben der Verwaltungsrechtswissenschaft, 5 Deutsches Recht (1935), S.399.

[2] 参见郑寅达、陈旸:《第三帝国史》,第218—230页。

论——规避危险、征税、服务和指导。"[1] 也就是说，指导和服务的理念被纳入以规避危险与组织事务为中心的传统的行政目的之中。

最后需要强调的一点是，法律形式和法律保护功能的萎缩导致自由主义对于行政法理论的智识贡献遭到了极大的贬低。发展一般行政法理论的学术动机原本在于建立一种统一的、可预测的以及可控制的行政权实施体系。然而，当努力维持"良好秩序"的宪法国家被消解掉，这个"一般性"的部分也就失去了存在的意义。相应地，学者们只能在具体的领域寻找立足点，建立某些具体的秩序；那种一般性的、抽象的康德式哲学不再流行，取而代之的是源自黑格尔的哲学理念。

需看到，当那种基于自由主义的行政法的理论根基不复存在之时，曾在19世纪受到行政法学排挤的（公共）管理学（Verwaltungslehre）理论便获得了回潮和复兴的可能性。在德国，关于行政学越来越不受重视的抱怨在19世纪行政法快速发展的过程之中几乎一直如影随形。例如，洛伦兹·冯·施泰因便感慨：没有人延续他的努力，来阻止"政治科学"的瓦解。[2] 施泰因声称，与公共管理相关的各类事务应加以综合处理。但是，在法律实证主义者看来，施泰因的主张已经过时了。在奥托·迈耶（Otto Mayer）的时代，那种"法学的"研究方法在行政领域逐渐立稳了脚跟：警察学已经被肢解，其中与经济相关的部分分流到经济学和财政学；与社会相关的内容被纳入统计学和社会政策

---

[1] Peter Badura, Verwaltungsrecht im liberalen und im sozialen Rechtsstaat, Mohr, 1966, S.22.
[2] 关于施泰因的生平和基本主张，可以参见张道义：《德国国法学者斯坦恩》，载王贵松主编：《宪政与行政法治评论》（第六卷），中国人民大学出版社2012年版，第322—355页。

学；对于法学家来说，管理（治理）学能够遗留给法学的部分便只有"纯粹的法律要素"。① 这种知识分流并不像后来所认为的那样，仅仅是源于实证主义行政法理论的愚蠢，而是在很大程度上回应了当时的宪法状况与政治现实。尽管后来亦有人试图在大学里复兴行政学，但不可否认的学术现实却恰恰相反，行政学早在"一战"之前的大学课程和学术著作中就已经消失不见了；而那些在大学的法学系之外为行政学找到一块安身之地，或是在大学之外另行成立专门研究机构的企图，也都徒劳无功。诸如耶利内克（Walter Jellinek）和诺顿（Walter Norden）等人都表示：行政学的前途暗淡。这种暗淡所指向的乃是教学和研究的匮乏：不仅没有相关课程的开设，没有适合的教学资料，也没有用来支持研究的材料。②

进入20世纪之后，新的政治现实导致旧有的学科被重新激活。官僚体系面临自内而外的改革，工业化带来一系列的社会问题，地方政府的运作长期处于低效，这些都是亟待解决的问题。除此之外，政治危机、通货膨胀以及高失业率接踵而来。在这种情况下，行政法学并没有主动回应这些挑战，也没有试图通过开辟一个行政学的领域来解决公共领域的新问题。与此同时，行政法学的各种专著专注于在学科的小圈子里讨论政治性和历史性的问题。例如瓦尔茨（E. Walz）的《乡镇管理理论》（Kommunalverwaltungslehre），舍尔（E. v. Scheurl）的《国家管

---

① Vgl. Alfons Hüber, Otto Mayer: Die „juristische Methode" im Verwaltungsrecht, Duncker & Humblot, 1982.

② See Michael Stolleis, *The Law under The Swastika: The Studies on Nazi Germany*, p. 124.

理理论》（Staatsverwaltungslehre），布勒（O.Bühler）与雷伊（A. Ley）的《空间与管理》（Raum und Verwaltung）等等，都是此类反映着保守观念的行政法学著作。

在1933年春，也就是在纳粹夺权后不久，诺顿发表了一篇题为《行政学是什么，人们为什么要研究它》（Was bedeutet und wozu studiert man Verwaltungswissenschaft）的文章。这篇文章具有重要的价值，它可以被视为魏玛德国的知识界长期思考所积累的成果。从某种程度上说，诺顿想要将一个历久弥新的学科推荐给新的统治者。诺顿试图为藏身于政治科学之中的管理理论建立独立的安身之所，从而使之与作为警察学分支学科的领域区别开来。具体来说，他的目标是在法学之外和一般政治学的领域内，将管理科学搭建为一个体系化的、经验性的科学。但是，这也仅仅是来自于一个边缘学人的呼吁，这篇文章很快就被淹没在"纳粹革命"的滚滚声浪之中。

不过，诺顿的文章亦并非毫无影响。越来越多的学者开始意识到，恢复良性的行政学研究与新国家的政治理念保持着高度的一致。[①]这一时期，来自各个领域的声音都一致要求克服法律实证主义的弊端，恢复理论和实践的一体性，承认一种非政治性的行政学本身就是一种独特形式的意识形态。事实上，早就有人对于纯粹运用法学方法来研究行政法表示不满了，这种情绪的积累至少可以向前推到"一战"爆发之前的十年。在20世纪的前20年，不断有人提出，其一，民族和国家的历史基础应当被行政法学纳

---

[①] Otto Koellreutter, Vorbemerkungen der Schriftleitung, Verwaltungsarchiv, No. 3 (1933), S.305.

入考虑范围；其二，学术思考应当同时反映出行政本身对于政治现实和宪法规范的双重依赖；其三，行政法学在表述其理论基础时，不应忽视最基本的现实状况。这种不满情绪在魏玛时代愈发高涨，因为人们有目共睹，行政法学的基本理论与行政管理的现实之间的差异越来越大，几乎完全无法对应。鉴于"一战"时的经济体制催生出一大批具有公共属性的大企业，而国家和这些大企业在战后也保持着密切的合作关系，一种"公共商法"也就应运而生，这导致国家提供公共服务的范围在不断扩大。正因如此，工厂倒闭或失业率升高再也就不能被单纯地视为私人事务。对于这些变化，行政法学者们很少能够提出有针对性的解释。因此，减少法律实证主义层面的研究看起来能够为长期得不到承认的行政现实创造生长的空间，使之进入学术研究领域。

此外，人们发现，面向现实的行政学更有可能促使行政领域的研究与纳粹主义的政治理念保持高度一致。当时有很多学者都开始倾向于认为，应该用新的行政学、政府行政学来取代自由主义背景下的行政法学，因为一种积极的、创造性的和政治性的行政理念可以取代行政法中早已过时的内容，同时架空那些无可救药的教义派学者。这在1935年由埃克哈特推动的"法学课程内容改革"中得到了体现，其显著成果便是大学第四学期的"行政法"（Verwaltungsrecht）课程直接更名为"行政"（Verwaltung）。[1] 毋庸置疑，将"法"字从课程名称中删去具有重要的象征性意义，它表明以保护个人为主线的自由主义立场已经被彻底抛弃。这一

---

[1] Eckhardt, Das Studium der Rechtswissenschaft (1935).

更名意在提醒站在讲台上的教授们,让他们留心,课程教授的重心已经不再是法律对于个人的保障,而是需要将"行政"看作纳粹国家实现其新目的的重要手段。不过,从另一个角度看,这次更名同时阻碍了独立的行政学的复活。对于那些不愿做出改变的保守派学者来说,尽管实质性的转变已经发生了,但是在新的课程名义之下,他们仍然可以继续讲授之前的内容。而对于那些从内心里认真对待课程更名的教授们来说,课程改革确实为他们提供了一个调整授课内容的机会,从而使他们可以更加关注行政现实和行政背后的目的,而将法律形式与法律保障的问题置于次要的位置。

但是,在行政法学和行政学之间紧张关系的背后确实隐藏着严肃的政治分歧,这并没有因为课名变更而得到妥善的解决。那些主张"复兴行政学"的学者具有相类似的思考问题的方式,他们共同具备的第一项特征便是拒绝接受从迈耶以来占据主导地位的"法学研究范式"。[1] 在他们看来,之前法学研究的主要目的在于建构体系化的法律制度,也就是将单个的法律规则打造为具有一般性的概念,然后从这些概念中推演出特定的意涵,使之适用于多变的具体情况。在目的论解释的冲击之下,这种传统的研究方法已经面临重大的困境。这些学者大力提倡将"现实""生活"纳入秩序的考量之中,至于如何把握"现实"以及如何将"现实"转化为规范性的原则等方法论的问题,他们都未曾予以认真的讨

---

[1] See Michael Stolleis, *The Law under The Swastika: The Studies on Nazi Germany*, p. 127ff.

论，或者只是以某种语焉不详的暧昧方式一带而过。[1]

这些学者共同具备的第二项特征则是拒绝一种"非政治性"的行政理念。需看到，立足于客观和政治中立的立场看待行政，将行政指向事物自身，以及将公共利益与政治需求分离开来，这种观念和态度在1932年之前还饱受赞扬，到了1933年之后则被认为已经过时了。因此，纳粹时期的公法学者们普遍认同新的政治性的行政理念，但是当他们开始探讨如何实施新的政治性的行政理念时，分歧便出现了。对于正统的纳粹党内法律人士来说，努力推动行政活动与纳粹的意识形态保持一致是最重要的事情，他们否认行政管理的行为与"运动"之间存在本质性的差异。然而，对于学院派的理论家来说，尽管行政管理的政治使命应该得到承认，但是不同于权力运作的方式还是应当加以界分。以福斯特霍夫为例，他强调官僚行政和"政治领导"之间存在着本质性的差异。官僚应当负责在职权范围内处理日常事务、严格遵守规则，同时受到上层的监督并且取得下层的信赖；而领导权的根本目的是做出正确的政治决断。有学者认为福斯特霍夫希望将纳粹党的政治活动与相对单纯的行政活动区分开，这实际上可以被看作一种对于依法行政原则的捍卫，其目的在于防止纳粹党从日常生活的空间进一步索取权力。[2]

这些学者共同具备的第三项特征便是把目光转向对于行政现

---

[1] Vgl. Joachim Rückert, Der Rechtsbegriff der deutschen Rechtsgeschichte in der NS-Zeit: Der Sieg des „Lebens" und des konkreten Ordnungsdenkens, seine Vorgeschichte und seine Nachwirkungen, in: Rückert und Willoweit (Hrsg.), Die deutsche Rechtsgeschichte in der NS-Zeit: Ihre Vorgeschichte und ihre Nachwirkungen, Mohr Siebeck, 1995, S.117-240.

[2] 参见〔德〕施托莱斯：《德意志公法史（卷三）》，王韵茹译，第492页。

实的关注，至少在表面上声称如此。尽管这一点仍然反映出他们与法律实证主义势不两立的态度，但微妙之处在于：他们无意于对那些应当遵循的准则进行扩大解释，而是试图缩小法律规范和行政现实之间的差距。这正是行政学的真正起点，因为这些学者的出发点不是政治的，而是学术的，他们试图阐明行政管理实际上在多大程度上遵循着规则，以及遵循着哪些规则，而哪些规则具体指导了官僚们的行为，具体的决定又是如何制定和实施的。不过，对于这些学者而言，可以从纳粹的行政实践中收集的适合阅读的资料实在是少之又少。某种程度上，试图通过调查行政实践的方法来研究行政，只不过是为了发展一种科学化的行政学而提出的口号而已。针对该领域的研究必然只能是"经验性要素"和"描述性要素"相结合的产物，而绝不可能夹杂任何的"规范性要素"。

但是，试图复兴行政学的这一努力最终仍以失败告终。在1943年秋季更新的法学研究课程的指导目录之中，名为"行政"的课程被删除了。不仅如此，那些试图建立一个长期运营的、有资金支持的行政学研究机构的努力，试图铺设基本的知识基础的努力，以及试图搜集一些必要的教科书和研究材料的努力，大多也归于失败。

战后学者常常把行政学复兴失败归咎于外部环境的恶劣以及该学科自身定位的不明确。[1]首先，从外部原因来看，纳粹政权的统治只有区区12年，其推行的各种行政措施大多与纳粹主义意识

---

[1] See Michael Stolleis, *The Law under The Swastika: The Studies on Nazi Germany*, pp. 132ff.

形态的狂热气氛相伴随，缺乏行之有效的整体规划；战争的爆发则导致战时体制全面取代了常态化的行政管理模式。此外，对于行政学的积极推动大多依靠某些个人的力量，因而其行为背后可能隐藏着政治投机的目的。其次，从内部原因来看，学者们始终没有对该新兴领域的研究目标达成一致看法。其中较为温和的一种观点将行政学视为行政法学的一个附属性学科，其目的在于加强对行政实践进行经验性的研究，以便有效地填补行政法和行政现实之间的差距。从这个意义上说，行政学也可以被称为"行政社会学"，因为其核心目标在于搜集信息并用以验证最初提出的理性设想。不过，与之相类似的"经验社会学"研究在1933年就遭到纳粹的驱逐，因而这种研究方法从一开始就与纳粹主义的整体氛围相违背。相比之下，较为激进的观点试图将整个公共生活领域纳入新学科的视野，将行政学打造成为整个政治科学的新的核心领域。但是，这种无所不包的学科设想在哲学层面缺乏有效的根基。

总而言之，纳粹夺权似乎让学者们看到了在行政法学被彻底抛弃之后的一种学术转型的可能性，也就是用行政学取代行政法学的可能性。这种对于行政学的新的构想既满足了第二帝国以来残酷的政治现实对于以法律实证主义为中心的行政法研究提出的挑战，又大体上满足了纳粹政权试图摧毁自由主义行政法观念的基本要求。不过，出于种种原因，这一学术转型的努力仍然未能获得成功。此外，需看到，这一时期的行政法学亦并非处于完全停滞的状态，例如福斯特霍夫在1938年撰写了题为《作为给付主体的行政》(Die

Verwaltung als Leistungsträger）的著名论文，[1] 首次提出了"社会国"（Sozialstaat）与"生存照顾"（Daseinsvorsorge）的理念，进而塑造了"给付行政"（Leistungsverwaltung）的理论框架，对于战后德国和日本行政法的发展产生了较为深远的影响。[2]

## 五、纳粹时期公法学的教席、期刊与学会

纳粹时期的公法学在学科建制的诸多方面发生了显著的变化，这主要体现为公法学教席设置的变化、高校教职人员的人事变动、主要公法刊物在办刊宗旨方面的变化等等；此外，德意志国家法学会也在这一时期暂停开会。[3]

在纳粹上台之前，德国的大学在名义上奉行"学术自治"的原则，不过学生们的实际言行更多体现出一种倾向右翼的思想特征。1933 年 4 月 7 日的《公务员重建法》颁布之后，除了个别例外的情况，所有在政治上不受待见的学者，以及所有犹太裔的学者，都要被迫离职。此后，根据 1935 年 1 月 21 日颁布的《关于德国高等教育体制重组以及教授退休和调动的法案》（Gesetz über die Entpflichtung und Versetzung von Hochschullehrern aus Anlaß des Neuaufbaus des deutschen Hochschulwesens），国家可以对大学内的教职做出直接调整，这使得"学术自治"基本上不复存

---

[1] Vgl. Forsthoff, Die Verwaltung als Leistungsträger, Kohlhammer, 1938.
[2] 参见翁岳生：《行政法的概念、起源与体系》，载翁岳生编：《行政法》，中国法制出版社 2002 年版，第 56 页。
[3] 参见〔德〕施托莱斯：《德意志公法史（卷三）》，王韵茹译，第 317 页以下。此处整理的表格便是以施托莱斯的著述为基础

在了。下面的表 1 对于比较重要的公法学者在纳粹统治时期的任职经历进行了总结，较为直观地反映出纳粹如何通过操纵大学教席扶植那些亲纳粹的国家法学者，以及打压意识形态方面的"异己分子"。

表 1　纳粹统治时期德国知名公法学者任职经历表

| 学者姓名与生卒年份 | 任职履历 |
| --- | --- |
| 海因里希·特里佩尔（Heinrich Triepel, 1868-1946） | 从 1913 年起在柏林大学任教；1935 年 3 月退休 |
| 格哈德·安许茨（Gerhard Anschütz, 1867-1948） | 1933 年之前在海德堡大学任教，在纳粹夺权后主动申请退休 |
| 鲁道夫·斯门德（Rudolf Smend, 1882-1975） | 从 1922 年起任教于柏林大学，后迫于帝国教育部的压力，将教席腾给赫恩；从 1935 年起任职于哥廷根大学 |
| 理查·托马（Richard Thoma, 1874-1957） | 1928 至 1945 年间担任波恩大学正教授 |
| 埃里希·考夫曼（Erich Kaufmann, 1880-1972） | 1933 年在柏林大学担任正教授，后因其犹太人的身份，根据《公务员重建法》被解职，后在家中组织了私人的"尼古拉斯湖课程"（Nikolasseer Seminare） |
| 汉斯·凯尔森（Hans Kelsen, 1881-1973） | 1933 年之前在科隆大学任教，在纳粹上台后被解职 |
| 沃尔特·耶利内克（Walter Jellinek, 1885-1955） | 1933 年之前担任海德堡大学的国家法正教授，因犹太人的身份于 1935 年被解职 |
| 奥托·克尔罗伊特（Otto Koellreutter, 1883-1972） | 1930 年时，便公开支持纳粹党；1933 年 5 月 1 日正式加入纳粹党；1933 年在慕尼黑大学任教并担任系主任 |
| 赫尔曼·黑勒（Hermann Heller, 1891-1933） | 1932 年被任命为法兰克福大学正教授，于 1933 年逃往英国 |

续表

| 学者姓名与生卒年份 | 任职履历 |
|---|---|
| 莱因哈德·赫恩（Reinhard Höhn, 1904-2000） | 1933年加入纳粹党和党卫队，1934年10月完成教授升等，之后前往柏林接替被迫离开的斯门德的教席 |
| 恩斯特·鲁道夫·胡贝尔（Ernst Rudolf Huber, 1903-1990） | 1933年被调往基尔大学接替沃尔特·许京（Walther Max Adrian Schücking）的教席，随后加入纳粹党；1937年被调往莱比锡大学，1941年被调往新建立的斯特拉斯堡大学 |
| 恩斯特·福斯特霍夫（Ernst Forsthoff, 1902-1972） | 卡尔·施米特的学生，在弗莱堡大学取得教授升等资格，于1934年被调往法兰克福大学接替黑勒；1935年调往汉堡大学；1936年调往柯尼斯堡大学；1937年成为纳粹党员；1942年调往维亚纳大学；1943年调往海德堡大学 |
| 特奥多尔·毛恩茨（Theodor Maunz, 1901-1993） | 1932年在慕尼黑大学担任编外讲师；1933年加入纳粹党和冲锋队；1935年调往弗莱堡大学担任副教授，后升任教授 |
| 乌尔里希·朔伊尔（Ulrich Scheuner, 1903-1981） | 1933年成为耶拿大学的正教授，1937年加入纳粹党，1940至1941年在哥廷根短暂停留，后被调往新设立的斯特拉斯堡大学 |
| 保罗·里特布施（Paul Ritterbusch, 1900-1945） | 1932年加入纳粹党，1933年纳粹夺权后被任命为柯尼斯堡大学正教授；1935年调任到基尔大学，1937年成为该校的校长，1941调往柏林大学 |
| 赫尔曼·冯·曼戈尔特（Hermann von Mangoldt, 1895-1953） | 1933年尚无固定教职；1934年加入"纳粹德意志法律人联盟"（BNSDJ），随后在柯尼斯堡取得教授升等资格；同年前往图宾根大学，到1939年被任命为正教授；后于1941年调任耶拿，1943年调任基尔大学 |
| 恩斯特·冯·希佩尔（Ernst von Hippel, 1895-1984） | 1933年担任柯尼斯堡大学正教授，后于1940年调任到科隆大学 |

续表

| 学者姓名与生卒年份 | 任职履历 |
| --- | --- |
| 埃尔温·雅可比（Erwin Jacobi, 1884-1965） | 1933年之前任职于莱比锡大学，纳粹上台后因其犹太人身份被解职 |
| 威里巴尔特·阿佩特（Willibalt Apelt, 1877-1965） | 1933年之前在莱比锡大学任教，纳粹上台后由于其支持民主而被强制退休 |
| 埃德加·塔塔林·塔黑登（Edgar Tatarin-Tarnheyden, 1882-1966） | 1933年担任罗斯托克大学正教授，曾积极参与"法治国"之争，于1937年加入纳粹党 |
| 汉斯·纳维亚斯基（Hans Nawiasky, 1880-1961） | 1933年之前担任慕尼黑大学的正教授，后受到纳粹的驱逐，在瑞士圣加伦大学任教 |

除了公法教席的变化之外，其他服务于公法学研究的制度也在同一时期发生了重大的变化，这尤其表现为相当数量的公法刊物以及德意志国家法学会的暂时停办。首先，公法期刊的数量在纳粹上台之后逐年减少。据统计，1933年共有155本刊载公法问题讨论的期刊，至1935年减少至97本，至1937年则减少到91本。[①] 除此之外，纳粹的整体政策对这些刊物的运营造成了相当不利的影响。例如，根据1933年《公务员重建法》的精神，那些犹太裔的编辑，以及政治上不受待见的编辑均遭到编辑部清洗。下面的表2罗列了纳粹时期的重要公法学刊物。不难看出，这些刊物全部掌握在那些纳粹主义法学家的手中了。

---

① 有关纳粹对于法学期刊的"一体化"改造，可以参见 Lothar Becker, „Schritte auf einer abschüssigen Bahn": Das Archiv des öffentlichen Rechts (AöR) und die deutsche Staatsrechtswissenschaft im Dritten Reich, Mohr Siebeck, 1999, S.9-44。

表 2　纳粹统治时期德国重要的公法学刊物

| 刊物名称 | 刊物经历的变化 |
| --- | --- |
| 《德意志法律人报》（Deutsche Juristen-Zeitung） | 施米特从 1934 年开始担任该报的编辑，但随着施米特在 1936 年失势，该报刊也走向没落和停刊 |
| 《公法丛刊》（Archiv des öffentlichen Rechts，AöR） | 原主编巴托尔迪（Albrecht Bartholdy）由于犹太裔身份被解职；特里佩尔、斯门德等人也于 1935 年放弃编辑的位置；此后该刊物被纳粹主义者汉斯·格贝尔（Hans Gerber）等所把控 |
| 《国家学期刊》（Zeitschrift für die gesamte Staatsrechtswissenschaft，ZgStW） | 恩斯特·胡贝尔对该刊物的影响力很大，众多基尔学派成员在该刊物上发表意见 |
| 《帝国行政学报》（Deutsche Verwaltungsblatt） | 国务办公室主任拉默斯（Hans Lammers）、慕尼黑大学教授克尔罗伊特以及纳粹党内的理论家尼克莱等人担任该报的编辑 |
| 《德意志行政杂志》（Deutsche Verwaltung） | 很多实务界人士在该刊发表意见，纳粹党内的高层，如弗兰克、内政部长弗里克等人也经常在该刊物发表文章 |
| 《德意志法学会期刊》（Zeitschrift der Akademie für deutsches Recht） | 该刊物名义上的主编为弗兰克，实际负责人为卡尔·拉施（Karl Lasch）；该刊物主要用于纳粹党的宣传，几乎没有发表学术性的文章 |
| 《帝国-人民秩序-生存空间期刊》（Reich-Volksordnung-Lebensraum, Zeitschrift für völkische Verfassung und Verwaltung, RVL） | 该杂志存在于 1941—1943 年之间，主要服务于纳粹党卫队的地缘政治研究和行政学研究，主要作者包括保罗·里特布施、古斯塔夫·阿道夫·瓦尔茨、特奥多尔·毛恩茨等 |

为了加强对社会的管控，各种自治性的学术团体在纳粹上台之后也难逃厄运。德意志国家法学会（Vereinigung der Deutschen Staatsrechtslehrer）是海因里希·特里佩尔于 1922 年倡导组建的

学术性团体，其成员主要是德国各地的公法学者。[1]在整个魏玛时期，德意志国家法学会共举办了七次年会，其目的在于促进国家法学者们的相互交流。随着1933年纳粹夺取政权，原定于马堡大学的年会并未能按照召开。此后，主席团成员安许茨退出协会，凯尔森因被迫放弃科隆大学的教席而失去会员身份；此外，其他犹太裔会员也被迫休假、退出或沉默地离开。作为协会的主席，克尔罗伊特曾在与他人的通信中提到："强迫退出与我个人情感相冲突，我从不隐瞒我对于作为学者的凯尔森的尊重，尽管我不认为他是国家法学者。因此我决定退出这个协会，以使这个协会自动解散。"[2]1933年3月29日，卡尔·萨托里乌斯（Carl Sartorius）和克尔罗伊特两位主席决定结束该协会，并将协会财产暂时存在慕尼黑的一个特别账户上。4月12日，施米特和比尔芬格（Carl Bilfinger）前往耶拿，想确认结束协会的事情。第二天，克尔罗伊特给萨托里乌斯和希佩尔（Ernst von Hippel）写信请求谅解，但他坚持认为，该协会奉行自由主义的思想，因而应当解散。在4月18日的回信中，特里佩尔希望能够维持协会；不过克尔罗伊特在4月19日再次给特里佩尔回信，明确表示该协会将由"纳粹德意志法律人联盟"（BNSDJ）接管。虽然从这时起，德意志国家法学者协会已经不再组织活动，但是直到1938年，该组织才正式解散。1938年3月31日，萨托里乌斯写信给所有会员："最后一次德意志法学者学术研讨会已经于1931年秋天举行完毕。在纳粹夺

---

[1] Vgl. Stolleis, Die Vereinigung der Deutschen Staatsrechtslehrer. Bemerkungen zu ihrer Geschichte, KritV. Vol. 80, No. 4 (1997), S.339-342.

[2] 〔德〕施托莱斯：《德意志公法史（卷三）》，王韵茹译，第405页。

权后，当时的主席团已卸下职务，有些会员也声明退出协会，此后协会的活动完全中止。在去年夏天建立的德意志法学会的研究部门之中，公法部门的多数成员也是本协会成员，因此大家有可能再度运作先前协会中有价值之学术工作。基于会员同意，周遭也并未有人对于会员多数表决结果提出异议，故而德意志国家法学者协会宣告解散。"[1]

纳粹统治结束之后，国家法学会于1949年10月21日得以重建，其成员的变化值得关注。[2] 与1933年的名单相比，会员中已有40人去世；谄媚纳粹的学者只能黯然离开；凯尔森留在了美国；另外一些流亡的学者，如埃里希·考夫曼、莱布霍尔茨（Gerhard Leibholz）、赫格纳（Wilhelm Hoegner）、汉斯·纳维亚斯基（Hans Nawiasky）等人则重新回归学会；还有一些民主人士，如沃尔夫冈·阿本德罗特（Wolfgang Abendroth）、赫尔曼·布里尔（Hermann Brill）、卡洛·施密德（Carlo Schmid）加入进来，会员总数为85人。

---

[1] 〔德〕施托莱斯：《德意志公法史（卷三）》，王韵茹译，第408页。
[2] Vgl. Stolleis, Die Vereinigung der Deutschen Staatsrechtslehrer, S.346ff.

# 第四章
# 纳粹德国的国际法学

如果说公学的话语转变主要是从内部公共秩序的角度反映出纳粹主义的国家观，那么国际法学的话语转变则反映出纳粹政权对于第三帝国与其他现代国家之间关系的理解，以及对于第三帝国在国际社会之中所处地位的理解，也就是从外部视角间接地折射出纳粹主义的国家观。从这个意义上来说，纳粹时期的国际法学可以被视为其国家法学说的外部延伸。纳粹时期某些法学家甚至排斥使用"国际法"的概念，他们更愿意使用"德国外部国家法"（Deutsches Außenstaatsrecht）的术语来描述这一领域中的问题。[1] 严格说来，纳粹主义者所构想和设计的"国家"很难被理解为启蒙主义传统之下的主权国家和民族国家，因而在纳粹主义者眼中的"国际社会"也完全不同于以"威斯特伐利亚体系"和"维也纳体系"为基础构建起来的欧洲国际法秩序。事实上，纳粹主义者一直试图彻底颠覆第一次世界大战形成的"凡尔赛体系"，架空并废除作为该体系标志性机构的国际联盟（League of Nations），同时试图建立一个由第三帝国掌握绝对话语权的国际新

---

[1] Vgl. Ludwig Schecher, Deutsches Außenstaatsrecht, Junker & Dünnhaupt, 1933.

秩序以及一套与之相适应的国际法新准则。为此，本章只能在相当宽泛的意义上使用"国际法"这个术语，即在一定程度上跳出自欧洲近代以来形成的"国际秩序"的叙事框架，同时部分地进入纳粹主义者所设想的"帝国秩序"的叙事框架，以便更为妥当地理解纳粹政权的对外关系、外交实践以及纳粹理论家们为这种实践所做的理论阐发。为此，本章首先需要说明的是，纳粹德国如何突破"一战"之后确立的《凡尔赛和约》的限制，实现其军事备战计划；希特勒如何通过一系列的外交手段同英国和法国等主要"对手"展开博弈，从而实现自身领土和实力的扩张。其次需要说明的是，纳粹的国际法学者们如何以"民族共同体"等纳粹主义的理念为出发点，为第三帝国突破既有的国际法秩序、摆脱国际条约的束缚提供正当性说明。再次，纳粹时期德国的国际法学科的状况也是值得关注和讨论的，因为在强化和巩固以"民族共同体""元首"等概念为核心的意识形态的同时，纳粹政权必然要迫害和驱逐那些秉持不同理论见解的国际法学者，这与其迫害和驱逐那些国家法学者的动机是完全一致的。最后需要讨论的是，纳粹德国在"二战"期间对于以犹太人为首的"少数族群"进行了大屠杀，犯下了罄竹难书的罪行，但是与此同时，纳粹政权却以保护"少数族群"的名义出兵捷克斯洛伐克的苏台德地区。这表明纳粹政权一直把既定的国际法规则视为一个可利用的工具。不过，需看到德军在战争期间并没有完全背离既往的国际实践所确立的战时规则，尤其是在西线战场，德军在大多数情况下主动遵守了《日内瓦公约》的各项规定。也就是说，尽管纳粹德国一直妄图搭建新的国际秩序，并为此阐发新的国际法理论，但是它也并没有完全脱离既有国际法的约束,这与同样站在非正义一方发动战争的日本军队的为所欲为形成了较为鲜明的对比。

## 一、纳粹德国在战前的国际环境

德国在"一战"失败后被迫签订了《凡尔赛和约》。根据《和约》的内容,德国不仅仅要承担发动战争的罪责和巨额的经济赔偿,失去其海外殖民地,而且德国边境的诸多领土也被划分给其他国家,其军事实力也受到严格的限制。[①]具体来说,德国丧失了北石勒苏益格(北部)、西里西亚和东普鲁士的部分领土(东部),并将阿尔萨斯和洛林给法国,使法国领土恢复到普法战争前的状态。在军事方面,德国被要求不得实施普遍义务兵役制,只能招募志愿人员参军,陆军总人数被限制在10万人,海军不得装备大吨位军舰和潜艇,且不能发展空军力量。此外,在法国的强烈要求下,法德两国边境的莱茵地区设立非军事区,德国不得在莱茵河以东50千米的领土范围内设防,莱茵河以西的地区则须由协约国的军队驻扎15年(后于1930年撤军)。随后,1925年的《洛迦诺公约》(Locarno Treaties)再次确定了有关莱茵非军事区的内容。[②]从战略格局来说,作为战败国的德国被置于极为不利的地位:其西面邻国是宿敌法国及其盟友比利时,东面是对德国一直怀有敌

---

[①] 《凡尔赛和约》的条文,参见 https://en.wikisource.org/wiki/Treaty_of_Versailles,最后访问日期:2021年11月9日。

[②] 参见于忠:《洛迦诺会议和洛迦诺公约》,《历史教学》1986年第6期,第41—44页;冯梁:《洛迦诺会议的起源——英国、德国和法国的安全问题》,《南京大学学报(哲学社会科学版)》1994年第3期,第140—146页。

意的波兰和捷克斯洛伐克，南面则是永久中立国瑞士和同样说德语的奥地利。为了进一步限制德国的实力，《和约》规定德国和奥地利永远不得合并。以上便是纳粹上台之后所面临的国际政治环境。

为了一雪前耻，实现领土扩张、称霸欧洲的政治野心，在"二战"正式爆发之前，希特勒通过一系列的外交和军事手段，使得德国的军事实力得到了极大的提升，领土范围也进一步扩张。这一过程具体可分为依次推进的三个阶段：首先，纳粹德国突破《凡尔赛和约》的限制，大规模扩充海陆空三军；其次，希特勒悍然撕毁《凡尔赛和约》和《洛迦诺公约》中有关莱茵非军事区的规定，将军队重新开进莱茵地区；再次，纳粹德国通过一系列的国际条约寻求战略盟友，改变德国所面临的敌国环伺的被动状态。

具体来说，为"一战"战败的阴霾所笼罩的魏玛德国一直生存在强烈的军事不安全感之下。1932年，德国政府便在日内瓦召开的世界裁军会议上提出了"军备平等"的要求，其具体诉求是要么允许德国进行适度的扩军，要么强制德国的邻国裁军。纳粹上台之初延续了这种外交策略。长期奉行"大陆均势政策"的英国提出了著名的"麦克唐纳计划"（The MacDonald Plan），建议德国、法国、意大利和波兰等主要国家将陆军人数限制在20万以内，并希望各国在5年之内达成这一限额要求。该计划既回应了德国的主张，又在客观上实现了以德国抑制法国，防止法国一家独大、称霸欧洲的战略目标。希特勒并不满足于区区20万的陆军总数，但为了赢得支持，他还是表面应允了该项提议，而法国则以害怕德国报复为理由对于"麦克唐纳计划"提出了不同意见。纳粹德国抓住这个理由"名正言顺"地走出了毁约扩军的第一步。

希特勒于 1933 年 10 月 14 日向世界裁军会议主席发出通知，既然拥有强大军事实力的国家（意指法国）不愿削减自身的军事力量并实现德国要求军备平等的合理愿望，那么德国决定退出世界裁军会议。仅仅 5 天之后，德国又宣布退出国际联盟。[1] 为了表明德国做出上述行为的正当性，希特勒政府还组织了一次全民公投（Volksabstimmung），由全体德国公民来决定是否支持德国退出裁军会议和国际联盟的做法。[2] 根据官方公布的结果，约有 96% 的民众参与了投票，其中 95% 的人都支持希特勒的做法。于是，纳粹政府便趁热打铁，拿出了一份具体的扩军计划：陆军兵力总数从目前的 10 万人增加到 30 万人，具体包括组建 21 个步兵师、3 个骑兵师和 1 个骑兵旅，1 个轻装师和 1 支重装甲部队；在发生战争的情况下，兵员总数应扩充至 80 万人，由 63 个师组成，其中半数为野战部队。

1935 年 1 月，萨尔地区根据《凡尔赛和约》进行公投并回归德国之后，希特勒采取了进一步的军事冒险举动，他公然违背《凡尔赛和约》关于军事限制的规定，积极推进扩军计划。1935 年 3 月 6 日，法国提出恢复两年兵役期限的法律草案，其目的在于弥补"一战"之后人口出生率下降所导致的兵源短缺的问题；新法案规定将服役年龄从 21 岁降为 20 岁，而服役期限也从 1 年延长至 2 年。在法国国民议会于 3 月 15 日通过该法令之后的第二天，纳粹政府便紧跟着颁布了《国防军重建法》（Gesetz für den Aufbau

---

[1] 参见郑寅达、陈旸：《第三帝国史》，第 481—483 页。
[2] Otmar Jung, Plebiszit und Diktatur: Die Volksabstimmungen der Nationalsozialisten, S.50ff.

der Wehrmacht)。根据该法，德国国防军将志愿兵役制改为义务兵役制，和平时期的陆军将由 12 个军、36 个师组成。与此同时，德国外交部向英国、法国、意大利和波兰四国的驻德使节递交了《国防军重建法》的文本。随后，希特勒政府又在 5 月 21 日颁布了《军事法》(Wehrgesetz)，该法律将德国军队的正式名称由"国防军"(Reichswehr)改为"军事力量"(Wehrmacht)。根据该法，整个军队包括海军、陆军和空军三个军种，三军各设总司令一职和总参谋部，希特勒本人担任最高统帅；国防部改组为军事部，仍然由原来的国防部部长维尔纳·冯·勃洛姆贝格（Werner von Blomberg）担任部长。[1] 自此以后，纳粹德国军事实力的膨胀不再受到任何约束。[2]

根据《凡尔赛和约》的规定，德国除了在军事实力方面遭受限制之外，另一项防止德国发动扩张战争的设置就是"莱茵非军事区"，即德国不得在莱茵河以东 50 千米的范围内驻扎军队。随后的《洛迦诺公约》再次确认了该项举措。对于德国来说，要想彻底恢复第一次世界大战失败以来丧失的战略主动地位，为后续的扩张计划做好准备，实现莱茵地区的再军事化便是必然要迈出的一步。早在 1935 年 5 月，希特勒便下令让国防军的将领们着手

---

[1] 参见郑寅达、梁中芳:《德国纳粹运动与纳粹专政》，第 266 页。
[2] 在陆军方面，德国将在 1939 年建立 32 个步兵师，4 个摩托化步兵师，1 个山地师，3 个装甲坦克师，3 个轻装师和 1 个骑兵旅，和平时期的总兵力要达到 83 万人，而战争时期将扩充至 462 万人，其中野战师 102 个；在空军方面，希特勒任命"一战"时期的王牌飞行员戈林担任航空部长，到 1939 年时，德国已经拥有一线作战飞机 4093 架；在海军方面，希特勒主要把英国作为"假想敌"，尽管其总体实力仍然远远落后于英国，但在 1939 年 9 月时，德国军舰的总吨位也到达到了 35 万吨。

谋划进军莱茵的行动方案。由于英国、法国和意大利对于德国自从 1935 年初采取的违反《凡尔赛和约》以及组建空军等军事扩张行为感到不满，法国总理皮埃尔·赖伐尔（Pierre Laval）、英国首相拉姆齐·麦克唐纳（James Ramsay MacDonald）、意大利首相墨索里尼（Benito Amilcare Andrea Mussolini）在同年 4 月签署了《斯特莱沙最终宣言》（Final Declaration of the Stresa Conference），从而正式确立了对抗纳粹德国的"斯特莱沙阵线"（Stresa Front）。不过，由于意大利在 1935 年 10 月悍然发动针对非洲的阿比西尼亚（Abyssinia）的侵略战争之后受到了国际联盟的制裁，意大利和英法的两国同盟便以破裂告终，墨索里尼在 1936 年 2 月宣布"斯特莱沙阵线"不复存在。[1] 正是在这种情况下，希特勒看到了进军莱茵非军事区的时机。在 1936 年 3 月 6 日的内阁会议上，外交部部长牛赖特（Konstantin von Neurath）、经济部长沙赫特（Hjalmar Schacht）和军事部长勃洛姆贝格等内阁成员均对这一举动的风险提出疑虑，他们认为德国尚且没有抵抗法国的实力。不过，希特勒还是做出了把军队开入莱茵地区的冒险决定。

1936 年 3 月 7 日，19 个营和 12 个炮兵连的共计 3 万多名德国士兵根据希特勒的命令进入了莱茵非军事区，就在当日上午 10 点，德国外交部部长牛赖特便召集了英国、法国、比利时和意大利这 4 个《洛迦诺公约》缔约国的大使，向他们递交了德国政府备忘录。在备忘录中，德国把法国与苏联在 1936 年 2 月缔结

---

[1] 参见〔美〕格哈特·温伯格：《希特勒德国的对外政策》（上编），何江、张炳杰译，商务印书馆 1992 年版，第 337 页以下。

的《法苏互助条约》作为其军事行动的借口：既然法国已经违约在先，那么德国也没有必要再受到《凡尔赛和约》和《洛迦诺公约》中关于莱茵非军事区条款的限制，遂可以恢复自身在莱茵地区的"完整和不受限制的主权"。由于当时德国的军事实力同法国相比还处于明显的劣势，所以希特勒本人也对上述军事冒险活动可能招致的法国的反攻心惊胆战，以至于他将进军后的48小时称为"一生中神经最为紧张的时刻"。为了缓和此举对于法国以及周边其他国家所造成的恐慌，希特勒政府向国际社会提出了一系列"和平"建议。首先，德国可以同西边的法国、比利时签订一项长达25年的互不侵犯条约，也乐于同东边的波兰等邻国签署类似的条约；其次，德国愿意同西方各国共同协商，确立一份有关各国空军力量的公约；再次，德国愿意重返国际联盟，条件是各国允许德国收回其在"一战"后丧失的海外殖民地并摆脱《凡尔赛和约》中对德国不合理的束缚。[1]

然而，以法国为首的国际社会对于纳粹德国悍然违反《凡尔赛和约》和《洛迦诺公约》的军事行动并未做出必要的和有效的回应。事实上，法国对于希特勒政府的野心并非毫无察觉。从1935年起，法国派遣到德国的外交官员就已经向法国政府报告了德国可能采取军事行动并重新驻军莱茵非军事区的迹象。例如，法国驻科隆的总领事让·多布勒在1935年4月12日的报告中已经提到，德国人正在非军事区修建营房、武装库、飞机场及铁路

---

[1] See Manfred Messerschmidt, Foreign Policy and Preparation for War, Wilhelm Deist, Manfred Messerschmidt, Hans-Erich Volkmann (ed.), *Germany and the Second World War Volume I: The Build-up of German Aggression*, Oxford University Press, 2015, pp.615ff.

和公路等设施。同年 11 月 12 日,法国驻德大使也向法国政府发出警告,称希特勒很可能会以法、苏签订《法苏互助条约》为借口趁机出兵莱茵非军事区。因此,法国内阁在 1936 年 2 月 27 日,也就是《法苏互助条约》被法国国民议会批准的当天,确定了针对德国潜在军事行动的应对策略:其核心理念是法国政府不单独采取反击行动,而是应当会同英国、比利时和意大利这些《洛迦诺公约》的缔约国共同商定行动方案,英国政府的态度则尤为重要。[1] 然而,英国政府则更愿意采取旁观的态度,没有表现出积极联合法国来抵制德国军事行动的意图。与此同时,国联理事会经过讨论,确认德国的行动确实违反了《凡尔赛和约》和《洛迦诺公约》,但是国际联盟却没有采取有效的制裁措施,而是希望通过谈判的方式来解决莱茵地区的问题。看到英、法等国懦弱无力的反应后,希特勒一方面表示愿意展开和平谈判,另一方面却继续向莱茵地区派驻军队。最终,德国对莱茵地区的军事化成为既定事实,这也坚定了希特勒追求进一步扩张和侵略行为的野心。[2]

1936 年,德国与意大利在干涉西班牙内战的问题上达成共同意向,随后于 10 月份签订了"柏林–罗马轴心协定"的《德意协定书》。在 1936 年 11 月,德国和日本又签订了《反共产国际协定》,次年 11 月份,意大利也加入了该协定。这也就标志着由三个法西斯国家结成的轴心国集团初步确立下来。[3] 与此同时,希特勒在

---

[1] 参见梁占军:《1936 年法国防范德国重占莱茵非军事区的决策》,《史学月刊》2006 年第 5 期,第 75—78 页。
[2] 参见郑寅达、陈旸:《第三帝国史》,第 494 页。
[3] See Manfred Messerschmidt, Foreign Policy and Preparation for War, pp.653ff.

1937年11月5日召集德军的高级将领召开秘密会议,开始为纳粹德国的扩张计划制定初步的方案,这一会议的内容被记录在《霍斯巴赫备忘录》(Hoßbach-Niederschrift)之中。在会议过程中,希特勒提出把捷克斯洛伐克和奥地利作为首要的行动目标,因为这样便可以排除德军在西线行动过程中所可能受到的来自侧翼的威胁。[①]

1938年,德国和奥地利以公投方式实现联合,建立了所谓的"大德意志国"。由于奥地利境内有大量鼓吹德奥合并的狂热分子在各地制造动乱,当时的奥地利总理库尔特·舒施尼格(Kurt Schuschnigg)宣布将在3月13日举行一次全民公投,以决定德奥合并是否可行。不过,在希特勒的武力威胁下,这场公投被取消了。就在原定表决日的前一天,德国的军队越过德奥边境,奥地利军队并未加以抵抗,当地民众反而对德军到来表现出极大的热情。德国吞并奥地利已成既定事实。纳粹政府于4月10日在奥地利组织了一次全民公投,从法律上认可了德奥两国的合并。[②]

由于希特勒的行动没有遭到来自国际社会的抵制和制裁,他便开始谋划针对捷克斯洛伐克的行动。这次特别行动是将苏台德地区的民族矛盾作为突破口。作为捷克斯洛伐克的领土,苏台德地区居住着大量的德意志人,在希特勒的授意下,"苏台德德意志人党"向捷克斯洛伐克政府提出了难以接受的请求,从而为德国

---

① 《霍斯巴赫备忘录》直接关系到"二战"的起源,尤其是英国史学家A.J.P.泰勒对传统观点的挑战,具体可参见〔英〕泰勒:《第二次世界大战的起源》,潘人杰等译,华东师范大学出版社1991年版。国内学者对相关争论所做的梳理,可以参见郑寅达等:《泰勒挑起的一场论战——希特勒究竟该不该对战争的爆发负责?》,《上海师范大学学报(哲学社会科学版)》1979年第4期,第100—104页。

② 参见郑寅达、陈旸:《第三帝国史》,第522—527页。

插足提供了理由。然而，英国和法国都不愿与德国产生直接冲突，英国首相张伯伦（Arthur Neville Chamberlain）于 1938 年 9 月 15 日和 22 日两次造访德国，希望尽可能满足希特勒的要求，以达到息事宁人的目的。在绥靖政策之下，英国首相张伯伦、法国总理达拉第（Edouard Daladier）和意大利首相墨索里尼同希特勒在慕尼黑举行会谈，最终达成了《关于捷克斯洛伐克割让苏台德地区给德国的决定》，即《慕尼黑协定》（Münchner Abkommen），捷克斯洛伐克也只能成为大国交易的牺牲品。[①] 然而，希特勒却没有就此罢手。1939 年 3 月，德国直接出兵占领了捷克斯洛伐克，其中斯洛伐克部分在纳粹支持下宣告独立，而在剩余的捷克领土之上，希特勒建立起"波西米亚和摩拉维亚保护国"（Reichsprotektorat Böhmen und Mähren）。[②] 1939 年 9 月 1 日，希特勒对波兰发动袭击时，英法两国被迫对德宣战，第二次世界大战全面爆发。需看到，纳粹时期的国际法理论和国际法学说正是在上述历史背景之下不断展开的。

## 二、国际法学科及其意识形态化

### （一）国际法学科的变化

1933 年，德国一共有 23 所大学。作为一种执行教育职能的特殊的国家机构，这些大学隶属于教育部。不过，德国大学在传统上享有较高的自治权。在 1914 年之前，这些高等学府在德国本

---

[①] 参见郑寅达等：《德国通史（第五卷）：危机时代》，第 464 页以下。
[②] 参见郑寅达、梁中芳：《德国纳粹运动与纳粹专政》，第 282 页。

土之外享有良好的声誉，来自世界各地的学生都希望在德国获取博士学位。在魏玛时期，德国的大学没有发生太大的变化，仍然是一种奉行威权主义的学术自治体；它们由那些享有终身教职的教授们所把控，这些教授在他们的学术领域严格奉行他们各自的教育方法。[1] 不过，由于魏玛政府在教育方面的投入相对短缺，这些大学变得愈发破旧和寒酸。这一时期，有超过 20 所大学的法律系设置了国际法（主要指国际公法）教席，填充该教席的人物既有同时担任同一大学国家法学教席的学者，比如柏林大学的埃里希·考夫曼、海因里希·特里佩尔、波恩大学的理查·托马、科隆大学的汉斯·凯尔森、海德堡大学的沃尔特·耶利内克等等，也有一些几乎只在国际法研究的领域发挥影响力的学者，比如基尔大学的沃尔特·舍恩鲍恩（Walter Schönborn）和沃尔特·舒琴（Walther Schücking）。随着纳粹政权越来越多地干预法学教育的领域，那些努力延续着魏玛时代的国际法传统的教授们纷纷遭到压制和排斥，取而代之的是一些接受纳粹主义意识形态的较为年轻的教授。

除了大学之外，德国还存在着若干国际法研究机构。基尔大学于 1914 年成立的"基尔国际法研究中心"（Kieler Institut für internationales Recht）是德国境内最早的国际法研究机构之一；后来为纪念沃尔特·舒琴教授，该中心于 1995 年改名为"沃尔特·舒琴国际法研究中心"（Walther Schücking Institut

---

[1] 韦伯在"以学术为业"演讲的开篇就讨论过 20 世纪初德国大学的学术环境，参见〔德〕马克斯·韦伯：《学术与政治》，冯克利译，生活·读书·新知三联书店 2013 年版，第 17 页以下。

für internationales Recht）。另外，马克斯-普朗克比较法和国际私法研究所，马克斯-普朗克比较公法和国际法研究所的前身同样是当时重要的研究机构。此外，国际私法研究所成立于1926年，原名为"外国和国际私法研究所"（Institut für ausländisches und internationales Privatrecht），最初由著名的比较法学者恩斯特·拉贝尔（Ernst Rabel）担任所长。在1936年的"纳粹一体化进程"之中，拉贝尔被撤职，后来由忠于纳粹的法学家恩斯特·海曼（Ernst Heymann）担任该机构的领导人。比较公法和国际法研究所成立于1924年，最初位于柏林，于1949年迁到了海德堡。维克托·布伦斯（Viktor Bruns）是该机构的建立者，纳粹上台后，布伦斯仍然担任研究所的负责人，但他始终没有加入纳粹党，故而该研究所尚能保持自身的独立性并且与外国学者保持学术联系。在1943年布伦斯去世之后，纳粹分子卡尔·比尔芬格（Karl Bilfinger）接替了他的职位，他表现出与纳粹当局更为合作的态度。[①]

除任职于国内的研究机构之外，一些德国的国际法专家在当时的国际机构和组织中同样扮演着重要角色。比如，在1930年，沃尔特·舒琴便被选举为国际司法永久法庭的法官；维克托·布伦斯则在一些涉及德国和但泽自由市的事务中担任特别法官。此外，在1926年德国加入国联之后，德国的外交官和律师也积极参加相关的活动。在一些非官方的国际组织中，比如海牙的国际法学会，也经常见到德国人的身影。截至1933年，德国共有32名

---

① 参见〔德〕施托莱斯：《德意志公法史（卷三）》，王韵茹译，第520页以下。

国际法领域的正教授，他们也是德国国际法学界的核心，以下表3对于这32位比较重要的德国国际法学者在纳粹统治时期的任职经历进行了总结。[①]

**表3 纳粹统治时期德国重要国际法学者任职履历**

| 任职学校 | 学者姓名与生卒年份 | 任职履历 |
| --- | --- | --- |
| 柏林大学 | 维克托·布伦斯（Viktor Bruns, 1884-1943） | 担任比较公法和国际法研究所的负责人 |
| 柏林大学 | 埃里希·考夫曼（Erich Kaufmann, 1880-1972） | 1933年在柏林大学担任正教授，后因其犹太人的身份，根据《公务员重建法》被解职，后在其家中组织了私人的"尼古拉斯湖课程"（Nikolasseer Seminare） |
| 柏林大学 | 海因里希·特里佩尔（Heinrich Triepel, 1868-1946） | 从1913年起，在柏林大学任教，1935年3月退休 |
| 波恩大学 | 理查·托马（Richard Thoma, 1874-1957） | 1928至1945年担任波恩大学的正教授 |
| 布雷斯劳大学 | 汉斯·黑尔弗里茨（Hans Helfritz, 1877-1958） | 1933年春被选为布雷斯劳大学校长，同年秋天便被纳粹国际法学者古斯塔夫·瓦尔茨（Gustav Walz）取代，但他仍然继续在学校任教 |
| 布雷斯劳大学 | 阿图尔·韦格纳（Arthur Wegner, 1900-1989） | 1937年被强制退休，后流亡英国、加拿大等地 |

---

[①] See, Detlev F. Vagts, International Law in the Third Reich, *The American Journal of International Law*, Vol. 84, No. 3 (1990), p.703. 本文根据瓦茨（Vagts）整理的名单，对这些教授的情况作了补充。

续表

| 任职学校 | 学者姓名与生卒年份 | 任职履历 |
|---|---|---|
| 科隆大学 | 戈德哈德·埃贝斯（Godehard Ebers，1880-1958） | 1933年担任科隆大学校长，后因纳粹的"一体化"进程被迫离职，1935年9月因拒绝与纳粹合作而被迫强制退休 |
| 科隆大学 | 汉斯·凯尔森（Hans Kelsen，1881-1973） | 1933年之前在科隆大学任教，在纳粹上台后被解职，后流亡美国 |
| 埃尔朗根大学 | 马克斯·文策尔（Max Wenzel，1882-1967） | 远离政治生活，没有过多受纳粹影响，但战后积极为那些向纳粹妥协的法学家辩护 |
| 法兰克福大学 | 弗里德里希·吉泽（Friedrich Giese，1882-1958） | 与纳粹保持一定的距离，未加入纳粹党 |
| 法兰克福大学 | 卡尔·斯特鲁普（Karl Strupp，1886-1940） | 1933年被解职，后经伊斯坦布尔，于1935年达到法国，逝世于1940年 |
| 弗莱堡大学 | 威廉·凡·卡尔克（Wilhelm van Calker，1869-1937） | 1935年退休 |
| 哥廷根大学 | 保罗·舍恩（Paul Schön，1867-1941） | 主要研究教会法，一直与国家社会主义保持距离 |
| 哥廷根大学 | 赫伯特·克劳斯（Herbert Kraus，1884-1965） | 由于对纳粹的批评，于1937年被迫强制退休 |
| 哥廷根大学 | 格哈德·莱布霍尔茨（Gerhard Leibholz，1901-1982） | 1935年因犹太人的身份被免职，后于1938年逃往英国 |
| 格赖夫斯瓦尔德大学 | 赫尔曼·雅赖斯（Hermann Jahrreiβ，1894-1992） | 纳粹"夺权"后，曾发表庆贺性的文章，后于1937年调往科隆任教 |

续表

| 任职学校 | 学者姓名与生卒年份 | 任职履历 |
| --- | --- | --- |
| 哈勒大学 | 卡尔·比尔芬格（Carl Bilfinger, 1879-1958） | 1933年加入纳粹党，1935年调任到海德堡大学并担任副校长；于1943年接替逝世的布伦斯担任公法和国际法研究所的负责人 |
| 哈勒大学 | 马克斯·弗莱施曼（Max Fleischmann, 1872-1943） | 1935年因犹太人的身份被迫离职，1941年前往柏林与那里的军事反抗组织成员取得联系；1943年，为逃避秘密警察的抓捕，他服下了过量的安眠药自杀 |
| 汉堡大学 | 鲁道夫·冯·劳恩（Rudolf von Laun, 1882-1975） | 作为一名社会民主党的成员，他得以保留教职，但必须放弃发表，在战后德国国际法的重建中，发挥了重要的作用 |
| 汉堡大学 | 阿尔布雷希特·巴托尔迪（Albrecht Bartholdy, 1874-1936） | 1933年因犹太人的身份被迫离职，后于1934年逃往英国 |
| 汉堡大学 | 库尔特·佩雷尔斯（Kurt Perels, 1878-1933） | 1933年担任汉堡大学法律系主任，同时还是汉莎高等法院的兼职法官。纳粹上台后，他辞去法官的职务，后来因被要求提供雅利安身份的证明而选择自杀 |
| 海德堡大学 | 沃尔特·耶利内克（Walter Jellinek, 1885-1955） | 因犹太人的身份于1935年被解职 |
| 基尔大学 | 沃尔特·舍恩鲍恩（Walter Schönborn, 1883-1956） | 从1934年起担任基尔大学的国际法研究中心主任 |

续表

| 任职学校 | 学者姓名与生卒年份 | 任职履历 |
| --- | --- | --- |
| 基尔大学 | 沃尔特·舒琴（Walther Schücking，1875-1935） | 作为民主派和和平主义者，舒琴于1933年因其反对希特勒政权的政治立场被强迫离职，后于1935年在海牙去世 |
| 柯尼斯堡大学 | 恩斯特·冯·希佩尔（Ernst von Hippel，1895-1984） | 他的主张给驱逐大学中的犹太人提供了重要的理由，后于1940年调任到科隆大学，直至退休 |
| 莱比锡大学 | 沃尔特·西蒙斯（Walter Simons，1861-1937） | 右翼的保守派政治家，在学术上支持希特勒的外交政策 |
| 马堡大学 | 约翰·布雷特（Johann Bredt，1879-1940） | 曾在1930年短暂出任布吕宁内阁的司法部部长，后于1940年去世 |
| 慕尼黑大学 | 卡尔·诺伊迈尔（Karl Neumeyer，1869-1941） | 由于犹太人的身份，于1934年被迫离职，于1941年与其夫人一起自杀 |
| 明斯特大学 | 海因里希·德罗斯特（Heinrich Drost，1898-1956） | —— |
| 罗斯托克大学 | 埃德加·塔塔林-塔恩海登（Edgar Tatarin-Tarnheyden，1882-1966） | 曾积极参与"法治国"之争，于1937年加入纳粹党 |
| 罗斯托克大学 | 恩斯特·沃尔加斯特（Ernst Wolgast，1888-1959） | 从1934年起任职于乌尔兹堡大学，于1937年加入纳粹党，后于1944年12月退党 |
| 图宾根大学 | 汉斯·格贝尔（Hans Gerber，1889-1981） | 1933年加入冲锋队，1934年调任到莱比锡大学，于1935—1937年间担任法律系主任，从1941年起调任到弗莱堡大学；"二战"期间还曾担任军事法官 |

## （二）国际法学说的意识形态基础

纳粹夺权之后，德国的国际法理论开始呈现出与此前极为不同的面貌。值得注意的是，国际法理论的剧烈变化并不是主要发生在大学或者研究所，而是发生在纳粹当局负责意识形态把控的思想宣传部门。一方面，同其他专业的法学文献一样，国际法的文献充斥着大量模棱两可的措辞以及与意识形态关联紧密的诡辩言论，它们在很大程度上是受到了"第三帝国语言"（*Lingua Tertii Imperii*）风格的影响；[1]另一方面，尽管纳粹学者之间存在着大量的分歧，但是纳粹主义的国际法理论的一般特征仍然具有鲜明的可识别性。[2]诸如尼克莱、恩斯特·沃尔加斯特（Ernst Wolgast）、诺伯特·居尔克（Nobert Gürke）、赫伯特·克劳斯（Herbert Kraus）以及瓦尔茨（G. A. Walz）等纳粹理论家在阐述纳粹主义在国际法领域的基本原则方面发挥了较为重要的作用。

需看到，17世纪以来的欧洲政治传统把"国家"理解为一个拥有确定的领域、人口、政府与主权的政治实体，因而国际法就是调整这种具有近代意义的政治实体之间关系的法律。但是在纳粹主义者看来，这些要素的优先性是截然相反的。纳粹法学的一个突出特征便在于强调法律的非自主性，即主张法律的形式和内容取决于其所对应的社会现实。也就是说，具体的社会状况、社会分层以及社会关系，而非抽象的规范，被认为是识别

---

[1] 参见〔德〕维克多·克莱普勒：《第三帝国的语言：一个语文学者的笔记》，印芝虹译，商务印书馆2013年版。

[2] See, Virginia L. Gott, The National Socialist Theory of International Law, *The American Journal of International Law*, Vol. 32, No. 4 (1938), p.704.

一切法律的基础。法律的性质是由"具体的现实"（die konkrete Wirklichkeit）所决定的，其中最基本也是最重要的社会现实便是所有的人分属于不同的种族和民族；对于纳粹法学家来说，这是一切法律思想得以发展的基础性事实。

纳粹理论家时常援引社会学家滕尼斯（Tönnies）对于"共同体"（Gemeinschaft）和"社会"（Gesellschaft）这两个概念所做的经典区分，并以其作为立论的依据。相比之下，所谓"社会"不过是将成员的个人意志扭结在一起而刻意制造出来的虚假实体，它是自由主义世界观的产物，自从1789年的法国大革命起便广泛存在；[①] 而"共同体"则意味着一种代代传承的、有机组成的集体，它先验地优先于并且凌驾于原子化的个人，而个人只不过是在特定时刻碰巧成为其组成分子。"社会"通过夸大个人的意志来传达其意志，是典型的人为建构的产物；"共同体"则具有客观的共同意志，其来源于有机体的整体意志必须通过领袖的行动加以传达。在理想状态下，单一民族应当与单一国家相对应；但是历史上发生的一系列事件将某些民族分裂开来，比如日耳曼诸民族，便形成了若干个不同的国家。尽管如此，历史和道德仍然呼唤着"一个民族，一个国家和一个元首"。换言之，在纳粹理论家们看来，"共同体"作为一种生活方式显然优于"社会"。

从对于"共同体"及其法律的解释出发，纳粹理论家们设想出一种存在于不同的"共同体"之间的前所未有的法律秩序。共

---

[①] 关于滕尼斯的理论，可以参见〔德〕斐迪南·滕尼斯：《共同体与社会：纯粹社会学的基本概念》，张巍卓译，商务印书馆2020年版。

同体是自然意志的表达，而共同体的最高形态便是种族纯粹的人民共同体。种族纯洁性成为一个真正的、自然的共同体的关键。此外，种族纯洁性的另一个方面在于，共同体的法律只有借助种族的天性才是可识别的。植根于民族观念中的法便是"自然法"，因此，纳粹主义的法律思想呼唤自然法的回归。但是，纳粹理论家们所理解的自然法绝不是17—18世纪欧洲的自然法。这种自然法不是通过人的理性来追求的一种观念性的、普世性的体系，而是一种反映在一个民族的血脉和土壤中的固有的东西。一个民族的"自然法"是相对的，反映了一个民族不断变化的需求，也可以说取决于一个民族的生存权（Lebensrecht）。"自然法"不是成文的，它存在于同一种族的人们的血脉之中，它是一种生物性的自然法。同时，生物自然法也是神法，因为人民的声音就是上帝的声音。一个"共同体"的实在法就应当是该"共同体"的自然法，因为国家不是法律的来源，其只不过是把早就存在的法律表述出来而已。在此逻辑之下毫无疑问，元首作为人民意志的代表，将凭借直觉和本能从血缘共同体中辨识出自然法。实际上，所有有利于共同体的便是法，所有不利于共同体的便是不法。因此，相比之下，实定法是动态的，一直处于变化之中，但是实定法将与共同体的自然法保持一致。

紧接着，纳粹主义者提出"社会的法"和"共同体的自然法与实定法"之间的关联。尼克莱主张，由于一切生物都处于一种法律秩序之下，因此单个的国家也处于一个法律秩序之下。就像所有其他的法律那样，"国际法是什么"也取决于国际法所调整的社会生活究竟是什么。就目前的情况而言，欧洲的国际法所调整的乃是"社会"这个对象，也就是一种根据其成员的个人主义和利己主义所建立的机械团结的整体。在这个霍布斯式的"社会"概念之中，趋利避害、自私自利是唯一的动力和精神基础。这样的社会不可能是一种自然存在的团体，而只能是一种被虚拟出来的团体，或者说，它是被一种有意识的思想建构出来的产物，因而缺乏自然的、内在自发的意志。然而，社会，作为一种类型的共同体，也必然拥有自己的法，因为每一种形式的人类生活都与一种特定的法律秩序相匹配。不过，这里显然存在着一个深刻的内在矛盾：共同体的自然法与国家之间（国际性）的拟制性团体的（实定）法在性质上是不匹配的，此外，这也与所有的真正的自然法都具有一种种族基础的理论前提不符。但是，只要把"社会的法"视为一种基于德意志人民意志的自然法，而不是由国际社会的所有成员通过政治协议构建出来的（实定）法，那么上述的自相矛盾便可以被扫清，纳粹的实质主义的立场也就清晰地呈现出来了。[1]要言之，一个自然法秩序的基本义务就是服务和满足所有国家的利益。然而，由于国家之间的利益是几乎完全对立的，也是不可调和的，因此人们只能设想一些极为有限的规则来服务并且满足所有国家的利益。[2]鉴于这一点，纳粹德国并不把既有的国际法视为真正的法。

---

[1] 这种"反普世主义"的国际法立场，参见 Dan Diner, Rassistisches Völkerrecht: Elemente einer nationalsozialistischen Weltordnung, Vierteljahrshefte für Zeitgeschichte, H. 4 (1989), S.27-34。

[2] See Lawrence Preuss, National Socialist Conceptions of International Law, *American Political Science Review*, 29, No. 4 (1935), pp.605ff.

## 三、从主权平等到"大空间"理论

任何对于国家性质的分析都必然要牵涉到国家之间的平等。需看到,1933年后德国的国际法理念正是通过强调"平等"的价值而被表达出来的:由于《凡尔赛和约》将德国置于与他国不平等的不利地位,因而该协定是不公正的,进而也是无效的。[①]为了尽可能争取从《和约》中解脱出来,纳粹德国在平等原则之外还找到另外一个理论依据,即国家主权的不可分割性:既然《和约》已经威胁到德国作为一个主权国家应具备的最低限度的主权要求,那么德国就无法做出妥协和让步。在德国,抗议的声音主要指向《和约》对于德国施加的单方的军事限制。这意味着,即便在纳粹夺权之后,德国也依然经常通过援引国际法原理进行说理的常规方式向国际社会表达意见。

然而,时至1936年,纳粹德国基于自己的利益开始突破国家主权在其领土范围内不受干涉的基本原则,这使得国际法的约束力在德国面临一场重大的危机。德国特工跨境追捕逃犯,最终在瑞士的领土之上逮捕了一位名叫贝特霍尔德·雅各布-所罗门(Berthold Jacob-Solomon)的德国犹太人,这样的做法违反了国际法。面对瑞士将要提起仲裁的威胁,希特勒极不情愿地承认该事件违背国际法,并认为将雅克布-所罗门放回瑞士是一种审慎的做法。也就是说,纳粹德国在进军莱茵非军事区之后依然选择保持

---

[①] Vgl. Dan Diner, Rassistisches Völkerrecht: Elemente einer nationalsozialistischen Weltordnung, S.34–40.

对于国际法的遵守。然而，到了1939年，随着战争的爆发，纳粹德国对待此类问题的态度发生了根本的转变，当局不再考虑返还两名在荷兰境内逮捕的英国特工。[1]

而在理论层面，早在1937—1938年间，纳粹德国的国家法和国际法学者便已经开始造势，试图论证德国所需要的是一个伟大的、突出的，而非与其他普通国家相平等的国际地位。其中最值得一提的人物仍旧是卡尔·施米特。从1933年5月加入纳粹党之后，施米特持续地以学术演讲和发表论著的方式向纳粹当局表达超乎寻常的忠诚，他被授予众多学术职位和荣誉，其中就包括"桂冠法学家"的头衔以及颇具影响力的《德意志法律人报》的主编一职。不过，鉴于与施米特存在仕途上竞争关系的教授们长期向当局举报，从1936年12月3日开始，纳粹党卫队的"机关报"《黑衣军团》（Das schwaze Korps）针对施米特发起一连串猛烈的抨击，指控他是一个为犹太人辩护的政治投机分子，就连纳粹法学领袖弗兰克也无法保全施米特的地位。施米特只好以"健康原因"为借口退出有影响力的学术职位，谋取国家法学领袖地位的抱负也彻底落空，他不得已把目光转向了新的领域。经过两年时间的准备，施米特于1939年4月1日发表了一次关于"大空间"原则（Großraum）的学术演讲，第一次提出将该原则作为未来国际法理论的核心要素。[2] 为了重返学术舞台，获得元首的青睐，施米特把

---

[1] See Detlev F. Vagts, *International Law in the Third Reich*, p.687f.
[2] 关于施米特的"大空间理论"可以参见陈伟：《施米特的大空间理论》，《政治思想史》2010年第1期，第80—97页；更为全面的梳理，参见 Mathias Schmoeckel, Die Großraumtheorie Ein Beitrag zur Geschichte der Völkerrechtswissenschaft im Dritten Reich, insbesondere der Kriegszeit, Duncker & Humblot, 1994.

他在 1936 年之前阐发的理论也揉进了这一国际法学说。

事实上"大空间"的概念并非施米特首创，而是最初源自德国地缘政治学家卡尔·豪斯霍费尔（Karl Haushofer）所发展的地理政治学。豪斯霍费尔从 1924 年开始主办《地理政治学杂志》，并撰写了题为《德意志：民族和它的生存空间》的著作，但是他关于以"苏-德同盟"对抗英美两国海权同盟的思想并没有得到希特勒的认可。[①]1941 年苏德开战之后，豪斯霍费尔关于德国发展的战略构想被彻底抛弃，而他本人也并不认同种族主义的意识形态，这导致他与纳粹政权渐行渐远。[②] "大空间"的另一个理论渊源来自于大洋彼岸。需看到，近代国际法史上第一个、也是迄今为止最成功的"大空间"国际法原则出现在 1823 年的美国，也就是所谓的"门罗主义"（Monroe Doctrine）。虽然在发展的不同阶段被赋予了不同的内容，但"门罗主义"的原始含义只包括以下三点：第一，所有美洲国家的独立（Unabhängigkeit）；第二，这个空间之内的非殖民化；第三，禁止美洲之外力量的干涉（Nichtintervention außeramerikanischer Mächte）。不难看出，"门罗主义"虽然站在反对旧欧洲中心主义的立场上，但是从本质上来说不过是以本国利益为中心的帝国主义和霸权主义思维的美国版本。

施米特基于欧洲国家的历史状况更为精确地阐发"大空间"这一政治理念的涵义，即在"大空间"之内，一个国家可以在强

---

[①] See Donald H. Norton, Karl Haushofer and the German Academy, 1925-1945, *Central European History* 1, No. 1 (1968), pp.80–99.
[②] 1944 年，豪斯霍费尔因为他的儿子而被卷入了"7 月 20 日密谋案"，后来被释放；1945 年 4 月，豪斯霍费尔在柏林城陷之时被党卫队枪杀。

力的基础上主张其霸权；他将这一理念解释为从传统的民族国家向"单一世界"的普世主义过渡的过程中不可避免的中间阶段，并努力促成该理念对于当下德国所采取的外交与军事行动的解释力和证明力。根据"大空间"的理论，首先，霸权国家（帝国）可以在"大空间"的范围之内直接干预所有那些屈服于其武力威慑的其他国家的内部事务，从而使其处于相安无事的和谐状态；其次，"大空间"之外的国家则无权干预大空间之内发生的一切政治事务。

施米特把"大空间"理论与"门罗主义"联系在一起，并宣称，德国之于欧洲的霸权地位就相当于美国基于门罗主义在美洲所取得的霸权地位。当然，施米特的"大空间"与美国的"门罗主义"存在着显著的区别，因为"门罗主义"的正当性基础建立在美洲人民争取"自由和独立的地位"（freie und unabhängige Stellung）的强烈愿望和政治实践之上，因而它把那种源自旧大陆的"帝国秩序"，也就是所谓的"君主-王朝的正当性原则"（monarchistisch-dynastische Legitimitätsprinzip）视为对立面；但是施米特的"大空间"理论则无法跳脱"帝国秩序"的思维框架，他无法不将"大空间秩序"视为"帝国"（Reich）概念的重要组成部分。出于某种实用主义的考虑，施米特把"大空间"的概念与仍旧潜藏于许多德国人意识之中的"帝国秩序"联系在一起，以便帮助德国人理解和接受这一理论。施米特在坚持"帝国"（Reich）这一概念时强调，"正确的命名是非常重要的，文字（Wort）和名称（Name）在任何地方都不是次要的，尤其是对于注定要承载国际法的'政治-历史'大国来说，更是如此"，以及"真正的政治大国的历史力量（Geschichtsmächtigkeit）体现在,它带来了自己的、不可任意归类的称呼,贯彻了专属于自己的名字"。① 正因如此,施米特的"大空间"理论很容易被解读为普鲁士军国主义思想的复活。1939 年 4 月 28 日,希特勒在国会演说中指出,德国赞成一种"针对欧洲——首先是针对大德意志帝国的领土和利益——的主义",它类似于门罗主义。② 希特勒的这一表态可以被视为对于施米特"大空间"理念的认可。

作为一个法学家,施米特的强项在于合法性论证,这也反映在他对于"大空间"学说的阐发过程之中。首先,施米特集中分析并批判了 1919 年至 1933 年的国际法现状,即"凡尔赛体系"。他指责这一时期的国际法"虚假繁荣",是科学和实践的国际法活动的巨大膨胀;而这种虚假繁荣的起点则是人们在实践中将 19 世纪特有的实证主义整体作为"一般方法"转移到国家之间的法律关系中。施米特的这一指责直接针对的便是凯尔森领导的维也纳学派。施米特进而将批判的范围扩大到 1890 年至 1939 年之间的"五十年国际法"。③ 施米特认为,五十年国际法从本质上来说是"普遍主义-规范主义"(universalistisch-normativistisch)的国际法。这个发展时期最终决定了国际法史,即欧洲国际法(europäisches Völkerrecht),也就是"欧洲公法"

---

① Carl Schmitt, Völkerrechtliche Großraumordnung mit Interventionsverbot für raumfremde Nächte. Ein Beitrag zum Reichsbegriff im Völkerrecht, 1939, in: Staat, Großraum, Nomos: Arbeiten aus den Jahren 1916–1969, Duncker und Humblot, 1995, S. 296f.

② 〔美〕乔治·施瓦布:《例外的挑战:卡尔·施米特的政治思想导论(1921—1936年)》,李培建译,上海人民出版社 2015 年版,附录"卡尔·施米特大空间概念的背景研究",第 229 页。

③ Carl Schmitt, Die Auflösung der europäischen Ordnung: im „International Law" (1890–1939), Staat, Großraum, Nomos: Arbeiten aus den Jahren 1916–1969, S. 372–388.

（Droit public de l'Europe）扩展为所有民族、种族和大陆的一般的、纳入全球的"国际法"（internationales Recht）。施米特指出，在这样一种国际法逻辑的主导之下，《凡尔赛和约》不仅不包含任何前瞻性的、以某种方式塑造法律的新思维，甚至是非法条约（Unrechtsverträge），它最多只是一个专断命令（Diktat）；而在短短 15 年的时间里，日内瓦机构（国际联盟）可以说已经在其法律和精神实质上，并且在其前提和结果上都颠覆了自己。①

为了在批判国际法现状的基础上证明"大空间"的合法性，施米特适时地抛出了他关于"具体秩序思维"的理论。② 他指出，每一个将自己的工作建立在"法"（Recht）概念之上的法学家，自觉或不自觉地，都将这种"法"设想为一种规则（eine Regel），或一种决断（eine Entscheidung），或一种具体秩序和设计（eine konkrete Ordnung und Gestaltung），并因此决定了三种法学思维方式。但是，最终的，即演绎出所有其他法律概念的概念总是只有一个。根据这三个具体的法律概念在法律思维中被赋予的不同等级，以及根据一个概念演绎出另一个概念或归纳到另一个概念的顺序，可以区分出三种思维方式，即"规范主义"（Normativismus）、"决断主义"（Dezisionismus）、"具体秩序思维"（konkrete Ordnungsdenken）。对于"具体秩序思维"，法律

---

① Vgl. Carl Schmitt, Nationalsozialismus und Völkerrecht, Schriften der Deutschen Hochschule für Politik, Heft 9, Junker & Dünnhaupt, 1934, Gesammelte Schriften 1933-1936: mit ergänzenden Beiträgen aus der Zeit des Zweiten Weltkriegs, Duncker & Humblot, 2021, S.185-189, 192-198.

② Vgl. Carl Schmitt, Über die drei Arten des rechtswissenschaftlichen Denkens, Duncker & Humblot, Aufl. 3, 2006.

上的"秩序"不是一个规则或规则总和,相反,规则只是秩序的一个组成部分和手段。从某种意义上来说,"大空间"正是建立在抛弃17世纪的"决断主义"、18世纪的"规范主义"以及19世纪的"决断-规范主义"而采纳"具体秩序思维"方法论的基础之上形成的全新的国际法理念;它能够应对国家、民族、经济和意识形态状况的众多新任务以及新的共同体形式,因为它所调整的对象不再是国家和社会二分的政治结构,而是按照"国家、运动、人民"三个秩序序列建立的新型政治体。[①]这样一来,施米特就把他1933年在《国家、运动和人民:政治统一体的三个部分》阐发的国家法理论融入了他的国际法理论之中。

根据施米特的"具体秩序思维",如果国际法共同体（Völkerrechtsgemeinschaft）的基本成员发生了变化,那么这个共同体本身也会发生变化。鉴于所谓的"凡尔赛专制"（das Versailler Diktat）把德国置于一种法律上的不正常的地位（einer rechtlich abnormen Lage）,即一个不享有平等权利的国家（ein gleichberechtigter Staat）,那么当"凡尔赛体系"中的德意志民族内部发生了变化与重构,获得了不同的国内结构和新的精神宪法时,整个国际法共同体也会发生变化。这是因为,国内秩序是国际秩序的基础和前提,而国际秩序又扩及国内秩序,没有国内秩序就没有国际秩序。由此可见,国家间关系的法（Recht）不能建立在抽象的规范主义思维基础上,而只能发展为某一个国家和民族的具体秩序,并在其具体的特殊性中得到承认。这样一套基于

---

[①] Vgl. Carl Schmitt, Über die drei Arten des rechtswissenschaftlichen Denkens, S. 54-55.

现实主义观察的国际法学说就为纳粹政权以德国的利益为中心重构国际新秩序提供了理论上的支撑。

在施米特的"大空间"学说之后,维尔纳·贝斯特(Werner Beste)等纳粹官员又将纳粹的种族主义理论添加进去,提出了升级版的"生存空间"(Lebensraum)理论。[①] 这派学者指出,德意志作为一个高等种族有权以一种新达尔文主义的方式来扩张其空间;德意志既可以选择清除领土上的其他民族,也可以允许它们与德意志民族共存,但是其生存的条件完全取决于德意志民族的整体意志,实际上也就是取决于元首意志。相比"大空间"理论,"生存空间"理论显然在纳粹政权的高层获得了更多的认可,因为它将更多的纳粹主义的意识形态杂糅到一起,而且在更大的程度上符合希特勒对于东欧的战略构想。如果说施米特的"大空间"理论更多停留在理论的层面,那么"生存空间"理论则不局限于理论本身,它为纳粹政权开展外交和军事活动提供了更具可行性的指引。此外,"生存空间"理论之所以得到官方的宣传,原因还在于纳粹政府希望借此极大地强化德国年轻人奉行军国主义扩张策略的意愿。与此同时,英法等国也向国际社会大力宣传德国的这一理论,希望让更多的人意识到德国的野心,同时让更多的人意识到,如果德国人在战争中获胜将导致多么可怕的后果。

最后值得一提的是施米特的"大空间"理论对于日本法西斯政权的影响。日本的国际法学会在1940年秋天向文部省申请设立财团法人的许可,试图朝着"新的方向"迈进。改组之后的国际

---

[①] 参见〔德〕施托莱斯:《德意志公法史(卷三)》,王韵茹译,第511—516页以下。

法学会动员了国内理论界与实践界的人士，旨在对内推动着"大东亚新秩序"的国际法体制化，对外确立世界新秩序及改善世界国际法。[1] 卡尔·施米特的"大空间"理论就是在这时被引入日本，其主要的推介者安井郁指出，这一理论的最大价值在于，它率先提出与英美帝国的普遍主义的对立，进而从内部推动了欧洲国际法的"世界支配"的结束。德意志帝国在获得支配力之后并没有主张某种新的普遍主义，而是提出了大空间秩序的原则，这个原则在法律上的体现就是欧洲大空间（广域）国际法。这一理论显然有利于日本对于重新搭建东亚政治秩序的架构，于是，安井郁提出了日本国际法的根本任务：在旧欧洲世界中，东亚属于边缘地带，但是现在，它从旧秩序中解放，以一个"大东亚共荣圈"的面貌重新出现。日本的国际法学者应首先全力协助"共荣圈"的建立，这一协助的必然要求便是构建"大东亚国际法"。为此，国际法学者应充分把握"日本的固有理念"，正确理解大东亚及围绕大东亚的世界现实。此种理念与现实的交错决定了大东亚国际法的历史形态。此外，虽然"大东亚国际法"是有着自己性格的国际法，但未必与过去的国际法以及在其他大空间的国际法无关。所以，不应该无批判地否定过去这些国际法，应对照日本的理念与大东亚现实，检讨其价值并积极活用。[2] 不难看出，臭名昭著的"大东亚新秩序""大东亚共荣圈"等概念都可以被看作施

---

[1] 国际法学会设置了东亚新秩序委员会（委员长山川端夫博士）、东亚国际法委员会（委员长长冈春一博士）、战时国际法委员会（委员长立作太郎博士）以及时局问题特别委员会（委员长松田道一博士），各有 20 名委员，委托进行各个问题的调查研究。参见安井郁『欧州広域国際法の基礎理念』（有斐閣，1942 年）发刊词。

[2] 安井郁『欧州広域国際法の基礎理念』（有斐閣，1942 年）107—112 頁。

米特"大空间"学说的域外衍生品。此外,纳粹德国关于"生存空间"的理论阐发也被日本法西斯政权用来说明其发动战争的合法性。

## 四、纳粹国际法主张的两面性

在针对国际法的现状加以强烈批判的基础上,纳粹主义者试图通过一套体现着鲜明意识形态特征的论证为国家法学和国际法学提供理论支撑。但是,这套论证却并不能为纳粹政权在处理对外事务方面提供实际的帮助,以"大国博弈"为底色的国际秩序也并不会因为这套论证的出现而发生任何改变。为了营造对于德国更为有利的国际环境,纳粹政权对于国际条约和国际法的约束力提出了"情势变更原则",这实际上是为纳粹在国际舞台上推行有利于自身的"双重标准"提供了理论基础。此外,在处理"少数族群"的问题上,针对不同的人群,纳粹政权展现出截然不同的两幅面孔。而在对待战俘的态度上,纳粹政权则在西线和东线战场有着完全不同的表现。这都是纳粹德国将其特有的国际法理念付诸实践的重要例子。

### (一)国际条约和国际法的拘束力

如前文所述,纳粹主义的国家法与国际法学说从根本上改变了对于"国家"的理解,即认为真正的国家必然是一个"自然的共同体"而非由某种政治契约拟制出来"社会",那么建立在传统的"主权国家"基础之上的国际条约和国际法的约束力就成了问题。一些纳粹理论家认为，遵守国际法义务的基础根本就不存在，因为如果民族已经是共同生活的最高和最终形式，那么它又怎么会有义务去遵守一些由比它"更普遍的体系"所确立的规则呢？持这种观点的代表是路德维希·舍歇尔（Ludwig Schecher），他指出：当前的国际法理论就是英美的法学家竖立的一个稻草人，特别是当他们试图证明尽管在现实中缺少一个更高的主权者，但国际法仍然是法时，这种理论就发挥了至关重要的作用。[1] 舍歇尔的这一主张符合纳粹主义关于共同体思想的逻辑，但是也必然会引发很多现实问题：首先，1937年之前的德国在经济和军事方面的实力仍旧比较虚弱，因而它非常需要来自国际法的保护，以免于其他更为强大的国家对它的武力干预；其次，如果国际条约和国际法根本没有任何效力可言，那么德国又何必费尽心思地论证《凡尔赛和约》是非法和无效的呢？为了解决理论与现实之间的矛盾，纳粹德国的国际法学者试图为现有的国际法搭建一个新的理论基础，他们指出，在共享雅利安血脉的国家之间至少存在着一种"共享法"，虽然它们而今已经分化成若干个民族，但这并不影响此种"共享法"发生共同的效力。当然，这种理论从未得到英国和斯堪的纳维亚国家法律人的回应和接受。另一些国际法学者则认为，至少在欧洲的"高等"国家的小范围内存在某种国际社会，这并不是一个"共同体"，但是这个国际社会可以产生为其成员必须遵守的规则。还有一些国际法学者则试图跳过该问题，直接讨论国际法上的特定规则。

---

[1] See Detlev F. Vagts, International Law in the Third Reich, p.690.

围绕国际法法理的讨论的确产生了对于国际条约拘束力的不利影响,但是纳粹德国的国际法学者们也意识到,彻底的抛开并否认国际条约的义务将会使德国付出十分高昂的政治代价。在纳粹上台之初,德国在外交方面依然延续着魏玛时代的谨小慎微,其外交政策的制定非常仰赖其他国家的信任,因而外交家必须想方设法促使以英法为首的欧洲大国相信希特勒所做出的承诺是可靠的。为此,纳粹德国的国际法学者们试图发展出一种特别理论,从而使他们可以区分不同的条约义务,并判断其中哪些义务必须遵守,而哪些义务是无效的。这一特别理论包括两个方面。第一,承认国家间的契约具有神圣性以及有约必守原则。也就是说,作为国际法存在的前提和基础的"有约必守原则"(pacta sunt servanda)在国际层面上仍然被认定为有效。第二,有约必守原则不是绝对的,而是相对的。只有当条约反映了"正当的法"的时候,它们才值得被遵守。[1] 为说明这一点,希特勒的一句话被国际法学者们反复引用:对契约的忠诚必须以契约本身值得被尊重为前提。站在这样的立场之上,一方面,纳粹德国只会缔结那些它能够遵守的公约;另一方面,纳粹德国将修改和废黜那些它不愿意且不能够遵守的已生效公约。这是因为,"如果真理、荣誉和忠诚意味着曾经说过的话应当被遵行,那么,它们同时也意味着可以撤回那些不诚实和不荣誉的承诺。"[2] 按照克尔罗伊特的观点,作为一种严格遵循国际法上特定法律规范的基本形式,"有约必守原

---

[1] Vgl. Dan Diner, Rassistisches Völkerrecht: Elemente einer nationalsozialistischen Weltordnung, S.41ff.

[2] Virginia L. Gott, The National Socialist Theory of International Law, p.712f.

则"对于纳粹主义者来说已经不再是最高的价值,国家的维系才是最高的价值。以此为基础,克尔罗伊特进一步提出所谓的"情势变更原则"(clausula rebus sic stantibus)应当成为所有正在生效的国际法的基础。[①]纳粹主义者认为,情势变更是任何国际法的一个重要的、基础性的部分;既然国际法只能存在于国家的根本利益之中,那么当这些根本利益发生改变,国家就不应当被纯粹技术性的国际法所制约。根据纳粹主义者的设想,一种高度自我判定的"情势变更原则"已经取代了"有约必守原则"成为国际法的基础,然而它使得任何条约都无法产生事实上的约束力,因为不愿受到限制的国家总能找到各种各样的借口来突破条约的限制。这无异于从根本上取消了国际法。

### (二)处理"少数族群"问题的双重标准

传统的国际法认为一定数量的地位平等的公民是构成"国家"必不可少的要素。因而在"一战"爆发之前,通行的国际法学说认为,个人只有作为一国国民,并成为该国家法律规定的保护对象的时候,才可能涉及适用国际法的问题。换言之,那种超越国家边界的个人无法得到国际法的保护。然而,鉴于"一战"之后国际形势的重大变化,尤其是在奥匈帝国解体之后,东欧和巴尔干地区频繁出现关于少数民族或少数宗教信徒的冲突与矛盾,国际法不得不发展出一些特别的解决方案。根据《凡尔赛和约》的框架,各国应当通过建立多边机制来处理因"一战"之后新成立

---

[①] See Lawrence Preuss, National Socialist Conceptions of International Law, p. 598.

的国家而带来的此类问题。

在纳粹夺权之后,为服务于日后军事扩张的野心,德国开始反对通过在国际社会强调"少数民族/族群"(minority)的概念来保护那些被划入波兰、捷克斯洛伐克等主权国家的德意志人的利益。[1] 在纳粹主义者看来,国际法对于这些同属于"民族共同体"的海外德意志人的保护是毫无力度可言的空谈。根据"大空间"以及"生存空间"等支持军事扩张的理论,德意志人由于其种族上的优越性,理所当然地有权占领那些他们居住其上的领土。因此,出兵保护居住在别国领土之上的德意志"少数族群"就成为希特勒入侵邻国的正当性基础。

不过,纳粹主义者却始终拒绝承认生活在德国境内的犹太人属于"少数族群",这充分显示出纳粹政权以自我利益为中心对待国际法规则的双重标准。为了防止国际联盟等机构"干涉"纳粹政权对犹太人采取的排斥政策,纳粹政权也必须寻找合理的借口。[2] 也就是说,纳粹政权需要向国际社会解释,为什么犹太人不是法律意义上的"少数族群",以及为什么犹太人应当被排斥在德意志民族之外,无法享有作为德国国民的基本待遇。为此,纳粹学者们指出,首先,犹太人所使用的意第绪语不是一种独立的语言,而是建立在德语语法基础之上的改造语言,因此犹太人也就不是真正的"少数族群";其次,犹太人从未真正认同"少数族

---

[1] Vgl. Dan Diner, Rassistisches Völkerrecht: Elemente einer nationalsozialistischen Weltordnung, S.46–47.

[2] Vgl. Philipp Caspar Mohr, „Kein Recht zur Einmischung"? : Die politische und völkerrechtliche Reaktion Großbritanniens auf Hitlers „Machtergreifung" und die einsetzende Judenverfolgung, Mohr Siebeck, 2002, S.117ff.

群"的身份，而是一直希望得到德意志民族的同化。实际上，在1933年之前，大部分德国学者都接受了这种"同化理论"，他们认为生活在东欧的犹太人整体上构成一个"少数族群"；但是这些学者对于犹太人在不同地区的同化程度有所争议。不过，希特勒旗帜鲜明地反对"同化理论"，并将这一理论看作对于德意志种族净化的重大威胁。纳粹德国对待犹太人的一系列排斥措施，包括剥夺犹太人公民身份，将之降等为"一般国民"等等，在国际社会引起了强烈的反应，来自英法的学者们纷纷指责德国已经严重违反了国际法的规则。[1] 可以说，战争爆发之前的纳粹德国一方面利用《凡尔赛和约》关于保护"少数族群"的特别规则粗暴干涉波兰、捷克斯洛伐克等国的内政，另一方面则完全无视这一特别规则的内在精神，通过玩文字游戏的方法把德国犹太人从"少数族群"中排除出去，以阻止国际力量对于其反人道行径的正当干预。这说明纳粹政权对于国际法的把握完全符合一种"为我所用"的工具主义态度。

### （三）战争状态与战争法

《国际联盟盟约》（The Covenant of the League of Nations）是"一战"后缔结的旨在限制国家诉诸战争的权利的重要条约之一。在《盟约》之中，缔约国约定共同"承担不诉诸战争（resort to war）的义务""尊重联盟各国领土完整以及既有的政治独立"。但是，比起《盟约》最初追求的"战争违法化"（outlawry of war）

---

[1] See Detlev F. Vagts, International Law in the Third Reich, p.693.

的终极目标，《盟约》的实际内容存在着诸多不尽如人意的让步。为了弥补盟约的不足，1929年生效的《凯洛格－白里安公约》（Kellogg-Briand Pact）进一步宣布，战争不能够再被视为国家推行其公共政策的一种正当手段。但是，直到1933年，这一理念还并没有被深刻地灌输到欧洲各国政治家的头脑之中。[①]欧洲各主要国家，尤其是拥有较强军事实力的国家，从未停止过那种把邻国视为在即将发生的战争之中成为潜在敌人的假想。

魏玛时代的德国人对于战争的看法并不一致。《凡尔赛和约》给德国带来了宝贵的和平，但是对于许多德国人却厌恶这种"失败之下的和平"，正如他们不得不忍受"正当但懦弱无能"的共和政府一样。绝大多数德国人都希望改善由《凡尔赛和约》所确定的德国的不利地位，当然他们更多还是希望以和平的方式达到这个目的。魏玛德国的国际法学者之中有很多是真正的和平主义者，他们把维持和平与安宁作为主要的目标，不过在纳粹上台之后，随着政治情势急转直下，这些教授也受到迫害和驱逐。[②]作为一个例子，基尔大学的国际法教授沃尔特·舒琴在1930年被选举为海牙国际永久法庭的法官；纳粹上台之后，由于被鉴定为民主派及和平主义者，舒琴在海牙法庭的位置便被希特勒派遣的一名纳粹分子弗雷塔格－洛林霍芬（Axel von Freytagh-Loringhoven）所替代，其在国内的教职也因为1933年4月7日的《公务员重建法》而被剥夺。

---

[①] Vgl. Wilhelm G. Grewe, *The Epochs of International Law*, trans. by Michael Byers, De Gruyter, 2000, pp.619-626.

[②] See Detlev F. Vagts, International Law in the Third Reich, p.671ff.

驱逐和平主义者之后的新一代国际法学者都倾向于通过战争手段实现国家目的。在他们看来，一个强大的民族不应当被限制其自身向外扩张的表达，也不应当被限制通过发动战争的方法来实现其内在的目标。获取对于德意志民族来说足够的"大空间"乃是一项足以为暴力手段提供正当性的终极目的。[①] 此外，还有人主张，每一次敌对状态的形成都不是德国的过错，而是归咎于竞争对手的野心，德国只不过是在行使必要的防卫权。他们进一步援引施米特关于"敌我区分"的理论，进而主张，对于敌人采取的行动不需要承担任何法律责任。这种极端的论调形成了一种风潮，任何不顺应这一风潮的学者都躲不过被扫地出门的命运。正因如此，纳粹德国的国际法学者基本没有为人类的和平事业做出任何贡献，反倒是提供了足够多的反例。

除了诉诸战争的权利（*jus ad bellum*）之外，战争法的另一项重要内容便是战争期间交战双方必须遵守的基本规则。在1939年之前，德国的国际法学者对这一问题的态度都是比较正统的，他们不断重申1907年《海牙公约》的规则和战争习惯法。随着战争的爆发，相关讨论逐渐增多，人们的观点也出现了冲突。那些在军事情报部门从事国际法相关事务的官员，以及那些在红十字会任职的人员，主张交战国必须严格遵守战争法，也就是严格遵守那些在1907年《海牙公约》和1929年《日内瓦公约》中阐明的规则；这些人试图劝说级别更高的长官，让他们认识到这些规

---

① 参见〔德〕施托莱斯：《德意志公法史（卷三）》，王韵茹译，第500—510页以下。

则早已成为国际习惯法。① 这导致德国军队在东线和西线作战时有着截然不同的表现，西线作战的德军大体上遵守了基本的战争规则；但是在东线，同样的规则完全被德军弃之不顾。由"大空间"和"生存空间"的理论所反映出的纳粹主义的种族观念和帝国观念在很大程度上掩盖了战争法的必要性，这使得纳粹德国把东线战争视为完全不同类型的战争，正因如此，战争规则在这里也就不再适用。②

值得说明的是，德国军队对待其占领的领土的方式是极为不同的。在1943年底，德占区至少可以被划分成五种不同的类型。③第一种为"兼并区"，这些地区直接归入德国领土，或是设立新的行政区，或是将之作为既有的州或省的一部分。例如，战争爆发之前的奥地利、捷克斯洛伐克的苏台德地区以及战争爆发后的但泽-西普鲁士行政区、瓦尔塔兰行政区等等，都属于"兼并区"。第二种为"民政长官管辖区"，对于这些地区，纳粹政权虽没有以法律的形式正式将其纳入德国版图，但是却清楚地表现出吞并这些土地的意愿，纳粹政权为此采取了很多手段促使这些地区实现德意志化，比如强迫当地居民说德语，将地名改为德国式的，等等。例如，德国西部的阿尔萨斯和洛林、卢森堡，东部波兰的部分领土，都属于该类型。第三种类型为"附属区"，又可以分为"保护国"和"总督大区"两种类型，比如战争爆发之前的"波希

---

① See Detlev F. Vagts, International Law in the Third Reich, p.696f.
② Vgl. Dan Diner, Rassistisches Völkerrecht: Elemente einer nationalsozialistischen Weltordnung, S.48f.
③ 参见郑寅达、梁中芳：《德国纳粹运动与纳粹专政》，第289页以下。

米亚和摩拉维亚保护国""波兰总督辖区""乌克兰总督辖区"和"奥斯兰总督辖区",等等。第四种类型是"占领区",这些地区在军事和战略上有着程度不同的重要性,因而纳粹政权对待它们的政策也并没有一个统一标准,比如丹麦政府就被赋予了较大的自治性,但作为条件,丹麦政府必须贯彻纳粹政府在内政和外交方面的政策导向;而对于比利时、法国占领区、希腊等地来说,因其重要的战略地位,德国的武装部队直接予以接管;挪威和荷兰则是通过派遣专员予以接管,由专员组织民政机构对辖区进行管理。最后一种类型是"行动区",具体是指1943年意大利投降之后,由德军控制的原本属于意大利的地区。

需注意,德国军队在不同类型的占领区推行的战俘政策以及在实践中对待战俘的态度也有着较大的区别。[①] 在1939年之前,绝大多数供职于德国军队的,尤其是曾经参加过"一战"的官僚,对于《海牙公约》和《日内瓦公约》的具体规定都非常熟悉。作为一个例子,军事情报机构"阿博维尔"(Abwehr)的一批法律官员曾经反对针对敌对国敢死队队员的一项特别政策,根据该政策,敌对国敢死队队员将不被视为战俘而直接处以死刑。这些官员认为,直接处死的做法违反了《海牙公约》关于"人的生命、私人财产必须受到尊重"的基本规则,因为敢死队队员都是身穿制服的职业军人,而且他们采取行动的基础是上级的命令。由于"阿博维尔"本身就是负责组织策划德军突击行动的特别机构,因此"格杀勿论"的政策让这些官员感到格外忧虑。他们担心,对于敌

---

[①] See Detlev F. Vagts, International Law in the Third Reich, pp.697-698.

对国敢死队队员的违背国际法的制裁可能遭到来自敌对国对于德军特别行动人员同等性质的报复。令人遗憾的是，这些官员并没有扭转这一政策。不过，"阿博维尔"的法律官员在另一件事情上取得了成功，他们非常幸运地说服了上级同意将那些仍然为流亡政府而战的人员视为战斗人员，这意味着在德国占领区从事敌后破坏活动的游击队队员在被俘之后也可以享受战俘的待遇。这一政策后来被普遍适用于西线战区各地，但是那些在"行动区"追随巴多格里奥（Pietro Badoglio）而非墨索里尼的游击队队员则被排除在政策之外。

相比之下，德国军队中的法律官僚基本没有在东线取得任何成果。在国防军最高统帅部看来，东线的战争具有截然不同的性质。在针对苏联的作战刚一开始时，国际社会付出了很多努力，试图说服纳粹政权把《海牙公约》的规则适用于苏联，尽管后者在当时还未加入该条约。苏联也愿意为此做出一定程度的让步，但希特勒却丝毫不为所动。德国军队接到的命令是可以不受任何限制地折磨甚至杀害苏联战俘。在 1942 年，在"阿博维尔"任职的小毛奇（Helmuth James von Moltke）试图通过其长官卡纳里斯（Canaris）修正这一指令，[①] 其理由包括以下几点：首先，从国际法的角度看，"海牙-日内瓦"规则早已成为了通行于国际社会的习惯法，对于非缔约国也应当具有拘束力；其次，从现实角度考虑，

---

① 詹姆斯·冯·毛奇是德国名将老毛奇的侄孙，因而被人称为小毛奇，他在第二帝国时期一直秘密从事反对纳粹的活动，在 7 月 20 日刺杀案之后被希特勒处决。具体可参见 Michael Balfour and Julian Frisby, *Helmuth von Moltke: A Leader against Hitler*, PaLgrave Macmillan, 1972.

不受限制地处置战俘会对德国军队的纪律造成不利影响，一方面有可能造成可利用的人力的损失，另一方面还有可能会引发报复；此外，这一政策会败坏纳粹德国在非参战国以及中立国心目中的声誉，而且会加强苏联军队的抵抗情绪。① 然而，德军最高统帅部的长官凯特尔（Wilhelm Keitel）却反对小毛奇的主张，他在一份备忘录中指出，这些观点代表了一种过时的"骑士战争"的理念，与目前这场意识形态的战争没有任何关联。因此，纳粹政权延续了对待苏联战俘的残暴行径，只有当东线德军对于劳动力临时产生较大需求的时候，苏联战俘的生存状况才可能得到轻微的改善。

总的来说，那些服务于纳粹的国际法学者们试图炮制一种符合纳粹主义意识形态和扩张政策的国际法理论。在1933年之后，纳粹政权希望本国国民和国际社会相信其以和平方式寻求变革和崛起的愿望。对于当时德国的国际法学界来说，德国产生这样一种政治诉求是理所当然的，在理论上也是比较容易得到支持的。这是因为，自1919年以来，几乎所有的德国人都在寻求以和平的方式减弱《凡尔赛和约》对于德国发展的不利影响。让国际法学者们感到苦恼的是，如何才能提出一种内在连贯的知识架构，从而使一种基于种族主义的"国家-法律观"同一个能够产生现实意义的国际法规则体系有效地连接起来。像尼克莱、舍歇尔等人提出的那种露骨宣扬德意志中心主义的国际法设想显然不合时宜，因为这种设想根本不可能得到国际社会的回应。实际上，正如舍

---

① Vgl. Helmuth James von Moltke, Völkerrecht im Dienste der Menschen: Dokumente, hrsg. von Ger van Roon, Siedler, 1986, S.258.

歇尔所说的那样，在纳粹德国，根本不存在国际法，只有德国对外关系法（German foreign relations law）。在1937年之后，德国国际法研究的重点转移到为一个由纳粹德国领导的全新的欧洲秩序提供正当性，该秩序是不平等的，因而必须以武力为后盾才能得以实现。曾经活跃在德国法学界的那些守护国际主义的老牌教授只剩下寥寥数人，而且他们似乎也无法阻止纳粹德国走向战争深渊的脚步，国际主义的理想变得愈发不合时宜。于是，构建新秩序与新理论的工作被交给年轻一代的学者。然而，新一代的学者大都没有亲身体验过"一战"的残酷性，他们缺乏国际交往的经验，并且长期浸润于纳粹主义的氛围之下。因此，这样一批学者很难客观理性地看待国际条约和国际法的约束力，他们醉心于为纳粹政权的侵略野心进行理论化的包装，这实际上让当时的国际社会很快就认识到，希特勒将以一种比以往更为激进和粗暴的方式来重构欧洲秩序的结构。这样一种理论工作激起了国际主义者的强烈愤慨，也使得纳粹德国在国际社会处于相当孤立的地位。在1940年之后，悍然向世界宣战的纳粹德国已经成为了国际社会的公敌，这一时期德国的国际法研究主要是对内的，其主要研究成果便是对于斯拉夫民族和苏联政治体制的谩骂和诋毁。这一时期的国际法研究认可了德军在东线作战时对于战俘的残暴行径，事实上践踏了最基本的战争法原则。就此来说，那些站在纳粹主义立场之上的德国国际法学者的确应当为纳粹实施的战争罪行承担一定的责任。

# 第五章
# 纳粹德国的刑法及刑法学

第三帝国时期,国家的组织架构与权力运作都不同于以往。因而,在这种情况下,对于纳粹司法体制的研究就不能局限于法院的案件审理工作,而是必须要将刑法理论、刑事立法与刑事司法政策、司法机构的设置与运作、法律人员的管理和培养、超司法的监管机制等多个维度结合起来,才能较为全面地呈现纳粹时期的司法状况。纳粹时期德国刑法理论的重大变化以及与之相对应的刑事法律实践是讨论这一系列问题的开端。需看到,早在1920年2月,作为纳粹党纲领性文件的《二十五点纲领》的第十八点便最先传达了纳粹对于"犯罪者"的强势态度:"我们要求毫无保留地同那些利用其行为损害公共利益的人;无耻的民族罪人、高利贷者、投机者等,不分信仰和种族,都应当被处以死刑。"不过,在1933年纳粹上台之后,希特勒等人才真正获得通过刑事立法和司法手段来镇压其政治对手和其他犯罪分子的机会。从"国会纵火案法令"开始,纳粹政权逐步建立起一套以控制和镇压为目标的刑事法律系统,重塑了传统刑法和刑事审判的面貌。与此同时,在诸多支持纳粹主义的刑法学者的鼓动之下,刑法学理论也发生了急剧的转向:"犯罪不再被视作对受法律保护的利益的侵犯，而是对于义务的违反，与此同时，刑罚也不仅指向犯罪行为，甚至连试图实施犯罪的意图也会遭到处罚。"[①] 以"罪刑法定"原则为核心的现代刑法理论遂破坏殆尽，那么剩下来的便只有一套以暴力镇压为目的的刑罚工具。

## 一、罪刑法定原则的崩坏

在纳粹统治期间，法治国家普遍遵循的一系列刑法基本原则遭到废黜，这反映出纳粹分子不再把尊重和保障人权作为刑法的基本价值，而是将民族共同体作为刑法保护的最高目标。[②] 需看到，在刑法领域确立罪刑法定原则，其目的在于保障公民的人身权利不受国家暴力的非法侵害，这是近现代法治进步的重要标志。刑法作为一个独立的领域并不是近代以来才形成的，而是古已有之。为了维持社会秩序的平稳运行，国家通过暴力垄断的方式获得对公民犯罪行为的追诉权和处罚权，这具有天然的正当性。然而，前现代的刑法并未关注到与之相关的另一个问题，即如何限制和消除国家机器对公民人身权利可能造成的威胁。因此，是否有意识地限制国家权力滥用构成了前现代刑法与现代刑法之间的最本质的差异，而"罪刑法定"原则正是横亘在它们之间的一条最为清晰的分界线。

法治国家确立并执行一系列刑法原则，避免在打击犯罪的过

---

① See Michael Stolleis, *The Law under The Swastika: The Studies on Nazi Germany*, p.17.
② Karl Kroeschell, Rechtsgeschichte Deutschlands im 20. Jahrhundert, S.72-73.

程中对于无辜的公民（包括犯罪嫌疑人）造成不必要的威胁和损害。"罪刑法定"原则为社会提供最基本的法律安定性，因为它让每一个人都能够清楚地认识到，何种行为将会遭受处罚，然后便可据此调整自己的行为，以规避可能招致的处罚；在超出法律精确规定的犯罪事实之外，没有任何的国家制裁可以施加到其行为之上。[1]在德国刑法史上，从费尔巴哈（Paul Johann Anselm von Feuerbach）的时代开始，"法无明文规定不为罪，法无明文规定不处罚"（Nullum crimen, nulla poena sine lege）的原则就已经成为刑事立法不容置疑的基本信念。随后，1871年《德国刑法典》第1条再次明确地规定了该项原则，而魏玛宪法第116条又将之确立为公民享有的基本权利，从而使之获得宪法层面的保障："无论何种行为，非在行为之前已有法律规定处罚者，不得科以刑罚。"[2]

然而，在纳粹主义世界观和民族共同体理念的支配之下，个人的权利不再受到重视，反而被视为一切罪恶的源头。相应地，纳粹德国的刑事政策和刑法理念都发生了方向性的调转，"罪刑法定"原则被纳粹主义者彻底抛弃。在1932年9月举办的"国际刑法学家协会"（Internatonale Kriminalistische Vereinigung）的最后一次会议上，已经有学者对于"刑法宽缓化"的命题提出质疑；而在纳粹夺权之后，加强刑事立法管控力度的声音更是甚嚣尘上。[3]罗兰德·弗莱斯莱尔（Roland Freisler）是一名坚定的纳

---

[1] Heiko Holste, Die Zerstörung des Rechtsstaates durch den Nationalsozialismus, S.363.

[2] Vgl. Thomas Vormbaum, Einführung in die moderne Strafrechtsgeschichte, 2. Aufl., Springer, 2011.

[3] Karl Kroeschell, Rechtsgeschichte Deutschlands im 20. Jahrhundert, S.105.

粹分子，他也成为刑事政策转向的主要号召者和开路先锋。在弗莱斯莱尔的主导之下，普鲁士司法部于1933年完成了一份备忘录，表达了对当前刑事司法政策的不满。这份备忘录指出，现有的刑事司法政策完全忽视了对于民族共同体的实质利益的保护，罔顾民族成员之间的有机联系；它将单个的犯罪人作为首要关心对象，想方设法去同情犯罪人的心理特质，帮他们寻找实施犯罪的理由；这是一条歧路，必须要远离之。"德意志法学会"在1934年拟定的一份备忘录也传达了类似的论调：刑法必须要保护国家与人民，不应当再被视为保护个人免受国家刑事强力干预的"大宪章"；随着自由主义的宪法思想的落幕，"罪刑法定"原则也失去了根基，刑法应当被允许进行类推适用。

纳粹试图废除"罪刑法定"原则的努力并不是仅停留在口号宣传的层面，从掌握国家政权的那一刻开始，纳粹政权就把自身排除到该原则的限制之外。在现代刑法理论中，为了维护法律的安定性和可预测性，"罪刑法定"又是由三项更为具体的原则所构成的：第一，刑法禁止溯及既往（Rückwirkungsverbot）；第二，禁止绝对不定期刑，即确定性原则（Bestimmtheitsgrundsatz）；第三，禁止类推（Analogieverbot）。这三项原则在纳粹统治者看来都是不成立的："对于法律安定性和可预测性的要求，当然不能以对抗纳粹主义为前提。"[1] 据此，"罪刑法定"原则所包含的三项基本要求遭到纳粹政权的尽数废除。

作为一个典型的例子，"国会纵火案"的犯罪嫌疑人范·德·卢

---

[1] Heiko Holste, Die Zerstörung des Rechtsstaates durch den Nationalsozialismus, S.363.

贝（Van der Lubbe）被判处死刑，就是对"刑法禁止溯及既往"的直接违反。[1]根据当时《德国刑法典》第307条的规定，纵火犯最高只能被判处终身监禁的刑罚，但是临时通过的"国会纵火案法令"第5条却规定，纵火、投毒、爆炸和叛国等犯罪行为应被判处死刑。[2]由于"国会纵火案法令"是在案件发生后才颁布的，根据"禁止溯及既往"的原则，范·德·卢贝应按照修改之前的刑法来判刑。不过，终身监禁的判决结果无论如何都不可能为纳粹当局所接受，因此，纳粹政权在1933年3月29日颁布了另一项名为《关于判处和执行死刑的法律》（Gesetz über Verhängung und Vollzug der Todesstrafe）的立法，根据该法第1条的规定，"国会纵火案法令"第5条可以溯及既往地适用于1933年1月31至2月28日期间实施的犯罪行为。这样一来，法院便可以"名正言顺"地判处范·德·卢贝死刑。[3]由于该法令的主要目的是处死"国会纵火案"的嫌犯范·德·卢贝，故而也被称为"范·德·卢贝法"（Lex van der Lubbe）。[4]此先例一开，纳粹政权便不再受其限制，颁布了一系列可以溯及既往的刑事法律。例如1936年6月22日颁行的《禁止以勒索为目的拐卖儿童法》（Gesetz gegen erpresserischen Kindesraub）规定，只要是1936年6月1日以后

---

[1] Vgl. Marcus Giebeler, Die Kontroverse um den Reichstagsbrand. Qüllenprobleme und historiographische Paradigmen, Martin Meidenbauer Verlag, 2010.

[2] Vgl. § 5 Verordnung des Reichspräsidenten zum Schutz von Volk und Staat vom 28. Februar 1933.

[3] 参见〔德〕英戈·穆勒：《恐怖的法官：纳粹时期的司法》，王勇译，第27页。

[4] Volker Epping, Die Lex van der Lubbe-zugleich ein Beitrag zur Bedeutung des Grundsatzes „nullum crimen, nulla poena sine lege", in: Der Staat 34 (1995), S. 243–267.

的犯罪行为都可以使用该法。1938年6月22日颁行的《禁止以制造车祸的方式拦路抢劫法》(Gesetz gegen Straßenraub mittels Autofallen)更是规定了长达两年半的溯及力,也就是说,该法将能够适用于1936年1月1日之后实施的犯罪行为。事实上,前述两部法令都是由特定案件引发的专门立法,其原因在于希特勒本人希望将犯罪嫌疑人处死,但刑法中又缺少相应的规定。①

在战争刑法和针对犹太人、波兰人颁布的特别刑事法令中,"禁止绝对不定期刑"的原则也遭到了严重的破坏。例如,1944年5月5日颁行的《补充战争特别刑法的条例(五)》(die 5. Verordnung zur Ergänzung des Kriegssonderstrafrechts)规定了下述内容:如果根据健全的民族感情,常规的量刑范围不足以惩罚罪行,那么可以给任何一种罪行强加包括死刑在内的所有刑罚。1941年12月4日颁行的《波兰刑法条例》(Polen-Strafrechtsverordnung)则规定:当波兰人或犹太人通过其行为来贬低或损害德意志帝国和德意志人民的尊严和幸福时,就可能被判处死刑。换言之,根据该规定,任何政治反抗行为都可以被归入该条文之下并且给犯罪人带来死刑。②

在"罪刑法定原则"的三项要求中,"禁止类推"属于最为核心的部分,该原则也是保障法律安定性的关键所在。然而,纳粹政权认为该项原则应当被符合纳粹主义世界观的新原则所取代。从立法层面来看,根据1935年6月28日颁布的《修改刑法典的

---

① Lothar Gruchmann, Justiz im Dritten Reich 1933-1940, Oldenbourg Wissenschaftsverlag, 2001, S.894ff.

② Gerhard Werle, Justiz-Strafrecht und polizeiliche Verbrechensbekämpfung im Dritten Reich—Dargestellt und entwickelt am Beispiel des nationalsozialistischen Polenstrafrechts, Juristen Zeitung, 1992, S.221-226.

法律》(Gesetz zur Änderung des Strafgesetzbuchs)，原来《德国刑法典》第 2 条规定的"禁止类推"原则被修改为下述内容："实施犯罪者应受处罚，所谓的犯罪是指法律规定为可处罚的行为，或是根据刑法的基本思想以及健全的民族感情应受处罚之行为；对于找不到直接适用的刑法规定的犯罪行为，应根据刑法的基本思想，适用与之最相符的法律。"[①] 显然，"法无明文规定不为罪，法无明文规定不处罚"的基本常识已经完全被抛弃。相应地，在司法实践中，法院作出了大量超出法条合理解释范围的有罪判决，其中很多判决都与 1939 年 9 月 1 日颁布的《特别电台广播措施条例》(Verordnung über außerordentliche Rundfunkmaßnahmen) 和 1939 年 9 月 5 日颁布的《反人民害虫条例》(Verordnung gegen Volksschädlinge) 有关。以下几个典型案件可以说明法院是如何通过"类推"扩大刑法的适用范围的。

在 1941 年 3 月 27 日，一名农场主告诉他手下的一名工人，南斯拉夫政府在 3 月 25 日于维也纳加入"三国同盟条约"之后被推翻了，而德国电台也于 27 日晚间向全国播报了该消息。由于农场主是在国内电台广播之前的几个小时向别人传播了该消息，他将面临严重的刑事处罚。这是因为，根据《广播条例》第 2 条的规定："故意散播外国电台发送的消息且该消息可能会损害德意志人民抵抗力的，应被判处监禁刑，情节特别严重的，将处以死刑。"负责审理该案件的特别法庭认为：由于农场主告诉别人的消

---

[①] "健全的民族感情"是纳粹立法时经常使用的术语，参见 Joachim Rückert, Das „gesunde Volksempfinden"—Eine Erbschaft Savignys?, ZRG GA 111 (1994), S. 214ff.

息是准确的,而且德国电台也在几个小时之后播报了相同的消息,因此,该散播行为不足以威胁到德意志人民的抵抗力,被告人不构成犯罪。然而,帝国法院的第四刑事审判庭却推翻了该无罪判决,判处被告监禁刑。在帝国法院的法官看来,《广播条例》所指的"危害"不是指德国人民的抵抗力事实上受到削弱,只要新闻的内容有可能对德意志人民的生存斗争的意志造成损害,"危害"就已经存在;那么,任何消息的发布时间和发布形式都只能由政府机构做决定,因此德国电台事后播报的行为不足以成为被告免受刑罚的理由。①

在另一起案件中,被告人从战争爆发前就习惯收听外国电台播送的节目,但他听的内容不是新闻类或政治评论类的节目,而是瑞士以及荷兰等国的电台播送的音乐。不过,该名被告仍被认定为违反了《广播条例》的规定,因而要受到刑事处罚。根据《广播条例》的序言,敌方电台播送的每个字都是显而易见的谎言,也一定会对德意志人民造成损害。那么,《广播条例》序言的目的是强调敌方电台的危害性,因而禁止的范围必须将敌国或中立国电台播放的音乐节目也包括进来。②

在适用《反人民害虫条例》时,纳粹时期的法院也会超出法条的字面含义,将其类推适用于那些本不属于犯罪的行为。具体来说,该条例第 4 条规定,对于那些故意利用由战争状态而导致的便利条件实施那些人身、生命或财产犯罪之外的其他行为,也

---

① 参见〔德〕英戈·穆勒:《恐怖的法官:纳粹时期的司法》,王勇译,第 120 页以下。
② 参见同上。

将被认定为"人民害虫"。[①] 在帝国法院第二刑事法庭审理的一起案件中,连单纯的"不作为"也被解释为利用战时状态实施的"其他犯罪行为"(eine sonstige Straftat)。没有任何犯罪前科的被告人在饮酒之后乘坐了一辆汽车,当发生车祸后,肇事的司机逃走了。柏林特别法庭认为,司机肇事逃逸时利用了战时的宵禁状态,而被告人因其没有阻止司机离开案发现场也被认定为有罪。[②]帝国法院肯定了该判决:"基于被告当下实施的犯罪行为,就算其没有前科而且也没有犯罪倾向,也是有可能被认定为人民害虫的,因为被告的犯罪行为表明其对人民的敌对态度,那么他就是人民的敌人。"[③] 概言之,纳粹时期的刑事立法本就使用了极为"宽泛"和"模糊"的语言,而法院在适用这些法律时又会主动地运用"类推"解释,这为纳粹当局随心所欲地出入人罪大开方便之门,法律的安定性也就荡然无存。

如果说"罪刑法定"是刑事实体法的基本原则,那么"不得自证其罪"原则便是该原则在刑事程序法上的一个对应物。通常来说,"不得自证其罪"是与禁止刑讯逼供紧密联系在一起的。在1877年的刑事诉讼法中,"不得自证其罪"原则表现为对犯罪嫌疑人沉默权的承认,并且刑讯逼供行为在刑事实体法中将被认定为犯罪。在纳粹夺权之后,强迫犯罪嫌疑人承认其罪行的做法大行其道,刑讯逼供也成为一种常见的司法手段。[④]1933年5月,

---

[①] Vgl. § 4 Verordnung gegen Volksschädlinge vom 5. September 1939.

[②] Vgl. Jana Nüchterlein, Volksschädlinge vor Gericht. Die Volksschädlingsverordnung vor den Sondergerichten Berlins, Tectum, 2015.

[③] 〔德〕英戈·穆勒:《恐怖的法官:纳粹时期的司法》,王勇译,第 122 页。

[④] Heiko Holste, Die Zerstörung des Rechtsstaates durch den Nationalsozialismus, S.364.

普鲁士内政部下令，原则上由冲锋队和党卫队来实施对政治嫌疑犯（politischer Verdächtiger）的审讯，因为冲锋队和党卫队都被视为公务辅助人员。不过，这样的做法却给司法审判部门带来了相当大的麻烦，因为根据现有法律的规定，犯罪嫌疑人被迫认罪的供词是无效的，而主动实施刑讯逼供的盖世太保则应当被调查。因此，帝国司法部下达了一项命令，敦促法官采取必要的措施来探究由警察提供的书面供词是否可以成立。① 但党卫队对此极为不满："警察人员也是国家的脸面，其尊严不能由法官来加以破坏。"② 1937年，司法部、盖世太保和检察总长共同开会商讨如何调整刑讯逼供行为。最终，他们形成了一个各方都可以大致接受的方案，那便是在所谓的"严格讯问"（verschärften Vernehmungen）的过程中，警察必须遵守清晰的讯问规则。原则上来说，首先，严格讯问将允许讯问机构（盖世太保）用刑杖击打犯罪嫌疑人的臀部，且最高不超过25下；其次，击打的具体数目应当由讯问机构在事前确定下来；再次，从第10下开始，医生必须在场；最后，刑具规格必须统一。然而，盖世太保对于具备某些身份的人员可以无所顾忌地使用酷刑，他们包括"共产主义者，马克思主义者，圣经研究者（Bibelforscher），破坏分子，恐怖分子，抵抗运动的成员，伞兵间谍，反社会者，波兰或苏联的罢工者或磨洋工的人"。③ 这个笼统的名单几乎可以将所有犯罪嫌疑人涵盖在内，

---

① Lothar Gruchmann, Justiz im Dritten Reich 1933-1940, S.703ff.
② Ibid, S.714.
③ Ernst S. Carsten und Erardo C. Rautenberg, Die Geschichte der Staatsanwaltschaft in Deutschland bis zur Gegenwart, 3.Aufl., Nomos, 2015, S.246f.

这意味着"不得自证其罪"和禁止刑讯逼供在事实上根本得不到有效落实。

## 二、纳粹刑法学的整体转向

纳粹统治期间，刑法学者们对于"犯罪""罪犯"等刑法学的基本概念进行了重新的界定，整体上改变了刑法理论的面貌。[①] 为了更为深入地理解这一变化，有必要先回顾德国刑法理论在 19 世纪和 20 世纪初经历的转变。

在纳粹上台之前，主流的刑法理论把"犯罪"视为对法律所保护的利益的侵害，这也就是所谓的"法益侵害说"（Rechtsgüterschutzgedanken）。不过，这个学说最初并不是为了追求限制国家刑罚权的目的而被发展出来的，而是为了缓和费尔巴哈和康德等人所支持的"权利侵害说"（Rechtsverletzungslehre）。简单来说，"权利侵害说"更注重内在因素，尤其是动机和可归责性；而"法益侵害说"则认为，原则上只有外在的、客观的过程才能成为刑法干预的对象。当然，这绝对不意味着"法益侵害说"完全不关注犯罪的主观方面，但这些内容只是作为考量是否构成犯罪的限制性条件。换言之，根据"法益侵害说"，刑法争论的切入点不是犯罪人的态度，而是由法律明确界定的客观外在

---

① Vgl. Jan Telp, Ausmerzung und Verrat: Zur Diskussion um Strafzwecke und Verbrechensbegriffe im Dritten Reich, Peter Lang, 1999; Kai Ambos, *National socialist criminal Law : Continuity and Radicalization*, trans. by Margaret Hiley, Nomos, 2019; Christian Kasseckert, Straftheorie im Dritten Reich : Entwicklung des Strafgedankens im Dritten Reich, Logos, 2009.

的犯罪行为。[1] 这一理论遭到纳粹刑法学者的严厉批评："法益侵害说"蕴含着明显的自由主义倾向。[2] 与之相反，一个民族共同体应当是由同一种类的人组成的有机整体，而在这种情况下，"犯罪"就不再被视为对个别法益的侵害，而是应当被视为国家内的特定个体"异化于"本民族共同思想的标志。因此，刑事政策和刑法的基本目标不是对特定的犯罪行为做出个别的回应，而是旨在消除可能损害共同体的一切危险因素。[3] 换言之，纳粹刑法理论的出发点在于，行为人因没有完成其对于共同体负担的义务而"犯罪"；若转换为刑法的术语，这一理论可以被称为"义务违反说"（Pflichtverletzungslehre）。相应地，刑法也就从"处罚犯罪行为"（Tatstrafrecht）的法律转变为一种"处罚犯罪人"（Täterstrafrecht）的法律：前者关注犯罪行为，后者关注犯罪人，尤其是犯罪人的态度和信念。然而，这显然不符合最基本的科学规律，如果刑法关注的目标仅仅是行为人的主观态度，那么一种危害社会"行为"的形式定义就会发生功能性的紊乱：形式上的"犯罪"只是证明是否存在危害共同体的态度的一种标志。[4] 当然，"义务违反说"也并非一个没有先例的全新思想，事实上，魏玛时代就已经有部分学者鼓吹这种非理性主义的观点。在其中某些内容被歪曲和滥用之后，这样一种理论主张也会影响到刑事责任的认定与刑事处罚的范围，因为实际危害行为的准备过程也具有了

---

[1] Vgl. Thomas Vormbaum, Einführung in die moderne Strafrechtsgeschichte, S.25ff.

[2] Vgl. Marxen, Der Kampf gegen das liberale Strafrecht: Eine Studie zum Antiliberalismus in der Strafrechtswissenschaft der zwanziger und dreißiger Jahre, Duncker & Humblot, 1975.

[3] Vgl. Kai Ambos, National Socialist criminal Law: Ccontinuity and Radicalization, pp. 36ff.

[4] Thomas Vormbaum, Einführung in die moderne Strafrechtsgeschichte, S.186f.

实质的可罚性。[①]

另外需要注意的是，将"处罚犯罪行为"替换为"处罚犯罪人"还将导致一种实质的犯罪定义，也即是说，在形式的犯罪定义之外，司法官还必须考虑究竟到底是什么实质要素导致特定的行为看起来应当被处罚。对于启蒙时期的刑法理论来说，犯罪行为应受处罚的原因乃是因为其破坏了社会契约；对于费尔巴哈和康德来说，则是因为犯罪行为侵犯了权利；自从19世纪中后期以来，以卡尔·宾丁（Karl Binding）和弗兰茨·冯·李斯特（Franz von Liszt）为代表的刑法学者则把"法益侵害"作为刑事处罚的实质原因。[②] 对于实质犯罪定义的倡导通常伴随着下述观点：人们可以根据犯罪的实质定义对于刑事犯罪的创设和解释加以限制。不过，对于支持纳粹的刑法学者来说，他们对于实质刑法定义的鼓吹恰恰是在追求相反的目的：刑法不应当单纯依赖制定法给出的犯罪行为形式界定，而是应当认识到"显然的实质正义本身"（die offenkundige substantielle Gerechtigkeit der Sache），并力图实现之。[③] 所谓的"本质观察"（Wesensschau）指明了纳粹主义刑法概念的基本特征：这种新的刑法理论批评规范性概念和现实之间的分离与割裂，因为社会现实本身就是具有意义的秩序构造。[④] 换言之，没有任何"危害民族"的行为能够逃脱惩罚。因此，根据纳粹主义的刑法理论，"没有犯罪能够逃脱惩罚"（*nullum crimen*

---

[①] 参见〔德〕福格尔：《纳粹主义对刑法的影响》，喻海松译，载陈兴良主编：《刑事法评论》，第26卷，北京大学出版社2010年版。

[②] Ibid, S.25ff.

[③] Kai Ambos, National Socialist criminal Law: Continuity and Radicalization, pp.57—65.

[④] Karl Kroeschell, Rechtsgeschichte Deutschlands im 20. Jahrhundert, S.109f.

*sine poena*）的原则取代了基于自由主义理念的"法无明文规定不为罪"（*nullum crimen sine lege*）的原则。①

纳粹刑法学开始转向"义务违反说"和"处罚犯罪人"之后，逐渐接受这种观念的刑法学者们的兴趣点便不再是针对犯罪行为进行概念化、类型化和体系化的分析工作，而是试图寻找一个更为宽泛的、更为本质主义的关于"犯罪"的概念和体系。在纳粹刑法学家看来，用语言来表述的刑事犯罪必然会导致"处罚漏洞"（Strafbarkeitslücken），这是不可容忍的。因此，"禁止类推"的原则必须被抛弃，因为类推可以帮助刑法学家有效地追求一种强调主观化的"意志刑法学说"（die Lehre vom Willensstrafrecht）。②不过，根据托马斯·福姆鲍姆（Thomas Vormbaum）的观点，把焦点集中于"犯罪人"及其主观危险态度的思想并不是在纳粹时期突然出现的；在此之前，李斯特就已经明确表示过，犯罪人的态度是决定处罚的决定性要素。不仅如此，甚至"犯罪人类型学说"（Tätertypenlehre）都可以在李斯特提出的"罪犯类型"（Verbrechertypen）那里找到影子。③当然，李斯特关注的对象是刑事政策而非刑法教义。在李斯特看来，这两者之间存在一道不可逾越的屏障，也就是所谓的"李斯特鸿沟"。④但是对此，纳粹刑法学家则报以一种"视而不见"的态度，他们把李斯特在讨论刑事政策的时候所阐发的观点直接套用在刑法教义之上。总的来说，

---

① Thomas Vormbaum, Einführung in die moderne Strafrechtsgeschichte, S.188.
② Kai Ambos, National Socialist criminal Law: Continuity and Radicalization, pp.66ff.
③ Thomas Vormbaum, Einführung in die moderne Strafrechtsgeschichte, S.188.
④ 参见陈兴良：《刑法教义学与刑事政策的关系：从李斯特鸿沟到罗克辛贯通》，《中外法学》2013 年第 5 期，第 974—1005 页。

德国刑法学把关注点从"犯罪行为"转向"犯罪人"并不是什么新鲜事物,这种观念早在 19 世纪末就初露端倪,却一直被自由主义的刑法理论牢牢地压制在萌芽状态;直到纳粹统治期间,这种观念才得以快速膨胀,而"意志刑法学说"和"犯罪人类型学说"就是这种观念发展到顶峰的标志。

1933 年纳粹夺权为德国刑法学理论的转向奠定了政治基础,来自基尔大学的刑法学者格奥尔格·达姆(Georg Dahm)和弗里德里希·沙夫斯坦因(Friedrich Schaffstein)共同发表了《自由还是权威的刑法》(Liberales oder autoritäres Strafrecht),这篇文章可被视为新刑法学说的纲领性作品。[1] 作为"基尔学派"在刑法方面的代表,达姆和沙夫斯坦因都坚决地反对刑法的形式严格性(formale Strenge des Strafrechts)与抽象的概念思维(abstrakte Begriffsdenken)。在他们看来,犯罪行为应被视为一个整体,而不能被拆分为"行为""构成要件""违法性"和"罪责"等单个要素,这严重干扰了人们把握犯罪行为的"真正本质"的能力。为了克服这种潜藏在观念中的"分解过程"(Zerfallsprozess),达姆和沙夫斯坦因试图重新阐释"犯罪"的概念,也就是在"真正的生活内容"中去理解"什么是犯罪"。[2]

纳粹刑法学家沙夫斯坦因认为,在新的国家结构里,犯罪和刑法应当置于共同体的关系之中加以考察;而在民族共同体之中,尊严、忠诚和义务等概念将成为核心。为了与这一理念相适应,

---

[1] Karl Kroeschell, Rechtsgeschichte Deutschlands im 20. Jahrhundert, S.109.

[2] Vgl. Georg Dahm, Verbrechen und Tatbestand, in: Karl Larenz u. a. (Hrsg.), Grundfragen der neuen Rechtswissenschaft, 1935.

沙夫斯坦因反对弗兰茨·比恩鲍姆（Franz Birnbaum）提出的"法益保护"理论，而是提出通过三个要素从整体上界定犯罪：法益、义务和意思（Gesinnung）。[①]沙夫斯坦因认为，没有必要把当时学术界和司法实务中具有统治地位的"法益保护"学说完全从犯罪的概念中清除出去，但是刑法要将强调的重点从"法益"要素转移到"义务"要素。这样做的好处在于，一方面，犯罪概念得以从"法益保护"学说过于注重形式的误区之中挣脱出来；另一方面，犯罪概念又能从"民族共同体"的价值判断之中推导出特定的义务。质言之，从纯粹主观方面表述的意思就有了一定的外在轮廓。据此，"义务违反"在刑法理论中将占据中心地位，这也就消除了"处罚犯罪行为"和"处罚犯罪人"在更高层次上的对立和矛盾。基于沙夫斯坦因的这一主张，单个的不法行为被理解为行为人违背了他所承担的相对于民族共同体的义务，而具体义务的内容和范围则主要来自于犯罪人在民族共同体之中所处的地位。沙夫斯坦因将"犯罪"与"义务违反"联系起来的观念的确使得其理论具有一定的灵活性，但是从另一个方面看，"灵活性"便也意味着"不确定性"：因为义务的内容不再从抽象的规范主义的构成要件中加以把握，而是根据民族的道德秩序加以确定。[②]概言之，沙夫斯坦因的理论阐发将"构成要件"（Tatbestand）的形式严格性消解掉了，转而诉诸一系列并不确定的、反映着纳粹主义意识形态要求的义务。

---

[①] Vgl. Friedrich Schaffstein, Das Verbrechen als Pflichtverletzung, in: Karl Larenz u. a. (Hrsg.), Grundfragen der neuen Rechtswissenschaft, 1935.

[②] Kai Ambos, National Socialist criminal Law: Continuity and Radicalization, pp.130-137.

纳粹刑法学家达姆认为，刑法的任务在于"通过揭露和批评犯罪人的可耻品质保障民族共同体的尊严"。这意味着，达姆对于刑法目的的理解既不同于现代刑法学所强调的"特殊预防"理论，也不是以前的刑法学者所主张的单纯的报应思想。他将自己的主张称为"行为人报应"理论，这很可能是综合了"特殊预防"和"报应"的理论产物。基于这种刑法观，达姆拒绝了"法益保护"学说要求通过"构成要件"对犯罪行为做出形式限定的主张，而是将关注的重点转移到行为人的人身要素上来。[1] 在达姆的理论中，"犯罪人类型"不是心理学意义上的类型化，也不是完全主观主义的判断标准，而是将犯罪人视为共同体内的一种特定存在，因而唯有从共同体的视角来区分不同类型的犯罪人才是正确的。也就是说，在共同体内部，如果犯罪人不属于特定类型的犯罪者，那么，即使其行为符合形式上的"构成要件"，也可能不被认定为犯罪行为；但是如果被归入特定的犯罪人类型，那么可处罚的范围就完全有可能超过刑法条文字面含义的限制。[2] 质言之，不再是具体的犯罪行为，而是犯罪人的本质，将成为判断"罪与非罪"的重点；而对于犯罪行为"构成要件"的审查应该以"直觉的本质考察"（eine intuitive Wesensschau）作为补充。[3] 达姆以一个生动形象的例子说明了自己提出的刑法主张：如果希特勒青年团（Hitler-Jugend）从一个天主教青少年组织那里夺取旗帜并将其焚

---

[1] Telp, Ausmerzung und Verrat: Zur Diskussion um Strafzwecke und Verbrechensbegriffe im Dritten Reich, S.74-78.
[2] Ibid, S.79ff.
[3] Kai Ambos, National Socialist criminal Law: Continuity and Radicalization, pp.138ff.

烧以作为胜利的标志,这种行为肯定会被旧的刑法理论认定为盗窃;但根据新的刑法理论,人们无法将之认定为盗窃,因为从维护民族共同体的角度来说,他们的行为不具有违法性。[①] 根据这种观点,刑事可罚性必须超越规范的字面含义,并以政治倾向为依据加以限制或扩张。

其实,无论是沙夫斯坦因提出的"义务违反学说",还是达姆主张的"犯罪人类型学说",其共同之处都是要弱化"构成要件"对于认定犯罪行为的限制,并把犯罪的本质同纳粹所提倡的民族共同体思想结合起来。不过,对于实质犯罪的强调并不必然导致刑法的扩张,而是也有可能发挥限制刑罚使用的功能,即行为人实施了一种符合犯罪"构成要件"的行为,但却不宜将之归为特定类型的犯罪人。[②] 这在某种程度上表明,沙夫斯坦因等人对于"法益保护"理论的批评主要是着眼于意识形态,而将"法益保护"刻意地视为自由主义刑法观的表达。不过,即使是在纳粹统治期间,基尔学派的主张也没有得到刑法学界的普遍认可,来自马尔堡大学的两位刑法学者艾利希·施温格(Erich Schwinge)和利奥波德·齐默尔(Leopold Zimmerl)共同发表了题为《刑法中的本质考察与具体秩序思维》(Wesensschau und konkretes Ordnungsdenken im Strafrecht)的著作,对达姆等人的新方法加以批评。[③] 客观地说,这两位作者的用意在于通过捍卫传统的刑法学来间接地维护"法治国"的理念。不过,为了免受不必要的责难,

---

① Georg Dahm, Verbrechen und Tatbestand, S.102.
② Thomas Vormbaum, Einführung in die moderne Strafrechtsgeschichte, S.187.
③ Karl Kroeschell, Rechtsgeschichte Deutschlands im 20. Jahrhundert, S.110.

他们没有直接诉诸自由主义和个人权利等价值理念，而是从概念的模糊性和歧义性等方面对沙夫斯坦因等人的观点进行攻击。[1]李斯特的学生埃伯哈特·施密特（Eberhard Schmidt）也曾为其老师做辩护：把李斯特的刑罚理论视为一种"软弱的、投降派的改革理论"完全是一种曲解，因为1933年11月24日的"惯犯法"（Gewohnheitsverbrechergesetz）就实现了李斯特要求增强打击习惯犯罪力度的主张。[2]其实，施密特的这番言论也是对于李斯特的一种曲解。总的来说，"义务违反学说""意志刑法学说"和"犯罪人类型学说"在一定程度上反映了在纳粹上台之前就已经出现的某种理论趋势。但是，经过达姆和沙夫斯坦因的改造，纳粹的意识形态得以完整侵入刑法学领域，这也是无可否认的事实。

## 三、失败的刑法改革计划

纳粹上台之后便开始推动大规模的刑法改革计划，试图以一部新的刑法典取代1871年德意志第二帝国时期的刑法典，因为后者被纳粹当局视为自由主义的产物。[3]一时之间，无论是刑法学界还是纳粹政府的官僚都对于新法典的起草满怀期待。这部新的刑法典将致力于达成以下目标：第一，废除（不利于被告人的）禁止类推原则；第二，用"实质不法"的概念取代基于"构成要件"的"形式不法"；第三，全面转向意志刑法；第四，用

---

[1] Kai Ambos, National Socialist Criminal Law: Continuity and Radicalization, pp.85ff.
[2] Thomas Vormbaum, Einführung in die moderne Strafrechtsgeschichte, S.189f.
[3] Ibid, S. 199ff.

道德性的价值判断来对"构成要件"特征做必要的补充;第五,基于上述改革对于刑法分则进行修改,使其焕然一新。[1]1933年夏天,帝国司法部提出了一个刑法典的草案,该草案实际上是以1927年提交给国会的"刑法典草案"作为蓝本,其内容只是在该草案的基础上进行了简单的修改。不久之后,希特勒委托帝国司法部部长弗朗茨·居特纳(Franz Gürtnera)组建了一个刑法典起草委员会,负责落实"刑法更新"(Strafrechtserneuerung)的计划。该刑法起草委员会于1933年11月3日开始运作,居特纳本人担任委员会的主席。此外,他还任命了两名副手,分别是纳粹党帝国司法领袖汉斯·弗兰克(Hans Michael Frank)和普鲁士司法部部长汉斯·克尔(Hanns Kerrl)。最初,委员会由15位成员组成,除主席和两名副主席之外,还有帝国司法部的国务秘书弗朗茨·施勒格贝格尔以及时任普鲁士司法部官员的弗莱斯莱尔;来自学术界的代表有五人,分别是达姆、爱德华·科尔劳施(Eduard Kohlrausch)、梅茨格尔(Edmund Mezger)、纳格勒(Johannes Nagler)以及从1933年12月份才加入的格拉夫·格莱斯帕赫(Graf Gleispach);来自实务界的代表五名,后来又增加一人,分别是来自普鲁士的格劳(Grau)、克莱(Klee)、克鲁格(Krug)和赖默尔(Reimer),来自巴伐利亚的莱默尔(Leimer)以及来自萨克森的洛伦兹(Lorenz)。从1934年起,提拉克(Otto Thierack)也加入到刑法典起草委员会。[2]

---

[1] Gerhard Werle, Zur Reform des Strafrechts in der NS-Zeit: Der Entwurf eines Deutschen Strafgesetzbuchs 1936, NJW (1988), S. 2866.

[2] Ibid, S.2865.

1933年夏的草案被当作了委员会后续工作的基础，除此之外，以下这些材料也被刑法典起草委员会采纳：其一，汉斯·克尔主持起草的"纳粹刑法"备忘录，该文件于1933年9月出版，旨在利用普鲁士司法实务中积累的经验为新法典的起草提供有效的建议；其二，德意志法学会下属的刑法委员会于1934年6月完成的"一般德意志刑法纲要"（Grundzüge eines allgemeinen deutschen Strafrechts）；其三，纳粹党法律事务办公室于1935年5月1日发布的"纳粹新刑法指导原则"（Nationalsozialistischen Leitsätze für ein neues deutsches Strafrecht）。[1] 刑法典起草委员会于1933年11月27日至1934年9月29日对刑法草案进行了"一读"；随后，法典草案被交付给不同的次级委员会进行进一步的讨论。次级委员会将讨论的成果汇总给一个编辑委员会，由该编辑委员会负责整理出一个新的草案。不过，该编辑委员会在这一版草案中将"分则"放在了"总则"之前，导致整个草案的条文顺序都错乱了。随后，由迈兹格尔、雷米尔、利奥波德·夏福尔（Leopold Schäfer）以及卡尔·夏福尔（Karl Schäfer）组成的一个次级委员会又对草案进行了讨论和修改。最终，帝国司法部于1935年7月15日公布了修订之后的草案，刑法起草委员会以此为基础，进行了"二读"审议。1936年12月1日，居特纳将修改之后的草案提交给帝国总理和各部部长，与草案一同提交的还有一份内容详尽的理由说明。[2]

---

[1] Thomas Vormbaum, Einführung in die moderne Strafrechtsgeschichte, S.200f.
[2] Ibid.

按照居特纳的计划，刑法典草案应当在 1937 年 1 月 26 日的内阁会议上全部审议通过。他曾向帝国总理府（Reichskanzlei）以及各部部长表示，希特勒本人的意愿是在 1937 年 1 月 30 日，也就是纳粹夺权四周年纪念日，正式颁布新的刑法典。但是，弗兰克以及其他政府或纳粹党内的高层官员都试图干预这个计划，最终，希特勒放弃了原先的打算，并于 1936 年 12 月 22 日通知居特纳：对于刑法典草案进行深入的讨论是不可避免的，内阁会议不可能按照原定计划完成审议工作。[①] 在 1937 年 3 月 9 日、5 月 5 日、6 月 22 日的内阁会议上，各方势力又对草案提出了较多的修改意见。后来，根据居特纳的请求，帝国总理办公室同意以书面流转的方式继续进行草案的审议工作，截至 1938 年 9 月 31 日，相关各方都提交了非常详尽的审议意见。然而，由于 1939 年战争的爆发，居特纳试图在内阁会议上通过刑法典草案的方案已经不太可能实现，于是他又寄希望于帝国防务委员会（der Ministerrat für die Reichsverteidigung）推动"刑法更新"的计划。这个委员会是希特勒在"二战"爆发前两天仓促设立的机构，其目的是尽快处理由战争所引发的经济和管理方面的立法事务，以减轻元首的压力。1939 年 12 月，居特纳告诉戈林，大量的刑法条文对于应对接下来的战争局势是不可或缺的，这一表态赢得了戈林对于刑法典草案的支持。[②] 不过，1939 年 12 月 18 日，希特勒告知居特纳，刑法典应当通过常规的立法程序加以通过，也就是说，由帝国防务委员会

---

① Vgl, Gruchmann, Justiz im Dritten Reich 1933–1940, S.791ff.
② Thomas Vormbaum, Einführung in die moderne Strafrechtsgeschichte, S.202.

审议刑法典的做法是不可行的。此外，对于颁布刑法典的时机是否成熟，希特勒也表示出极大的怀疑。① 总之，随着战争的爆发和希特勒本人态度的反复无常，纳粹的刑法改革计划最后以失败告终。

尽管纳粹时期制定的刑法典草案没有正式获得颁行，但德国法学界并没有忽视这部草案可能具有的重要意义。根据格哈德·韦勒（Gerhard Werle）的观点，虽然1936年的刑法典草案规定了不少反映纳粹主义意识形态的条文，但是单纯地将1933至1936年的刑法改革贬低为纳粹思想的产物是不妥当的。一方面，刑法起草委员会将稍加修改的1927年草案作为其讨论的基础，另一方面，1936年草案当中的许多规定要么与1933年之前刑法典的内容保持一致，要么便是可以追溯到纳粹上台之前就被提出的刑法典草案。② 但是，法律史学家克勒舍尔（Karl Kroeschell）对于1936年的刑法典草案做出的评价与此截然相反：尽管单个条文的表述可能是严谨周到的，但整部刑法典（草案）仍然是把当时的政治导向作为优先考量。③ 因此，与此前的刑事法律和刑法改革相比，纳粹推动的刑法改革计划标志着一个决定性的价值转向。

## 四、第三帝国的刑事单行立法

纳粹政权试图制定新的刑法典的计划最终没能实现，但是在

---

① Gerhard Werle, Zur Reform des Strafrechts in der NS-Zeit: Der Entwurf eines Deutschen Strafgesetzbuchs 1936, S.2866.
② Ibid.
③ Karl Kroeschell, Rechtsgeschichte Deutschlands im 20. Jahrhundert, S.106f.

第三帝国期间，当局颁布了大量的刑事单行立法以填补国家治理的需要。其中有些立法是对《德国刑法典》条文的修改，例如1935年6月28日的《修改刑法典的法律》(Gesetz zur Änderung des Strafgesetzbuches); 而绝大多数立法则是独立于刑法典之外的单行刑事法令。[①] 总的来说，在纳粹统治的不同阶段，刑事单行立法在内容上有着不同的偏重，反映出政治、经济和社会方面的变化，而立法内容和风格在战争爆发前和战争爆发后的差别尤为显著。[②] 第三帝国期间，纳粹政权一共颁布了52项刑事单行立法，其中1933年和1938年的立法数量最多，这间接显现出纳粹分子在夺权这一年以及筹备全面战争这一年在维持其政治权威与维护社会秩序平稳运行等方面面临着较大的压力。[③]

这些刑事单行法律大致可以分为以下几类。首先，对刑法典条文的修改主要是通过下述立法实现的：1933年5月26日的《关于修改刑法规定的法律》(Gesetz zur Abänderung strafrechtlicher Vorschriften vom 26. Mai 1933); 1934年4月24日的《关于修改刑法及刑事诉讼程序的法律》(Gesetz zur Änderung des Strafrechts und des Strafverfahrens vom 24. April 1934); 1935年

---

[①] Vgl. Johanna Schmitzberger, Das nationalsozialistische Nebenstrafrecht: 1933 bis 1945, Peter Lang, 2008.

[②] 维尔勒将纳粹时期的刑事立法划分为三个阶段：第一阶段为1933—1935年，纳粹分子通过刑事立法来镇压反对者，巩固统治；第二阶段为1936—1938年，属于纳粹立法的平缓期；第三阶段为1939—1945年，随着战争爆发，纳粹立法的数量剧增，内容也更加残暴。Vgl. Gerhard Werle, Justiz-Strafrecht und polizeiliche Verbrechensbekämpfung im Dritten Reich, De Gruyter, 1989, S.457-480.

[③] 本文附件一对第三帝国期间颁布生效的刑事单行条例进行了较为完整的搜集和整理，并依照时间顺序加以罗列。

6月28日的《关于修改刑法典的法律》(Gesetz zur Änderung des Strafgesetzbuches vom 28. Juni 1935);1936年7月2日的《关于修改刑法典的法律》(Gesetz zur Änderung des Strafgesetzbuches vom 2. Juli 1936);1940年4月2日的《关于修改过失致人死亡、过失致人重伤与交通肇事逃逸刑法规定的条例》(Verordnung zur Änderung der Strafvorschriften über fahrlässige Tötung, fahrlässige Körperverletzung und Flucht bei Verkehrsunfällen vom 2. April 1940);1940年5月6日的《关于刑法适用范围的条例》(Verordnung über den Geltungsbereich des Strafrechts vom 6. Mai 1940);1941年9月4日的《关于修改刑法典的法律》(Gesetz zur Änderung des Reichsstrafgesetzbuchs vom 4. September 1941);1942年11月22日的《关于补充叛国罪规定的法律》(Gesetz zur Ergänzung der Vorschriften gegen Landesverrat vom 22. November 1942);1944年9月20日的《关于修改叛国规定的法律》(Gesetz zur Änderung der Vorschriften gegen Landesverrat vom 20. September 1944)。

其次,纳粹在夺权的最初几年制定了为数众多的法律来巩固其统治,这些刑事单行立法的目的在于镇压政治上的反对者。例如,1933年2月28日的《保护国家与人民的总统法令》(Verordnung des Reichspräsidenten zum Schutz von Volk und Staat vom 28. Februar 1933),也就是臭名昭著的"国会纵火案法令";1933年2月28日的《反背叛德意志人民与密谋叛乱的总统法令》(Verordnung des Reichspräsidenten gegen Verrat am deutschen Volke und hochverräterische Umtriebe vom 28. Februar 1933);1933

年 3 月 21 日的《抵抗秘密攻击当权政府条例》(Verordnung zur Abwehr heimtückischer Angriffe auf die Regierung der nationalen Erhebung vom 21. März 1933); 1933 年 4 月 4 日的《抵抗政治性暴力活动的法律》(Gesetz zur Abwehr politischer Gewalttaten vom 4. April 1933); 1933 年 7 月 14 日的《禁止组建新政党法》(Gesetz gegen die Neubildung von Parteien vom 14. Juli 1933); 1933 年 12 月 1 日的《保护党国一体法》(Gesetz zur Sicherung der Einheit von Partei und Staat vom 1. Dezember 1933); 1934 年 12 月 20 日的《反秘密攻击国家与党及保护纳粹党制服法》(Gesetz gegen heimtückische Angriffe auf Staat und Partei und zum Schutz der Parteruniformen vom 20. Dezember 1934); 1937 年 4 月 7 日的《保护德意志国家社会主义工党（纳粹党）标志法》(Gesetz zum Schutze von Bezeichnungen der Nationalsozialistischen Deutschen Arbeiterpartei vom 7. April 1937)。

再次，为落实经济政策、保障经济秩序稳定，纳粹政权颁布了不少涉及经济问题的单行刑事法令。例如，1933 年 6 月 12 日的《反背叛德意志国民经济法》(Gesetz gegen den Verrat an der Deutschen Volkswirtschaft vom 12. Juni 1933); 1936 年 12 月 1 日的《反破坏经济法》(Gesetz gegen Wirtschaftssabotage vom 1. Dezember 1936)。

最后，诸多以限制和剥夺犹太人的权利、掠夺犹太人财产为目的的法律大都伴随着刑事制裁的内容，这不仅包括 1935 年制定的《血统保护法》，还包括 1938 年颁布的一系列法规：1938 年 4 月 22 日的《禁止协助隐瞒犹太工商企业的条例》(Verordnung gegen die Unterstützung der Tarnung jüdischer Gewerbebetriebe vom 22. April 1938）；1938 年 4 月 26 日的《犹太人财产登记条例》（Verordnung über die Anmeldung des Vermögens von Juden vom 26. April 1938）；1938 年 10 月 5 日的《犹太人旅行护照条例》（Verordnung über Reisepässe von Juden vom 5. Oktober 1938）；1938 年 11 月 12 日的《德国籍犹太人赎罪款条例》（Verordnung über eine Sühneleistung der Juden deutscher Staatsangehörigkeit vom 12. November 1938）；1938 年 11 月 12 日的《关于恢复犹太工商企业街景的条例》（Verordnung zur Wiederherstellung des Straßenbildes bei jüdischen Gewerbebetrieben vom 12. November 1938）。

值得一提的是，战后德国的法律史学家们围绕 1933 年 11 月 24 日的《反危险惯犯及保安处分与改造法》（Gesetz gegen gefährliche Gewohnheitsverbrecher und über Maßregeln der Sicherung und Besserung vom 24. November 1933）展开了专门的研究与讨论。根据他们的观点，该单行立法较为明显地反映出纳粹时期的刑事立法延续了魏玛时期的刑法改革计划。[①] 这部立法的核心内容乃是对于危险的惯犯采取"保安处分/预防性拘留"（Sicherungsverwaltung）措施。实际上，在李斯特的刑事政策理论的影响下，1919 年的草案以及 1922 年由古斯塔夫·拉德布鲁赫（Gustav Radbruch）主持起草的草案都采纳了类似的措施，当然强化对惯犯的处罚力度以及对危险惯犯采取安保处分措施，也

---

① Karl Kroeschell, Rechtsgeschichte Deutschlands im 20. Jahrhundert, S.107f.

都符合纳粹主义刑法学者的主张，也就是"处罚犯罪人"而不是"处罚犯罪行为"。①尽管1933年的"惯犯法"与此前的法律草案之间具有一定的相似性，但是纳粹制定的"惯犯法"采取了更为严厉的处罚和管制措施；就此而论，该法确实也反映了纳粹强调加重刑事处罚力度的基本主张。不过，从整体上来说，该法不宜被视为纳粹意识形态的产物。正是基于这个理由，"惯犯法"的效力在纳粹政权覆灭后并没有遭到取消；直到1968年，德国政府才对涉及惯犯的规定进行了少量的修改，其余部分则未受影响。②直到2011年5月4日，德国联邦法院宣布该法律在整体上是违宪的，进而启动对该法进行全面改革的计划。

随着第二次世界大战的爆发，纳粹开始制定越来越多的单行法令，以保障军事物资的供应，很多轻微的不法行为都会被视为损害德国人民战争决心的严重罪行。③具体来说，纳粹政权在战争期间主要颁布了下述法令：1939年9月1日的《特别电台广播措施条例》（Verordnung über außerordentliche Rundfunkmaßnahmen vom 1. September 1939）；1939年9月5日的《反人民害虫条例》（Verordnung gegen Volksschädlinge vom 5. September 1939）；1940年3月12日的《保障国家劳动服役法》（Verordnung zum Schütze des Reichsarbeitsdienstes vom 12. März 1940）；1940年3月29日的《保障德意志民族金属采集的条例》（Verordnung zum Schutze

---

① Thomas Vormbaum, Einführung in die moderne Strafrechtsgeschichte, S.196.
② Vgl. Christian Müller, Das Gewohnheitsverbrechergesetz vom 24. November 1933: Kriminalpolitik als Rassenpolitik, Nomos, 1997, S.95ff.
③ Karl Kroeschell, Rechtsgeschichte Deutschlands im 20. Jahrhundert, S.108f.

der Metallsammlung des deutschen Volkes vom 29. März 1940）；1940 年 5 月 11 日的《关于处理战俘的条例》(Verordnung über den Umgang mit Kriegsgefangenen vom 11. Mai 1940）；1941 年 12 月 23 日的《保障前线冬季物资采集的元首命令》(Verordnung des Führers zum Schutze der Sammlung von Wintersachen für die Front vom 23. Dezember 1941）；1942 年 3 月 21 日的《保障军备经济的元首命令》(Verordnung des Führers zum Schutze der Rüstungswirtschaft vom 21. März 1942）；1944 年 8 月 25 日的《保障总体战争投入的条例》(Verordnung zur Sicherung des totalen Kriegseinsatzes vom 25. August 1944）；1945 年 1 月 26 日的《保障战争前线投入的条例》(Verordnung zur Sicherung des Fronteinsatzes vom 26. Januar 1945）；1945 年 2 月 24 日的《德意志人民冲锋队刑法条例》(Verordnung über das Strafrecht des Deutschen Volkssturms vom 24. Februar 1945）。

与战争爆发前制定的法律相比，纳粹在"二战"期间制定的刑事法律更能反映出希特勒和纳粹统治的野蛮与残暴。作为一个典型的例子，希特勒在 1939 年 9 月 1 日，也就是向波兰发动闪电战的当日，发布了一项有关安乐死计划的命令（Euthanasiebefehl），根据该命令，纳粹党全国领袖菲利普·布勒（Philipp Bouhler）与医学博士卡尔·勃兰特（Karl Brandt）被授予下述权限：如果某些病人被确诊为患有不可治愈的疾病，那么布勒与勃兰特可以指派医生对这些病人实施"仁慈死亡"（Gnadentod），而落实这项命令的方式便是实施所谓的"T4"行动计划。① 除此之外,1939 年制定的《反人民害虫条例》、《反未成年重刑犯条例》(Verordnung gegen jugendliche Schwerverbrecher)以及《反暴力罪犯条例》(Verordnung gegen Gewaltverbrecher)在很大程度上受到格奥尔格·达姆等纳粹刑法学者关于"犯罪人类型学说"的影响。② 值得指出的是,《反人民害虫条例》第 4 条成为了名副其实的"口袋罪"(catch-all offence),加上法官的"类推",任何轻微的犯罪都可能被判处长达 15 年的监禁刑,情节严重者还可能被判处终身监禁乃至死刑。③ 与此类似,《反暴力罪犯条例》第 1 条规定,对于任何使用射击、挥砍或刺杀武器或者具有同等危险性的其他武器,实施严重暴力犯罪的犯罪人,都要强制适用死刑;适用前述武器危害他人生命或身体的,也要被处以死刑。④ 此外,根据 1871 年《德国刑法典》第 44 条第 1 款的规定,犯罪预备(Versuch eines Verbrechens)属于法定的从轻处罚事由,但根据《反暴力犯罪条例》的第 4 条,对于犯罪预备或者帮助犯,也可适用与既遂犯相同的刑罚。这意味着,法院可以根据被告人的犯罪恶意来决定预备犯和帮助犯的刑罚。⑤ 可以说,刑罚适用的随意性与刑罚执行的力度都大大加强了。

---

① "T4"行动计划就是指针对患有身体残疾或心理、精神疾病的患者进行系统性屠杀的"安乐死计划"。之所以用"T4"为计划命名,是因为该计划的总部设置在柏林的蒂尔加滕街 4 号(Tiergartenstr. 4)。See Henry Friedlander, *The Origins of Nazi Genocide: From Euthanasia to the Final Solution*, The University of North Carolina Press, 1995.

② Karl Kroeschell, Rechtsgeschichte Deutschlands im 20. Jahrhundert, S.110.

③ Thomas Vormbaum, Einführung in die moderne Strafrechtsgeschichte, S.206-207.

④ Vgl. § 1 Verordnung gegen Gewaltverbrecher vom 5. Dezember 1939.

⑤ Vgl. Johanna Schmitzberger, Das nationalsozialistische Nebenstrafrecht: 1933 bis 1945, S. 177ff.

最后，1941年底颁布的《波兰特别刑事法令》既包括刑事实体法，也包括程序法的相关规定。该法适用的对象是生活在东部合并区的犹太人和波兰人，他们不仅要遵守德国的法律，还要遵守那些专门为他们制定的特别严厉的补充性规定。[1]根据该法的要求，那些波兰人和犹太人必须放弃一切有损于德意志国家主权和德意志民族尊严的活动，否则就可能面临严酷的刑罚：如果因为某个人属于德意志民族的一员而对之实施暴力行为者，将被判处死刑；如果通过恶毒的或者煽动性的活动表示其对德意志的敌对态度，或者是通过其他行为来贬低、损害德意志帝国或德意志人民之荣誉或利益的，也将被判处死刑；只有在情节较轻微的情况下才可能被判处自由刑。[2]这些规定使得犹太人和波兰人的生命完全得不到保障，任何过错都有可能招致杀身之祸。

---

[1] 关于《波兰特别刑事法令》的性质，维尔勒与马耶尔（Majer）的看法有所不同，前者强调该法是之前刑事立法的延续，而后者则认为该法与之前的刑事立法存在重大差异。Vgl. Gerhard Werle, Justiz-Strafrecht und polizeiliche Verbrechensbekämpfung im Dritten Reich, S.351ff; D. Majer, *"Non-Germans" under the Third Reich*, pp.418ff.

[2] Karl Kroeschell, Rechtsgeschichte Deutschlands im 20. Jahrhundert, S.108f.

# 第六章
# 纳粹德国的民法与私法学

纳粹政权对于德国的政治、经济、文化乃至个人生活的诸多方面都进行严密掌控，这使得国家与社会的边界变得不再清晰，与之相对应的公法与私法的二元区分也就部分地失去了意义。不过，总的来说，那些与政权组织和权力架构没有直接联系的日常的生产生活仍然可以被分离出来作为单独的规范对象。从传统的部门法的角度看，与此相关的法律大致可被归入民法、经济法、劳动法与社会法等领域。

就纳粹德国的民法与私法学来说，后世学者对以下几个问题较为关注。第一，以拉伦茨、朗格等人为代表的私法学者是如何对传统的民法理论进行改造的，他们又是如何使新的民法观念与纳粹主义的意识形态保持高度一致的。第二，在纳粹上台之前就饱受学界批评的《德国民法典》为何能够在整个纳粹统治时期保持效力，而没有被当权者明令废止或是用另外的法典取代。当代法律史学者哈滕豪尔（Hans Hattenhauer）将这一现象称为"纳粹法律史上一个令人难以置信的事实"。[①] 按照魏德士的观点，一

---

① Hans Hattenhauer, Die geistesgeschichtlichen Grundlagen des deutschen Rechts, UTB, 1983, S.313.

般条款和不确定的法律概念为纳粹主义侵入私法秩序大开方便之门。借助"无限制的解释",法律条文将被赋予全新的内容。[①]此外,拉伦茨倡导的"具体-普遍概念"以及施米特提出的"具体秩序思维"等法律思维方法也对司法实践中具体的私法制度产生了重要影响,从而使之更加贴合纳粹主义的价值追求。在这种情况下,是否要通过立法程序废除《德国民法典》就变得无关紧要了。第三,纳粹统治者在民事领域进行了各种立法活动,这不仅包括希特勒政权在婚姻、家庭等领域制定的单行立法,也包括直到纳粹统治覆灭之时都没有正式完成的"《人民法典》计划"。这些民事立法活动对于德国的私法学产生了怎样的影响?

总的来说,鉴于私法无法超然于法秩序之外,法秩序亦无法超然于社会整体秩序之外,因而仅仅是单纯的私法决然不能抵御实践和理论中整体思潮的侵袭。即便私法整体保持不变,但通过政治上对于"敌人"和"同胞"的分化,"双重国家"的特征仍然会以某种形式浮现在私法体系的各个侧面。从某种意义上来说,如果忽视民法典在多个层面和维度的基础性价值,民法典将很容易被一系列单行法瓦解,并导致整体的堕落。可以认为,私法的堕落,即社会整体的堕落,所有人都应当为此负责。当然,从另一方面来说,虽然纳粹高层对于法律专业极不熟悉,无法提出太强的具有针对性的意见,但这不妨碍有一些专业人士基于专业素养提出深刻而又细致的意见,这些意见亦不会因为意识形态的扭曲而完全丧失学术价值,也不会丧失其对于私法发展的长远的影响。

---

① Bernd Rüthers, Die unbegrenzte Auslegung, S.175ff.

## 一、民法理论的全面改造

### （一）以德意志的"共同体法"取代罗马法

早在1920年，纳粹党就在其《二十五点纲领》的第十九点之中明确表达了关于德国私法的革命性观念：要用一个德意志的"共同体法"（ein deutsches Gemeinrecht）来取代服务于物质世界秩序的罗马法。这一纲领通常被认为是由"德意志工人党"（纳粹党的前身）的组建者安东·德雷克斯勒（Anton Drexler）所起草，希特勒本人可能也直接参与过该纲领草案的修订。就第十九点的内容而言，它很可能是由"民族德意志社会主义党"（纳粹党的另一个前身）的组建者布伦纳（Alfred Brunner）提出的。[1]

回溯历史，用德意志的"共同体法"取代罗马法的要求可以追溯到19世纪历史法学派的两个分支，即日耳曼派和罗马派之间的争论。[2] 按照学界主流的看法，作为整个私法秩序的基础的《德国民法典》主要奠基于以罗马法为核心的潘德克顿体系之上，因而以基尔克为代表的日耳曼派法学家对于《德国民法典》提出了

---

[1] Hans-Detlef Heller, Die Zivilrechtsgesetzgebung im Dritten Reich: Die deutsche bürgerlich-rechtliche Gesetzgebung unter der Herrschaft des Nationalsozialismus, Monsenstein u. Vannerdat, 2015, S.15f.

[2] 参见谢鸿飞：《法律与历史：体系化法史学与法律历史社会学》，北京大学出版社2012年版，第85页以下；〔德〕弗朗茨·维亚克尔：《近代私法史——以德意志的发展为观察重点（下）》，陈爱娥、黄建辉译，第396页以下。

严厉的批评。① 即使在《德国民法典》公布之后，基尔克也没有放弃以德意志的"共同体法"为基础建构私法体系的努力。② 直到 20 世纪 20 年代，赫尔伯特·迈尔等学者仍然在努力推进基尔克的学术事业。③ 但是，由于"共同体法"起初仅仅是反对派用来批判罗马法时所凭借的一种非常模糊的理念，而不是指向在历史上的特定时期的较为明确的法律，基尔克及迈尔等人的工作便很难真正取得有实效的成果。

当然，纳粹党人可能并不真正关心《德国民法典》究竟是否全盘受到罗马法的影响，他们更为看重的乃是罗马法作为一种"异族法"所传达出的象征性的意义："因为罗马法继受使得一个完整的民族受制于异族的法。"④ 将罗马法视为压制本民族法律成长的观点源自于 19 世纪，当时日耳曼派的学者格奥尔格·贝泽勒（Georg Beseler）较为明确地阐发过该种观点：继受罗马法以及把罗马法作为一种习惯而延续其效力，这仅仅是法学家阶层为自身利益考虑的结果，而非出于民众的信念和需要；在继受之前，德意志的法受到罗马法的阻碍和干扰而失去了优势地位，德意志对罗马法的继受乃是"民族的不幸"。在理清了作为"异族法"的罗马法与作为本民族法的日耳曼法（德意志法）之间关系的基础之上，贝泽勒提出了推翻当下罗马法统治地位的最佳办法，即"最好能通过

---

① Vgl. Otto von Gierke, Der Entwurf eines bürgerlichen Gesetzbuches und das deutsche Recht, Duncker & Humblot, 1889.

② Vgl. Otto von Gierke, Deutsches Privatrecht, 3 Bände, Duncker & Humblot, 1895.

③ Vgl. Dieter Schwab, Zum Selbstverständnis der historischen Rechtswissenschaft im Dritten Reich, Kritische Justiz, Vol. 2, No. 1 (1969), S. 61f.

④ Hans-Detlef Heller, Die Zivilrechtsgesetzgebung im Dritten Reich, S.29.

大的、结构性的立法活动,为德国法的发展开辟出一条道路。"① 显然,19世纪日耳曼派法学家的精神追求,也就是用德意志法取代外来的罗马法,这本身就蕴含着非理性的浪漫主义特征,而这种将"罗马法与德意志法"对立起来的观念引起了纳粹主义者的关注。贝泽勒无论如何也想不到,他对于罗马法继受的批评竟然在将近半个世纪之后得以复活。

《二十五点纲领》第十九点在内容上的空洞性也从侧面反映出这样一个问题,那就是以希特勒为代表的纳粹主义者可能仅仅将德意志的"共同体法"视为在夺权阶段吸引民众支持的一个口号,而在攫取权力之后却未必有能力全然依照纲领的指引推动私法的实际变革。对于纲领的意义,法学界存在着很多清醒的评价:"纳粹党的旧纲领在它的字里行间中没有详尽地描绘国家社会主义生活的图景,而是指出了那种生活的典型性特征,新的纲领将再次展现那种生活的方式。"② 后来,当纳粹政权组织起草《人民法典》来取代《德国民法典》时,仍有人提出是否要将"纲领"的要求在法典之中付诸实现,但是作为党内法律领袖同时也是德意志法学会(Akademie für Deutsches Recht)主席的汉斯·弗兰克以微妙的措辞否认了这种做法的必要性:"党的纲领远远超出了《人民法典》的框架。"③ 换言之,尽管"纲领"在纳粹统治期间保持着较为崇高的地位,但纳粹的高层可能从来没有考虑过要将"纲领"的

---

① 参见〔德〕霍尔斯特·海因里希·雅科布斯:《十九世纪德国民法科学与立法》,王娜译,法律出版社2004年版,第75页以下。
② Hans-Detlef Heller, Die Zivilrechtsgesetzgebung im Dritten Reich, S.22.
③ Ibid, S.23.

内容转化为实际的立法。

　　以希特勒为首的纳粹高层普遍缺少法律方面的专业知识，他们大都是从意识形态的角度出发对《德国民法典》提出"口号式"的批评，不具有太强的针对性，更谈不上用新的理论来取代传统民法的理论基础。希特勒本人完全缺乏对于法律的最基本的理解，他对于法学家也极度轻视，从他的个人传记《我的奋斗》之中，人们几乎找不到有关法律、立法或者法典的理论表达。作为党内的头号理论家，阿尔弗莱德·罗森贝格（Alfred Rosenberg）在其宣传种族主义的著作《20世纪的神话》中曾提到过有关"占有""所有权"以及"非婚生子女"的法律问题，并将基尔克视为值得效仿的榜样，但他仅仅是借助这些例子来服务于意识形态宣传的目的，也就是用"北欧-德意志法"（nordisch-deutsche Recht）来抵御和对抗"罗马-叙利亚法"（römisch-syrische Recht）。① 此外，罗森贝格也曾就修改民法的必要性问题发表过一些不甚清楚的意见，但人们从他的著作中找不到关于民法典规定的具体批评，也找不到关于用来取代民法典的"法律更新"的具体内容。另一位党的理论家戈特弗里德·费德尔（Gottfried Feder）对"纲领"第十九点进行官方的注释时，也没有提及对于民法的具体修改建议，他只是要求以"公共利益优于个人利益"（Gemeinnutz vor Eigennutz）的原则对于所有权的内容加以限制。相比之下，汉斯·弗兰克为法律的创制提供了比较明确的价值导向，在他看来，

---

① Vgl. Alfred Rosenberg, Der Mythus des 20. Jahrhunderts. Eine Wertung der seelischgeistigen Gestaltenkämpfe unserer Zeit, Hoheneichen-Verlag, 1930.

"帝国、种族、土地、工作和尊严"是法律需要展现并加以维护的五项实质价值：只有国家强大起来，个人的幸福才能建立在对外的安全、和平和尊严，对内的秩序和富裕之上。[1]

不同于纳粹高层的政客，当时为数众多的法学研究者对于德国民法提出了具体而微的批评意见。需要特别指出的是，学界对于《德国民法典》的批评和指责不光来自于纳粹的政治和理论宣传，也并不是在纳粹上台之后才逐渐增多。事实上，自从《德国民法典》于1900年生效之后，人们对于法典内容的指责就从未平息。其中有些批评来自政府官员，比如魏玛时期曾担任司法部部长的欧根·席费尔（Eugen Schiffer）就曾在一本关于司法改革的专著中谈到《德国民法典》的缺陷，指责它大量吸纳了罗马法上以保护"个人主义"为目的的规范，这使得古老的罗马法在改头换面之后继续主导着现代社会的生活秩序。另一名曾在司法部任职的女性官员则是从女性解放的角度对民法典的相关条文提出批评和指责。[2] 除官员之外，学术界也充斥着对于民法典的不满情绪，比较典型的便是拉德布鲁赫对于《德国民法典》的评价："与其说它是20世纪的序曲，不如说它是19世纪尾声。"[3] 显然，拉德布鲁赫这里暗指，民法典在它诞生之时便已经过时了，它根本不符合当时德国的社会经济状况。以威廉·卡尔（Wilhelm Kahl）为代表的法学家则提出了针对民法典的更为明确的改革要求：依照民法

---

[1] Hans-Detlef Heller, Die Zivilrechtsgesetzgebung im Dritten Reich, S.38ff.
[2] Ibid, S.33, 42.
[3] 参见〔德〕茨威格特、克茨：《比较法总论（上）》，潘汉典、米健等译，中国法制出版社2017年版，第269页。

典的规定，只有在配偶存在过错的情况下，离婚请求才会被准许，这显然已经不符合当时人们对于婚姻的态度，因而民法典有必要减少离婚方面的限制，将"婚姻关系不可挽回的破裂"作为离婚的条件。[1] 概言之，在 1933 年之前，除了涉及民法典之"精神气质"的批评之外，德国各界还出现了针对具体条文的指责和不满，以及相当多的修改建议。这些批判与建议或是基于学术理论方面的考量，或是以现实生活的具体需要为契机。然而，根据后世学者的研究，当时的德国人可能过度地执着于针对民法典条文本身发表意见，而在某种程度上忽视了学说和判例对于民法的进一步发展。[2]

直到 1933 年，在不改变民法典相关条文的前提下，很多新的民事法律制度得到了发展，这些新发展的基础在于法典中的一般条款以及类推的法律解释方法。因此，立法者是否应当推进法典修改这个问题，就显得不那么重要了。值得关注的问题在于：既然对民法典的批评并不是纳粹所独有的，而是当时政府内部和学术界的一般化倾向，那么专门强调纳粹政权对民法的批评是否公允呢？要回答这个问题，就需要比较支持纳粹主义意识形态的法学家提出的批评与此前的批评有何异同之处。具体来说，在纳粹夺权之初，有三位民法学者相继发表以《德国民法典》为主题的演讲，针对民法典的结构或者具体条文提出了一系列的批评。这三篇演讲分别是朗格（Heinrich Lange）于 1933 年 5 月在莱比锡所做的演讲，施托尔（Heinrich Stoll）于 1933 年夏季学期在图

---

[1] Vgl. Karl Kroeschell, Rechtsgeschichte Deutschlands im 20. Jahrhundert, S.91.
[2] 参见〔德〕弗朗茨·维亚克尔：《近代私法史——以德意志的发展为观察重点（下）》，陈爱娥、黄建辉译，第 495 页以下。

宾根所做的演讲以及丢勒（Hans Dölle）于同年9月在波恩所做的演讲。[①] 这三篇演讲可以在很大程度上说明纳粹主义对于德国私法的一般性主张。

朗格在他的演讲中认为，不仅仅是国家法和刑法，民法在纳粹主导之下的对于法律生活的"更新斗争"之中也占据着重要的地位，这是因为民法乃是一个受到自由主义世界观浸染的"重灾区"。朗格试图清晰地指出并且有力地驱除这种影响，以便发展出全新的可以作为私法基础的思想。朗格首先援引了《二十五点纲领》的相关规定，进而通过回溯历史的方式来说明作为潘德克顿法学产物的《德国民法典》是如何将自由主义、个人主义和物质主义作为其思想基础的。在他看来，与这些观念针锋相对的"义务-团体思想"才是"德意志的法律财富"，因此朗格呼吁人们重拾浪漫主义和历史法学派的法律观。紧接着，朗格又从哲学层面比较了两种法律理念的差异：对日耳曼民族来说，"法律发现"本身是一项植根于共同体生活的"道德决定"，因而不应当让这个过程完全受制于个人的意志；《德国民法典》则是单方面实现了个人的意志，却没有考虑到相对人和共同体的利益。朗格把当时可以见到的所有批评意见进行了极为详细的归纳和罗列，并在随后的文章和专著中进一步阐述批评的内容。不过，很难说，这些批评究竟有多少直接源自纳粹主义的思想。例如，对于民法典所规定的雇佣关系的批评，朗格只是在照搬基尔克等人从"弱者保护"

---

[①] Vgl. Heinrich Lange, Nationalismus und bürgerliches Recht; Hans Dölle, Das bürgerliche Recht im National sozialistischen deutschen Staat; Heinrich Stoll, Das bürgerliche Recht in der Zeiten Wende.

出发所提出的修改意见；对于债权人与债务人之间的关系，朗格显然存在夸大其词的嫌疑，他声称民法典导致"债权人只有权利，债务人只有义务"；针对多个侵权人之间如何分配损害赔偿责任的问题，朗格确实提出了一些具有建设性的意见，然而这些没有被《德国民法典》所采纳的意见却仍然是源自于罗马法的内容。在朗格的演讲中，只有那些关于"优生学"方面的要求，以及试图通过"威慑"等手段保障债务实现的主张，能够较为明显地反映出与纳粹种族主义意识形态之间的关系。然而，这些内容也很难被视为传统意义上的"私法"的范畴。① 施托尔与丢勒的演讲与朗格没有太大的差别：首先，他们指出国家社会主义对法律提出的两项基本要求——"公共利益优于个人利益"以及"用德意志法来反对罗马法"；随后，他们回顾了"共同体思想"是如何在历史发展过程中逐渐走向衰弱的；最后，他们对于《德国民法典》具体条文的批评与朗格提出的见解也具有整体上的相似性。② 总的来说，朗格等人试图把《二十五点纲领》作为理论指导，并以此为依据对民法典的精神和来源加以批判，但是他们提出的批评意见大都只是一些老生常谈。从某种意义上来说，他们只是为既有的批判意见披上了一件新的"政治外衣"，甚至可以说只是为了迎合纳粹政权的宣传："我们需要一种全新的、更符合我们观点的法律，也就是所谓的'德意志共同体法'。"③

不难看出，作为一种无所不包的意识形态，纳粹主义自然要

---

① Hans-Detlef Heller, Die Zivilrechtsgesetzgebung im Dritten Reich, S.43-50.
② Ibid, S. 51-53.
③ Ibid, S. 54.

将所有关于国家和法律的理论都裹挟在内；然而，任何一种自我界定为"绝对正确"并且不容他人批评的世界观都免不了违背最基本的历史事实、科学规律以及生活常识，这导致纳粹主义之下的法律无论在理论层面还是在实践层面都难以保持逻辑自洽。因此，第三帝国期间的私法学者面临着一个尴尬的局面，他们一方面利用新的意识形态进一步加大对于《德国民法典》的批判力度；另一方面，他们却不得不继续运用百年来为历史法学派所推崇的教义学方法，在私法领域进行修缮和创制的工作。不仅如此，这些学者很快就发现，任何关于私法的工作都不可能离开罗马法的渊源，那种试图另起炉灶，将德国私法大厦的地基完整地替换为"德意志共同体法"的愿望根本就没有任何实现的可能性。这导致诸多私法学者，包括一部分掌握权力的纳粹官员在内，对于私法改造的主张充满了内在矛盾，因而以此为据的改革行动最终也只能流于形式。后世学者从纳粹时期私法学者提出的理论设想之中还是能够清晰地辨识出若干基本特征，其中最具代表性的特征包括两点：其一，反对个人主义的共同体思想；其二，反对形式主义和抽象化的具体秩序的思维方式。纳粹时期私法学者对于民法典总则、合同以及所有权等制度的批评和建议无一不体现着这两点特征。当然，这两点特征也并不只是对于私法领域奏效，而是全方位地贯穿到纳粹统治时期国家和法律的全部理论与实践之中。

### （二）废除主观权利

纳粹主义的世界观在思想来源上非常复杂，其对于"共同体"

的概念也从来没有给出一个明确的定义。① 不过，纳粹时期的私法学者却形成了某种共识："共同体"应当被理解为一种"价值共同体"，而不是某种组织技术意义上的联合体，而纳粹主义就是要将"社会"的多元性改造为"共同体"的同一性。换言之，"共同体"不再被理解为一个把个人聚在一起的技术构造，"潜藏于血液中的低声呼唤"将人们聚集成为"共同体"，因而共同的良知赋予了他们相同的世界观、相同的感情和相同的行动。"共同体"是先验给定的存在，它具有相对于个体成员的优位，因为对于个体成员而言，它意味着成长的土壤和温暖的怀抱。基于这样一种整体想象的"共同体"导致个体权利不再是法律保护的对象。只有当个体成员是基于整体的委托而去实现和管理特定的利益和价值的时候，个人利益才能得以体现。因此，作为人民的一分子的个人所享有的尊严、工作、所有权、生命和健康，并不是基于其个人的意愿而存在，而是作为整体民族秩序之一部分，这是其应当得到法律保护的根本原因。②

按照传统的法律理论，任何一个自由的、尊重每一个个体的社会都必须尊重以下逻辑前提：在权衡个人权利和集体利益时，以"主观权利"的名义得到保护的个体利益具有无可置疑的优先性；只有经过立法程序确定下来的具备正式法律形式的"比例原则"才能对其加以限制。但是，若以一个被想象出来的"共同

---

① Vgl. Ian Kershaw, „Volksgemeinschaft". Potenzial und Grenzen eines neuen Forschungskonzepts, Vierteljahrshefte für Zeitgeschichte, H. 1 (2011), S.1–17; Michael Wildt, „Volksgemeinschaft". Eine Antwort auf Ian Kershaw, *Studies in Contemporary History* 8 (2011), S. 102–109.

② Vgl. Thomas Gutmann, Ideologie der Gemeinschaft und die Abschaffung des subjektiven Rechts, S.1–3.

体"作为私法的目的,那么两个相应的结果必将出现,其一,客观法的工具化,其二,主体法律地位(主观权利)的相对化。作为"共同体"的一分子,每一个人都将获得一个具体的、明确的身份(地位),这个身份一方面描述了个人相对于整体的义务,也就是由"共同体"交付给他的一项确定的任务,另一方面也表明了其"个人尊严",实际上也就是他被"共同体"所评估的价值。换言之,个人在法律体系中的位置应当根据他对于"共同体"的用处和效益来评判。鉴于独立的个人不再被视为真正意义上的"主体",权利在功能上也就大幅度地萎缩了,权利只能尾随着义务而出现,并由每一个人在政治上被任意确立的角色所决定。从这个角度来说,在"共同体"之中,权利和义务随着"成员的个人地位"而发生着变动,这种身份不再包含任何主观意义上的自由权,因为那种远离地位与身份的自由权意味着个体将保有属于自己的、不受干涉的空间。在这样的逻辑之下,对于个人来说,不存在前国家状态或者国家范围之外的自由,启蒙主义声称这种个人自由应当得到国家的尊重。[1]纳粹时期的私法学者在方法论层面大张旗鼓地提出"废除主观权利"的口号,其目的便在于取消这种启蒙主义的自由观念,以及消除它对于民法典和民事实践领域的影响。

需要说明的是,"废除主观权利"的要求最初是由毛恩茨(Maunz)等公法学者提出的。[2]在毛恩茨看来,主观公法权利意

---

[1] Vgl. Thomas Gutmann, Ideologie der Gemeinschaft und die Abschaffung des subjektiven Rechts, S.1-3.

[2] Vgl. Theodor Maunz, Das Ende des subjektiven öffentlichen Rechts, Zeitschrift für die gesamte Staatswissenschaft, Bd. 96, H. 1. (1936), S. 71-111.

味着作为个体的"民族同胞"（Volksgenossen）可以向作为整体的"民族/国家"提出权利主张，这显然不符合纳粹主义所支持的共同体理论，因为按照纳粹主义的世界观："民族共同体才是一切，而个人则什么也不是。"[1] 而在私法领域，对主观权利的攻击主要集中在以所有权为代表的绝对主观权利之上。相当数量的学者基于法律技术的理由希望保留主观权利在民法中既有的地位，将之置于被认为具有优先地位的"共同体"的利益和关联义务之下。[2] 但是另有一部分纳粹法学家却持完全抛弃主观权利的相反观点。一场激烈的辩论在私法学界拉开了帷幕。基尔大学的西伯特（Siebert）认为，主观权利不应当被废除，因为义务思维必然要把主观权利作为请求给付的权力来源，并且作为主张责任的连接点，因而这种主观权利仅仅具有法律技术层面的意义。另一名基尔大学的教授埃克哈特（Eckhardt），他同时还在纳粹政府中担任教育部的重要官员，则坚决地提出废除主观权利的要求。[3] 来自马尔堡大学的正教授马尼克（Manigk）在被强制退休之后仍然发表专著，坚持保留主观权利的必要性："在新的法律思维的框架下，同时考虑到与共同体相关联的法律运用的基本原则，主观权利的制度和概念被证明是富有成效的。"[4] 不过，马尼克却遭到已经升任基尔大学正教授的拉伦茨的猛烈抨击。拉伦茨指出，马尼克的研究与学

---

[1] Hans-Detlef Heller, Die Zivilrechtsgesetzgebung im Dritten Reich, S.59.

[2] Thomas Gutmann, Ideologie der Gemeinschaft und die Abschaffung des subjektiven Rechts, S.5-7.

[3] Hans-Detlef Heller, Die Zivilrechtsgesetzgebung im Dritten Reich, S.60.

[4] Alfred Manigk, Neubau des Privatrechts. Grundlagen und Bausteine, A. Deichert, 1938, S.26.

术界正在进行的"法律更新"是格格不入的。[1]需要注意的是，拉伦茨等人对于"主观权利"的否认还会造成另一个严重的后果，那便是作为民事法律最基本原则的"平等"将失去根基，这种观点对于私法的改造无疑是相当激进的。

纳粹对于平等原则的歪曲理解并不是一蹴而就的，而是可以分为前后两个阶段：首先，"平等"并不意味着所有个人一律享有同样的权利能力，只有"共同体"内部的成员之间才处于相互平等的地位，而"共同体"之外的人则根本不享有法律资格，自然也就不可能与"共同体"内部的成员保持"平等"。其次，在区分"共同体"成员和非成员的基础上，平等原则又被赋予新的含义，即根据"民族同胞"在"共同体"之中的具体的法律地位决定其承担的义务。[2]这就构成对"平等"含义的根本颠覆："真正的共同体不应当承认抽象的平等原则，而是要认可一种自然的、植根于个体成员的等级的多样性。"[3]换言之，具体的人不是作为个体，而是作为民族"共同体"的一分子，才具备享有特定的权利的资格。这样一来，作为一个以维护平等原则为目的的一般性概念的"权利能力"（Rechtsfähigkeit）就变得多余了，它完全可以被"民族同胞的法律地位"这一新的概念所取代。有学者认为，纳粹时期私法学者围绕"主观权利"的这场激辩并不是一个纯粹的学术讨论，对于纳粹当局来说，这场讨论至少能够服务于一个重要的政

---

[1] Karl Larenz, Neubau des Privatrechts, Archiv für die civilistische Praxis (AcP), 145. Bd., H. 1 (1939), S.107.

[2] 参见郑寅达、梁中芳：《德国纳粹运动与纳粹专政》，第110—113页。

[3] Thomas Gutmann, Ideologie der Gemeinschaft und die Abschaffung des subjektiven Rechts, S.10.

治目的，那就是为剥夺犹太人的权利进行思想层面的造势；1935年的"纽伦堡法案"就在很大程度上将取消主观权利的理念付诸实施了。[1]无论这种说法有无根据，一个不容否认的事实是，在拉伦茨对马尼克的主张进行严厉的批驳之后，有关"主观权利"问题的讨论便从法学专业期刊上消失了。

### （三）债与所有权的改造

纳粹时期的私法学者对于德国私法的批判与改造不仅限于平等原则、主观权利等较为抽象的层面，而是深入合同、所有权等具体民事制度的领域。就债法来说，施托尔（Stoll）在1936年发表的观点还比较含蓄："个人人格发展的可能应当与共同体的整体追求相一致"。[2]这意味着，双方当事人通过缔结合同建立彼此之间权利义务关系的做法仍然得到认可，只是缔结合同的行为与合同的内容不得背离"共同体"的整体利益。然而，拉伦茨试图完全颠覆"合同"的概念，即用人法上对于共同体关系的理解来对抗债法合同所体现的个人主义模式。换言之，在债法领域，无论是基于合同所产生的权利义务关系，还是基于其他法定之债而产生的法律关系，个人均不再享有自由处分的权限，这些法律关系将以"民族同胞"对于"共同体"的义务为基础。[3]换言之，个人所享有的每一项支配权利都是以"共同体"的意志为基础的；如

---

[1] Heiko Holste, Die Zerstörung des Rechtsstaates durch den Nationalsozialismus, S.362f.

[2] Heinrich Stoll, Gemeinschaftsgedanke und Schuldvertrag, Deutsche Juristenzeitung(1935), S.420.

[3] Thomas Gutmann, Ideologie der Gemeinschaft und die Abschaffung des subjektiven Rechts, S.8-9.

果有必要的话,"共同体"可以凭借自己的意志收回每一项由其授权个人支配的权利。这种转变对于在私法领域被视为圭臬的"意思自治"原则产生了至关重要的负面影响。因为如果由"共同体"为每一个个人划分义务范围,并为其设定个体缔结合同的边界,那么所有的私法合同都将直接成为"整体国族秩序"的一部分,合同当事人对于协议内容达成的一致对于合同效力仅仅只能起到辅助性作用。"意思自治"将被置于个人无法预先加以明确知悉的"共同体关系"的一般保留之下;这种"共同体关系"通过民法的一般条款渗入权利的内容之中,并从内部将之掏空。在此基础之上,拉伦茨对于"合同"的重新界定也就呼之欲出:"与自由主义的法律观截然相反,我们将同胞之间的合同视为民族秩序的进一步延伸,在这种秩序中,每一个契约都应当适应一个由基本原则所确定的组成部分。它不能听凭其成员随意地缔结契约;不过,它可能允许成员,在民族秩序中,以及符合该秩序基本原则的情况下,自行调整彼此的特定法律关系。"[①]质言之,诸如劳动关系、公司法上的关系和租赁关系都被理解为"共同体关系",而在主合同义务之外,还存在着所谓的"忠实义务"(Treuepflichten)。这种不直接由当事人所决定的"忠实义务"则为纳粹主义意识形态的侵入打开了方便之门。需要强调的是,拉伦茨通过人法上的"共同体关系"来理解"合同"产生的权利义务的做法,与基尔克的"团体法思想"看起来非常相似。不过,拉伦茨并没有直接把基尔克作为其理论来源,而是提出了所谓的"具体概念"理论。

---

[①] Karl Larenz, Vertrag und Unrecht, Bd. 1, Mohr, 1936, S.31.

他指出，"具体概念"与在潘德克顿法学中占支配地位的"抽象-普遍概念"存在显著区别，它指向了特定类型的社会事实，而非沉迷于从概念出发的逻辑演绎。[1]

由于魏玛宪法第 153 条将"所有权"上升为受到宪法保障的基本权利，这就使得对于"所有权"问题的讨论不仅局限在私法领域，很多国家法学者也参与到该问题的讨论之中。根据希特勒上台之后公布的"国会纵火案法令"第 1 条的规定："德国宪法第 114、115、117、118、123、124 和 153 条在另行通知前，暂时停止适用。故对人身自由权、言论自由权，包括出版自由、集会自由、邮政、电报和电话隐私权的限制得以允许。若未另外声明，根据传票搜查住宅、没收财产及对财产加以限制亦不受法律约束。"[2] 该条法令的本意在于"抵御共产党危害国家的暴力行为"，但是在支持纳粹的法学家们看来，既然 153 条被暂停适用，那么宪法对于所有权的保障就在整体上被废除了。换言之，当纳粹政权通过法律来征收、征用私人财产时，当事人就不能以相关的征收活动不符合宪法为由向法院提起诉讼了。[3] 不过，这绝不意味着，私人财产所有权在 1933 年之后的德国是完全得不到保障的。实际上，通过援引希特勒在 1928 和 1933 年所发表的相关言论，纳粹时期的法学家们再次强调：在纳粹主义下，所有权仍然受到保护。当然，与魏玛时期的民主体制下对于所有权的保

---

[1] Josef Kokert, Der Begriff des Typus bei Karl Larenz, Duncker & Homblot, 1995, S.115f.
[2] § 1. Verordnung des Reichspräsidenten zum Schutz von Volk und Staat vom 28. Februar 1933.
[3] Vgl. Jan Schleusener, Eigentumspolitik im NS-Staat der staatliche Umgang mit Handlungs- und Verfügungsrechten über privates Eigentum 1933–1939, Lang, 2009, S.59ff.

障相比，纳粹政权保障所有权的制度实践存在重大差别：它的正当性基础不在于宪法规定的基本权利，也不能通过法院诉讼来解决由此引发的争议；对于所有权的保障仅仅体现为立法和行政管理的实践，在具体案件中，对于权利内容的确定往往与政治因素有着密切的关联。从理论的角度来说，"共同体对所有权的限制"（Gemeinschaftsbindung des Eigentums）使得所有权保障制度的结构性转变得到了充分的学理阐发。

总体来说，纳粹理论家们提出论证方式及其结论具有高度的同质性。对于《德国民法典》和魏玛宪法的相关条文所确立的所有权观念进行抨击，乃是纳粹思想指导之下的各种所有权理论的出发点，因为那些条文背后反映出强烈的自由主义倾向。[1]身为"桂冠法学家"之一的恩斯特·胡贝尔（Ernst Rudolf Huber）在第三帝国期间出版的教科书之中就有一段对于纳粹主义所有权主张的精练概括："自由主义经济秩序的'私人所有权'是对真正所有权的意义的完全颠倒，因为它根本没有承认在'共同体'中存在着一种对所有权人来说的具体、责任性的限制。"[2]需看到，在魏玛共和国成立之后，帝国法院（Reichsgericht）以判决的形式发展了所有权理论，加强了对于所有权人的保护。纳粹时期的法学家们对于帝国法院的这一做法提出了严厉的批评，在他们看来，帝国法院阻挠了对于私法领域的必要改革。毛恩茨以非常夸张的语言描述了由此产生的后果："征收成为了对抗立法的保护性措施，其

---

[1] Vgl. Thorsten Keiser, Eigentumsrecht in Nationalsozialismus und Fascismo, Mohr Siebeck, S. 73ff.

[2] E. Huber, Verfassungsrecht des Großdeutschen Reiches, S.372.

最终造成的后果便是破坏国家的主权或其运用；没收概念的消解出现在魏玛时期，绝不是一个偶然现象。"① 另一名法学家朔伊尔（Ulrich Scheuner）也否认魏玛宪法对所有权征收所做的限制："对于当下的法律来说，自由主义的过分夸张的征收概念不再具有任何意义，而第153条的规定与当今的观点也不能兼容。"② 在批评了自由主义的所有权概念之后，法学家们自然而然地发展出一种更符合纳粹共同体思想的所有权观念，也就是"与整体民族和等级相关联的所有权"：共同体限制不是作为一种附属性的或事后的限制，它不是对于所有权概念进行的外部限制；它从一开始就构成了所有权的本质，因为所有权就其本质和内容来说，就是一项与共同体紧密相关的"权限/权能"（Befugnis）。③ 类似于拉伦茨对"合同"概念的改造，法学家们也将纳粹主义对国家和"共同体"的理解作为其所有权学说的理论背景：个人不再被视为原则上自治的和自我负责的主观私权利和公权利的承担者（Inhaber），而仅仅被看作"人民生活秩序"的一个成员。相应地，所有权人不再是对抗其他所有权人和国家的自身权利的承载者（Träger），而仅仅是一个"民族同胞"的法律地位的持有者。④

在众多参与所有权问题讨论的纳粹时期的法学家之中，弗朗茨·维亚克尔于1935年发表的《所有权制度的变迁》可能是最

---

① Theodor Maunz, Verwaltung, Hanseatische Verlagsanstalt, 1937, S.296.
② Alexander von Brünneck, Die Eigentumsordnung im Nationalsozialismus, Kritische Justiz, Vol. 12, No. 2 (1979), S. 154.
③ Ibid.
④ Vgl. Keiser, Eigentumsrecht in Nationalsozialismus und Fascismo, S.97-108.

为全面，也最具代表性的作品。① 类似于前文提及的作品，维亚克尔也是将对于自由主义时期的所有权概念的批判作为其论述的起点，重点分析了这种反映自由主义的所有权概念如何通过《德国民法典》第 903 条的规定得到充分表达。② 他指出，根据纳粹主义的法律观，所有权不再是"对于物的整体支配"（totale Sachherrschaft），而仅仅是对可归于特定法律主体的"物权性利益"的归纳。换言之，所谓的"私人所有权"只不过是在共同体内部对于"（整体）所有权的分配"（Eigentumszuweisung），也就是把一定的利益分配给某个法律主体。质言之，对于"物权性利益"的分配是一种尝试，也就是将所有权的不同侧面在一种"秩序和规划"的语境之下加以重新建构。按照纳粹主义的"共同体理念"，对于"物权性利益"的处理应当恰如其分：它应当服务于"人民秩序"的目标，承认与法律主体的身份联系在一起的权利。因此，维亚克尔支持一种特别立法，即通过整理特定物权主体的生活事实，进而为社会上典型的某一类主体设定与之相适配的管理内容。③ 维亚克尔的这种看法与拉伦茨提出的"具体的所有权形式"存在内在的相通之处。拉伦茨认为，作为具体的所有权类型，存在着家庭农场所有权、房产所有权、城市地产所有权、货物所有权和金钱所有权等等多种所有权的类型，每一种所有权都应当有一个具体的所有权概念与之匹配。④ 以此为基础，人们才能够形

---

① Vgl. Franz Wieacker, Wandlungen der Eigentumsverfassung, Hanseatische Verlagsanstalt, 1935.
② Helmut Rittstieg, Die Juristische Eigentumslehre in der Zeit des Nationalsozialismus, Quaderni Fiorentini, Vol.5/6 (1976/77), S.709f.
③ Keiser, Eigentumsrecht in Nationalsozialismus und Fascismo, S.155.
④ Karl Kroeschell, Rechtsgeschichte Deutschlands im 20. Jahrhundert, S.85.

成一种所有权的"具体-普遍"概念，这与抽象的所有权概念有着根本性的差异，因为它可以将大量的客观真实纳入其中，而不再是一个内部空空如也的逻辑框架。无论是拉伦茨还是维亚克尔，他们围绕所有权展开的理论建构都有着共同的立足点，即对于那些归于个人使用和负责的"物权性利益"分配只能在"人民秩序"的框架下展开，换言之，整体的所有权秩序应当同纳粹主义的结构和目标保持一致。

## 二、民事法律实践的整体特征

如前所述，纳粹时期的私法学者对于《德国民法典》提出了激烈的批评，而且试图用一套符合纳粹共同体思想的法律理论来改造传统的民事法律制度。那么，这些改造究竟仅仅停留在理论宣传层面，还是对第三帝国时期的民事法律实践同样产生了重大的影响呢？此外，纳粹统治者主要是通过何种手段来完成私法秩序的改造，从而使之与纳粹在政治、经济方面的目标保持一致的呢？以魏德士为代表的一批学者认为，一方面，民事法律中存在大量的"一般条款"和"不确定法律概念"；另一方面，纳粹统治下的法院和法官掌握对这些内容不明确的法律条文进行"无限制解释"的权力；这样一来，法律条文的规定与纳粹思想的落实之间的冲突就得到了有效的化解。这种观点纵然有一定的道理，但是纳粹政权在民事领域进行的诸多立法活动也不应因此而被忽视。

## （一）纳粹司法对于民事制度的改造

鉴于《德国民法典》在整个纳粹统治期间没有被废止的客观事实，纳粹实现对私法秩序改造的主要途径就是司法解释。从20世纪70年代开始，德国学者就已经开始关注纳粹时期的民事法庭对于制定法条文进行的解释，尤其是关注这种解释能够在多大程度上导致纳粹主义的反自由的、种族主义的意识形态侵入私法领域。沃尔夫冈·格伦斯基（Wolfgang Grunsky）曾在1968至1969年冬季学期于吉森大学组织的系列演讲中谈到过这个问题。[①] 魏德士于1968年出版的教授资格论文《无限制解释：论纳粹时期私法秩序的转变》（Die unbegrenzte Auslegung – Zum Wandel der Privatrechtsordnung im Nationalsozialismus）对这个问题进行了全面系统的研究。

按照传统的观念，法官的职责主要是将法律条文应用到具体的案件中，这被称为司法裁判的"涵摄"模式。不过，从19世纪脱期以来，受到法律现实主义的影响，私法学者对于法学方法的思考已经较大幅度地改变了这一模式。鉴于司法判决的作出总是伴随着有意或无意的主观价值判断，法官不能被简单地视为"涵摄机器"（Subsumtionsautomat）。由此引发的问题便是，法官进行裁判活动时，可能在多大程度上受到制定法条文的约束。如果法官的判决结果主要受到其个人偏好和价值倾向的影响，那么立法、

---

[①] Wolfgang Grunsky, Gesetzesauslegung durch die Zivilgerichte im Dritten Reich: Dargestellt an Hand der in DR 1939 Band 2, 1940 Band 1 enthaltenen Rechtsprechung, Kritische Justiz, Vol. 2, No. 2 (1969), S. 146-162.

行政和司法的三权制衡是否还有意义？作为一种可预见的风险，民事立法中大量存在的"一般条款"和"不确定法律概念"势必将法官解释法律的空间无限度地放大。那么，判决结果的正当性该当如何证成？法律的安定性又该当如何保证？进入20世纪之后，这些源自于实践领域的问题成为困扰着德国私法学者的主要问题。

在纳粹夺权之后，法学界对于"一般条款"在实践中的适用仍然存在着不一致的看法。尤斯图斯·黑德曼（Justus Wilhelm Hedemann）认为，在司法裁判过程中，向一般条款逃逸（die Flucht in die Generalklauseln）是一种比较危险的倾向；另外一些学者则认为，也只有借助一般条款，法官才能使产生于过去的立法条文适应当下发生的思想观念和社会需求。[1] 例如，卡尔·施米特就主张："所有'不确定的法律概念'与'一般条款'，都必须毫无条件、毫无保留地以符合纳粹主义思想的方式加以运用。"[2] 但是，当时的法学界还存在着一种比施米特更加激进的观点：法官不仅有义务选择符合纳粹主义意识形态的法律解释，而且法官可以检验现有的法律是否与纳粹主义世界观相一致，如果不一致的话，就应当对之加以批判。换言之，很多纳粹法学家主张将"一般条款"称为所谓的"斗争条款"：当旧的法律规定与新的法律思维之间存在不可调和的价值冲突时，法官就可以直接诉诸"民族确信"来消除"法"（Recht）与"制定法"（Gesetz）之间的冲

---

[1] Vgl. Justus Wilhelm Hedemann, Die Flucht in die Generalklauseln. Eine Gefahr für Recht und Staat, Mohr, 1933.

[2] Karl Kroeschell, Rechtsgeschichte Deutschlands im 20. Jahrhundert, S.87.

突。① 鉴于法学界在法律适用和法律解释方面缺少必要的共识，纳粹高层的汉斯·弗兰克委托基尔大学的达姆、西伯特、埃克哈特等学者起草了一份名为"关于法官的观点与使命的指导原则"的规范性文件，随后于 1936 年 1 月 14 日在一个盛大的法学家大会上加以公布。这份文件在很大程度上可以代表纳粹官方的意见："对于任何法律渊源的解释都必须以纳粹主义意识形态为基础，尤其是那些在党的纲领和元首讲话中得到明确表达的意见。如果元首的决定是通过法律或法令的形式发布的，那么法官无权对之进行审查。如果元首的其他命令也明确传达了试图设立一项法律的意愿，那么它们对于法官同样具有拘束力。"②

作为一个典型的案例，在一起由买卖奶牛而引发的纠纷中，被告从犹太裔畜牧商人那里购买的奶牛未能如保证的那样产奶而拒绝支付价款，因而被对方告上法庭；在案件审理中，被告援引《德国民法典》第 459 与第 462 条有关"标的物瑕疵担保"规定，主张解除合同关系，但负责审理案件的法官完全没有考虑适用上述规范，而是直接根据《德国民法典》138 条的规定判决双方的交易无效，因为任何一个"正直的同胞"都应当尽可能避免与犹太人进行交易，故而从犹太商人处购买奶牛的做法已经"违背了善良风俗"（sittenwidrig）。③ 在另一起由房屋租赁引发的案件中，柏林的房屋建筑互助协会提起诉讼，希望与一位犹太裔女租客解约。根据 1923 年生效的《承租人保护法》（Mieterschutzgesetz），只有

---

① Bernd Rüthers, Die unbegrenzte Auslegung, S.136ff.
② Michael Stolleis, *The Law under The Swastika: The Studies on Nazi Germany*, p.11.
③ Karl Kroeschell, Rechtsgeschichte Deutschlands im 20. Jahrhundert, S.88.

当承租人存在过错,并且对出租人造成严重的妨害,使其有理由认为租赁关系不能被继续期待的情况下,出租人才有权解约。不过,审理该案件的法官认为,该法律是在一种不正确的世界观的指导下被制定出来的,现在要用纳粹主义的意识形态赋予这部法律以全新的含义:房屋共同体乃是民族共同体的一部分,因此,承租人的人身特征就会对租赁关系的性质产生直接的影响。《承租人保护法》第2条提供的保护是以当事人属于房屋共同体的一员为前提条件的,犹太人由于其种族的低劣性不可能属于房屋共同体,因而他们不能要求雅利安种族的出租人和租客同犹太人生活在同一个房屋共同体之中。如果犹太租客不遵从雅利安出租人做出的清退请求,那么,犹太租客就会打扰到组成房屋共同体的雅利安人,也就是说,这已经符合《承租人保护法》第2条所规定的解约条件:"承租人存在过错并且对出租人造成严重的妨害。"[①] 质言之,承租人是犹太人,这个事实本身不构成过错,但是在针对《承租人保护法》第2条的法律解释的意义上,承租人存在过错却足以得到证明,因此解约的请求应当得到支持。与此类似的案件还有很多,比如减少犹太人退休金的做法被视为符合诚信原则,在商业活动中将竞争对手蔑称为"犹太佬"的做法并不违反善良风俗,等等。[②]

不仅如此,在一些不涉及犹太人而且也没有违背纳粹主义世界观的案件中,法院有时也会摆脱制定法的约束,拒绝适用陈旧

---

[①] § 2 Gesetz über Mieterschutz und Mieteinigungsämter vom 1.Juni 1923.

[②] Bernd Rüthers, Die unbegrenzte Auslegung, S.167–168.

的实定法。例如，在一起有关支付扶养金和抚养费的案件中，卡塞尔地方法院认为《德国民法典》第760条第2款的规定已经过时，不应当在当下审理的案件中加以适用。具体来说，根据《德国民法典》第1361条和第1612条的规定，被告人有义务向离婚的配偶和未成年子女按月支付扶养金和抚养费，而根据第760条第2款的规定，被告人需要预先支付三个月的费用。不过，被告人作为公务员，他领取工资的方式不再是按月领取，在这种情况下，法院认为没有理由适用第706条第2款的规定，要求其提前支付3个月的费用，因为该条文所依据的事实关系已经发生了变化。显然，在这起案件中，法官对于法律的解释并没有反映出太过明显的纳粹主义价值取向。[①]与地方法院相比，高等法院和帝国法院则更愿意依照法律条文来审理案件。在一起有关著作权法的案件中，帝国法院需要做出决定，判断纳粹党纲领所确立的"公共利益优于个人利益"是否应当成为解释著作权法的基本原则。如果将这项原则确立为解释著作权法的基本原则，那么引用外国作品中的文字或图片的合法性就将发生变化，最终，帝国法院拒绝为了适应法律更新的改革计划而改变既有的判决，因为这违背了现行有效法律的指导原则。[②]这个事情在一定程度上可以说明，在很多法官心目当中，只要制定法仍然有效，那么他们仍旧倾向于严格遵从其约束。当然，人们决不能据此推断，帝国法院在纳粹统治期间可以做到独善其身，有效地抵挡纳粹意识形态的侵袭。

---

[①] Bernd Rüthers, Die unbegrenzte Auslegung, S.152.
[②] Ibid, S.347f.

例如，对于婚姻无效问题，帝国法院的判决显然是在积极迎合纳粹对于种族问题的看法，因为其中充满了对于犹太人的歧视和排挤。[1] 根据《德国民法典》第1333条的规定，如果婚姻一方在结婚时对于配偶的"人身特征"发生重大的误解，那么当事人可以主张婚姻无效。在当时主动申请婚姻无效的案件中，很多当事人并不是对其配偶是不是犹太人这个事实发生了误解，而是对于犹太血统在纳粹主义世界观之下的意义发生了误解。在这种情况下，当事人是否可以根据民法典第1333条的规定主张其婚姻无效呢？帝国法院对于这个问题做出了肯定的回答：对于犹太血统在纳粹主义世界观下的意义发生误解就足以成为当事人申请认定婚姻无效的事由。而在另一个判决中，帝国法院对于纳粹主义所产生的法律效果做出了更为夸张的解释。依照《德国民法典》第1339条的规定，主张婚姻无效的当事人，应当在其知晓重大误解的六个月内提出确认婚姻无效的申请，但是该案件的申请人早已超过法律规定的期限。在这种情况下，法院仍然支持了当事人的申请，并为其判决提供了下述理由：纳粹主义世界观的确立将阻碍时效的完成，因而当事人的申请应当得到批准。很显然，这种判决结果意味着，任何一个想要解除婚姻的雅利安人，都能以其配偶为犹太人为由对婚姻的效力提出异议，这无疑是纳粹主义种族思想对婚姻关系的野蛮践踏。[2]

综上所述，纳粹时期的法院系统对于传统私法秩序的改造涉

---

[1] Hans Wrobel, Die Anfechtung der Rassenmischehe: Diskriminierung und Entrechtung der Juden in den Jahren 1933 bis 1935, Kritische Justiz, Vol. 16, No. 4 (1983), S.358ff.

[2] Bernd Rüthers, Die unbegrenzte Auslegung, S.155-166.

及买卖、租赁、婚姻、劳动等领域，尤其在涉及犹太人的案件之中，基于种族主义的立场对法律条文进行"歪曲"解释的状况极为普遍。此外，即使在一些没有直接涉及价值冲突的案件之中，法院也会相当主动地拒绝适用那些"过时的"法律。另外，与地方法院相比，地方高等法院及帝国法院表现出更强的接受法律约束的意愿。不过，在一些政治色彩和意识形态属性比较浓厚的问题上，帝国法院也会屈从于纳粹意识形态，对法律做出有违公正理念的解释。

### （二）纳粹时期的民事立法活动

较之于纳粹时期的民事司法活动，对于希特勒政权所进行的民事立法进行学术回顾要到更晚的时间才得以逐步展开。格哈德·奥特（Gerhard Otte）于1988年发表的《第三帝国时期的民事立法》应当是德国学界最先开始对纳粹民事立法的特点进行整体评估的研究成果。奥特在文章的开头部分就对纳粹民事立法较少受到学界关注的原因做了说明："在对纳粹时期的法律进行考察时，人们第一眼关注的往往不是民法的转变，而是那些直接确立和维护纳粹统治的制度，如使得魏玛宪法名存实亡的'授权法'、人民法庭（Volksgericht）的设立和运作等等。"[①] 不过，他也强调，如果人们认为纳粹政权对于民法体系的渗透远不如其他部门法，那么就陷入了一种常见的误解。后来，汉斯-德特勒夫·海勒（Hans-Detlef Heller）的博士论文《第三帝国时期的民法立法：纳粹统治下

---

① Gerhard Otte, Die zivilrechtliche Gesetzgebung im „Dritten Reich", NJW (1988), S.2837.

的德意志民法》对于该问题进行了更为深入而详尽的讨论。

从数量上看,纳粹政权为调整国内私法秩序而制定的单行法律相当之多,但是其中很多法律与《德国民法典》的规定没有直接关联,或者并不会与之发生抵触。①举例来说,1933年9月23日的《帝国农庄法》(Reichserbhofgesetz)没有直接涉及《德国民法典》所调整的对象,而是针对特定的法律关系创设了新的规范;1937年1月30日的《股份公司法》(Aktiengesetz)将民法典调整范围之外的私法关系加以额外的法典化;此外,像1936年11月26日的《平稳物价条例》(PreisstopVO)则是以行政手段对私法秩序加以干预,从而打破公私法之间的严格界限。此外,纳粹统治前期制定的很多法律实际上接续了魏玛时期就已经确定的立法规划,而不是纳粹上台之后才临时确立的构想。例如,1933年6月21日颁布的《汇票法》(Wechselgesetz)和1933年8月14日颁布的《支票法》(Scheckgesetz)就是1910年至1931年间多次立法会议讨论的成果。还有一些重要的民事立法则是在很大程度上依赖那些在魏玛时期就已经准备停当的草案,例如1937年通过的《股份公司法》借鉴了很多由马克斯·哈亨堡(Max Hachenburg)领导的股份公司法起草委员会所完成的前期工作;1937年10月27日颁布的《民事诉讼法修正案》(ZPO-Novelle)则是以1931年的民诉法草案为基础。客观地说,正是由于纳粹夺取政权后废除了议会民主制,上述法律才可能突破立法机构的

---

① 为了更为全面、直观地呈现纳粹时期的民事立法对之前的法律所造成的影响,本书附录二罗列了《德国民法典》的体系在这一时期的变化,并在附录三对于民事单行立法加以罗列,呈现出纳粹时期民事立法的大体状况。

阻力，快速地得以通过。因为根据"授权法"的规定，希特勒政府可以不经国会表决就直接制定和颁布立法，而第三帝国时期通过的民法立法大多数都是通过这种方法实现的。可以说，除非是某个影响力很大的政府部长或者希特勒本人提出反对意见，大多数由主管部委起草的法令都能得到顺利的通过。当然，因为这种高效立法所付出的巨大代价便是议会民主制的崩溃与纳粹的独裁统治。①

根据奥特的考察，从内容上来说，纳粹时期的民事立法呈现出以下几个方面的特征。第一，纳粹时期调整民事关系的法律具有较强的管控色彩，大量具有行政管理性质的法律和条例得到颁行。例如，1934年10月9日的《关于解散和撤销公司与合作社的法律》（Gesetz über die Auflösung und Löschung von Gesellschaften und Genossenschafen）；1935年8月8日的《关于土地登记的实施条例》（Ausführungsverordnung zur Grundbuchordnung）；1936年5月5日的《专利法》（Patentgesetz）；1937年3月10日的"存款条例"（Hinterlegungsordnung）；1939年7月4日的《宣告失踪法》（Verschollenheitsgesetz）；1940年10月15日的《船舶法》（Schiffrechtegesetz）。

第二，纳粹在民事领域所追求的一项重要目标是打击各种形式的"滥用"（Mißbrauch）行为。当然，早在魏玛时期，德国政府就试图规制在法律领域出现的权利滥用现象，但是纳粹政权展现出的意愿更为强烈，打击的力度和范围也更大。例如，1933年

---

① Gerhard Otte, Die zivilrechtliche Gesetzgebung im „Dritten Reich", S.2837–2838.

11月23日的《反滥用结婚和收养制度的法令》(Das Gesetz gegen Mißbräuche bei der Eheschließung und der Annahme an Kindesstatt) 就是为了落实《德国民法典》1325a 条的规定而制定。该条的规定是，单纯为获得男方的姓氏而缔结的婚姻将被认定为无效。后来，1938年的"婚姻法"第29条则扩大了试图通过缔结婚姻来加入德国国籍的行为。又例如1933年的《帝国农庄法》的第38条为农民的地产提供了特别的保护：这些地产不能被法院强制执行。于是，一些不具有农民资格的人也试图借助该条法律来规避其债务。在这种情况下，纳粹政府于1936年12月21日出台的《农庄法条例》试图对这种权利滥用的行为加以打击。根据该条例第39条第3款的规定：农庄法院有权推翻债务人的农庄地产的资格，使之无法恶意逃避债务。[①] 后来，纳粹政权试图制定取代《德国民法典》的《人民法典》(Volksgesetzbuch)，而这部没来得及颁布和实施的法律同样对"滥用"的行为做出明确的禁止："滥用权利者得不到法律保护，乃是人民共同体生活的基本原则。"[②] 与《德国民法典》规定"禁止权利滥用"的第226条（权利之行使，不得专以损害他人为目的）相比，《人民法典》将防范"滥用"的意义抬升到政治层面，并显著加强了对此类行为的打击力度。

第三，在私法领域，纳粹政权采取了相当积极的措施以增强对于社会弱势群体的保护。1934年12月13日的《反滥用强制执

---

[①] 关于《帝国农庄法》的实施效果，可以参见 Alexander von Brünneck, Die Eigentumsordnung im Nationalsozialismus, S.159-160。

[②] Gerhard Otte, Die zivilrechtliche Gesetzgebung im „Dritten Reich", S.2839.

行法》(Vollsteckungsmißbrauchsgesetz)扩大了免于强制执行的财产的范围,以保障被强制执行人的基本生活需求。此外,在保护承租人的权益方面,纳粹政权延续了魏玛时期的做法:根据1923年6月1日的《承租人保护法》,出租人不能直接行使解约权,而必须要通过向法院提起撤销之诉的形式才能解除租约,租客借此得到了最大程度的保护;而1928年2月17日修改的《承租人保护法》在撤销之诉以外,又增加了出租人可以直接行使解约权的规定,这无疑进一步降低了对于租客的保护力度;但1942年12月15日修改之后的《承租人保护法》又重新恢复了1923年的做法。另一项法律同样说明纳粹政权对于魏玛时期的保护性法律的延续:1920年5月10日的《归乡住宅法》(Reichsheimstättengesetz)旨在协助贫困的居民获得住宅和农业用地,并排除了债权人对前述土地和住宅的干涉,而纳粹于1937年对该法进行修改时,原则上保留了前述规定。

第四,纳粹时期的民事立法弱化了对于法律形式的要求。例如,纳粹废除了《德国民法典》所规定的自书遗嘱的严格形式,就足以说明这一点。根据民法典第2231条的规定:自书遗嘱必须载明书写的时间和地点,这是自书遗嘱获得效力的必要条件。根据当时的法律实践,遗嘱对于"时间"和"地点"的记载必须是"准确"且"完整"的。如果立遗嘱的人用事先印好地址的信纸来书写遗嘱,但没有再把地址用手抄一遍,那么遗嘱将被认定为无效;如果日期只写明了"1902年,复活节"(没有指明是节日第1天还是第2天),或者说只写了日期但没写年份,抑或是遗嘱人记错了日期,这些情况都将导致遗嘱无效。署名必须包括姓氏和名字，只写名字是不行的。①1938 年 7 月 31 日的《关于订立遗嘱和继承契约的法律》(Gesetz über die Errichtung von Testamenten und Erbverträgen)将前述影响遗嘱效力的形式要求全部改为倡导性的规定。换言之，即使不具备这些形式要求，遗嘱的效力也不会受到影响。

如果说纳粹对于自书遗嘱过分严苛的形式要求的废除，有助于改变法律本身的僵化，那么 1944 年 10 月 4 日的《继承调整条例》(Erbregelungsverordung)则反映出纳粹对于法律形式的突破已经远远超过必要的限度，并有可能对法的安定性造成极大的破坏。根据该条例第 1 条的规定，遗产法院（Nachlaßgericht）可以根据被继承人的一名近亲属的申请，在满足"健全的民族感情"的前提下，用符合立遗嘱人意志的法律效果取代法定继承的效果，即使立遗嘱人并没有正式表达其意愿或者只是推测定如此。②此外，随着战争的爆发，缔结婚姻的形式要求也出现了显著的松动。根据 1939 年 11 月 4 日的《婚姻状况法实施条例（三）》(3.AVO zum PStG)，男女双方在分处异地的情况下也可以结婚。在异地缔结婚姻的情况下，缔结婚姻的双方不需要同时在见证人面前宣示；甚至在紧急情况下，即使新郎生死不明，新娘仍可以进行单方宣誓。

第五，纳粹的民事立法在很大程度上限制了作为私法理论根基的"意思自治"。基于纳粹主义对"共同体"的主体地位的特

---

① Karl Kroeschell, Rechtsgeschichte Deutschlands im 20. Jahrhundert, S.91f.
② Vgl. Stephanie Hanel, Das „gesunde Volksempfinden" und das Testamentsrecht, in: Thomas Olechowski (Hrsg.), Beiträge zur Rechtsgeschichte Österreichs, 7. Jahrgang. Bd 2, 2017, S.239-250.

别强调,"公共利益优于个人利益"成为指引纳粹进行立法活动的一项基本原则。因此,纳粹制定的很多法律都对个人在实施法律行为时的缔约自由和内容自由(die Rechtsgeschäftliche Abschluß- und Gestaltungsfreiheit)设置了限制。就婚姻法来说,1935年9月15日的《婚姻健康法》(Ehegesundheitsgesetz)和1935年10月18日的《保护德意志血统和德意志尊严法》(Gesetz zum Schutze des deutschen Blutes und der deutschen Ehre)扩大了禁止结婚的范围;尤其是后者,作为两项"纽伦堡法令"之一,该法案禁止犹太人与非犹太人缔结婚姻或者发生婚外性行为。在继承法方面,1938年的《遗嘱法》通过48条第1、2款的规定剥夺了特定人群订立遗嘱的能力,而《帝国农庄法》的相关规定也限制个人在处置其地产方面的自由。另外,尽管《德国民法典》关于"社团"的规定在形式上得到保留,但是由于很多协会和联合会被强制解散,且由纳粹领导的很多团体又强迫人们加入,这就导致结社自由实际上已经不复存在。具体来说,在解散和组建社会团体方面,纳粹政权通过了下述法律:1933年5月19日的《劳动监察官法》(Gesetz über die Treuhänder der Arbeit);1934年1月20日的《国民劳动秩序法》(Gesetz zur Ordnung der nationalen Arbeit);1934年2月27日的《筹备德意志经济之有机结构法》(Gesetz zur Vorbereitung des organischen Aufbaus der deutschen Wirtschaft);1936年12月1日的《希特勒青年团法》(Gesetz über die Hitlerjugend)。

严格来说,前面提到的很多法令能否被纳入"民事法律"的范围本身就是一件值得质疑的事情。不过这恰恰表明,纳粹政权已经将触手探入社会生活的方方面面，甚至全面接管了原本属于个人生活领域的诸多事务，因而一个相对独立的私法领域也就不复存在了。从某种意义上来说，私法领域的"公法化"是纳粹统治时期的一个重要特征。

## 三、纳粹时期的所有权与征收

第三帝国的"所有权秩序"最为突出地反映出"私法公法化"的特征。如前文所述，尽管纳粹政权借助"国会纵火案法令"排除了魏玛时期确立的"所有权的宪法保障"，但这并不意味着，纳粹政权否认私人所有权的存在；这也并不意味着，纳粹可以无所顾忌地征收或征用个人的财产。由于纳粹的所有权理论从属于其鼓吹的"民族共同体"思想，因而在实践中，纳粹当局对待民族同胞的财产和纳粹主义的敌人（共产党人、犹太人）的财产奉行截然相反的政策。具体来说，对于政治反对者和犹太人，纳粹采用直接而粗暴的手段剥夺其财产；而对于普通德国民众的财产，纳粹政权基本沿袭了传统的做法，对其进行征收、征用时，也会依照法定的程序并予以适当的赔偿。[①]

在纳粹主义世界观的改造之下，"所有权"从一个与权利人的身份、地位、种族等因素毫无关联的普适性概念变为一个受财产所有人的种族、血缘和政治倾向等因素影响的相对概念。这在实践中表现为纳粹政权可以直接剥夺其敌人的财产。纳粹的理论家

---

[①] Vgl. Alexander von Brünneck, Die Eigentumsordnung im Nationalsozialismus, S.155-159.

们认为，没收政敌的财产的做法完全是正当的，因为这属于"所有权丧失"（Verwirkung des Eigentums）的一种情形。维亚克尔认为："拿走财产而无须补偿，因为一个不适格的所有权人被看作无权状态的（völkischer Unrechtszustand），其占有的财产也就不会受到保护。"① 换言之，在纳粹统治秩序下，只有被纳粹法律认可的"所有权"才能受到保护。纳粹夺权之后立即制定了三部法律作为其剥夺政治对手财产的基础，即1933年5月26日的《没收共产分子财产法令》（Gesetz über die Einziehung kommunistischen Vermögens）、1933年7月14日的《关于没收人民和国家敌人之财产法令》（Gesetz über die Einziehung volks- und staatsfeindlichen Vermögens）以及1933年7月14日的《撤销入籍和剥夺德意志国籍法》（Gesetz über den Widerruf von Einbürgerungen und die Aberkennung der deutschen Staatsangehörigkeit）。这三部法律之中的前两部使得纳粹可以剥夺所有属于德国共产党和社民党以及附属于它们的协助和预备组织的财产；此外，那些用于支持马克思主义的运动的财产，或是其他被帝国内务部认定为支持人民和国家敌人的运动的财产也将被剥夺和没收。根据第三部法律，一旦某个公民被剥夺国籍，其财产便可以被没收，这主要是针对那些流亡海外的德国人做出的规定。此后，根据1937年11月5日的《基于违反共同体的行为而施加的财产权限制法》的规定，上述人群的消极继承权（passives Erbrecht）也遭到剥夺。

---

① Franz Wieacker, Die Enteigung, in: Hans Frank (Hrsg.), Deutsches Verwaltungsrecht, Zentral Verlag der NSDAP, 1937, S. 455.

这三部法律的颁布形成了一种广泛的"示范效应",很多追求特定目标的"查抄法令"(Konfiskationsgesetze)相继涌现出来。例如,1934年2月16日的《电影法》(Lichtspielgesetzes)第28条为查禁政治上不受待见的电影提供了法律依据;1938年5月31日的《查禁腐化堕落艺术作品法》(Gesetz über Einziehung von Erzeugnissen entarteter Kunst)使得纳粹可以查抄那些不符合纳粹主义世界观和语言风格的"堕落"的艺术作品。由于这些法律规定得非常宽泛,因而纳粹官员实施查禁措施也十分随意,甚至当事人已经身在国外,纳粹的公务人员依旧可以查抄其财产。有些法学家甚至主张,即使在缺少制定法基础的情况之下,执法者仍然可以剥夺某些敌对分子的所有权。也就是说,只要在一个权利人严重地、毫无责任感地违反其义务的情况之下,当局便可以在缺少制定法的情况下直接剥夺其财产权或其他权利。例如,1933年5月12日,纳粹对于工会及其相关组织的财产进行查封和没收,就是在缺少任何正式法律基础的情况下进行的。[①]

除了政治上的反对者之外,纳粹政权的另一个重点打击对象是犹太人。[②]对于犹太人来说,其"市民所有权秩序"的效力范围一直在受到蚕食,直到最后几乎完全被废除。在1933年之后,纳粹政权对于犹太人财产进行的各式各样的破坏基本上是不受任何限制的。对此,**警察不予干涉,法院也不予受理**。另外,犹太人在职业自由和营业自由方面也受到严重的限制,而这些民事权利

---

[①] 参见郑寅达、梁中芳:《德国纳粹运动与纳粹专政》,第192—193页。

[②] Vgl. Jan Schleusener, Eigentumspolitik im NS-Staat, S.201-282.

与所有权之间存在着极为紧密的关系。比如，根据1939年4月30日的《涉及犹太人的租赁关系法》（Gesetz über Mietverhältnisse mit Juden）否定了犹太人可以像其他租客那样得到法律的保护；而根据1938年12月3日发布的一项命令，犹太人甚至被禁止拥有和驾驶机动车。

从1938年开始，纳粹当局对于犹太人的迫害进一步升级，这在所有权方面主要表现为官方开始系统化地掠夺犹太人的财产。[①] 根据1938年4月26日的《犹太人财产登记条例》，犹太人被要求登记自己拥有的全部财产。1938年11月9日至10日凌晨被称为"水晶之夜"（Reichskristallnacht），它标志着纳粹对犹太人有组织的屠杀的开始。此后，根据1938年11月12日的《德国籍犹太人赎罪款条例》（Verordnung über eine Sühneleistung der Juden deutscher Staatsangehörigkeit），身在德国的犹太人被要求向纳粹政府交纳100万马克的赔款。[②] 随后，根据1938年12月3日的《使用犹太人财产条例》（Verordnung über den Einsatz des jüdischen Vermögen），犹太人须放弃他们所拥有的企业和地产，而且也不得再购买地产、珠宝和艺术品。1941年11月25日公布的另一项条例则规定，凡是流亡国外或被驱逐出境的犹太人，其财产自动归国家所有。

以上强制措施的共同目标就是实现犹太财产的"雅利安化"（Arisierung），尤其是使掌握在犹太人手中的生产资料归国家所

---

[①] Vgl. Martin Dean, *Robbing the Jews: The Confiscation of Jewish Property in the Holocaust, 1933–1945*, Cambridge University Press, 2008.

[②] 参见郑寅达、陈旸：《第三帝国史》，第341—347页。

有。纳粹分子在未支付任何补偿的情况下就强行剥夺犹太人的财产,并且以极为低廉的价格将这些财产转让给拥有"雅利安血统"的个人或集体。纳粹实行的"雅利安化"政策就是将纳粹理论家们所鼓吹的纳粹主义所有权学说付诸实践,也就是拉伦茨所说的根据"人民共同体的秩序目标"来确定"物权利益"的分配。无论是犹太人、共产主义者、社民党人、流亡者,还是其他纳粹主义的反对者,鉴于这些人不属于"人民共同体",他们也就自然丧失了拥有财产的权利。

然而在另一方面,对于那些被纳粹当局认为属于"民族共同体"的内部的成员来说,传统的所有权秩序基本上没有发生改变。换言之,从19世纪发展而来的形式化的征收程序在土地所有权的征收实践中得到了完整的保留。需看到,为了筹备战争、促进经济、住房、城市建设、农业的发展以及保护自然、交通和能源开发等目的,纳粹政府发布了大量征收法令,为大规模实行土地收购行为提供了法律依据。原则上来说,"法律保留"(Gesetzesvorbehalt)原则在事实征收的过程之中仍然有效,然而法学家们却根据纳粹主义世界观赋予这一原则以新的含义。[1] 从现实的角度说,"法律保留"给政府行为施加了负担和限制,但是对于纳粹政权来说,"法律保留"不是出于对公民基本权利和自由的尊重,使之免受政府的非法侵害,而仅仅意味着排除其他的权力来源,强调元首的绝对优先地位。维亚克尔对制定法新功能的阐述就反映出这一原则的意义转变:"如今,制定法相对于行政行为的优先性在于其从属于元首意志

---

[1] Alexander von Brünneck, Die Eigentumsordnung im Nationalsozialismus, S.157–159.

表达的形式明证；因此，征收行为的合法性基础不是意味着用议会确立的自由保障来对抗国家在涉及全体人民利益时的干涉行为，而是在于通过元首意志实现一般性规划和所有权征收的保留。"① 换言之，在纳粹国家中，涉及所有权征收的"法律保留"仅仅意味着"对于所有权内容的确定"是一项专门的使命，只能交由政治领袖亲自行使，从而排除法院或其他"权力来源"的插手。

从传统的法治立场来看，在缺少正式的法律基础的前提下，仅通过援引纳粹主义基本原则就进行所有权征收的做法无疑是一种违法行为。从纳粹统治的视角来看："任意的征收在纳粹主义国家是不被准许的，它必须与'共同体的法'联系起来并且只能根据'共同体的秩序'加以实施。"② 因此，所有在纳粹时期出台的征收法令都必须遵循如下原则："正式的征收行为只有在加以补偿的情况下才能实施。"不过，"征收须补偿"这一原则在纳粹的理论体系里却仍然是以另外一套话语表述出来的："相关的地产所有人应当被视为无损失的特殊牺牲者，也就是将自己的财产托付给公共利益。"③ 尽管表述不同，但适当的补偿仍然能够得到保障。纳粹时期的补偿是对于征收的完全补偿，通常要符合交易价值，这一点在 1944 年帝国行政法院的判决中得到了确认。当然，目前学术界尚没有对纳粹时期土地征收状况进行更深入的经验性研究，不过学者们大体上可以断定，为了军事计划而进行的征收具有最为重大的意义，其他的征收规定只是偶尔会被用到。根据 1935 年

---

① Franz Wieacker, Die Enteigung, S.464.
② Hans Quecke/ Konrad Bussmann, Reichsenteignungsrecht, 2.Aufl., Vahlen, 1939, S.6.
③ Ibid, S.42.

3月29日的《为军事目的实施的土地收购法》(Gesetzes über die Landbeschaffung für Zwecke der Wehrmacht)，如果大面积的肥沃土地从其所有者处被征收，并用于军事训练或修建机场等目的，军事财政部门应当就征收的物品支付充足的补偿，以实现民众对于"军事愉悦"的维持。①

不难看出，纳粹统治期间的"所有权秩序"确实受到其意识形态，尤其是"民族共同体"理论的强烈影响。不过，对于"民族共同体"的成员和纳粹主义的敌人来说，这种意识形态的影响在实践层面却有着全面不同的效果。对于那些被视为"敌人"的共产党人、犹太人和其他纳粹的反对者来说，纳粹统治者对其财产予以粗暴的没收与剥夺；对于那些德意志的"民族同胞"来说，纳粹的私法理论可能仅仅凸显出其作为共同体成员的义务面向，但是在实践中，诸如"法律保留""征收须补偿"等保障私人财产权的举措实际上仍然得到了尊重和执行。就此而言，第三帝国时期的所有权秩序确实呈现出弗兰克尔（Ernst Fraenkel）所说的"双重国家"（dual state）的特征。②

## 四、纳粹时期的婚姻法与继承法

纳粹政权对于《德国民法典》不同部分的改造力度存在显著的差别。在纳粹推行的立法活动之中，民法典的前三编几乎没有

---

① Alexander von Brünneck, Die Eigentumsordnung im Nationalsozialismus, S.159.
② See Ernst Fraenkel, *The Dual State*, Oxford University Press, 2017, pp.171-187.

受到实质性的触动，最多只是通过特别立法来调整一些特殊的法律关系，例如《帝国农庄法》《船舶法》等等；不过，民法典的后两编则发生了较为重大的变化。鉴于婚姻家庭、继承等法律制度与纳粹主义的意识形态有着非常紧密的关系，所以纳粹当局制定了大量调整婚姻关系和继承关系的单行立法来修改或取代《德国民法典》的相关规定。可以认为，民法典后两编已经在实质上被架空甚至废除了。

在婚姻家庭法的领域，1938年的"婚姻法"是纳粹制定的最为重要的一部立法。不过，早在1933年纳粹夺权之后不久，希特勒政府就开始陆续出台旨在实施其"种族净化"（Rassenhygiene）目标的法令。[①] 例如，1933年7月14日的《预防患遗传病新生儿法》（Gesetz zur Verhütung erkranken Nachwuchses）规定，任何患有遗传性疾病的人，如果医学检测证明其子女也将受到遗传性的身体或精神损害，都必须被实施绝育。该法因而也被称为"绝育法"。具体来说，该法律规定，患有以下九类症状的人都需要被绝育，包括先天性弱智、精神分裂症、狂躁-抑郁症、遗传性癫痫病、亨廷顿氏舞蹈症这五类精神疾病，以及遗传性失明、遗传性耳聋和严重的遗传性身体畸形这三类身体缺陷，最后一类则是成瘾性的严重酗酒行为。据统计，在整个第三帝国时期，有近四十万人被真正实施了绝育手术。[②]

---

[①] See Michael Stolleis, *History of Social Law in Germany*, trans. by Thomas Dunlap, Springer, 2014, pp. 138-141.

[②] Vgl. Gisela Bock, Zwangssterilisation im Nationalsozialismus Studien zur Rassenpolitik und Geschlechterpolitik, MV Wissenschaft, 1986.

此外，纳粹当局在 1933 年 11 月颁布《反滥用结婚和收养制度的法令》，其主要目的是用来打击那些不打算真正建立生活共同体，而仅仅是通过虚假结婚的方式来获得男方家族姓氏的行为。随后，纳粹统治者又委托汉斯·格洛布克（Hans Globke）和威廉·斯图卡特（Wilhelm Stuckart）起草了两部旨在保护德意志血统纯粹性的法律，也就是 1935 年 9 月 15 日的《保护德意志人民遗传健康法》（Gesetz zum Schutz der Erbgesundheit des deutschen Volkes）和 1935 年 10 月 18 日的《保护德意志血统和德意志尊严法》（Gesetz zum Schutze des deutschen Blutes und der deutschen Ehre）。前者也被简称为"婚姻健康法"（Ehegesundheitsgesetz）。根据该法的规定，男女不得缔结婚姻的情况主要包括：其一，男方或女方患有"绝育法"规定的遗传性疾病或其他精神类疾病的；其二，男方或女方处于法律监护之下，不具有完全民事行为能力的；其三，男方或女方患有传染性疾病的，如肺结核或性病。相比之下，"保护德意志血统和德意志尊严法"的规定更为严厉，因而它后来被归为两项"纽伦堡种族法"（Nürnberger Rassegesetz）之一。具体来说，首先，该法要求犹太人与德意志公民及相近血统者之间不得缔结婚姻，若是为规避该法而在国外登记结婚者，其婚姻也将被认定为无效，违反规定的犹太人将面临强制劳动的处罚；其次，犹太人不得同德意志公民或相近血统者发生婚外性关系，否则将被处以监禁或强制劳动；再次，犹太人不得雇佣 45 岁以下的女性德意志公民及相近血统者从事家政服务；最后，犹太人不得使用德意志国旗以及国旗包含的颜色，而只能使用犹太色彩。①需要注意的是，法令中提到的"婚外性关系"不仅仅包括狭义的"性交"，而且在实践中被无限度的扩大。例如，在一起案件中，犹太商人莱昂·亚伯到诊所中接受一位女性医师的腹部按摩治疗，随后他被秘密警察逮捕并最终被判处两年监禁。②

1938年的"婚姻法"全称为《统一奥地利各邦与帝国其他地区之结婚与离婚法》（Gesetz zur Vereinheitlichung des Rechts der Eheschließung und der Ehescheidung im Lande Österreich und im übrigen Reichsgebiet）。从该法的名称上就不难看出，"吞并奥地利"（Annexion Österreich）乃是1938年"婚姻法"得以通过的重要推动力，因为纳粹统治者试图统一"大德意志"境内各地的婚姻法，然而奥地利的婚姻制度与当时德国的婚姻制度之间存在着重大的差异。对于当时居住在奥地利境内信奉天主教的居民来说，以教会法为基础缔结的婚姻是不可解除的。人们只能以"生活分居"（Trennung von Tisch und Bett）的方式来解除婚姻生活，却不能缔结新的婚姻。除此之外，另一种解除婚姻的方法就是根据法定事由申请宣告婚姻无效。从1919年开始，奥地利的政府试图通过签发"豁免令"（Dispens）来打破这种局面，不过，据此缔结的婚姻仅具有世俗效力，却得不到教会法的承认。③当希特勒成功地吞并奥地利之后，如何解决奥地利地区的"离婚难题"并统一第三帝国境内的婚姻法律变成了一项亟待解决的问题。这在事实上打破了当时以居特纳（Gürtner）为首的帝国司法部与以汉斯·弗

---

① 参见郑寅达等：《德国通史（第五卷）：危机时代》，第367—368页。
② 参见〔德〕英戈·穆勒：《恐怖的法官：纳粹时期的司法》，王勇译，第91页以下。
③ Siehe Karl Kroeschell, Rechtsgeschichte Deutschlands im 20. Jahrhundert, S.90-91.

兰克为首的"德意志法学会"围绕"离婚条件"等问题争执不下的困局。1938年5月10日，帝国司法部提交了一份"结婚与离婚法草案"；6月15日，居特纳亲自向希特勒汇报了相关的情况，也借此排除了来自反对者一方的阻力。随后，希特勒和居特纳签署了该法令，使该法从1938年8月1日起正式生效。①

需要注意的是，尽管"吞并奥地利"成为纳粹时期"婚姻法"顺利通过的一个重要因素，但是需要看到，试图改革离婚法的努力自魏玛时期就已经存在；纳粹夺权之后，法律官员与法学家也未曾中断过关于如何修改离婚法的讨论。《德国民法典》关于离姻的规定采纳的主要是"过错原则"。首先，当配偶存在通奸、重婚、同性恋、企图杀害妻子或丈夫、恶意遗弃等行为时，另一方可以请求解除婚姻关系；其次，当婚姻期间一方患精神疾病达三年以上，以至于夫妻双方的精神共同体难以维持，那么，另一方可以诉请离婚；最后，如果婚姻的一方存在虐待、不名誉或不道德的行为等，以至于婚姻关系遭到严重破坏，其配偶不能期待回复婚姻生活的共同体时，也可以提请离婚。② 对于如此严苛的离婚条件，社会上存在着严重的不满，学术界也一直发出尽快修改婚姻法的呼声。③

那些支持"婚姻法改革"的学者，例如活跃于魏玛时代法学

---

① Hans-Detlef Heller, Die Zivilrechtsgesetzgebung im Dritten Reich, S.204.

② 参见〔英〕欧内斯特·J. 舒斯特：《德国民法原理》，中国政法大学出版社2019年版，第489页以下。

③ Vgl. Neubecker, Zur Reform des Eherechts, DJZ 26 (1921); Winkler, Zur Reform des Ehescheidungsrechts, JW (1922); Wurzer, Zur Reform des Ehescheidungsrechts, JW (1922); Rudolf Henle, Zur Reform des Ehescheidungsrechts, JW (1922).

界的威廉·卡尔，就曾提出把"婚姻关系破裂且无法挽回"作为允许离婚的条件的主张。此外，很多党派也向国会提交了立法动议，试图启动修改离婚法的进程。就纳粹党来说，它从1924年之前就获得了国会的席位，但是直到夺权之前，它都没有参与过改革婚姻法的讨论。事实上，纳粹党内部对于离婚问题缺乏统一的看法。当然，这并不意味着纳粹政权不重视婚姻关系的问题。在1933年11月，汉斯·弗兰克委托慕尼黑的律师（同时也是一名帝国官员）莫斯莫尔（Mößmer）担任"亲属法委员会"的负责人。从1934年3月开始，该委员会开始把起草一部新的"离婚法"作为其首要任务，其基本立场乃是用"婚姻破裂原则"来取代"过错原则"。反之，最高党内法庭（Oberst Parteigericht）的主席布赫（Walter Buch）[1]以及格尔利茨高等法院的院长格夫勒雷尔（Gfrörer）等人则要求提高夫妻离婚的难度。居特纳也不同意莫斯莫尔等人提出的"客观婚姻破裂原则"，而是认为应当保留《德国民法典》的较为纯粹的"过错原则"。经过双方的争论，帝国司法部在坚持"过错原则"的基础上，同意把不存在过错的婚姻破裂作为一种准许离婚的例外事由。[2]

除立法动机之外，1938年"婚姻法"文本的形成也是战后学界关注的一个重点。从结构上说，该法共由三部分组成：第一部分规定了"婚姻能力""禁止结婚的事由""婚姻缔结程序""婚姻的无效""婚姻的撤销"以及"死亡宣告后之再婚"等内容；第二部分为离婚法，规定了"离婚的事由""离婚权的排除""离婚的

---

[1] 这位布赫法官是纳粹党党务办公厅主任马丁·鲍曼（Martin Bormann）的岳父。
[2] Siehe Hans-Detlef Heller, Die Zivilrechtsgesetzgebung im Dritten Reich, S.200-204.

效果"等内容；第三部分则是专门适用于奥地利邦的特殊规定。①就其内容来说，"婚姻法"除了将"血亲关系""姻亲关系""重婚""通奸""收养关系"等事由作为禁止结婚的事项之外，还专门强调"保护德意志血统和德意志尊严法"与"婚姻健康法"中规定的禁止结婚事由，如果违反相关规定缔结婚姻，那么婚姻将被认定为无效。此外，"婚姻法"还加大了对于"假结婚"的打击力度，否定那些仅仅为了获得男方的姓氏或获得德国国籍而缔结的婚姻。就"离婚"部分而言，该法同时认可了"过错原则"和"无过错原则"。值得一提的是，该法在第48条非常明确地把"拒绝生育"（Verweigerung der Fortpflanzung）作为提出离婚的"过错事由"，而该法的第53条又将"无生育能力"作为提出离婚的"无过错事由"，这在很大程度上体现了纳粹政权鼓励生育的政策。②除此之外，第51和52条将"精神疾病""传染病"和"性病"作为提出离婚的事由，也反映了纳粹追求种族健康和种族优越的政策。当然，该法第55条承认了"无过错婚姻破裂"原则，这无疑是将魏玛时期就已经提出的改革方案转化成为一种立法现实。概言之，纳粹制定的"婚姻法"在很多条文的设计上都展现出强烈的纳粹主义世界观，但是毋庸讳言，其中有些部分显然是延续了魏玛时期的立法改革计划。这表明，1938年的婚姻法乃是多种因素共同作用的结果，人们很难对它做出一个"非正即反"的价值判断。

---

① Vgl. Gesetz zur Vereinheitlichung des Rechts der Eheschließung und der Ehescheidung im Lande Österreich und im übrigen Reichsgebiet vom 6. Juli 1938.
② 关于纳粹时期的人口政策，参见郑寅达等：《德国通史（第五卷）：危机时代》，第374—381页。

《德国民法典》关于遗嘱和继承的规定贯彻了"意思自治"的原则，仅仅在有关"特留份"的规定之中，基于对家庭的考量，对于被继承人的处分权做出一定程度的限制。在强调"共同体"以及"公共利益优先"的纳粹意识形态的影响之下，这种以遗嘱自由为基本原则的继承制度自然会遭到批评和抵制。具体来说，纳粹政权在继承法领域制定了下列法律：1933年9月29日的《帝国农庄法》；1934年4月15日的《火葬法》（Gesetz über Feuerbestattung）；1934年4月24日的《军事联合功能领域法》（Gesetz über die FGG in der Wehrmacht）；1938年7月31日的《遗嘱法》；1944年10月4日的《继承调整条例》。其中《帝国农庄法》和《遗嘱法》是两部较为重要的法律。

　《帝国农庄法》的基本目标是按照纳粹主义的世界观来规划农业组织和农业生产：农民的农庄在继承过程之中应免受过重的债务负担以及农庄在多个继承人手中"化整为零"的风险，而是应该在整体上被作为属于该阶层的继承财产，长期地保留在自由农民手中。[1] 该法在其序言部分就非常清晰地传达了这一理念，而根据该法第56条的规定，"序言"应成为法官解释相关条文的基本准则。[2] 客观地说，《帝国农庄法》不仅仅是满足纳粹意识形态宣传需要的产物，同时也是为了应对自20世纪20年代以来农业土地不断流失以及零碎化的现象而被设计出来的调控工具。根据该法的规定，占地面积在7.5至125公顷的农庄可以登记为"世袭

---

[1] Ulli Meyer, Erbrecht im Nationalsozialismus, Journal der Juristischen Zeitgeschichte, 2016(2), S.71.

[2] Vgl. § 56 Reichserbhofgesetz vom 29. September 1933.

农庄"（Erbhof），其土地不得被出售、抵押、拍卖以及分割继承。不过，只有具备德意志血统、具备婚姻能力、经济上可靠、政治上忠诚的农庄所有者才能被当局认定为"农民"（Bauer），进而享有在农地经营与继承方面的诸多特权。作为农庄的所有者，"农民"既不能向他人转让农场，也不能在农场上设立负担，而是只能在家庭成员内部根据法定的规则加以继承。①"农民"有义务井井有条地管理和经营农场，如果疏于职责，那么农场可能会转交给其配偶，或是"一子继承人"（Anerbe）；甚至在特定情况下，农场可以被强制转交给有能力耕作的其他人。②概言之，《帝国农庄法》一方面将"农民"这一特殊身份与纳粹的意识形态联系起来，另一方面保障了来自于农地的较为稳定和长期的食品供应。

然而，从实践的层面来说，《帝国农庄法》并没有达到其限制土地流转的目的。1935年，全国共有86480起土地流转申请，其中只有3156起被拒绝，而绝大多数的申请都获得了批准；在减少农业债务这一方面，尽管"世袭农庄"获得了非常优厚的资金支持，但其还债能力并没有得到真正的提高；据统计，1937年8月在德国东部地区大约有20%的农庄无法根据合同的约定偿还债款。③不过，另外的一项研究指出，该法令颁布之后收到的实际成效还是相当可观的：到1938年，占总面积37%的农业和林业土地已经被改造为纳粹意义上的"世袭农庄"，家庭农场的平均面积在1933至1938年之间翻了一番，从12.3公顷增长为22.5公顷，以

---

① 参见郑寅达、陈旸：《第三帝国史》，第252页以下。
② Vgl. Karl Kroeschell, Rechtsgeschichte Deutschlands im 20. Jahrhundert, S.94—96.
③ 参见郑寅达、梁中芳：《德国纳粹运动与纳粹专政》，第184—185页。

至于纳粹的理论家们纷纷为《帝国农庄法》大唱赞歌。朔伊尔认为，通过"世袭农庄"制度，纳粹国家已经为"共同体"内部以"所有权"为纽带的义务关系赋予了具体的形态。维亚克尔的评价则更为直白：根据"农庄法"，所有权不再是为了权利人的利益而由法律所保障的意志权力（Willensmacht），而是转变成一种责任性的法律权力（verantwortliche Rechtsmacht），它既不是为了农民自己的利益，也不是为了其他处于同一秩序的法律主体的利益，而是服务于处于不同阶段的超个人的"共同体"的利益。[1]

1938年"遗嘱法"的全称为《关于订立遗嘱和继承契约的法律》，纳粹制定该法的基本动机在于针对《德国民法典》对于自书遗嘱的严格形式要求的极度不满。正如前文提到的，只要遗嘱的"时间""地点"和"签名"存在微小的瑕疵，就能够导致遗嘱无效。据说，希特勒本人所写的遗嘱也曾因为形式缺陷被认定为无效。在1938年5月2日，希特勒使用事前印有地址的官方信笺完成了一份遗嘱，但由于他没有用手写的方式注明"地点"，因而该遗嘱被认定为存在形式缺陷，不具备法律效力。[2] 当然，制定"遗嘱法"的准备工作早在纳粹夺权之后不久启动了，司法部官员同时也是德意志法学会继承法起草委员会成员的福格尔斯（Vogels）具体负责该项工作。

在"继承法草案"的起草过程中，委员会绝大多数成员都认为自书遗嘱应该被废除，只有经公证的遗嘱才是有效的。不过，

---

[1] Alexander von Brünneck, Die Eigentumsordnung im Nationalsozialismus, S.160.
[2] Lothar Gruchmann, Die Entstehung des Testamentsgesetzes vom 31. Juli 1938: Nationalsozialistische „Rechtserneürung" und Reformkontinuität, ZNR (1985), S.53f.

福格尔斯却坚持认为，《德国民法典》关于自书遗嘱的规定确实需要修改，尤其是过于严苛的形式要求，但完全废除自书遗嘱制度的做法却是不可取的。因此，福格尔斯对相关的批评意见给出了一个有力的回应。首先，依照当时的法律规定和实践，自书遗嘱最受诟病的一点乃是其过于严苛的形式要求，很多遗嘱会因为存在细小的形式缺陷就被认定为无效。福格尔斯指出，只要降低对于自书遗嘱的形式要求，使之不会仅仅因为形式缺陷而无效，就足以应对上述问题，没必要非得废除自书遗嘱。其次，自书遗嘱面临的另一个质疑是，在缺少法律专业人士协助的情况下，很多自书遗嘱的内容是无法被理解或者容易引发争议和误解的，因此，只有经过公证的遗嘱，其效力才能得到认可。对于这种批评意见，福格尔斯没有予以正面的回击，而是"上纲上线"地援引纳粹主义的意识形态来支持自己的观点：德意志民族能够受到最优质的教育，也是世界上最有教养的民族，对于自书遗嘱的内容不够专业的批评，也就很容易被视为对德国人优秀品质的批评。根据当时的意识形态，这种认识是绝对不被允许的。最后，还有一种观点认为，很多自书遗嘱容易被亲属藏匿起来，从而给继承人造成不便。对此，福格尔斯的回应是，这种猜测很难在经验层面得到充分的证实。[①] 正是在福格尔斯的坚持之下，1938年"遗嘱法"并未废除自书遗嘱制度。

除了前述围绕法条内容展开的争论之外，"遗嘱法"的二读草

---

① Ulli Meyer, Erbrecht im Nationalsozialismus, Journal der Juristischen Zeitgeschichte, 2016(2), S.72f.

案和三读草案之间还存在着一个重大的差别：本来"遗嘱法"是要以"修正案"的形式加以公布的，也就是将直接取代《德国民法典》当中的相关条文，但是"三读草案"却将之改为单行法的形式。换言之，二读草案和三读草案在内容上基本保持一致，其差别主要表现在立法形式方面。这种转变显然是为了使草案更容易被纳粹当权者接受，因为根据当时的主流看法，民法秩序要通过一系列的单行法来加以重新塑造。根据福格尔斯的看法，"遗嘱法"改革的基本方向是降低自书遗嘱的形式要求，使遗嘱尽可能有效，从而更加尊重立遗嘱人自身的意愿。不过，根据这种思路起草出来的"遗嘱法"草案遭到了来自帝国内政部和党卫队高层的反对，在他们看来，增加形式方面的强制规定有利于公共利益，因为当自书遗嘱因形式缺陷而被认定无效后，法定继承的方式将更加有助于符合"共同体思想"的家庭义务的实现。这表明，遗嘱的形式与遗嘱的内容之间存在着紧密的关联。在降低遗嘱形式要求的情况下，纳粹当权者担心"遗嘱"将会导致个人的意愿受到太多的保护，这无疑是对于个人主义的纵容和鼓励，进而损害到"共同体思想"以及个人对团体应当负担的义务。鉴于帝国司法部在整个纳粹的权力架构中处于相对弱势的地位，需要应对来自内政部和党卫队的批评与质疑，因而司法部和福格尔斯必然要做出一定的妥协和让步。这具体表现为，"遗嘱法"第48条第2款规定了一种实质性价值判断标准，以此对遗嘱的内容加以限制：如果对于财产的分配是以一种严重损害民族感情的方式进行的，违反了一个有责任心的立遗嘱人对于家庭和民族共同体的照顾，那么这种财产分配将是无效的。这一规定有助于缓和各方的批评意见，从而保障"遗嘱法"的顺利通过。①1938 年 7 月 31 日，经希特勒签署的"遗嘱法"在德国和奥地利正式生效。

## 五、《人民法典》编纂计划的落空

在 1937 年，司法部国务秘书弗朗茨·施勒格贝格尔在海德堡大学发表了一篇题为"告别民法典"（Abschied vom BGB）的著名演讲。②在演讲中，施勒格贝格尔透露了司法部在民事法律方面的立法计划，而推行这一计划的总原则是：对于民法的重塑应当以更加符合"多样的生活秩序"的单行立法的方式进行。前述看法不仅是施勒格贝格尔个人的意见，也是法律界的一般看法，诸如弗莱斯莱尔、丢勒、朗格等人都认为：法典化是不值得追求的，至少不是当务之急。③1938 年相继出台的"婚姻法""遗嘱法"似乎也印证了施勒格贝格尔的说法，纳粹政权打算通过制定单行法律来逐步瓦解《德国民法典》，塑造一个符合纳粹主义精神气质的民法秩序。不过，在前述两部法律颁行之后，纳粹官方的立法观点发生了急剧的变化，越来越多人开始支持用一部新的法典来取代《德国民法典》：民法不应当被一系列的单行立法所分解，而是应当通过一部全新的法典来加以调整。

用《人民法典》来取代《德国民法典》的想法是如何形成的，

---

① Vgl. Hans-Detlef Heller, Die Zivilrechtsgesetzgebung im Dritten Reich, S.220ff.

② Vgl. Franz Schlegelberger, Abschied vom BGB, Vortrag, gehalten in der Universität zu Heidelberg am 25. Januar 1937, Vahlen, 1937.

③ Hans-Detlef Heller, Die Zivilrechtsgesetzgebung im Dritten Reich, S.122ff.

现在已经难以考证。通常认为，促成这种转变的原因来源于政治层面的权力斗争，而参与斗争的一方是由帝国法律领袖弗兰克领导的德意志法学会，另一方则是帝国司法部。1933年6月23日，弗兰克创建了"德意志法学会"，并将"塑造德意志法律生活的新面貌"作为法学会的宏大目标，他指出："法学会对外系由顶尖法学、政治学教授参与的学术性常设机构，对内则应当履行监督法律和国家权力的职能。"[①] 对于弗兰克个人来说，当他得知自己不可能在居特纳之后接任司法部部长的职务时大失所望，除失望之外，他努力试图将"德意志法学会"打造为与帝国司法部平起平坐的权势机构，从而使得他本人能够对纳粹时期的法律工作产生持续的影响，保障其在纳粹政权内部的政治地位。不过，在1938年之前，"德意志法学会"尚不能对帝国法律的制定产生决定性的影响，帝国司法部仍然主导着立法工作。有观点认为，"吞并奥地利"事件使得"德意志法学会"获得了深度参与纳粹立法工作的契机，因为"吞并"导致在德奥两国实现民事领域的法律统一成为一项迫在眉睫的任务。[②]

为此，相关的法律起草委员会很快组建起来，具体包括由来自慕尼黑大学的许克（Hueck）负责领导的合同法委员会、由来自科隆大学的尼佩代负责领导的损害赔偿法委员会、由同样来自科隆大学的雷曼（Lehmann）负责领导的债法委员会、由来自基尔大学的尼基施（Nikisch）负责领导的合同之外的其他法定之债委

---

[①] 王强、David Siegel：《从〈人民法典〉到〈德国民法典〉——对德国亲属法在第三帝国时期发展的法史、法学解析》，《河南师范大学学报（哲学社会科学版）》2016年第6期，第77页。

[②] Gert Brüggemeier, Oberstes Gesetz ist das Wohl des deutschen Volkes: Das Projekt des „Volksgesetzbuches", Juristen Zeitung, 45. Jahrg., Nr. 1 (1990), S.25.

员会、由来自柏林大学的施米特-里姆普勒（Schmidt-Rimpler）负责领导的动产法委员会、由来自弗莱堡大学的费尔根特雷格尔（Felgenträger）负责领导的土地法委员会、由来自耶拿大学的布洛迈尔（Blomeyer）负责领导的抵押和土地债务法委员会、由来自布雷斯劳大学的朗格负责领导的继承法委员会。此外，还有一个中央委员会负责《人民法典》各个部分的协调工作。

1939年5月13日，在"德意志法律大厦"（Hauses des Deutsches Rechts）的落成仪式上，弗兰克召集了负责领导民法起草工作的各个委员会的负责人，向他们告知了后续工作的基本方针。①《人民法典》的编纂应遵循下述原则：第一，《人民法典》应当彻底重置《德国民法典》的体系结构，取消总则部分，以基本原则替代之；第二，民事立法应当贴近民众生活，借此向大众宣传纳粹的意识形态；第三，《人民法典》应采取通俗易懂的语言风格，取代艰深晦涩的法律专业术语；第四，《人民法典》应当用德意志"共同体法"取代罗马法，摆脱潘德克顿法学对于罗马法的概念术语和体系结构的长期依赖。②

最初，朗格成为中央委员会的负责人，他提出了一项关于《人民法典》结构的基本设想，法典将由八部分组成：民族同胞、亲属、继承、结社、责任与担保、土地、动产、权利的实现。其中不仅包括实体法的内容，相关的程序法也被吸收到法典之中。③

---

① Hans-Detlef Heller, Die Zivilrechtsgesetzgebung im Dritten Reich, S.125.
② 参见王强、David Siegel：《从〈人民法典〉到〈德国民法典〉——对德国亲属法在第三帝国时期发展的法史、法学解析》，第77—78页。
③ 参见徐国栋：《德国〈人民法典〉体系及其背后民法思想的去潘得克吞化》，《河南财经政法大学学报》2020年第1期，第145页。

不过，战争爆发之后，由于朗格被派遣到军事区服役，他不得不卸任《人民法典》各分编总负责人的工作；此后，柏林大学的民法学和经济学教授黑德曼（Justus Wilhelm Hedemann）接替了朗格的位置。不过，黑德曼的工作开展得并不顺利，在1940年9月21日的信件中，他抱怨参与《人民法典》起草的成员对于他们的任务和工作方式存在重大的意见分歧。此外，另一项人事安排也使黑德曼感到闷闷不乐：迫于弗兰克的压力，他必须吸收四名非学术人员加入中央委员会。显然，黑德曼这里指的是来自帝国司法部的几位官员，包括许贝尔（Hueber）、福尔克马尔（Volkmar）和福格尔斯等人，他们均出席了1941年5月26和27日的会议。黑德曼曾经提出一个由四个部分组成的"工作方针"，即"策略""法典的实质内容""工作方式"和"指导精神"。不过，该方针没有什么实质性的内容，也难以对各个委员会的工作真正起到具体的指导作用。① 与此同时，弗兰克在未经中央委员会表决同意的情况下发表了一篇长文来阐述《人民法典》将采纳的体例结构。与朗格提出的八编制的方案不同，根据弗兰克的新计划，《人民法典》将由六个部分组成，其中朗格方案中的"土地"和"动产"被合为一编，也就是"物权法"，包含很多程序性规定的最后一编，即"权利的实现"则被删除；此外，各编的顺序也发生了调整，依次为民族同胞、亲属、继承、合同与担保、所有权、结社。有学者认为，通过比较两个版本的体例安排，下述特征显露出来：第一，两个版本在前三编完全保持一致，这反映出纳粹对于血统

---

① Hans-Detlef Heller, Die Zivilrechtsgesetzgebung im Dritten Reich, S.126ff.

和家庭等因素的重视；第二，原来的"责任与担保"被改为"合同与担保"，其位置也从原来的第五编调整为第四编，这反映出黑德曼"对于传统的妥协"，因为原来的"责任"突出个人对于民族共同体所负担的义务，而"合同"则是更加凸显当事人合意的重要性的字眼；第三，将"动产"和"土地"合并为一编，但关于动产的规定仅占三分之一，这体现了纳粹对于"土地"和"农业生产"的重视；第四，最后一编"权利的实现"被删除，可能与纳粹法学家呼吁废除主观权利有着密切的关系。[1]

不过，弗兰克的"六编制"仍没有被采纳，中央委员会在综合朗格方案和弗兰克方案的基础之上给出了一个包含着更为宽泛内容的八编制体例。第一编将原来的"民族同胞"改称为"人法"，不过，此处的"人"仅指"自然人"，有关"法人"的规定被放到了"企业法"和"公司法"之中。第一编放弃了类似于《德国民法典》总则那样的抽象的一般性规定，而是以"基本规则"取而代之。具体来说，这些"基本规则"包括民族同胞共同生活的基本原则，关于滥用权利的规定以及对权力运用的限制，还有关于法律运用和法律续造的规则等等。第二编和第三编分别规定"亲属"和"继承"，这显然是延续了前两版的做法。家庭被视为封闭单元和构成民族整体的细胞，法律需要对其进行特别的保护和规制。第四编为"合同法"，其中包括了传统中属于债法的内容。该编由三个部分组成，其一，关于债法的总则以及合同缔

---

[1] 参见徐国栋：《德国〈人民法典〉体系及其背后民法思想的去潘得克吞化》，第145—146页。

结和义务;其二,合同和非合同的责任体系(包括不当得利和无因管理);其三,具体的有名合同类型。第五编为"所有权法",具体规定了土地、动产以及一般财产的所有权和财产权制度。第六编是关于劳动的规定,第七编是关于企业的规定,最后一编则是涉及团体组织法的统一性规定,包括卡特尔和康采恩。①

有学者认为,《人民法典》在个别篇章的设计中突显出纳粹主义的意识形态。第一编规定了存在于"民族共同体"中的德意志人;第二编则是规定了存在于家庭共同体中的德意志人;个体的死亡不代表共同体的消灭,由生者继承死者的遗产,保障了民族共同体和家庭共同体的延续,这也是为什么"继承编"会紧随其后的原因;由于人们的生活领域不限于家庭,还要跟家庭之外的其他人以合同的形式展开法律交往,故而"合同编"要被置于"继承编"之后;所有权的转移可能是合同最为主要的内容,故而要把"所有权"放置于"合同编"之后;最后,由于占有大量财产的人可能对他人形成支配,而国家不可能放任"共同体"内存在倚强凌弱的现象,所以最后三编分别为"劳动""企业"和"公司"。②

如前文所述,帝国司法部与德意志法学会的关系一直是影响《人民法典》计划的重要外部因素。1942 年,提拉克(Thierack)被任命为新的司法部部长,他同时也从弗兰克手中接过了"德意志法学会"的领导权。③在提拉克成为"德意志法学会"的新任主

---

① Vgl. Gert Brüggemeier, Oberstes Gesetz ist das Wohl des deutschen Volkes: Das Projekt des „Volksgesetzbuches", S.25.

② Vgl. Robin Repnow, Das Projekt eines NS-Volksgesetzbuchs und das ZGB der DDR—Ein Vergleich, StudZR, 2013(2), S.216.

③ Hans-Detlef Heller, Die Zivilrechtsgesetzgebung im Dritten Reich, S.133ff.

席之后，他在 1942 年 11 月底取消了原计划中"企业法"和"劳动法"的内容，因为提拉克认同包括海曼（Heymann）和沃丁格（Würdinger）等另一派具有影响力的法学家的意见，希望保持商法典在法律体系中的独立地位。① 随着战争局势的发展，提拉克于 1944 年 8 月 12 日下令中止"德意志法学会"的活动。② 不久之后，黑德曼于 8 月 25 日宣告《人民法典》的编纂计划无限期搁置，这也意味着持续了五年的法典化运动最终以失败告终。

按照纳粹法学家们最初的设想，《人民法典》将成为整个德国民事生活的法律基础。只要是涉及民族同胞的生活秩序的，对于民族同胞具有一般法效力的法律规则都将被纳入《人民法典》之中。同时，这也是纳粹推行的"法律更新"计划的重要一环。对于个人的生活架构具有重要意义的，婚姻和家庭、所有权、财产、继承和合同等方面的全部法规范都要加以重新"书写"；在法典编纂过程中应当奉行"民族共同体"至上的法律理念；每一个德意志人都应当在家中存放一本《人民法典》，能够理解其通俗的语言并能够适用其中的规范。总体而言，尽管《人民法典》是为了服务于纳粹进行意识形态宣传的目的，但是其本身的学术价值也是不容否认的，为数众多的法学家在其酝酿过程之中针对《德国民法典》进行了一次全面的、具体而微的反思，这对于德国乃至其他国家的后续的民事法律发展都产生了相当深远的影响。

---

① Gert Brüggemeier, Oberstes Gesetz ist das Wohl des deutschen Volkes: Das Projekt des „Volksgesetzbuches", S.26f.

② Hans Hattenhaür, Die Akademie für Deutsches Recht, Juristische Schulung (Jus), 1986, S.684.

# 第七章
# 纳粹德国的经济法、劳动法与社会法

进入 20 世纪以来，经济法、劳动法和社会法在德国逐渐发展成为独立的法律部门，不过相较于国家法、刑法、民法等注重体系性思维的传统法律部门来说，这些新兴法律领域的理论性较弱，它们与国家政策之间存在着更为紧密的联系。纳粹统治时期的经济法、劳动法与社会法延续了魏玛时期快速发展的态势，而且得到了更加有力的助推。具体来说，纳粹经济体制的发展大致可以划分为三个阶段，每一个阶段的经济目标与政策调控力度都有所不同，这导致纳粹政权在每一个阶段对于各种企业和经济组织进行管理和调控的手段也有所不同。为了适应经济发展水平逐级变化的需要，纳粹政权尝试着以各种方式塑造和调节工人与资本之间的关系，尤其值得关注的是 1934 年 1 月 20 日的《国民劳动秩序法》(Gesetz zur Ordnung der nationalen Arbeit) 所确立的"企业领袖-追随者"模式，这也是一种前所未有的企业管理模式。在社会法方面，纳粹政权对于俾斯麦时期就已确立的社会保险体制加以继承和发展。

## 一、第三帝国的经济体制与经济政策

在第三帝国存续的短短十二年之间，德国的经济体制发生了重大的变化。由于纳粹政权在不同阶段所面临的主要问题有着较大差异，后世学者通常将纳粹时期德国经济的发展分为三个主要阶段：其一，从1933至1935年是所谓的"沙赫特时代"，当时主导纳粹经济政策的是时任经济部长兼国家银行总裁的沙赫特（Hjalmar Schacht），他的主要目标在于摆脱1929年以来经济危机的残余影响，有效地降低失业率；其二，从1936至1941年是所谓的"四年计划时代"，其基本目标是摆脱本国经济对于外国的依赖，建立"自给自足"的国民经济结构，同时为发动全面战争提供物质上的基础，这一阶段的经济政策主要是由赫尔曼·戈林所主导；其三，从1942至1945年是所谓的"施佩尔时代"，希特勒的亲信阿尔伯特·施佩尔（Albert Speer）总揽经济大权，其主要目标在于配合总体战。[1]

1933年，由于希特勒本人以及纳粹党内的高层都缺乏经济管理方面的专业能力，于是希特勒决定任命经济方面的专家沙赫特负责改善当时德国的经济状况。早在魏玛共和时期，沙赫特曾出任国家银行总裁，在解决当时的通货膨胀、稳定金融秩序方面发挥了相当重要的作用。1929年世界范围的经济大危机爆发之后，沙赫特拒绝由美国提出的"杨格计划"（Young Plan），同魏玛政府发生了重大分歧，遂转而支持希特勒上台。纳粹夺权

---

[1] 参见郑寅达、陈旸：《第三帝国史》，第189页。

之后，沙赫特重新被任命为国家银行总裁，同时还担任国家开支管理委员会主席。从1934年7月开始，他成为德国的经济部长，随后又于1935年5月被任命为"经济军事全权总代表"，负责制定国家的经济政策。从大方向上说，沙赫特延续了魏玛政府后期的经济干预政策，其采取的具体方针为"宽松财政，收紧货币"。

沙赫特的"宽松财政"政策就是指由国家出资来兴建大量的公共工程，例如修建高速公路、机场，治理河道，改善农地的质量等，其目的在于扩大市场需求。据统计，在纳粹上台的前两年，用于建设公共工程的开支就达到了50亿马克。让后世学者感兴趣的是，在一个经济凋敝的总体状况之下，沙赫特是通过何种方式才能在不引发通货膨胀、保持物价稳定的条件之下筹集到如此巨额的资金呢？从货币金融学的角度看，国家筹集发展资金的方式主要有三种，分别是增加税收、超发货币和发放国债。鉴于直接增加税收会引起民众的普遍不满，而超发货币又会导致严重的通货膨胀和物价飞涨，因此沙赫特主要是通过向国内民众发债的方式来筹集资金的。具体来说，沙赫特除了发行常规的国债"劳动国库券"（Arbeitswechsel）之外，还大量发行一种被称为"兴工券"（Arbeitsbeschaffungswechsel）的短期商业债券。其中，最为著名的一种"兴工券"便是"梅福票"（Mefo-Wechsel），这里的"Mefo"是"冶金研究股份公司"（Metallurgischen Forschungsgesellschaft GmbH）的缩写。然而，这家公司实际上是四家军备康采恩共同设立的一个"虚拟"公司，从公众那里募集的资金由发行公司支付给军火承包商和制造商，最终由国家银行保障到期贴现。截至1939年欧战爆发之前，德国发行的"梅福票"总面值达到了120亿马克。除此之外，德国还有总计80亿马克的中长期债务以及15亿马克的短期贷款。通过发债筹集的资金大都被用于兴建大规模的公共工程和发展军备，使得德国在保持较低通胀率的状态下度过了经济萧条期，实现了经济的恢复和发展。①

除了扩大政府支出外，纳粹政权还采取多项措施来增加工作岗位，降低失业率。②1933年6月1日，德国财政部国务秘书弗里茨·莱因哈特（Fritz Reinhardt）起草了《创造就业纲领》（Arbeitsbeschaffungsprogramm）；在同一天，德国政府公布了《减少失业人数的法律》（Gesetz zur Verminderung der Arbeitslosigkeit）。随后，莱因哈特又于9月1日公布了"第二项就业纲领"，纳粹政府以此为基础在9月21日又颁布了《减少失业人数的第二项法律》（Zweite Gesetz zur Verminderung der Arbeitslosigkeit）。由于这两项纲领都是由莱因哈特负责起草的，故而分别被称为"莱因哈特第一纲领"与"莱因哈特第二纲领"。纳粹政府根据这两项纲领采取的增加就业的措施主要包括以下几个方面：第一，兴建运河、铁路以及高速公路等大型公共工程，增加就业岗位；第二，在施工建设过程中，尽可能地用劳动力代替机器；第三，鼓励有工作的女性回归家庭，为男性腾出工作岗位；第四，减少员工的工作时间，扩大就业范围；第五，禁止农

---

① 参见郑寅达等：《德国通史（第五卷）：危机时代》，第313页以下。
② See Michael Stolleis, *History of Social Law in Germany*, pp. 141-144.

村劳动力流向城市,与城市人口竞争本就有限的工作岗位;第六,将犹太人和政治上的异己分子驱逐出工作岗位,优先安排德意志人就业。① 需要说明的是,这些增加就业的政策有很多项都直接反映出纳粹主义的世界观和"共同体"的思想。例如,纳粹政府在 1933 年推出了所谓的"婚姻贷款"(Ehestandsdarlehen)制度:如果女性选择放弃工作回归家庭,那么可以从政府那里获得 1000 马克的无息贷款,以后每生育一个孩子,就能免除贷款的四分之一。② 据统计,纳粹政府于 1933 至 1935 年间以此为由发放了超过 50 多万笔贷款。另外,纳粹政府还规定,那些双职工家庭(Doppelverdiener)必须将一个工作岗位让给领取救济金的待业者。③ 总体而言,纳粹政府实施的各项措施确实减少了德国失业人口的数量:在 1933 年纳粹上台之初,德国的失业人口超过了 600 万,而到了 1936 年,德国已经成功地走出了经济危机,成为当时世界上第一批实现完全就业的国家。

在德国经济逐渐恢复,失业率得到有效控制之后,纳粹政权便加快了扩军备战的进程。由于资源匮乏,德国很多的工业原料都需要从国外进口,而要想获得购买国外原材料的外汇,德国的进出口贸易就必须实现顺差。沙赫特的"新计划"通过一系列外汇管控政策使德国在 1935 年上半年实现了外汇盈余。不过,由于国际市场的价格竞争,德国对外出口的商品价格下降,而其

---

① 参见郑寅达、陈旸:《第三帝国史》,第 194—195 页。
② Vgl. Detlev Humann, „Arbeitsschlacht": Arbeitsbeschaffung und Propaganda in der NS-Zeit 1933-1939, Wallstein, 2011, S. 118-135.
③ Ibid, S. 152-178.

需要进口的产品价格则大幅上升。为维持国际收支平衡，德国难以进口到足够的原材料来满足军工生产的需求。在这种情况下，戈林等人提出了尽可能实现国内工业生产自给自足的经济计划，不计代价地使用国内原料取代国外原料，降低德国经济对于世界经济体系的依赖性。①1936年8月，希特勒与戈林进行多轮商讨后，制定出《关于新四年计划的备忘录》（Denkschrift zum Vierjahresplan）；随后，戈林在9月4日的内阁会议上宣读了这份文件。在《备忘录》中，希特勒提出了众多不符合经济规律的要求，例如他主张放弃进口国外的优质铁矿石，不考虑成本地开采本国的贫铁矿："必须最大限度地增加德国的生铁产量，使用铁含量为26%的本土矿砂，而不用含量为45%的瑞典矿砂，这不是一个经济核算问题。"②在《备忘录》的结尾，希特勒还提出了扩军备战的总目标："德国军队必须在四年之内形成投入作战的能力，而德国经济必须在四年之内做到支持战争的能力。"③同年10月28日，希特勒正式签署了《关于实施四年计划的法令》（Verordnung zur Durchführung des Vierjahresplanes）。根据该法令，戈林被任命为"四年计划全权总代表"，负责该计划的实施。为此，戈林有权发布法令和一般性的行政命令，无论是各级行政机关还是党内机构，都必须听从其调遣。④需要说明的是，"四年计划"并不是一种常规的、全面的国民经济体制，其影响范围主要集中在外汇、粮食、

---

① 参见郑寅达、陈旸：《第三帝国史》，第197—203页。
② 《关于新四年计划的备忘录》的原文引自：Wilhelm Treue, Hitlers Denkschrift zum Vierjahresplan 1936, Vierteljahrshefte für Zeitgeschichte, H. 2 ( 1955), S.209.
③ Ibid, S.210.
④ Verordnung zur Durchführung des Vierjahresplanes vom 18. Oktober 1936.

军工原料的生产和配给、替代性材料的开发和利用等方面，乃是一种向战时经济过渡的军事备战体制。可以说，沙赫特的经济政策被"四年计划"所取代了，不过在1939年彻底下台之前，国民经济的其余领域仍然是由沙赫特来负责。①从结果上来说，"四年计划"并未实现其预期的目标，德国的石油、橡胶和钢铁等工业原料仍然大量依赖进口，而不计成本地扩大军备严重超出了德国经济的承载力，破坏了经济社会的稳定性。②

在1939年"二战"全面爆发的初期，德国并没有迅速过渡到战时经济状态，政府仍然保障了国内日常生活用品的稳定供应，民众的生活也没有受到战争的直接影响。1942年初，由于德军入侵苏联的闪电战失败，战争进入了拉锯阶段，纳粹政权为保障军事物资的供应，不得不进行全面的经济动员，实施战时经济体制。由于当时的军备和军需部部长弗利茨·托特（Fritz Todt）死于飞机失事，希特勒任命了亲信施佩尔全面接管托特的工作。1942年3月21日，希特勒发布了《保障军备经济的元首命令》（Verordnung des Führers zum Schutze der Rüstungswirtschaft），赋予了施佩尔统揽经济事务的大权，德国经济进入了"施佩尔时代"。③为提高生产效率，施佩尔对于德国的军备生产管理体系进行了改组，其改革措施可以归纳为"工业自行负责制"和"合理化生产运动"

---

① Berenice Anita Carroll, *Design for Total War: Arms and Economics in the Third Reich*, De Gruyter, 1968, pp.179f.

② Dietmar Petzina, Autarkiepolitik im Dritten Reich: Der nationalsozialistische Vierteljahresplan, Oldenburg, 1968, S. 179ff.

③ 参见韩光明：《论施佩尔改组对纳粹德国战时经济的影响和后果》，《世界历史》1988年第4期，第77—79页。

两个方面。在第一个方面,施佩尔按照军备生产的类型,设立了13个专业指导委员会,其负责弹药、武器等物资的订单管理,与之对应的横向的企业联合组织"工业瑞恩"(Industieringe),负责原料、半成品以及配件的供应。此外,他还成立了由工业设计人员和军官组成的委员会,负责改进生产工业工艺,对新设计的可行性进行审查。这些经济组织被赋予了较大的宏观调控权限,它们直接接受施佩尔的领导,改变了此前较为混乱的行业管理状态。在第二个方面,施佩尔用大企业的集中生产取代小规模分散生产,用专业化的生产取代全能生产,尽力做到一个工厂只生产一类产品,对劳动力和原材料进行合理的分配,从而减少不必要的损耗,最大程度地提高生产效率。[1]此外,为了协调与戈林的关系,他还以戈林的名义在"四年计划"之内设立了中央规划局,负责决定对各种现有生产计划的延续或撤销,对钢铁、煤炭等原材料进行分配,从而实现对整个国民经济的全面指导。在施佩尔接管德国经济后,德国的军备生产大幅度提高,从1942年2月到7月,军备产量提高了大约55%。到1944年,德国的军备产量达到顶峰。不过,军工生产的增长乃是以牺牲生活消费品等生产部门为代价的。与"二战"爆发前的1938年相比,德国在1944年的消费品产量降低了14%,而这些消费品中的很大一部分又被军队所占用,因此普通德国民众的生活水平在战争期间大幅下降,生活变得极为艰难。[2]

---

[1] 参见郑寅达、陈旸:《第三帝国史》,第578—579页。
[2] 参见韩光明:《论施佩尔改组对纳粹德国战时经济的影响和后果》,第83—84页。

## 二、经营自主权与宏观经济调控

纳粹党在其《二十五点纲领》的第十六点规定:"我们要求建立并维持一个健全的中间阶层。我们要求立即将大百货公司收归国有,廉价租赁给小工商业者,要求国家或各邦在收购货物时特别要照顾一切小工商业者。"纳粹党在 1933 年夺权之后立即兑现这一承诺:打击以大百货公司为代表的大资本,保护小型工商业者的利益。具体来说,当纳粹取得国会选举的胜利之后,其下属组织"纳粹工商业中产阶层战斗同盟"(Nationalsozialistischer Kampfbund für den gewerblichen Mittelstand)便开始组织针对大百货公司和商业合作社的抵制活动,干扰它们的日常经营。由于这些破坏性的活动对社会经济生活造成较大的负面影响,因此,纳粹当局决定对这些行动加以控制。1933 年 5 月 12 日,纳粹政府公布了《保护零售商的法律》(Gesetz zum Schutze des Einzelhandels),该法规定 1934 年 7 月 1 日之后便不再批准开设新的百货公司,并且现有的百货公司也不得扩大经营规模。与此同时,1934 年 5 月 13 日,国家经济专员奥托·瓦格纳(Otto Wagner)以及战斗同盟的主席特奥多尔·冯·伦特恩(Theodor von Renteln)联合发布命令,禁止战斗同盟的人员在未被授权的情况下对物价以及企业经营进行干预,违者将依法加以惩治。[①] 不过,这些法律和命令没有得到严格的执行,战斗同盟以及小企业

---

① 参见郑寅达等:《德国通史(第五卷):危机时代》,第 331 页以下。

主继续开展抵制大百货公司的运动。为此，1933年7月7日，鲁道夫·赫斯以纳粹党的名义发布指示："纳粹党对'百货公司'的态度基本上保持不变，该问题将会在适当的时机依照纳粹党的纲领予以解决。综合整个经济局势来看，纳粹党的领导层认为目前对百货公司以及类似的企业进行打击是不妥当的，纳粹政府认为当前的要务乃是帮助尽可能多的失业人员找到工作、获得面包。因此，鉴于目前成千上万的工人和职员正在百货公司及其下属的商店工作，纳粹运动不能采取导致这些人失业的行动。在接到新的通知以前，纳粹党下属的组织不得再实施打击百货公司及其类似企业的行动。另外，纳粹党员也不得进行反对百货公司的宣传活动。"① 除此之外，纳粹政府后来干脆取缔了"纳粹工商业中产阶层战斗同盟"，并用一个新的组织"纳粹手工业、商业和小工业组织"（HS-Hago）取而代之。1935年，这个"纳粹手工业、商业和小工业组织"又被改组为两个团体，即"德意志商业全国共同体"（Reichsstand des Deutschen Handels）与"德意志手工业全国共同体"（Reichsstand des Deutschen Handwerk），由"德意志劳动阵线"负责领导。通过上述活动，针对大型百货公司的暴力抵制活动得到了有效的遏制，不过在种族主义意识形态的氛围下，针对犹太商店的抵制和破坏活动仍然存在。②

尽管纳粹制定了诸如《保护零售商的法律》以及1933年11月29日的《德意志手工业暂行组织法》（Gesetz über den vorläufigen

---

① J.Noakes and G.Pridham (ed.), *Nazism 1919-1945: A Documentary Reader*, Vol. 2, pp.302-303.

② 参见郑寅达、梁中芳：《德国纳粹运动与纳粹专政》，第170—171页。

Aufbau des deutschen Handwerks）来保护小型工商业的利益，但是纳粹整体的经济策略还是加快资本兼并和经济集中。在1933至1939年之间，德国的股份公司的数量从9148家减少至5353家，与此同时，股份公司的认缴出资额从220万马克增加到380万马克，大量的小公司要么申请破产，要么被大公司兼并。反之，出资额超过2000万马克的大型公司从原先的174家增长到669家，其中资本在1亿马克以上的特大型公司就有25家。[①]当然，纳粹时期经济集中化的趋势更为显著地反映为卡特尔和康采恩等垄断形式得到进一步发展。在希特勒上台之前，德国已经有45%的股份公司纳入康采恩，其中981家公司属于能够控制其他公司的积极合资股份公司，另外3350家则属于被控制的消极合资股份公司。到了1935年底，纳入康采恩的公司数已经占德国公司总数的48%，其中能控制其他公司的积极合资股份公司减少到822家。对于经营领域相似的康采恩企业来说，它们一般通过签订控制市场的卡特尔协议来实现对于市场进行垄断的目的。[②]纳粹政府在1937年7月15日通过了《关于设立强制卡特尔的法律》（Gesetz über Errichtung von Zwangskartellen），使得大型的康采恩可以强制组织新的卡特尔或者迫使未加入卡特尔的中小企业加入既有的卡特尔；在那些不存在卡特尔或者其影响力较弱的领域，纳粹当局就直接采用国家干预的手段来建立卡特尔。[③]各种经济集中的手段导

---

[①] 参见〔法〕夏尔·贝特兰：《纳粹德国经济史》，刘法智、杨燕怡译，商务印书馆1990年版，第61页以下。

[②] 同上书，第112—113页。

[③] Vgl. Daniela Kahn, Die Steuerung der Wirtschaft durch Recht im nationalsozialistischen Deutschland: Das Beispiel der Reichsgruppe Industrie, Klostermann, 2006, S.270ff.

致的后果便是大量的资本被集中到少数人手中，而原本独立经营的小企业主只能沦为雇工。

纳粹政权加强经济集中化的目的，从根本上来说，还是为了方便其能够有效地操控经济领域并最终为发动战争做好准备。不过，纳粹政权控制经济的手段与另两个法西斯国家有所不同：意大利是直接通过国家控制生产资料所有权的方式来掌控经济；而日本则是通过"民有国营"的手段，通过所有权与经营权的分离，实现对资本的掌控。相对而言，纳粹德国要比意大利和日本更尊重私有制经济，因而其采用的国家干预机制也较为特别。①

一方面，纳粹通过各式各样的工商业联合会，将全国范围内的企业联合起来。具体来说，纳粹政府于 1934 年 2 月 27 日制定了《关于筹备德意志经济有机结构的法律》(Gesetz zur Vorbereitung des organischen Aufbaues der deutschen Wirtschaft)；同年 11 月 27 日，纳粹又公布了一项关于该法的实施条例。根据这两个文件，在不同的经济领域，全国的经济组织都被有效地统合起来：整个经济领域被划分为工业、商业、运输、银行、保险和手工业六个板块，后来又增加了旅游业；其中每个板块都有对应的国家经济委员会(Reichswirtschaftsrat)，而每个板块又可以进一步分为次级的经济领域，存在着与之对应的经济组；在经济组之下还有更具体的专业组和专业小组，各级经济组织都是行业协会性质的组织，由对应领域的企业主组成。② 例如，"德国工业经济委员会"

---

① 参见朱庭光主编：《法西斯体制研究》，第 205—223、309—406、633—685 页。

② Vgl. Daniela Kahn, Die Steuerung der Wirtschaft durch Recht im nationalsozialistischen Deutschland, S.205ff.

就是由"德国工业联合会"改组而成,而工业联合会下属的各种协会也被改组为委员会领导的经济组和专业组。除了以行业的形式组织起来之外,根据纳粹的政策,同一地区的经济组织也必须联合起来形成地区性的经济公会(Wirtschaftskammer),而德国经济公会(Reichswirtschaftskammer)则是由各行业的国家经济委员会、主要的工业经济组以及地区性经济公会的代表组成。这样一来,全国范围内的企业便全都通过经济组织或经济协会被编入纵横交错的管理网络之中。不过,这些经济组织并非代表纳粹政府直接采取控制企业的行动,而是向其成员提供建议和保护。[1] 换言之,德国的企业仍然享有一定的自主经营权。

另一方面,纳粹政府通过制定数量繁多的经济法令对于企业利润、投资对象、就业方向、工资和物价水平等经济活动的指标进行指导性干预,并以这种方式实现对经济的宏观调控。例如,1934年3月《企业资本投资法》规定,企业当年利润超过前一年的部分,或者利润率高于6%的部分,都应当用于购买政府债券。就控制投资的角度来说,纳粹通过强化对新设企业以及扩大原有企业经营领域的审批力度,以及强化对原料分配的管制和对劳动力的干预,来引导民间资本流向其希望增加投资的军工领域。[2] 就稳定物价方面来说,纳粹政府最初是借助卡特尔协议以及设立"全国物价检查专员"(Reichskommissars für die Preisbildung)等方式来限制物价上涨的;随后,纳粹便直接颁布经济性的行政法令,来

---

[1] Vgl. § 56. Gesetz zur Vorbereitung des organischen Aufbaues der deutschen Wirtschaft vom 27. Februar 1934.

[2] 参见朱庭光主编:《法西斯体制研究》,第 215—216 页。

实现对商品价格的控制，例如 1936 年 11 月 26 日的《禁止提高物价条例》（Verordnung über das Verbot von Preiserhöhungen）。[1] 总体而言，纳粹颁行的经济法令有效地实现了对于国家经济的调控，使得德国较快地走出经济危机并为后续发动战争做好了经济方面的准备。但是，这些具有强制性的经济政策在一定程度上违背了客观的经济规律，因而只能带来短期的繁荣景象，而难以长期维持下去。

## 三、劳动法的"企业领袖-追随者"模式

作为一个独立法律部门的劳动法是从魏玛共和国建立之后才开始出现的。从 1918 年起，德国先后通过了《集体合同条例》（Tarifvertragsverordnung vom 23. Dezember 1918）、《企业代表会法》（Betriebsrätegesetz vom 4. Februar 1920）、《劳动法庭法》（Arbeitsgerichtsgesetz vom 23. Dezember 1926）、《劳动调解与失业保险法》（Das Gesetz über Arbeitsvermittlung und Arbeitslosenversicherung vom 16. Juli 1927）。这些立法使得"集体劳动法"得以确立，成为魏玛时期调整劳资关系的法律基础。[2] 不过，囿于窘迫的政治与经济形势，魏玛宪法第 157 条第 2 款规定的"统一劳动法"却始终没有得到落实。

纳粹上台之后，希特勒命令罗伯特·莱（Robert Ley）负责接管德国各地的工会。为了打击秉持民主社会理念的自由工

---

[1] 参见〔法〕夏尔·贝特兰：《纳粹德国经济史》，刘法智、杨燕怡译，第 151 页以下。

[2] Thilo Ramm, Nationalsozialismus und Arbeitsrecht, Kritische Justiz, Vol. 1, No. 2 (1968), S.108-109.

会（Freie Gewerkschaften），纳粹政权于1933年4月11日颁布法令，将5月1日规定为"国家劳动庆祝日"（Tag der nationalen Arbeit），其目的就在于让全国的工人与工会组织在这一天放松警惕，以便纳粹能够在这一天迅速接管各地工会。1933年5月2日，冲锋队和党卫队的成员在全国各地展开大规模行动，他们占领了自由工会的房屋，没收其财产，并对工会的领导人采取"保护性监禁"措施。① 随后，德国工会的另一股重要力量，"希尔施-敦克尔施工会"（Hirsch-Dunckerschen Gerwerkschaften）宣布加入罗伯特·莱领导的"保护德意志劳动行动委员会"（Aktionskomitee zum Schutz der deutschen Arbeit）。随后，该委员会于5月10日改组为"德意志劳动阵线"（Deutsche Arbeitsfront），主要负责对德国的工人、职员和企业主进行纳粹主义意识形态的教育。不久之后，"基督教工会"于1933年6月24日加入"德意志劳动阵线"。这意味着，德国境内的工会组织全部被纳粹的"一体化"运动改造并掌控。②

既然工会已经不复存在，那么魏玛时期确立的"集体合同制度"也就丧失了存在的基础。为了填补由此造成的制度空白，纳粹政府在1933年5月19日通过了《劳动监察官法》（Gesetz über Treuhänder der Arbeit）。根据该法的规定，在新的劳动立法正式出台之前，"劳动监察官"将代替工人代表组织、企业主代表组织和个别企业主，负责调整缔结劳动合同的条件。③1934年1月12日，

---

① See Martin Broszat, *The Hitler State*, pp. 138ff.
② 参见郑寅达、陈旸：《第三帝国史》，第398页以下。
③ Rüdiger Hachtmann, Die rechtliche Regelung der Arbeitsbeziehungen im Dritten Reich, in: Dieter Gosewinkel (Hrsg.), Wirtschaftskontrolle und Recht in der nationalsozialistischen Diktatur, Klostermann, 2005, S.140f.

纳粹政府通过了《国民劳动秩序法》，该法被视为纳粹时期一部调整劳资关系的基本法。[①]

基于纳粹主义的意识形态，"企业共同体思想"与"领袖原则"成为第三帝国时期调整劳资关系的思想基础，这种模式拒绝将企业主与劳动者的利益对立起来，而是将企业主视为"企业领袖"（Betriebsführer），而将企业内的工人和职员视为企业主的"追随者"（Gefolgschaft），他们共同服务于企业的目标以及人民和国家的公共利益。[②]与魏玛共和时期推行的集体合同制度相比，纳粹建立的"企业领袖-追随者"模式极大地强化了企业主对企业的经营管理权，同时强化了企业主对于工人工资、工作时间等事务的自主决定权。《国民劳动秩序法》的起草者维尔纳·曼斯菲尔德（Werner Mansfeld）认为，原先由"集体合同制"塑造的劳资关系将导致"雇主与雇员之间的所有关系都由官方或协会制定，企业主在社会领域所走的每一步都要符合集体合同的规定，都要受到国家负责人的监督"。[③]这样一来，素质优秀的企业领袖受到各种跨企业力量的束缚和制约，根本无法发挥自身的领导才能。因此，纳粹制定的《国民劳动秩序法》将使得企业领袖可以单方面制定劳动规章，自行决定工人的工资、工作时间，以替代原先由工会和雇主协会通过谈判的方式来确定前述内容。[④]不过，需要特别注意的

---

[①] Vgl. Andreas Kranig, Lockung und Zwang zur Arbeitsverfassung im Dritten Reich, Oldenbourg, 1986.

[②] Thilo Ramm, Nationalsozialismus und Arbeitsrecht, Kritische Justiz, S.112f.

[③] 邓白桦：《纳粹德国"企业共同体"劳资关系模式研究》，同济大学出版社2012年版，第61页。

[④] 同上。

是，法律规定的企业领袖并不必然就是企业的所有者，即企业主，因为企业领袖是一个公法主体，也就是社会秩序公共事务的承担者，而企业主仅仅是私法主体，也就是企业财产的所有者。[1] 当然，大部分情况下，企业主就是企业领袖的最佳人选："就像每一个共同体只有一个领袖一样，企业中也只能有一位领袖，只有他一个人能够做出决定，独立承担经济与社会责任……这位天生的领袖便是企业主。"[2] 作为"追随者"的工人和职员必须对企业领袖保持忠诚，服从企业领袖的命令和指示。曼斯菲尔德在很大程度上受到了基尔克的影响，后者将雇主与雇员之间的劳动关系追溯到古代德意志法上的"忠诚服务合同"（Treudienstvertrag）。[3] 根据"忠诚服务合同"，扈从自愿委身于主人，并向其提供劳务，但与此同时，扈从能够保留其自由，不必牺牲自己的人格。在中世纪，"忠诚服务合同"得到不断的推广，在实际上发挥着有偿劳动合同的作用。进入近代之后，真正的"忠诚服务合同"已经消失了，它一方面蜕变成为物权法性质的"采邑合同"（Lehnsvertrag），另一方面蜕变为债法性质的"雇佣合同"。在两种合同的类型中，人法的内容都得以在新的形式中继续保留了下来。劳动关系不仅为雇主创制了"雇主权利"（Herrenrecht），同时也使其承担"雇主义务"（Herrenpflicht）；支配劳务义务人的权利，必然要与对义务人的人身照顾的义务相一致，这里体现的正是日耳曼法的精神。这

---

[1] Wolfang Spohn, Betriebsgemeinschaft und Volksgemeinschaft: Die rechtliche und institutionelle Regelung der Arbeitsbeziehungen im NS-Staat, Berlin, 1987, S.20.

[2] 郑寅达、陈旸:《第三帝国史》，第239页。

[3] Otto von Gierke, Die Wurzeln des Dienstvertrags, in: Wolfgang Pöggeler (Hrsg.), Otto von Gierke, Aufsätze und kleinere Monographien, Bd.2, Olms-Weidmann, 2001, S.855ff.

意味着，纳粹政权不是单方面地支持企业主对于劳动者的压榨和剥削，而是同样注重对劳动者的保护。就劳动时间来说，德国政府于 1934 年 7 月 26 日颁布法令，允许企业在必要情况下对 8 小时工作制进行调整。① 不过，这并不意味着企业主可以任意延长工作时间，政府要求劳动者每天工作的时间最高不超过 16 小时，还要保障其获得连续 8 小时不间断的休息时间。② 就工作环境来说，"德意志劳动阵线"在 1933 年 11 月 27 日成立了"劳动之美"（Schönheit der Arbeit）组织，专门负责改善工人的劳动环境。该组织认为，模范企业应满足如下标准："干净的工厂、绿化的工厂、没有刺耳的噪音、良好的照明与通风设备以及热腾腾的饭菜。"③ 据统计，在该组织的督促下，截至 1936 年末，接近两万家企业改善了自身的劳动环境。除了传统的劳动保护之外，纳粹时期劳动政策的独特性还体现在劳动阵线所组织的"欢乐获得力量"（Kraft durch Freude）活动。该活动内容包括"同事晚会"、喜剧表演、音乐会、业余课程、郊游等多种形式，其目的是把劳动共同体的理念延续到劳动之外，丰富工人的休闲活动，让他们带着饱满的精神返回工作岗位。④

从制度层面说，纳粹时期的劳资关系法主要由四个部分组成：托付人委员会、劳动监察官、集体规章和企业规章、荣誉法庭。首先根据《国民劳动秩序法》第 5 条的规定，在职工人数大于 20

---

① Vgl. Verordnung über die neue Fassung der Arbeitszeitverordnung vom 26. Juli 1934.
② Jürgen Kuczynski, *Germany: Economic and Labour Conditions under Fascism*, Greenwood Press, 1968, pp.158f.
③ J.Noakes and G.Pridham (ed.), *Nazism 1919-1945: A Documentary Reader*, Vol. 2, p.346.
④ 参见郑寅达、陈旸：《第三帝国史》，第 416—422 页。

人的企业中，必须要设立"托付人委员会"（Vertrauensrat），其成员包括企业领袖以及从追随者中选出的托付人（Vertrauensmann），后者有权向企业领袖提出建议。[1]纳粹试图用托付人委员会来取代魏玛时期的企业代表会，在他们看来，企业代表会乃是工会展开阶级斗争的工具，其目的在于把工人和企业主的利益对立起来，制造两者的对抗与冲突。反之，托付人委员会的行动原则是基于"共同体理念"尽可能强化企业主与雇员之间的相互信任。[2]故而，托付人委员会有义务预防和排除企业共同体内部的各种纠纷。当企业领袖依据企业规章对其手下的职工做出处罚时，需要听取委员会的意见。对于制定和贯彻劳动条件、企业规章的制定与实施、企业保障制度的完善、劳动效率的提高以及培养企业成员之间相互团结等方面的内容，托付人委员会都可以提出建议。此外，当企业领袖的决策不符合企业的经济利益或福利状况时，托付人委员会有权通过书面形式向劳动监察官提起申诉，但这种申诉行为不会阻碍决策的生效。很显然，托付人委员会只是企业领袖的咨询和监督机构，与魏玛时期的企业代表会有着本质性的差别。[3]

其次，纳粹政府上台之后不久便确立了"劳动监察官"制度。随后，《国民劳动秩序法》又更为详尽地规定了劳动监察官的职责和权力。具体来说，劳动监察官需要监督托付人委员会的组成和运作，他有权依法解除托付人的职务，当托付人委员会提出申诉

---

[1] Vgl. § 5, Gesetz zur Ordnung der nationalen Arbeit vom 20. Januar 1934.
[2] 参见邓白桦：《纳粹德国"企业共同体"劳资关系模式研究》，第61页。
[3] Rüdiger Hachtmann, Die rechtliche Regelung der Arbeitsbeziehungen im Dritten Reich, S.146f.

时，他应当对企业领袖的行为进行审查。若违反劳动监察官的书面指令，企业领袖将面临罚金处罚，情节严重的，还可能被判处监禁刑。此外，由于当时德国面临严重的失业问题，企业主的大规模裁员行为也要受到劳动监察官的监管。具体来说，在职工人数少于100的企业中解雇9名以上职工，或者在100人以上的企业中解雇超过10%比例的职员，或是在四周内解雇人数超过50人的，企业主都必须书面告知劳动监察官，经监察官批准之后，解雇的行为方才生效。除此之外，劳动监察官还可以颁布书面的集体工资规章，对企业规章的相关规定做出限制；违背集体规章的企业规章，其相关内容将不具备法律效力。[1]根据曼斯菲尔德的解释，之所以有必要设立劳动监察官，使其对企业领袖的行为做出监督，乃是因为纳粹主义的思想还没有深入人心；随着纳粹主义世界观的普遍接纳，人们便会自觉地维护企业共同体的利益，劳动监察官的作用就逐渐淡化了。[2]

不过，劳资关系的发展趋势与曼斯菲尔德的预测截然相反，劳动监察官非但没有退出舞台，反而承担着越来越重要的职责。随着纳粹经济形式的暂时好转，劳动力短缺取代了之前由于劳动力过剩导致的失业问题成为纳粹政权着力解决的问题。纳粹为保障四年计划的顺利实现，提升德国制造的产品在国际市场上的竞争力，希望将工人的工资限制在一个较低的水平；与此相反，很

---

[1] Andreas Kranig, Lockung und Zwang: Zur Arbeitsverfassung im Dritten Reich, S.171ff.

[2] Werner Mansfeld und Wolfgang Pohl, Die Ordnung der nationalen Arbeit: Kommentar zu dem Gesetz zur Ordnung der nationalen Arbeit und zu dem Gesetz zur Ordnung der Arbeit in öffentlichen Verwaltungen und Betrieben unter Berücksichtigung aller Durchführungsbestimmungen, 2. Aufl., Deutsches Druck- und Verlagshaus, 1934, S.27.

多企业主都希望通过增加工资来提高工人们的工作积极性，因为当时工厂里的雇员大多都是通过消极怠工的方式来表达自己对于低薪的不满。[①]劳动监察官的主要使命从之前对企业大规模裁员的控制转变为防止劳动力的流失以及防止工人工资的过快增长。具体来说，他们采取延长解约通知期、规定行业最高工资等方式来加强对劳动力的管控。1937年4月1日，纳粹将劳动监察官更名为"国家劳动监察官"（Reichsteuhänder der Arbeit）以凸显其代表国家权威的特殊身份。此外，监察官的组织架构也日趋庞大。从1937年4月起，监察官获得调遣工商业监督局职员的权力，后者作为"劳动监察官的委托人"要听从监察官的指示。1939年1月，纳粹正式确立监察官委托人制度，将每个监察官负责的辖区进一步划分为3至5个管理区，每个管理区设置一名委托人，负责监控工资水平和劳动条件。从1939年8月开始，劳动监察系统进一步扩张，各地的劳动部门的负责人也要听从监察官的指示，其工作人员达到了4万人之多。[②]与之相对应，劳动监察官的处罚权限也得到迅速扩张。根据1938年6月25日的《工作状况条例》（Verordnung über die Lohngestaltung）的规定，只要企业主存在一次违背监察官指令的行为，就将遭受严厉处罚，而且监察官可以自行决定是否要对企业主处以监禁刑，而无须考虑其行为情节是否特别严重。

再次，"企业规章"（Betriebsordnung）是规范企业管理活动

---

[①] 参见郑寅达、陈旸：《第三帝国史》，第246—247页。
[②] 参见邓白桦：《纳粹德国"企业共同体"劳资关系模式研究》，第149页以下。

的基本章程。根据《国民劳动秩序法》第 26 条的规定,在雇佣的职工人数大于 20 人的企业中,企业领袖必须为追随者制定企业规章。[①] "企业规章"应当至少包括如下内容:职工每天劳动和休息的起止时间;结算工作酬劳的时间和方式;在实行计件工作制的企业,规定计件工资的计算标准;对职工的罚款方式以及上限;不按法定解雇期限解除劳动关系的理由。除此之外,企业领袖还可以对职工在企业中的言行规范、对企业事故的预防等内容做出明确规定。对于企业领袖的处罚权,纳粹当局进行了较多的限制:首先,只有在职工违反企业生产秩序和安全规范的情况下,才可以对之进行处罚;其次,对职工的罚款数额不得超过日平均工资的一半;情节特别严重的,可对之处以日平均工资等额的罚款,但这种处罚必须要经劳动部长的批准;最后,企业领袖对职工的处罚必须听取托付人委员会的意见。由于企业规章直接关系到职工的个人权益,法律规定,企业规章以及由督察官制定的"工资标准规章"必须张贴在适当的地方;如果员工提出请求,那么,企业主必须向其提供书面的企业规章。[②] 在法律起草者看来,企业规章是由每个企业自行制定的,故而能够更好地适应本企业的状况。相比之下,原先魏玛时期的劳动规章仅仅适用于工人,而不适用于企业职员,但企业规章却对企业内的"追随者"普遍有效,这有助于企业的团结。[③] 然而,从实践层面看,大多数企业主并没有制定企业规章的热情。一方面,很多企业主认为原先的劳动规

---

① Vgl. §26, Gesetz zur Ordnung der nationalen Arbeit vom 20. Januar 1934.
② 参见郑寅达、陈旸:《第三帝国史》,第 235—236 页。
③ 参见邓白桦:《纳粹德国"企业共同体"劳资关系模式研究》,第 93—94 页。

章在实践中已经收到了比较好的效果，完全没有必要用新的企业规章取而代之；另一方面，企业主担心"德意志劳动阵线"趁机对企业施加更多的影响，干涉企业的劳资关系，尤其是"劳动阵线"强调规章中应包括劳动保障、社会福利、休假制度等规定，这并不符合企业管理的实际情况。按照最初的计划，企业领袖应当在1934年7月1日前制定企业规章，但实际上很少有企业在截止日期前完成规章的制定，于是劳动部只能将截止日期顺延到1934年10月1日。[1] 总体而言，很多被制定出来的企业规章保留了原先劳动规章的大部分内容；为了回应纳粹主义的共同体思想，大部分企业都在其企业规章的开篇着重强调企业领袖与追随者之间形成了一个不可分割的整体，但对于"德意志劳动阵线"提出的诸多不切实际的要求，则很少被企业主所采纳。[2] 因此，很多劳动阵线的负责人对企业规章表示失望和不满："这些企业规章的实际效果根本不是我们所期望的，它们没有使'企业领袖'和'追随者'相互信任，凝聚在一起，而是将'追随者'排除在外，扩大了现有的隔阂。"[3]

最后，值得一提的是纳粹时期的"荣誉法庭"（Ehrengericht, Berufsgericht）制度。在纳粹时期的劳动法学者看来，劳资关系不能单纯依靠法律强制性规定，或是依靠工会等跨企业的外部力量来加以制约，更为关键的乃是唤醒企业主和职工的共同体意识：

---

[1] Vgl. Siebente Verordnung zur Durchführung des Gesetzes zur Ordnung der nationalen Arbeit (Erlaß von Betriebsordnungen) vom 21. Juni 1934.

[2] Matthias Frese, Betriebspolitik im Dritten Reich: Deutsche Arbeitsfront, Unternehmer und Staatsbürokratie in der westdeutschen Grossindustrie, 1933-1939, Schöningh, 1991, S. 138ff.

[3] Christopher Rea Jackson, Industrial Labor between Revolution and Repression: Labor Law and Society in Germany, 1918-1945, Harvard University Dissertations, 1993, p.950.

前者应当勇于承担社会责任，尽力维护追随者的福利；而后者应当秉持忠诚的信念，遵从企业领袖发布的指令。这在劳动法上就表现为所谓的"社会荣誉"（soziale Ehre）。[1] 根据《国民劳动秩序法》第 35 条的规定："企业共同体的每个成员都肩负着责任，履行按照共同体内部的地位应当承担的义务；企业共同体成员要通过自己的行为来证明自己的尊严，要时刻意识到为企业奉献自己的全部力量，从而使自己从属于整体福祉。"[2] 违反社会荣誉的企业主或雇员将根据劳动监察官的申请，在荣誉法庭上受审，并被施加特定的处罚。纳粹在每个劳动监察官的辖区内设立一个荣誉法庭，该法庭由一名法律官员、一名企业领袖和一名托付人组成，其中法律官员充任荣誉法庭的庭长，由司法部部长在取得劳动部长的同意下加以任命，企业领袖和托付人则充当陪审法官，从"德意志劳动阵线"提供的名单上选任，并且应尽可能保证陪审法官与被告人来自相同的行业。[3] 根据《国民劳动秩序法》第 36 条的规定，下述行为将被视为严重损害社会荣誉：其一，企业主、企业领袖或其他监事会成员恶意压榨追随者的劳动力或侮辱其尊严；其二，追随者恶意伤害其他追随者，以致破坏企业的劳动和平，尤其是托付人任意干涉不属于其职务范围内的领导事务；其三，企业共同体成员反复向劳动监察官提出毫无根据的申诉或者一再违反劳动监察官下达的书面规定；其四，在未经许可的情况下，泄露托

---

[1] Andreas Kranig, Lockung und Zwang zur Arbeitsverfassung im Dritten Reich, S. 43ff.

[2] Vgl. § 35, Gesetz zur Ordnung der nationalen Arbeit vom 20. Januar 1934.

[3] 参见郑寅达、陈旸：《第三帝国史》，第 237 页。

付人委员会的秘密任务、企业秘密或商业秘密。[①] 对于前述违法行为，荣誉法庭可以采取警告（Warnung）、申斥（Verweis）、一万马克以下的罚款、撤销企业领袖或托付人资格以及将被告员工调离工作岗位的制裁措施。从实践中看，大多数诉讼案件都是针对企业领袖或监事会成员提出的，只有少量的案件是以工人或职员为被告。例如，在1934年的65起案件中，有59名被告是企业主或监事会成员；在1935年的204起案件中，涉及223名人员，其中追随者仅有18人。[②] 在有关企业主或监事会成员的案件中，"恶意压榨劳动力"与"侮辱追随者的尊严"是两项最为常见的指控。后一项指控比较容易认定，企业领袖辱骂、打骂追随者以及调戏女员工的行为都会被认定为侵害荣誉；但是，"恶意压榨劳动力"的认定却存在严重的困难，一方面，法律没有明确"恶意"（böswillig）的客观评价标准；另一方面，这类案件与劳动法庭负责审理的工资纠纷存在一定的重合。从适用处罚的情况看，法院主要适用警告、申斥以及较低数额的罚款（500马克以下）等低烈度惩戒措施，只有在极个别案件中才会剥夺企业领袖的资格。[③] 这里面的一个很重要的原因在于，即使剥夺企业主的领袖资格，新的领袖仍然是由他所任命并听从他的指示，这就导致"剥夺企业领袖资格"的威慑力相对有限，而荣誉法庭也将自身定位为教育性质的审判机构，轻易不会动用最严厉的处罚。

---

① Vgl. § 36, Gesetz zur Ordnung der nationalen Arbeit vom 20. Januar 1934.
② 参见邓白桦：《纳粹德国"企业共同体"劳资关系模式研究》，第87页。
③ Vgl. Andreas Kranig, Lockung und Zwang zur Arbeitsverfassung im Dritten Reich, S.232-241.

概言之，纳粹试图以"企业领袖-追随者"的模式来取代魏玛时期实行的集体合同制度，弱化劳资双方的对抗。在纳粹上台初期，纳粹政权希望把劳资关系放在企业共同体内部解决，尊重企业领袖的自主权，但是随着战争的爆发，纳粹却通过一系列特别法令强化了对于劳动力市场的管控和调配。例如，纳粹在1938年6月22日和1939年2月13日先后颁布的两项《具有国家政策特别意义的劳动力需求保障条例》（Verordnung zur Sicherstellung des Kräftebedarfs für Aufgaben von besonderer staatspolitischer Bedeutung）以及1939年9月1日颁布的《关于限制更换工作岗位的条例》（Verordnung über die Beschränkung des Arbeitsplatzwechsels）都属于此类性质的立法。[①] 此外，为填补因抽调企业员工参军而导致的劳动力短缺问题，纳粹政府一方面颁布法令强制延长劳动时间，另一方面却又不能通过上涨工资、增加加班补贴等方式来对于工人的超额劳动进行补偿。上述困难都使得纳粹难以有效地调控劳资关系，只能借助盖世太保等恐怖威胁手段来保障工人的服从，避免其逃避劳动。[②]

## 四、纳粹时期的社会保障法

毋庸讳言，德国是世界上最早建立较为完善的社会保险体系的国家。1871年德意志第二帝国建立之后，俾斯麦为了遏制工人

---

[①] Rüdiger Hachtmann, Die rechtliche Regelung der Arbeitsbeziehungen im Dritten Reich, S. 151-152.

[②] 参见邓白桦:《纳粹德国"企业共同体"劳资关系模式研究》，第168—171页。

运动的蓬勃发展，实现"社会主义主张"之中看起来合理的部分，着手建立了社会保险制度。根据德国学者的主流观点，社会保险领域尽管在第三帝国时期出现了较大的变化，但是纳粹立法并没有撼动社会保险体制的根基，而是进一步发展了俾斯麦所开创的社会保险制度。[1] 因此，为了更为系统地理解纳粹政府推动社会保险立法的动机，首先有必要对于德国社会保险法的发展历程进行概括的回顾。

在第二帝国时期，最早具有社会保险性质的法律，即《疾病保险法》(Gesetz betreffend die Krankenversicherung der Arbeiter)于1883年获得通过。根据该法，授薪工人必须在医疗基金中获得强制保险；而疾病保险的保费则由工人和企业主共同承担，其中工人负担三分之一，企业主负担三分之二。按照俾斯麦政府原来的计划，《事故保险法》(Unfallversicherungsgesetz)应当最先获得通过，但是相关议案在帝国国会中接连遭到两轮否决，因而一直推到1884年7月才获得通过。《事故保险法》所覆盖的对象主要包括工人和年收入不超过2000帝国马克的白领雇员，保险费用由雇主单方缴纳。俾斯麦构建德国社会保险体系的第三部分是《残障和老年保险法》(Gesetz betreffend die Invaliditäts- und Altersversicherung)。1889年6月，帝国国会通过这一立法。该法规定，年工资收入在2000马克以下的人群适用强制保险。保险费用应当由三部分组成，国家每年最高补贴50马克，其余的费用由个人和企业各承担一半。工人在缴满30年的保险费后，便可

---

[1] Michael Stolleis, *History of Social Law in Germany*, p.144.

在 70 岁后领取生活补助；残障险则要求工人缴满 5 年的保费，此后因伤或因病致残的投保人便可以领取残障津贴。此后，社会保险体系覆盖的人员范围越来越广，保险金的数额也有所增加。例如，1886 年的一项立法把农业和林业中从事劳动的人也纳入事故保险和疾病保险的体系之中。① 此外，在 1911 年，社会保险立法又迎来两项重要的发展。其一，德国政府于 1911 年 7 月 19 日将之前三项单行立法统合到一部法典之中，颁布了《帝国保险法典》（Reichsversicherungsordnung）。与此同时，过去二十多年保险覆盖范围扩张以及保险金数额增加的成果也都被写入这部法典之中。其二，1911 年 12 月 20 日制定《职员保险法》（Versicherungsgesetz für Angestellte），将那些年收入在 2000 马克至 5000 马克的白领职员也纳入社会保险的范围；这些人要缴纳更高的保费，相应地，他们也能领取更高的保险金和退休金。②

在魏玛时期，社会保险制度的发展表现为两个方面。首先，魏玛政府颁布了一系列法律，其宗旨在于对第二帝国时期的社会保险体系进行修改与完善，继续扩大保险覆盖的人群，同时改进保障的内容。例如 1925 年 7 月 14 日颁布的《关于修改事故保险的法律》（Zweites Gesetz über Änderung in der Unfallversicherung）将"工伤"认定的范围扩展至上下班途中；1924 年 3 月 8 日的《关于职员保险职业群体的规定》（Bestimmung von Berufsgruppen der Angestelltenversicherung）将音乐家、助产士、护士等较为

---

① Vgl. Gesetz betr. Unfall- und Krankenversicherung der in land- und forstwirtschaftlichen Betrieben beschäftigten Person v. 5. Mai 1886.

② Michael Stolleis, *History of Social Law in Germany*, pp.70f.

特殊的职业纳入保险的范围。其次，魏玛政府于1927年7月16日颁布了《关于职业介绍和失业保险的法律》（Gesetz über Arbeitsvermittlung und Arbeitslosenversicherung），该法律是德国第一部失业保险法，它使得德国从失业公共救济体制转变为失业保险体制。[1]不过，由于陷入了1929年以来全球性的经济大萧条，德国政府陷入财政困难，各种社会保险待遇大幅缩减，福利国家的政策也陷入进退维谷的危机之中。[2]

在纳粹夺取政权后，由罗伯特·莱所领导的"德意志劳工阵线"试图全面接管德国的社会保险体系，以期大刀阔斧地对于传统的社会保险制度进行改造，建立符合纳粹意识形态的、统一的社会保险。例如，德意志劳工阵线中社会保险办公室的领导路德维希·布鲁克（Ludwig Brucker）就十分露骨地指出，（社会保险）救济必须符合种族和人口政策的一切要求。[3]不过，莱等人的计划遭到了工业界代表以及德国劳动部的反对，因此该计划从一开始就不可能取得成功。为了维持传统的社会保险体系的有效运行，劳动部的国务秘书约翰内斯·克龙（Johannes Krohn）指出，社会保险的多样性更能够适应被保险人的特殊情况，其成本更低、效率更高。当然，克龙也承认，医疗保险机构的过度多样化和碎片化也是有害的，因而缩减医疗保险机构的数量势在必行，促进

---

[1] 更为具体的研究，参见孟钟捷、王琼颖：《魏玛德国的社会政策研究》，中国社会科学出版社2021年版，第106—151页。

[2] 参见李工真：《德国魏玛时代"社会福利"政策的扩展与危机》，《武汉大学学报（哲学社会科学版）》1997年第2期，第80—81页。

[3] Eckart Reidegeld, Staatliche Sozialpolitik in Deutschland. Bd. II: Sozialpolitik in Demokratie und Diktatur 1919-1945, VS Verlag, 2006, S.444-447.

不同保险机构之间的合作则是实现这一目的的有效方法。质言之，克龙支持对社会保险体系进行必要简化的改造，但却拒绝对传统社会保险做出实质性的改变。[①]1934年7月5日公布的《社会保险重组法》（Gesetz über den Aufbau der Sozialversicherung）意味着坚持传统社会保险制度的劳动部官僚和工业利益集团取得了最终胜利。正如亨切尔（Hentschel）所言："社会保险的政策仍然掌握在劳动部手中。"[②]虽然该法在序言部分宣称，为了清除社会保险体系中的碎片化和烦琐的构造，提高救济的效率，应该实现社会保险的统一集中管理，但现实情况却是帝国保险（疾病险、事故险和养老保险）、养老保险（残疾人、职员和矿工的保险）以及义务劳动保险一直处于"多轨并行"的状态。此后，纳粹政权在1934至1942年之间相继颁布了17个法令，将"重组法"确立的方案加以落实。这些法令实现了医疗保险机构的整合，简化了在医疗保险机构和各州保险管理机关之间功能重叠的多种组织。虽然社会保险的不同分支以及保险机构的多样性得到保留，但是"重组法"取消了社会保险领域的自治性，将"领袖原则"引入保险机构的运营规则之中。此前，保险机构的管理机关是通过选举产生的，现在则是由政府任命的领袖（Leiter）接管了管理机关的职责；此外，一个由相同人数的企业代表和被保险人组成的咨询委员会负责在企业领袖做出管理决策之前向他提供建议。这样一来，

---

[①] Michael Stolleis, *History of Social Law in Germany*, p.145.

[②] Volk Hentschel, Geschichte der deutschen Sozialpolitik 1880–1980: Soziale Sicherung und kollektives Arbeitsrecht, Suhrkamp, 1983, S.137.

政府就加强了对于保险机构的监管。①

就医疗保险来说，纳粹在夺权之后加强了对于全国的医疗保险机构的掌控，并对在保险机构中任职的共产党成员、犹太人等进行了大规模的清洗和迫害。1933年3月1日颁布的《国家总统关于疾病保险的命令》（Verordnung des Reichspräsidenten über Krankenversicherung）要求政府加强对于疾病保险机构的监管。1933年3月17日颁布的《对医疗保险进行重组的第一项命令》（Erste Verordnung zur Neuordnung der Krankenversicherung）做出了更为具体规定：在必要的情况下，医疗保险机关的所有权限应当移交给由帝国劳动部任命的国家专员（staatliche Kommissare）。在整个1933年，劳动部一共向103个独立的医疗保险机构和41个医疗保险联合会派遣了国家专员。从1933年4月开始，基于《公务员重建法》的原则，纳粹政权开始以种族和政治倾向为由对医疗保险机构中的反对者进行清洗。例如，在由社民党主导的德国医疗保险总联合会（Hauptverband deutscher Krankenkassen），除了记录员之外的职工被全部解雇。据统计，在整个德国，大约有2500至5000名医疗保险机构的雇员被解雇。②随后，1933年5月18日颁布的《社会保险及帝国照顾机构名誉公职法》（Gesetz über die Ehrenämter in der sozialen Versicherung und der Reichsversorgung）规定，犹太血统或者反对纳粹的人不得担任名誉公职人员。此外，该法在第3条还对法律公布之前就发生解职

---

① Eckart Reidegeld, Staatliche Sozialpolitik in Deutschland. Bd. II, S.447-449.
② Ibid., S.435.

和任职决定予以追认，只要决定符合该法的要求，那么该决定的效力就不受影响。需要指出，在这一阶段，劳动部派遣的国家专员接管医疗保险管理机构的工作的目的只是限于对犹太人和政治反对者的清洗，他们尽可能地避免对业务进行干预，也尽可能避免对于医疗保险的结构做出实质性的调整。另外，在1933年4月22日和6月2日，帝国劳动部先后颁布了两项规定。这些规定禁止那些非雅利安血统的以及具有共产主义倾向的医生和牙医作为医疗保险医师进行医疗活动的资格。[1]在当时，所有的医生都属于"帝国医师工会"的强制成员。也就是说，只有在加入工会之后，这些医师才能取得收取医疗报酬的资格，医疗费用则是由医疗保险机构支付，由德国保险医师协会负责分配。[2]

除了基于巩固政权的目的对于医疗保险的人员进行清洗之外，纳粹政权还在传统医疗保险的基础上进一步扩大了保险的覆盖范围以及医疗救助的内容。1938年1月13日的《艺术家保险法》(Gesetz über die Versicherung der Artisten)规定，那些家庭的、自主性的教师、没有雇佣其他职员的保育员以及艺术家，只要他们的平均年收入不超过3600马克，就可以参加医疗保险。1939年3月23日的《关于助产士保险的法令》(Verordnung über die Versicherung der Hebammen)将助产士和产褥女护士纳入医疗保险的覆盖范围，这主要是因为，基于纳粹的种族政策，政

---

[1] Vgl. Verordnung über die Zulassung von Ärzten zur Tätigkeit bei den Krankenkassen vom 22. April 1933; Verordnung über die Tätigkeit von Zahnärzten und Zahntechnikern bei den Krankenkassen vom 2. Juni 1933.

[2] Douglas Webber, Krankheit, Geld und Politik: Zur Geschichte der Gesundheitsreformen in: Deutschland, Leviathan, Vol. 16, No. 2 (1988), S. 178ff.

府对于此类职业特别重视。同理，为了展现对军人的尊敬，纳粹政府选择在发动全面战争之前，即于1939年4月20日，颁布了《为战争遗属设立医疗保险的法律》（Verordnung über die Krankenversicherung für Kriegshinterbliebene）。就保险待遇来说，魏玛共和末期的"总统内阁"为了应对经济大萧条而大幅削减了社会保险的救济内容，这使得纳粹上台之初的社会保险待遇处于一个非常低的水平。[1]纳粹政府于1933年12月28日颁布了《关于医疗保险中药品报销比例的法令》（Verordnung über den Arzneikostenanteil in der Krankenversicherung），改善了家庭疾病照顾的条件；1935年6月28日的《关于医疗保险中产期补助和产后恢复照顾的法律》（Gesetz über Wochenhilfe und Genesendenfürsorge in der Krankenversicherung）将产假补贴的领取时间扩展至产前六周加产后六周，这种待遇不仅适用于女性被保险人，而且也适用于男性被保险人的妻子、女儿、继女和养女。当然，按照纳粹的世界观，这些政策的目的不是基于对个体的照顾，而是为了实现民族共同体的健康发展。

相较于医疗保险，纳粹时期的事故保险更多地延续了传统社会保险发展的趋势，较少地受到政治运动的影响。[2]首先，1936年12月16日的《关于扩大事故保险职业病保护范围的第三项法令》（Dritte Verordnung über Ausdehnung der Unfallversicherung auf Berufskrankheiten）将可以申请救济的职业病数量增加至26

---

[1] 参见孟钟捷、王琼颖：《魏玛德国的社会政策研究》，第165页。
[2] Eckart Reidegeld, Staatliche Sozialpolitik in Deutschland. Bd. II, S.435.

种；其次，1937年4月18日的《关于修改事故保险的第四项法律》(Vierte Gesetz über Änderungen in der Unfallversicherung)将发生在教学车间、专业学校、职业教育等场合下的事故纳入事故保险的覆盖范围，为学徒和实习生提供了有效的保护；此外，纳粹政府还把在事故中进行紧急援救的人自动纳入保险范围，扩大农业事故的保险范围。就保险待遇来说，纳粹时期的立法清除了魏玛共和末期颁布的紧急法令对于事故保险项目所做的限制。例如，1939年2月17日的《关于修改事故保险的第五项法令》(Fünfte Gesetz über Änderungen in der Unfallversicherung)以及1939年4月19日的《关于进一步废除帝国保险中紧急法令的法律》(Gesetz zum weiteren Abbau der Notverordnungen in der Reichsversicherung)消除了经济危机对社会保险带来的消极影响，使得社会保险恢复甚至超过经济大萧条之前的水平。最后，在第三帝国时期，人们对于"事故保险"的理解发生了重要的观念性转变：传统上，"事故保险"主要是分担企业的损害赔偿责任，而现在则是更多地着眼于劳动者职业损害风险的保障。[1]这意味着，保护的关键点不在于由企业所造成的特定损害，而在于对劳动者自身健康状态的保障，这更为符合现代福利国家的理念。

在养老保险领域，纳粹政府所面临的最严峻的考验是养老保险金的巨大赤字。据统计，1933年德国的工人养老保险、职员养老保险和矿工养老保险的资金缺口合计高达180多亿马克。[2]为

---

[1] Michael Stolleis, *History of Social Law in Germany*, pp.147-148.
[2] 参见胡川宁：《德国养老保险筹资机制的历史与反思：现收现付制与基金制之比较》，《德国研究》2018年第2期，第57页。

此，帝国劳动部于 1933 年 12 月 7 日公布了《残障、职员及矿工保险给付能力保障法》(Gesetz zur Erhaltung der Leistungsfähigkeit der Invaliden-, der Angestellten-und der knappschaftlichen Versicherung)，该法律废除了魏玛时期实际采用的"现收现付制"，而是坚持采用完全基金制，依靠高额的国家补助来维持养老金的发放。随着德国失业率的逐渐降低，投保人缴纳的养老保险费逐渐增加；与此同时，德国政府又把失业保险盈余的资金投入养老保险基金中，同时还设立了国家保障制度（Reichsgarantie）。这样一来，最初确立的养老保险重构计划就完成了。[①] 除此之外，纳粹政府还扩大了养老保险的覆盖人群。1936 年 12 月 23 日的《关于修改国家保险部分规定的法律》(Gesetz über die Änderung einiger Vorschriften der Reichsversicherung) 允许四十岁以下的所有德意志公民，也包括定居海外的德意志人，自愿参加养老保险；1938 年 12 月 21 日的《关于德意志手工业老年照顾的法律》(Gesetz über die Altersversorgung für das deutsche Handwerk) 则强制要求独立经营的手工业者参加职员养老保险，除非其能够证明已经购买了相应的人寿保险。上述这些法律具有两个方面的重要意义。首先，这是纳粹政权所实施的安抚中产阶级的政策的一部分，其试图消除不同阶层之间的界限，将体力劳动者和脑力劳动者置于同等重要的地位，以促进"民族共同体"的团结。[②] 其次，在 1938 年 4 月，德国大约生活着 150 多万独立经营的手工业者，

---

[①] Michael Stolleis, *History of Social Law in Germany*, p.148.
[②] Ibid.

让这部分人参加养老保险能够增加养老保险的收入，更好地分散风险。[①] 不过，希特勒政府并不单纯是为了保障德意志国民的老年生活而对养老保险进行重构，而是秘密地挪用养老保险基金作为扩军备战的经费。[②] 因为按照纳粹主义的理念，养老保险金不单单属于缴纳费用的那部分人，而是属于整个"民族共同体"，而希特勒为了整个民族的发展，理所当然地有权支配这些资金，用来争取更大的胜利。

概言之，对于纳粹时期的社会保险法，后世学者大概归纳出以下几个特点。首先，纳粹政权没有对德国的社会保险制度进行实质性的变动，而是延续了俾斯麦开创的社会保险的基本架构。其次，纳粹政权客观上解决了当时德国社会保险所面临的困境，废除了魏玛政府后期对社会保险设置的诸多限制，某种程度上使得社会保险制度得到了进一步发展。最后，纳粹时期的很多社会保险政策与纳粹的种族共同体理念有着密切的关联，因而是其整体统治策略的一个组成部分。

---

[①] Eckart Reidegeld, Staatliche Sozialpolitik in Deutschland. Bd. II, S.462.
[②] 参见胡川宁：《德国养老保险筹资机制的历史与反思：现收现付制与基金制之比较》，第 58 页。

# 第八章

# 纳粹德国的法学教育与司法体制

## 一、法学教育与法律人的培养

当代德国法律史学者拉尔夫·弗拉塞克（Ralf Frassek）将其研究重点置于纳粹法学的法律教育领域。他认为，较之其他学科而言，大学法学教育和司法职业培训能够更为突出地反映出一个时期国家和社会的关系。尽管希特勒本人曾经多次流露出对于法律人的轻蔑态度，但是他也意识到，有目的地操控法学教育显然有助于塑造符合其政治理念的国家与社会，因而对于纳粹政权来说，这是一个非常有吸引力的统治手段。[1] 纳粹上台之后，国家文化管理的诸多方面都在推进所谓的"一体化"进程，法学教育和司法职业培训的领域自然也被囊括其中。这一时期，法律人的培养仍旧延续着普鲁士的模式，主要由两部分构成，其一为司法考试与司法职业教育，其二为大学法学教育，不过这两方面均受到纳粹意识形态的强烈影响。

---

[1] Ralf Frassek, Juristenausbildung im Nationalsozialismus, Kritische Justiz, Vol. 37, No. 1 (2004), S.85–86.

司法考试在1933年之前本来是由德意志各邦自行负责的事务。纳粹政权通过推行"司法国家（一体）化"（Verreichlichung der Justiz）的政策将法律人的培养在全国范围之内统一起来。各邦的"司法考试局"被新设的"国家司法考试局"（Reichsjustizprüfungsamt）所取代，奥托·帕兰特（Otto Palandt），也就是著名的《帕兰特民法典评注》的冠名编纂者，在1934至1943年之间担任该机构的主席一职。帕兰特在任期间，帝国司法部以普鲁士的培训体系为范本，建立起全国统一的司法考试制度。①与此同时，在当时的普鲁士司法部部长汉斯·克尔（Hanns Kerrl）的主导之下，普鲁士司法部在勃兰登堡州的于特博格（Jüterbog）设立了"（法律）共同体集训营"（Gemeinschaftslager），所有的见习法官、检察官等都要进入该训练营接受专门培训。②具体来说，这些即将进入司法职业的"见习法律人"必须在他们参加第二次国家司法考试之前的四个星期前往训练营接受准军事化的培训：他们要穿上专门的训练服装，进行包括升旗仪式、射击训练、越野练习和政治课等内容的综合培训。据不完全统计，包括塞巴斯蒂安·哈夫纳（Sebastian Haffner）、小毛奇（Helmuth James Graf von Moltke）、库尔特·格奥尔格·基辛格（Kurt Georg Kiesinger）以及卡尔·卡斯滕斯（Carl Carstens）在内的20000多名"见习法律人"都曾在该训练营接受纳粹主义的集中教育。1934年6月22

---

① Vgl. Hans Wrobel, Otto Palandt zum Gedächtnis 1. 5. 1877–3. 12. 1951, Kritische Justiz Vol. 15, No. 1 (1982), S.1–17.

② Vgl. Folker Schmerbach, Das „Gemeinschaftslager Hanns Kerrl" für Referendare in Jüterbog 1933–1939, Mohr Siebeck, 2008.

日颁布的《司法培训条例》（Justizausbildungsordnung）充分肯定了这一发源于普鲁士的司法训练营制度，并将其推广到全德各地。显然，这种培训的目标乃是向"见习法律人"灌输纳粹主义的理念：国家希望培养的是一批新型的"法律卫士"（Rechtswahrers），他们应当是拥护纳粹共同体思想的法律斗士，而不应当是只知道咬文嚼字的"书虫"。①

除了开办训练营之外，《司法培训条例》还非常直接地要求教育单位把纳粹主义思想作为法律人日常学习的内容，也就是要求法科学生认真地学习并把握纳粹主义世界观的思想基础，其中包括血统与种族的联系、种族与民族的关系，德意志的共同体生活，以及德意志民族的伟大人物等内容。该条例在结构和细节之上无处不体现出纳粹主义法律理念的强烈影响。例如，该条例第5条对于考试科目的划分就没有遵循法律体系的内在逻辑，而是将"德意志国家法及其发展（含公共管理纲要）"置于首位，紧随其后的科目是"德意志亲属法（含继承法纲要）"，而"合同关系法"则排到了相当靠后的位置。值得注意的是，后来（1935年）出台的《法学研究条例》（Juristische Studienordnung）对于各个科目重要性的评价基本延续了《司法培训条例》的初始设定。②

尽管《司法培训条例》已经不遗余力地将意识形态的内容揳入司法考试和法律人的职业培训过程之中，仍然有不少人对此感到不满。例如"纳粹德意志法律人联盟"（Bund

---

① Karl Kroeschell, Rechtsgeschichte Deutschlands im 20. Jahrhundert, S.86.
② Vgl. § 5 Justizausbildungsordnung vom 22. Juli 1934.

Nationalsozialistischer Deutscher Juristen，简称 BNSDJ）[①]当中的"青年法律人全国小组委员会"就曾提出严正抗议，他们认为他们提出的很多建议都没有被条例所采纳。例如，《司法培训条例》竟然保留了普鲁士传统中的"分离模式"，将法院候补官员和政府候补官员分开培训，这是不可接受的。[②]具体来说，一位署名为"-g"的作者在《德意志法律人报》（DJZ）的"青年法律人版块"指出：将法院和政府候补官员分开培养的模式乃是源于政府奉行的权力分立原则，这已经不符合当下的国家秩序，根据纳粹奉行的"元首原则"，一切国家权力都要集中于元首本人。因此，该文章的作者希望，后续的改革能够落实"元首原则"，将法院和政府候补官员的培养合二为一。只有这样，纳粹主义的世界观才能成为法官群体的"公共知识财富"（Allgemeingut），而不仅仅是少数法官的立场。[③]这一事例比较突出地反映出纳粹主义的激进立场对于国家司法培训制度的影响。

较之于国家司法考试和司法培训制度而言，纳粹时期的大学法学教育改革或许更值得关注，因为在相对漫长的学习过程之中，纳粹思想与法学课程会更为密切地结合起来，大学法科学生受到纳粹思想的洗脑也更为彻底。在纳粹上台之前，法学教育也是由德意志各邦自行管理的事务，随着"一体化"进程的推进，大学

---

[①] 这一组织也称为"纳粹德国法律人职业同盟"（Berufsorganisation der Juristen im nationalsozialistischen Deutschen Reich）或"纳粹法律卫士联盟"（Nationalsozialistischer Rechtswahrerbund，NSRB），存在于1936年至1945年之间。

[②] Ralf Frassek, Weltanschaulich begründete Reformbestrebungen für das juristische Studium in den 30er und 40er Jahren, ZRG GA 111 (1994), S. 568.

[③] Vgl. Verfasser "-g", DJZ 1934, S.1079ff.

法学教育的工作开始由负责学术、教育和人民教化等事务的文化部门全面接管。实际上，德国大学法学教育的改革早在魏玛时代就开始了。早在20世纪20年代，有关法学教育和法律人培养模式的改革就已经成为全社会关注的焦点话题。纳粹上台之后，越来越多的法学家参与其中发表对于大学法学教育改革的看法。直到1939年战争爆发之后，相关的争论才逐渐平息。在此期间，由卡尔·埃克哈特（Karl August Eckhadt）主导的《法学研究条例》于1935年1月15日正式颁布，这一标志性法令的基本理念便是用纳粹主义的世界观来重塑德国法学教育的面貌。

从1933年纳粹夺权到1935年《研究条例》出台之前的这段时间里，围绕着法学教育的改革，法学界人士较多关注的是法学教育的外部形态，较少涉及具体课程安排的问题。1933年初，图宾根大学的民法学教授海因里希·施托尔（Stoll）发表了他对于法学教育改革的看法与建议。施托尔认为，当前教育改革的主要目标乃是法律人的"分流问题"：要避免过多的法科学生涌向学术研究领域，但同时还要尽可能挑选出有潜质的法学家。施托尔主张，相关的人才筛选工作应当在大学学习的第一个学期就启动，并通过口试的方式进行能力测试，选出可用之才。施托尔的建议与意识形态教育的关系不大，但是较为灵活的口试考察方式却为纳粹控制之下的校方运用各种标准评价学生打开了方便之门。同样在1933年，时任柏林法律考试局（juristischen Landesprüfungsamtes Berlin）负责人的施维斯特（Schwister）提出了大学培养法律人的基本原则。他指出，大学应该为私法、公法和经济学设置同等比重的"导论课程"，因为只有以先导性课程为基础,"体系化的各论课程"(systematische Einzelvorlesungen)才能有机地建立起来;像法律史这种课程应该安排高年级的学生修习。总的来说,施托尔和施维斯特还是着眼于现有法学教育的科学性问题,并提出针对性的解决方案,他们并未显现出在法学教育中强化政治和思想教育的明确意图。[①] 须看到,纳粹时代职业法律人的动机是相当复杂的。其中的一些人是真正的纳粹分子,他们致力于种族纯洁性的专制统治以及纳粹政权的其他意识形态目标;其他人更多的是受个人野心和职业抱负的驱使,而不是受意识形态的驱使;许多人仍旧真诚地相信法治,即便法律转向支持一个种族主义的社会秩序和一个独裁的政治秩序。[②]

当时只有二十多岁的犯罪学与刑法学家弗里德里希·沙夫斯坦因(Friedrich Schaffstein,1905-2001)显然更偏向于前一种类型。他在1934年发表的《政治性大学与法学教育的新秩序》一文显露出将法学教育与纳粹意识形态教育结合起来的明显意图。[③] 沙夫斯坦因倡导一种全新的法学教育秩序,而不是对课程设置和考试安排等方面进行技术性的改进。他的改革设想是以政治为导向的:在纳粹国家中,大学应当坚持"政治性大学"这个基本定位,并以此为出发点来发掘其意义。就此而言,大学有义务向学生们揭示科学知识的"世界观的"和"民族性的"前提,也应当采取适当

---

[①] Vgl. Heinrich Stoll, Die Überfüllung des juristischen Studiums und die Auslese der Juristen, DJZ 1933, S.121-127; Schwister, Leitsätze über die Ausbildung der Juristen, DJZ 1933, S.1057-1065.

[②] Alan E. Steinweis and Robert D. Rachlin, Introduction: The Law in Nazi Germany and the Holocaust, in: *The Law in Nazi Germany*, Berghahn, 2013, p.3

[③] Vgl. Friedrich Schaffstein, Politische Universität und Neuordnung des juristischen Studiums, DJZ 1934, S.511ff.

的教育方法和技术手段以导向这样的结果。具体来说，沙夫斯坦因主张深化对于法学主干课程的学习，从而使学生们避免把过多的精力耗费在选修课上。不过，针对当时法学界对罗马法的抵触态度，他提出大学课程不应当将罗马法完全剔除出去，但是法律史的教育还是应当把历史与当下更好地结合起来。此外，沙夫斯坦因还支持在大学的课程框架之下加强政治学习和政治教育。不过，对于如何具体安排法学课程的问题，他并没有给出明确的答案。

在1934年6月的一次会议上，"纳粹德意志法律人联盟"的高校学者全国学科小组委员会深入讨论了如何设计和安排大学法学教育的问题。在会议上，朗格（Lange）和布莱（Bley）提出，当前的民法学仍然过度地受到"概念思维"的束缚，因而法学教育必须要纠正这一弊端。此外，大学法科考试无论在形式上还是在内容上都毫无个性可言，大多数考试仅仅把实证法意义上的"法律知识"（Gesetzskenntnisse）作为考察对象，要求学生们死记硬背。因此，接下来的改革应当朝着下述方向努力：其一，让法学更加贴近生活；其二，从法律的民族根基出发，将学生培养为德意志的法律卫士。同时，朗格等人还主张参照改革的理念调整法学教科书以及教学大纲的内容，但他并没有提出具体操作的方案。[①]

在《纳粹法学教育改革的目标与道路》一文中，帝国课程与教育部（Reichsministerium für Unterricht und Erziehung）国务

---

① Vgl. Friedrich Schaffstein, Politische Universität und Neuordnung des juristischen Studiums, DJZ 1934, S. 566.

秘书威廉·斯图卡特（Wilhelm Stuckart）介绍了普鲁士在纳粹夺权之后所做的相关工作。斯图卡特提到，普鲁士的科学、艺术和民族教育部即将完成一部改革草案，该草案预计将于下个冬季学期生效。该草案的目标乃是克服法学脱离现实的问题：大学的法律教育不是要培养只通晓制定法内容的法律人，而是要加强法学与国民经济学、历史学等学科之间的联系。学生们应当被灌输如下的法律理念：单纯的"法律素材"仅仅是"永恒力量的一时之形态"，而不是具有绝对效力的规定。显然，斯图卡特提倡的教学改革方向乃是弱化对于实证法的研习。[1] 与1933年的讨论相比，沙夫斯坦因、朗格以及斯图卡特等人的论述仍然没有涉及具体课程内容方面的问题，但是，越来越多的人倾向于把贯彻纳粹主义的世界观和加强政治思想的学习作为推导法学教育改革的理由。

之前提到的法律人要么是大学教授，要么是在部委任职的高官。需看到，除了这些在法律界拥有较高名声和地位的上层人士之外，很多年轻的、尚处于培训阶段的初等法律人也热衷于讨论法学教育改革的话题。从他们文章的遣词造句和语言风格就不难看出，这些参与讨论的年轻法律人大都支持纳粹主义的世界观。例如，当时的一位名叫维尔德（Wild）的候补法官（Gerichtsassessor）就曾表示："法学改革大步迈进，这是不可置疑的。"[2] 另有一位见习法律人总结了他在"于特博格训练营"受训的

---

[1] Ralf Frassek, Weltanschaulich begründete Reformbestrebungen für das juristische Studium in den 30er und 40er Jahren, S.566f.

[2] Vgl. Rolf Wild, Ziel und Aufgaben der Studienreform im neuen Staat, DJZ 1933, S. 1307-1311.

感受，他希望当局能够进一步加强法学培训与世界观培养之间的联系。具体来说，他希望未来的每一个政府公务人员都曾是希特勒青年团的一员；德国的法院和司法机关需要的是具有实际生活经验的法律人，而不是那些象牙塔中的"学者"。

在1935年的《研究条例》出台之前，大量的改革建议涌现出来，它们都指出要把纳粹意识形态融入法学教育过程中，但究竟要怎样设计课程以实现这一目标，大多数讨论者没有给出明确的方案。学界通常认为，《研究条例》具体方案的酝酿源于1934年12月20至21日在柏林召开的"纳粹德意志法律人联盟"的高校教师会议，共有170名高校教师参加了此次会议。[①] 当时的帝国法律领袖弗兰克以及国务秘书弗莱斯莱尔等纳粹高层都参加了该会议。不过，真正掌控会议讨论进程的是埃克哈特。在纳粹夺权之前，作为法律史学者的埃克哈特就积极地支持纳粹的活动。在1931年5月，他加入了冲锋队，又于次年的3月1日加入了纳粹党；纳粹夺权之后，他又加入了党卫队。他在1934年10月至1936年6月期间还在帝国科学、教育和民族教育部任职，负责法律、国家学、政治学、经济学和历史学等学科的工作事宜。[②] 对于悬而未决的课程改革问题，当时会议的流程是由法学各分支学科的代表做口头报告，人们根据其汇报的内容展开讨论。具体来说，拉伦茨负责担任法哲学的报告人，另一名来自基尔大学的公法学者里特布施（Ritterbusch）担任国家学说和政治学的报告人，对民

---

① Ralf Frassek, Steter Tropfen höhlt den Stein—Juristenausbildung im Nationalsozialismus und danach, ZRG GA 117 (2000), S. 300f.

② Nehlsen, Karl August Eckhardt f, ZRG Germ. Abt. 104 (1987), S. 503ff.

法学状况的介绍则是由朗格负责。报告人需要将他们的建议以简练纲要的形式列举出来，并附上简短的理由，随后，这些建议会被提交给会议的总报告人埃克哈特。然而，埃克哈特的汇总报告仅仅表达了他自己对于设计和安排法学学习的看法，几乎没有受到其他人意见的影响。尽管埃克哈特的设想在集体审议环节遭到了激烈的反对，但是这并没有削弱他将自己的计划付诸实施的决心。一个月之后，《研究条例》作为"帝国教育部"的指导方针正式生效。①

从内容上来看，埃克哈特的《研究条例》共由三个部分组成：确立课程规划的基本思想和理由、课程规划本身以及针对法学系教师和学生的指导原则。在基本思想方面，德意志法学应当转向为国家社会主义的性质，而这种要求不能仅仅停留于"口头上的认同"（Lippenbekenntnis），而应当真正进入人们的内心世界，变成一种世界观。② 就目前而言，在很大程度上，德意志法学还困于"罗马-共同法的思想禁锢"之中，尽管在个别的领域，符合民族特性的法已经得到表达，但是"潘德克顿体系"所确立的精神基础仍然没有被撼动。为了树立新的价值而进行的精神斗争，再没有比大学更好的战场。当前的法学不应满足于教授向学生们讲解如何对既有法律加以解释和适用，而是要通过弘扬真正的德意志法实现对历史的超越。

从课程规划来说，条例对于课程的名称、课时数以及排课的

---

① Nehlsen, Karl August Eckhardt f, ZRG Germ. Abt. 104 (1987), S.505.

② Ralf Frassek, Steter Tropfen höhlt den Stein—Juristenausbildung im Nationalsozialismus und danach, S.302.

学期都做了规定。为了使学生们尽快把握"学术的民族基础",诸如"民族与种族""政治史"等课程也被设置为法学专业的必修课程,且必须安排在前两个学期。国民经济学领域的三门课程"理论国民经济学""实践国民经济学"和"财政学"仍将作为法学的必修课程,此外还需要设置另外两门经济类的课程,即第一学期设置导论性课程"德意志经济生活"和第四学期增设的"企业经济学"。[①]就法学的专业课程来说,变化具体体现在以下几个方面。首先,德意志民族法律史的课程数量增加。罗马法原先被安排在大学学习的开始阶段而且是分两门课来讲授的,但此后应当调整为一门课并且安排到第五学期再上。反之,日耳曼法律史被排在第一学期而且要分为"前史"(Vorgeschichte)和"族系研究"(Sippenforschung)两门课程;"近代法律史"被安排在第六学期,课程内容为中世纪以来罗马私法与德意志法的竞争与融合。其次,由于《帝国农庄法》的颁行,"农业法"应被确立为一门分两学期讲授的独立课程。再次,"深入的专业学习"应被安排在第三和第四学期,很多课程不仅要对名称做调整,还要改变体系结构。之前的课程大都根据单行法或者民法典的各分编来组织材料,但今后的课程设置更应强调特定的生活领域,例如家庭法、家庭继承法、合同与不法、货物与金钱等。最后,考虑到即将到来的考试,第六学期的课业压力应当有所减轻。一般来说,没有必要再设置必修课,而是应当尊重学生的自主安排。对于主要的课程,可以

---

① Ralf Frassek, Steter Tropfen höhlt den Stein—Juristenausbildung im Nationalsozialismus und danach, S.347.

用"星号"加以标示,特别重要的,就标注两颗星。①

在针对教师的指导原则当中,有一条规则格外引人注意,即要求主干课程必须由数名教师同时讲授。该规定并非由教师仅凭个人的愿望来选择是否遵照执行,而是官方强制要求。这样一来,老教师就失去了在排课方面的优先权,新教师则不必在老教师排课的基础上再确定上课时间。当然,对大学的重新改造不可能立即在德国境内的全部大学展开,而是要选出一些试点性的学校,也就是所谓的"政治突击队",包括基尔大学、柯尼斯堡大学和布雷斯劳大学。② 对于学生来说,为了加强学校的全方位影响,条例呼吁学生们应当在大学的课堂上学习,而不是去参加辅导班,因为他们将来要成为"德意志法律卫士",因而不能把精力耗在单纯地积累考试知识这一方面。条例的初衷在于把学生们尽量留在大学课堂上,以便在青年时期激发他们对于国家社会主义的热情,如果学生们都流向大学之外以考试为目标的辅导机构,那么对于学生的世界观教育就会受到严重的影响。不过,后来的现实表明,条例最初的设想并没有得到完全的实现:作为首要因素的考试仍旧是以法律实践为主导的,学习的思维也就必然难以脱离制定法。朗格甚至认为,条例的出台会导致更多的学生求助于辅导老师以及完全缺乏学术性的辅导教材,其目的在于帮助他们准备与制定法相

---

① Ralf Frassek, Weltanschaulich begründete Reformbestrebungen für das juristische Studium in den 30er und 40er Jahren, S. 570f.

② Jörn Eckert, "Hinter den Kulissen". Die Kieler Rechtswissenschaftliche Fakultät im Nationalsozialismus, in: Christiana Albertina, Forschungen und Berichte aus der Christian-Albrechts-Universität zu Kiel, Bd. 58 (2004), S. 18–32; Thomas Ditt, "Stoßtruppfakultät Breslau": Rechtswissenschaft im „Grenzland Schlesien" 1933–1945, Mohr Siebeck, 2011.

一致的考试。不过，人们也不应当低估改革的效果。由于前两个学期距离国家司法考试的时日尚远，因而安排在这一阶段的课程往往会对学生今后的发展产生更大的影响。条例的起草者似乎也注意到这个特点，因此，大量与意识形态教育相关的课程都被安排在前两个学期，以便学生充分接触到法学的民族主义基础。①

在《研究条例》公布之后，不少法律人都对这一旨在"改弦更张"的条例给出评价。例如，赫恩（Höhn）就对该条例把那些与"民族基础"相关的课程安排在大学开始阶段的做法大加赞赏：这样一来，学生们通过前两个学期的学习就能认识到德意志法的民族基础并将之与异族法加以区分。②什未林（Schwerin）指出，由《研究条例》引发的争论主要包括两个方面：首先，法律素材应当如何分配到各门课程之中；其次，法学的课程该当如何分配到不同的学期。当时，条例颇受指摘的一点乃是取消了"民法总则"的课程，并将与之相关的素材分配到"合同与不法"以及"家庭"等课程之中。这种做法乃是摒弃传统上将"总则"作为整个私法秩序精神价值统一的切入点和来源的基本观念——"法的精神统一"应当突出地表现为那些以相同的方式适用于不同法律领域的一般概念。基于个人主义的理念，这些抽象概念从私法中被提炼出来，但是法律现象的丰富多彩也由此遭到抛弃。③这些反对和批评的意见乃是以恢复"民法总则"为目标，但是在什未林

---

① Ralf Frassek, Weltanschaulich begründete Reformbestrebungen für das juristische Studium in den 30er und 40er Jahren, S. 571.

② Ibid.

③ Ralf Frassek, Steter Tropfen höhlt den Stein—Juristenausbildung im Nationalsozialismus und danach, S. 303ff.

看来，法学课程领域的改革绝不能倒退回旧的体制，而是必须沿着 1934 年确立的方向继续前进。除了学术界继续展开对改革问题的讨论之外，在弗兰克的主导下，德意志法学会成立了一个"（法学）研究改革"委员会。该委员会于 1938 年召开了第一次全体会议，随后起草了一份法学教育的改革草案。当时，德国吞并奥地利的事件乃是促使德意志法学界重新规划法学教育的重要动因，因为纳粹希望在整个大德意志境内实现法学培养模式的统一。① 尽管埃克哈特已经调离了"帝国教育部"，但来自基尔大学的其他法学家仍然表达了他们对于德意志法学会草案的意见，这就是所谓的"基尔意见"（Kieler Stellungnahme）。② 这份"意见"最初是由拉伦茨和布瑟（Wilhelm Buße）二人共同完成的，随后，萨乌尔（Saure）、里特布施、西伯特（Siebert）、西格特（Siegert）、达姆和维亚克尔（Wieacker）等人可能也参与了该"意见"的讨论和形成过程。"基尔意见"首先对 1935 年之前实行的法学教育进行了严厉的批评，尤其是针对法学对概念和抽象思维的过分强调以及由此反映出的自由主义和个人主义的观念进行了严厉的批评。具体的批评对象则是构成私法秩序基础的民法典总则和罗马私法。整体而言，"基尔意见"对私法体系的设想是"破旧立新"：一方面废除以罗马法和"潘德克顿体系"为基础的概念法学体系，另一方面则是要以纳粹世界观和法律理念为基础，建构新的私法体系。在某种程度上说，"基尔意见"构成了对 1935 年《研究条例》

---

① Ralf Frassek, Weltanschaulich begründete Reformbestrebungen für das juristische Studium in den 30er und 40er Jahren, S. 564ff.

② Ibid, S.577ff.

的进一步完善和细化，尤其是明确了完成纳粹"法律更新"的具体转化方式。对于基尔学派来说，要想使这份意见对当时的政策产生影响，就必须要取得纳粹党内高层的支持，而负责主管该领域的乃是元首的副手鲁道夫·赫斯。弗兰克在 1939 年 5 月的一次讲话中提到，他已经与赫斯达成一致，有关"法律卫士"之成长和培养的全部事宜都移交全国法律办公室（Reichsrechtsamt）的领袖，也就是弗兰克本人负责。不过从结果上看，德意志法学会的改革草案并没有取代 1935 年的《研究条例》。1935 年条例尽管在个别问题上遭到了质疑，但是直到 1944 年新的《研究条例》公布之前，该条例在整体上仍然决定了纳粹统治时期法学教育的方向与格局。[1]

纳粹统治时期德国法学教育的基本特征大体可以总结为以下几点。首先，1933 年纳粹夺权之后开始加强对大学的控制，其中一个重要的手段便是将那些犹太裔或者政治立场与纳粹相反的法学教授从大学里驱逐出去，并起用一些支持纳粹主义的、年轻的、思想激进的法学家。[2] 不过，由于政治上完全驯服于纳粹主义的大学教员在数量上相对有限，当局便采用了一种特别的策略，也就是挑选出一些"突击队学科"专门扶植，而不是在全国范围内的大学普遍安插支持纳粹的学者。普鲁士境内的基尔大学、布雷斯劳大学和柯尼斯堡大学被挑选出来，作为纳粹在法学领域的前

---

[1] Ralf Frassek, Steter Tropfen höhlt den Stein—Juristenausbildung im Nationalsozialismus und danach, S. 334f.

[2] Vgl. Stefan Höpel, Die „Säuberung" der deutschen Rechtswissenschaft—Ausmaß und Dimensionen der Vertreibung nach 1933, Kritische Justiz ,Vol. 26, No. 4 (1993), S.438-460.

沿阵地。其次，伴随着"司法一体化"进程，帝国司法部颁行了《法律培训条例》，以实现全国法律人培养模式的统一化，并将纳粹的价值观注入法律人培训的各个环节。最后，纳粹当局颁布了《（大学教授）退休法》《国家教授升等条例》和《（法学）研究条例》来进一步加强对大学法学教育的控制，以便培养出拥护纳粹统治的法律人。

1935 年之后，德国法律界对于法律教育的发展方向出现了两种并不一致的认识。基尔学派代表了第一种倾向，他们主张应该延续和贯彻 1935 年条例所确立的改革方向，进一步加强"纳粹世界观"与"法学教育"的融合，从而实现对法律人的根本性改造。这种改造追求的是长期效果："正如当今的学生学会尊重法律，那么 10 年之后，他们就是德意志法律卫士。"① 反之，德意志法学会代表了另一种更为务实的改革方向。需要注意的是，德意志法学会的支持者同样追求在法律人的培养过程中贯彻纳粹的思想，但是他们希望能够调整与遏制随着 1935 年条例的推行而出现的现实问题。换言之，他们追求的乃是纳粹主义世界观与"具体可转化性"（konkreter Umsetzbarkeit）之间的均衡。②

不过，随着纳粹党内高层的介入，基尔学派与德意志法学会的方向之争最终没有爆发激烈的冲突。1939 年之后，弗兰克调任"波兰总督"，这使得他没有更多的精力来推进法学教育改革的计划。后来，新任的司法部部长提拉克（Otto Georg Thierack）被希

---

① Ralf Frassek, Weltanschaulich begründete Reformbestrebungen für das juristische Studium in den 30er und 40er Jahren, S. 590.

② Ibid. S. 585.

特勒任命为德意志法学会的主席,有关法学教育改革的内容再次被提上日程,来自基尔学派的里特布施和西伯特等人都曾参与新条例的制定。[①] 新条例的通过主要经过三个阶段:第一,1944年5月23日举行的"全国法律系主任会议"(Dekanskoferenz)对新条例的内容进行了商讨;第二,相关的帝国各部就改革计划达成了广泛的一致意见;第三,纳粹党党务办公室(NSDAP-Partei-Kanzlei)也对新条例表示支持。这份新的《法学研究条例》最终于1944年7月15日公布。不过,鉴于战争时局已经极为不利,该条例的实施效果可能非常有限。

## 二、纳粹时期的法院与法官

纳粹统治时期的法院与法官究竟扮演了怎样的角色?战后德国的法律界曾经对这一问题产生过激烈的争论。有些人强调纳粹司法的恐怖性;另一些人则主张,整个法官群体在希特勒的独裁下仍然保有相当大的独立性。在1945年之后,最先对纳粹时期的司法状况和法官群体展开研究的正是那些曾在纳粹时期任职的法官。例如,曾任地方法院法官的胡伯特·肖恩(Hubert Schorn)撰写了《第三帝国时期的法官:历史与文件》(Der Richter im Dritten Reich: Geschichte und Dokumente);又例如,曾任纳粹时期帝国法院法官并在战后担任联邦最高法院院长的赫尔曼·魏因

---

[①] Ralf Frassek, Steter Tropfen höhlt den Stein—Juristenausbildung im Nationalsozialismus und danach, S. 331 ff.

考夫（Hermann Weinkauff）撰写了《德意志司法与国家社会主义》（Die deutsche Justiz und der Nationalsozialismus）。这类第一视角的写作披露了很多不为人知的重要资料，但是也不免使人们对于这些资料的可信度产生怀疑。有学者指出，在这些著作中，作者们试图用"法律实证主义"来为法官在第三帝国时期的所作所为加以辩解，进而否认法官群体曾参与希特勒的独裁统治。[①] 英戈·穆勒对这种试图逃避责任的态度进行了相当严厉的批评，他在 1987 年出版了《恐怖的法官》（Furchtbare Juristen）一书，揭露纳粹时期司法的残酷性以及法律人对于希特勒积极逢迎的态度。[②] 当代学者普遍认为，对于纳粹时期的法院、法官和司法实践做出一个统括性的评价并不合适，较为妥当的做法首先是将常规刑事司法（die ordentliche Strafjustiz）与政治司法、军事司法等非常规的审判活动区分开来，而后分别加以讨论。为了描述纳粹时期常规法院与法官阶层的整体形象，以下研究主题具有一定的典型性：第一，探究魏玛德国的法官阶层对于希特勒和纳粹党在态度上的转变；第二，探究纳粹政权对于法官阶层进行"一体化"改造的尝试，以及法官阶层对此的反应；第三，以 1942 年的国会决议为中心探究纳粹主义对于法官阶层的心理影响（根据该决议，希特勒拥有任意任免法官的权力）；第四，探究纳粹政权如何一步步强化其操控司法活动的综合能力。

---

[①] Vgl. Alexander Hoeppel, NS-Justiz und Rechtsbeugung: Die strafrechtliche Ahndung deutscher Justizverbrechen nach 1945, Mohr Siebeck, 2019.

[②] Vgl. Markus Dirk Dubber, Judicial Positivism and Hitler's Injustice, *Columbia Law Review*, Vol. 93, No. 7 (1993), pp. 1807-1832.

## (一) 魏玛时期的法官与纳粹党

魏玛时期的法官已经流露出明显的反议会制和反犹主义的态度，不过他们还是试图强调自身的超党派性和独立性，尤其是尽可能避免加入特定的政党。[①] 整体来说，魏玛时期的法官们较为青睐当时偏右翼的德意志人民党（DVP）以及更为保守的德意志国家人民党（DNVP），对于魏玛共和时期的社民党、独立社民党以及德国共产党则抱有较为较强的抵触情绪。[②] 虽然法官们没有直接加入政党，但他们中的很多人都成为某些敌视共和的非正式组织的成员，例如皇帝游艇俱乐部（Kaiserlichen Yachtclub）、德意志国家军官团（Nationalen Deutschen Offizieren）、德意志贵族合作社（Deutscher Adelsgenossenschaft）以及钢盔团（Stahlhelm）等民间团体的成员。反之，共和派法官联盟（Republikanische Richterbund），也就是由那些拥护共和、亲近社民党、中央党和独立社民党的法律人所组成的职业团体，则很难引起大多数法官的兴趣。[③] 据统计，魏玛时期大约有10000名法官，其中仅有300人左右加入了共和派法官联盟。

就纳粹党与法官群体的关系来说，有学者认为两者在魏玛共和时期就已经建立起合作关系了。这种说法可能失之偏颇。法官们对于纳粹分子宣称的目标表现出相当程度的纵容与支持，甚至

---

[①] Ralph Angermund, Deutsche Richterschaft 1919-1945, Fischer, 1990, S.40ff.
[②] Jasper Gotthard, Justiz und Politik in der Weimarer Republik, Vierteljahrshefte für Zeitgeschichte, H. 2 (1982), S.167-205.
[③] Vgl. Klaus Petersen, Literatur und Justiz in Der Weimarer Republik, Stuttgart, 1988, S.63-65.

当纳粹党公然宣称要根除"犹太共和国"（Judenrepublik）并且要将支持犹太人的政客一并扫除时，他们也并不认为这种行为要加以处罚。当然，魏玛时期的司法系统与纳粹党之间也存在着一定的紧张关系，法院的判决并不总是符合纳粹党的诉求；当某些纳粹分子触犯刑法时，法院也会判处严厉的刑罚。[①] 例如，当五名冲锋队成员在上西里西亚的波滕帕（Potempa）残忍地杀害一名共产党员之后，比托姆刑事陪审法庭（Schwurgericht Beuthen）判处他们死刑。直到希特勒上台之后，这五名罪犯才被赦免。[②] 另一方面，为数众多的纳粹党成员对于法官阶层充满了敌对情绪。例如，出任库尔马克地区大区领袖的威廉·库贝（Wilhelm Kube）曾在1932年7月8日的普鲁士邦议会上公开对法官阶层加以赤裸裸的威胁。作为纳粹党在普鲁士邦议会中的头目之一，弗莱斯莱尔出于选举策略的考虑，试图将纳粹分子包装成"法治国"的支持者，但这很难让人信服。对于法官阶层来说，纳粹党缺乏吸引力的一个重要原因就在于他们从没有展现出对于法律政策和司法政策的明确态度，这不免使法官们心存疑虑。

需看到，一个不争的事实是，在很多涉及纳粹的政治性案件之中，德国的法院都对包括希特勒本人在内的纳粹分子做出尽可能宽大的处理。例如，在啤酒馆暴动失败之后，希特勒和其他8名纳粹分子被指控犯有叛乱罪（Hochverrat），巴伐利亚的人民法庭在1924年4月1日宣布判决：他们的行为是受到纯粹的爱国

---

[①] Ralph Angermund, Deutsche Richterschaft 1919-1945, S.41.
[②] Heinrich Hannover, Elisabeth Hannover-Drück, Politische Justiz 1918-1933, Metropol Verlag, 2019, S.344ff.

精神和最崇高的无动机所引导，因而只判处希特勒等人最低的法定刑罚，即5年监禁刑。① 在另一起案件中，纳粹党的支持者利茨曼（Litzmann）曾在德累斯顿的公共集会上表达了他对《凡尔赛和约》的不满，他声称："我们缺少秘密的裁判所来抹杀那些和约的签字者。"② 不过在庭审中，利茨曼辩称他自己只是口误而已，他想表达的意思是希望抹除和约上的"签字"，而绝不是"签字者"；听取了这样一番无力的辩解之后，法庭竟然撤销了对利茨曼的指控。再例如，当纳粹的武装力量冲锋队与社民党的准军事组织"钢铁阵线"发生冲突时，法官表现出对纳粹党和右翼势力的偏袒。虽然冲锋队是主动在阿尔费尔德地区向社民党的组织发动袭击，对方只是采取防御和自卫措施，但是希尔德斯海姆地方法院的大刑事审判庭还是对社民党一方判处了更重的刑罚：纳粹分子被判处6至8个月的监禁刑，而社民党成员则被判处12至24个月的监禁刑。③

根据普鲁士司法部于1930年7月3日发布的一项命令（Runderlaß），司法官员不得加入纳粹党或德国共产党，也不得为这两个党提供支持。然而到了魏玛共和国后期，一些法官甚至不顾该禁令，选择以个人身份加入纳粹党。不过，在1933年之前，到底有多少法官加入了纳粹党，目前学者们并没有掌握准确的数据。根据学者们在1945年之后进行的问卷调查，在魏玛时期的法官当中，纳粹党成员的比例还是比较低的；例如，在哈姆高等法

---

① Heinrich Hannover, Elisabeth Hannover-Drück, Politische Justiz 1918-1933, S.162-169.
② 〔德〕英戈·穆勒：《恐怖的法官：纳粹时期的司法》，王勇译，第15页。
③ 同上书，第14—15页。

院的辖区之内共有 613 名法官，其中仅有 9 名在希特勒夺权之前便加入了纳粹党。[1] 另一项反映纳粹党与法官之间联系的数据乃是"德意志纳粹法律人联盟"的成员名单，这份名单确实可以用来说明法官阶层对于纳粹党的态度。1931 年 1 月，该联盟共有 234 名成员，其中仅有 3 名地方初等法院的法官，6 名地方（上诉）法院的法官以及 1 名地方上诉法院的院长，另外还有 6 名法官候补。当然，1931 年初的数据未必能反映德国法官对纳粹态度的真实状况，因为德意志纳粹法律人联盟的成员数量从 1931 年开始便迅速增加，到了 1931 年年底，联盟成员数达到了 700 人，到了 1932 年 12 月更是上升至 1400 人。不过，学者们并没有什么办法确定其中法官的占比。[2] 同样无法确定的是，在魏玛共和末期究竟有多少法官在邦议会和国会的选举中投票支持了纳粹党。总之，尽管魏玛时期的法官群体与纳粹党之间存在不小的分歧，但他们在反民主、反议会制以及反犹等重大问题上的态度与纳粹党基本保持了一致。

### （二）夺权之后的法官"一体化"管理

在纳粹夺权之后，德国的法官免不了心生忧虑：希特勒是否会尊重法官终身任职、不被罢免的法治传统，又是否会尊重司法审判的独立性呢？[3] 不过，当时的"德意志法官联盟主席团"（die Präsidien des DRB）仍旧支持希特勒组阁，并于 1933 年 3 月 19

---

[1] Ralph Angermund, Deutsche Richterschaft 1919-1945, S.42f.

[2] Vgl. Michael Sunnus, Der NS-Rechtswahrerbund: (1928-1945), Zur Geschichte der nationalsozialistischen Juristenorganisation, Peter Lang, 1990.

[3] Hans Wrobel, Der Deutsche Richterbund im Jahre 1933: Skizze eines Ablaufs, Kritische Justiz, Vol. 15, No. 4 (1982), S.327.

日发布声明：德国的法官完全信任新政府并支持新政府把拯救正在遭受巨大苦难的德意志人民作为其目标；法官们一直以来都忠于国家和他们的职责而且愿意参与"德国的复兴"（Erneuerung Deutschlands）。[1] 此外，德国的《法官报》上也出现了众多支持纳粹的声音：打破议会体制乃是一场荣耀革命的开端；在特定的时期内，为了德意志的事业，可以暂时把"事实与客观性、无党派性和独立性"放在一边。[2] 当然，为了稳固刚刚夺取的权力，纳粹高层对于包括法官在内的政府官员展示出极为友好的态度。对于法官们来说，纳粹夺权以来的几个月里，下层纳粹分子和冲锋队成员滥用暴力的行动让他们胆战心惊，而纳粹高层发表的一些安抚性的言论又让他们对于纳粹政府充满了期待。[3] 例如，曾在普鲁士邦议会上威胁法官的库贝就迅速转变了态度，积极向法官群体示好：纳粹政府不是要限制法官的权利，而是努力将他们从魏玛共和的困窘和强制状态下解放出来。1933年2月27日，普鲁士司法部部长克尔（Kerrl）发布一项命令，其内容就是支持一项早在魏玛时期就被反复提出的"法官保护法"。根据该法的设想，当法官感到其遭受侮辱时，可以更为便利地提起针对行为人的刑事诉讼，除非检察官否认，该侮辱行为涉及损害公共利益。尽管这项命令很快就被撤销，但克尔在接下来的命令中向法官们保证：法官可以获得"特别的帮助"来捍卫其尊严。此外，帝国司法部部长居特纳以及纳粹党全国法律领袖弗兰克等人也都发表了相当友

---

[1] 参见〔德〕英戈·穆勒：《恐怖的法官：纳粹时期的司法》，王勇译，第32页。
[2] Ralph Angermund, Deutsche Richterschaft 1919–1945, S.46.
[3] Ibid, S.47f.

善的言论，以打消法官们对于纳粹政府的疑虑。弗兰克宣称：法官在第三帝国将拥有更伟大的未来。纳粹政府将采取措施提高法官们的待遇，尤其是满足那些曾被魏玛共和政府拒绝的要求，例如提高工资、重新树立法官的威信等。此外，为了更好地打击犯罪，法官们将被赋予更大的权力来引导法庭审理程序。希特勒本人在1933年3月23日所做的声明进一步证实了纳粹对于德国司法传统和法官的尊重。在这一声明中，希特勒表示他将保障法官不被随意罢免（die richterliche Unabsetzbarkeit）。① 作为德意志法官联盟的主席，林茨（Linz）代表全体德意志法官向希特勒表示了感谢和效忠。不过，林茨对于希特勒声明的解读显然超出了"声明"的本意。在林茨看来，希特勒的表态已经说明了他对于法官独立性的尊重，但是"不可罢免性"和"独立性"显然是两回事，因为根据纳粹主义对于"法"的认识，判决应当遵循的不是个人主义的法，而是以人民为中心的法，对于那些"国家革命"（nationalen Revolution）的反对者，应当采取毫不留情的手段予以镇压。②

纳粹为了巩固权力，对法官阶层展现出友好态度，这些口头承诺在一定程度上舒缓了德国司法界普遍抱有的紧张情绪。然而，纳粹政权于1933年4月7日颁布的《公务员重建法》还是在司法界引起了不小的恐慌。早在1933年3月31日，普鲁士司法部部长克尔就曾呼吁抵制犹太裔法官以及在政治上不受待见的法官。③

---

① Vgl. Regierungserklärung Hitlers vom 23. März 1933.
② Ralph Angermund, Deutsche Richterschaft 1919-1945, S.46.
③ Vgl. Gruchmann, Justiz im Dritten Reich 1933-1940, S.127ff.

《公务员重建法》几乎废除了法官的独立性。尽管该法规使法官们感到不安与忧虑，他们仍然对希特勒保有很高的信任和期待。林茨在"重建法"公布的当天受到了希特勒的亲自接见并且表示：他们完全可以充满信心地将一切事务托付给希特勒，希特勒本人在听取林茨等人的意见后向其作出保证，法官的独立性将得到保留，同时"采取一些措施"也是必要的；"重建法"中有关公务员任职资格的规定将会被尽早取消。[1] 概言之，在法官们看来，希特勒政府采取的一些举措可能令人感到不悦，但对于"净化"公务员系统来说却是必要之举。

在希特勒的表态之下，法官们似乎看到了"重建法"积极的一面。如前所述，从魏玛时期开始，绝大多数法官对于共和制缺乏好感，而"重建法"将矛头指向了那些在魏玛时期就加入支持共和派政党的法官。在他们眼中，这些法官之所以能够获得较高的职位，在很大程度上要归功于其作为共和派党员的身份。此外，多数党员也支持纳粹政府取缔共和派法官联盟并将其成员予以解职的做法。不过，这些对于共和派法官的敌视态度可能并没有什么用武之地，因为很少有支持魏玛共和的法官能够升任较高的职位。在帝国法院的122名法官中，仅有赫尔曼·格罗斯曼（Hermann Grossmann）一人为社民党的党员；当然，他也是在1933年4月唯一的一位因政治立场而被解职的帝国法院法官。[2] 此外，"重建法"所针对的另一个群体是犹太裔法官。据统计，在

---

[1] Hans Wrobel, Der Deutsche Richterbund im Jahre 1933: Skizze eines Ablaufs, S.330f.
[2] 参见〔德〕英戈·穆勒：《恐怖的法官：纳粹时期的司法》，王勇译，第32—33页。

整个普鲁士，1933 至 1934 年间被解职的犹太裔法官和检察官共有 128 人；这个数量其实并不算太多，因为还有 213 名犹太法律人因为符合"重建法"的例外规定而得以保留职务。这里所谓的"例外规定"是指那些在"一战"期间曾奔赴前线或者失去父亲或儿子的人，他们可以依法保留其职位，免于被解职。① 总的来说，"重建法"第 3 条关于"非雅利安血统"不得担任公职的规定没有引起大规模的人事变动，这也证明了此前纳粹的宣传多少有夸大其词的嫌疑，因为当时德国的司法系统并非完全由犹太人所掌控和操弄。只有像柏林、汉堡、布雷斯劳和法兰克福这样的大城市，犹太法官的比例超过 10%，"重建法"才能发挥一定的效果。② 总体而言，1933 年的《公务员重建法》对于德国司法系统的冲击力度是比较有限的。但是在此之后，尤其是根据 1935 年的《纽伦堡法案》和 1937 年 1 月 26 日的《德国公务员法》(das Deutsche Beamtengesetz)，数量可观的法官遭到解职。③

在夺权之初，纳粹政权尚没有办法对法院系统的人员进行大规模的调整，但是它有能力做到将大多数地方高等法院以及诸多地方（上诉）法院的院长职位交给立场可靠的人员。④ 纳粹任命的这些法院领导全部是新政权的拥护者，他们拥有较为坚定的纳粹主义世界观，甚至有些人在 1933 年之前就已经加入了纳粹党。然

---

① 这项例外规定乃是兴登堡提出的，参见 Gruchmann, Justiz im Dritten Reich 1933-1940, S.134ff。

② Ralph Angermund, Deutsche Richterschaft 1919-1945, S.51f.

③ Vgl. Gruchmann, Justiz im Dritten Reich 1933-1940, S.168ff.

④ Günter Gribbohm, Nationalsozialismus und Strafrechtspraxis—Versuch einer Bilanz, NJW (1988), S.2844.

而在这些人当中，纯粹的、积极的、毫无保留的纳粹党徒却并不多见，很多希特勒上台之后新任命的法院院长也并不情愿看到任由纳粹党干涉其职权的状况的发生。[1] 例如，科隆地方高等法院的院长贝格曼（Alexander Bergmann）和亚琛地方法院的院长赫尔曼斯（Karl Hermanns）或是由于其政治上被认为可靠，或是因为在1933年之前就加入纳粹党而被任命为法院领导，但是在面对纳粹党务机关无理要求的时候，他们二人毫无畏惧地维护自身的职权。[2] 当大区领袖格罗厄（Grohe）试图干预法院的判决或者人事任命时，贝格曼和赫尔曼斯多次与之发生冲突，因为他们希望根据公务员的专业标准来决定司法系统的人事任命而不是仅仅凭借政治标准决定法官的升迁与废除。1938年，贝格曼不顾普法尔茨大区党部的反对，坚持选择任命一位年轻但专业素质过硬的法官担任特里尔的地方法院院长，而这名法官乃是天主教徒并曾加入过中央党。另一个有说服力的例子是，即使是像沃尔特·米勒（Walter Müller）那样狂热的纳粹党徒也尽可能避免让纳粹党直接干涉其职权之内的事务。米勒在1933年之前就长期跟纳粹党保持秘密联系，因而纵然他能力平平，却在纳粹夺权之后从地方初等法院的法官升任科隆地方（上诉）法院的院长。但就是这样一个被纳粹党一手提拔上来的法官，在大区党部提出查阅科隆地方法院卷宗档案的要求的时候，也予以了坚决的回绝。另外，米勒也

---

[1] Ralph Angermund, Deutsche Richterschaft 1919-1945, S.54ff.

[2] Vgl. Barbara Manthe, Richter in der nationalsozialistischen Kriegsgesellschaft: Beruflicher und privater Alltag von Richtern des Oberlandesgerichtsbezirks Köln, 1939-1945, Mohr Siebeck, 2013, S.88-98. Helmut Irmen, Das Sondergericht Aachen 1941-1945, De Gruyter, 2018, S.32-35.

从没有向司法部提出建议让那些热心于党务工作的法官获得更多的升迁机会。[1]有趣的是，反而是一位没有加入纳粹党的法院领导，即杜塞尔多夫地方高等法院的院长施维斯特（Schwister），却将法官是否加入纳粹党作为考量其晋升的重要标准。从这个意义上说，尽管很多法官在纳粹夺权之后被任命到法院的领导岗位上，但他们仍然保持着自身的独立性，并不愿唯纳粹党马首是瞻。[2]

为强化对于法官阶层的统一控制，纳粹所采取的另一项重要措施便是用"德意志纳粹法律人联盟"（BNSDJ）来取代"德意志法官联盟"（DRB），从而实现法官职业联合会的"一体化"。早在1933年初，对于纳粹试图将德国的法官集中到由其领导的职业性组织之中的计划，德意志法官联盟的主席林茨就表达了担忧。[3]尽管他充分理解"国家革命"的必要性，但是对林茨来说，法官协会的自主性是不可放弃的。如果将其解散，那么法官的自由将遭受严重的威胁。林茨的预感很快就被证实。从1933年夏天开始，德国各地的法官协会就被要求并入"德意志纳粹法律人联盟"领导的"德意志法律阵线"当中；到1933年12月31日，这些法官协会便被直接解散了。[4]纳粹夺权之后，很多法院的法官被要求加入"纳粹法律人联盟"。该联盟组织集会，将入会声明事先备好，交由法官们集体签署。然而，较之于纳粹施加的外部压力而言，法官阶层的内部分化才是法官协会丧失自主性的根本原因。实际

---

[1] Vgl. Matthias Herbers, Organisationen im Krieg: Die Justizverwaltung im Oberlandesgerichtsbezirk Köln 1939-1945, Mohr Siebeck, S.2012.

[2] Ralph Angermund, Deutsche Richterschaft 1919-1945, S.55f.

[3] Hans Wrobel, Der Deutsche Richterbund im Jahre 1933: Skizze eines Ablaufs, S.335.

[4] Ralph Angermund, Deutsche Richterschaft 1919-1945, S.56.

上，早在纳粹大范围推行"一体化"政策之前，很多法官就已经急不可耐地要加入纳粹的法律人联盟了。在1933年4月23日于巴特-布吕克瑙（Bad Brückenau）召开的法官协会的代表会议上，众多来自普鲁士法官协会的成员敦促"德意志法官联盟主席团"加入希特勒的"统一战线"。在此之前，普鲁士法官协会柏林地区的成员就已经声明加入"纳粹法律人联盟"了。随后，吕贝克、奥尔登堡以及符滕堡等地的法官协会也宣布加入该联盟。① 这就使得"德意志法官联盟"根本无力指挥德国各地的法官协会保持统一的行动，随着成员的分崩离析以及成员资金捐助的匮乏，德意志法官联盟就难以维持了。对于那些尚未接受"纳粹法律人联盟"领导的法官协会，他们的领导层也被纳粹信赖的人把控着，以期为进一步的收编创造条件。1933年5月30日，希特勒下令让所有接受过法学或国家学培训的公务人员加入"纳粹法律人联盟"。这一命令使得该联盟的人数迅速增加，从1933年1月的约1600人增加至1933年底的近30000人。到了1935年，联盟的成员数达到了80000人，其中约15000人是法官或检察官。②

至于"德意志纳粹法律人联盟"对于法官阶层究竟产生了多大的影响，学者们认为并不宜过高评估。在1933年3月时，纳粹政权对于加入联盟的法官协会应当以何种形式存续下去尚没有明确规划，只是强调应尽快建立一个与当下政治形势相符的组织结构。在1933年，联盟要做的工作主要包括两个方面：其一，由于

---

① Hans Wrobel, Der Deutsche Richterbund im Jahre 1933: Skizze eines Ablaufs, S.335ff.
② Ralph Angermund, Deutsche Richterschaft 1919-1945, S.57f.

很多年轻的法律人找不到工作，联盟要为这些人介绍合适的工作岗位；其二，联盟必须加强对各种职业的法律人进行意识形态方面的教育。[1]虽然在20世纪30年代中期，联盟在司法系统的人事决定方面拥有一定的话语权，但由于联盟主席在同司法部部长居特纳的竞争之中以失败告终，联盟在整个纳粹体制之中始终无法确立自身的强势地位。具体来说，普鲁士总理戈林在1933年6月26日以及10月4日先后发布禁令，不允许包括"德意志纳粹法律人联盟"在内的各种公务员协会参与国家的行政管理事务，尤其是禁止它们涉足人事决定和人事安排。[2]此外，在各邦的司法管理权收归中央的过程之中，弗兰克希望能够实质性参与司法"一体化"的进程，为此他攻击司法部部长居特纳是"反动保守的法律人"，然而希特勒却选择站在居特纳那一边。[3]

"德意志纳粹法律人联盟"缺少来自党内高层的政治支持、缺少有力的组织架构以及充足的经费来源，这些因素导致它除了实现法学专业杂志的"一体化"之外，基本上没有取得太大的成就，[4]尤其是在联盟将之视为自身重要目标的"法律人改造"的这一方面，几乎没有产生什么实效。[5]事实上，法律人联盟的教育和

---

[1] Ralph Angermund, Deutsche Richterschaft 1919–1945, S.58.

[2] Anordnungen des Preußischen Ministerpräsidenten vom 26. Juni und vom 4. Oktober 1933.

[3] Vgl. Dieter Schenk, Hans Frank: Hitlers Kronjuristund Generalgouverneur, Fischer, 2008, S.86–103.

[4] 关于法学期刊的"一体化"，参见 Lothar Becker, „Schritte auf einer abschüssigen Bahn": Das Archiv des öffentlichen Rechts (AöR) und die deutsche Staatsrechtswissenschaft im Dritten Reich, S.9ff.

[5] Vgl. Barbara Manthe, Richter in der nationalsozialistischen Kriegsgesellschaft: Beruflicher und privater Alltag von Richtern des Oberlandesgerichtsbezirks Köln, 1939–1945, 39ff.

培训机关一直处于漫长的建设过程之中，直到1935年，相应的教育和宣传计划迟迟不能出炉，这导致联盟能够在法院开展的活动非常有限。另外，联盟缺少得力的教育领导人，这导致联盟牵头组织的"政治-意识形态"教育很难引起参与者的兴趣。例如，联盟组织的"专业小组旅行团"（Fachgruppenreisen），其本意是希望法官可以在职业生活之外的轻松氛围下也能感受到纳粹的思想财富，但参与者却将之视为男士郊游活动，他们借此机会谈论音乐节目和葡萄酒，而完全将教育活动抛在一边。[1] 此外，联盟试图向那些法律界的后备力量灌输纳粹思想，比如效仿汉斯·克尔的"训练营"对见习法律人进行意识形态培训，但是这项工作也没有收到很好的效果。总体而言，法律人联盟没有完成为各个层次的法律人树立纳粹主义世界观的任务，根据党卫队保安局（SD）于1938年所做的年度报告，德国的法律人普遍缺乏对于该联盟的兴趣，联盟的领导层应当对此承担主要责任。[2]

对于大多数的法官来说，将法官职业协会纳入"一体化"管理乃是伴随国家革命到来的一种"令人不快"的现象。"纳粹法律人联盟"显然无法胜任改造法官意识形态的任务，更不用说对法官的工作进行实际有效的控制。相对来说，党卫队和突击队对于法院审判的干预才更能反映纳粹国家的真实司法状况。人们通常会认为，在党国一体的构造下，纳粹时期的司法和党务大概是混同的，党务机关可能直接干预案件的审理和判决，而党内政治原

---

[1] Ralph Angermund, Deutsche Richterschaft 1919-1945, S.59f.
[2] 弗兰克与党卫队的领袖希姆莱之间也存在着严重的矛盾，参见 Dieter Schenk, Hans Frank: Hitlers Kronjurist und Generalgouverneur, 97ff。

则对于司法人员的选任也会产生重大影响。但实际上，德国的法官也许会乐于为"国家革命"贡献自身的力量，却不愿意纳粹党直接干预法院的内部事务，而是希望根据专业原则来任命法官以及确立刑罚的适用，从而维护法官的独立性。这种状况至少延续到1939年"二战"爆发之前。[1]

### (三) 1942年的国会决议

根据德国学界的普遍观点，随着1939年战争的爆发，尤其是1942年希特勒在国会上发表训斥司法的演讲之后，纳粹对于法官和司法裁判的控制极大地增强了。1942年4月26日，国会举行了最后一次会议。希特勒在会议上发表讲话，对德国的司法现状提出严厉的抨击，而后国会通过了一项决议，授权希特勒不经过法定程序就能将法官开除出司法队伍。既有的研究通常认为，希特勒召集那次国会的主要目的就是为了发泄他对于司法长期不满的情绪，国会通过的决议则被视为德国司法的重要转折点——从这时开始，法官的任职不再能得到任何保障，其独立性也就荡然无存了。[2] 著名的法律史学家哈滕豪尔将这一决议视为德国司法的"死亡证明"。[3] 不过，格鲁赫曼（Lothar Gruchmann）在对希特勒的演讲内容以及对决议的实施效果进行分析之后，认为此前的研

---

[1] Ralph Angermund, Deutsche Richterschaft 1919–1945, S.61.

[2] Karl Kroeschell, Rechtsgeschichte Deutschlands im 20. Jahrhundert, S.103; Heiko Holste, Die Zerstörung des Rechtsstaates durch den Nationalsozialismus, S.363.

[3] Hans Hattenhaür, Vom Reichsjustizamt zum Bundesministerium der Justiz. Stellung und Einfluß der obersten deutschen Justizbehörde in ihrer 100 jährigen Geschichte, in: Bundesministerium der Justiz (Hrsg.) Vom Reichs justizamt zum Bundesministerium der Justiz. Festschrift zum 100 jährigen Gründungstag des Reichsjustizamtes am 1. Januar 1977, Köln, 1977, S. 89.

究具有一定程度的误导性。①

首先,就演讲本身而言,希特勒的国会演讲持续了一个多小时,但其中只有几句话涉及司法问题。具体来说,他先是提到了1939年第二次世界大战爆发的原因,接着又对大英帝国展开历史分析,并指出其即将走向衰落。随后,希特勒回顾了过去几年德军在战场上取得的胜利以及德军于1941至1942年在东线作战时所面临的危机。接着希特勒开始表达他对国内很多官员的不满:士兵们还在东部前线忍受物资匮乏之苦,很多官员却沉溺于休闲和度假。因此,希特勒希望国会能确保每一个人勤勉地履行他的职责:"我拥有法定的权利,来敦促每个人履行他们的义务;根据我的了解,要是有人不履行其义务,那么我有权开除其公职或者将其调离岗位,不论他是谁,也不论他掌握什么权力。"② 在此之后,希特勒才谈到司法问题。他指出,法官们不应当固守"形式的法律",而是应当出于适当的政治理由来"驯服"法律。紧接着,他又提到一起令他非常不满并亲自予以纠正的法庭判决,也就是著名的"施利特案"(der Fall Schlitt)。该案被很多德国学者视为德国司法屈从于希特勒之权威的明证。在该案中,埃瓦尔德·施利特(Ewald Schlitt)的太太向施利特承认,她跟另一名男性发生了性关系;处于嫉妒之中的施利特对她虐待有加,最终导致她被送至精神病院;在那里,施利特太太患上了肠道疾病并因而死亡。奥尔登堡地方法院在1942年3月14日判决施利特犯有

---

① Lothar Gruchmann, „Generalangriff gegen die Justiz"? Der Reichstagsbeschluß vom 26. April 1942 und seine Bedeutung für die Maßregelung der deutschen Richter durch Hitler, S.509-520.
② Ibid, S. 510.

故意伤害致人死亡罪，处以五年的监禁刑。但是，在希特勒的干涉之下，帝国法院的特别审判庭撤销了原审判决，并判处施利特死刑。[1]在回顾了该案件之后，希特勒表示他将直接干预那些判决结果不能令人满意的案件，并将那些显然认不清时代使命的法官予以撤职。随后，希特勒又再次把话题转向军事作战方面，强调要利用接下来的春季和夏季攻势击溃苏联，还要对英国发动空战和潜艇战。总的来说，希特勒的演讲涉及的话题非常多样，如果认为希特勒进行演讲的主要目的是责备司法，这显然是不妥当的。

其次，在希特勒发表演讲之后，国会表决通过了一项决议，明确希特勒享有的超然地位和无上权力。该决议的内容如下："毫无疑问，当前德意志人民正处在一场决定其生存还是死亡的战争之中，在这种情况下，元首必须拥有他所主张的一切权力，借此才能实现战争的胜利。无需现行法律的规定，基于元首自己的身份，即作为国家元首，作为最高军事指挥官，作为政府首脑和执行权的最高所有者，作为最高司法官，作为党的领袖，元首在必要情况下，可以采取一切他认为妥当的手段来敦促任何德意志人去完成他负担的义务，无论他是士兵还是军官，低级或高级的政府职员或法官，党内领导或者党务人员，工人或者职员；若是经过认真调查后证明其违反了义务，那么不论他享有何种豁免罪责的权利，元首可以无须依照任何规定的程序，直接撤销其（政府）职务、军衔和（党内）职位。"[2]从全文来看，该决议并不是主要是

---

[1] Vgl. Uwe Wesel, Geschichte des Rechts: Von den Frühformen bis zur Gegenwart, 4. Aufl., Beck, 2013, S.499.

[2] Beschluß des Großdeutschen Reichstags vom 26. April 1942.

针对司法问题做出的，而以往的研究大都选择摘录决议中涉及司法的部分，这便导致一种"希特勒主要是打算对付法官"的错觉。

从起草的过程和形式来看，该决议更多地具有宣示性的意义，而并不属于那种必须得到严格遵行的正式立法。在1942年4月26日上午帝国议会开会之前，希特勒召见了总理办公厅主任拉默斯（Hans Heinrich Lammers），让他协助起草该决议。拉莫斯对草案做了两项重要的补充：首先，拉莫斯将忘记履行职责的党务机关也列入希特勒惩处的对象，这样一来就避免了单纯把矛头指向政府和军事系统的职员；其次，在具体的案件中，要经过"认真调查后"（nach gewissenhafter Prüfung），希特勒才能采取相应的措施。加上"认真调查后"的措辞意味着"调查"必须要在相关职能部门的参与下进行，这也就为部委官僚反过来干预希特勒的决策打开了方便之门。[1] 此外，虽然该决议被记录在"法律公报"之上，但是并没有采用"法律"（Gesetz）的形式，而仅仅是一项会议决议而已。因此，人们不用费力去解释"决议"与其他相关法律之间的关系，这也就意味着1937年的《公务员法》的效力并不会受到该决议的影响。

最后，该决议在具体的案件之中也没有得到严格的遵行。希特勒将国会决议适用到司法领域的第一个案件出现在1942年6月，主要涉及一位地方初等法院法官撤职的问题。1942年4月10日，柏林里希特菲尔德地区（Berlin-Lichterfelde）的初级法院法官保罗·格拉姆泽（Paul Gramse）判决一名女租客搬离其租住

---

[1] Lothar Gruchmann, „Generalangriff gegen die Justiz"? Der Reichstagsbeschluß vom 26. April 1942 und seine Bedeutung für die Maßregelung der deutschen Richter durch Hitler, S.514f.

的房屋。根据当时的法律，该判决不存在任何问题，因为只有那些与家人同住的承租人才可以租赁配有家具的房屋，而当女租户的丈夫于 1941 年 10 月在东部前线牺牲之后，她便不满足该项租住条件了。① 党卫队的机关报《黑色军团》（Das Schwarze Korp）在 1942 年 6 月 4 日发文攻击该项判决，因为它违背了民族感情。该文章写道，丈夫牺牲在前线使妻子无法对抗"法律人的利刃"（Juristenkniffen），然而正是因为士兵们的奋勇作战，才使得初等法院的 ×× 法官可以在不受打扰的环境下完成其法律大作。② 五天之后，当希特勒从他在东普鲁士的司令部前往柏林参加被刺杀的海德里希（Reinhard Tristan Eugen Heydrich）的葬礼的时候，戈培尔向他报告了这个"完全无法理解"的判决。希特勒委托戈培尔收集材料，等一切准备妥当之后，希特勒便做出决定，解除了格拉姆泽的职务并剥夺其作为公务人员的一切权利。6 月 18 日，党务办公厅主任马丁·鲍曼（Martin Bormann）请求拉莫斯准备一份书面的处罚决定，然后交给希特勒签字。该决定的内容为："我否定该判决，因为它不符合纳粹的法感情，并宣布法官格拉姆泽失去他的职位、官衔以及作为公务人员所享有的权利。"③

6 月 24 日拉莫斯向当时的司法部国务秘书施勒格贝格尔表明了希特勒的意图，后者在居特纳去世之后，临时负责主持帝国司

---

① Lothar Gruchmann, „Generalangriff gegen die Justiz"? Der Reichstagsbeschluß vom 26. April 1942 und seine Bedeutung für die Maßregelung der deutschen Richter durch Hitler, S. 515f.

② 《黑色军团》的报道对于司法裁判的影响，可以参见 Christina Schneider, Die SS und „das Recht"：Eine Untersuchung anhand ausgewählter Beispiele, Peter Lang, 2005, S.65ff。

③ Lothar Gruchmann, „Generalangriff gegen die Justiz"? Der Reichstagsbeschluß vom 26. April 1942 und seine Bedeutung für die Maßregelung der deutschen Richter durch Hitler, S.516.

法部的工作。① 不过施勒格贝格尔认为，根据国会决议，调查应当由他来负责。施勒格贝格尔经过一番调查之后得出以下结论：首先，这个难以令人满意的判决是在制度尚不明确的背景下做出的；其次，由于该判决还没正式生效，它可能经上诉法院审理后被撤销，也就不会造成严重的后果；再次，格拉姆泽的个人档案表明，其具有良好的专业能力和工作成绩，而且他曾参加过"一战"并负伤，因为勇敢受到过表彰，这些都表明，尽管他不是纳粹党员，但却足够可靠；最后，当前案件的审理和判决表明格拉姆泽严重缺乏一种本能，因而不再适合担任诉讼法官，而是更适合被调任到土地登记部门。② 其实，早在五月中旬司法部呈报给希特勒的"元首简讯"（Führerinformationen）里，施勒格贝格尔就曾提到过该案件，只是没有说明该案件的名称、审理日期和法院等具体信息。③ 施勒格贝格尔向希特勒建议：为了避免今后出现类似的判决结果，他打算发布一项命令来明确规定，亲属的死亡，尤其是牺牲的战士，将不会对承租人的保护造成不利影响。④

7月2日，拉莫斯向希特勒做了详细的汇报，试图让希特勒打消开除该法官的想法。拉莫斯给出的处理意见与施勒格贝格尔相似：格拉姆斯在将来不再承担案件审判工作，如果希特勒认为这

---

① Vgl. Arne Wulff, Staatssekretär Prof. Dr. Dr. h.c. Franz Schlegelberger: 1876–1970, Peter Lang, 1991.

② Lothar Gruchmann, „Generalangriff gegen die Justiz"? Der Reichstagsbeschluß vom 26. April 1942 und seine Bedeutung für die Maßregelung der deutschen Richter durch Hitler, S.203f.

③ 所谓的"元首简讯"是为了让希特勒了解司法领域发生的重大事件，从而使之可以把握当前的司法状况。

④ Vgl. § 4 Sechste Verordnung zur Ausführung der Verordnung über Kündigungsschutz für Miet- und Pachträume vom 15. Dezember 1941.

个处罚还是太轻，那么可以在保留法定退休金的情况下，让格拉姆泽强制退休。此外，拉莫斯还提醒希特勒：这个判决还没有正式生效，其有可能会被上级法院撤销；更为重要的是，当前这个案件是否真的适合以国会决议为根据来加以干涉，对此还需要慎重考虑。希特勒表示，他还需要 24 个小时来仔细考虑这件事。

此外，拉莫斯还专程打电话劝说施勒格贝格尔，希望这份判决能够由上诉法院加以撤销。当然，这种劝告可能有些多余，因为施勒格贝格尔早在 6 月 20 日就跟柏林高等法院的院长（Kammergerichtspräsident）说明了这个案件并请求柏林上诉法院的民事审判庭以妥当方式来处理这个案件。最终，上诉法院于 1942 年 7 月 7 日修改了原判决，驳回了原告提出的收回不动产之诉（die Räumungsklage）。在判决当天，施勒格贝格尔便向拉莫斯寄送了一份判决书副本，由于该判决造成的"损害"被及时消除而且基于司法部的命令，以后也不会再出现类似的情况，最终，拉莫斯于 1942 年 7 月 10 日成功说服希特勒打消开除该法官的念头。格拉姆斯则根据司法部提出的处理意见，不再继续承担案件审理工作。格拉姆斯的例子可以证明，希特勒试图通过决议直接处分法官的做法没有产生实际效果，因为决议规定的发动"调查"的权力仍然掌握在司法部手中，而调查结果则是希特勒做出决定的基础。[①] 即使是更为坚定的纳粹分子提拉克升任司法部长之后，1942 年的国会决议也并没有得到绝对严格的适用。例如，帝国法

---

[①] Lothar Gruchmann, „Generalangriff gegen die Justiz"? Der Reichstagsbeschluß vom 26. April 1942 und seine Bedeutung für die Maßregelung der deutschen Richter durch Hitler, S.517f.

院的审判庭庭长保罗·福格特（Paul Vogt）就没有因其不顺从元首意志而被开除，只是依照相关的制定法被安排强制退休。

### （四）判决审查与"法官通信"

虽然1942年的国会决议并没有得到严格的适用，但是它的存在本身就对法官群体产生了巨大的心理影响，成为悬在他们头顶的"达摩克利斯之剑"。根据高等法院以及检察总长向司法部提交的报告，法官们从内心感受到从未有过的强烈威胁。科隆高等法院的院长在报告里提到：法官在按照法条判案时不得不担心自己可能被随时撤职，这就导致一种焦虑的情绪在法院内部蔓延；这对法官起到了一定的震慑效果，他们现在都在尽力实现被赋予的期待。[①] 希特勒对于司法系统的申斥，除了直接对于法官阶层的心理产生影响之外，更重要的是某种间接的影响：司法部以及很多高等法院的院长都开始加强对于法官工作和法庭判决的控制力度。从1942年夏天开始，为数众多的高等法院加强了对其辖区内判决的检查和控制，尽可能限制那些可能会招致批评的判决。其中，汉堡高等法院的院长库尔特·罗腾贝格尔（Curt Rothenberger）与杜塞尔多夫高等法院的院长施维斯特所采取的措施最为典型。在希特勒发表国会讲话之后，罗腾贝格尔与施维斯特便开始将原先的"碰头会"（Besprechung）升级为一种更为严密的"事先干预-事后检查"的系统（System von Vor- und Nachschauen）。[②] 所谓的

---

[①] Lothar Gruchmann, „Generalangriff gegen die Justiz"? Der Reichstagsbeschluß vom 26. April 1942 und seine Bedeutung für die Maßregelung der deutschen Richter durch Hitler, S. 519f.

[②] Ralph Angermund, Deutsche Richterschaft 1919-1945, S.231ff.

"碰头会"是指高等法院的院长与其辖区内的特别法庭的庭长、地方初等法院以及上诉法院的院长围绕一般性问题进行的交流，会议与会议之间的时间间隔往往比较长。取而代之的"事先干预－事后检查"的特殊机制则是在1942年之后逐步确立下来的。

以汉堡地区为例，其高等法院的院长罗腾贝格尔从30年代开始就致力于通过发布指示（Weisung）和训导（Ermahnung）完成对汉堡的法院的纳粹化改造。[①] 为此，他提出的口号是"法官要百分之百都是纳粹主义者"。1942年5月，他下发一项命令，要求特别法庭的庭长、初等和上诉法院的院长每星期主持一次会议，并且要求来自检察院的代表列席会议。这种会议的目的是预先讨论案件的判决结果，尤其是一些可能产生重大影响的判决。此外，他还要求辖区内的院长每遇到重要的民事或刑事案件都要向他汇报，还要把他的指示尽可能详细地向法院其他人员传达。汉堡的"事先干预－事后检查"系统主要针对抢劫类案件以及与战时经济相关的犯罪案件。如果公诉机关申请判处被告人死刑或者案件涉及犹太人和"异族害虫"（Fremdvölkische），那么就要强制进行"预先干预"。在这种情况下，法庭的任务就是以书面形式告知上诉法院的院长某个案件的具体情况，等待会议讨论的结果，最后起草一份在很大程度上已经事先决定的判决书。[②] 杜塞尔多夫的高

---

[①] Vgl. Susanne Schott, Curt Rothenberger—Eine politische Biographie, Dissertation von Halle Universität, 2001.

[②] Vgl. Gunther Schmitz, Die Vor- und Nachschaubesprechungen in Hamburg 1942–45. Zur Justizlenkung im totalen Krieg, in: Justizbehörde Hamburg (hrsg.), „Von Gewohnheitsverbrechern, Volksschädlingen und Asozialen ...": Hamburger Justizurteile im Nationalsozialismus, Hamburg, 1995, S. 447–470.

等法院也是通过"事先干预-事后检查"系统来操控案件审判的,由此造成的结果便是,法官进行裁判的空间受到极大的限缩。施维斯特让一名见习法官每周向他报告重要的刑事案件,然后,他将指示下达给辖区内地方法院的院长。1942年夏天,施维斯特在报告中称,杜塞尔多夫地区的法院已经在很大程度上实现了判决的统一化。① 不过,由于杜塞尔多夫的辖区面积太大,因此施维斯特不可能像罗腾贝格尔那样对每一宗案件进行严密的操控。正是由于杜塞尔多夫的法院要审理的刑事案件数量太多,难以做到对每个重大案件都进行事先干预,这就导致其境内的判决很难实现统一化,尤其是特别法庭所做的判决。施维斯特对这种情况非常不满,于是采取了更为严厉的措施。他主动约谈那些具有"不合时宜"的温和倾向的法官,对他们进行严厉而坚决的训导。此外,为了进一步施加压力,他还向辖区内的院长们透露,他有可能会裁减一些不合格或者靠不住的法官。② 相比之下,其他高等法院的院长虽然也加强了对其辖区内判决的控制,但他们大都拒绝实施"事先干预-事后检查"系统。在这些院长们看来,预先干预判决结果或者针对具体的案件发布指示这种做法,违背了法官的独立性以及现有的法律。因此,他们所采取的行动还是比较克制和谨慎的:一方面,与地方法院的院长一起加强形势研判;另一方面,经常向法官发布关于裁判的某些具有一般性的倡议。

不过,随着帝国司法部的统一部署,"事先干预-事后检查"

---

① Ralph Angermund, Deutsche Richterschaft 1919-1945, S.232.
② Ibid.

系统还是被强制推广到德国境内的各个高等法院。希特勒在国会上申斥了法官，之后不久便着手针对帝国司法部的高层进行人事调整。施勒格贝格尔和弗莱斯莱尔被撤职，由提拉克和罗腾贝格尔取而代之，前者任部长，后者任秘书长。[①]作为纳粹党的坚定分子，提拉克在1938年便提出要给"法官独立性"赋予新的意涵，以及要用纳粹精神来充实之。既然希特勒任命他来负责实施"司法纳粹化改革"，提拉克定然不会辜负希特勒的信任。在1942年9月22和29日的司法部会议上，提拉克要求其他高等法院的院长必须采用汉堡等地实施的"事先干预-事后检查"制度。尽管高等法院的院长们相信，强化法律判决的统一性对战争来说是必要的，但他们还是对提拉克的要求心存疑虑。当提拉克和罗腾贝格尔向其保证：法官在认定案件事实方面仍享有绝对的自由，而且当法官群体被提升至大致相当的水准之后，这种操控措施将在数年之后被废除。最终，除个别法院仍有异议外，绝大多数院长表示支持引入该制度。至1942年深秋，除了个别法院有所迟延之外，"事先干预-事后检查"系统在绝大多数法院得到确立。[②]

在1942年10月，提拉克又开始引入另一项强化司法操控的举措，就是所谓的"法官通信"（Richterbriefe）制度。[③]截至1944

---

[①] Vgl. Konstanze Braun, Dr. Otto Georg Thierack (1889-1946), Peter Lang, 2005, S.130-137; Susanne Schott, Curt Rothenberger——Eine politische Biographie, S.121ff.

[②] Ralph Angermund, Deutsche Richterschaft 1919-1945, S.233f.

[③] 需要说明的是，该制度虽然被称为"法官通信"，但实际上也在检察系统施行。Vgl. Sarah Schädler, „Justizkrise" und „Justizreform" im Nationalsozialismus: Das Reichsjustizministerium unter Reichsjustizminister Thierack (1942-1945), Mohr Siebeck, 2009, S.180ff.

年12月，司法部每个月都要向全国各地的法院印发"法官通信"，这些通信所记载的乃是具有范例或反例性质的重要的民事或刑事判决。这些判决都源于真实的案件，包括经过匿名处理后的判决要旨以及相关的评注。很显然，"法官通信"的目的是向法官展现符合战时状态的判决应当是怎样的。根据提拉克向高等法院院长所做的说明，"法官通信"的想法来自于国家最高决策层，并且希特勒本人也明确地赞成该制度。故而学者们大都推测，"法官通信"这一制度设想是由纳粹党务办公厅提出的，它是一个负责联络和协调帝国保安总局（RSHA）与司法部之间关系的专门机关。党卫队保安局（SD）经常向党务办公厅控诉法院的"过失"，而后办公厅负责将这些"申诉"转交给帝国司法部，并提出立即"纠正"的要求。这些"申诉"与来自检察机关的报告共同构成了"法官通信"的材料来源。那些被党务办公厅做出负面评价的判决很快就会被载入"法官通信"之中，然后还要附上批评性的评论。根据提拉克的判断，党务办公厅转送的部分判决很可能经过希特勒本人批示。[1]

需要注意的是，"法官通信"并不是对外公开的，而是仅仅在法院院长的小范围内流转。对于普通法官来说，只有做出书面保证，表示不会泄露相关的内容，他们才被允许查阅"法官通信"。[2]德国司法部每个月要印发大概11000份法官通信，其中有大约600份是送往国家机关和党务机关高层的。为了防止低层次的狂热纳

---

[1] Ralph Angermund, Deutsche Richterschaft 1919-1945, S.234ff.
[2] Rundverfügung vom 17. November 1942.

粹分子骚扰法官日常办案，"法官通信"被严格禁止向地区领袖（Kreisleiter）以及其他低级别的党务机关发放。这种不公开的做法有助于维护法官的社会地位和公众形象，从这个角度来看，法官们还是比较支持提拉克推行的这项举措的。[1]在很多法官看来，"事先干预-事后检查"以及"法官通信"不是为了限制他们的权力，而是一种为了应对战争局势、提高司法效率的必要措施。

总体来说，纳粹上台之后采取了很多意在加强法官管控的措施，而大多数法官也并不反对由希特勒接管国家政权。不难发现，在20世纪30年代，德国的法官阶层仍旧保有较强的独立性，纳粹对于司法进行意识形态改造的力度也比较有限。可以说，司法审判还是掌握在保守派的法官手中。不过，随着战争爆发，纳粹对于司法的管控力度也逐步增强。从1942年开始，德国的法官阶层开始丧失了独立性。

## 三、非常规法院系统

纳粹对于法官群体的管控为人们理解第三帝国时期的司法状况提供了重要视角，而法院体制本身的变化同样非常值得关注。概言之，纳粹政权保留了魏玛共和时期确立的常规法院体制；[2]但为了维护其统治，打压政敌和犹太人，纳粹还设立了一系列非常规的法院机构，如人民法庭、特别法庭、党内法庭以及主要服务

---

[1] Sarah Schädler, „Justizkrise" und „Justizreform" im Nationalsozialismus, S.188ff.
[2] See, Michael Stolleis, *The Law under the Swastika: The Studies on Nazi Germany*, pp.1ff.

于战争的军事法庭等等。德国学术界对于这些临时审判机构的设立、组织架构以及实际运作等问题进行了极为深入的研究,较为全面地展现出纳粹时期法院体系的全貌。

### (一)人民法庭

在第三帝国存续期间,人民法庭(Volksgerichtshof)是负责审理叛乱罪的最高审判机构,也是纳粹在刑事司法领域进行的重大制度创设。[①]在德国学术界,有关人民法庭的研究可谓汗牛充栋,于尔根·察鲁斯基(Jürgen Zarusky)曾撰写过一篇学术综述,系统地梳理了自沃特尔·瓦格纳(Walter Wagner)以来有关人民法庭的研究,而瓦格纳于1974年出版的《纳粹国家的人民法庭》(Der Volksgerichtshof im nationalsozialistischen Staat)则被视为第一部系统研究纳粹时期人民法庭的专著。[②]除此之外,其他学者也出版了有关人民法庭的专著,例如海因茨·希勒迈尔(Heinz Hillermeier)等人整理的《"以德意志人民的名义":人民法庭的死刑判决》("Im Namen des deutschen Volkes!": Todesurteile des Volksgerichtshofs, 1980);汉斯约阿希姆·W.科赫(Hannsjoachim W. Koch)的《人民法庭:第三帝国时期的政治司法》(Volksgerichtshof: Politische Justiz im 3. Reich, 1988);君特·维兰德(Günther Wieland)的《这就是人民法庭:调查、事

---

① William Sweet, The Volksgerichtshof: 1934–45, *The Journal of Modern History*, Vol. 46, No. 2 (1974), p.314.

② Walter Wagner, Der Volksgerichtshof im nationalsozialistischen Staat. Mit einem Forschungsbericht für die Jahre 1974 bis 2010 von Jürgen Zarusky, Oldenbourg, 2011, S.1006.

实与文件》(Das war der Volksgerichtshof : Ermittlungen—Fakten—Dokumente, 1989);赫尔穆特·奥尔特纳(Helmut Ortner)的《刽子手罗兰德·弗莱斯莱尔：为希特勒服务的杀人犯》(Der Hinrichter : Roland Freisler—Mörder im Dienste Hitlers,1993);克劳斯·马克森(Klaus Marxen)的《人民及其法院：对于纳粹人民法庭的研究》(Das Volk und sein Gerichtshof : Eine Studie zum nationalsozialistischen Volksgerichtshof, 1994);埃德蒙德·劳夫(Edmund Lauf)的《人民法庭及其目击者：纳粹时期法庭报告机制的条件与作用》(Der Volksgerichtshof und sein Beobachter: Bedingungen und Funktionen der Gerichtsberichterstattung im Nationalsozialismus, 1994);霍尔格·施吕特尔(Holger Schlüter)的《纳粹人民法庭的司法判决》(Die Urteilspraxis des nationalsozialistischen Volksgerichtshofs, 1995);伊莎贝尔·里希特(Isabel Richter)的《叛乱罪诉讼作为纳粹时期的统治实践：人民法庭前的男人和女人（1934-1939）》(Hochverratsprozesse als Herrschaftspraxis im Nationalsozialismus: Männer und Frauen vor dem Volksgerichtshof 1934-1939, 2001)。上述研究的视角有所不同，但它们都是将"人民法庭"作为一个整体来加以研究。21世纪以来的研究则更加关注人民法庭所做的具体审判，比如针对"白玫瑰社团案"(Weiße Rose)、"七月密谋"(July Plot)等纳粹抵抗运动的审判。[1]

人民法庭是根据1934年4月24日的《关于修改刑法与刑事

---

[1] See Michael Stolleis, *The Law under the Swastika: The Studies on Nazi Germany*, pp.155-166.

诉讼程序的法律》设立的。通常来说，学界对于纳粹为何要设立人民法庭存在两种看法。主流观点认为，希特勒是因为对国会纵火案的审理结果不满，才决定设立人民法庭以打击其政敌的。[①] 不过，穆勒提出了不同的意见，在他看来，希特勒早就有设立人民法庭的想法。例如，希特勒在其自传《我的奋斗》中就曾提到："终有一天德意志国家法庭将会审理和处决数以万计组织十一月革命的罪犯，还有那些应为之负责的罪犯，那些与之存在形形色色联系的罪犯。"[②] 不过，穆勒给出的反驳理由和材料并不充分，很难凭借希特勒的只言片语就推断他在夺权之前便有了设立人民法庭的计划。

具体来说，人民法庭由三个审判庭组成，其中两个负责审理"叛乱罪"（Hochverrat），一个负责审理"叛国罪"（Landesverrat）。[③] 根据1934年《关于修改刑法与刑事诉讼程序的法律》的规定，人民法庭对下述案件享有管辖权：刑法典第80至84条规定的叛乱罪，第89至92条规定的叛国罪，第94条第1款规定的袭击国家总统罪；另外还包括2月28日的"国会纵火案法令"第5条所规定的那些犯罪。[④] 人民法庭的成员及其副手由帝国总理根据司法部长的建议加以任命，其任期为5年。人民法庭实行一审终审制，审判庭由五人组成，其中包括两名职业法官和三名陪审法官，庭

---

① See William Sweet, The Volksgerichtshof: 1934–45, p.315; Michael Stolleis, *The Law under the Swastika: The Studies on Nazi Germany*, p.2; Walter Wagner, Der Volksgerichtshof im nationalsozialistischen Staat, 17ff.
② 〔德〕英戈·穆勒：《恐怖的法官：纳粹时期的司法》，王勇译，第127页。
③ William Sweet, The Volksgerichtshof: 1934–45, p.314.
④ Vgl.§3, Gesetz zur Änderung des Strafrechts und des Strafverfahrens vom 24. April 1934.

长由职业法官担任。对于庭审以外的其他诉讼程序则由三人合议庭负责,其中庭长应为职业法官。弗里茨·雷恩(Fritz Rehn)被任命为人民法庭的首任院长,但他在上任两个多月后便去世了,接替雷恩的是威廉·布鲁纳(Wilhelm Bruner),他在1936年4月被调任为帝国法院的副院长。① 在这段时期,人民法庭的态度是比较温和的,基本没有做出超过必要限度的判决。例如,在1934年,对于一个携带武器并且向警察散发"非法传单"的人,人民法庭第一审判庭认为此人的行为构成了叛乱罪的犯罪预备,因此判处他两年半的监禁刑;对于另一名在卡塞尔地区从事非法共产党活动的前共产党员,法院也只是判处了一年半的监禁刑。与叛乱罪的判决相比,人民法庭对于叛国罪的处罚力度显然更重,但即使这样,司法部还是批评人民法庭的判决太过宽仁。② 在人民法庭成立的前两年,死刑判决的数量相对较少,在1934年仅有4例,在1935年仅有9例。③

从1936年开始,人民法庭进入了一个全新状态。最初,人民法庭仅仅是一个"权宜性"的审判机构,但是1936年4月18日的《人民法庭法》将之确立为一个常设性的"正式法院"(ein ordentliches Gericht)。④ 人民法庭的变化具体包括以下几个方面:首先,专业法官的任期由之前的五年改为终身制;其次,人民法

---

① Edmund Lauf, Der Volksgerichtshof und sein Beobachter, Bedingungen und Funktionen der Gerichts-berichterstattung im Nationalsozialismus, Springer,1994, S.18f.

② See, H. W. Koch, *In the Name of the Volk: Political Justice in Hitler's Germany*, I. B. Tauris, 1989, p. 54f.

③ Ibid.

④ William Sweet, The Volksgerichtshof: 1934–45, p.317.

庭拥有了与其专门配套的公诉机关，而无须再从帝国法院借调检察官；再次，希特勒特别准许人民法庭的法官穿着红色法袍，而在此之前，仅有帝国法院的法官才能享有这种特别的荣耀。[1] 以上几点足以说明，人民法庭在纳粹体制中获得了更高的政治地位。有学者认为，经由前两年的准备，人民法庭已经被打造出一个受人尊敬的形象，在此基础之上，纳粹就能任命自己信任的人员来控制人民法庭。[2] 坚定的纳粹分子提拉克在1936年5月被任命为人民法庭的院长，这进一步印证了该学者的观点。[3] 另外，从1936年开始，越来越多的纳粹分子在报刊上发表言论，强调人民法庭的政治性。例如，纳粹全国法律办公室的机关报《纳粹法镜》就刊载了如下言论："我们认为，人民法庭在国内政治生活中必须扮演军队在对外事务中所发挥的角色，其目标是保障政府在国内战线的安全，就此而言，它与国家警察承担的使命是极为相似的。"[4] 不过，在"二战"爆发之前，人民法庭审理的案件数以及判处死刑案件的数量都比较稳定，在1936至1939年之间，人民法庭每年审理的案件数不超过300件，死刑判决的比例也相对较低。[5]

战争爆发之后，纳粹刑事立法变得越来越严厉，而且案件的审理和执行也越来越追求效率，对被告人的权利保障完全被忽略了。这一时期，纳粹通过一系列的规定进一步扩大了人民法庭的

---

[1] Walter Wagner, Der Volksgerichtshof im nationalsozialistischen Staat, S.20ff.
[2] 参见〔德〕英戈·穆勒：《恐怖的法官：纳粹时期的司法》，王勇译，第128页以下。
[3] Vgl. Konstanze Braun, Dr. Otto Georg Thierack (1889—1946), S.65ff.
[4] 〔德〕英戈·穆勒：《恐怖的法官：纳粹时期的司法》，王勇译，第129页。
[5] Edmund Lauf, Der Volksgerichtshof und sein Beobachter, S.19ff.

管辖权，例如，破坏军事设施（Wehrmittelbeschädigung）、严重破坏经济等行为也被纳入人民法庭的管辖范围。[1] 与此同时，纳粹通过新的立法来统合之前比较散乱的管辖权。根据 1940 年 2 月 21 日的《管辖权条例》（Zuständigkeitsverordnung），人民法庭的管辖范围得到进一步的明确和扩张，诸如逃避兵役、擅离职守、破坏士气、参与间谍活动等行为均可以由人民法庭负责审理。[2]

在提拉克担任人民法庭的院长期间，对于阿洛伊斯·埃利亚斯（Alois Eliáš）案件的审理或许最能反映人民法庭如何充当纳粹恐怖统治的工具。[3] 在德军攻占捷克并建立所谓的"波希米亚和摩拉维亚保护国"之后，埃利亚斯被任命为当地傀儡政府的总理。不过，埃利亚斯却一直与捷克流亡政府保持着秘密的联系，并且参与抵抗纳粹的活动。当 1940 年巴黎被占领之后，捷克流亡政府的文件落入纳粹手中，埃利亚斯与流亡政府之间的联系也因此暴露。[4] 在帝国保安总局（RSHA）头目海因里希与人民法庭的头目提拉克的合谋之下，埃利亚斯被草草审判并处以死刑。当时，负责调查和起诉的检察官劳茨（Lautz）认为，取证调查的工作至少还需要数周的时间才能完成。但是，海因里希却希望能够立即处决埃利亚斯，以便他在保护国推行更为残酷的镇压政策。在海因里希向提拉克透露了自己的计划之后，提拉克立即表示支持。他

---

[1] Walter Wagner, Der Volksgerichtshof im nationalsozialistischen Staat, S.55ff.

[2] Vgl. §5, Verordnung über die Zuständigkeit der Strafgerichte, die Sondergerichte und sonstige strafverfahrensrechtliche Vorschriften vom 21. Februar 1940.

[3] Vgl. Helmut Heiber, Zur Justiz im dritten Reich: Der Fall Elias, Vierteljahreshefte für Zeitgeschichte, Heft 3(1955), S.275–296.

[4] Walter Wagner, Der Volksgerichtshof im nationalsozialistischen Staat, S.490ff.

们试图绕开劳茨，由海因里希接管并直接负责起诉工作。尽管劳茨一再主张自己才是人民法庭的最高检察官，但提拉克还是选择接受由盖世太保提交的起诉书。在经过数个小时的草草审判之后，埃利亚斯因叛乱罪未遂和通敌罪（Feindbegünstigung）被判处死刑。对于提拉克来说，他当然明白针对埃利亚斯的审判严重违反了人民法庭的诉讼程序，但他仍然渴望追求这种"雷霆般"的震慑效果。其中的一个重要原因在于，提拉克希望借助与海因里希的合作来获得其支持，从而使他能被任命为帝国司法部部长。[①] 当然，埃利亚斯案的审判在多大程度上促使希特勒决定将提拉克任命为司法部部长，很难有明确的证据加以支持，不过在施勒格贝尔退休之后，提拉克也就没有什么有力的竞争对手了。

在提拉克升任司法部部长之后，弗莱斯莱尔被任命为人民法庭的院长。由此开始，人民法庭也就成为血腥的代名词：不仅案件审理数量急剧飙升，而且死刑判决的数量远超以前。[②] 具体来说，人民法庭对于"破坏士气"类案件的审理，以及由"7月20日密谋案"所引发的案件，均可以很好地说明人民法庭已经完全脱离法律的束缚，彻底沦为"司法恐怖"的代名词。

以斯大林格勒战役为转折点，人民法庭加强了对于宣扬失败主义（defeatism）的案件的打击力度。1938年8月17日的《战争特别刑法条例》（Kriegssonderstrafrechtsverordnung）第5条规

---

① H. W. Koch, *In the Name of the Volk: Political Justice in Hitler's Germany*, pp.100ff.
② Walter Wagner, Der Volksgerichtshof im nationalsozialistischen Staat, S.832ff.

定了"破坏士气罪",该罪名的法定刑为死刑,但情节轻微的可判处监禁刑。① 但是,在人民法庭的实践中,这项罪名被无限度地扩用和滥用了。根据司法部高级官员弗朗茨·福尔默对1943至1944年之间相关案件的整理,发表诸如下列言论就可能被判处极刑——战争已经输了;纳粹党应该像意大利法西斯那样下台,从而为和平谈判开辟道路;人民应该消极怠工,这样战争就能早点结束了;布尔什维克的传播可能不像宣传的那么坏,他们只是针对那些纳粹的头目,等等。② 当时负责这类案件的检察官是之前纽伦堡特别法庭的院长,被称为"纽伦堡血腥法官"(Blutrichter von Nürnberg)的奥斯瓦尔德·罗特豪格(Oswald Rothaug)。根据罗特豪格的陈述,这类破坏士气的案件从立案到结案的过程都非常类似:被告人先是被带到法庭前,做一些无关紧要的陈述,随即被判处死刑。③ 例如,音乐家卡尔罗伯特·克赖滕(Karlrobert Kreiten)在一个私人场合发表了贬低纳粹并认为战争已经输掉了的言论。随后,他母亲的一个年轻朋友奥特-莫内克(Ellen Ott-Monecke)向秘密警察告发了他。随后,他被关押到海德堡的集中营,经人民法庭审判之后,弗莱斯莱尔以"破坏士气罪"判处克赖滕死刑。④

"七月密谋"(July Plot)是另一个例子。在对7月20日刺杀希特勒的相关人员进行清洗的过程中,人民法庭同样扮演了重要

---

① Vgl.§5, Verordnung über das Sonderstrafrecht im Kriege und bei besonderem Einsatz vom 17. August 1938.
② 参见〔德〕英戈·穆勒:《恐怖的法官:纳粹时期的司法》,王勇译,第132—133页。
③ William Sweet, The Volksgerichtshof: 1934—45, p.324f.
④ 参见〔德〕英戈·穆勒:《恐怖的法官:纳粹时期的司法》,王勇译,第134—135页。

角色。① 希特勒本人亲自做出指示："对于参与刺杀的军官，不应由军事法庭来审判，而是要交给人民法庭来审判，这些罪犯无权为自己辩护，而且在判决之后的两个小时内，他们就应当被行刑。"② 最初的审判还只是针对那些参与叛乱活动的人；但在此之后，越来越多的人被殃及，甚至那些对刺杀者表示同情或者感慨刺杀行动未能成功的人，也完全可能被认定为事后参与了密谋，而被判处死刑。弗莱斯莱尔对于弗兰克-舒尔茨太太（Frank-Schultz）的判决十分鲜明地反映出纳粹思想的疯狂："弗兰克-舒尔茨在一名红十字会的护士面前对于刺杀我们的元首的行动失败表示惋惜。此外，她竟敢宣称，让盎格鲁-撒克逊人统治几年也要好过现在的暴力统治。她做了和 7 月 20 日的叛乱者同样的事，由此，她将永远地丧失尊严。她将被判处死刑。"③ 不难看出，整个判决都充满着典型的纳粹政治言论，只字未提作为判决依据的法律，更不用说对于犯罪事实的认定和分析。

总体而言，人民法庭在不同的阶段呈现出较大的差异性：在最初的两年，人民法庭所做的判决是比较温和的，还能在一定程度上尊重被告人的公民权利；提拉克上台之后，对于个别案件的处理完全是为了顺从纳粹党或希特勒的意志，但整体来说还比较平稳；到了弗莱斯莱尔担任院长期间，人民法庭彻底转变成维护纳粹恐怖统治的司法工具。

---

① Vgl. Walter Wagner, Der Volksgerichtshof im nationalsozialistischen Staat, S.660ff.
② 〔德〕英戈·穆勒：《恐怖的法官：纳粹时期的司法》，王勇译，第 136 页。
③ Karl Kroeschell, Rechtsgeschichte Deutschlands im 20. Jahrhundert, S.114.

## (二) 特别法庭

纳粹时期的特别法庭（Sondergerichte）乃是依附性、政治性司法的典型代表，这类法院的审判活动完全屈从于纳粹的独裁统治，根本没有任何独立自主性。[1] 学者们通常会援引"卡岑贝格尔案"来证明特别法庭的恐怖性。在"二战"之后，人们将该案改编为电影，使其广为人知。在该案中，犹太商人莱奥·卡岑贝格尔（Leo Katzenberger）被指控与一名雅利安女性发生了性关系，因而被纽伦堡特别法庭判处死刑。[2] 首先，法庭没有充分的证据证明卡岑贝格尔与名为伊雷妮·塞勒（Irene Seiler）的女性发生过性关系；其次，即使法院认定卡岑贝格尔违反"血统保护法"的相关规定，与雅利安女性发生婚外性关系，但是该法对于所谓的"玷污种族罪"（Rassenschande）[3] 只规定了监禁刑，而没有规定死刑；然而最终，该案的主审法官奥斯瓦尔德·罗特豪格非常牵强地援引了《反人民害虫条例》的相关规定，以被告人利用战时状态的便利实施犯罪为由，将卡岑贝格尔处死。不过，随着对特别法庭的研究的深入，学者们发现特别法庭所作的判决并非全都像"卡岑贝格尔案"那样极端，其中有很多判决都是符合常理的，甚至可以说是宽缓的。[4] 此外，不同地区的特别法庭所做判决的严厉

---

[1] Peter Lutz Kalmbach, Das System der NS-Sondergerichtsbarkeiten, Kritische Justiz, Vol.50, No. 2 (2017), S.226.

[2] Christiane Kohl, Der Jude und das Mädchen : Die wahre Geschichte zum Film „Leo und Claire", Gütersloh, 2002.

[3] Vgl. Alexandra Przyrembel, „Rassenschande". Reinheitsmythos und Vernichtungslegitimation im Nationalsozialismus, Vandenhoeck & Ruprecht, 2003.

[4] Ralph Angermund, Deutsche Richterschaft 1919–1945, S.137ff.

程度也不尽相同，因此，战后大多数德国学者倾向于选择某个地区的特别法庭作为研究对象，而非对其进行统括性的研究。

具体来说，德国学者对于特别法庭的研究主要表现为以下成果：伯恩德·席姆勒（Bernd Schimmler）的《没有正义的法：柏林特别法庭的运作》（Recht ohne Gerechtigkeit. Zur Tätigkeit der Berliner Sondergerichte im Nationalsozialismus, 1984）；汉斯·维伦韦贝尔（Hans Wüllenweber）的《第三帝国的特别法庭：被遗忘的司法罪行》（Sondergerichte im Dritten Reich: Vergessene Verbrechen der Justiz, 1990）；安娜·布鲁姆贝格-埃伯尔（Anna Blumberg-Ebel）的《第三帝国时期的特别法庭与"政治性天主教"》（Sondergerichtsbarkeit und „politischer Katholizismus" im Dritten Reich, 1990）；格尔德·维克贝克（Gerd Weckbecker）的《法兰克福（美因河）与布罗姆贝格的纳粹特别法庭的判决》（Die Rechtsprechung der nationalsozialistischen Sondergerichte Frankfurt/Main und Bromberg, 1995）；米夏埃尔·亨斯勒（Michael Hensle）的《弗莱堡特别法庭的死刑判决（1940—1945）》（Die Todesurteile des Sondergerichts Freiburg 1940-1945, 1995）；赫尔穆特·保卢斯（Helmut Paulus）的《拜罗伊特的特别法庭（1942—1945）：拜罗伊特司法史的黑暗一章》（Das Sondergericht Bayreuth 1942-1945—Ein düsteres Kapitel der Bayreuther Justizgeschichte, 1997）；沃尔夫-迪特尔·梅希勒（Wolf-Dieter Mechler）的《"大后方"的战争日常：汉诺威特别法庭对于"违反电台法者""黑色屠夫""人民害虫"以及其他犯罪人的镇压（1939—1945）》（Kriegsalltag an der „Heimatfront": Das

第八章 纳粹德国的法学教育与司法体制 463

Sondergericht Hannover im Einsatz gegen „Rundfunkverbrecher", „Schwarzschlachter", „Volksschädlinge" und andere „Straftäter" 1939 bis 1945, 1997 );曼弗雷德·蔡德勒（Manfred Zeidler）的《弗莱堡特别法庭：论萨克森的司法与压迫（1933—1940）》（Das Sondergericht Freiberg: Zu Justiz und Repression in Sachsen 1933-1940,1998 );卡尔-海因茨·凯尔东斯（Karl-Heinz Keldungs）的《杜伊斯堡特别法庭（1942—1945）》（Das Duisburger Sondergericht 1942-1945, 1998);罗伯特·博恩（Robert Bohn）与乌韦·丹克（Uwe Danker）的《"内部前线的军事法庭"：阿尔托纳/基尔的特别法庭（1932—1945）》（„Standgericht der inneren Front": Das Sondergericht Altona/Kiel 1932-1945 , 1998 );汉斯-乌尔里希·路德维希（Hans-Ulrich Ludewig）与迪特里希·屈斯纳（Dietrich Küssner）的《"警告每个人"：不伦瑞克的特别法庭（1930—1945）》（„Es sei also jeder gewarnt" :Das Sondergericht Braunschweig 1930-1945, 2000 );弗兰克·勒泽（Frank Röser）的《埃森的特别法庭（1942—1945）》（Das Sondergericht Essen 1942-1945, 2000 );延斯-乌韦·拉尔茨（Jens-Uwe Lahrtz）的《萨克森的纳粹特别法庭：以对"耶和华见证者"组织的迫害为例（1933—1940）》（Nationalsozialistische Sondergerichtsbarkeit in Sachsen: Das Beispiel der Verfolgung der Zeugen Jehovas in den Jahren von 1933 bis 1940, 2003 );卡恩·波茨雅卡里（Can Bozyakali）的《汉萨地方高等法院的特别法庭》（Das Sondergericht am Hanseatischen Oberlandesgericht, 2005 );霍尔格·施吕特尔的《"因判决中的人性而出名"：利茨

曼城的特别法庭与它的首席法官》(„... für die Menschlichkeit im Strafmaß bekannt ...": Das Sondergericht Litzmannstadt und sein Vorsitzender Richter, 2006);米夏埃尔·菲比希(Michael Viebig)与奥利弗·保罗森(Oliver Paulsen)的《哈勒特别法庭前的"违反电台法者":1939至1945年的刑事诉讼》(„Rundfunkverbrecher" vor dem Sondergericht Halle: Strafverfahren von 1939 bis 1945, 2010);霍斯特-皮埃尔·波提恩(Horst-Pierre Bothien)的《"反对一切对内部展现的侵扰":科隆特别法庭前的波恩人》(„... gegen jede Störung der inneren Front": Bonnerinnen und Bonner vor dem Sondergericht Köln, 2012);乌尔里希·赫尔曼(Ulrich Herrmann)的《从希特勒青年团领袖到白玫瑰:1937—1938年斯图加特特别法庭前的汉斯·朔尔》(Vom HJ-Führer zur Weißen Rose: Hans Scholl vor dem Stuttgarter Sondergericht 1937/1938, 2012);奥斯卡·乌尔贡(Oskar Vurgun)的《亚琛特别法庭的公诉人》(Die Staatsanwaltschaft beim Sondergericht Aachen, 2017);赫尔穆特·伊尔曼(Helmut Irmen)的《亚琛特别法庭(1941—1945)》(Das Sondergericht Aachen 1941-1945, 2018);马丁·普松卡(Martin Psonka)的《第三帝国时期针对未成年人的刑事诉讼:以多特蒙德特别法庭为例》(Strafverfahren gegen Minderjährige im Dritten Reich am Beispiel des Sondergerichts Dortmund, 2019)。

根据纳粹在1933年3月21日通过的《关于组建特别法庭的帝国政府法令》(Verordnung der Reichsregierung über die Bildung von Sondergerichten),在德国每个地方高等法院的辖区内都应设立特别法庭，以便协助纳粹镇压其政治上的反对者。在当时德国境内的 26 个特别法庭中，有 25 个都是专门组建的，只有汉堡的特别法庭是个例外，它合并了从 1924 年就已经存在的"速裁法庭"（Schnellgericht）。① 最初，特别法庭仅对为数不多的案件享有管辖权，包括 1933 年 2 月 28 日的"国会纵火案法令"规定的犯罪以及 1933 年 3 月 21 日的《抵抗秘密攻击当权政府条例》规定的犯罪。1934 年 12 月 20 日的《反秘密攻击国家与党及保护纳粹党制服法》进一步扩大了特别法庭的管辖权，这主要涉及那些抨击纳粹政府和纳粹党的犯罪行为。另外，1933 年 6 月 12 日的《反背叛德意志国民经济法》所规定的货币犯罪也由特别法庭负责审理。②

最初，特别法庭仅仅被视为打击纳粹政敌的临时性措施，因为他们对纳粹政权的抵抗被视为亟待解决的"紧迫问题"。③ 当时的法律界普遍认为，当纳粹政权按照其计划完成对法院体制的改革之后，这些法院也就没有存在的必要了。故而，人们通常将特别法院视为一种"例外司法"（Ausnahmegerichtsbarkeit）。甚至在"二战"爆发之后，人们仍将特别法庭看作临时性的权宜之计，由于纳粹的司法改革计划被暂时搁置，特别法庭的存续才被进一步延长。就此而言，特别法庭与人民法庭的性质存在重要的差别，尽管它们都是纳粹夺权之后才创设的审判机构，而且同样服务于

---

① Peter Lutz Kalmbach, Das System der NS-Sondergerichtsbarkeiten, S.227.

② Vgl. Manfred Zeidler, Das Sondergericht Freiberg : Zu Justiz und Repression in Sachsen 1933–1940, Hannah-Arendt-Institut für Totalismusforschung e.V. an der Technischen Universität Dresden, 1998, S.15–20.

③ Helmut Irmen, Das Sondergericht Aachen 1941–1945, S.11f.

纳粹的政治目的。①

根据1938年11月20日的《关于扩大特别法庭管辖权的条例》（Verordnung über die Erweiterung der Zuständigkeit der Sondergerichte），特别法庭能够审理的案件类型越来越多，只要看起来合适，公诉机关可以选择在特别法庭针对法律规定之外的犯罪行为提起诉讼。②这样一来，那些具有重大公共影响力的案件就能通过特别法庭来加以审理，借助特别法庭的速裁程序，相关的案件可以摆脱常规刑事诉讼的审限，从而收到更为具有冲击力的宣传效果。弗莱斯莱尔对此总结道："对于罪犯应当火速惩罚。"根据当时人们的理解，对于特别法庭的管辖权扩张乃是为了随后的战争做准备。虽然当时已经有人提出，要将战争过程中发生的案件都交给军方处理，但这个想法并没有被希特勒采纳。对于涉及国内民众的案件，仍然要由国内的司法机关负责审理。因此，特别法庭和人民法庭就被纳粹赋予了在"大后方"（Heimatfront）打击"人民害虫"的重任。③

由于特别法庭通过速裁程序作出的判决就是终审判决，不能再进行上诉，这就有利于提高司法审判的效率，符合战争时期对于刑事诉讼程序进行简化的需求。从1939年9月开始，纳粹政府颁布了一系列法令来适应战争状态，它们有些是为了保障战争时期的物资供应、强化对战时经济的管控，例如1940年3月29日

---

① Peter Lutz Kalmbach, Das System der NS-Sondergerichtsbarkeiten, S.227f.
② Manfred Zeidler, Das Sondergericht Freiberg : Zu Justiz und Repression in Sachsen 1933–1940, S.18ff.
③ Peter Lutz Kalmbach, Das System der NS-Sondergerichtsbarkeiten, S.228.

的《保护德意志民族金属采集的条例》；有些则是为了强化对德国人民的思想与言论的管控，以防损害德意志人民对战争的信心以及外国敌对势力的思想攻势，比如，1939年9月1日的《特别电台广播措施条例》。为了加强管控力度，即使是轻微的不法行为，法律都规定了相对严厉的惩罚。[1]此外，根据司法部部长居特纳在1939年9月13日下达的指示，每个地方（上诉）法院的辖区内都应当设立特别法庭，这就导致特别法庭的数量进一步增加。根据司法部的计划，新设法庭的措施应当先从靠近法国边境的西德地区开始推行，并最终在全德国境内推广开来。此外，为了加强对那些"破坏（战争信念）现象"的打击力度，司法部在1940年6月要求特别法庭加重对"破坏士气罪"的处罚力度，使死刑成为常规的刑罚手段。[2]随着战争的爆发和管控的强化，刑事案件的数量也开始激增，从1939到1943年之间，特别法庭的工作量翻了五倍。大量的案件被交付给特别法庭审理，常规司法机构对案件的管辖权遭到进一步的排挤。因此，与地方初等法院和上诉法院这些"标准法院"相比，"特别法庭"看起来反倒更像是"标准法院"（Standardgerichten）了。[3]

## （三）军事法庭

对于纳粹时期的军事司法，德国学术界进行了相当深入

---

[1] 参见〔德〕英戈·穆勒：《恐怖的法官：纳粹时期的司法》，王勇译，第141页以下。

[2] Vgl. Siebente Verordnung zur Durchführung und Ergänzung der Verordnung über das militärische Strafverfahren im Kriege und bei besonderem Einsatz vom 18. Mai 1840.

[3] Peter Lutz Kalmbach, Das System der NS-Sondergerichtsbarkeiten, S.229.

的研究并形成了较为丰富的成果，以下是具有代表性的作品：奥托·皮特·施韦林（Otto Peter Schweling）的《纳粹时期的德国军事司法》（Die deutsche Militärjustiz in der Zeit des Nationalsozialismus, 1978）；弗里茨·维尔纳（Fritz Wüllner）和曼弗雷德·梅塞施密特（Manfred Messerschmidt）的《为纳粹服务的军事司法：一个传说的瓦解》（Die Wehrmachtjustiz im Dienste des Nationalsozialismus. Zerstörung einer Legende, 1987）；埃里希·施温格（Erich Schwinge）的《曲解与真相：军事司法的形象》（Verfälschung und Wahrheit: Das Bild der Wehrmachtgerichtsbarkeit, 1988）；于尔根·托马斯（Jürgen Thomas）的《军事司法与抵抗斗争：历史视角下正规德国军事司法对西部占领区的影响（1940—1945）》（Wehrmachtjustiz und Widerstandsbekämpfung: Das Wirken der ordentlichen deutschen Militärjustiz in den besetzten Westgebieten 1940-45 unter rechtshistorischen Aspekten,1990）；弗里茨·维尔纳的《纳粹军事司法与历史书写的不幸：一个基础性的研究报告》（Die NS-Militärjustiz und das Elend der Geschichtsschreibung: Ein grundlegender Forschungsbericht, 1991）；曼弗雷德·梅塞施密特的文集《当时的法律是怎样的：歼灭战中的纳粹军事和刑事司法》（Was damals Recht war...: NS-Militär und Strafjustiz im Vernichtungskrieg, 1996）；凯·皮特·福特尔卡（Kai Peter Fortelka）的《第三帝国时期军事司法的激进化》（Die Radikalisierung der Militärjustiz in „Dritten Reich", 2000）；曼弗雷德·梅塞施密特的《军事司法（1933—1945）》（Die

Wehrmachtjustiz 1933-1945, 2005）；沃尔夫拉姆·韦特（Wolfram Wette）与德特勒夫·福格尔（Detlef Vogel）主编的《最后的禁忌：纳粹军事司法与"军事叛变"》（Das letzte Tabu: NS-Militärjustiz und „Kriegsverrat", 2007）；皮特·皮尔克尔（Peter Pirker）和弗洛里安·文宁格尔（Florian Wenninger）主编的《军事司法：背景、实践与后果》（Wehrmachtsjustiz: Kontext, Praxis, Nachwirkungen, 2011）；彼得·卡尔姆巴赫（Peter Kalmbach）的《军事司法》（Wehrmachtjustiz, 2012）；克劳迪亚·巴德（Claudia Bade）、拉斯·斯科夫龙斯基（Lars Skowronski）与米夏埃尔·菲比希主编的《"二战"时期的纳粹军事司法：欧洲范围内的规训与镇压工具》（NS-Militärjustiz im Zweiten Weltkrieg: Disziplinierungs- und Repressionsinstrument in europäischer Dimension, 2015）；克斯廷·泰斯（Kerstin Theis）的《"大后方"的军事司法："二战"时期的预备役军事法庭》（Wehrmachtjustiz an der „Heimatfront": Die Militärgerichte des Ersatzheeres im Zweiten Weltkrieg, 2016）；马丁·普法伊费尔（Martin Pfeiffer）的《前线与后方军事司法实践的比较》（Die Praxis der Wehrmachtgerichtsbarkeit an der Front und im Hinterland, 2020）。

德国的军事审判机构早在1934年便得以设立，但是其真正对德国的司法体系产生重大影响，则要等到"二战"爆发之后。[1]1933年5月12日的《关于重新引入军事司法的法律》（Gesetz

---

[1] Vgl. Peter Kalmbach, Wehrmachtjustiz: Militärgerichtsbarkeit und totaler Krieg, Metropol, 2012.

über die Wiedereinführung der Militärgerichtsbarkeit）为德国重建军事法庭奠定了法律基础。① 根据该法令，纳粹政权将以1898年12月1日的《军事法院条例》（Militärstrafgerichtsordnung）为基础，重建德国的军事司法系统。具体的时间由帝国国防部部长和司法部部长共同商定。纳粹政权组建的第一个军事法庭从1934年1月1日起正式运作，随后越来越多的军事法庭被建立起来，国防军由此获得了自己的司法机关。最初，德国的军事法庭并不享有终审权，也就是说，帝国法院对于军事案件仍然享有管辖权，直到1936年6月26日，纳粹颁布了《重新设立最高军事法庭的法律》（Gesetz über die Wiedereinrichtung eines Obersten Gerichtshofs der Wehrmacht），军事司法系统才得以彻底独立。除了军事法庭之外，国防军还设立了军法处（Rechtsabteilungen），分别隶属于海军、陆军以及1935年后才设立的空军。军法处不直接承担审判工作，而是管理各个审判庭，负责补充相关的人员，还承担着制定军事法规的职责。②

从1933年开始，军法处、德意志法学会以及其他的军事法专家就开始准备对军事刑法进行改革并着手建设军事法院系统。反思德国"一战"失败的教训成为这一时期军事法律建设的重要前提。在当时的人们看来，德国的军事司法人员在"一战"期间的表现太过软弱了：在1914至1918年之间，战争法庭仅仅作出过150份死刑判决，这显然不足以打击那些扰乱军心、破坏士气的

---

① 〔德〕英戈·穆勒：《恐怖的法官：纳粹时期的司法》，王勇译，第170页。
② Peter Kalmbach, Wehrmachtjustiz: Militärgerichtsbarkeit und totaler Krieg, S.22ff.

犯罪分子。① 因此，为应对将来必将发生的战争，德国的法律界提出下列要求：国家必须制定打击面较广的法律，而法庭审判应追求效率，采纳相对简单的诉讼程序。从 1935 年开始，军事法律制度的建设不断加快步伐，而军事司法则将"总体战"（totalen Krieges）确立为基本理念。这意味着，大量的非军事人员也可能在军事法庭上受到审判，战争前线与后方、士兵与平民之间的区分都将不复存在。对于每个德意志人，无论其身居何位，都将处于军事司法的掌控之下。为了实施以意识形态为指导的"灭绝战"（Vernichtungskrieg），战争法庭必须有权对那些因其出身或信仰而被认定为敌对分子的人采取强制性的措施；这是因为，用国防军的术语来说，他们已经被视为"军事敌人"（Wehrfeinde）了。"破坏士气"（Wehrkraftzersetzung）被看作一种具有重要意义的犯罪事实，该罪名被设想为一个无所不包的口袋罪，这样一来，任何不受欢迎的行为都可以据此被处以刑罚。② 在 1937 至 1938 年间，这种发展趋势被进一步强化。军事司法改革的着眼点是那些仅仅适合于战争时期适用的制度，也即是说，刑法要为即将到来的战争做好准备。与此同时，军事司法部门也在进行着军事动员的准备工作。这项准备持续到 1938 年 9 月 1 日才结束，从那时开始，德国的军事司法被认为已经做好了随时迎接战争的充分准备。③ 根据当时人们的研究，"一战"时期的军事法庭之所以没有发挥其应有的作用，可以归结为两个方面的原因：其

---

① 〔德〕英戈·穆勒：《恐怖的法官：纳粹时期的司法》，王勇译，第 170 页。
② Peter Kalmbach, Wehrmachtjustiz: Militärgerichtsbarkeit und totaler Krieg, S.37ff.
③ Manfred Messerschmidt, Die Wehrmachtjustiz 1933–1945, Paderborn, 2005, S.65ff.

一，法庭的法官大都是一些不懂得感知时局变化的迂腐之人；其二，战争法庭设置在距离前线太远的地方而且没有交通工具可供驱使。因此，将来的战争法庭不仅要在较大的地方设立，而且要在每个师的指挥部都建立相应的军事法庭；为了保障法庭能够及时迅速地作出判决，还应当为其配备车辆、各种类型的调查设施以及大量的辅助人员。此外，人们还应设立一个高级战争法庭委员会（Oberkriegsgerichtsrat），赋予其权力监督下级法庭所做的判决。

随着"二战"的爆发，纳粹制定了诸多特别法令，使得战争法庭对于更多的案件拥有管辖权。例如，前文提及的1939年9月1日的《特别电台广播措施条例》、1939年9月5日的《针对人民害虫条例》以及1938年8月17日的《战争特别刑法条例》。这些战争法令或特别法令规定了极为严厉的刑罚，即使是轻微的违反也可能招致死刑判决。[1]这一点与纳粹的下述主张是一致的：死刑乃是纳粹刑法体系的脊梁。从1939年11月开始，《战争特别刑法条例》增加了一项有关加重刑罚的规定，它授权战争法庭可以对任何可能出现的刑事违法行为判处死刑，无论其法定的最高刑罚是什么。例如，盗窃罪的法定最高刑是监禁，现在盗窃犯也可能被处死。[2]显然，这项法令使得罪刑法定原则彻底失去了意义。

战争爆发导致军事法庭的审理程序也发生了相应的变化，而改变的终极目的就是使法庭能够尽可能快地结束审判程序。所谓

---

[1] 参见〔德〕英戈·穆勒：《恐怖的法官：纳粹时期的司法》，王勇译，第171页以下。
[2] Manfred Messerschmidt, Die Wehrmachtjustiz 1933–1945, S.70ff.

的"调查官"(Untersuchungsführer)就是为了追求司法效率而被创设出来的专门岗位。调查官身兼调查人员、预审法官和公诉人等多重身份。调查官有权负责询问证人,同时记录其证词,这就使得法庭审理中的询问环节变得可有可无。此外,由于审级制度被废除,被告人无法通过上诉或复审来寻求救济,只能等待更高级别的官员对判决进行审查。[①] 对于一个被判处刑罚的人员来说,其唯一的救济途径便只剩下提出赦免申请。军事司法的另一个重大变革在于,根据战争形势变化的需要,国防军还可以根据需要随时组建"临时法庭"(Standgericht),这种临时军事法庭所做的判决大都是死刑判决而且会被立即执行。[②]

从1939年9月1日开始,国防军有权自行调整军事法庭的刑事审判程序。[③] 这在很大程度上影响了整个德国的司法环境以及那些被占领地区的司法状况。[④] 国防军对于德国士兵和战俘理所当然地具有管辖权,但是军事法庭也可能处理涉及某些平民的案件。例如,那些为国防军充当劳力的人员,就属于军事法庭的审理对象;对于其他平民来说,如果其提出涉及国防军的谴责或批评,也会被带到军事法庭上受审。因此,在整个欧洲的被占领区,军事法庭处理了数千起涉及反抗者的案件。此外,在被德国军队占

---

① Peter Kalmbach, Wehrmachtjustiz: Militärgerichtsbarkeit und totaler Krieg, S.296ff.
② Ibid, S.80ff.
③ Vgl. §118 Verordnung über das militärische Strafverfahren im Kriege und bei besonderem Einsatz vom 17. August 1838 (Kriegsstrafverfahrensordnung, KStVO).
④ Vgl. Claudia Bade, Lars Skowronski und Michael Viebig (Hrsg.), NS-Militärjustiz im Zweiten Weltkrieg Disziplinierungs- und Repressionsinstrument in europäischer Dimension, V & R unipress, 2015, S.77–162.

领的地区，还存在着各式各样的特别条例（Sonderregelung），如果党卫队和盖世太保对于那些条例涉及的案件不愿行使优先管辖权的话，这些案件通常也会被交给军事法庭审理。就此而言，军事司法也成为纳粹恐吓被占领地区民众的重要工具。[1]需看到，军事法庭在大多数情况之下不会严格遵照纳粹制定的法律作出判决，而是肆意曲解法律以追求其想要得到的判决结果，因而那些接受审判的人其实并没有多少为自己辩护的空间，很多判决的结果都已经预先确定，审理程序不过是走个过场而已。例如，当1940年夏天巴黎被占领后，很多从捷克和德国逃亡至此的人也被德军抓获。尽管纳粹委托军事法庭对被抓捕的德国和捷克流亡者进行了名义上的审判，但是早在审理程序开始之前，这些人的命运就已注定，死刑判决早已成为审判的必然结果。

由于案件的数量过多，军事法庭不堪重负。于是，从1940年起，军事司法便与帝国司法部展开了紧密的合作。大量的案件被移交给特别法庭和人民法庭审理，最初被移交的只是那些涉及德国国民的案件，后来也扩展到只有外国人的案件。[2]"二战"时期的"夜雾司法"成为军事司法与国内司法体系合谋的典型代表。所谓的"夜雾法令"（Nacht-und-Nebel-Erlass）是指希特勒于1941年12月7日发布的一项"元首法令"，其全称为《追捕被占领区发生的反抗帝国或占领军的犯罪行为的秘密方针》（Geheime Richtlinien für die Verfolgung von Straftaten gegen das Reich oder

---

[1] Peter Kalmbach, Wehrmachtjustiz: Militärgerichtsbarkeit und totaler Krieg, S.95ff.
[2] Vgl.Ralph Angermund, Deutsche Richterschaft 1919–1945, S.206ff.

die Besatzungsmacht in den besetzten Gebieten），该项命令由国防军最高统帅部的长官威廉·凯特尔（Wilhelm Keitel）签署实施。根据该项指示，对于那些可能参与抵抗活动的被占领区民众，如果案件当事人可能被判处死刑并且可以很快执行的，就由军事法庭在当地进行审理和执行，对于那些可能不会被判处死刑或者无法立即执行的人员，则将其押解到德国再行审判。[1]据此，大约7000名来自法国、比利时、卢森堡、荷兰以及挪威等国的公民被押往德国进行秘密审判，有关审理和执行的一切消息都不会向外界公开。根据德国司法部的备忘录，科隆、多特蒙德、基尔与柏林等地的特别法庭以及人民法庭都参与了对这些可能参与抵抗活动的人员的审判。[2]

1944年，纳粹的军事司法再次发生重大的变化。尽管为了服务于军事作战，军事司法的刑罚执行变得越发严厉，但军事法庭还是失去了对很多案件的管辖权。[3]这主要是由于希特勒本人对军事司法机构抱有很大的怀疑，在他看来，军事法庭的所作所为还是太过温和，不够激进。在1944年7月20日，国防军将领密谋刺杀希特勒的计划失败之后，希特勒对于军事司法机构越发不信任，尤其是对于军事法庭针对抵抗运动成员的审理极为不满。此后，希特勒撤销了军事法庭对于欧洲被占领区反抗运动的管辖权。从1944年夏天开始，被占领区民众的抵抗活动将由陆军和党卫队负责弹压，只有在例外情形下，军事法庭才会参与其中。此外，

---

[1] Walter Wagner, Der Volksgerichtshof im nationalsozialistischen Staat, S.416f.
[2] 参见〔德〕英戈·穆勒：《恐怖的法官：纳粹时期的司法》，王勇译，第157—160页。
[3] Vgl. Peter Kalmbach, Wehrmachtjustiz: Militärgerichtsbarkeit und totaler Krieg, S.258ff.

所有被军事法庭判处自由刑的抵抗组织成员将由国防军和司法部移送给党卫队保安局，然后运往集中营。在 1944 年 7 月，党卫队的领袖海因里希·希姆莱（Heinrich Himmler）被任命为德国预备役部队（Ausbildungseinheiten）的指挥官，并且国防军的刑罚执行事务也交由其负责。希姆莱立即着手将那些关押在国内或军事审判机构的人员利用起来，将他们派往前线参加战斗或服务于后勤保障工作。除此之外，为了缓解战争兵力的不足，在 1944 年夏天，那些被判处死刑的士兵被暂缓执行判决，他们被送往前线，根据其三个月后的表现来决定其应该被赦免还是要继续执行死刑。另外，从 1944 年 9 月 20 日开始，希特勒撤销了军事法庭对于政治案件的审理权，并指令这类案件只能交由那些看上去更加忠诚的特别法庭或人民法庭来处理。对此，仅有两种例外的情况能够被认可：其一，案件是经临时军事法庭审理后立即执行的；其二，案件是经司法部部长批准后交由军事法庭审理的。显然，在 7 月 20 日的刺杀计划失败后，与纳粹分子直接把控的司法部相比，国防军已经失去其在司法领域的优先地位。[①] 1945 年 1 月，纳粹当局对军事法庭的程序法进行了最后一次修改，其目的是排除任何对刑事程序的耽搁。在 1945 年 2 月，根据司法部部长提拉克签署的《关于设立临时军事法庭的条例》（Verordnung über die Errichtung von Standgerichten），德国出现了所谓的"特别临时军事法庭"（Sonderstandgericht）以及"流动临时军事法庭"（fliegende Standgerichte），它们通常是由一名法律人、两名陪审的军官和一

---

① Manfred Messerschmidt, Die Wehrmachtjustiz 1933–1945, S.401ff.

个执行小队组成。[①]这些法庭的法官们潜藏在街道路口、火车站或居民区，对那些试图临阵脱逃或者破坏士气的士兵予以宣判并执行。行刑之后的尸体通常会被吊到路边的树上，以便对经过的行人起到震慑作用。

根据一位见证者在1945年4月所做的描述："在前往首都的路上，我总是能看到德国士兵在树上摇晃。通常，他们的肚子上挂着一块纸板，上面写着——'我不想再同红色野兽战斗了'，或者'我是个不敢在布尔什维克主义者面前保护德国妇女和儿童的胆小鬼'。有时，一个强壮的树枝上会挂着好几个人。也有一些人被射杀后，倚靠在墙边，当然，人们也会在他们的胸前放上一块纸板。在整个撤军途中，我经常可以看到这样的景象。"[②]总的来说，这种四处流动的法庭毫无文明可言，它们突出地体现出纳粹统治的残酷和野蛮。

## （四）党内法庭

与前面提到的人民法庭、特别法庭以及军事法庭相比，纳粹的党内法庭受到学界的关注要少得多。[③]当希特勒于1925年重新组建德意志国家社会主义工人党（NSDAP）时，他对于党的组织架构进行了较为体系化的安排，划分出不同的部门来主管相关的事务。例如，冲锋队作为"军事力量"主要用来保护党的安全

---

[①] Peter Kalmbach, Wehrmachtjustiz: Militärgerichtsbarkeit und totaler Krieg, S.260ff.
[②] 这是"二战"的亲历者约阿希姆·肖尔茨（Joachim Scholz）在接受采访时所做的回忆。
[③] 目前德国学界仅有一本以党内法庭为研究对象的专著。Vgl. Nils Block, Die Parteigerichtsbarkeit der NSDAP, Peter Lang, 2002.

和秩序，全国财务办公室主管党的资金和经费，"调查和调解委员会"（Untersuchungs-und Schlichtungsausschüsse, USCHLA）负责党内的司法事务，其最终的成果便是建立一套包括分区法庭（Kreisgericht）、大区法庭（Gaugericht）和最高党内法庭（Oberstes Parteigericht）三级审判机构的党内司法体系。[1]最初，"调查和调解委员会"只是一个较为松散的组织，其成员主要是以各级党部领袖代表的身份开展工作。"调查和调解委员会"的第一任领导是海涅曼（Heinemann）中将，在他因为年事过高而辞职之后，希特勒于1927年任命沃尔特·布赫（Walter Buch）接替海涅曼的工作。当时纳粹党的成员已经有6万人左右。根据希特勒在1929年8月发布的一系列指令，"调查和调解委员会"拥有了对党内案件的管辖权，与此同时，该委员会处理案件的程序也得以确立。在1933年纳粹夺权之后，希特勒命令布赫将"调查和调解委员会"改造成一套常规化的司法体系。[2]根据1933年12月1日的《保护党国一体法》（Gesetz zur Sicherung der Einheit von Partei und Staat），"调查和调解委员会"正式更名为党内法庭。

根据元首的副手赫斯（Rudolf Heß）于1934年2月7日发布的指令："党内法庭的目的在于维护党的一般荣誉及其成员的荣誉，如果必要的话，它还负责调解党内不同成员之间的意见分歧。"[3]党内最高法院的职责在于，通过其判决来说明那些指导党员行为

---

[1] John Brown Mason, The Judicial System of the Nazi Party, *The American Political Science Review*, Vol. 38, No. 1 (1944), p.96.

[2] Nils Block, Die Parteigerichtsbarkeit der NSDAP, S.9ff.

[3] John Brown Mason, The Judicial System of the Nazi Party, p.97.

的准则，从而使纳粹运动的"荣誉、纯洁和内部力量"得到维护。因此，对于那些在行为方面不符合纳粹党之荣誉和世界观的党员，党内法庭应采取相应的处罚措施；如果有必要的话，可以将那些没有价值的党员驱逐出党。[1] 简而言之，党内法庭共有两项任务：其一，通过协调党内成员之间的意见分歧和摩擦来维护党内的团结和统一；其二，通过惩罚那些实施犯罪或没有履行党内政治义务的党员来维护纳粹党的"尊严"和"荣誉"。党内司法体系的法律地位和职权取决于纳粹党在国家中的地位。[2] 根据《保护党国一体法》，纳粹党是德意志国家思想的承载者，与整个国家紧密地联系在一起。[3] 纳粹国家法学者认为，虽然纳粹党在法律属性上是一个具有公法性的组织，但它与其他组织有着本质不同：纳粹党并不从属于国家而是具有绝对的政治独立性，它不受任何国家机构的监督。元首对于一切党内事务享有最高权力，这并不是因为他占据重要的国家职位（总理），而是因为他是国家社会主义运动的领袖。[4] 党内法庭的管辖权也是来自于党，因而独立于国家。由于纳粹党及其附属机构乃是纳粹国家的领导力和推动力，其成员对于元首、人民和国家自然负有更高的义务。如果违反或忽略这些义务，他们将要在党内法庭上受审。

纳粹党内法庭体系分为三个层级。[5] 最低一级的法庭是分部法庭（Ortsgericht）或者分区法庭（Kreisgericht）。对于纳粹党员数

---

[1] Nils Block, Die Parteigerichtsbarkeit der NSDAP, S.119ff.

[2] John Brown Mason, The Judicial System of the Nazi Party, p.97f.

[3] Vgl. §1 Gesetz zur Sicherung der Einheit von Partei und Staat vom 1. Dezember 1933.

[4] E.Huber, Verfassungsrecht des Großdeutschen Reiches, S.289ff.

[5] John Brown Mason, The Judicial System of the Nazi Party, pp.99ff.

超过500人的分部（Ortsgruppen），就要设立分部法庭；如果一个分区（Kreis）内的各个分部人数都不足500人，那么各个分部要联合起来设立分区法庭。[1]分部法庭与分区法庭是平级的，两者不存在隶属关系。同国家司法体系相比，党内法院的审级划分不是根据所涉及案件的严重性，而是根据其成员在党内职务的高低来判定的。一般来说，分部法庭或分区法庭对于生活于其辖区之内并且在当地注册的党员具有管辖权，除非该党员拥有比较高的党内职务；对于后者，应视其职务高低由大区法庭或最高法庭负责审理。[2]大区法庭承担着两项功能：其一，它们是分部法庭和分区法庭的上诉法庭；其二，它们对于纳粹党内的中层领导具有初审管辖权。绝大多数大区法庭都是跟纳粹的大区党部相对应，而对于但泽自由市或者国外的纳粹党员，也需要分别设立专门的大区法庭。[3]党内最高法庭由三个审判庭组成，每个审判庭由审判长与其他四名成员组成。这三个审判庭是根据地理区划来进行分工的，它们既是大区法庭的上诉机关，也是党内高级领导的初审法庭。除了这三个审判庭之外，党内最高法院还设置了一个中央办公室（Zentralamt）。中央办公室的职责包括：指导各级党内法庭的工作，负责法庭的人事安排以及法官的培训，因为很多法庭的审判人员都不是专业的法官。[4]就党内法庭的人事安排来说，党内

---

[1] 关于纳粹党的地方组织，可以参见郑寅达、梁中芳：《德国纳粹运动与纳粹专政》，第125页。

[2] John Brown Mason, The Judicial System of the Nazi Party, p.99.

[3] Ibid.

[4] Vgl.Armin Nolzen, Parteigerichtsbarkeit und Parteiausschlüsse in der NSDAP 1921–1945, Zeitschrift für Geschichtswissenschaft 48 (2000), S. 965ff.

最高法庭的法官是由元首本人亲自任命的，各个大区法庭的法官则是由党内法庭的最高法庭法官布赫根据大区领袖的提名任命的，分部法庭与分区法庭的首席法官则是由党内最高法庭根据各大区法庭首席法官的提名任命的。在任职要求方面，女性不得被任命为法官；党内法庭的庭长不能兼任其他党内职务；党内法庭的一名成员必须是突击队的成员。分部和分区法庭的法官通常只是由非专业的法官组成；大区法庭则包括了受过专业训练的法官；最高法庭是由"最好的法官"组成，但是其具体的任职条件却不明确。[1]

对于违法违规的纳粹党成员，党内法庭可以采取的惩戒措施包括警告、申斥以及在最严重的情况下开除党籍。除此之外，党内法庭还可以对党员附加下述限制：禁止担任党内职务，其限制期限不得超过三年；禁止携带武器，其限制期限不超过三个月以及禁止在公开场合发表演说。另外，虽然《保卫党和国家统一法》授权党内法庭采取逮捕或监禁措施，但这些手段在实践中没有得到应用。[2] 党内法庭对案件的审理可以与国家法庭同步进行，也可以在其审理结束之后再行审判。国家法院在对党内成员进行刑事审判时，必须通知党内法庭，这样党内法庭就可以采取适当的措施，比如暂时中止其党员身份或将其开除。由于没有明确的规则来协调两个法院体系，所以判决可能会出现相互冲突。[3] 一般来说，党内法庭所做的判决不向外界公开，除非得到党内法庭最高法官

---

[1] John Brown Mason, The Judicial System of the Nazi Party, p.100.

[2] Vgl. Donald M.McKale, The Nazi Party Courts. Hitler's Management of Conflict in His Movement, 1921–1945, University Press of Kansas, 1974.

[3] Nils Block, Die Parteigerichtsbarkeit der NSDAP, S.184ff.

的同意。最高法庭所做的判决是终审判决，只有元首本人可以修改或者通过宽宥行为使得当事人免于被执行相应的处分。在制作判决的过程中，党内法庭的法官不需要援引任何法律条文。用党内最高法官的话来说："他们只受到国家社会主义道德的约束；他们不隶属于任何党内机关；他们只服从元首本人。"[1]

## 四、法外权力与警察组织

纳粹统治时期创设了数量众多的超越一般司法权限的秩序管控机制，它们各有各的形成和发展历程，也各有各的权力来源和政治背景，彼此之间形成了非常复杂的关系。这些游离于法律之外的强力组织主要包括党卫队（Schutzstaffel，简称 SS）、秘密国家警察即"盖世太保"（Geheime Staatspolizei，简称 Gestapo）、党卫队保安处（Sicherheitsdienst，简称 SD）、国家保安总局（RSHA）、集中营（Konzentrationslager）等，它们因常常使用恐吓手段、酷刑和非法杀戮而臭名昭著，成为恐怖氛围的主要营造者。此外，经过纳粹党头目希姆莱（Heinrich Himmler）的改造和重组，原本以维持社会治安为目的的治安警察（Ordnungspolizei，简称 Orpo）以及以打击犯罪为目的的普通刑事警察（Kriminalpolizei，简称 Kripo）也在 1933 年被移交给党卫队统辖，因而它们也在一定程度上获得了法外特权，成为纳粹党实施其恐怖统治的重要力量。

---

[1] John Brown Mason, The Judicial System of the Nazi Party, p.102.

## （一）党卫队与警察组织的整合

"纳粹党卫队"最初是因为希特勒不信任罗姆控制下的冲锋队而专门创设出来的部门。[①] 为了培植一支与冲锋队对抗的势力，希特勒特别组建了一支完全服从于他个人的武装卫队，并于1925年底将之命名为"党卫队"。起初，该组织的规模很小，发展到1928年也仅有280名成员。从名义上讲，党卫队是一个隶属于冲锋队的下级组织，但其成员身着的制服有别于冲锋队。党卫队的任务是保卫希特勒以及其他纳粹党头目的安全，以及维持纳粹集会的正常秩序。当希姆莱被任命为党卫队领袖之后，他竭力扩充党卫队，使该组织的规模越来越大。至1930年年底，其成员总数已经达到2727人。[②]

希特勒与罗姆的矛盾公开化之后，党卫队的地位得到大幅提升。1930年11月7日，希特勒发布元首命令，规定党卫队的任务首先是在党内行使警察职责。与此同时，希特勒下令明确区分党卫队与冲锋队，尽管党卫队在名义上仍然隶属于冲锋队，但实际上，任何冲锋队的领袖都无权向党卫队发号施令。[③]1931年4月，冲锋队发动第二次叛乱，希特勒调遣党卫队平息叛乱，希姆莱则借机进一步扩大党卫队的规模。至1931年底，其成员数已增加到1万人，1932年底则迅速增加到3万人，1933年纳粹党夺权之时，

---

① 参见〔德〕海因茨·赫内：《党卫队——佩骷髅标志集团》，江南、杨西译，商务印书馆1984年版，第24页以下。

② 参见郑寅达、陈旸：《第三帝国史》，第157页以下。

③ 参见〔德〕海因茨·赫内：《党卫队——佩骷髅标志集团》，江南、杨西译，第69页以下。

党卫队的总人数已经超过5万人。[1]"长刀之夜"事件之后，党卫队的地位得到进一步的提升，它不再隶属于冲锋队，而是成为与冲锋队平行的党内独立组织。其实，这时的党卫队已经不仅仅承担"党内警察"的职责，而且还发挥着打击政敌、巩固纳粹统治的作用。[2]作为纳粹德国实质意义上的辅助警察，党卫队参与维护国内的政治稳定，对民众可能参与的政治活动加以监督。

随着党卫队政治地位的上升、组织规模的扩大，其内部结构也变得越来越复杂，衍生出普通党卫队、党卫队骷髅队（SS-Totenkopfverbände）以及党卫队特别机动部队（SS-Verfügungstruppe，简称SSVT）等不同的分支。其中，党卫队骷髅队是专门负责看守集中营的组织。在1934年，希姆莱任命特奥多尔·艾克（Theodor Eicke）担任"集中营看守总监"（Inspekteur der Konzentrationslager）一职，负责统一管理德国境内的所有集中营，并直接向希姆莱本人负责。[3]艾克将分散的组织整合为突击大队，在其成员制服的上衣增添白骷髅标志；后来，这一组织于1936年3月29人被正式命名为"党卫队骷髅队"。随着战争的爆发，"党卫队骷髅队""党卫队特别机动部队"等逐渐融合为"武装党卫队"（Waffen-SS）。需要注意的是，随着战争局势的发展，"武装党卫队"已经不仅仅是执行特殊内政任务的警察部队，而且逐渐成为战场上的重要力量。鉴于"武装

---

[1] 参见郑寅达、梁中芳：《德国纳粹运动与纳粹专政》，第147页。

[2] 参见〔德〕海因茨·赫内：《党卫队——佩骷髅标志集团》，江南、杨西译，第112页以下。

[3] 参见〔德〕尼古劳斯·瓦克斯曼：《纳粹集中营史（上）》，柴茁译，社会科学文献出版社2021年版，第138页以下。

党卫队"主要执行外部任务,负责内务管理工作的党卫队机构便被称为"普通党卫队",此二者自1935年开始就被有意识地区分开。① 到了1940年前后,党卫队已经形成一个包含12个总局/总部(Hauptamt)的超级机构,具体包括:经济与管理总局(Wirtschafts- und Verwaltungshauptamt)、团结德意志民族帝国专员指挥总部(Stabshauptamt des Reichskommissars für die Festigung deutschen Volkstums)、国外德意志人民总局(Hauptamt Volksdeutsche Mittelstelle)、人种和移民事务总局(Rasse- und Siedlungshauptamt)、海斯梅耶上级集团领袖总局(Hauptamt Dienststelle SS-Obergruppenführer Heißmeyer)、党卫局司法事务部(Hauptamt SS-Gericht)、治安警察总局(Das Hauptamt Ordnungspolizei)、国家保安总局(Reichssicherheitshauptamt)、人事部(Amt für Führerpersonalien)、作战总部(SS Führungshauptamt)、行政部(SS-Hauptamt)和党卫队领袖个人参谋部(Persönlicher Stab Reichsführer SS)。②

"盖世太保"是德文缩写"Gestapo"的音译,其全称为"秘密国家警察"(Geheime Staatspolizei)。在1933年纳粹上台之后,戈林被任命为普鲁士内政部的国务专员,上任之后,他便着手将普鲁士境内的各种政治警察整编为一个独立的部门。根据戈林在1933年4月26日发布的命令,"秘密国家警察"作为警察

---

① 参见郑寅达、梁中芳:《德国纳粹运动与纳粹专政》,第148页以下。
② 参见〔英〕克里斯·麦克纳布:《二战数据Ⅲ:党卫队(1923—1945)》,张书坤等译,电脑报电子音像出版社2011年版,第36页以下。

机构，独立于普通的警察机关，直接由普鲁士内政部负责领导。[1]与此同时，希姆莱作为慕尼黑警察局代理局长和巴伐利亚内政部政治司的司长，也对其境内的警察系统进行了类似的改造，将政治警察从警察机关独立出来，并设立了"巴伐利亚政治警察办公室"。[2]不过，在整合全国警察机构的过程中，希姆莱、戈林以及当时的帝国内政部长威廉·弗里克（Wilhelm Frick）之间发生了激烈的斗争。[3]根据戈林发布于1933年11月30日的（普鲁士）盖世太保法令（Gestapo-Gesetz），"盖世太保"在性质上属于内政管理领域的一个完全独立的分支机构，应当直接由普鲁士总理戈林领导。[4]除此之外，戈林还在1934年3月9日下令把普鲁士警察的最高领导权从内政部转移给普鲁士总理，以排除于1934年5月1日即将成为普鲁士内政部长的威廉·弗里克对这一组织的控制。[5]然而，希姆莱和弗里克都希望建立统一的警察系统，于是，他们两人决定联合起来对抗戈林。在弗里克的协助之下，希姆莱在1933年10月到1934年4月期间取得了对于普鲁士以外的德意志各邦的政治警察的指挥权。[6]随后，由于希特勒、戈林等人与罗姆之间的矛盾日趋激化，在1934年4月20日，戈林被迫同意由

---

[1] 参见〔法〕雅克·德拉律：《盖世太保史》，黄林发、萧弘译，上海译文出版社1984年版，第27页以下。

[2] George C. Browder, *The Foundations of the Nazi Police State: The Formation of Sipo and SD*, The University Press of Kentucky, 2004, pp.63-75.

[3] 参见郑寅达、陈旸：《第三帝国史》，第167页以下。

[4] Vgl. §1. Gesetz über die Geheime Staatspolizei vom 30. November 1933.

[5] Vgl. Verordnung zur Durchführung des Gesetzes über die Geheime Staatspolizei vom 8. März 1934.

[6] George C. Browder, *Hitler's Enforcers: The Gestapo and the SS Security Service in the Nazi Revolution*, Oxford University Press, 1996, pp.32ff.

希姆莱担任普鲁士秘密政治警察的总监和副长官（Inspekteur und stellvertretender Chef der preußischen Gestapo）。[1] 在罗姆遭到清洗之后，戈林还试图再次将普鲁士的盖世太保置于自己的指挥之下。直到1934年11月，他认识到已经无力再从希姆莱手中夺回盖世太保的指挥权，便选择将精力放到空军的建设上，退出对警察管理权的争夺。[2]

戈林退出之后，希姆莱与弗里克再次就秘密国家警察的指挥权发生争议。1935年底，弗里克曾向希特勒提交了一份备忘录，指责盖世太保试图脱离内政部的控制并采取了一系列不当的措施。弗里克主导之下的普鲁士内政部甚至在1936年2月10日出台了一部《国家秘密警察法》（Gesetz über die Geheime Staatspolizei），试图加强内政机关对盖世太保的控制。不过，希特勒却选择支持希姆莱，并将其任命为"德国警察总长"（Chefs der Deutschen Polizei），并将全国警察事务都委托给他。[3] 随后，希姆莱便开始对全国的警察进行系统化改造。所有的警察被区分为身穿制服的治安警察（Ordnungspolizei，简称OrPo）以及不穿制服的保安警察（Sicherheitspolizei）。[4] 其中，治安警察包括行政警察、巡警、水上警察、海岸警察、消防队、防空队及其技术辅助人员。保安警察则包括政治警察（politische Polizei）和刑事

---

[1] George C. Browder, *The Foundations of the Nazi Police State*, pp.117ff.
[2] 参见〔法〕雅克·德拉律：《盖世太保史》，黄林发、萧弘译，第65页以下。
[3] 参见郑寅达、梁中芳：《德国纳粹运动与纳粹专政》，第154页以下。
[4] 参见〔法〕雅克·德拉律：《盖世太保史》，黄林发、萧弘译，第173页以下。

警察（Kriminalpolizei，简称KriPo）两个部分，[①]其领导机构为国家安保局（Amt Sicherheitspolizei，简称SiPo），负责人为海因里希·米勒（Heinrich Müller）。刑事警察的本职工作是调查严重的刑事犯罪，如谋杀、过失杀人、性侵犯、纵火、欺诈和重大盗窃。这一警察机构在魏玛政府时期就存在，其时并没有处理"政治犯罪"的职能。刑事警察的行动通常可以由法院审查，因而刑事警察只能使用传统和常规的警务方法和程序，这是它与"盖世太保"的不同之处。然而，随着治安警察与刑事警察这两个部门在1933年被希姆莱纳入党卫队的系统，它们也开始具备超常规组织的特征。另外，最初只有普鲁士的政治警察被称为"盖世太保"，但是从1936年10月开始，全国的政治警察都被更名为"盖世太保"，由党卫队成员海因里希·米勒直接领导。[②]

除"盖世太保"之外的另一个具有警察职能的重要组织是"党卫队保安处"（Sicherheitsdienst des Reichsführers-SS，简称SD），它设立于1931年，最初的名称为"保安办公室"（Ic-dienst），随后又更名为"新闻和情报处"（Presse-und Informationsdienst），最后才正式定名为"保安处"。在该机构成立初期，其主要的职责是对党卫队的下属组织和党卫队员进行监控，清除混入其中的敌人。[③]在血洗冲锋队的过程之中，党卫队保

---

[①] 刑事警察是负责调查严重的刑事犯罪，如谋杀、过失杀人、性侵犯、纵火、欺诈和重大盗窃的便衣侦探。该机构在魏玛政府时期就存在，也不处理"政治犯罪"。与盖世太保不同，Kripo及其行动可以由法院审查，因而Kripo只能使用传统和常规的警务方法和程序。但是随着1933年被纳入党卫队系统，该刑事警察也具有了超常规机构的特征。

[②] 参见郑寅达、陈旸:《第三帝国史》，第169页以下。

[③] George C. Browder, *Hitler's Enforcers*, pp.103ff.

安处搜集了大量关于罗姆的不利情报，甚至还爆出罗姆本人是同性恋者的消息，从而为希特勒顺利清除冲锋队提供了重要的帮助。[1]

最初，希姆莱和海因里希试图通过划分盖世太保和党卫队保安处的职权范围来解决两者的冲突，但这个方法没有奏效。从1936年开始，国家的保安警察与党卫队保安处都划归由海因里希负责领导，然而二者毕竟是相互独立的机构，并且在纳粹的国家体系之内发挥着类似的作用，即承担监控和镇压纳粹反对者的任务，因而二者在具体的工作中经常发生冲突和矛盾。为了解决这一问题，从1938年开始，希姆莱和海因里希便开始谋划将二者加以合并。1939年9月27日，党卫队保安处与国家保安警察正式合并，成立了所谓的"帝国保安总局"（Reichssicherheitshauptamt，简称RSHA）。[2] 帝国保安总局共由六个部门组成：第一局负责组织、管理和法律事务，负责人为维尔纳·贝斯特（Werner Beste）；第二局负责对反对者的调查，其负责人为弗朗茨·西克斯（Franz Six）；第三局负责国内保安工作，其负责人为奥托·奥伦多夫（Otto Ohlendorf）；第四局负责镇压反对者，负责人为海因里希·米勒；第五局为国家刑事警察局，其负责人为阿图尔·内贝（Arthur Nebe）；第六局负责外国情报的搜集工作，负责人为海因茨·约斯特（Heinz Jost）。[3] 随着战争在1939年的全面爆发，帝国保安总局的职权进一步扩大，大幅度提升了对于国内抵抗者进

---

[1] George C. Browder, *The Foundations of the Nazi Police State*, pp.139ff.

[2] 参见郑寅达、梁中芳：《德国纳粹运动与纳粹专政》，第157页；另参见〔德〕海因茨·赫内：《党卫队——佩骷髅标志集团》，江南、杨西译，第267页以下。

[3] 参见〔法〕雅克·德拉律：《盖世太保史》，黄林发、萧弘译，第453页以下。

行侦查和镇压的力度。

作为一种非常规的监狱体系，集中营（Konzentrationslager）也具有警察职能，由于它始终与大屠杀（Holocaust）联系在一起，因而也是纳粹残暴统治的重要象征。1933年，在希特勒被任命为总理后，为了绕开司法系统的监管，更有效地打击政敌，同时避免监狱人满为患，他授意罗姆的冲锋队建立大量集中营。不过，这些集中营大多非常简陋而且缺乏有效的管理，因此，集中营内经常出现虐待和杀害被囚禁者的现象。这些集中营也被称为"原始集中营"（wilden KZs）。[1] 相对来说，党卫队建立的集中营则比较正规，尤其是1934年"罗姆暴动"遭到镇压之后，集中营的控制权完全落入党卫队手中，集中营的设立和运转也逐渐制度化。具体来说，党卫队关闭了那些简陋的拘押处所，开始建造正规的集中营，而位于德国境内的达豪（Dachau）集中营（1933年）、萨克森豪森（Sachsenhausen）集中营（1936年）以及布痕瓦尔德（Buchenwald）集中营（1937年）构成了集中营系统的三大中心。[2]

为了便于管理，各集中营内的不同性质的被囚禁者必须佩戴与其身份相应的徽章：政治犯佩戴红色三角；刑事罪犯佩戴绿色三角；男同性恋者佩戴粉红色三角；反社会分子和女同性恋者佩戴黑色三角；"耶和华见证者"组织的成员佩戴紫色三角；吉普赛人佩戴褐色三角；犹太人则佩戴黄色六芒星。[3] 这些集中营表面上禁止看守人员滥用私刑，但实际上却放纵看守人员对被囚禁者进

---

[1] 参见〔德〕尼古劳斯·瓦克斯曼：《纳粹集中营史（上）》，柴苗译，第39页以下。
[2] 参见郑寅达、陈旸：《第三帝国史》，第176页以下。
[3] 参见〔德〕尼古劳斯·瓦克斯曼：《纳粹集中营史（上）》，柴苗译，第196页以下。

行拷打甚至杀害。1935 年 8 月，希姆莱要求集中营的看守人员必须每三个月签署一次声明，保证自己不会残害和虐待囚徒，但在实际管理过程中，殴打、杀害囚徒的事情很难被禁止。[1]

随着德国吞并奥地利以及随后发动对波兰的入侵，纳粹当局开始在奥地利以及波兰的被占领地区建立集中营，其中包括著名的奥斯维辛（Auschwitz）集中营。[2]这些集中营关押的对象包括来自波兰、法国、南斯拉夫、荷兰、比利时等国的居民以及苏联被俘虏的士兵。与德国本土的集中营相比，这些以关押战俘为主的集中营的生活条件更为艰苦，而且被囚禁者要承担的体力劳动也更加繁重。随着战争的推进，一种特别的集中营，也就是所谓的"灭绝营"（Vernichtungslager）开始出现。这种灭绝营最大的特点便是利用毒气室对营内的犯人进行有组织的大规模屠杀，而此前的集中营内虽然也不乏死亡的事件，那些囚徒的死亡大都是因为生病、营养不良以及过度劳动而引发的，也就是所谓的"通过劳动来实现灭绝"（Vernichtung durch Arbeit），这与直接实施杀害行为还是存在着重大的差别。[3] 无论如何，集中营制度直接或间接地造成了多达数百万人的死亡，可谓是人类文明史上的至暗时刻。

### （二）特别权力的相互较量

纳粹统治时期，德国的刑事司法与法外权力之间存在相当复杂的关系。党卫队领导之下的警察力量对于司法的干涉和影响可

---

[1] 参见郑寅达、梁中芳：《德国纳粹运动与纳粹专政》，第162页。
[2] 参见〔德〕尼古劳斯·瓦克斯曼：《纳粹集中营史（上）》，柴茁译，第350页以下。
[3] 参见郑寅达、陈旸：《第三帝国史》，第179页以下。

简要划分为两个阶段：1939年之前，党卫队若要干预刑事司法活动，需要与帝国司法部进行磋商；而在1939年之后，希姆莱相对于帝国司法部取得了较为明显的优势地位，司法部在很多问题上只能向党卫队妥协，而无讨价还价的余地，刑事司法被进一步地挤压到边缘地带。①

1939年以前，德国警察干预司法主要表现在以下两个方面：其一，刑事警察（KriPo）对于普通犯罪者（尤其是职业犯和惯犯）的打击不受司法机关的监管，两者之间存在对立的关系；其二，政治警察对于纳粹政权的反对者，也就是所谓的"国家敌人"的镇压得到纳粹司法部的积极配合。②根据普鲁士内政部在1933年11月13日发布的命令，对于那些出于"贪欲"（Gewinnsucht）实施犯罪行为或者实施性犯罪的人，如果他们曾被判处三次以上的监禁刑或劳役刑，而且每次的刑期都不少于6个月的，警察就有权对他们进行预防性拘捕并将之关押到集中营，通过体力劳动的方式进行改造和教育。③这个命令扩大了"警察一般条款"对警察的授权。④这样一来，对于那些依法不应被刑事处罚的行为，警察也可以对之采取适用"预防性拘捕"（Vorbeugungshaft）。换言之，警察不再受制于检察机关和法院的监督，甚至可以"依法"采取预防性措施以纠正司法判决中的"谬误"，甚至填补刑法典中

---

① Vgl. Ralph Angermund, Deutsche Richterschaft 1919–1945, S.158ff.
② Vgl. Gerhard Werle, Justiz-Strafrecht und polizeiliche Verbrechensbekämpfung im Dritten Reich, S.488ff.
③ Ralph Angermund, Deutsche Richterschaft 1919–1945, S.160f.
④ 关于"一般警察条款"，可以参见 Andréas Schwegel, Der Polizeibegriff im NS-Staat Polizeirecht, Juristische Publizistik und Judikative 1931–1944, Mohr Siebeck, 2005, S. 23ff。

的"漏洞"。① 对于达吕格（Dalüge）以及其他党卫队领袖来说，必须从原则上改变司法与警察的力量关系，因为警察比司法机关能够更有效地打击犯罪，而司法审判机关只能在事后对犯罪行为做出处罚，却无法通过预防性的手段来阻止犯罪的发生。虽然内政部于1933年11月13日和1934年2月10日的两项命令规定：在普鲁士境内，被采取预防性拘捕措施的人数不能超过525人，但实际遭到拘禁的人数最少是前述规定的三倍。② 相对来说，尽管在纳粹夺权之后，法院也可以采取更严厉的手段来对付那些惯犯，但总体来说，这些措施还是要受到更多的限制。例如，对于刑事犯罪的惯犯，法官可以在严厉的刑罚之外再规定其他的"处罚"，例如对危险的惯犯采取"保安处分"（Sicherungsverwahrung）的措施；对于同性恋、"智力低下者"以及性犯罪者，法官可以下令对之进行化学阉割。根据当时法官群体的基本看法，借助最严苛的刑罚、"隔离"（Aussonderung）以及"消除罪犯的犯罪能力"（Nichtbesserungsfähigen）等手段来遏制犯罪是非常必要的。③ 仅仅在"惯犯法"生效的那一年，德国法院就在3723件案件中适用了保安处分。不过与此同时，帝国法院也在向全国的法官发出呼吁，要求他们慎重地适用保安处分的特别措施。无论如何，这一呼吁还是发挥了一些作用，例如在1934年，适用保安处分的案件数为2367件，到了1935年降为1464件，到了1937年则仅有76

---

① Ralph Angermund, Deutsche Richterschaft 1919–1945, S.161.
② Ibid.
③ Vgl. Gerhard Werle, Justiz-Strafrecht und polizeiliche Verbrechensbekämpfung im Dritten Reich, S.86ff.

起案件适用了保安处分。然而到了1938年3月，司法部发布指示要求法官们尽可能地采取各种手段来打击惯犯。这一指示带来的效果便是适用保安处分的案件数量再度攀升：1938年达到964起，1939年则有1827名罪犯被采取保安处分措施。战争爆发之后，法院适用保安处分的案件数量出现激增，仅仅1942年，就有7400人被采取保安处分。[1] 按照弗莱斯莱尔的说法，法官与党卫队领导下的警察在打击犯罪分子方面存在着竞争关系：借助保安处分，国家能够部分地消除潜在犯罪分子的窝点和藏身之所，这与警察所采取的"犯罪预防手段"相比，已经算是一个具备法律根据的适当基础了。

在党卫队领导的警察所采取的一系列镇压措施面前，司法机关的保安处分手段可谓是"小巫见大巫"。在希姆莱对警察的组织架构进行重组之后，盖世太保和刑事警察都被归入保安警察，具体由海因里希负责领导，这就使得这两个机构在强化打击犯罪分子的方面有了更加紧密的合作。1937年1月，希姆莱借"德国警察日"的机会发表广播演讲，宣称德国警察的使命在于清除那些无法得到改造的反社会分子。[2] 随后，德国警察便于1937年3月9日发起了一场逮捕行动，共计逮捕了2752名职业罪犯或者性犯罪者，并将他们押往萨克森豪森集中营和达豪集中营，其中没有一起案件是经法官在事前签署了逮捕令的。[3] 直到1937年12月

---

[1] Gruchmann, Justiz im Dritten Reich 1933–1940, S.727ff.
[2] Ralph Angermund, Deutsche Richterschaft 1919–1945, S.164.
[3] Vgl. Gerhard Werle, Justiz-Strafrecht und polizeiliche Verbrechensbekämpfung im Dritten Reich, S.522.

14日，希姆莱才宣布了这次行动的警察法依据，并且直到1938年1月19日才将这一情况告知司法部。此后，德国警察将对下述人员采取预防性拘捕措施：被判处三次以上监禁或劳役刑且每次的刑期不少于三个月；其生活费用完全或部分依赖犯罪行为。此外，与1933年的规定相比，当事人获得救济的可能性也变得微乎其微。在1933年，当犯罪人对施加预防性拘捕的措施提出申诉时，由内政部负责审查，而现在负责审查申诉的机构变成了党卫队控制之下的国家刑事罪犯处（Reichskriminalamt）。在1938年6月，根据海因里希的命令，德国的警察又发起一场针对"反社会分子"的特别行动，也就是所谓的"（清除）国家懒汉"行动（Arbeitsscheu Reich）。[①] 海因里希要求至少抓捕200名懒汉、流浪汉、乞丐、吉卜赛人、皮条客、反抗者、伤人者、非法入侵住宅者以及男性犹太人，然后将他们关押到布痕瓦尔德集中营。这次行动的真实目的是弥补集中营内劳动力的短缺。在实际执行过程中，"国家懒汉"行动抓捕的人数远远超过了海因里希要求的200人，而是达到了4000人。需要注意的是，对于那些已经被司法机关判处短期监禁刑的反社会分子，当警察认为其自由刑的刑期过短时，也会将之抓捕到集中营。据统计，从1937年底到1938年底，关押在集中营的"反社会分子"以及"惯犯"的数量从2484人增加至12921人。

无论是在司法报告中，还是在党卫队保安处提交的情报中，

---

[①] Vgl. Gerhard Werle, Justiz-Strafrecht und polizeiliche Verbrechensbekämpfung im Dritten Reich, S.523.

历史学家都找不到当时的法官们对于警察机构采取前述行动而感到不安的证据。在 30 年代，很多法官或许保有下述看法：党卫队和警察所追求的并不是长期揽持打击犯罪的权力。从另一方面来说，党卫队高层的言论也会对其产生类似的误导。例如，海因里希曾在 1935 年 4 月向警察做出指示：要尊重法院的刑事处罚权，应当尽可能降低对"玷污种族罪"案件的审理程序，只有在那些特别严重的案件中，由于群情激愤，玷污种族罪的犯罪人可能面临危险，盖世太保才有必要采取保护性监禁措施，直到危险消除。不过，法官们显然没有意识到：**警察机构之所以暂时地削弱干预司法的权力，不是因为其打算尊重法院，而仅仅是因为当时党卫队和警察所实施政治行动超出了其能负载的最大程度。**[①] 换言之，一旦党卫队和警察有机会扩大其规模，解决人手不足的问题，便会进一步排挤司法机关。

较之于针对普通犯罪分子的打击，盖世太保在镇压所谓的"国家敌人"（Staatsfeinden）方面表现得尤为激进，也更具攻击性。在纳粹夺权之后的几个月里，盖世太保便将那些在他们看来具有危险性的抗议者和抱怨者关押到集中营，人数多达几千人。在当时的德意志各邦，为了毫不迟疑地根除左翼的国家颠覆者，所有国家法以及各邦立法对于政治警察的限制都被废止了。[②] 例如，普鲁士的司法部部长汉斯·克尔就非常乐于交出司法机关对于政治不法行为的处罚权限。根据 1933 年 5 月 6 日的命令，那些涉嫌

---

[①] Ralph Angermund, Deutsche Richterschaft 1919–1945, S.166ff.
[②] Andréas Schwegel, Der Polizeibegriff im NS-Staat Polizeirecht, Juristische Publizistik und Judikative 1931–1944, S.44ff.

实施敌视国家之行为的人，就算他们没有重大的犯罪嫌疑，在没有得到政治警察同意的情况下，也不得被随意释放。1933年12月20日的另一项命令则更进一步：对于那些被判刑的叛国罪罪犯，司法机关应当将他们交给政治警察；对于那些政治性犯罪的嫌疑人，在司法机关找不到犯罪动机或证据而无法展开进一步侦查的情况下，也应当移交给政治警察。①

在全国的司法管理工作被收归帝国司法部之后，司法部部长居特纳也选择牺牲"法治国"的原则以及司法权限来迁就政治警察对于敌对分子的残酷镇压。②例如，在1935年，为了"镇压共产主义"，居特纳实际上已经放弃了法官对于逮捕的审查权。由于打击叛乱罪和叛国罪的重大国家利益没有被完全地尊重和重视，居特纳在1935年1月5日向法院发布了一则秘密命令，要求其与政治警察展开紧密合作。具体来说，当法官决定撤销对政治犯罪嫌疑人的逮捕令或者由于缺乏证据而不予签发逮捕令时，法官应当立即向政治警察告知相关的情况。这样一来，盖世太保就有机会自行采取羁押措施。③在1935—1936年，针对法院是否有权对政治警察进行刑事处罚的问题，司法部与党卫队的成员展开磋商。一开始，居特纳拒绝放弃司法机关的处罚权并承诺：对于那些在叛乱罪和叛国罪案件的审讯过程中进行严刑逼供的警察，司法机关将不会对之提起刑事诉讼。相应地，政治警察在审讯涉嫌叛国罪和叛乱罪的"共党分子"时，应当进行"必要的自我限

---

① Ralph Angermund, Deutsche Richterschaft 1919–1945, S.169.
② Ibid.
③ Gruchmann, Justiz im Dritten Reich 1933–1940, S.509ff.

制"。① 在1936年底，希姆莱向居特纳表示，他希望地方警察（Ort- und Kreispolizei）今后不再直接将其负责的政治案件交给检察机关，而是要转交给盖世太保。尽管居特纳非常清楚地认识到，如果同意希姆莱的要求，那么他就会因此违反现行法的规定。不过，居特纳认为，为了有效地镇压所有敌视国家的行为，必须促成检察机关与盖世太保之间的紧密合作。因此，他不仅支持希姆莱于1937年2月28日发布的命令，而且还对之做了重要的补充：不仅地方警察要先将案件转交给政治警察，然后由政治警察移交给检察机关，而且检察机关在对涉及政治的内容展开调查时，也要及时地通知盖世太保。② 此外，在1937年初，司法部与盖世太保达成协议，对政治性关押人员的"事后监控"进行制度化的规定。其实，早在双方达成共识之前，很多检察机关就已经开始将那些有待被释放的、犯有叛乱罪的共产党员或者社民党员的信息透露给盖世太保。③ 1937年1月18日，居特纳发布命令：在释放被关押的叛乱罪或叛国罪罪犯前的一个月，检察总长就应当向盖世太保告知相关的情况。不久之后，类似的规定也被扩大适用于"玷污种族罪的罪犯"以及圣经研究者组织的成员。④

不过，居特纳对于盖世太保的退让和妥协主要不是来源于希姆莱的压力，而是可以归因于希特勒。正是由于希特勒本人对于盖世太保的行动非常赞赏，甚至有时候会直接安排他们实施特定

---

① Ralph Angermund, Deutsche Richterschaft 1919–1945, S.170.
② Gruchmann, Justiz im Dritten Reich 1933–1940, S.587ff.
③ Ralph Angermund, Deutsche Richterschaft 1919–1945, S.171.
④ Gruchmann, Justiz im Dritten Reich 1933–1940, S.622.

的任务。在这种情况下,居特纳只能做出牺牲"法治国"原则以及司法机关独立性的选择。另一方面,居特纳作为信奉威权主义的保守派,他本身对于镇压各种国家的敌对力量也抱以极高的热情。当然,居特纳乐于同盖世太保展开合作的根本原因还在于他相信只有在完全根除各种国家与人民的敌人之后,纳粹主义"法治国"才能建立起来。①

党卫队及其掌控的警察组织一步一步地扩大了手中的权力。具体来说,从希特勒夺权开始,1933年2月28日的"国会纵火案法令"为德国政治警察之后的各种行为提供了正当性基础。②不过,希姆莱在1940年4月15日发布了一项通报(Runderlaß)并试图用它来取代"国会纵火案法令",使之成为德国政治警察后续活动的基础:政治警察实施各种措施的权限不是从某一个法律或条例推导出来的,而是来自于毫不留情地镇压各种国家和民族害虫的总任务。③自此之后,只有那些看起来符合盖世太保预期的案件,他们才会援引"国会纵火案法令"并要求法院参与案件的审理。除此之外,党卫队和警察还设立了自己的内部法庭,这意味着,对于党卫队和成员和德国警察所犯的罪行,司法机关根本无权管辖。换言之,司法基本不可能对党卫队和警察形成任何的监督。

此外,盖世太保的领导层发生了重大的人事变动,这也直接影响到盖世太保与司法部的关系。具体来说,党卫队成员维尔

---

① Ralph Angermund, Deutsche Richterschaft 1919–1945, S.171f.
② Gerhard Werle, Justiz-Strafrecht und polizeiliche Verbrechensbekämpfung im Dritten Reich, S.533ff.
③ Ernst S. Carsten und Erardo C. Rautenberg, Die Geschichte der Staatsanwaltschaft in Deutschland bis zur Gegenwart, S.240.

纳·贝斯特与司法部高级官僚约埃尔（Joel）原本是负责政治警察与司法部之间交流和协商工作的，但是由于贝斯特与帝国保安总局的局长海因里希之间存在很多分歧，于是贝斯特被调任到法国军事指挥参谋部（Verwaltungsstab des Militärbefehlshabers）。[①] 接替贝斯特的是党卫队旅队长施特雷肯巴赫（Streckenbach），他后来深度参与了对欧洲犹太人的谋杀。由于贝斯特曾经是法官候补，故而他对法律事务是比较熟悉的，而施特雷肯巴赫对于法律可以说一窍不通。此外，他跟海因里希以及穆勒一样，缺少对司法工作的理解，而且从私人关系说，他跟司法部的约埃尔也完全不熟悉。由于党卫队和司法部力量关系的变化，再加上因人事变动带来的交流不畅，这使得希姆莱与海因里希不愿再顾及司法部的看法。[②] 在他们眼中，法官在政治上根本是不可靠的，并且他们对于"纳粹主义法律思想"也缺乏认知，更为重要的是，司法机关的行动非常迟缓，以上几点都表明了法院根本无法承担在战争期间保障安全与秩序的任务。

1939年战争爆发后，海因里希和希姆莱以德国面临着巨大的外部威胁为借口使党卫队和德国警察摆脱了最后的法律限制。这一时期，政治警察开始对更多的"国家敌人""磨洋工的人"以及"反社会分子"实施抓捕。正如帝国保安局在1939年10月的报告中提到的，与正常状态相比，战争的爆发必然导致盖世太保地位的提升，由他们来实施更多的抓捕行动。此外，在1939年

---

① 关于贝斯特与海因里希之间的分歧，可以参见〔德〕海因茨·赫内：《党卫队——佩骷髅标志集团》，第300页以下。

② Ralph Angermund, Deutsche Richterschaft 1919–1945, S.181.

秋天的一系列案件中，由于盖世太保认为法院总是判刑太轻，直接将拒绝服兵役者予以射杀，并将这一行为称作"对判决的纠正"（Urteilskorrekturen）。① 发生在1939年的"泰尔托银行抢匪案"（Teltower Bankräuber）则是盖世太保直接处决已经由法院判刑的罪犯的典型案例。在该案件中，保罗·拉塔奇（Paul Latacz）和埃尔温·雅各布斯（Erwin Jacobs）试图持枪抢劫柏林泰尔托地区（Teltow）的一家银行，在抢劫行动失败后，他们两人在逃离过程中被一辆出租车撞成重伤。经柏林特别法院审理之后，他们两人被判处十年劳役刑。但宣判后不久，拉塔奇和雅克布斯就被警察射杀了，理由是他们仍试图抵抗。据说，这项命令是希特勒本人亲自下达的。② 根据司法部的统计，截至1942年中期，警察机构对于96起案件的被告人进行了类似的特别处理。这意味着，法院与警察之间的关系完全被反转了。在"法治国"原则下，司法机关可以监督警察权力的行使，以防止个人的权利遭到侵害，而在纳粹统治期间，司法机关反倒成为被监督和纠察的对象。虽然从理论上说，只有法院才有权对犯罪行为进行宣判，但毫无疑问的是，即使在刑事诉讼程序结束并且被告人被宣告无罪的情况下，盖世太保仍然可以对其施加保护性监禁措施。当然，除了这种直接纠正法院判决的做法外，德国警察也会采用"间接纠正"的方式表达他们对于案件审判结果的不满。③ 具体来说，党卫队保安处会将那些"难以理解的刑事判决"寄送给司法部，并请求司法部

---

① Vgl. Gruchmann, Justiz im Dritten Reich 1933–1940, S.675ff.
② 参见〔德〕英戈·穆勒：《恐怖的法官：纳粹时期的司法》，第161—162页。
③ Ralph Angermund, Deutsche Richterschaft 1919–1945, S.182ff.

对它们进行事后审查。尤其是在居特纳死后，由施勒格贝格尔主持司法部的工作期间，很多刑事案件的判决都因党卫队保安处的申诉而被废除，法院会迫于压力做出更为严厉的判决。随着战争的持续，帝国保安总局加强了对法院的监控。1941年5月19日，海因里希向刑事警察与党卫队保安处下达了一项秘密命令，要求他们也要像盖世太保那样，在发现法院判决太轻时立即向负责"负责镇压反对者"（保安总局第四局）的长官海因里希·米勒汇报。具体来说，对于那些根据"健康的民族感情"应被判处死刑的罪犯，如果法院仅仅判处了监禁刑，那么海因里希·米勒就要立即采取干预措施。[①] 例如，在1942年2月和3月份，共有13名被柏林高等法院判刑之后的被告人遭到了政治警察的秘密处决，而法官们大都是在事后通过传言或新闻报道才知晓"对判决的纠正"。

在提拉克被任命为司法部部长之后，司法机关进一步地向党卫队做出妥协和退让。[②] 1942年9月18日，提拉克与希姆莱达成共识：所有由司法部门关押的犹太人、俄国人、乌克兰人以及所有被判处三至八年监禁刑的波兰人和捷克人都应当交由党卫队负责管理，让这些人"以工作的方式加以灭绝"。除此之外，大约有15000名被法院采取保安处分措施或者被判处八年以上劳役刑的罪犯，也适用前述规定。对于那些被判处三年以下劳役刑的德国居民，如果其身体健康且不超过35岁，就应当被送往最危险的前线战场来证明自身的价值。最后，提拉克还放弃了法院对于德国境

---

① Gerhard Werle, Justiz-Strafrecht und polizeiliche Verbrechensbekämpfung im Dritten Reich, S.582ff.
② Konstanze Braun, Dr. Otto Georg Thierack (1889–1946), S.179ff.

内所有"异族劳工"的司法管辖权,转而由警察和党卫队来负责审理与他们相关的案件。在提拉克眼中,异族人与反社会分子都是毫无价值的生命,他们都必须被灭绝,唯有如此才能在欧洲东部创造出更大的"生存空间"。在他看来,这项任务只能由警察来完成,因为他们已经积累了相当丰富的处理经验,反之,当人们要求每一项针对异族人提出的刑事诉讼都必须以死刑判决来终结时,法官内部总是充斥着分歧。①

除此之外,双方还就党卫队和警察对法院判决的纠正行为展开商讨。提拉克明确同意由政治警察对法院进行监督,并且在必要的情况下,政治警察可以向司法部提出申请,来纠正那些处罚太轻的法院判决。不过,如果党卫队感到不满的判决是针对德国公民做出的,提拉克非常坚决的表示:帝国司法部应当有权决定,是否有必要通过警察的"特别处理"来对判决进行事后的改正。②这表明,在提拉克看来,对于"民族同胞"进行刑事处罚乃是德国司法机关的任务。因此,当帝国保安总局提出,在德国居民涉嫌实施政治犯罪或者反社会性质的犯罪行为时应由警察来替代检察院和法院行使职权,提拉克对此加以明确拒绝。③

总体来说,纳粹时期的司法系统与以党卫队和警察为代表的法外权力之间的较量是颇为复杂的,而且在不同阶段也呈现出较大的差异。从党卫队和警察的角度看,以希姆莱和海因里希为代表的纳粹分子希望不断地扩充自身的势力,由他们来取代传统的

---

① Ralph Angermund, Deutsche Richterschaft 1919–1945, S.187.
② Karl Kroeschell, Rechtsgeschichte Deutschlands im 20. Jahrhundert, S.116–17.
③ Ralph Angermund, Deutsche Richterschaft 1919–1945, S.189f.

法院，对社会上的各种犯罪分子进行镇压和处罚，尤其在战争爆发后，党卫队和警察加大了对司法机关的排挤，不断地侵蚀司法权力。从司法机关，尤其是帝国司法部的角度看，在战争爆发之前，对于镇压国家敌人的政治类案件，司法部倾向于同盖世太保展开紧密合作，为此甚至不惜破坏"法治国"的原则；但对于其他刑事案件，法院与警察之间存在一定的竞争关系。此外，按照当时司法界的主流看法，党卫队和警察的所作所为只是为了巩固纳粹政权的权宜之计，等到希特勒的统治稳固之后，纳粹国家的司法状况将恢复常态。然而在战争爆发之后，尤其是提拉克担任司法部部长之后，帝国司法部愿意向党卫队和警察做出更多的妥协，而这背后的原因或许在于，当时的法院难以完全按照希特勒的意愿对德国的抵抗分子与"民族害虫"进行严厉的镇压。对于提拉克来说，纳粹事业的重要性要远远高于司法机关的自主性，因此，他会为了实现纳粹的军事和政治目的而主动向警察让渡司法部门的职权，甚至支持政治警察和党卫队对法院的审判活动进行监督。概言之，在纳粹国家中，司法权与警察权的关系完全被颠倒过来。这也是后人将纳粹德国界定为"警察国家"的主要原因。

# 余论：复兴与回归

纳粹德国的法律与法学具备双重属性，它一方面保留了19世纪以来德国法在形式上、体系上的完整性；另一方面，它相对于政治而言又完全没有独立性可言，彻底沦为强权意志的奴仆。极权主义之下的法律与法学通常并非被动地屈从于权力，而是积极地寻求自我改造，试图通过"法"的外在形式服务于"不法"的内在目的。1945年之后，（联邦）德国的法学界花费了很大的力量去反思这段时间并不算太长，却足以改变世界历史进程的惨痛经历，学者们回归到普遍的正义价值去评价纳粹时代的法律与法学，试图在此基础上重建德国法的未来。在这里，所谓"很大的力量"一方面是指德国法学界在重新组建法学教学和研究秩序的过程中所必须花费的物质力量；另一方面则是指所有的德国法学家彻底否定纳粹德国所构筑的一切信仰，并以内在的、真诚的忏悔面对新的时代发展所必须花费的精神力量。

《告别不法》（Abschiede vom Unrecht）是一本以"二战"后德国法重建为研究对象的著作，作者吕克特描述了从炮火中走出来的德国人在法律认知上的巨大变化：他们首先必须突破纳粹主义为法律与法学所设立的意识形态阀门，然后需要把德国法重新安放在那个历久弥新的价值基座之上，即安放在自由与法治的理念的基座之上。他们的这一行动看似仅仅是在恢复一些旧的事物，但其实也是在创造新的秩序格局。若用一个名词对于这一转变过程进行概括，可以称为"自然法复兴"（Naturrechtsrenaissancen）或是"回归"（Restauration）。[①] 某种程度上，也只有站在"复兴"和"回归"的立场之上，极权主义之"恶"（不法）才能得到全面和细致的清算，德国法才能找回失去已久的灵魂。

德国法学界再一次大张旗鼓地把"正义"（法）的价值评判标准树立起来，使其凌驾于"规范性"（法律）这一在19世纪占据垄断地位的评判标准之上。对于德国法来说，这可以说是一次烈度空前的地震。这同时涉及目标和方法的问题。从目标上来说，此时重谈自然法绝非对于古典正义观念的简单复归，而是要建立一种前所未有的、适应全球政治新局势的现代正义观。从方法上来说，重谈自然法意味着重新评价德意志的全部历史。无论是1933年之前的魏玛德国，还是1919年之前的普鲁士德国，甚至1814年之前的神圣罗马帝国，都亟待一场全新的审视。人们期望通过重新评价历史来重估一切价值。因此，对于战后德国的法学界而言，第一要务便是重新发现德国法，也就是重新挖掘在德意志的各个时代值得被称为"正义"的精神。这样一个以"复兴"和"回归"为目标的运动几乎必然导致"战后法律方法论的断层"，且几乎必然导致"德意志历史形象的重塑"。曾经一度被认为疲弱无能并因此被纳粹夺权的魏玛德国重新成为战后德国的精神复归之地，变得千疮百孔的魏玛宪法则变成了一面富于感召力的旗帜，并且以

---

[①] Joachim Rückert, Abschied vom Unrecht, Mohr Siebeck, 2015, S.3.

崭新的"身体"(波恩基本法)在战后德国扎下根来。从表面上看来,自然法复兴运动具有浪漫主义的一面,但是从另一个方面来说,它又是在冷战这一全球新秩序的"现实主义"的压力之下才涌现出来的思潮。我们可以通过三个镜头立体地观察德国在战后的转变。

镜头一:复兴和回归的运动首先出现在国际法的领域。人权、人道主义及其相关概念的"法律实证化"本身就带有浓重的自然法色彩。由同盟国主导的针对德国战犯的"纽伦堡审判"拉开了这场运动的序幕。1945年8月8日,美、英、法、苏四国签署了《关于控诉和惩治欧洲轴心国主要战犯的协定》(伦敦协定)。作为该协定的附属文件之一,《欧洲国际军事法庭宪章》明确规定了国际军事法庭的人员组成、审理程序,特别重要的是确定了反和平罪、战争罪、反人类罪以及共同策划密谋罪这四项罪名;并且规定,凡犯有此等罪行的人,包括国家领导人,都不得躲在国家豁免权的屏障之后,而是必须为此承担个人责任。1946年9月30日,以赫尔曼·戈林为首的十二名战犯被法庭判处绞刑。这意味着,国家主权不再是绝对的,而是受到来自于人权的严格限制。这一宪章不仅为纽伦堡审判提供了基础性的法律依据,而且通过联合国大会的决议成为很多国家展开"二战"战犯审判的法律依据。在纽伦堡审判之后,《世界人权宣言》《防止及惩治灭绝种族罪公约》《公民权利和政治权利公约》《战争罪以及危害人类罪不适用法定时效公约》等国际性法律文件进一步强化了人权对于国家主权的限制,防止类似人权惨剧的发生。人权和人道主义的概念由此兴起于国际政治领域,作为一种国际通行的正当性话语以及人类基本共识,它们的重要性与日俱增,无可替代。纽伦堡审判是自然法复兴和回归运动的先声。

镜头二：发生在1958年的一个关于纳粹电影导演的轰动性宪法判例揭示出德国国内法向着自然法"复兴"和"回归"的趋势。维特·哈兰在纳粹时代是一名著名的德国编剧和导演，他曾经为纳粹政权拍摄过不少具有政治宣传色彩的电影，但是他在战后的审判中被宣判无罪，而后被强制进行"去纳粹化"的思想改造。1950年，时任汉堡新闻协会主席的埃利希·吕特发现哈兰的名字赫然出现在"德国电影周"的导演名单之中，于是他强烈抵制哈兰及其电影《不朽的爱人》，以防止他们唤起人们对于纳粹时代的记忆。但是，吕特的这一举动却并不合法，因为民法典第826条规定，"以违反善良风俗之方法对他人故意施加损害之人对受害人负有赔偿损害之义务"；对此，吕特援引《基本法》中的表达自由条款进行抗辩。由于地方法院裁决吕特败诉，所以这一案件最终被诉至联邦宪法法院。在吕特案中，联邦宪法法院面临的问题主要有以下三个：第一，能否将宪法适用于私法领域；第二，"一般法律"是否总是能够对基本权利加以限制；第三，如何在基本权利与私法益之间进行权衡。联邦宪法法院最终的判决支持了吕特，指出他的"目的正当"，并且其行为合法地行使了表达自由的基本权利；而在表达自由这一项公民的基本权利与电影公司的商业利益之间，显然是前者应当得到更大的尊重和保障。借助这个判例的说理过程，联邦宪法法院一方面赋予了其自身更为重要的政治地位，另一方面也巩固和强化了《基本法》在民众之中的威信。此外，该判例更重要的价值则在于，它为德国法的发展奠定了"正义"价值的基础——战后德国面临的问题便是如何消除极权主义造成的影响，塑造"正直"的德国精神以防止极权主义在德国再度出现——这将成为一切裁判的首要出发点。[1]

毋庸讳言，吕特案是一场不折不扣的"价值审判"。尽管联邦宪法法院通过这一判决收获了诸多对于今后德国的宪法结构、司法体系乃至政治制度都至关重要的"副产品"，包括基本权利的双重性质理论以及第三人效力理论，[2]但是它之所以能够做出支持吕特的最终裁判，归根结底仍在于吕特的价值观是"正义"的，因而其相关的一切行为便都是值得肯定的。联邦宪法法院以一种"穿透规范性"的眼光来审视吕特案，从而使自身化作唯一有资格对于实证法作出"正当性/合法性"判断的重要的政治机关。因此，无论需要克服多么大的困难，联邦宪法法院都一定要作出对吕特有利的判决，当然它所能够利用的武器便只有以尊重法律形式主义为前提的法律解释，而绝非在法外另行立法的特权，而这恰恰就是吕克特所讲到的战后德国的"自然法复兴"以及"回归"的真实而且具体的体现。

镜头三：如果说吕特案判决体现出战后德国的法律实务界对于自然法复兴的积极态度，那么这一运动在德国法学界的反响则十分集中地体现在古斯塔夫·拉德布鲁赫的身上。拉德布鲁赫深受新康德主义的影响，他在战后借助其法哲学的研究向世人展现了他作为一位人文主义学者的精神世界，因为他最根本的关注点并不是"人如何看待法"的问题，而是"法如何看待人"的问题；也就是说，其最终的落脚点并不是法，而是人。在拉德布鲁赫眼

---

[1] 参见曾尔恕、高仰光：《德国吕特案判决五十年来的社会影响》，《河南省政法管理干部学院学报》2009年第3期，第41—49页。

[2] 张翔主编：《德国宪法案例选释》（第1辑），法律出版社2012年版，第36—37页。

中，纳粹时代的法律与法学之所以是"不法"的，本质上来源于其奉行一种"目中无人"的国家哲学。在《五分钟法哲学》（1945年）一文中，拉德布鲁赫极为扼要地阐明了他关于"什么是法"的看法：第一，极端的法律实证主义造成法与强权的等同；第二，与其说所有对人民有利的都是法，毋宁说仅仅是法的东西才是对人民有利的；第三，法是正义的体现，而正义不过就是一视同仁而已；第四，法是公共利益、法的安全与正义的价值之间的人为权衡；第五，维护法律底线的力量若不再能够来自于神的声音，就只能来自于人的良知。[①] 接下来的几年里，拉德布鲁赫又撰写了《法律的不法和超法律的法》（1946年）、《法哲学入门》（1947年）、《法律思想形式的事物本质》（1948年）等几篇通俗易懂的论文，他试图阐发一种人人都能看懂的法哲学，而这样的法哲学也就为自然法复兴与回归的运动贡献了一篇篇战斗檄文。

联邦宪法法院在吕特案的判决之中，以及拉德布鲁赫在其法哲学之中，都反映出同样的思想倾向，即重新启用早期的"启蒙的现代性"以压倒晚近的"反启蒙的现代性"，以便化解现代性的内在冲突。这也是时代的思想潮流。需看到，从法国启蒙思想直至德国古典哲学，个体的人的尊严在其拥有的财产之上获得了保障，以至于个体的人可以跳脱家庭、社会组织以及宗教对其行动和思考的羁绊。启蒙的现代性取得了完全的胜利，但是反启蒙的现代性则像潜伏在海面之下的巨兽的阴影，虽一直与之保持距离，

---

① 〔德〕拉德布鲁赫：《五分钟法哲学》（1945年），《比较法研究》1997年第4期，第109页。

但又如影随形。[①] 至 19 世纪中叶，国家、民族、资本以及法律这些现代事物都形成了鲜明的"主体性"，简言之，它们都成为以自身为目的而存在的事物，而不是以人为目的而存在的事物。当国家陷于"为了权力而权力"，资本陷于"为了增殖而增殖"，法律陷于"为了规范而规范"，社会陷于"为了理性而理性"的封闭逻辑结构之中时，个体的人的"自然存在"就失去了意义，与这一"自然存在"相关联的权利话语也就失去了意义。而当人在精神上被迫屈从于被这些以"主义"自诩的宏大叙事所俘获的现实，不得已变成其饵料的时候，一场关于人的悲剧也就在所难免了。吊诡的是，就国家、民族、资本、法律这些有可能危及"人之为人"的现代事物而言，它们的主体性恰恰来源于早期现代性理论对于个体的人的主体性的阐发。当各种宏大叙事的主体性渐渐变得充盈，并凭借其强大的身躯变得势不可挡，那些倾向于正当化其现实存在的现代性理论就得以彰显，反理性和反自然权利正是这些理论的突出特征。联邦宪法法院和拉德布鲁赫所希望做的，不过是把那个渐渐被遗忘的个体的人重新拉回舞台中央，视其为一种根本目的，使其重新拥有对于国家、民族、资本、法律的必要的制约力量。人的尊严成为波恩基本法所尊奉的核心价值，某种程度上来说，这正是建立在世人对于纳粹德国法律与法学的"不法"（Unrecht）属性这一不可撼动的历史评价之上。

然而，时至 20 世纪 80 年代，即两德合并前夕，受当时复杂的

---

[①] 关于与启蒙主义相伴随、相针对的反启蒙的思想脉络，参见〔以〕泽夫·斯汤奈尔：《反启蒙：从 18 世纪到冷战》，张引弘、甘露译，华东师范大学出版社 2021 年版。

国际政治形势的影响，一股历史修正主义（historical revisionism）的风潮在学术界甚嚣尘上。[1] 以米夏埃尔·施蒂默尔（Michael Stürmer）和恩斯特·诺尔特（Ernst Nolte）为代表的一批德国右翼历史学家试图为纳粹当年的所作所为进行辩解。1986年，他们先后在右翼言论重镇《法兰克福汇报》（Frankfurter Allgemeine Zeitung）上发表题为《历史虚无之地》（4月25日）与题为《不愿过去的过去》（6月6日）的文章，其主要观点是认为纳粹主义在德国的兴起在很大程度上应归因于俄国十月革命刺激之下的连锁反应，而任凭国家滑向极权主义则是德国人出于对苏联政权的极大恐惧而不得不作出的一种为求自保的政治选择。[2] 这种关于纳粹起源的奇特解读虽然在表面上并未直接否认纳粹德国的"不法"属性，但是其中显然包含着一种为纳粹主义开脱历史责任的倾向。除此之外，右翼历史学家还尝试对于反犹主义、集中营、大屠杀等令人发指的暴力行径进行申辩，试图把历史责任归咎于苏联。[3] 在国际上，施蒂默尔与诺尔特等人的言论迎合了冷战时期西方阵营的话语；在德国国内，这些言论得到了以科尔为代表的德国右翼政客的支持。显然，这已经超越了学术的边界，而是伪装成学

---

[1] 国内关于这一主题的讨论主要有如下几篇文章。参见匡宇：《德国历史学家之争：对历史修正主义的批判与辩护》，《北京师范大学学报（社会科学版）》2014年第4期，第76—83页；卢晓娜：《良心与使命之间：战后德国历史学家的纳粹史叙事转变》，《史学集刊》2019年第6期，第115—125页；孙文沛、阮一帆：《战后德国历史修正主义思潮评析》，《马克思主义研究》2020年第3期，第135—145页。

[2] Ernst Nolte, Der Europäische Bürgerkrieg (1917–1945): Nationalsozialismus und Bolschewismus, Propyläen, 1987, S. 99–100.

[3] 与诺尔特一同站在右翼阵营之中的历史学家还有纽伦堡大学教授赫尔穆特·迪瓦尔德（Hellmut Diwald）、科隆大学教授希尔格鲁贝尔（Andreas Hillgruber）等人。

术研究的政治诉求，即号召人们重新评价纳粹德国的历史，其目的在于帮助即将走向统一的德国卸下这一历史包袱，重新发展一种以民族主义为中心的权力意识与国家意识，使德国回复所谓的"正常国家"的地位，并以"正常"的姿态重新融入国际社会。

在这场关于纳粹主义的"历史学家大论战"（Historikerstreit）之中，德国哲学家于尔根·哈贝马斯（Jürgen Habermas）旗帜鲜明地站在了捍卫主流话语的立场之上。1986年7月11日，他在《时代周报》（Die Zeit）发表《一种创伤弥补的技艺》（Eine Art Schadensabwicklung）一文，其副标题为"德国当代史书写中的忏悔倾向"（Die apologetischen Tendenzen in der deutschen Zeitgeschichtsschreibung），戳穿了右翼历史学家试图运用"哲学式的历史书写"玩弄历史的把戏。同年11月7日，哈贝马斯在相同刊物再次发表题为《论历史学的公共用途》（Vom öffentlichen Gebrauch der Historie）的文章，回应那些针对"忏悔倾向"提出的批评意见，提醒在思想多元化的开放社会任由历史修正主义发展的极端危险性。[①]哈贝马斯抛出的这两篇战斗檄文迅速使得为数众多的左翼历史学家团结在其周围，他们坚定地对纳粹主义持批判立场，有效地阻止了右翼势力借历史评价之名颠覆波恩基本法核心价值的政治企图。这样的呼声在立法方面取得了重大成果。德国联邦议院于1994年修订《刑法典》时对于第130条"煽动民众罪"（Volksverhetzung）增设了第3款规定："公开地或在集会上

---

[①] 孙、阮的文章对于哈贝马斯发表于时代周刊的第一篇文章的标题翻译不够准确；另此文关于第二篇文章发表时间的说明有误，其并非10月7日，而是11月7日。参见孙文沛、阮一帆：《战后德国历史修正主义思潮评析》，《马克思主义研究》2020年第3期，第137页。

赞同、淡化或粉饰《国际刑法典》（Völkerstrafgesetzbuches）第 6 条第 1 款所述之纳粹主义所犯罪行，其方式足以扰乱公共和平的，处 5 年以下徒刑或罚金刑。"这项立法为这一时期历史修正主义的思潮画上了休止符。

进入 21 世纪之后，新的历史修正主义初露端倪，它表现为一种建立在"受害者情结"之上的历史叙事。一批作家试图通过"二战"后期盟军对于德累斯顿以及纽伦堡等城市的狂轰滥炸唤起民众对于德国苦难的同情，并借题发挥，指责盟军的"暴行"在性质上与纳粹主义并无本质的区别。[①]另外一种为纳粹历史翻案的行径则更为直接，德国的新纳粹分子每年都定时聚集在巴伐利亚州文西德尔市（Wunsiedel）的鲁道夫·赫斯墓地周围举行纪念活动，大有把这个在纽伦堡审判中定性为战犯的纳粹领导人塑造为民族英雄和国家烈士的势头。为了防止纳粹主义沉渣泛起，德国联邦议院在 2005 年 3 月再次修订《刑法典》第 130 条，并增设了第 4 款，规定"公开或者在集会中，支持、颂扬纳粹暴政或者为纳粹暴政进行辩护，并因此而以侵犯牺牲者的尊严的方式破坏公共和平的，处以三年以下徒刑或罚金刑。"由于纪念活动受阻，集会组织者先是向行政法院提起行政诉讼，后又于 2008 年向联邦宪法法院提起了宪法诉愿，针对《刑法典》第 130 条第 4 款提出违宪指控。2009 年 11 月，联邦宪法法院驳回了该宪法诉愿，明确

---

① 这批作家包括约尔格·弗里德里希（Jörg Friedrich）、科拉·斯特凡（Cora Stephan）、罗尔夫·迪特尔·米勒（Rolf Dieter Müller）等人，他们并不是专业的历史学家，其撰写风格更趋近于纪实文学。参见孙文沛、阮一帆：《战后德国历史修正主义思潮评析》，《马克思主义研究》2020 年第 3 期，第 138—139 页。

指出《刑法典》第 130 条第 4 款符合《基本法》，行政法院适用该条款也不存在任何争议。这一判决意味着，首先，以"支持、颂扬纳粹暴政或者为纳粹暴政进行辩护"的言论并不属于《基本法》第 5 条言论自由保护的范围，因为否定纳粹屠杀并不是纯粹的"事实论断"（Tatsachenbehauptung），而是伪装成为"事实论断"的价值判断（Werturteil），因而不能受到言论自由条款的保护；其次，《刑法典》第 130 条第 4 款虽然不属于《基本法》第 5 条明文规定的可以对言论自由加以限制的"一般性法律"或"有关青少年保护及个人名誉"的特别法，但是《基本法》第 5 条可以被认为还包括"达成其他未言明的必要目的"的特别法，例如以"阻止对纳粹在 1933—1945 年的暴政的肯定和宣扬"为目的的特别法，而《刑法典》第 130 条第 4 款显然符合这一特别目的，并且适用该条款并不会导致言论自由条款的落空。可以说，为了作出驳回诉愿的判决，联邦宪法法院不惜最大程度地利用其解释权限，相当于为《基本法》第 5 条专门增添了额外的内容，以满足《刑法典》第 130 条第 4 款的合法性论证的需求。这表明，联邦宪法法院仍旧把《基本法》视为一个与纳粹主义完全相反的所谓"对立方案"（Gegenentwurf）。[1] 人们可以明确地感知到"反纳粹主义"属于当代德国宪法精神之中一个极为重要的组成部分，也可以明确地感知到为《基本法》所携带的强烈的自然正义论的属性。

　　法律如何"让人成为人"？这不仅是一个来自于历史纵深的诘问，而且是一个事关当下及未来的人类命运的重要议题。无论

---

[1] 张翔主编：《德国宪法案例选释》（第 2 辑），法律出版社 2016 年版，第 245—256 页。

是纽伦堡审判所确立的国际法原则，或是拉德布鲁赫在其法哲学中阐发的法的精神，还是联邦宪法法院自 20 世纪 50 年代冷战时期直至两德合并之后的一以贯之的裁判理念，都在反复强调着，并竭力追求着同样的价值，即"让人成为人"。这看起来如此简单，却又如此难以转换为社会现实，因为"让人成为人"不仅意味着保障一个个具体的人获得必要的衣食条件和安全秩序，更重要的是使抽象的"人"获得孑然自立的精神力量。诚如阿伦特所言，"通向极权统治之路的第一步，就是毁掉人所具有的法律人格"，[1] 因而自然法复兴与回归的目的就是让抽象的"人"回归法律的论域。然而，困难在于，在弘扬人文精神的同时，法律还要确保自身的独立品性不被湮灭，不被各种打着正义旗号的、形而上的"人文主义修辞"所架空，确保其与公权力连接在一起的权威性和中立性不致被削弱，确保其调整社会的诸多功能不致发生萎缩，防止"人"的概念化和抽象化造成对于每一个具体的人的具体权利的无限制的克减。纳粹的历史已经清晰地证明，一旦否定构成人的两个层面中的任何一个层面，或是把人视为动物来对待，或是把人视为纯粹的精神，就会招致疯狂的后果。[2] 因此，为了能够"让人成为人"，法律首先要"让法成为法"。在这个意义上，"自然法复兴"与"回归"并不是一场"复古"的运动，毋宁说，它仍然是一场旨在对现代性进行补充和修正的运动。

时至今日，那些曾经在纳粹统治之下蒙受人道主义灾难的亲

---

[1] 〔德〕汉娜·阿伦特：《极权主义的起源》，林骧华译，初版序，第 185 页。
[2] 参见〔法〕阿兰·苏彼欧：《法律人：试论法的人类学功能》，郑爱青译，中国政法大学出版社 2019 年版，第 5 页。

历者们已经纷纷谢世，集体记忆开始从"交往记忆"的形式向着"文化记忆"发生转变，正如扬·阿斯曼在 1992 年所言："近十年来，曾亲历过希特勒对犹太人的迫害和屠杀、拥有创伤经历的那代人，正在陷入这种境况。那些回忆在今天还是活生生的，到了明天就只能借助于媒介进行传播。"[①]就法律与法学而言，问题的严重性在于，对于仅仅从书报、电影之中了解纳粹历史的新时代的人们来说，自然法的复兴与回归不再是触手可及的法律变革，而是又披上了一层形而上的、神秘主义的面纱，变成一种人人都在理性层面知道其正确性，却在感性层面与之存在偌大距离感的事物。正因如此，深入细致地了解纳粹主义是什么、主张了什么、做了什么，纳粹政权制定和实施了怎样的法律，又如何通过改造法学赋予绝对的"不法"以完全的合法性，才具有无比重要的意义。这些知识是非亲历者建立集体记忆的基本素材。以色列学者莫塞赫·齐默曼（Mosher Zimmermann）意味深长地说："法律人最应该了解这一教训。"[②]这句话揭示出法律人在保障人的尊严、捍卫社会正义等问题上肩负着重大的责任，却也暗暗流露出一个担忧，那就是法律人在精神上的脆弱性常常导致他们在立场上的易变性。齐默曼此言可以为本书画上句号。

---

① 〔德〕扬·阿斯曼：《文化记忆》，金寿福、黄晓晨译，北京大学出版社 2015 年版，第 44—45 页。

② Michael Stolleis, *The Law under the Swastika: Studies on Legal History in Nazi Germany*, trans. by Thomas Dunlap, p.xiii.

# 附录一
# 纳粹时期的刑事单行立法

| 颁布时间 | | 法律名称 | |
|---|---|---|---|
| 1933 年 | 2 月 28 日 | Verordnung des Reichspräsidenten zum Schutz von Volk und Staat ("Reichsbrandverordnung") | 《保护国家与人民的帝国总统法令》("国会纵火案法令") |
| | 2 月 28 日 | Verordnung des Reichspräsidenten gegen Verrat am deutschen Volke und hochverräterische Umtriebe | 《反背叛德意志人民与密谋叛乱的帝国总统法令》 |
| | 3 月 21 日 | Verordnung des Reichspräsidenten zur Abwehr heimtückischer Angriffe gegen die Regierung der nationalen Erhebung ("Heimtücke-Verordnung") | 《抵抗秘密攻击当权政府条例》("密谋条例") |
| | 3 月 29 日 | Gesetz über Verhängung und Vollzug der Todesstrafe | 《关于施加和执行死刑的法律》 |
| | 4 月 4 日 | Gesetz zur Abwehr politischer Gewalttaten | 《抵抗政治性暴力活动的法律》 |
| | 5 月 19 日 | Gesetz zum Schutz der nationalen Symbole | 《保护国家标志法》 |
| | 5 月 26 日 | Gesetz zur Abänderung strafrechtlicher Vorschriften | 《关于修改刑法规定的法律》 |
| | 6 月 12 日 | Gesetz gegen Verrat der Deutschen Volkswirtschaft | 《反背叛德意志国民经济法》 |
| | 7 月 14 日 | Gesetz gegen die Neubildung von Parteien | 《禁止组建新政党法》 |
| | 10 月 13 日 | Gesetz zur Gewährleistung des Rechtsfriedens | 《保障法律和平法》 |

续表

| 颁布时间 | | 法律名称 | |
|---|---|---|---|
| 1933 年 | 11 月 24 日 | Gesetz gegen gefährliche Gewohnheitsverbrecher und über Maßregeln der Sicherung und Besserung | 《反危险惯犯及安保处分与改造法》 |
| | 12 月 1 日 | Gesetz zur Sicherung der Einheit von Partei und Staat | 《保护党国一体法》 |
| 1934 年 | 4 月 24 日 | Gesetz zur Änderung von Vorschriften des Strafrechts und des Strafverfahrens | 《关于修改刑法及刑事诉讼程序的法律》 |
| | 12 月 20 日 | Gesetz gegen heimtückische Angriffe auf Staat und Partei und zum Schutz der Parteiuniformen | 《反秘密攻击国家与党及保护纳粹党制服法》 |
| 1935 年 | 6 月 28 日 | Gesetz zur Änderung des Strafgesetzbuches | 《关于修改刑法典的法律》 |
| | 9 月 15 日 | Gesetz zum Schutze des deutschen Blutes und der deutschen Ehre（"Blutschutzgesetz"） | 《保护德意志血统和德意志尊严法》（"血统保护法"） |
| 1936 年 | 6 月 22 日 | Gesetz gegen erpresserischen Kindesraub | 《禁止以勒索为目的拐卖儿童法》 |
| | 7 月 2 日 | Gesetz zur Änderung des Strafgesetzbuches | 《关于修改刑法典的法律》 |
| | 12 月 1 日 | Gesetz gegen Wirtschaftssabotage | 《反破坏经济法》 |
| 1937 年 | 4 月 7 日 | Gesetz zum Schutze von Bezeichnungen der Nationalsozialistischen Deutschen Arbeiterpartei | 《保护德意志国家社会主义工党（纳粹党）标志法》 |
| 1938 年 | 4 月 22 日 | Verordnung gegen die Unterstützung der Tarnung jüdischer Gewerbebetriebe | 《禁止协助隐瞒犹太工商企业的条例》 |
| | 4 月 26 日 | Verordnung über die Anmeldung des Vermögens von Juden | 《犹太人财产登记条例》 |
| | 6 月 22 日 | Gesetz gegen Straßenraub mittels Autofallen | 《禁止以设置路障拦截汽车的方式拦路抢劫法》 |

续表

| 颁布时间 | | 法律名称 | |
|---|---|---|---|
| 1938年 | 8月17日 | Zweite Verordnung zur Durchführung des Gesetzes über die Änderung von Familiennamen und Vornamen | 《〈修改姓氏和名字法〉的实施条例（二）》 |
| | 10月5日 | Verordnung über Reisepässe von Juden | 《犹太人护照条例》 |
| | 11月12日 | Verordnung über eine Sühneleistung der Juden deutscher Staatsangehörigkeit | 《德国籍犹太人赎罪款条例》 |
| | 11月12日 | Verordnung zur Wiederherstellung des Straßenbildes bei jüdischen Gewerbebetrieben | 《关于恢复犹太工商企业街景的条例》 |
| 1939年 | 9月1日 | Verordnung über außerordentliche Rundfunkmaßnahmen | 《特别电台广播措施条例》 |
| | 9月1日 | Euthanasiebefehl | 《执行安乐死的元首命令》 |
| | 9月5日 | Verordnung gegen Volksschädlinge（"Volksschädlingsverordnung"） | 《针对人民害虫条例》（"人民害虫条例"） |
| | 11月25日 | Verordnung zur Ergänzung der Strafvorschriften zum Schutz der Wehrkraft des deutschen Volkes | 《关于保护德意志民族军事力量的刑法规定的补充条例》 |
| | 12月5日 | Verordnung gegen Gewaltverbrecher | 《反暴力罪犯条例》 |
| 1940年 | 3月12日 | Verordnung zum Schutze des Reichsarbeitsdienstes | 《保护国家劳役团条例》 |
| | 3月29日 | Verordnung zum Schutze der Metallsammlung des deutschen Volkes | 《保护德意志民族金属采集的条例》 |
| | 4月2日 | Verordnung zur Änderung der Strafvorschriften über fahrlässige Tötung, fahrlässige Körperverletzung und Flucht bei Verkehrsunfällen | 《关于修改过失致人死亡、过失致人重伤与交通肇事逃逸刑法规定的条例》 |
| | 5月6日 | Verordnung über den Geltungsbereich des Strafrechts | 《关于刑法适用范围的条例》 |
| | 5月11日 | Verordnung über den Umgang mit Kriegsgefangenen | 《关于处理战俘的条例》 |

续表

| 颁布时间 | | 法律名称 | |
|---|---|---|---|
| 1941年 | 9月4日 | Gesetz zur Änderung des Reichsstrafgesetzbuchs | 《关于修改刑法典的法律》 |
| | 12月4日 | Verordnung über die Strafrechtspflege gegen Polen und Juden in den eingegliederten Ostgebieten（"Polenstrafrechtspflegeverordnung"） | 《对东部合并区的波兰人和犹太人进行刑事监管的条例》（"波兰刑法条例"） |
| | 12月23日 | Verordnung des Führers zum Schutze der Sammlung von Wintersachen für die Front | 《保障前线冬季物资采集的元首命令》 |
| 1942年 | 3月21日 | Verordnung des Führers zum Schutze der Rüstungswirtschaft | 《保障军备经济的元首命令》 |
| | 4月9日 | Verordnung zur Erweiterung und Verschärfung des strafrechtlichen Schutzes gegen Amtsanmaßung | 《关于扩大和加强对滥用职权刑法保障的条例》 |
| | 11月22日 | Gesetz zur Ergänzung der Vorschriften gegen Landesverrat | 《关于补充叛国罪规定的法律》 |
| 1943年 | 3月9日 | Verordnung zum Schutz von Ehe, Familie und Mutterschaft | 《保护婚姻、家庭和母亲地位的条例》 |
| | 3月18日 | Verordnung zur Durchführung der Verordnung zum Schutze von Ehe, Familie und Mutterschaft | 《关于"保护婚姻、家庭和母亲的条例"的实施条例》 |
| | 5月29日 | Verordnung zur Angleichung des Strafrechts des Altreichs und der Alpen- und Donau-Reichsgaue | 《协调帝国刑法与阿尔卑斯和多瑙-帝国行政区刑法的条例》 |
| | 5月29日 | Verordnung zur Durchführung der Verordnung zur Angleichung des Strafrechts des Altreiches und der Alpen- und Donau-Reichsgaue | 《关于〈协调帝国刑法与阿尔卑斯和多瑙-帝国行政区刑法的条例〉的实施条例》 |

续表

| 颁布时间 | | 法律名称 | |
|---|---|---|---|
| 1944年 | 1月20日 | Zweite Verordnung zur Durchführung der Verordnung zur Angleichung des Strafrechts des Altreiches und der Alpen- und Donau-Reichsgaue | 《关于〈协调帝国刑法与阿尔卑斯和多瑙-帝国行政区刑法的条例〉的实施条例（二）》 |
| | 8月25日 | Verordnung zur Sicherung des totalen Kriegseinsatzes | 《保障战争总投入的条例》 |
| | 9月20日 | Gesetz zur Änderung der Vorschriften gegen Landesverrat | 《关于修改叛国规定的法律》 |
| 1945年 | 1月26日 | Verordnung zur Sicherung des Fronteinsatzes | 《保障战争前线投入的条例》 |
| | 2月24日 | Verordnung über das Strafrecht des Deutschen Volkssturms (Volkssturm-Strafrechtsverordnung, VoStVo) | 《德意志人民冲锋队刑法条例》 |

# 附录二
# 纳粹时期民法典条文的变动

第一编：总则

 第一章：人

  第一节：自然人

   第 13—20 条被废止（1939）

  第二节：法人

   第一款：社团

    第一目：通则

     第 23、33 条被修改（1934）

     第 43 条被修改（1933）

     第 53 条被修改（1935）

    第二目：登记社团

     第 61 条被修改（1933）

   第二款：基金会

    第 80 条被修改（1934）

 第五章：消灭时效

  第 223 条被修改（1940）

 第七章：提供担保

  第 232 条被修改（1940）

第二编：债之关系法

第一章：债之关系之内容

第二节：债权人迟延

第 303 条被修改（1940）

第三章：债之关系的消灭

第二节：提存

第 383 条被修改（1940）

第四章：债权之让与

第 401 条被修改（1940）

第五章：债务承担

第 418 条被修改（1940）

第六章：各种之债

第一节：买卖、互易

第一款：通则

第 435、439、446、449 条被修改（1940）

第三款：特种买卖

第三目：优先承买

第 509 条被修改（1940）

第三节：使用租赁、收益租赁

第一款：使用租赁

第 573、574 条被修改（1933）

第 580a 条被修改（1940）

第七节：承揽合同

第 648 条被修改（1940）

第十八节：保证

　　第 776 条被修改（1940）

第二十五节：侵权行为

　　第 835、840 条被修改（1934）

第三编：物权编

　第三章：所有权

　　第三节：动产所有权之取得及丧失

　　　第一款：让与合意

　　　　第 929a、932a、936 条被修改（1940）

　　　第四款：遗失物之拾得与埋藏物之发现

　　　　第 965、973、974 条被修改（1943）

　第五章：役权

　　第二节：用益权

　　　第一款：地上用益权

　　　　第 1032 条被修改（1940）

　　　第二款：权利用益权

　　　　第 1082 条被修改（1940）

　第八章：抵押权、土地债务、土地定期债务

　　第一节：抵押权

　　　第 1123、1124 条被修改（1933）

　　　第 1128 条被修改（1942）

　第九章：动产质权与权力质权

　　第一节：动产质权

第 1259—1272 条被修改（1940）

第二节：权利质权

第 1287 条被修改（1940）

第四编：亲属编

第一章：民法之婚姻

第二节：结婚

第 1315、1320、1322 条被修改（1934）

第 1310 条被修改（1938）

第 1303—1322 被废止（1938）

第三节：婚姻之无效与撤销

第 1325a 条被修改（1933）

第 1327 条被修改（1938）

第 1323—1347 条被废止（1938）

第四节：死亡宣告后之再婚

第 1348—1352 条被废止（1938）

第六节：夫妻财产制

第一款：法定财产制

第二目：管理与使用

第 1392 条被修改（1933）

第四目：管理与使用的终止

第 1423 条被修改（1940）

第二款：约定财产制

第二目：一般共同财产制

第 1438、1445 条被修改（1940）

第 1478 条被修改（1938）

第四目：动产共同财产制

第 1551 条被修改（1940）

第七节：离婚

第 1564—1587 条被废止（1938）

第二章：亲属

第二节：血统起源

第 1593—1596、1598、1599 条被修改（1938）

第 1593、1595a、1956、1597、1600 条被修改（1943）

第三节：扶养义务

第 1608、1609 条被修改（1938）

第四节：婚生子女的法律地位

第一款：父母与子女间之一般法律关系

第 1621 条被修改（1938）

第二款：亲权

第一目：父之亲权

第 1635—1637 条被修改（1938）

第 1643、1663 条被修改（1940）

第五节：无效婚姻所生子女的法律地位

第 1699、1703 条被修改（1933）

第 1699—1704 条被废止（1938）

第七节：非婚生子女的准正

第一款：因事后婚姻之准正

第 1721 条被修改（1938）

第二款：准正宣告

第 1723 条被修改（1934）

第 1732、1735、1375a 条被修改（1938）

第八节：收养

第 1745 条被修改（1933）

第 1754、1770 条被修改（1934）

第 1756、1770、1771 条被修改（1938）

第三章：监护

第一节：未成年人之监护

第二款：监护之执行

第 1795、1821 条被修改（1940）

第 1808、1814 条被修改（1933）

第二节：成年人之监护

第 1899、1900 条被修改（1938）

第五编：继承编

第一章：继承之顺序

第 1933 条被修改（1938）

第二章：继承人之法律地位

第二节：继承人对遗产债务之责任

第 1980 条被修改（1935）

第三章：遗嘱

第一节：通则

第 2064、2077 条被修改（1938）

第三节：后位继承人之指定

　　第 2113、2114、2135 条被修改（1940）

　　第 2116 条被修改（1933）

第四节：遗赠

　　第 2168a 条被修改（1940）

第七节：遗嘱之订立及废止

　　第 2229—2264 条被废止（1938）

第八节：共同遗嘱

　　第 2265—2267、2272、2273 条被废止（1938）

第四章：继承契约

　　第 2274—2277、2300 条被废止（1938）

# 附录三

# 纳粹时期的民商事单行立法

| 颁布时间 | | 法律名称 |
|---|---|---|
| 1933年 | 5月26日 | 《没收共产分子财产法令》（Gesetz über die Einziehung kommunistischen Vermögens） |
| | 6月21日 | 《汇票法》（Wechselgesetz） |
| | 7月14日 | 《关于没收人民和国家敌人之财产法令》（Gesetz über die Einziehung volks- und staatsfeindlichen Vermögens） |
| | | 《撤销入籍和剥夺德意志国籍法》（Gesetz über den Widerruf von Einbürgerungen und die Aberkennung der deutschen Staatsangehörigkeit） |
| | | 《预防患遗传病新生儿法》（Gesetz zur Verhütung erkranken Nachwuchses） |
| | 8月14日 | 《支票法》（Scheckgesetz） |
| | 9月23日 | 《帝国农庄法》（Reichserbhofgesetz） |
| | 11月23日 | 《反滥用结婚和收养制度的法令》（Das Gesetz gegen Mißbräuche bei der Eheschließung und der Annahme an Kindesstatt） |
| 1934年 | 2月16日 | 《电影法》（Lichtspielgesetz） |
| | 4月15日 | 《火葬法》（Gesetz über Feuerbestattung） |
| | 4月24日 | 《军事联合功能领域法》（Gesetz über die FGG in der Wehrmacht） |
| | 10月9日 | 《关于解散和撤销公司与合作社的法律》（Gesetz über die Auflösung und Löschung von Gesellschaften und Genossenschafen） |
| | 12月13日 | 《反滥用强制执行法》（Vollsteckungsmißbrauchsgesetz） |

续表

| 颁布时间 | | 法律名称 |
|---|---|---|
| 1935年 | 3月29日 | 《为军事目的实施的土地收购法》（Gesetzes über die Landbeschaffung für Zwecke der Wehrmacht） |
| | 8月8日 | 《关于土地登记的实施条例》（Ausführungsverordung zur Grundbuchordnung） |
| | 9月15日 | 《保护德意志人民遗传健康法》（Gesetz zum Schutz der Erbgesundheit des deutschen Volkes），也称"婚姻健康法"（Ehegesundheitsgesetz） |
| | 10月18日 | 《保护德意志血统和德意志尊严法》（Gesetz zum Schutze des deutschen Blutes und der deutschen Ehre） |
| 1936年 | 5月5日 | 《专利法》（Patentgesetz） |
| | 11月26日 | 《平稳物价条例》（PreisstopVO） |
| | 12月21日 | 《农庄法条例》（Erbhofrechtsverordnung） |
| 1937年 | 1月30日 | 《股份公司法》（Aktiengesetz） |
| | 3月10日 | 《存款条例》（Hinterlegungsordnung） |
| | 10月27日 | 《民事诉讼法修正案》（ZPO-Novelle） |
| | 11月5日 | 《基于违反共同体的行为而施加的财产权限制法》 |
| | 11月25日 | 修改1920年《归乡住宅法》（Reichsheimstättengesetz） |
| 1938年 | 4月26日 | 《犹太人财产登记条例》（Verordnung über die Anmeldung des Vermögen von Juden） |
| | 5月31日 | 《查禁腐化堕落艺术作品法》（Gesetz über Einziehung von Erzeugnissen entarteter Kunst） |
| | 7月6日 | 《统一奥地利各邦与帝国其他地区之结婚与离婚法》（Gesetz zur Vereinheitlichung des Rechts der Eheschließung und der Ehescheidung im Lande Österreich und im übrigen Reichsgebiet），也称"婚姻法" |
| | 7月31日 | 《关于订立遗嘱和继承契约的法律》（Gesetz über die Errichtung von Testamenten und Erbverträgen），也称"遗嘱法" |
| | 11月12日 | 《德国籍犹太人赎罪款条例》（Verordnung über eine Sühneleistung der Juden deutscher Staatsangehörigkeit） |

续表

| 颁布时间 | | 法律名称 |
|---|---|---|
| 1938年 | 12月3日 | 《使用犹太人财产条例》（Verordnung über den Einsatz des jüdischen Vermögen） |
| 1939年 | 4月30日 | 《涉及犹太人的租赁关系法》（Gesetz über Mietverhältnisse mit Juden） |
| | 7月4日 | 《宣告失踪法》（Verschollenheitsgesetz） |
| | 11月4日 | 《婚姻状况法实施条例（三）》（3.AVO zum PStG） |
| 1940年 | 10月15日 | 《船舶法》（Schiffrechtegesetz） |
| 1942年 | 12月15日 | 修改1923年《承租人保护法》（Mieterschutzgesetz） |
| 1944年 | 10月4日 | 《继承调整条例》（Erbregelungsverordung） |

# 附录四
# 纳粹时期的经济、劳动与社会立法

| 颁布时间 | | 法律名称 |
| --- | --- | --- |
| 1933年 | 3月1日 | 《国家总统关于疾病保险的命令》(Verordnung des Reichspräsidenten über Krankenversicherung) |
| | 3月17日 | 《对医疗保险进行重组的第一项命令》(Erste Verordnung zur Neuordnung der Krankenversicherung) |
| | 5月12日 | 《保护零售商的法律》(Gesetz zum Schutze des Einzelhandels) |
| | 5月18日 | 《社会保险及帝国照顾机构名誉公职法》(Gesetz über die Ehrenämter in der sozialen Versicherung und der Reichsversorgung) |
| | 5月19日 | 《劳动监察官法》(Gesetz über die Treuhänder der Arbeit) |
| | 6月1日 | 《创造就业纲领》(Arbeitsbeschaffungsprogramm),也称"第一项莱因哈特纲领" |
| | | 《减少失业人数的法律》(Gesetz zur Verminderung der Arbeitslosigkeit) |
| | 9月1日 | 《创造就业第二纲领》(Arbeitsbeschaffungsprogramm Ⅱ),也称"第二项莱因哈特纲领" |
| | 9月21日 | 《减少失业人数的第二项法律》(Zweite Gesetz zur Verminderung der Arbeitslosigkeit) |
| | 11月29日 | 《德意志手工业暂行组织法》(Gesetz über den vorläufigen Aufbau des deutschen Handwerks) |
| | 12月7日 | 《残障、职员及矿工保险给付能力保障法》(Gesetz zur Erhaltung der Leistungsfähigkeit der Invaliden-, der Angestellten- und der knappschaftlichen Versicherung) |

续表

| 颁布时间 | | 法律名称 |
|---|---|---|
| 1933 年 | 12 月 28 日 | 《关于医疗保险中药品报销比例的法令》(Verordnung über den Arzneikostenanteil in der Krankenversicherung) |
| 1934 年 | 1 月 20 日 | 《国民劳动秩序法》(Gesetz zur Ordnung der nationalen Arbeit) |
| | 2 月 27 日 | 《筹备德意志经济之有机结构法》(Gesetz zur Vorbereitung des organischen Aufbaus der deutschen Wirtschaft) |
| | 7 月 5 日 | 《社会保险重组法》(Gesetz über den Aufbau der Sozialversicherung) |
| 1935 年 | 6 月 28 日 | 《关于医疗保险中产期补助和产后恢复照顾的法律》(Gesetz über Wochenhilfe und Genesendenfürsorge in der Krankenversicherung) |
| 1936 年 | 8 月 | 《关于新四年计划的备忘录》(Denkschrift zum Vierjahresplan) |
| | 10 月 28 日 | 《关于实施四年计划的法令》(Verordnung zur Durchführung des Vierjahresplanes) |
| | 12 月 1 日 | 《希特勒青年团法》(Gesetz über die Hitlerjugend) |
| | 12 月 16 日 | 《关于扩大事故保险职业病保护范围的第三项法令》(Dritte Verordnung über Ausdehnung der Unfallversicherung auf Berufskrankheiten) |
| | 12 月 23 日 | 《关于修改国家保险部分规定的法律》(Gesetz über die Änderung einiger Vorschriften der Reichsversicherung) |
| 1937 年 | 4 月 18 日 | 《关于修改事故保险的第四项法律》(Vierte Gesetz über Änderungen in der Unfallversicherung) |
| | 7 月 15 日 | 《关于设立强制卡特尔的法律》(Gesetz über Errichtung von Zwangskartellen) |
| 1938 年 | 1 月 13 日 | 《艺术家保险法》(Gesetz über die Versicherung der Artisten) |
| | 6 月 22 日 | 《具有国家政策特别意义的劳动力需求保障条例》(Verordnung zur Sicherstellung des Kräftebedarfs für Aufgaben von besonderer staatspolitischer Bedeutung) |

续表

| 颁布时间 | | 法律名称 |
|---|---|---|
| 1938年 | 6月25日 | 《工作状况条例》（Verordnung über die Lohngestaltung） |
| 1938年 | 12月21日 | 《关于德意志手工业老年照顾的法律》（Gesetz über die Altersversorgung für das Deutsche Handwerk） |
| 1939年 | 2月17日 | 《关于修改事故保险的第五项法令》（Fünfte Gesetz über Änderungen in der Unfallversicherung） |
| | 3月23日 | 《关于助产士保险的法令》（Verordnung über die Versicherung der Hebammen） |
| | 4月19日 | 《关于进一步废除帝国保险中紧急法令的法律》（Gesetz zum weiteren Abbau der Notverordnungen in der Reichsversicherung） |
| | 4月20日 | 《为战争遗属设立医疗保险的法律》（Verordnung über die Krankenversicherung für Kriegshinterbliebene） |
| | 9月1日 | 《关于限制更换工作岗位的条例》（Verordnung über die Beschränkung des Arbeitsplatzwechsels） |
| 1942年 | 3月21日 | 《保障军备经济的元首命令》（Verordnung des Führers zum Schutze der Rüstungswirtschaft） |

# 索 引

## A

Abendroth, Wolfgang 阿本德罗特 237
absolutism 绝对主义 6, 159, 193, 211
Abstrakte Begriffsdenken 抽象的概念思维 295
Abwehr 阿博维尔（军事情报机构）277—278
Aktionskomitee zum Schutz der deutschen Arbeit 保护德意志劳动行动委员会 386
alienation 异化 19, 292
Allgemeine Staatslehre 一般国家学 162—164, 167
Allgemeingut 公共知识财富 411
Amt Sicherheitspolizei（SiPo）国家安保局 488
Amtsgericht 基层法院 136
Analogieverbot 禁止类推 284, 286—287, 294, 299
anarchism 无政府主义 10, 17
antisemitism 反犹主义 9, 11, 85, 181, 183, 192, 426, 512
Arbeitsbeschaffungswechsel 兴工券 374
Arbeitsscheu Reich "（清除）国家懒汉" 行动 495
Arbeitswechsel 劳动国库券 374
Archiv des öffentlichen Rechts（AöR）《公法丛刊》235
Arisierung 雅利安化 350—351
Artfremde 异族 209
Ausbildungseinheiten 预备役部队 476
Auschwitz 奥斯维辛（波兰）491
Ausnahmegerichtsbarkeit 例外司法 465
Aussonderung 隔离 493
autocraticism 独裁主义 6
Autoritärer Staat 威权国家 9, 175

## B

Bade, Claudia 巴德 469
Badoglio, Pietro 巴多格里奥 278
Badura, Peter 巴杜拉 222
v. Bahr 冯·巴尔，天主教反对派领袖 101
Barbara Manthe 芭芭拉·曼特 46
Bartholdy, Albrecht 巴托尔迪 235, 253
Bayerische Volkspartei 巴伐利亚人民

党 97
Begriffsjurisprudenz 概念法学 133—134, 161, 421
Bellomo, Manlio 贝洛莫 147—150
Bergmann, Alexander 贝格曼 434
Berufsorganisation der Juristen im nationalsozialistischen Deutschen Reich（BNSDJ）纳粹德意志法律人联盟 233, 236, 411, 414, 429, 435
Besprechung 碰头会 446—447
Beste, Werner 贝斯特 266, 489, 500
Bestimmtheitsgrundsatz 确定性原则 284
Betriebsordnung 企业规章 389—394
Bibelforscher 圣经研究者 290, 498
Bilfinger, Carl 比尔芬格 236, 250, 253
Binder, Julius 宾德尔 40, 130, 175
Binding 宾丁 43, 293
Birnbaum, Franz 比恩鲍姆 296
Bley 布莱 414
Blomeyer, Karl 布洛迈尔 130, 367
Bohn, Robert 博恩 463
Bolz, Eugen 博尔茨 37
Bormann, Martin 鲍曼 358, 443
Bouhler, Philipp 布勒 309
Bozyakali, Can 波茨雅卡里 463
Bracher, Karl 布拉赫尔 31—33
Brandt, Karl 勃兰特 309
Bredt, Johann 布雷特 254
Brill, Hermann 布里尔 237
Broszat, Martin 布罗斯查特 32—33, 35
Brucker, Ludwig 布鲁克 400

Bruner, Wilhelm 布鲁纳 455
Brunner, Alfred 布伦纳 314
Bruns, Viktor 布伦斯 175, 250—251, 253
BtrRG "20世纪法律史系列丛书" 26, 37
Buch, Walter 布赫 358, 478, 481
Buchenwald 布痕瓦尔德 490, 495
Burgenland 布尔根兰州 37
Burkhardt, Anika 布克哈特 45
Burleigh, Michael 伯利 33
Buße, Wilhelm 布瑟 421

## C

Calasso, Francesco 卡拉索 148
Calker, Wilhelm van 卡尔克 252
Canaris 卡纳里斯 29, 129, 278
Carstens, Carl 卡斯滕斯 409
Charisma 卡里斯玛 85, 182
Chefs der Deutschen Polizei 德国警察总长 487
*clausula rebus sic stantibus* 情势变更原则 268, 271
Coing, Helmut 科殷 126—127, 149—150
Comte 孔德 133
Cuno, Wilhelm Carl Josef 古诺 79

## D

Dachau 达豪 490, 494
Dahm, Georg 达姆 106, 295, 297—300,

310, 336, 421
Danker, Uwe 丹克 463
Daseinsordnung 此在秩序 137
Daseinsvorsorge 生存照顾 231
Dawes Plan 道威斯计划 80
Dekanskoferenz 全国法律系主任会议 424
Despotie 专制国 178
Despotism 专制主义 6, 14, 159
Deutsche Arbeitpartei（DAP）德意志工人党 33, 88, 314
Deutsche Arbeitsfront 德意志劳动阵线 381, 386, 389, 394—395
Deutsche Demokratische Partei（DDP）德国民主党 53, 55, 57
Deutsche Demokratische Republik（DDR）民主德国 27, 49, 111
Deutsche Staatspartei（DStP）德意志国家党 97
Deutsche Verwaltung《德意志行政杂志》235
Deutsche Verwaltungsblatt《帝国行政学报》235
Deutsche Volkspartei（DVP）德意志人民党 57, 97, 426
Deutscher Adelsgenossenschaft 德意志贵族合作社 426
Deutscher Richterbund（DRB）德意志法官联盟 429, 431, 435—436
Deutschnationale Volkspartei（DNVP）德意志国家人民党 426

Dezisionismus 决断主义 264—265
Die deutsche Justiz und der Nationalsozialismus《德意志司法与国家社会主义》425
Die Zeit《时代周报》513
Dimitrov, Georgi 季米特洛夫 95
Ditt, Thomas 迪特 46
Diwald, Hellmut 迪瓦尔德 512
DJZ《德意志法律人报》188, 235, 260, 411
Doppelverdiener 双职工家庭 376
Dresden 德累斯顿 65, 428, 514
Drexler, Anton 德雷克斯勒 88, 314
Droit public de l'Europe 欧洲公法 263
Drost, Heinrich 德罗斯特 254
Dulckeit, Gerhard 杜尔凯特 175
Durkheim 涂尔干 133

E

Ebers, Godehard 埃贝斯 252
Ebert, Friedrich 艾伯特 59, 77, 78, 80, 86
Eckhard, Karl August 埃克哈特 117, 123, 131, 137, 138, 140, 143, 226, 325, 336, 412, 416, 417, 421
Ehegesetz 婚姻法 44, 146, 343, 346, 353, 354, 356—359, 365, 531
Ehestandsdarlehen 婚姻贷款 376
Ehrlich, Eugen 埃尔利希 133, 157
v. Eichhorn, Karl Friedrich 艾希霍恩 107, 144

Eicke, Theodor 艾克 484
Eigentumszuweisng 所有权的分配 332
Einheitsflagge 单一国旗 61
Eisenbahnwesen 铁路制度 69
Entanglements 纠缠态 150—151
Epstein, Klaus 爱泼斯坦 31
Erbhof 世袭农庄 360—362
Ermahnung 训导 447—448
Erneuerung Deutschlands 德国的复兴 430
Erzberger, Matthias 埃茨贝格尔 78
Euthanasiebefehl 安乐死计划 45, 208, 211, 309—310
Evans, Richard 埃文斯 30—31, 33, 47, 87

## F

Fachgruppenreisen 专业小组旅行团 438
Familienerbe 家庭继承 139—140, 418
Feder, Gottfried 费德尔 317
Fleischmann, Max 弗莱施曼 253
Fliedende Standgerichte 流动临时军事法庭 476
Flucht in die Generalklauseln 向一般条款逃逸 335
formal rational 形式理性 118—119, 125, 134, 142, 146
Formale Strenge des Strafrechts 刑法的形式严格性 295
Forsthoff, Ernst 福斯特霍夫 9, 106, 175, 195, 197—198, 202, 208, 228, 230, 233

Fortelka, Kai Peter 福特尔卡 468
Fraenkel, Ernst 弗伦克尔 34
Frank, Hans 弗兰克 134, 184, 196—197, 235, 260, 300, 302, 316—317, 336, 357—358, 366—370, 416, 421—423, 430—431, 437—438
Frankfurter Allgemeine Zeitung《法兰克福汇报》512
Frassek, Ralf 弗拉塞克 408
Freie Gewerkschaften 自由工会 385—386
Freikorps 自由军团 55, 58
Freisler, Roland 弗莱斯莱尔 188, 199, 283—284, 300, 365, 416, 427, 449, 453, 458—459, 460, 466, 494
Fremdrecht 异族法 118
Frick, Wilhelm 弗里克 91, 97, 100, 235, 486—487
Führer 元首 32, 42, 88, 91, 98, 102, 103, 121, 176, 182, 188, 189, 191, 194, 195, 197, 199, 202, 203, 205, 206, 210—219, 221, 222, 239, 256, 257, 260, 266, 302, 309, 336, 351, 352, 378, 411, 422, 441, 444, 446, 460, 474, 478, 479, 481—483, 520, 521, 535

## G

Gaugericht 大区法庭 478, 480—481
Gauleiter 大区领袖 206, 427, 434, 481
Gefolgschaft 追随者 372, 385, 387—

388, 390, 393—397
Gegenentwurf 对立方案 515
Geheime Staatspolizei（Gestapo） 秘密国家警察，盖世太保 482, 485, 487, 42, 214, 290, 397, 458, 474, 482, 485—489, 494, 496—502, 504
Gemeinrecht 德意志共同体法 33, 146—147, 314—316, 321—322, 367
Gemeinschaftslager 共同体集训营 409
Gerber, Carl Friedrich von 格贝尔 162—163, 169, 179—180
Gerber, Hans 汉斯·格贝尔 175, 235, 254
Gerichtsassessor 候补法官 415
German foreign relations law 德国对外关系法 280
Geschichtlichkeit 历史性 1, 2, 5, 11, 19, 51, 145, 150, 224
Gesetzesvorbehalt 法律保留 210—211, 213, 351—353
Gesetzskenntnisse 法律知识 414
Gesetzsstaat 法律国 179, 181
Gfrörer 格夫勒雷尔 358
v. Gierke, Otto Friedrich 基尔克 53, 116, 117, 119, 146, 314, 315, 317, 320, 328, 388
Giese, Friedrich 吉泽 252
Gleichschaltung 一体化 45, 46, 96, 99, 214, 234, 250, 252, 386, 408, 411, 423, 425, 429, 435—438

Gleispach, Graf 格莱斯帕赫 300
global legal pluralism 全球法律多元 151
Globke, Hans 格洛布克 355
Glungler, Wilhelm 格隆格勒 182
Gnadentod 仁慈死亡 309
Goebbels, Paul Joseph 戈培尔 89, 94, 443
Gramse, Paul 格拉姆泽 442—445
Grau 格劳 109, 300
Grohe 格罗厄 434
Grossi, Paolo 格罗西 131, 148
Grossmann, Hermann 格罗斯曼 432
Großraum 大空间 259—268, 272, 275, 276
Gruchmann, Lothar 格鲁赫曼 439
Grunsky, Wolfgang 格伦斯基 334
Gumplowicz, Ludwig 贡普洛维奇 170
Gürke, Nobert 居尔克 255

**H**

Haase, Hugo 哈塞 78
Hachenburg, Max 哈亨堡 341
Hattenhauer, Hans 哈腾豪尔 110, 145, 147, 150—151
Hauptamt Ordnungspolizei 治安警察总局 485
Hauptamt Volksdeutsche Mittelstelle 国外德意志人民总局 485
Hauptverband deutscher Krankenkassen 医疗保险总联合会 402
Haushofer, Karl 豪斯霍费尔 261

v. Heck, Philipp 黑克 133
Heckel, Johannes 黑克尔 206
Heimatfront 大后方 462, 466, 469
Heinemann 海涅曼 478
Held, Heinrich 黑尔德 99
Helfritz, Hans 黑尔弗里茨 251
Hensle, Michael 亨斯勒 462
Hentschel 亨切尔 401
Herder, Johann Gottfried 赫尔德 112
Hermanns, Karl 赫尔曼斯 434
Herrmann, Ulrich 赫尔曼 464
Herrschaft der Gesetze 制定法的统治 210
Heydrich, Reinhard Tristan Eugen 海德里希 443
Heymann, Ernst 海曼 250, 371
Hillermeier, Heinz 希勒迈尔 452
Hillgruber, Andreas 希尔格鲁贝尔 512
Himmler, Heinrich 希姆莱 123, 438, 476, 482—484, 486—489, 491—492, 494—495, 498—500, 502—503
v. Hindenburg, Paul 兴登堡 59, 77, 80—84, 86, 87, 90—92, 95, 102, 433
Hippel, Ernst von 希佩尔 233, 236, 254
historical revisionism 历史修正主义 512—514
historical writing 历史书写 11, 33, 468, 513
historicization 历史化 41, 104, 106, 150
Historikerstreit 历史学家大论战 513

Hochverrat 叛乱罪 427, 454—455
Hoegner, Wilhelm 赫格纳 237
Höhn, Reinhard 赫恩 132, 175, 183, 200, 232—233, 420
Holocaust 大屠杀 32, 239, 490, 512
Huber, Ernst Rudolf 胡贝尔 40, 103, 106, 135, 175, 233, 235, 330
Hueber 许贝尔 368
Hueck 许克 366
Hugenberg, Alfred 胡根贝格 91, 92
humanistic methodology 人文主义方法论 173

**I**

*imperium* 治权 42
Individualismus 个人主义 3, 43, 123, 127, 130, 139, 154, 175, 183, 189, 258, 318, 320, 322, 327, 364, 420, 421, 431
Inhaber 承担者 331
innerstaatliche Ordnung 国内秩序 265
Inspekteur der Konzentrationslager
Internatonale Kriminalistische Vereinigung 国际刑法学家协会 283
Irmen, Helmut 伊尔曼 464
Isenstadt 伊森施塔特（奥地利）37
*ius commune* 共同法 107, 122, 147—152, 417

**J**

Jacobs, Erwin 雅各布斯 501

Jacob-Solomon, Berthold 雅各布-所罗门 259

Jahrreiss, Hermann 雅赖斯 252

Jellinek, Georg 格奥尔格·耶利内克 164

Jellinek, Walter 沃尔特·耶利内克 232, 249, 253

v. Jhering, Rudolph 耶林 132

Joel 约埃尔 500

Jost, Heinz 约斯特 489

Judenrepublik 犹太共和国 427

July Plot 七月密谋 453

Jungen Rechten 年轻的右翼 175

Juristenkniffen 法律人的利刃 443

*jus ad bellum* 诉诸战争的权利 273, 275

## K

Kahl, Wilhelm 卡尔 318, 358

Kaiserlichen Yachtclub 皇帝游艇俱乐部 426

Kalmbach, Peter 卡尔姆巴赫 469

Katzenberger, Leo 卡岑贝格尔 461

Kaufmann, Erich 考夫曼 171, 173, 232, 237, 249, 251

Keiser, Thorsten 凯泽尔 44

Keitel, Wilhelm 凯特尔 279, 475

Kelsen, Hans 凯尔森 136, 167—169, 171, 172, 175, 232, 236, 237, 249, 252, 263

Kerrl, Hanns 克尔 46, 300, 409, 430, 496

Kiesinger, Kurt Georg 基辛格 409

v. Kirchmann, Julius Hermann 冯·基尔希曼 125, 126, 132, 146, 147

Klee 克莱 300

Koellreutter, Otto 克尔罗伊特 106, 155, 174, 175, 177, 180, 184, 188—192, 195—200, 232, 235, 236, 270, 271

Kohlrausch, Eduard 科尔劳施 300

Kommunalverwaltungslehre 乡镇管理理论 224

Kommunistische Partei Deutschlands（KPD）德国共产党 52, 77, 85, 92, 94, 95, 100, 174, 348, 426, 428

konkrete Ordnungsdenken 具体秩序思维 264, 265, 298, 313

konkreter Umsetzbarkeit 具体可转化性 423

Konstruktivismus 建构主义 162

Konzentrationslager 集中营 214, 459, 476, 482, 484, 490—492, 494—496, 512

Koschaker 科沙克尔 150

Kraus, Herbert 克劳斯 252, 255

Kreisau circle 克雷绍圈 37

Kreisgericht 分区法庭 478—481

Kreisleiter 分区领袖 541

Kreiten, Karlrobert 克赖滕 459

Kriminalpolizei, 简称 KriPo, 刑事警察 482, 487—489, 492, 494, 502

Kroeschell, Karl 克勒舍尔 303

Krohn, Johannes 克龙 400, 401

Kronjurist 桂冠法学家 23, 106, 260,

330
Krug 克鲁格 300
Kube, Wilhelm 库贝 427, 430
Küssner, Dietrich 屈斯纳 463

**L**

Laband, Paul 拉班德 163, 164, 169—172, 179, 180, 192
Lammers, Hans Heinrich 拉默斯 235, 442
Landau, Peter 兰道 26
Landesgericht 地方法院 212, 215, 338, 340, 424, 428, 434, 440, 448, 508
Landesverrat 叛国罪 305, 454, 455, 497, 498, 521
Landsrecht 本地法 114
Lange, Heinrich 朗格 127, 128, 213, 312, 319—321, 365, 367—369, 414, 415, 417, 419
Larenz, Karl 拉伦茨 29, 40, 106, 117, 128—130, 135, 139, 140, 146, 147, 156, 175, 209, 212, 213, 312, 313, 325—328, 331—333, 351, 416, 421
Lasch, Karl 拉施 235
Latacz, Paul 拉塔奇 501
Lauf, Edmund 劳夫 453
v. Laun, Rudolf 冯·劳恩 253
Lautz 劳茨 457, 458
Lebendes Recht 活法 133
Lebensraum 生存空间 235, 261, 266, 268, 272, 276, 503, 545

Lebensrecht 生存权 257
v. Leers, Johann 冯·莱斯 137
Lehmann 雷曼 366
Lehnsvertrag 采邑合同 388
Lehre vom Willensstrafrecht 意志刑法学说 294, 295, 299
Leibholz, Gerhard 莱布霍尔茨 237, 252
Leimer 莱默尔 300
Leipzig 莱比锡 51, 65, 119, 233, 234, 254, 319
Leistungsverwaltung 给付行政 231
Ley, Robert 罗伯特·莱 385, 386, 400
Liberalismus 自由主义 2, 13, 18, 41, 43, 47, 52, 63, 74, 85, 123, 125, 127, 154, 155, 169, 175, 178, 181—183, 195, 197—200, 203, 207, 217, 220—223, 226, 230, 236, 256, 284, 292, 294, 295, 298, 299, 320, 328, 330—332, 421
Liebknecht, Karl 李卜克内西 52, 53, 55, 77, 94
Liebrich, Mitteis 利布利希 143
Linz 林茨 431, 432, 435
Lippenbekenntnis 口头上的认同 417
Liszt, Friedrich 李斯特 43, 64, 65, 67, 68, 73, 293, 294, 299, 307
Litteratur der Staatslehre《国家学文献》177
Litzmann 利茨曼 428, 463
Locarno Treaties《洛迦诺公约》240, 241, 243—246

Lorenz 洛伦兹 177, 223, 300

Lubbe, Van der 卢贝 94, 196, 284, 285

Ludendorff, Erich von 鲁登道夫 78, 83, 87, 89

Luig, Klaus 卢伊格 26

Luther, Hans 路德 61, 64, 122, 170, 269, 400, 463

Luxemburg, Rosa 卢森堡 77, 276, 475

**M**

Machtstaat 权力国家 63, 195

Majer 马耶尔 311

Manigk, Alfred 马尼克 130, 325, 327

Mansfeld, Werner 曼斯菲尔德 387, 388, 391

Marxen, Klaus 马克森 453

Maunz, Theodor 毛恩茨 36, 106, 131, 175, 212, 214, 233, 235, 324, 330

Mayer, Otto 迈耶 223, 227

Mehrheitssozialdemokratische Partei Deutschlands（MSPD）德国多数社民党 52—53, 57—58

Meinecke, Friedrich 迈内克 8, 11, 31

Menger, Anton 门格 116, 170

Merk, Walther 默克 117, 121, 175

Messerschmidt, Manfred 梅塞施密特 468

Meyer, Herbert 迈尔 7, 8, 115—117, 130, 254, 315, 367, 452, 537, 540

Mezger, Edmund 梅茨格尔 300

minority 少数民族／族群 272

v. Mohl, Robert 莫尔 26, 37, 58, 178, 358

Molkenbuhr, Hermann 莫尔肯布尔 58

v. Moltke, Helmuth James Graf 小毛奇 278, 279, 409

Monroe Doctrine 门罗主义 261—263

**N**

Nacht der langen Messer 长刀之夜 101, 102, 205, 484

Nagler, Johannes 纳格勒 300

national Revolution 国家革命 431, 435, 438, 439

National Socialist Rechtsstaat 社会主义法治国 198

Nationalen Deutschen Offizieren 德意志国家军官团 426

nationalen Rechtsstaat 民族法治国 189, 198

Nationalsozialismus 国家社会主义，纳粹主义 15, 16, 26, 36, 106, 109, 113, 115, 127, 128, 131, 138—140, 146, 174, 181, 201—203, 205, 207, 208, 210—214, 216, 264, 283, 284, 289, 314, 327, 330—332, 334, 343, 347, 351, 353, 354, 360, 362, 363, 385, 387, 408, 416—420, 422, 424, 425, 433, 439, 447, 449, 451, 453, 455, 461, 462, 468, 512

Nationalsozialistischer Rechtswahrerbund 纳粹法律卫士联盟 411

Nationalsozialistisches Recht 纳粹法学 4, 15, 19—21, 23, 24, 27, 28, 30, 33, 35—40, 104, 105, 109, 112, 117, 125, 137, 141, 182, 183, 185, 209, 255, 256, 260, 325, 335, 369, 371, 408, 414

natürliche Ordnung 自然的法秩序 134

Naturrechtsrenaissancen 自然法复兴 506

Naucke, Wolfgang 瑙克 110

Nawiasky, Hans 纳维亚斯基 234, 237

Nebe, Arthur 内贝 489

Neumann, Franz 诺依曼 34, 35

Neumeyer, Karl 诺伊迈尔 254

v. Neurath, Konstantin 牛赖特 244

Nicola, Helmut 尼克莱 40, 117—120, 122, 183, 188, 235, 255, 257, 279

Nikisch 尼基施 366

Nikolasseer Seminare 尼古拉斯湖课程 232, 251

Nipperdey, Hans Carl 尼佩代 130, 366

Nolte, Ernst 诺尔特 512

Norden, Walter 诺顿 224—225

Normativismus 规范主义 212, 263—265, 296

Normenstaat 规范国家 34, 181, 213

Noske, Gustav 诺斯克 77

*nullum crimen sine lege* 罪刑法定原则 282, 286, 472

*nullum crimen sine poena* 犯罪难逃惩罚 293

## O

Oberkriegsgerichtsrat 高级战争法庭委员会 472

Oberst Parteigericht 最高党内法庭 358, 478

Ohlendorf, Otto 奥伦多夫 489

Oliver Paulsen 奥利弗·保罗森 464

Oppenheimer, Franz 奥本海默 121, 170

ordentliche Strafjustiz 常规刑事司法 425

ordentliches Gericht 正式法院 455

Ordnungspolizei (OrPo) 治安警察 482, 485, 487, 488

Ortnerm, Helmut 奥尔特纳 453

Ortsgericht 分部法庭 479—481

Otte, Gerhard 奥特 340, 342, 459

Ott-Monecke, Ellen 奥特-莫内克 459

## P

*pacta sunt servanda* 有约必守原则 270, 271

Palandt, Otto 帕特 409

v. Papen, Franz 巴本 81, 86, 87, 90—92, 95

passives Erbrecht 消极继承权 348

Paulus, Helmut 保卢斯 462

Perels, Kurt 佩雷尔斯 253

Peter, Pirker 皮尔克尔 469

Peterson, Johann Wilhelm 皮特森 177

Pfeiffer, Martin 普法伊费尔 469

politische Polizei 政治警察 42, 94, 211,

485—488, 492, 496—500, 502—504
positive law 实定法 104, 113, 138, 144, 147, 149, 151, 257, 338
Potempa 上西里西亚波滕帕（波兰）427
Preuss, Hugo 普罗伊斯 52—56, 58, 62, 63, 71, 72, 166, 167
Prinz Maximilian von Baden 巴登亲王 77
Psonka, Martin 普松卡 464

## Q
Quarck, Max 夸尔克 58

## R
Rabel, Ernst 拉贝尔 250
Radbruch, Gustav 拉德布鲁赫 25, 38, 48, 307, 318, 509, 510, 511, 516
Rassenhygiene 种族净化 273, 354
Rassenschande 玷污种族罪 461, 496, 498
Rathenau, Walther 拉特瑙 59, 78
Ratzhofer, Gustav 拉岑霍费尔 170
Raum und Verwaltung 空间与管理 225
Recht im Unrecht 不法中的法 15, 19, 35, 36
Rechtsabteilungen 军法处 470
Rechtsanschauung 法律观 113, 279, 320, 328, 332
Rechtsbarbarei des Nationalsozialismus 纳粹的法律野蛮主义 201
Rechtserneurung 法律更新 23, 33, 104, 108, 117, 120, 123—125, 134, 137, 142, 144, 317, 326, 338, 371, 422
Rechtsstaat 法治国 22, 42, 154, 155, 169, 177—192, 196—198, 200—203, 205, 207, 210, 212—214, 216, 217, 220, 234, 254, 282, 298, 427, 497, 499, 501, 504, 543, 546
Rechtsverletzungslehre 权利侵害说 291
Rechtswahrers 法律卫士 410, 411, 414, 419, 422, 423, 543
Rechtswahrer 法律真实 138
Regulatory Hybridization 规范混合 151
Rehn, Fritz 雷恩 455
Reichsgarantie 国家保障制度 406
Reichsgericht 帝国法院 208, 288, 289, 330, 338—340, 424, 432, 441, 445, 455, 456, 470, 493
Reichsgesetz 国家立法 96, 171
Reichskanzlei 帝国总理府 302
Reichskulturtag 帝国文化日 112
Reichsrechtsamt 全国法律办公室 422, 456
Reichssicherheitshauptamt（RSHA）帝国保安总局 450, 457, 489, 500, 502, 503
Reichsstand des Deutschen Handels 德意志商业全国共同体 381
Reichsstand des Deutschen Handwerk 德意志工业全国共同体 544

Reichsstatthalter 帝国总督 99, 100
Reichstag 帝国国会 59, 70, 398
Reichsverwaltungsgericht 帝国行政法院 43, 176, 221, 352
Reichswehr 国防军 101, 242, 243, 278, 470, 471, 473, 475, 476
Reichswirtschaftskammer 德国经济公会 384
Reichswirtschaftsrat 国家经济委员会 383, 384
Reich-Volksordnung-Lebensraum, Zeitschrift für völkische Verfassung und Verwaltung（RVL）《帝国-人民秩序-生存空间期刊》235
Reimer 赖默尔 300
v. Renteln, Theodor 冯·伦特恩 380
Republikanische Richterbund 共和派法官联盟 426, 432
Reservatrechte 保留权利 70
Richter, Isabel 里希特 453
Richterbriefe 法官通信 446, 449—451
Ritterbusch 里特布施 233, 235, 416, 421, 424
romanticism 浪漫主义 40, 52, 85, 162, 163, 316, 320, 507
Rosenberg, Alfred 罗森贝格 89, 120, 198, 199, 317
Röser, Frank 勒泽 463
Rothaug, Oswald 罗特豪格 459, 461
Rothenberger, Curt 罗腾贝格尔 446—449

Ruck, Michael 拉克 30

**S**

Sachsenhausen 萨克森豪森 490, 494
Sartorius, Carl 萨托里乌斯 236
Saure 萨乌尔 421
v. Savigny, Karl Friedrich 萨维尼 107—110, 112, 120, 144, 145, 150, 160
Schacht, Hjalmar 沙赫特 244, 373, 374, 376, 378
Schaffstein, Friedrich 沙夫斯坦因 295, 296, 298, 299, 413—415
Schecher, Ludwig 舍歇尔 269, 279
Scheffczyk, Fabian 舍夫奇克 43
Scheidemann, Philipp 谢德曼 52, 77
Scheuner, Ulrich 朔伊尔 208, 214, 233, 331, 362
Schiffer 席费尔 318
Schimmler, Bernd 席姆勒 462
Schlegelberger, Franz 施勒格贝格尔 135, 300, 365, 443—445, 449, 458, 502
Schleicher, Kurt von 施莱歇尔 81, 86, 90, 101
Schlitt, Ewald 施利特 440, 441
Schloss Ringberg 林贝格宫 26, 110
Schmid, Carlo 施密德 237
Schmidt, Eberhard 施密特 299, 468
Schmitt, Carl 施米特 9, 10, 28, 29, 40, 41, 42, 106, 117, 135, 136, 155, 168, 171, 175, 177, 183, 184, 188, 189, 191—203, 205, 212, 233, 235,

236, 260—268, 275, 313, 335, 367
Schnellgericht 速裁法庭 465
Scholz, Joachim 肖尔茨 477
Schorn, Hubert 肖恩 424
Schulz, Fritz 舒尔茨 119, 129, 460
Schuschnigg, Kurt 舒施尼格 247
Schutzstaffel（SS）党卫队 39, 93, 99, 123, 200, 233, 235, 260, 261, 290, 364, 386, 416, 438, 443, 450, 474—476, 482—485, 488—497, 499—504
Schwab, Dieter 迪特·施瓦布 108—109
Schwab, George 乔治·施瓦布 29, 263
Schwaze Korps 黑衣军团 260
Schweling, Otto Peter 施韦林 468
Schwerin, Claudius Freiherr von 什未林 72, 73, 117, 121, 124, 132, 143, 420, 421
Schwinge, Erich 施温格 298, 468
Schwister 施维斯特 412, 413, 435, 446, 448
Schwurgericht Beuthen 比托姆刑事陪审法庭 427
Sebastian Haffner 塞巴斯蒂安·哈夫纳 60, 75, 409
Seiler, Irene 塞勒 461
Selbstbewusstsein 自我意识 24, 108, 110, 144, 145
Sicherheitsdienst des Reichsführers-SS（SD）党卫队保安处 482, 488, 489, 495, 501, 502

Sicherheitspolizei 保安警察 487, 489, 494
Sicherungsverwahrung 保安处分 307, 493, 494, 502
Sicherungsverwaltung 处分/预防性拘留 307
Siebert, Wolfgang 西伯特 325, 336, 421, 424
Siegbert Lammel 拉梅尔 110
Siegert 西格特 421
Simon, Dieter 西蒙 41
Simons, Walter 西蒙斯 254
Sippenforschung 族系研究 418
sittenwidrig 违反善良风俗 337, 508
Six, Franz 西克斯 489
Skowronski, Lars 斯科夫龙斯基 469
social Rechtsstaat 社会法治国 180, 189, 201
Sommer, Walther 佐默 176, 218, 221
Sondergerichte 特别法庭 89, 287, 289, 447, 448, 451, 459, 461—467, 474—477
Sonderregelung 特别条例 474
Sonderstandgericht 特别临时军事法庭 476
Sozialdemokratische Partei Deutschlands（SPD）德国社会民主党（社民党）22, 52, 55, 58—59, 77, 83—86, 90, 92, 95—97, 174, 253, 348, 351, 402, 426, 428, 452, 498
soziale Ehre 社会荣誉 395

soziale Staatslehre 社会国家学 180
Sozialstaat 社会国 231
Spartakusaufstand 斯巴达克斯团 77
SS-Verfügungstruppe（SSVT）党卫队特别机动部队 484
Staatenverbund 国家联合体 113
staatliche Kommissare 国家专员 402, 403
Staatsfeinden 国家敌人 348, 492, 496, 500, 504, 530
Staatsrecht 国家法 22, 48, 49, 62, 72, 144, 153—156, 158, 161—164, 166—181, 184, 185, 187, 195, 200, 201, 203, 206—208, 211—214, 216, 231, 232, 234—239, 249, 260, 265, 268, 269, 271, 320, 329, 372, 410, 454, 479, 481, 496, 538
Staatsrechtslehre 国家法学 153—156, 169—177, 180, 181, 184, 185, 187, 195, 200, 201, 203, 206, 208, 211—214, 216, 231, 232, 234—239, 249, 260, 268, 329, 479, 538
Staatsverwaltungslehre 国家管理理论 224
Stadtsrecht 自由市的城市法 114
Stahlhelm 钢盔团 93, 426
Standardgerichten 标准法院 467
Standgericht 临时法庭 473
v. Stein, Lorenz 冯·施泰因 177, 223
Stellungnahme, Kieler 基尔意见 421
Stephan, Cora 斯特凡 514

Stoll, Heinrich 施托尔 130, 319, 321, 327, 412, 413
Stolleis, Michael 施托莱斯 15, 24, 26—28, 35—37, 41, 76, 82, 91, 103, 106, 109, 141, 161, 163, 165, 168, 170, 172, 187, 214, 228, 231, 236, 237, 250, 266, 275
Strafrechtserneuerung 刑法更新 300, 302
Strasser, Gregor 施特拉瑟 89, 101
Strasserism 施特拉瑟主义 89
Streckenbach 施特雷肯巴赫 500
Stresa Front 斯特莱沙阵线 244
Stresemann, Gustav 施特雷泽曼 79—81
Strupp, Karl 斯特鲁普 252
Stuckart, Wilhelm 斯图卡特 355, 415
Sturmabteilung（SA）冲锋队 93, 96, 98, 99—101, 131, 196, 233, 254, 290, 309, 386, 416, 427, 428, 430, 477, 483, 484, 488, 489, 490, 522
subjektives Recht 主观权利 21, 104, 126, 127, 128, 129, 130, 131, 132, 135, 169, 322—327, 369
Subsumtionsautomat 涵摄机器 334

## T

Tag der nationalen Arbeit 国家劳动庆祝日 386
Tatsachenbehauptung 事实论断 515
Tatstrafrecht 处罚犯罪行为 292, 293,

296, 308
Teltow 泰尔托地区（德国柏林）501
Thälmann, Ernst 台尔曼 95
The MacDonald Plan 麦克唐纳计划 241
Theis, Kerstin 泰斯 143, 469
Theokratie 神权国 178
Thierack, Otto Georg 提拉克 205, 300, 370, 371, 423, 445, 449—451, 456—458, 460, 476, 502—504
Thoma, Richard 托马 173, 232, 249, 251
Torgler, Ernst 托尔格勒 95
total Staat 极权国家 9, 192—196, 198, 199, 207, 208
totale Sachherrschaft 对于物的整体支配 332
totaler Staat 总体国家 9
Totalitarianism 极权主义 2, 6—21, 38, 91, 169, 505, 506, 509, 512, 516
totallen Krieges 总体战 87, 309, 373, 471
Totenschein 死亡证明 439
Trennung von Tisch und Bett 分居 356
Treudienstvertrag 忠诚服务合同 388
Treue 忠信 121
Treuepflichten 忠实义务 328
Triepel, Heinrich 特里佩尔 173, 175, 232, 235, 236, 249, 251
v. Tuhr, Andreas 图尔 126, 127

## U

Überfremdung 外来法律入侵 118
Unabhängige Sozialdemokratische Partei Deutschlands（USPD）德国独立社民党 52, 57, 77, 426
unbegrenzte Auslegung 无限解释 211
Unrecht im Recht 法中的不法 15
Unrecht 不法，非正义 6, 15—19, 24, 25, 35, 36, 41, 111, 113, 139, 140, 155, 203, 240, 257, 296, 299, 308, 418, 420, 467, 496, 505, 506, 510, 511, 512, 517
Unterkommissionen 次级委员会 301
Urteilskorrekturen 对判决的纠正 501, 502
Urvolk 原住民 118
*utrumque ius* 两法 122

## V

Vagts, Detlev Frederick 瓦茨 110, 251
verantwortliche Rechtsmacht 责任性法律权力 536
Verbrechertypen 罪犯类型 294
Vereinigung der Deutschen Staatsrechtslehrer 德意志国家法学会 231, 234—236
Vereinigungsfreiheit 结社自由 207, 346
Verfassungsrecht 宪法法 168, 171
Verfassung 宪法 3, 10, 21, 36, 39, 41—43, 48—53, 55—59, 61—63, 67—76, 81, 84, 86, 87, 91, 93, 95, 96,

99, 100, 117, 153—155, 158—160, 163—174, 180, 187—191, 195, 201—204, 207, 214, 215, 218, 222—224, 226, 265, 283, 284, 329—331, 340, 347, 385, 507—511, 514—516

Vernichtungskrieg 灭绝战 471

Vernichtungslager 灭绝营 491

Versailler Diktat 凡尔赛专制 265

Versuch eines Verbrechens 犯罪预备 310, 455

Vertrag und Unrecht 合同与不法 139, 140, 418, 420

Vertrauensmann 信托人 537

Vertrauensrat 信托委员会 537

Verwaltungsgerichtsbarkeit 行政法院体系 179

Verwaltungslehre（公共）管理学，行政学 223

Verwaltungsrecht 行政法 9, 36, 37, 42, 43, 153, 156, 170, 176, 179, 214, 217—227, 230, 231, 352, 384, 514, 515

Verwaltungsstab des Militärbefehlshabers 军事指挥参谋部 500

Verweigerung der Fortpflanzung 拒绝生育 359

Verweis 申斥 396, 446, 449, 481

Verwirkung des Eigentums 所有权丧失 348

Viebig, Michael 菲比希 464, 469

Ville, Erkkilae 维勒 41

Vogel, Detlef 福格尔 293, 469

Vogels 福格尔斯 362—364, 368

Vogt, Paul 福格特 446

Vogts 地方裁判官 114

Völkerrechtsgemeinschaft 国际法共同体 265

Volkmar 福尔克马尔 368

Volksabstimmung 全民公投 102, 242, 247

Volksbewusstsein 民族自觉性 137

Volksgeist 民族精神 57, 65, 74, 110, 112, 113, 115, 120, 121, 123, 135, 136, 142—144

Volksgenossen 民族同胞 195, 209, 213, 220, 325—327, 331, 347, 353, 367—369, 371, 503

Volksgericht, Volksgerichtshof 人民法庭 340, 427, 451—460, 465, 466, 474—477

Volksverhetzung 煽动民众罪 513

Volktum 民族性 55, 105, 108, 115, 121, 122, 136, 142, 413

Vorbeugungshaft 预防性拘捕 492, 493, 495

Vorgeschichte 前史 41, 418

Vormbaum 福姆鲍姆 294

Vorsitzende 各邦政府的主席 100

Vurgun, Oskar 乌尔贡 464

## W

Wagner, Walter 瓦格纳 380, 452
Wahsner, Roderich 瓦斯纳 109, 142
Walz, Gustav 瓦尔茨 224, 235, 251, 255
Watson, Alan 沃森 148
Weber, Max 韦伯 51, 63, 118, 119, 121, 134, 249
Weckbecker, Gerd 维克贝克 462
Wegner, Arthur 韦格纳 251
Wehrfeinde 军事敌人 471
Wehrkraftzersetzung 破坏士气 457—459, 467, 470, 471, 477
Wehrmacht 军事力量 242, 243, 477, 520
Weimarer Nationalversammlung 制宪会议 52, 53, 56—58, 63
Weinkauff, Hermann 魏因考夫 424
Weiße Rose 白玫瑰社团案 36, 453
Wels, Otto 韦尔斯 97
Weltanschauung 世界观 18, 21, 40, 45, 74, 86, 112, 113, 115, 138, 185, 189, 195, 198, 202, 207, 211—213, 216, 256, 283, 286, 320, 322, 323, 325, 335, 337, 339, 347, 349, 351, 359, 360, 376, 391, 404, 410—417, 419, 421, 423, 433, 438, 479
Wenninger, Florian 文宁格尔 469
Wenzel, Max 文策尔 252
Werle, Gerhard 韦勒 303
Werner, Karl Ferdinand 魏尔纳 109
Werturteil 价值判断 12, 16, 109, 146, 157, 296, 300, 334, 359, 364, 515
Wesensschau 本质考察 297, 298
Wette, Wolfram 韦特 469
Wieaker, Franz 维亚克尔 41, 105, 107, 117, 131, 140, 147, 161, 314, 319, 331—333, 348, 351, 362, 421
Wild 维尔德 415
wilden KZs 原始集中营 490
Willensmacht 意志权力 362
Willoweit, Dietmar 维洛维特 26, 41
Windscheid, Bernhard 温特沙伊德 116
Wirklichkeit 真实 1, 17, 27, 30, 50, 118, 127, 133, 137, 138, 143, 146, 333, 429, 438, 450, 495, 509
Wirkungsgeschichte 效果历史 143
Wirth, Joseph 维尔特 60
Wirtschaftskammer 经济公会 384
Wolff, Christian 沃尔夫 51, 59, 63, 64, 134, 178, 237, 334, 462, 469
Wolgast, Ernst 沃尔加斯特 254, 255
Wüllenweber, Hans 维伦韦贝尔 462
Wundt, Wilhelm Maximilian 冯特 112
Wunsiedel 文西德尔 514

## Y

Young Plan 杨格计划 373

## Z

Zeidler, Manfred 蔡德勒 463
Zeitschrift der Akademie für deutsches Recht《德意志法学会期刊》235

Zeitschrift für die gesamte Staatrechtswissenschaft（ZgStW）《国家学期刊》235
Zentralamt 中央办公室 480
Zentrumpartei 中央党 55, 58, 59, 77, 78, 92, 98, 426, 434
Zerfallsprozess 分解过程 295

Ziegler 齐格勒 8, 9
Zimmermann, Mosher 齐默曼 25, 517
Zimmerl, Leopold 齐默尔 298
Zweckjurisprudenz 目的法学 161
zwischenstaatliche Ordnung 国际秩序 239, 265, 268

# 参考文献

（一）中文著作

邓白桦：《纳粹德国"企业共同体"劳资关系模式研究》，同济大学出版社 2012 年版。

丁建弘：《德国通史》，上海社会科学院出版社 2019 年版。

蒋海松：《德国代议制（第二卷）》，中国社会科学出版社 2009 年版。

李伯杰等：《德国文化史》，对外经济贸易大学出版社 2002 年版。

孟钟捷、王琼颖：《魏玛德国的社会政策研究》，中国社会科学出版社 2021 年版。

沈有忠：《魏玛宪法变奏曲：半总统制宪法的生命史》，五南图书出版公司 2009 年版。

王东明：《例外的挑战——卡尔·施米特的国家紧急权理论研究》，中国社会科学出版社 2015 年版。

谢鸿飞：《法律与历史：体系化法史学与法律历史社会学》，北京大学出版社 2012 年版。

郑寅达、陈旸：《第三帝国史》，江苏人民出版社 2020 年版。

郑寅达、梁中芳：《德国纳粹运动与纳粹专政》，北京师范大学出版社 2018 年版。

郑寅达等：《德国通史（第五卷）：危机时代》，江苏人民出版社 2019 年版。

朱庭光主编：《法西斯体制研究》，上海人民出版社 1995 年版。

（二）中文译著及译文

〔法〕阿兰·苏彼欧：《法律人：试论法的人类学功能》，郑爱青译，中国政法大学出版社 2019 年版。

〔美〕埃里克·韦茨:《魏玛德国:希望与悲剧》,姚峰、聂品格译,北京大学出版社 2021 年版。

〔瑞士〕埃里希·艾克:《魏玛共和国史:从帝制崩溃到兴登堡当选(1918—1925)》,高年生、高荣生译,商务印书馆 1994 年版。

〔爱尔兰〕安东尼·麦克利戈特:《反思魏玛共和国:1916—1936 年的权威和威权主义》,王顺君译,商务印书馆 2020 年版。

〔德〕贝恩德·吕特尔斯(魏德士):《卡尔·施米特在第三帝国》,葛平亮译,上海人民出版社 2019 年版。

〔美〕彼得·盖伊:《魏玛文化:一则短暂而璀璨的文化传奇》,刘森尧译,安徽教育出版社 2005 年版。

〔美〕彼得·考威尔:《人民主权与德国宪法危机:魏玛宪政的理论与实践》,曹晗蓉、虞维华译,译林出版社 2017 年版。

〔德〕茨威格特、克茨:《比较法总论(上)》,潘汉典、米健等译,中国法制出版社 2017 年版。

〔加〕大卫·戴岑豪斯:《合法性与正当性》,刘毅译,商务印书馆 2013 年版。

〔德〕恩斯特-沃尔夫冈·伯肯福尔德:《法治国家概念的形成与发展》,载王银宏编译:《德意志公法的历史理论与实践》,法律出版社 2019 年版。

〔德〕斐迪南·滕尼斯:《共同体与社会:纯粹社会学的基本概念》,张巍卓译,商务印书馆 2020 年版。

〔德〕弗朗茨·维亚克尔:《近代私法史——以德意志的发展为观察重点(上、下)》,陈爱娥、黄建辉译,上海三联书店 2006 年版。

〔美〕弗朗西斯·福山:《历史的终结与最后的人》,陈高华译,广西师范大学出版社 2014 年版。

〔德〕弗里德里希·迈内克:《德国的浩劫:反思与回忆》,何兆武译,商务印书馆 2012 年版。

〔德〕福尔克尔·乌尔里希:《希特勒传(上册):跃升年代》,亦青译,东方出版社 2016 年版。

〔德〕伽达默尔:《真理与方法——哲学解释学的基本特征》,王才勇译,辽宁人民出版社 1987 年版。

〔美〕格奥尔格·G. 伊格尔斯:《德国的历史观》,彭刚、顾杭译,译林出社2006年版。
〔德〕格奥尔格·耶利内克:《国家的本质》,载黄卉主编,黄卉、晏韬等编译,《德国魏玛时期国家法政文献选编》,清华大学出版社2015年版。
〔美〕格哈德·温伯格:《希特勒德国的对外政策(上编)》,何江、张炳杰译,商务印书馆1992年版。
〔英〕哈耶克:《通往奴役之路》,王明毅等译,中国社会科学出版社1997年版。
〔德〕海因茨·赫内:《党卫队——佩骷髅标志集团》,江南、杨西译,商务印书馆1984年版。
〔德〕汉娜·阿伦特:《极权主义的起源》,林骧华译,初版序,生活·读书·新知三联书店2008年版。
〔德〕汉斯·凯尔森:《国家的本质》,载黄卉主编,黄卉、晏韬等编译,《德国魏玛时期国家法政文献选编》,清华大学出版社2015年版。
黄卉主编,黄卉、晏韬等编译:《德国魏玛时期国家法政文献选编》,清华大学出版社2015年版。
〔英〕霍布斯鲍姆:《极端的年代:1914—1991》,郑明萱译,中信出版社2014年版。
〔德〕霍尔斯特·海因里希·雅科布斯:《十九世纪德国民法科学与立法》,王娜译,法律出版社2004年版。
〔德〕卡尔·拉伦茨:《法学方法论》,陈爱娥译,商务印书馆2003年版。
〔德〕卡尔·施密特:《论法学思维的三种模式》,苏慧婕译,中国法制出版社2012年版。
〔美〕科佩尔·S.平森:《德国近现代史:它的历史和文化》,范德一等译,商务印书馆1987年版。
〔英〕克里斯·麦克纳布:《二战数据Ⅲ:党卫队(1923—1945)》,张书坤等译,电脑报电子音像出版社2011年版。
〔德〕库尔特·松特海默:《魏玛共和国的反民主思想》,安尼译,译林出版社2017年版。
〔德〕拉德布鲁赫:《法学导论》,米健译,商务印书馆2013年版。
〔法〕里昂耐尔·理查尔:《魏玛共和国时期的德国(1919—1933)》,李沫译,山东画报出版社2005年版。
〔英〕理查德·埃文斯:《第三帝国的到来》,赖丽薇译,九州出版社2020年版。

〔德〕马克斯·韦伯:《法律社会学:非正当性的支配》,康乐、简惠美译,广西师范大学出版社 2011 年版。

〔德〕马克斯·韦伯:《学术与政治》,冯克利译,生活·读书·新知三联书店 2013 年版。

〔德〕尼古劳斯·瓦克斯曼:《纳粹集中营史(上)》,柴茁译,社会科学文献出版社 2021 年版。

〔英〕欧内斯特·J. 舒斯特:《德国民法原理》,中国政法大学出版社 2019 年版。

〔英〕佩里·安德森:《绝对主义国家的系谱》,刘北成、龚晓庄译,上海人民出版社 2016 年版。

〔美〕乔治·施瓦布:《例外的挑战:卡尔·施米特的政治思想导论(1921—1936 年)》,李培建译,上海人民出版社 2015 年版。

〔德〕塞巴斯蒂安·哈夫纳:《一个德国人的故事:哈夫纳回忆录,1914—1933》,周全译,译林出版社 2017 年版。

〔德〕施托莱斯:《德国公法史(1800—1914)》,雷勇译,法律出版社 2007 年版。

〔德〕施托莱斯:《德国公法史(卷三)》,王韵茹译,元照出版公司 2012 年版。

〔英〕泰勒:《第二次世界大战的起源》,潘人杰等译,华东师范大学出版社 1991 年版。

〔英〕汤因比:《历史研究(下卷)》,郭小凌、王皖强等译,上海人民出版社 2010 年版。

〔德〕维克多·克莱普勒:《第三帝国的语言:一个语文学者的笔记》,印芝虹译,商务印书馆 2013 年版。

〔德〕沃尔夫冈·J. 蒙森:《马克斯·韦伯与德国政治:1890—1920》,阎克文译,中信出版社 2016 年版。

〔德〕沃尔夫冈·希弗尔布施:《铁道之旅:19 世纪空间与时间的工业化》,金毅译,上海人民出版社 2018 年版。

〔法〕夏尔·贝特兰:《纳粹德国经济史》,刘法智、杨燕怡译,商务印书馆 1990 年版。

〔美〕谢帕德:《施特劳斯与流亡政治学:一个政治哲人的锻成》,高山奎译,华夏出版社 2013 年版。

〔法〕雅克·德拉律:《盖世太保史》,黄林发、萧弘译,上海译文出版社

1984年版。

〔荷〕叶普·列尔森:《欧洲民族思想变迁：一部文化史》，骆海辉、周明圣译，上海三联书店2013年版。

〔英〕伊恩·克肖:《希特勒传》，史鉴译，世界知识出版社2018年版。

〔德〕英戈·穆勒:《恐怖的法官：纳粹时期的司法》，王勇译，中国政法大学出版社2000年版。

〔美〕约瑟夫·W.本德斯基:《卡尔·施米特：德意志国家的理论家》，陈伟、赵晨译，上海人民出版社2015年版。

〔德〕J.H.冯·基尔希曼:《作为科学的法学的无价值性——在柏林法学会的演讲》，赵阳译，《比较法研究》2004年第1期。

〔德〕约阿希姆·吕克特:《未被认识到并且未获承认的精神遗产——萨维尼对于1900以后的德国法学的影响》，盛桥仁译，《清华法学》2003年第2期。

〔德〕福格尔:《纳粹主义对刑法的影响》，喻海松译，载陈兴良主编:《刑事法评论》，第26卷，北京大学出版社2010年版。

〔德〕汉斯·彼得·哈佛坎普:《概念法学》，纪海龙译，《比较法研究》2012年第5期。

〔德〕赫尔穆特·科殷:《论"主观权利"概念的历史》，纪海龙译，《清华法治论衡》第15辑，2012年。

〔德〕卡尔·拉伦茨:《论作为科学的法学的不可或缺性——1966年4月20日在柏林法学会的演讲》，赵阳译，《比较法研究》2005年第3期。

〔德〕克劳斯-威廉·卡纳里斯:《卡尔·拉伦茨的人生、作品与思想脉络》，周万里译，《中德法学论坛》第16辑，2019年。

〔德〕托马斯·莱赛尔:《法律与道德：社会学观察》，载氏著:《法社会学基本问题》，王亚飞译，法律出版社2014年版。

（三）中文论文

陈从阳:《论魏玛共和国时期的比例代表制》，《武汉大学学报（人文科学版）》2009年第1期。

陈从阳:《论魏玛共和国时期的民选总统》，《咸宁学院学报》2008年第4期。

陈伟:《施米特的大空间理论》，《政治思想史》2010年第1期。

陈兴良:《刑法教义学与刑事政策的关系：从李斯特鸿沟到罗克辛贯通》，《中外法学》2013年第5期。
冯梁:《洛迦诺会议的起源——英国、德国和法国的安全问题》,《南京大学学报(哲学社会科学版)》1994年第3期。
韩东晖:《人是规范性的动物:一种规范性哲学的说明》,《中国人民大学学报》2018年第5期。
韩光明:《论施佩尔改组对纳粹德国战时经济的影响和后果》,《世界历史》1988年第4期。
胡川宁:《德国养老保险筹资机制的历史与反思:现收现付制与基金制之比较》,《德国研究》2018年第2期。
季卫东:《宪政的规范结构:对两个法律隐喻的辨析》,《经济管理文摘》2005年第18期。
李工真:《德国魏玛时代"社会福利"政策的扩展与危机》,《武汉大学学报(哲学社会科学版)》1997年第2期。
梁占军:《1936年法国防范德国重占莱茵非军事区的决策》,《史学月刊》2006年第5期。
刘刚:《德国"法治国"的历史由来》,《交大法学》2014年第4期。
刘松青:《存在"规范事实"吗》,《中国人民大学学报》2018年第5期。
刘新利、王肇伟:《论1918—1923年德国的通货膨胀》,《山东师大学报(社会科学版)》1996年第3期。
梅义征:《纳粹夺权时期的政治宣传初探》,《史学月刊》1999年第3期。
孟钟捷:《论魏玛德国大联合政府(1928—1930)的终结》,《经济社会史评论》2018年第4期。
孟钟捷:《什么是Reich?从魏玛初期的国名之争看德国人的帝国观念》,《历史教学问题》2017年第1期。
全威:《埃利希"活法"论中的价值探究》,《东南大学学报(哲学社会科学版)》2010年6月,第12卷增刊。
孙佳敏:《魏玛共和时期的反民主思潮》,《湖南社会科学》2016年第4期。
王锴:《德国宪法变迁理论的演进》,《环球法律评论》2015年第3期。
王强、David Siegel:《从〈人民法典〉到〈德国民法典〉——对德国亲属法在第三帝国时期发展的法史、法学解析》,《河南师范大学学报(哲学社会科学版)》2016年第6期。

翁岳生：《行政法的概念、起源与体系》，载翁岳生编：《行政法》，中国法制出版社2002年版。

邢来顺、李富森：《论魏玛德国的经济》，《湖南师范大学社会科学学报》2012年第3期。

徐国栋：《德国〈人民法典〉体系及其背后民法思想的去潘得克吞化》，《河南财经政法大学学报》2020年第1期。

于忠：《洛迦诺会议和洛迦诺公约》，《历史教学》1986年第6期。

曾淼、李乾德：《铁路与十九世纪德国统一：基于国家利用技术的视角》，《西南交通大学学报（社会科学版）》2017年第3期。

翟文喆、赵震宇：《论德国魏玛宪法的体制性弊端》，陈景良、郑祝君主编：《中西法律传统（第八卷）》，北京大学出版社2013年版。

张道义：《德国国法学者斯坦恩》，载王贵松主编：《宪政与行政法治评论》（第六卷），中国人民大学出版社2012年版。

张国臣：《试论第一次世界大战后德国对一战的反思》，《许昌学院学报》2018年第5期。

张汝伦：《极权主义和政治现代性——读〈极权主义的起源〉》，《现代哲学》2005年第4期。

赵宏：《主观权利与客观价值——基本权利在德国法中的两种面向》，《浙江社会科学》2011年第3期。

郑寅达等：《泰勒挑起的一场论战——希特勒究竟该不该对战争的爆发负责？》，《上海师范大学学报（哲学社会科学版）》1979年第4期。

## （四）法律法规

Gesetz über die Geheime Staatspolizei vom 30. November 1933.

Gesetz über Mieterschutz und Mieteinigungsämter vom 1. Juni 1923.

Gesetz zur Änderung des Strafrechts und des Strafverfahrens vom 24. April 1934.

Gesetz zur Ordnung der nationalen Arbeit vom 20. Januar 1934.

Gesetz zur Sicherung der Einheit von Partei und Staat vom 1. Dezember 1933.

Gesetz zur Vereinheitlichung des Rechts der Eheschließung und der Ehescheidung im Lande Österreich und im übrigen Reichsgebiet vom 6. Juli

1938.

Gesetz zur Vorbereitung des organischen Aufbaues der deutschen Wirtschaft vom 27. Februar 1934.

Justizausbildungsordnung vom 22. Juli 1934.

Reichserbhofgesetz vom 29. September 1933.

Sechste Verordnung zur Ausführung der Verordnung über Kündigungsschutz für Miet-und Pachträume vom 15. Dezember 1941.

Siebente Verordnung zur Durchführung des Gesetzes zur Ordnung der nationalen Arbeit (Erlaß von Betriebsordnungen) vom 21. Juni 1934.

Siebente Verordnung zur Durchführung und Ergänzung der Verordnung über das militärische Strafverfahren im Kriege und bei besonderem Einsatz vom 18. Mai 1840.

Verordnung des Reichspräsidenten zum Schutz von Volk und Staat vom 28. Februar 1933.

Verordnung gegen Volksschädlinge vom 5. September 1939.

Verordnung über das militärische Strafverfahren im Kriege und bei besonderem Einsatz vom 17. August 1838. (Kriegsstrafverfahrensordnung, KStVO)

Verordnung über das Sonderstrafrecht im Kriege und bei besonderem Einsatz vom 17. August 1938.

Verordnung über die Zuständigkeit der Strafgerichte, Die Sondergerichte und sonstige strafverfahrensrechtliche Vorschriften vom 21. Februar 1940.

Verordnung zur Durchführung des Gesetzes über die Geheime Staatspolizei vom 8. März 1934.

Verordnung zur Durchführung des Vierjahresplanes vom 18. Oktober 1936.

Verordnung über die neue Fassung der Arbeitszeitverordnung vom 26. Juli 1934.

Gesetz betr. Unfall- und Krankenversicherung der in land-und forstwirtschaftlichen Betriebenbeschäftigten Person v. 5. Mai 1886.

Verordnung über die Zulassung von Ärzten zur Tätigkeit bei den Krankenkassen vom 22. April 1933.

Verordnung über die Tätigkeit von Zahnärzten und Zahntechnikern bei den Krankenkassen vom 2. Juni 1933.

## （五）西文著作

Ambos, Kai, *National Socialist Criminal Law: Continuity and Radicalization*, trans. by Margaret Hiley, Nomos, 2019.

Angermund, Ralph, Deutsche Richterschaft 1919-1945, Fischer, 1990.

Bade, Claudia/Skowronski, Lars und Viebig, Michael (Hrsg.), NS-Militärjustiz im Zweiten Weltkrieg Disziplinierungs- und Repressionsinstrument in europäischer Dimension, Göttingen V & R unipress, 2015.

Badura, Peter, Verwaltungsrecht im liberalen und im sozialen Rechtsstaat, Mohr, 1966.

Balfour, Michael and Frisby, Julian, *Helmuth von Moltke: A Leader Against Hitler*, Palgrave Macmillan, 1972.

Bechert, R., Deutsche Rechtsgeschichte, Schaeffer, 1935.

Becker, Hans-Juergen, Die neue Kölner Rechtswissenschaftliche Fakultät von 1919 bis 1950, Mohr Siebeck, 2021.

Becker, Lothar, „Schritte auf einer abschüssigen Bahn":Das Archiv des öffentlichen Rechts (AöR) und die deutsche Staatsrechtswissenschaft im Dritten Reich, Mohr Siebeck,1999.

Bellomo, Manlio, *The Common Legal Past of Europe: 1000-1800*, trans. by Lydia G. Cochrane, The Catholic University of America Press, 1995.

Block, Nils, Die Parteigerichtsbarkeit der NSDAP, Peter Lang, 2002.

Bock, Gisela, Zwangssterilisation im Nationalsozialismus Studien zur Rassenpolitik und Geschlechterpolitik, MV Wissenschaft, 1986.

Bölling, Hatto G., Die neue Verwaltungsrechtslehre, in: Deutsche Verwaltung, 1934.

Braun, Konstanze, *Dr. Otto Georg Thierack (1889-1946)*, Peter Lang, 2005.

Broszat, Martin, *The Hitler State*, Longman, 1981.

Browder, George C., *Hitler's Enforcers: The Gestapo and the SS Security Service in the Nazi Revolution*, Oxford University Press, 1996.

Browder, George C., *The Foundations of the Nazi Police State: The Formation of Sipo and SD*, The University Press of Kentucky, 2004.

Burkhardt, Anika, Das NS-Euthanasie-Unrecht vor den Schranken der Justiz: Eine strafrechtliche Analyse, Mohr Siebeck, 2015.

Calasso, Francesco, Il concetto di diritto comune, Modena, 1934.

Calasso, Francesco, Il problema storico del diritto comune, Mailand, 1939.

Carroll, Berenice Anita, *Design for Total War: Arms and Economics in the Third Reich*, De Gruyter, 1968.

Carsten, Ernst S. und Rautenberg, Erardo C., Die Geschichte der Staatsanwaltschaft in Deutschland bis zur Gegenwart, 3. Aufl., Nomos, 2015.

Das BGB im Nationalsozialismus, Buch 1. Allgemeiner Teil Einleitung, Münchener Kommentar zum BGB, 7. Aufl., C.H.Beck, 2015.

Dawson, William Harbutt, *Bismarck and State Socialism: An Exposition of the Social and Economic Legislation of Germany Since 1870*, Wentworth Press, 2016.

Dean, Martin, *Robbing the Jews: The Confiscation of Jewish Property in the Holocaust, 1933–1945*, Cambridge University Press, 2008.

Ditt, Thomas, „Stoßtruppfakultät Breslau": Rechtswissenschaft im „Grenzland Schlesien" 1933–1945, Mohr Siebeck, 2011.

Eckhardt, Karl August, Das Studium der Rechtswissenschaft, Hanseatische Verlaganstalt, 1935.

Eltjo, Schrage, J.H., Utrumque Ius: Fine Einfuehrung in das Studium der Quellen des mittelalterlichen gelehrten Recht, Duncker&Humblot, 1992.

Forsthoff, Ernst, Der Totale Staat, Hanseatische Verlaganstalt, 1933.

Fraenkel, Ernst, *The Dual State*, Oxford University Press, 2017.

Frese, Matthias, Betriebspolitik im Dritten Reich: Deutsche Arbeitsfront, Unternehmer und Staatsbürokratie in der westdeutschen Grossindustrie, 1933–1939, Ferdinand Schöningh, 1991.

Friedlander, Henry, *The Origins of Nazi Genocide: From Euthanasia to The Final Solution*, The University of North Carolina Press, 1995.

Gallo, Max, *Night of the Long Knives*, trans. by Lily Emmet, Harper & Row, 1972.

Giebeler, Marcus i.e., Kontroverse um den Reichstagsbrand. Quellenprobleme und historiographische Paradigmen, Martin Meidenbauer Verlag, 2010.

Glungler, Wilhelm, Theorie der Politik: Grundlehren einer Wissenschaft von

Volk und Staat, F. & J. Voglrieder, 1941.

Graczyk, Konrad, Ein anderes Gericht in Oberschlesien Sondergericht Kattowitz 1939–1945, Mohr Siebeck, 2021.

Grewe, Wilhelm G. *The Epochs of International Law*, trans. by Michael Byers, De Gruyter, 2000.

Grossi, Paolo, *A History of European Law*, trans. by Laurence Hooper, Wieley-Blackwell, 2010.

Gruchmann, Lothar, Justiz im Dritten Reich 1933–1940, Oldenbourg Wissenschaftsverlag, 2002.

Gusy, Christoph, 100 Jahre Weimarer Verfassung: Eine gute Verfassung in schlechter Zeit, Mohr Siebeck, 2018.

Hannover, Heinrich, Elisabeth Hannover-Drück, Politische Justiz 1918–1933, Metropol Verlag, 2019.

Hattenhauer, Hans, Europäische Rechtgeschichte, C.F. Müller Verlag, 1992.

Hedemann, Justus Wilhelm, Die Flucht in die Generalklauseln. Eine Gefahr für Recht und Staat, Mohr, 1933.

Heller, Hans-Detlef, Die Zivilrechtsgesetzgebung im Dritten Reich: Die deutsche bürgerlich-rechtliche Gesetzgebung unter der Herrschaft des Nationalsozialismus, Monsenstein u. Vannerdat, 2015.

Hentschel, Volk, Geschichte der deutschen Sozialpolitik 1880–1980: Soziale Sicherung und kollektives Arbeitsrecht, Suhrkamp, 1983.

Herbers, Matthias, Organisationen im Krieg: Die Justizverwaltung im Oberlandesgerichtsbezirk Köln 1939–1945, Mohr Siebeck, 2012.

Hilger, Christian, Rechtsstaatsbegriffe im Dritten Reich: Eine Strukturanalyse, Mohr Siebeck, 2003.

Hoeppel, Alexander, NS-Justiz und Rechtsbeugung: Die strafrechtliche Ahndung deutscher Justizverbrechen nach 1945, Mohr Siebeck, 2019.

Housden, Martyn, *Helmut Nicolai and Nazi Ideology*, St. Martin's Press, 1992.

Huber, E., Verfassungsrecht des Großdeutschen Reiches, 2. Aufl., Hanseatische Verlagsanstalt, 1939.

Huber, Ernst, Deutsche Verfassungsgeschichte seit 1789, Band V, Kohlhammer

Verlag, 1992.

Hubert, Peter, Uniformierter Reichstag: Die Geschichte der Pseudo-Volksvertretung 1933–1945, Droste, 1992.

Hübner, Rudolf, *A History of Germanic Private Law*, trans. by Francis S. Philbrick, Little, Brown and Company, 1918.

Hucko, Elmar M. *The Democratic Tradition: Four German Constitution*, Berg Publishers Limited, St. Martin's Press, 1987.

Hueber, Alfons, Mayer, Otto: Die „juristische Methode" im Verwaltungsrecht, Duncker & Humblot, 1982.

Humann, Detlev, „Arbeitsschlacht": Arbeitsbeschaffung und Propaganda in der NS-Zeit 1933–1939, Wallstein, 2011.

Irmen, Helmut, Das Sondergericht Aachen 1941–1945, De Gruyter, 2018.

Jackson, Christopher Rea, Industrial Labor between Revolution and Repression: Labor Law and Society in Germany, 1918–1945, Harvard University Dissertations, 1993.

Jacobson, Arthur J. and Schlink, Bernhard(ed.), *Weimar: A Jurisprudence of Crisis*, University of California Press, 2000.

Jellinek, Georg, Allgemeine Staatslehre, 3. Aufl., Berlin, 1914.

Jung, Otmar, Plebiszit und Diktatur: Die Volksabstimmungen der Nationalsozialisten, Mohr Siebeck,1995.

Justizbehörde Hamburg (Hrsg.), Hamburger Justizurteile im Nationalsozialismus, Hamburg, 1995.

Kahn, Daniela, Die Steuerung der Wirtschaft durch Recht im nationalsozialistischen Deutschland: Das Beispiel der Reichsgruppe Industrie, Klostermann, 2006.

Kalmbach, Peter, Wehrmachtjustiz: Militärgerichtsbarkeit und totaler Krieg, Metropol, 2012.

Kasseckert, Christian, Straftheorie im Dritten Reich: Entwicklung des Strafgedankens im Dritten Reich, Logos, 2009.

Keiser, Thorsten, Eigentumsrecht in Nationalsozialismus und Fascismo, Mohr Siebeck, 2005.

Koch, H. W. (ed.), *Aspects of the Third Reich*, Macmillan, 1985.

Koch, H. W., *In the Name of the Volk: Political Justice in Hitler's Germany*, I.B.Tauris, 1989.

Kohl, Christiane, Der Jude und das Mädchen: Die wahre Geschichte zum Film „Leo und Claire", Gütersloh, 2002.

Kokert, Josef, Der Begriff des Typus bei Karl Larenz, Duncker & Humblot, 1995.

Konitzer, Werner und Palme, David (Hrsg.), Arbeit, Volk, Gemeinschaft, Ethik und Ethiken im Nationalsozialismus, Campus Verlag GmbH, 2016.

Kranig, Andreas, Lockung und Zwang zur Arbeitsverfassung im Dritten Reich, Oldenbourg, 1986.

Kroeschell, Karl, Rechtsgeschichte Deutschlands im 20. Jahrhundert, UTB, 1992.

Kuczynski, Jürgen, *Germany: Economic and Labour Conditions under Fascism*, Greenwood Press, 1968.

Kuntzemüller, Albert, Die Badischen Eisenbahnen, Verlag G. Braun, 1953.

Landau, Peter, Römisches Recht und deutsches Gemeinrecht, in: Rechtsgeschichte im Nationalsozialismus: Beitrage zur Geschichte einer Disziplin, J.C.B. Mohr (Paul Siebeck), 1989.

Lange, Heinrich, Nationalismus und bürgerliches Recht, Mohr Siebeck 1933.

Larenz, Karl , Vertrag und Unrecht, Bd. 1, Moh, 1936.

Larenz, Karl, Rechts- und Staatsphilosophie der Gegenwart, 2. Aufl., Junker und Dünnhaupt, 1935.

Lauf, Edmund, Der Volksgerichtshof und sein Beobachter, Bedingungen und Funktionen der Gerichtsberichterstattung im Nationalsozialismus, Springer, 1994.

Liebrich, Mitteis, Deutsche Rechtsgeschichte, 15. Aufl., Verlag C.H. Beck, 1978.

Llanque, Marcus, Die Weimarer Reichsverfassung und ihre Staatssymbloe, in: Das Wagnis der Demokratie, Horst Dreier, Christian Waldhoff (Hrsg.), C. H. Beck, 2018.

Löffelsender, Michael, Kölner Rechtsanwälte im Nationalsozialismus: Eine

Berufsgruppe zwischen „Gleichschaltung" und Kriegseinsatz, Mohr Siebeck, 2015.

Löffelsender, Michael, Strafjustiz an der Heimatfront: Die strafrechtliche Verfolgung von Frauen und Jugendlichen im Oberlandesgerichtsbezirk Köln 1939-1945, Mohr Siebeck, 2012.

Majer, D., *"Non-Germans" under the Third Reich: The Nazi Judicial and Administrative System in Germany and Occupied Eastern Europe, with Special Regard to Occupied Poland*, Texas Tech University Press, 2014.

Manigk, Alfred, Neubau des Privatrechts. Grundlagen und Bausteine, A. Deichert, 1938.

Mansfeld, Werner und Pohl, Wolfgang, Die Ordnung der nationalen Arbeit: Kommentar zu dem Gesetz zur Ordnung der nationalen Arbeit und zu dem Gesetz zur Ordnung der Arbeit in öffentlichen Verwaltungen und Betrieben unter Berücksichtigung aller Durchführungsbestimmungen, 2. Aufl, Deutsches Druck- und Verlagshaus, 1934.

Manthe, Barbara, Richter in der nationalsozialistischen Kriegsgesellschaft: Beruflicher und privater Alltag von Richtern des Oberlandesgerichtsbezirks Köln, 1939-1945, Mohr Siebeck, 2013.

Marxen, Klaus, Der Kampf gegen das liberale Strafrecht: Eine Studie zum Antiliberalismus in der Strafrechtswissenschaft der zwanziger und dreißiger Jahre, Duncker & Humblot, 1975.

McKale, Donald M., *The Nazi Party Courts. Hitler's Management of Conflict in His Movement, 1921-1945*, University Press of Kansas, 1974.

Meierhenrich, Jens, *The Remnants of the Rechtsstaat: An Ethnography of Nazi Law*, Oxford University Press, 2018.

Mertens, Bernd, Rechtsetzung im Nationalsozialismus, Mohr Siebeck, 2009.

Messerschmidt, Manfred, Die Wehrmachtjustiz 1933-1945, Paderborn, 2005.

Mohr, Philipp Caspar, „Kein Recht zur Einmischung": Die politische und völkerrechtliche Reaktion Großbritanniens auf Hitlers „Machtergreifung" und die einsetzende Judenverfolgung, Mohr Siebeck, 2002.

Mommsen, Hans, The Reichstag Fire and Its Political Consequences, in: H.W.

Koch ed., *Aspects of the Third Reich*, Macmillan, 1985.

Müller, Christian, Das Gewohnheitsverbrechergesetz vom 24. November 1933: Kriminalpolitik als Rassenpolitik, Nomos, 1997.

Müller, Ingo, *Hitler's Justice the Courts of the Third Reich,* trans. by Deborah Schneider, Harvard University Press, 1991.

Nicolai, Helmut, Die Rassengesetzliche Rechtslehre: Grundzüge einer nationalsozialistischen Rechtsphilosophie, Eher, 1932.

Noakes, J. and Pridham, G., *Nazism 1919–1945: A Documentary Reader*, Vol. 2, Liverpool University Press, 2000.

Nüchterlein, Jana, Volksschädlinge vor Gericht. Die Volksschädlingsverordnung vor den Sondergerichten Berlins, Tectum, 2015.

Pauly, Walter, Der Methodenwandel im deutschen Spätkonstitutionalismus: Ein Beitrag zur Entwicklung und Gestalt der Wissenschaft vom öffentlichen Recht im 19. Jahrhundert, Mohr Siebeck,1993.

Petersen, Klaus, Literatur und Justiz in der Weimarer Republik, J. B. Metzler, 1988.

Petzina, Dietmar, Autarkiepolitik im Dritten Reich: Der nationalsozialistische Vierteljahresplan, Oldenburg, 1968.

Pöggeler, Wolfgang (Hrsg.), Otto von Gierke: Aufsätze und kleinere Monographien, Bd.2, Olms-Weidmann, 2001.

Przyrembel, Alexandra, „Rassenschande". Reinheitsmythos und Vernichtungslegitimation im Nationalsozialismus, Vandenhoeck & Ruprecht, 2003.

Rabbow, Arnold (Hrsg.), dtv-Lexikon politischer Symbole, dtv, 1970.

Reidegeld, Eckart, Staatliche Sozialpolitik in Deutschland. Bd. Ⅱ : Sozialpolitik in Demokratie und Diktatur 1919–1945, VS Verlag, 2006.

Riebschlager, Klaus, Die Freirechtsbewegung: Zur Entwicklung einer soziologischen Rechtsschule, Duncker & Humblot, 1968.

Rosenberg, Alfred, Der Mythus des 20. Jahrhunderts. Eine Wertung der seelischgeistigen Gestaltenkämpfe unserer Zeit, Hoheneichen-Verlag, 1930.

Rücker, Simone, Rechtsberatung: Das Rechtsberatungswesen von 1919–1945 und die Entstehung des Rechtsberatungsmissbrauchsgesetzes von 1935, Mohr

Siebeck, 2007.

Rückert, Joachim und Willoweit, Dietmar (Hrsg.), Die Deutsche Rechtgeschichte in der NS-Zeit, Mohr Siebeck, 1995.

Rückert, Joachim, Unrecht durch Recht: Zur Rechtsgeschichte der NS-Zeit, Mohr Siebeck, 2018.

Rüthers, Bernd, Die unbegrenzte Auslegung: Zum Wandel der Privatrechtsordnung im Nationalsozialismus, 6. Aufl., Mohr Siebeck, 2005.

Schädler, Sarah, „Justizkrise" und „Justizreform" im Nationalsozialismus: Das Reichsjustizministerium unter Reichsjustizminister Thierack (1942–1945), Mohr Siebeck, 2009.

Schäfer, Herwig, Juristische Lehre und Forschung an der Reichsuniversität Straßburg 1941–1944, Mohr Siebeck, 1999.

Scheffczyk, Fabian, Der Provinzialverband der preußischen Provinz Brandenburg 1933–1945: Regionale Leistungs- und Lenkungsverwaltung im Nationalsozialismus, Mohr Siebeck, 2008.

Schenk, Dieter / Frank Hans, Hitlers Kronjurist und Generalgouverneur, Fischer, 2008.

Schlegelberger, Franz, Abschied vom BGB, Vortrag, gehalten in der Universität zu Heidelberg am 25. Januar 1937, Vahlen, 1937.

Schleusener, Jan, Eigentumspolitik im NS-Staat Der staatliche Umgang mit Handlungs- und Verfügungsrechten über privates Eigentum 1933–1939, Lang, 2009.

Schmelzeisen, Gustaf Klemens, Das Recht im nationalsozialistischen Weltbild, C.L. Hirschfeld, 1934.

Schmerbach, Folker, Das „Gemeinschaftslager Hanns Kerrl" für Referendare in Jüterbog 1933–1939, Mohr Siebeck, 2008.

Schmitt, Carl, Die Auflösung der europäischen Ordnung: im „International Law"(1890–1939), Staat, Großraum, Nomos: Arbeiten aus den Jahren 1916–1969, Duncker und Humblot, 1995.

Schmitt, Carl, Über die drei Arten des rechtswissenschaftlichen Denkens, Hanseatische Verlagsanstalt, 1934.

Schmitzberger, Johanna, Das nationalsozialistische Nebenstrafrecht: 1933 bis 1945, Peter Lang, 2008.

Schmoeckel, Mathias, Die Großraumtheorie Ein Beitrag zur Geschichte der Völkerrechtswissenschaft im Dritten Reich, insbesondere der Kriegszeit, Duncker & Humblot,1994.

Schneider, Christina, Die SS und „das Recht": Eine Untersuchung anhand ausgewählter Beispiele, Peter Lang, 2005.

Schott, Susanne, Curt Rothenberger—Eine politische Biographie, Dissertation von Halle Universität, 2001.

Schütte, Christian, Progressive Verwaltungsrechtswissenschaft auf konservativer Grundlage: Zur Verwaltungsrechtslehre Ernst Forsthoffs, Duncker & Humblot, 2006.

Schwegel, Andréas, Der Polizeibegriff im NS-Staat Polizeirecht, Juristische Publizistik und Judikative 1931−1944, Mohr Siebeck, 2005.

Schwerin, Claudius Freiherr, Germanische Rechtsgeschichte, Junker & Dünnhaupt,1936.

Sobota, Katharina, Das Prinzip Rechtsstaat: Verfassungs- und verwaltungsrechtliche Aspekte, Mohr Siebeck,1997.

Spohn, Wolfang, Betriebsgemeinschaft und Volksgemeinschaft: Die rechtliche und institutionelle Regelung der Arbeitsbeziehungen im NS-Staat, Quorum, 1987.

Stahl, Friedrich Julius, Die Philosophie des Rechts, Bd. 2 Rechts- und Staatslehre auf der Grundlage christlicher Weltanschauung, 3. Aufl., J.C.B. Mohr, 1856.

Steinbeiß-Winkelmann, Christine, Formen der Verwaltungsgerichtsbarkeit auf Reichsebene, in: Karl-Peter Sommermann und Bert Schaffarzik (Hrsg.), Handbuch der Geschichte der Verwaltungsgerichtsbarkeit in Deutschland und Europa, Springer, 2019.

Stoll, Heinrich, Das bürgerliche Recht in der Zeiten Wende, Kohlhammer, 1933.

Stolleis, Michael, Gemeinwohlformeln im nationalsozialistischen Recht, Schweitzer, 1974.

Stolleis, Michael, *History of Social Law in Germany*, trans. by Thomas Dunlap, Springer, 2014.

Stolleis, Michael, Recht im Unrecht: Studien zur Rechtsgeschichte des Nationalsozialismus, Suhrkamp, 1994.

Stolleis, Michael, Simon, Dieter (Hrsg.), Rechtsgeschichte im Nationalsozialismus: Beiträge zur Geschichte einer Disziplin, Mohr Siebeck, 1989.

Stolleis, Michael, *The Law under the Swastika: Studies on Legal History in Nazi Germany*, trans. by Thomas Dunlap, The University of Chicago Press, 1998.

Sunnus, Michael, Der NS-Rechtswahrerbund: (1928-1945), Zur Geschichte der nationalsozialistischen Juristenorganisation, Peter Lang, 1990.

Tarrab-Maslaton, Martin, Rechtliche Strukturen der Diskriminierung der Juden im Dritten Reich, Duncker & Humblot, 1993.

Telp, Jan, Ausmerzung und Verrat: zur Diskussion um Strafzwecke und Verbrechensbegriffe im Dritten Reich, Peter Lang, 1999.

Ville, Erkkilae, *The Conceptual Change of Conscience: Franz Wieacker and German Legal Historiography 1933-1968*, Mohr Siebeck, 2019.

Volkmann, Hans-Erich(ed.), *Germany and the Second World War Volume I: The Build-up of German Aggression*, Oxford University Press, 2015.

von Gierke, Otto, Der Entwurf eines bürgerlichen Gesetzbuches und das deutsche Recht, Duncker & Humblot, 1889.

von Gierke, Otto, Deutsches Privatrecht, 3 Bände, Dunker & Humblot, 1895.

von Grünewaldt, Arthur, Die Richterschaft des Oberlandesgerichts Frankfurt am Main in der Zeit des Nationalsozialismus, Mohr Siebeck, 2015.

von Leers, Johann, Deutsche Rechtsgeschichte und Deutsches Rechtsdenken, Deutscher Rechtsverlag, 1939.

von Moltke, Helmuth James, Völkerrecht im Dienste der Menschen: Dokumente, hrsg. von Ger van Roon, Siedler, 1986.

von Stein, Lorenz, Verwaltungslehre Bd 1. Die vollziehende Gewalt, 2. Aufl., Cotta, 1869.

Vormbaum, Thomas, Einführung in die moderne Strafrechtsgeschichte, 2. Aufl., Springer, 2011.

Wagner, Walter, Der Volksgerichtshof im nationalsozialistischen Staat. Mit einem Forschungsbericht für die Jahre 1974 bis 2010 von Jürgen Zarusky, Oldenbourg, 2011.

Werle, Gerhard, Justiz-Strafrecht und polizeiliche Verbrechensbekämpfung im Dritten Reich, De Gruyter, 1989.

Werner, Karl, Das NS-Geschichtsbild und die deutsche Geschichtswissenschaft, Kohlhammer, 1967.

Wesel, Uwe, Geschichte des Rechts: Von den Frühformen bis zur Gegenwart, 4. Aufl., C.H. Beck, 2013.

Wieacker, Franz, Privatrechtsgeschichte der Neuzeit, 2. Aufl., Vandenhoeck & Ruprecht, 1967.

Wieacker, Franz, Wandlungen der Eigentumsverfassung, Hanseatische Verlagsanstalt, 1935.

Wulff, Arne, Staatssekretär Prof. Dr. Dr. h.c. Franz Schlegelberger: 1876–1970, Peter Lang, 1991.

Zeidler, Manfred, Das Sondergericht Freiberg: Zu Justiz und Repression in Sachsen 1933–1940, Hannah-Arendt-Institut für Totalismusfürschung e.V. an der Technischer Universität Dresden, 1998.

Ziegler, H. O., Autoritäerer oder Totaler Staat? J.C.B. Mohr, 1932.

安井郁:《欧洲広域国際法の基礎理念》, 有斐閣, 1942 年。

## （六）西文论文

Braczyk, Boris A., Karl Larenz' völkisch-idealistische Rechtsphilosophie, ARSP, Vol. 79, No. 1 (1993).

Brüggemeier, Gert, Oberstes Gesetz ist das Wohl des deutschen Volkes: Das Projekt des „Volksgesetzbuches", Juristen Zeitung, 45. Jahrg., Nr. 1 (1990).

Caldwell, Peter C., The Weimar Constitution, in: Nadine Rossol and Benjamin Ziemann (ed.), *The Oxford Handbook of The Weimar Republic*, Oxford University Press, 2022.

Caldwell, Peter, National Socialism and Constitutional Law: Carl Schmitt, Otto Koellreutter, and the Debate over the Nature of the Nazi State, 1993–1937,

*Cardozo Law Review*, Vol. 16, No. 2 (1994).

Car, Ronald, Community of Neighbours vs Society of Merchants: The Genesis of Reinhard Höhn's Nazi State Theory, *Politics, Religion & Ideology*, Vol. 16, No. 1 (2015).

Coing, Helmut, Die europäische Privatrechtsgeschichte der neueren Zeit als einheitliches Forschungsgebiet, Ius Commune 1, 1967.

Coing, Helmut, The Sources and Characteristics of the ius commune, *The Comparative and International Law Journal of Southern Africa*, Vol. 19, No. 3 (1986).

Dahm, Georg, Verbrechen und Tatbestand, in: Karl Larenz u. a. (Hrsg.), Grundfragen der neuen Rechtswissenschaft, Junker & Dünnhaupt, 1935.

Dilcher, Gerhard, Die Geschichte der Stadt, in: Enzyklopädie der Rechts-und Staatswissenschaft, Springer Verlag Berlin Heidelberg, 1999.

Diner, Dan, Rassistisches Völkerrecht: Elemente einer nationalsozialistischen Weltordnung, Vierteljahrshefte für Zeitgeschichte, H. 4 (1989).

Dölle, Hans, Das bürgerliche Recht im National sozialistischen deutschen Staat, Schmollers Jahrbuch (1933).

Dreier, Horst, Die deutsche Staatsrechtslehre in der Zeit des Nationalsozialismus, VVDStRL H. 60 (2001).

Dubber, Markus Dirk, Judicial Positivism and Hitler's Injustice, *Columbia Law Review*, Vol. 93, No. 7 (1993).

Duve, Thomas, European Legal History—Concepts, Methods, Challenges, in: *Entanglements in Legal History: Conceptual Approaches, Global Perspectives on Legal History*, Max Planck Institute for European Legal History Open Access Publication, Frankfurt am Main, 2014.

Eckert, Jörn, „Hinter den Kulissen". Die Kieler Rechtswissenschaftliche Fakultät im Nationalsozialismus, in: Christiana Albertina, Forschungen und Berichte aus der Christian-Albrechts-Universität zu Kiel, Bd. 58 (2004).

Epping, Volker, Die Lex van der Lubbe—Zugleich ein Beitrag zur Bedeutung des Grundsatzes „nullum crimen, nulla poena sine lege", Der Staat 34 (1995).

Fischer, Conan, Review, *The English Historical Review*, Vol. 108, No. 427 (1993).

Forsthoff, Ernst, Von den Aufgaben der Verwaltungsrechtswissenschaft, Deutsches Recht (1935).

Frassek, Ralf, Juristenausbildung im Nationalsozialismus, Kritische Justiz, Vol. 37, No. 1 (2004).

Frassek, Ralf, Steter Tropfen höhlt den Stein—Juristenausbildung im Nationalsozialismus und danach, ZRG GA 117 (2000).

Frassek, Ralf, Weltanschaulich begründete Reformbestrebungen für das juristische Studium in den 30er und 40er Jahren, ZRG GA 111 (1994).

Friedrich, Manfred, Der Methoden- und Richtungsstreit: Zur Grundlagendiskussion der Weimarer Staatsrechtslehre, AöR, Vol. 102, No. 2 (1977).

Gott, Virginia L., The National Socialist Theory of International Law, *The American Journal of International Law*, Vol. 32, No. 4 (1938).

Gotthard, Jasper, Justiz und Politik in der Weimarer Republik, Vier-teljahrshefte für Zeitgeschichte, H. 2 (1982).

Graus, Frantisek, Geschichtsschreibung und Nationalsozialismus, Vierteljahrshefte für Zeitgeschichte, H.1 (1969).

Gribbohm, Günter, Nationalsozialismus und Strafrechtspraxis—Versuch einer Bilanz, NJW (1988).

Grossi, Paolo, Das Eigentum und die Eigentümer in der Werkstatt des Rechtshistorikers, in: Rechtsgechichte und theoretische Dimension: Forschungsbeiträge eines rechtshistorischen Seminars in Stockholm im November 1986, Lund, 1990.

Gruchmann, Lothar, „Generalangriff gegen die Justiz"? Der Reichstagsbeschluß vom 26. April 1942 und seine Bedeutung für die Maßregelung der deutschen Richter durch Hitler, Vierteljahrshefte für Zeitgeschichte, H. 4 (2003).

Gruchmann, Lothar, Die Entstehung des Testamentsgesetzes vom 31. Juli 1938: Nationalsozialistische „Rechtserneuerung" und Reformkontinuität, ZNR (1985).

Grunsky, Wolfgang, Gesetzesauslegung durch die Zivilgerichte im Dritten Reich: Dargestellt an Hand der in DR 1939 Band 2, 1940 Band 1 enthaltenen Rechtsprechung, Kritische Justiz, Vol. 2, No. 2 (1969).

Hachtmann, Rüdiger, Die rechtliche Regelung der Arbeitsbeziehungen im

Dritten Reich, in: Dieter Gosewinkel (hrsg.), Wirtschaftskontrolle und Recht in der nationalsozialistischen Diktatur, Klostermann, 2005.

Hahn, Erich, Rudolf Gneist and the Prussian Rechtsstaat: 1862-78, *The Journal of Modern History*, Vol. 49, No. 4 (1977).

Hanel, Stephanie, Das „gesunde Volksempfinden" und das Testamentsrecht, in: Thomas Olechowski (Hrsg.), Beiträge zur Rechtsgeschichte Österreichs, 7. Jahrgang. Bd 2, 2017.

Hattenhauer, Hans, Die Akademie für Deutsches Recht, Juristische Schulung (Jus), 1986.

Hattenhauer, Hans, Vom Reichsjustizamt zum Bundesministerium der Justiz. Stellung und Einfluß der obersten deutschen Justizbehörde in ihrer 100 jährigen Geschichte, in: Bundesministerium der Justiz (Hrsg.), Vom Reichsjustizamt zum Bundesministerium der Justiz. Festschrift zum 100 jährigen Gründungstag des Reichsjustizamtes am 1. Januar 1977, Köln, 1977.

Heiber, Helmut, Zur Justiz im dritten Reich: Der Fall Elias, Vierteljahreshefte für Zeitgeschichte, H. 3 (1955).

Henle, Rudolf, Zur Reform des Ehescheidungsrechts, JW (1922).

Hespanha, Uncommon Laws, Laws in the extreme peripheries of an early modern Empire, Zeitschrift der Savigny-Stiftung für Rechtsgeschichte, Germanistische Abteilung 130, 2013.

Heun, Werner, Der Staatsrechtliche Positivismus in der Weimarer Republik: Eine Konzeption im Widerstreit, Der Staat, Vol. 28, No. 3 (1989).

Hofacker, Wilhelm, Die subjektiven öffentlichen Rechte, Deutsche Juristenzeitung (1935).

Höhn, Reinhard, Das subjektive öffentliche Recht und der Staat, Deutsche Rechtswissenschaft 1 (1936).

Holste, Heiko, Die Zerstörung des Rechtsstaates durch den Nationalsozialismus, JA (2009).

Höpel, Stefan, Vertreibung nach 1933, Kritische Justiz, Vol. 26, No. 4 (1993).

Höpel, Stefan, Die „Säuberung" der deutschen Rechtswissenschaft—Ausmaß und Dimensionen der Vertreibung nach 1933, Kritische Justiz, Vol. 26, No. 4

(1993).

Hornung, Erik, Railroads and Growth in Prussia, *Journal of the European Economic Association*, Vol. 13, Issue 4 (2015).

Kalmbach, Peter Lutz, Das System der NS-Sondergerichtsbarkeiten, Kritische Justiz, Vol.50, No. 2 (2017).

Kershaw, Ian, „Volksgemeinschaft"Potenzial und Grenzen eines neuen Forschungskonzepts, Vierteljahrshefte für Zeitgeschichte, H. 1 (2011).

Koellreutter, Otto, Das Verwaltungsrecht im nationalsozialistischen Staat, Deutsche Juristenzeitung (1934).

Koellreutter, Otto, Der nationale Rechtsstaat, 38 DJZ (1933).

Koellreutter, Otto, Vorbemerkungen der Schriftleitung, Verwaltungsarchiv No. 3 (1933).

Kohl/Stolleis, Im Bauch des Leviathan—Zur Staats- und Verwaltungsrechtslehre im Nationalsozialismus, NJW (1988).

Krüger, Herbert, Volksgemeinschaft statt subjektiver Rechte, Deutsche Verwaltung (1935).

Larenz, Karl, Neubau des Privatrechts, Archiv für die Civilistische Praxis (AcP) 145. Bd., H. 1 (1939).

Larenz, Karl, Rechtsperson und subjektives Recht—Zur Wandlung der Rechtsgrundbegriffe, in: Dahm u. a. (Hrsg.), Grundfragen der neuen Rechtswissenschaft, 1935.

Ledford, Kenneth F., Formalizing the Rule of Law in Prussia: The Supreme Administrative Law Court, 1876-1914, *Central European History*, 2004, No. 2 (2004).

Mason, John Brown, The Judicial System of the Nazi Party, *The American Political Science Review*, Vol. 38, No. 1 (1944).

Maunz, Theodor, Das Ende des subjektiven öffentlichen Rechts, Zeitschrift für die gesamten Staatswissenschaften 96 (1936).

Maunz, Theodor, Zum Neubau des deutschenVerwaltungsrechts, Deutsche Juristenzeitung (1934).

Meyer, Ulli, Erbrecht im Nationalsozialismus, Journal der Juristischen

Zeitgeschichte, 2016 (2).

Nehlsen, Karl August Eckhardt, ZRG Germ. Abt. 104 (1987).

Neubecker, Zur Reform des Eherechts, DJZ 26 (1921).

Nipperdey, Hans Carl, Das System des Bürgerlichen Rechts, in Hedeman Jnstus Wilhelm, Zur Erneurung des bürgerlichen Rechts, C. H. Beck, 1938.

Nolzen, Armin, Parteigerichtsbarkeit und Parteiausschlüsse in der NSDAP 1921–1945, Zeitschrift für Geschichtswissenschaft 48 (2000).

Norton, Donald H., Karl Haushofer and the German Academy, 1925–1945, *Central European History*, Vol. 1, No. 1 (1968).

Otte, Gerhard, Die zivilrechtliche Gesetzgebung im „Dritten Reich", NJW (1988).

Pennington, Kenneth, L' Europa del Diritto Comune by Manilo Bellomo, *The American Historical Review*, Vol. 96, No. 4 (1991).

Preuss, Lawrence, Germanic Law Versus Roman Law in National Socialist Legal Theory, *Journal of Comparative Legislation and International Law*, Third Series, Vol. 16, No. 4 (1934).

Preuss, Lawrence, National Socialist Conceptions of International Law, *American Political Science Review* 29, No. 4 (1935).

Rabbow, Arnold, Schwarz-Rot-Gold: Einheit in Freiheit, Der Flaggenkurier, 25 (2007).

Raithel, Thomas/Strenge, Irene, Die Reichstagsbrandverordnung. Grundlegung der Diktatur mit den Instrumenten des Weimarer Ausnahmezustands, Vierteljahrshefte für Zeitgeschichte, H.3 (2000).

Ramm, Thilo, Nationalsozialismus und Arbeitsrecht, Kritische Justiz, Vol. 1, No. 2 (1968).

Repnow, Robin, Das Projekt eines NS-Volksgesetzbuchs und das ZGB der DDR— Ein Vergleich, StudZR, 2013(2).

Rittstieg, Helmut, Die Juristische Eigentumslehre in der Zeit des Nationalsozialismus, Quaderni Fiorentini, Vol.5/6 (1976/77).

Rückert, Joachim, Das „gesunde Volksempfinden"—Eine Erbschaft Savignys?, in: Savigny-Zeitschrift für Rechtgeschichte, GA, 103 (1986).

Rückert, Joachim, Das „gesunde Volksempfinden"—Eine Erbschaft Savignys?, ZRG GA 111 (1994).

Rückert, Joachim, Perversion der Verwaltung—Verwaltung der Perversion in der NS Zeit, Juridica International, 2014.

Rüthers, Bernd, Recht als Waffe des Unrechts—Juristische Instrumente im Dienst des NSRassenwahns, NJW (1988).

Schaffstein, Friedrich, Das Verbrechen als Pflichtverletzung, in: Karl Larenz u. a. (hrsg.), Grundfragen der neuen Rechtswissenschaft, Junker & Dünnhaupt, 1935.

Schaffstein, Friedrich, Politische Universität und Neuordnung des juristischen Studiums, DJZ (1934).

Schmitt, Carl, Völkerrechtliche Großraumordnung mit Interventionsverbot für raumfremde Nächte. Ein Beitrag zum Reichsbegriff im Völkerrecht, 1939, in: Staat, Großraum, Nomos: Arbeiten aus den Jahren 1916–1969, Duncker und Humblot, 1995.

Schmitt, Carl, Das Gesetz zur Behebung der Not von Volk und Reich, 38 DJZ (1933).

Schmitt, Carl, Der Führer schützt das Recht, DJZ (1935).

Schmitt, Carl, Die Verfassung der Freiheit, DJZ 40 (1935).

Schmitz, Gunther, Die Vor-und Nachschaubesprechungen in Hamburg 1942–45, in: Justizbehörde Hamburg (Hrsg.), „Für Führer, Volk und Vaterland...", Hamburger Justiz im Nationalsozialismus, Ergebnisse-Verlag, 1992.

Schönfeld, W., Rechtsperson und Rechtsgut im Licht des Reichsgerichts als Vorarbeit zu einer Künftigen Wirklichkeitslehre des Rechts, in: Die Rechtsgerichtspraxis, Festschrift Rechsgericht, II, 1929.

Schwab, Dieter, Zum Selbstverständnis der historischen Rechtswissenschaft im Dritten Reich, Kritische Justiz, Vol. 2, No. 1 (1969).

Schwister, Leitsätze über die Ausbildung der Juristen, DJZ (1933).

Stoll, Heinrich, Die Überfüllung des juristischen Studiums und die Auslese der Juristen , DJZ (1933).

Stolleis, Micheal, Die Vereinigung der Deutschen Staatsrechtslehrer. Bemerkungen zu ihrer Geschichte, KritV., Vol. 80, No. 4 (1997).

Sweet, William, The Volksgerichtshof: 1934-45, *The Journal of Modern History*, Vol. 46, No. 2 (1974).

Treue, Wilhelm, Hitlers Denkschrift zum Vierjahresplan 1936, Viertel-jahrshefte für Zeitgeschichte, H. 2 (1955).

Vagts, Detlev F., International Law in the Third Reich, *The American Journal of International Law*, Vol. 84, No. 3 (1990).

Von Brünneck, Alexander, Die Eigentumsordnung im Nationalsozialismus, Kritische Justiz, Vol. 12, No. 2 (1979).

Wahsner, Roderich, Die Deutsche Rechtsgeschichte und der Fachismus, Kritische Justiz, Vol. 6, No. 2 (1973).

Webber, Douglas, Krankheit, Geld und Politik: Zur Geschichte der Gesundheitsreformen in Deutschland, Leviathan, Vol. 16, No. 2 (1988).

Werle, Gerhard, Justiz-Strafrecht und polizeiliche Verbrechensbekämpfung im Dritten Reich—Dargestellt und entwickelt am Beispiel des nationalsozialistischen Polenstrafrechts, Juristen Zeitung (1992).

Werle, Gerhard, Zur Reform des Strafrechts in der NS-Zeit: Der Entwurf eines Deutschen Strafgesetzbuchs 1936, NJW (1988).

Wieacker, Franz, Die Enteigung, in: Hans Frank (Hrsg.), Deutsches Verwaltungsrecht, Zentral Verlag der NSDAP, 1937.

Wild, Rolf, Ziel und Aufgaben der Studienreform im neuen Staat, DJZ (1933).

Wildt, Michael, „Volksgemeinschaft" Eine Antwort auf Ian Kershaw, *Studies in Contemporary History* 8 (2011).

Winkler, Zur Reform des Ehescheidungsrechts, JW (1922).

Wrobel, Hans, Der Deutsche Richterbund im Jahre 1933: Skizze eines Ablaufs, Kritische Justiz, Vol. 15, No. 4 (1982).

Wrobel, Hans, Die Anfechtung der Rassenmischehe: Diskriminierung und Entrechtung der Juden in den Jahren 1933 bis 1935, Kritische Justiz, Vol. 16, No. 4 (1983).

Wrobel, Hans, Otto Palandt zum Gedächtnis 1. 5. 1877-3. 12. 1951, Kritische Justiz, Vol. 15, No. 1 (1982).